D1440580

IN THE HANDS OF GOD

PROFESSOR WILLIAM BARCLAY was a distinguished scholar, an exceptionally gifted preacher and a regular broadcaster. His writings for the *British Weekly* were very popular and for twenty years from 1950 a full page every week was given to them. From 1963 until 1974 he was Professor of Divinity and Biblical Criticism at Glasgow University. He was a member of the Advisory Committee working on the New English Bible and also a Member of the Apocrypha Panel of Translators. In 1975 he was appointed a Visiting Professor at the University of Strathclyde for a period of three years where he lectured on Ethics, and in the same year – jointly with the Rev. Professor James Stewart – he received the 1975 Citation from the American theological organization, The Upper Room; the first time it has been awarded outside America. His extremely popular *Bible Study Notes* using his own translation of the New Testament have achieved a world-wide sale.

Professor Barclay died in January 1978.

RITA F. SNOWDEN is widely known in many countries, even apart from her books. A deaconess of the Methodist Church in New Zealand, she served in turn two pioneer country areas and then moved to the largest city for several years of social work during an economic depression. While bedridden with a severe heart condition she wrote her first book *Through Open Windows*. She has travelled widely and served the World Church with regular writing and broadcasting commitments. Author of more than fifty books for adults and children, Rita Snowden was recently awarded the O.B.E.

IN THE
HANDS OF GOD

William Barclay

Selected by Rita F. Snowden

Collins
FOUNT PAPERBACKS

First published in Great Britain in 1966
by William Collins Sons and Co. Ltd, London
First issued in Fount Paperbacks 1977
Reprinted May 1983

© William Barclay 1966

Made and printed in Great Britain by
William Collins Sons & Co. Ltd, Glasgow

INTRODUCTION

Both Professor William Barclay and Rita F. Snowden are well known the world round. Professor Barclay's many successful books, his regular contributions to *The British Weekly* over many years, together with his popular Bible Study Notes, have left many in his debt. Rita Snowden's books too are immensely popular.

In the Hands of God introduces us to a number of memorable characters, and to a wide range of thought—here is much to entertain, illumine, and strengthen. Miss Snowden has gathered a collection of Professor Barclay's *British Weekly* articles together, and we owe a debt to both the Editor of *The British Weekly* and to Rita F. Snowden for this book.

CONTENTS

Contents

CELESTIAL ERRAND BOY

If you had entered the London Central Y.M.C.A. at my elbow on a certain November day, you would have seen facing you a notice saying that Basil Oliver had died, and that his funeral was to be on the date given, and that during the next week there was to be a memorial service. You would naturally have deduced that Basil Oliver was a very famous man and a very important person, since his death was to be marked with such tokens of affection and respect.

In one sense you would have been right, and in another you would have been wrong. Everyone who knows about London Central Y.M.C.A. certainly knew Basil Oliver, but I don't suppose anyone outside had ever heard of him. I am sure that his Master Jesus Christ knew him very well.

Basil Oliver was eighty-five years of age when he died, and, if you liked, you could have described him as the oldest office-boy in London. Many years ago he lost his wife, and he came to London from the north. More than thirty years ago he came to stay in London Central Y.M.C.A. and since then he had never stayed anywhere else. When he stopped work, he made himself so generally useful about the place that a job was found for him. He collected the letters, went for the stamps, ran general errands, and did all kinds of odd jobs.

It was Basil who went and bought the Sunday newspapers for the other members of staff every Sunday morning. It was Basil who presided behind the tea and the coffee in the lounge on a Sunday afternoon. You couldn't be about the place for a couple of days without seeing him, cheerful, smiling, padding about in the rubber-soled canvas shoes he always wore, without an overcoat summer or winter, always stepping quickly about, kindly, ready to help anyone, and breathing goodwill.

He wasn't ill for long. For a week or two he was clearly failing; then one Sunday afternoon when he did not come down to serve in the buffet as usual, they went up to his room to see what was keeping him, and they found him unconscious on the floor. He died the next morning.

It is only now that we are discovering half the things that Basil Oliver did. Now we know that he directed boys about London, that he met them off trains, that he was ready with practical help when practical help was needed, that he did good for years without letting his right hand know what his left hand was doing; that, being dead, he yet speaks; that his works follow him.

Basil was a supremely happy man—you had only to look at him to know that. He was a supremely useful man—you had only to see him on his many self-appointed chores to see that. He did not make a parade of his religion—but the rector of the famous parish church of St Giles was proud to officiate at the funeral of one who never missed a service in his church. He was a supremely kind man—although he was not a rich man, and died with hardly a couple of pounds in his possession.

You see, the trouble of writing about Basil Oliver is that all the things he did were little things, that is, as the world sees them—but little things which mean so much. He is a brilliant example of a man who found both joy for himself and love from others by simply doing the little things that came to his hand in the place where life had set him.

He might have been a lonely man, but he had thousands of friends. He might have been an unhappy man, but he radiated happiness in helping others in simple ordinary ways.

Basil Oliver would have been shocked at the comparison, but I cannot help thinking of the conversation of two working-men heard on a London bus when the Rev. Dick Sheppard died. "So poor Dick Sheppard's dead," the one said to the other, and the other replied: "None of your *poor* Dick Sheppard here. God will be right glad to have him."

Those of us to whom London Central has become a home from home throughout the years, will not forget the little old man whom everybody knew, and who was never happy unless he was doing something for some one, who in the evenings used to sit in the lounge, a friend to all. And I am sure that his Master said to him when he arrived in heaven—still, I am sure, looking for something to do—"Well done, good and faithful servant; you have been faithful over a little, I will set you over much; enter into the joy of your Master."

If there is a job for a kind of celestial errand boy in heaven, Basil Oliver has it now! And he would rather it was that way, for a crown and a throne would only embarrass him.

WHAT IS THE POINT?

Rusty, our bull-terrier, likes nothing better than to get into the country. Give him a moor or a hillside and he is in his glory. But of all things, he likes water best. Take him to the seaside, and he will meet the waves one by one, the bigger the better.

Even more, he likes a shallow river or a burn. There, he seems to have one ambition—to remove all the stones from the bottom of it, and to lay them some considerable distance away on dry land. He sticks his head into the water, and nuzzles about on the bottom of the burn—I never can understand how he manages to go so long without breathing—and then emerges with a stone which he carries up the bank and carefully places on the ground fifty or a hundred yards away. *And he is back for more.*

He will do this for hours. I have seen him staggering out of burns with stones almost as big as himself; and, if he does find a stone he can't move, he nearly goes frantic. This afternoon, out in the country, Rusty spent almost two hours shifting stones from the bed of a burn.

Now Rusty is an intelligent dog—but I have always wished that he could tell me what's the point of all this. He never does anything with the stones; he simply goes on taking them out and laying them on the ground. It seems the most pointless proceeding anyone can imagine, but it is Rusty's idea of bliss.

What's the point of it?—that is what I would like to ask; and, when you come to think about it, it is a question one might ask a great many people as well as of a Staffordshire bull-terrier.

What's the point of so much of our business and of our hurry and our worry and our effort and our anxiety? We strive so hard to get a little more money, to get a little further up the ladder—and what's the point of it all? What good is it really going to do us? We trouble about this and that and next the thing. Even if the things we fear happen, the heavens won't collapse, and, as a friend of mine often says, it will be all the same a hundred years from now.

We would do well to stand still sometimes and ask: "What's the point of what I'm doing?"

I do occasionally wonder about many of the arguments that go on in committees and presbyteries and all kinds of bodies. It seems hardly an exaggeration to say that we can get all hot and bothered about a comma. A trifle can be magnified into a matter of epoch-making principle. It is beyond doubt that we would save time and trouble and wear and tear, if before we started an argument we would say: "What's the point of it anyhow?"

I hope that I won't be misunderstood, if I say that there is a great deal of scholarship of which one is sorely tempted to ask: "What's the point of it?" There are many books which have undoubtedly taken years of research, and which, regarded as pure scholarship, are monuments of erudition, but what's the point of them?

Epictetus used to say: "Vain is the discourse of philosophy by which no human heart is healed." It is an interesting test—and, if it were applied, quite a number of erudite works would emerge as vanity.

But there is a bigger question than any of these—

"What's the point of life?" Surely life is to know Jesus Christ, and through him to be ready fearlessly to meet the call of God when that call comes. If we saw life that way, then all other things would take their proper place.

Once Elijah ran away when things were difficult, and let no one blame him. But out in the desert there came God's voice to him: "What doest thou here, Elijah?" (I Kings 19.9) It might be no bad thing if every now and again we stopped and said: "What am I doing here?" It might enable me to see a little better what things are important, and what things really and ultimately and essentially do not matter.

WIDER HORIZONS

Yesterday I was at a conference of ministers in a holiday home in Ayrshire. Before the conference began, I was checking up on the lectern from which I was to speak. Now it so happens that I had been in this holiday home before, and I think that I must have used this lectern before, but for the first time I noticed a little brass plate on it. I carried it over to the light to read the inscription, and this is what it said: "This Church furniture, including the brass-work, was made by the members of 159 MU, during their spare time, for unit Church of St Christopher. The Church travelled from Egypt to Italy during the North African campaign 1941–43, when it was set up in Ismailia, Tripoli, Gioja del Colle, Brindisi and Naples."

And when I had read that, two things happened to me. I touched that lectern with a new respect, and I had a vision of the wider horizon of the Church.

Here I was standing in a peaceful Ayrshire sea-coast town, in a quiet, lovely house, but my hands were on a lectern which had seen the sands of Egypt and North Africa, the blue waters of the Mediterranean, the cities of Italy, and had gone with men who had fought and prayed and died.

It is good for us to get a glimpse of the wider horizons. It may be that one of the great dangers of the Church is the wrong kind of congregationalism—the kind that cannot see beyond the walls of the building in which it worships. The Church is bigger than that.

We have to think of the world-wide nature of the Church. I suppose that it is the literal truth to say that the Church is the only institution in the world which has in it members of every nation and country under the sun.

Men dream of world government in the political sense of the term. The only place in which world government comes anywhere near to realisation is the Church. It is not the possession of a nation or a country or a colour; the Church is as wide as the world, and even the tiniest congregation in the smallest village or hamlet in the most remote place is part of something which has gone out to the ends of the earth.

Secondly, we must think of the history of the Church. It is the simple truth that the Church existed before most of the nations which exist today.

When we sit at the Communion Table it is well to remember that we are sharing in the only ceremony in the world which has been observed somewhere every single day for something like the last nineteen hundred and thirty years. There is no continuity in the world like that. Nowhere are we so much in touch with history as we are in the Church.

And we do well to remember that in the Church we are more than in touch with the whole wide world; we are more than in touch with almost twenty centuries of history; we are in touch with eternity. In it we are always compassed about with the great cloud of witnesses. In it we are surrounded not simply by the greatness of time, but also by the infinity of eternity.

It may be that our whole conception of the Church is far too small and far too local, and far too parochial. John Oxenham wrote of the world-wide Church:

> *In Christ there is no East or West,*
> *In Him no South or North,*
> *But one great Fellowship of love*
> *Throughout the whole wide earth.*
>
> *In Him shall true hearts everywhere*
> *Their high communion find.*
> *His service is the golden cord*
> *Close-binding all mankind.*
>
> *Join hands then, Brothers of the Faith,*
> *Whate'er your race may be—*
> *Who serves my Father as a son*
> *Is surely kin to me.*

Let us at least look at the wider horizons.

LEARNING GLADLY

We are being presented with an astonishing phenomenon in our house these days. Jane, who is just ten years old, is busy learning modern Greek! She actually attends classes on a Saturday morning to learn modern Greek, and next Saturday she will have a test on it. She even goes to the Eastern Orthodox Church in Glasgow sometimes and shares in the entertainments which that church so happily provides for its children.

Of course, there is a reason for this. It is that a Greek family has come to stay three or four doors along from us, and there are two girls in it with the lovely names of Androulla and Dasoulla, with whom Jane has become very friendly.

There is another reason. It is that I have been fortunate enough to have as a student and a very close friend Father Athenagoras, the minister of the Eastern Orthodox congregation in Glasgow. Thus modern Greek entered into Jane's life.

Now I have been studying and teaching Hellenistic Greek for far more than half my life. I began learning Greek forty years ago now. Greek has always been my business; but, if I had suggested that Jane should begin a course of Greek, the suggestion would have been met with wails of protest and the most impassioned opposition!

What has set Jane on to modern Greek?

First and foremost, she is *interested*. She is interested in Greek because it is the language of her friends; and, as it happens, she is interested in Greek because the excellent teacher who teaches her in her day school has somehow implanted in the minds of her ten-year-old girls an amazing knowledge of the *Odyssey* and the *Iliad*, so that Jane walks familiarly with Hector and Priam and Paris and Helen and Agamemnon and Achilles and Penelope and Ulysses and all Homer's immortals.

The secret of learning is interest. There can be no real learning without interest. That is why the average boy has no difficulty in telling you the names of the football teams in any league in Britain, but is hopelessly stumped by a demand for a list of the kings of Israel and Judah. That is why he can tell you the scores in Test Matches and Cup Finals for years back, when the dates of far more world-shaking events are quite forgotten.

How to awaken interest is the problem which the teacher, and the preacher, will have to solve for himself, for the answer will be different in each case; but the problem of teaching consists far more in awakening interest than in transmitting knowledge.

Secondly, Jane is *learning with friends*. Learning is always better when it is done along with someone else. It is always easier to learn in a group.

Quintilian, the great Latin expert on education, was quite certain that education in a school was infinitely better than any possible private education, because of the friendship it provided and the incentive it supplied.

Luther used to say that Jerome's translation of the Vulgate was not a good translation, because he did it *alone*, and thus lost the promise that where two or three are gathered together, Jesus Christ is in the midst of them.

Thirdly, Jane has *a good teacher*. She has my friend Father Athenagoras to teach her. A good teacher must have three qualities. He must have enthusiasm; no one can produce interest in any subject unless he is interested in it himself. He must have joy; nothing communicates itself to a class like a weary fed-up-ness; and nothing irradiates a class like sheer *joie de vivre* in a teacher. He must have patience and discipline combined.

Scholars in the end like neither a slack teacher nor a tyrannical teacher. The ideal is the patience which never loses its temper and the discipline which earns respect.

Our basic mistake in our approach to education may well be the idea that the young person does not want to learn. In point of fact there is nothing in this world more thrilling than learning.

Awaken interest, provide a group of friends, find a teacher who loves his subject and who loves his scholars, and the problems will solve themselves.

THE POWER OF THE PREACHER

I was sitting in my club yesterday when a man I do not know came up to me and asked me about a certain famous preacher and theologian. He told me that he had been a regular army officer, and that on Sunday mornings when he found himself posted anywhere near, he used to slip away to hear this preacher.

Once he took his little niece along with him—about ten years of age. When they came out of the church, his first question was: "Well, what did you think of that minister?" "*Terrific*," came the surprising answer. "*I had two sweeties with me in my pocket, and I clean forgot to eat them!*"

That is just about the best compliment I have ever heard to a preacher.

Wherein does this power lie? Someone has said that every preacher must try to give his people three things.

(a) He must give them *something to feel*. No great preacher was ever afraid of emotion. He must give the impression that this thing matters intensely, both to him and to his hearers; that it is in literal fact a matter of life and death.

A sermon cannot really be a pleasant and informal chat; it cannot be an innocuous moral essay; still less can it be a formality which has to be gone through. And yet it does sometimes give that impression. Rhadakrishnan, the great Indian thinker, once said of preachers and theologians of the West known to him: "Your theologians seem to me like men talking in their sleep." On the other hand, we must not forget the witness of one: "I preached what I did feel— what I smartingly did feel."

The preacher must feel the wonder of the Christian message. Only then can he stab awake the dull and listless hearts of men and women for whom a church service has somehow become a bore rather than a thrill.

(b) He must give them *something to remember*. To associate preaching only with feeling might well result in a kind of nebulous golden haze, very moving at the time, but transient in its effect. Hence the necessity of something to remember.

This is really to say that the preacher must also be

teacher; he must inform the mind as well as appeal to the heart.

It should for the most part be possible to sum up a sermon in one sentence. If we were asked after listening to a sermon: "Now, what was that all about?" it should be possible to put the essential content in a sentence.

If we may take another analogy, a sermon is more like a bullet than a charge of small shot. It should be concentrated rather than diffused. It should be so orderly and so intelligible that it should lodge immovably in the memory. And it is usually true that the man who is unintelligible is not unintelligible because he is "deep", but because he does not himself understand what he is talking about.

(c) But even if the preacher provides something to feel and something to remember, he has not completed his task. He must finally *provide something to do*. It must be a challenge to action, in regard to oneself or in regard to other people. A friend of mine used to say that every sermon should end with the spoken or unspoken question: "What about it, chum?"

Here exactly is the trouble, not so much about preaching, as about listening to preaching. It is a psychological fact that the oftener an emotion is stirred without accompanying action, the less likely it is that action will ever happen. It becomes in the end very easy to make emotion a substitute for action.

What a different world it would be if all the fine impulses were acted upon, if every time we felt moved to do something fine, we did it! This is indeed a case when we must strike when the iron is hot. The impulse is born, it glows and flames, but unless it is acted upon it cools and fades, and every time it is not acted upon the heart grows a little harder and the will grows a

23

little weaker and action is less likely. One of the supreme spiritual dangers is emotion without action.

Something to feel, something to remember, something to do—the preacher who supplies these things will indeed be gladly heard.

JUDGE WITH CARE

Last Sunday night I had to travel by the night train from a town in the north-east of England to London. When I got on to the train at very nearly midnight, one other person got into the same compartment. He did not look the kind of person one would choose as a travelling companion. He had stained flannel trousers tucked into thick stockings and encased in vast gumboots; he had on a polo-necked sweater with no collar or tie; and he had not shaved very recently.

I looked at him, and decided it might be wiser to stay awake than go to sleep, for he certainly did not look the most respectable of citizens. It was one of the coldest nights of the year, in fact it was one of the coldest nights for years.

When the train reached York, my travelling companion looked at me and asked: "Would you like a cup of tea, sir?" I said that I would very much. He dashed out and came back with two cups of tea, and would not take any money. He then asked: "Would you like something to eat, sir?" Again, I said that I would very much, thinking that he had collected some sandwiches from the railway tea-wagon. But no, it wasn't that. He reached up to the luggage rack for his holdall. He opened it, and out of it he produced a round, flat steak-pie which must have measured a foot across. He broke it in half, and presented me with one piece, and in spite of my protests, would take none of it back.

This young man, whom I had thought to be a danger, was one of the kindest people I had met for a long time.

And I want to add another story to that—something that happened on the Saturday night immediately before my night journey to London. I was staying in a large hotel in another town in the north-east of England.

Late at night the lounge was invaded by scores of teenagers in search of tea or coffee. I had been working at one of the writing desks at the top end of the lounge. I turned round. I saw a group of about twelve of them grouped round a table. One took something from his pocket, and with great care began to extract little pellets from the packet and to hand them round. They cupped them in their hands and sniffed them, before carefully placing them in their mouths. They then chewed them with every appearance of enjoyment.

I said to myself: "Pep pills! Drugs! Just what you might expect from irresponsible teenagers!" Then quite by accident I caught a glimpse of the packet as the lad who held it turned it over in his hand. It was *SenSen Cachous*, those harmless scented little pellets with which people have scented their breath since I was a boy, and long before.

These two experiences, on two successive nights, taught me to recall three rules:

(a) *Don't jump to conclusions*. If you do, the chances are you will jump to the wrong ones. An immense amount of harm has been done in this world by people drawing the wrong conclusions in their haste, and then putting about stories and suggestions quite untrue.

(b) *Don't make rash judgments.* In fact, don't make any judgments at all, at least until you have all the evidence. Of course, it is rank injustice to judge when you don't know all the facts. That is why the Bible tells us not to judge at all. Judgment belongs to God, for only God has all the facts.

(c) If you must judge others, *make sure you think the best of them, and not the worst.* However much we resent the worst construction being put on our actions, most of us are guilty of doing it to others. It would often make life a lot happier, both for ourselves and for others, if we were as determined to think the best of others, as we seem to be to think the worst.

"*Judge not that ye be not judged*" (Matthew 7.1.) It is a good word.

INVICTUS

I have a friend whose spirit I value very much indeed. He is a Scot, but he is a professor at one of the most famous English universities. He is one of the finest scholars, in his own line, in the country. He suffers from a handicap, however; he is very lame, and must always walk with the aid of two stout sticks.

I never, in all my life, knew a happier man. I never knew one who lived a fuller life. I have never heard him complain; I have never heard him refer to his disability with other than a laugh; I have sometimes even heard him talk of the advantages of being lame!

Now a short time ago, my friend had a fall and broke one of his legs above the knee. For an ordinary person that would have been bad; you would have thought that for him it would have been a disaster. The first letter I got from him after his fall was written in bed, and was an invitation to share the amusement which lying in bed could cause.

Of course, the break completely immobilised him for a time. But then he procured a wheel chair, and he proceeded to go on living and working as if nothing had happened. He became an expert at the forward and reverse movements needed to manoeuvre the chair to a place at the table.

I have lately attended two conferences at his university, at both of which he was in the chair! He controlled proceedings with characteristic discipline and humour. (One thing I must add is that he has a wife whose help is beyond all telling.)

I would like to call him Invictus, the Unconquerable. If there is one thing which rouses the human heart to admiration, it is the sight of a man who just won't be beaten, the sight of a man living not so much a normal life, but a super-normal life, with a handicap which might well have conquered him.

I had an experience when I was a student. I went to preach in a certain church. I was met at the door by a man. He invited me in, as if he were the host. He warned me of this and that step as we came to it; he led me round this and that corner, and brought me to the vestry. He showed me where to hang my coat, and where to find the pulpit hymnary and Bible.

"Now," he said, "let's choose the hymns for the service tonight."

I suddenly realised that this was the organist; and in that moment I also suddenly realised that he was blind. I knew that the church had a blind organist, but it simply never occurred to me that this man who was so solicitous, who knew where everything was, could be the blind organist.

Here again was a man I would like to christen Invictus, the Unconquerable.

I suppose that it is forgotten nowadays, but one of the most famous novels of its day was Walpole's *Fortitude*. There is one unforgettable sentence in that book: "It isn't life that matters; it's the courage you bring to it."

Adler, the psychologist, tells of two patients of his, both of whom lost their right arms. At the end of a year, the one man was a resentful, embittered, defeated creature, for whom the bottom had fallen out of life. The other was radiantly cheerful. He used to say that he wondered why on earth nature had ever bothered supplying us with two arms when one would do perfectly well. The one patient was defeated; the other unconquerable.

A pin-prick of trouble can reduce one to disgruntled hostility to life; a very avalanche of trouble can leave another with courage and cheerfulness completely unimpaired. There are people whom anything can knock out, and people whom nothing can knock out.

You remember Paul's words: "Hard-pressed on every side, we are never hemmed in; bewildered, we are never at our wit's end; hunted, we are never abandoned to our fate; struck down, we are not left to die" (II Corinthians 4.8–9. NEB). As J. B. Phillips puts it: "We may be knocked down, but we are never knocked out."

We can do a bit of self-examination here. There is no doubt which we can be—in Christ.

A GOOD PRIDE

In my morning newspaper was one of the pleasantest things I had read for a long time. Scotland has a new Secretary of State, Michael Noble. Yesterday Michael Noble was making his first speech in Parliament in his new high office. In the gallery there sat his eighty-three-year-old mother, and when her son rose to face and to answer his critics, the old lady clapped her hands and shouted out: "Hurrah for Michael!" Whereat she was removed by the Serjeant at Arms, and sternly reprimanded for "making a disturbance while the business of Her Majesty's government was in progress", and warned never to do it again!

Well, no doubt it was all against the rules, but I'm bound to say that I think that Lady Noble was perfectly right, and I wish that a whole lot more people would make the same kind of disturbance!

Every parent is proud of a child who does well. I am quite sure that a parent takes more joy and pride in the achievement of a son than ever he does himself.

Once, someone came upon Robert Louis Stevenson turning over the leaves of a scrap book into which had been inserted the press notices about his books. "Well," said the friend, "is fame all that it's cracked up to be?" "Yes," said Stevenson, "when I see my mother's eyes."

The pride and joy in his mother's eyes were his greatest reward. It is a strange parent who has no pride in a child who has done well.

Further, I think that every parent should show his

pride and joy when his child does well. Parents run a danger. The more they love their children, and the higher their ambition for them, the more they are apt to be critical.

There are parents, many of them, who give the impression of being afraid of praise. However well the child has done, they give the impression that they think that he ought to have done better. They allow their love for the child and their ambition for him to compel them almost ruthlessly to push on the child.

In many cases, a child would take an examination in his stride and think very little of it. It is the fussiness and the nervousness of the parent which upsets the child. In many cases, it is not the child but the parent who fails the examination.

No parent should be afraid to use praise. John Newton used to say: "I knew that my father loved me, but he seemed unwilling that I should know it."

Poor Mary Lamb, Charles' sister, had life punctuated by periods of madness. She knew when the times were coming, and she and Charles used to go hand in hand to the asylum where for a time she had to be confined. When she was young, she used to say despairingly: "Why is it that I never seem to be able to do anything to please my mother?" And maybe a parent's severity was responsible for much.

Martin Luther's father was so stern, so severe, and so critical that Luther was almost afraid to give the name "Father" to God. And when the reformer became a man, he used to say: " 'Spare the rod and spoil the child?' Certainly! But beside the rod keep an apple to give him when he does well."

This too, has its lessons for sons and daughters. Youth is of necessity irresponsible. It is hard for youth to see that it is good for a man to bear the yoke in his youth. But often a young person will try to do well, simply because he knows that it will make a parent glad.

And the tremendous thing is that this goes beyond death. I knew a lad who had finished his course for the ministry, and was to be licensed as a preacher. With tragic suddenness his father, who had been very proud of him, died just two days before the licensing service was due. Of course, it could have been postponed under the circumstances. But I will not forget what the lad said: "Of course the service goes on. Dad will have a front seat in the grandstand tonight." Perhaps not very theological, but there speaks the accent of reality and of faith. For around us and about us is the unseen cloud of witnesses still looking down in pride on those they loved.

MAC, KEEPER OF BOOKS

A short time ago one of my closest friends died. His name was James Mackintosh, and he was the librarian of Trinity College Library, Glasgow.

Mac was a man who had played many parts in life and in the Church. He was trained in the law; he fought as a soldier in the First World War; he came back to take an honours degree in English; he went to be a missionary professor of English in India; he returned to the little parish of Newtonmore; and finally, for the last seventeen years he was librarian at Trinity College.

Within the College I was, I think, his closest friend.

For the last two years we travelled every morning to College together. The mornings will seem different when the day is not begun with the talk we used to have, while we sat for a minute or two in my car before we both went into College, each to his own work.

Mac never wrote a book, although he loved the English language, although words obeyed his bidding, although he was the most erudite man I ever met. But although Mac never wrote a book himself, there is many an author, and above all myself, who could not have written books without him.

Many and many a time I and many others would go into Trinity's spacious library and cross the floor to his little room. And then the questions would begin. "Mac, have we got such and such a book? Where can I find it?" And amidst the tens of thousands of books, he would put his hand on it. "Mac, where can I find this quotation?" And at least eight times out of ten he could tell you. "Mac, where can I find something about this or that subject?" And in no time he would tell you where to go for information.

Behind many an author's book there stands Mac with his love of books, his knowledge of books and his encyclopaedic knowledge, gladly and willingly placed at the disposal of all who would use it.

I sometimes think of the people who stand behind the figures who are in the public eye. In almost every case there is someone in the background without whom the work that everyone sees could not be done. In athletics it may be a coach or a trainer; in music or in drama or in singing or even in preaching, it may be a teacher; in business and even in politics, it may be a faithful secretary; with a son or a daughter, it may be a parent; with many of us it is a friend; and with still more of us, a wife on whom we depend.

Mac was one of these priceless people who stood behind, and many a book—all of my own—owed much to him.

Mac was seventy-six when he died, but he died seventy-six years young. He looked twenty years younger than he was, slim and active. I think that he was young because he lived in a world with treasures waiting to be discovered, and new things waiting to be known. Often from the ends of the earth requests for information about this or that would come to him, and Mac would start an investigation into his books and folios and pamphlets, and he would surface with a new collection of interesting things far beyond the original point he had been asked to discover or to establish. For him there was always interest, for there was so much to be learned.

A man will never grow old so long as he keeps the wonder of the world. However long he lives, life will still be new to him. To stop learning is the surest way to become old. That is why some men are old and tired and weary long before they are forty, and other men are still fresh and vivid and vital and alive and young when they are long past the three score years and ten.

Mac loved the hills and the sea. When he was over seventy, he was still climbing mountains and reaching the top. And it was in the little village where once he had ministered, and among the hills he loved, that death took him with merciful suddenness, just as he would have wished it to be.

He lifted his eyes to the hills and he saw God. And no one who ever heard him pray could doubt the closeness of his walk with God.

We shall miss Mac—and no one will miss him more than I. He lived close to learning; he lived close to nature; and he lived close to God. And there is none who can doubt that the name of the man who was the keeper of books is written now for ever in the Lamb's Book of Life.

ALL OF US

I suppose W. B. Yeats was one of the most musical and most mystical of modern poets. Anything less "made to order" than his poetry would be hard to imagine. But he himself, in a scrap of autobiography, gives us a curious glimpse into his work.

He had been ill, and his illness had left him lethargic and unwilling to work. He had gone to stay with Lady Gregory, and afterwards said that he owed everything to her. "I asked her," he said, "to send me to my work every day at 11 a.m., and at some other hour to my letters, rating me with idleness, if need be, and I doubt if I should have done much with my life but for her firmness and her care."

It sounds an extremely odd thing that anyone should say to a poet at 11 a.m.: "Go to your desk and write poetry", and yet that is precisely what Yeats did, and there is no poet in whom the stream of true poetic inspiration is clearer.

Beverley Nichols, in his first youthful autobiography written at the age of twenty-one, tells of a meeting with Winston Churchill. Nichols had just written his very successful book, *Prelude*. "How long did it take to write?" asked Churchill. Nichols said that he did not know; that it was done in patches over five months.

"Didn't you work at it regularly?" Churchill enquired. The young man said that he had found regular work impossible—that he had to wait for the mood. "Nonsense," said the great man, "you should go to your room every day at 9 o'clock, and say, 'I am going to write for four hours'."

Nichols dared to ask what happened if you could not write, if you had a headache or indigestion, and so on. Churchill answered: "You've got to get over that. If you sit waiting for inspiration, you will sit waiting till you are an old man. Writing is like any other job, like marching an army, for instance. If you sit down and wait till the weather is fine, you won't get far with your troops. Kick yourself; irritate yourself; but *write*; it's the only way."

To put it succinctly, Churchill believed that you could produce something like a work of genius using office hours, and he himself proved it. One of the difficulties of the work of the ministry is that, in fact, a man has no necessary office hours. There is no one but himself to see that he does his work. But there are certain things that he might well keep before his mind and his conscience.

First, there is a question. Is a scholar or a preacher going to accept a life in which he has to exercise much less self-discipline than a clerk in an office, a salesman in a shop, a worker in a factory? These people have to be at the desk, at the counter, at the bench at a certain hour. Why shouldn't he? Does the work of scholarship or the work of the ministry give or imply the right to begin work when we like, and to stop when we like? Is the very nature of our calling not such that we ought to be *more*, not less disciplined than the people to whom we minister?

And there is another question. What is the preacher

35

really thinking about while he is waiting for the mood, for the idea? Certainly, if he has no method in his preaching, he may be searching for an idea even late on a Saturday night. But the essence of the ministry is that a man does *not* preach as the whim or the preference takes him. He preaches his way systematically through the Christian faith, and through the Bible. The preacher ought to make quite sure that his people are receiving a balanced and proportioned and complete account of the Christian faith.

Immediately, this question arises. Does this mean that I must preach on things in which I am not interested, on things which do not attract me, on things which at the moment I know nothing about? That is precisely what it means—that your congregation may get from you more than the things you like, your pet subjects.

And if one man's experience is worth anything at all, I find it is the things one thought uninteresting that become filled with interest when one works at them, the books of the Bible seldom opened which become very arsenals of sermons when one studies them, and the things one knows nothing about that are very likely the very things one needs to know about. It takes self-discipline to do this, but as Churchill said: "It's the only way."

THE UNSEEN CLOUD

Not long ago I had the very great honour and privilege of preaching at the re-opening of Bloomsbury Baptist Church. I had come south without any pulpit gown, not realising that I would need one for the occasion. In the vestry, the other people who were sharing in the service were all gowned. And then Dr Howard Williams made a suggestion. He went to the vestry cupboard and he took out a gown, and said: "You can wear Dr Townley Lord's gown; it's still here." So I put on Townley Lord's gown, and I put it on with pride that I should be privileged to wear it, for Townley Lord was one of the great preachers and one of the great men.

Before preaching, I made reference to the fact that I was proud to be wearing his gown, for over many a year, the name of Townley Lord and Bloomsbury had been synonymous.

After the service, there was a reception in the hall below the church, and it was crowded with people. Then out of the crowd a lady came up to me. It was Mrs Townley Lord. "I'm so happy," she said, "that you wore my husband's gown today, and I'm so happy that you told the people, for it made me feel that Townley had a part in the service." Now whether I had worn his gown or not, it is quite certain that Townley Lord was one of the unseen cloud of witnesses compassing us about. The older one gets, the more one becomes conscious of the unseen cloud.

I have always remembered the thrill I had in preaching in the University chapel in St Andrews, and in being told that the very pulpit in which I was to stand, had been the pulpit of John Knox. As every day in my own class-room I step on to the rostrum, I remember the men who went before me in that New Testament class-room—A. B. Bruce, James Denney, W. H. Macgregor, G. H. C. Macgregor—what a company! Now when this kind of thing happens it has two effects.

It makes one very humble. It gives one a feeling of complete astonishment that one should be walking in such company. There is nothing like the memory of the unseen cloud to keep one humble.

Do we ever stop long enough to recall the great souls who were within the Church we know—the saints, the martyrs, and the prophets who were part of it? Do we ever think of the succession in which the humblest Christian walks? And do we ever feel how unworthy we are of all that has gone before? To remember the unseen cloud is to be humbled to the dust.

But to remember the unseen cloud is to be more than humbled—*it is equally to be challenged*. We have entered into the labours of other men; we must so labour that other men may enter into ours. The generations are each like links in a chain.

Am I lessening or am I enhancing the tradition which has come down to me? Do I bring joy or sorrow to the unseen cloud as they look down? When I meet them on the other side of death, will I have to meet their eyes with pride or with shame? No man lives to himself, and no man dies to himself, and no man can honourably forget those who have given him what he has, and in whose footsteps he walks.

If I am humbled, and if I am challenged, then still another thing emerges. I can only be true to them, I can only walk in their company, if I *in my life have the same daily and hourly dependence on Jesus Christ that they had.* The generations rise and pass away in the unending panorama of the years, but Jesus Christ is the same yesterday, today, and for ever (Hebrews 12.8). His arm is not shortened, and his power is not less. His presence is still with us, as it was with them, mighty to help and mighty to save.

And so the memory of the unseen cloud of witnesses fills us with humility that we should walk in so goodly a company, challenges us to live more worthily, and points us to the Christ whose grace was sufficient for them, and is today sufficient for us.

THREE-FOLD CONVERSION

In his book *The Lord's Creed*, George Ingle reminds us "someone once said that there are three conversions in a man's life—first to Christ, then to the Church, and then back to the world."

This is a very wise and penetrating saying. The first step in conversion is for a man to be convinced of the wonder of Jesus Christ, and to know that Jesus Christ can do for him what he can never hope to do for himself.

The second step in conversion is the conviction that this experience brings both the privilege and the responsibility of becoming a member of the fellowship of people who have had the same experience, and who share the same belief.

The third step in conversion is the awareness that we are not converted only for our own sake, that we are not converted to gain entry only into a society of believers, but that there is laid on the Christian the obligation to take upon his shoulders and into his heart the sin and the suffering and the sorrow of the world.

From this we can see three ways in which an alleged conversion may be incomplete and imperfect.

(a) A conversion is incomplete if it does not leave Jesus Christ in the central place in one's life. The shortest possible description of a Christian—a description with which the New Testament would fully agree— is that a Christian is a person who can say: "For me Jesus Christ is Lord" (Romans 10.9; Philippians 2.11).

Herbert Butterfield's words about facing the future are good: "Hold to Christ, and for the rest be totally uncommitted." Any alleged conversion which does not leave one totally committed to Jesus Christ is incomplete and imperfect.

(b) A conversion is incomplete if it does not leave one integrated into the Church. By this we do not mean any particular part of the Church; what we do mean is that conversion must leave one linked in loving fellowship with his fellow-believers.

Conversion is not something between a man and Jesus Christ, with no other person involved. True, it may start in that way, but it cannot end in that way. Conversion is not individualistic. It is in fact the opposite. It joins man to his fellow-men, and certainly does not separate him from them.

There is a certain kind of *so-called* conversion which separates a man from his fellow-men. It may fill him with a self-righteousness which rejoices in its own superiority to those who have no like experience. It may move a man to a Pharisaic self-isolation. There have in fact been not a few so-called conversions as a result of which a man has left the Church to belong to some smaller and holier body. The plain truth is that such a one should very seriously examine himself, if he finds what he regards as his Christian experience separating him from his fellow-men, or his fellow-Christians.

(c) A conversion is incomplete if it does not leave one with an intense social consciousness, if it does not fill one with a sense of overwhelming responsibility for the world. It has been said, and said truly, that the Church exists for those outside itself.

The Church must never be in any sense a little huddle of pious people, shutting the doors against the world, lost in prayer and praise, connoisseurs of preaching and liturgy, busy mutually congratulating themselves on the excellence of their Christian experience.

As soon as one is converted, he should be looking for ways and avenues through which to turn his experience into loving, caring action for men. His experience should have quickened as great a love for others, as he has for Jesus Christ. It is within the world that he tries to turn his experience into effective action. –

These are the marks of the three-fold conversion that is real conversion.

SERVICE

A week or two ago, work took me to a very famous University city in England, and there I was put up at a famous hotel. I arrived in time for dinner in the evening, and, of course, when I ordered dinner I gave the waiter my room number—and there are well over one hundred rooms in that hotel, and all were full.

Next morning I came down to breakfast, and the same waiter was on duty at the table at which I sat down. As I ordered breakfast, again I gave my room number. The waiter looked at me with a pained expression on his face. "Of course, I know your number, sir," he said. "You are one of our guests. You were in to dinner last night."

When I came out of the breakfast room, I was crossing the entrance hall, and the head porter came up to me. "Your mail, sir," he said, handing me a pile of letters. I had only seen him in the passing when I came into the hotel the night before, and yet he knew who I was out of the hundreds of people staying there.

Ten days or so later I told this story to a porter in another hotel as far north as that one was south, to which work had taken me, and he looked at me in surprise. "But, sir," he said, "that would happen in any decent hotel."

Now it seems there is nothing unusual in these happenings. But—and here is the point—in how many churches would it happen! In how many churches would a stranger be recognised by name on his second visit?

Many a person can attend for weeks, and not be spoken to, much less be addressed by name. Anyone who has found it out, will likely have forgotten it. One has a much better chance of being recognised in the crowd in a good hotel than he has in many churches. Why is that?

First, the hotel people are interested in their guests as people and as persons. One of the odd and frightening features of modern life is the obliteration of the individual.

Paul Tournier, the great Christian doctor, is very much afraid of this tendency in modern medicine. In a great hospital a person tends to become a card in an index, or a case whose name is not even known. "If," he says, "I say to myself, 'Ah! There's that gall-bladder type or that consumptive that I saw the other day,' I am interested more in their gall-bladders or their lungs than in themselves as persons." They are cases, statistics, numbers, not persons. People tend to become "combinations of physical and psychological phenomena", rather than persons.

Tournier tells of an experience of a Dr Plattner, a friend of his. A woman came to him seeking an abortion. Always she referred to the child she wished destroyed as "a little collection of cells". She had complete!y devalued and depersonalised the child. Then one day Dr Plattner had an idea. "What name would you give the child," he asked, "if it were to be born?" The atmosphere of the conversation changed. The woman was silent; one felt that the child, as soon as she gave him a name in her own mind, was ceasing to be "a little collection of cells", in order to become a person ... "It was staggering," concluded Dr Plattner. "I felt as if I had been present at an act of creation."

The essential of a real Church is interest—interest

which does not just see people as members or even as worshippers, but as persons with names.

And there is another thing which makes a good hotel good. It is the desire to be of service. Again, the odd thing is that in our civilisation this desire to be of service is a vanishing commodity.

A Church should want people—not just to add one more to the roll, but in order to do something for each. The motto of the Church should be that of the Church's Master: "Service!"

Unhappily, the image of the Church many have is that of an institution which is always wanting something from people, rather than of one passionately anxious to give something to people.

Why is that?

NOT FAR FROM THE KINGDOM

A journalist friend of mine sometimes very kindly passes on to me stories and incidents which he comes across in his work. I want to pass on one of his stories.

In a certain Scottish city, there was a lady crippled and house-bound. Some years ago she was given notice to quit her tiny house. She had no relatives; she had kept herself very much to herself; and now in her crisis she had no one to whom she could turn; and she could not think where help was to come from or what was to happen to her.

Her next-door-neighbour was a rough and ready bachelor in his fifties. He stepped into the situation. "Don't worry," he said. "I'll see you're all right."

He gave up his own house, searched until he found a two-roomed attic property. He gave his old neighbour one room, and he uses the other himself. He shares his home with the friendless old lady. He does her shopping for her. In his own way, he is the soul of kindness, and, as the old lady put it, he is always "a perfect gentleman".

A lovely story, but you see the story is not finished yet. In fact, the point is still to come. *The man who has done this and who is doing this is a notorious and militant communist.*

Life has its shocks, and they are not all unpleasant ones. Again and again the most unlikely people have a habit of emerging as the most improbable saints. Jesus knew that. The one man who helped a man in trouble on the road was a despised Samaritan. The one leper who came back to give thanks was another Samaritan. The one person who on Calvary still believed in Jesus was a criminal hanging on a cross. It would hardly be wrong to say that the first convert to the power of the Cross was a Roman centurion who thought that he was presiding at the execution of a revolutionary. Life has its surprises.

And not only has life its surprises, but quite suddenly out of things like that there flashes a truth which is a warning. It is not what a man calls himself that matters; it is what he is. It is not what a man says he is that matters; it is what he does. The man in the story called himself a communist; in fact he proved himself to have Christian graces.

If we are to accept the teaching of Jesus at all, then the only test of the reality of a man's religion is his attitude to his fellow-men. The only possible proof that a man loves God is the demonstrated fact that he loves his fellow-men.

In the parable of judgment, the basis of judgment is how a man reacted to the claim and the call of human need. The sheep and the goats are separated, not on the basis of the amount of Bible-study they went in for, or the amount of time they spent in prayer or even in the amount of time they spent in worship. They are separated on no other grounds than on the grounds of their reaction to human need.

The plain truth emerges that if a man does not find God in his fellow-men, he does not find God at all.

There are three lines of poetry:

> *I sought my soul, my soul I could not see;*
> *I sought my God, but God eluded me;*
> *I sought my brother—and I found all three.*

Wilberforce was the man who gained freedom for the slaves, and whose selfless efforts banished slavery from all the territories which were then within the British Empire. Wilberforce had to suffer, and suffer terribly in the process, but he was consumed with the passion to find life for the slaves. A pious lady once asked him: "Is your soul saved, Mr Wilberforce?" "Madam," he answered, "I have been so busy trying to save others that I have forgotten that I had a soul to save."

The man who concentrates on saving his own life and his own soul will lose them both; and the man who is so concerned with an out-going care for others that he completely forgets himself, finds his life and his soul (Matt. 16.24, 27).

Let the communist in our story call himself what he will, and let him say what he believes and what he does not believe. I would be well content to take any chance with him on that day of judgment when God assesses the value of life a man has lived.

BELONGING

There is something in this morning's newspaper which I think has very much the human touch.

One of the people who lately lost his office in the changes in the government was Mr Selwyn Lloyd, the former Chancellor of the Exchequer. Now Mr Lloyd has a little daughter, Joanna, ten years old, and Mr Lloyd has often said that one of his regrets was the way in which public life left him little time for her. He tells how he told her that he was no longer Chancellor of the Exchequer.

She asked: "Are you going to be Foreign Minister again?" He said that he wasn't that either, that from now on he was just an ordinary Member of Parliament. Her immediate response was: "What a relief!" However many people regret Mr Lloyd's departure from office, one person will be glad, for his daughter will have her father back again.

Now it is just here that we have an illustration and example of one of the great problems.

One of the insoluble problems of a man who becomes a public figure is that *he no longer belongs to himself, nor to his wife and family*. He begins to belong to the public; and there is a very real sense in which that has to be so. A great surgeon cannot refuse to carry out an emergency operation because he happens to have planned a family party. A great police officer cannot refuse a sudden investigation of a crime because he would like to spend a night at home. A great statesman cannot refuse a tour of the country when he would much rather be with his family. A parson cannot refuse a summons to comfort the sorrowing and soothe the troubled and the ill, on an evening when he has planned an outing with his wife and children. The demands of public life are merciless and inexorable on the man who has something which the public needs and demands.

Now, this makes things very difficult for those who are nearest and dearest to him. Sometimes the human relationship collapses under the strain, as, for instance, in the tragic break-up of the marriage of Dick Sheppard, whose wife, in the end, left him.

Sometimes this relationship can be solved, as it was by Dr W. E. Sangster, the beloved preacher. Soon after their marriage, Sangster said to his wife: "I can't be a good husband and a good minister. I'm going to be a good minister." He seldom took his wife and family out; he often forgot his wife's birthday unless he was reminded; he spent much of his time on preaching and lecturing tours at home and abroad.

As his son writes in his father's biography: "It all depends, of course, what you mean by a 'good husband'. If you mean a man who dries up as his wife washes the pots, or a handyman about the house, or even a man who takes his wife out for an occasional treat, then my father was the worst of all husbands.

"But if 'a good husband' is a man who loves his wife absolutely, expresses that love daily, asks her aid in all he does, and dedicates himself to a cause which he believes is greater than both of them, then my father was as good a husband as a minister."

But the thing about Sangster was that he never ceased to love his wife and *to tell her so*. Only once in thirty years did she go away without him, and her train was not half-an-hour gone when he was sitting in the station waiting-room writing a letter to her, headed "On the first day of my desertion". On Easter Day, 1955, he wrote to her: "We don't give Easter presents. Easter is such a wonderful present itself. . . . What makes Easter so wonderful is the promise that we can belong to one another for ever and ever."

When love is great enough, and when love is expressed, the problem can be solved. In fact it is quite certain that many and many a man who belongs to the public could never do the work he is compelled to do, were it not for the home in the background which he is so often compelled to neglect.

All talent is a responsibility, and the greater the talent a man has the less he belongs to himself. Jesus himself said that a man who put even the dearest relationships of life before Him, is not worthy of Him (Matthew 10.37-8); but where love is great enough, and where love lets itself be known, even this problem can be solved.

NO ONE SEES

I have in front of me just now the script of a BBC television programme. On the first page it reads like this: Setting and Lighting: 7.30–8.00 p.m.; Camera Rehearsal: 8.00–9.00 p.m.; Line-up: 9.00–9.30 p.m.; Record: 9.30–9.45 p.m. And the time on the air which the whole programme will take will be 4 minutes 35 seconds! There will be *two hours* of preparation and rehearsal for a programme which will last less than five minutes. And, believe me, if the programme is going to be effective on television it will need every minute of it.

This is typical and symbolic of how good work is done. It very often happens that the main part of some quite spectacular performance is never even seen.

A man may run a hundred yards in less than ten seconds, or a mile in less than four minutes, and quite literally the performance may have taken years of preparation.

A pianist or violinist may give a performance which will last perhaps half an hour, and there will be hundreds of hours of preparation behind it.

A spectacular aircraft flight, or a spectacular motor-car speed-record may be over almost as soon as it is started, and yet behind it there will be years of research and preparation.

It almost always happens that by far the larger part of some great piece of work is out of sight altogether. There is nothing more important than this long and meticulous preparation.

It is so with *preaching*. Preaching may look easy; it may sound fluent; it may appear spontaneous and in one sense effortless—but there will be hours of preparation behind it—or there ought to be.

There are preachers who, as they would claim, depend on the guidance and the inspiration of the Holy Spirit, and who despise preparation and might even say that preparation is not only unnecessary but also wrong.

Once Sangster, that great preacher, heard one of these preachers who never prepared but left everything to the Holy Spirit. "I never knew," said Sangster grimly, "that the Holy Spirit could be so dull and uninteresting."

50

There are times when it is next door to blasphemy to attribute to the Holy Spirit preaching like that.

This is not to say for one moment that there is no room for the Holy Spirit, and no room for spontaneity and for the inspiration of the moment; but it is to say that the better a man is prepared, the more the Holy Spirit can use him. The better the material, the better the use that can be made of it.

It is so with *public prayer*. He who leads a congregation in prayer must always remember that it is his duty to offer to God not so much his own prayers as the prayers of his people. He must therefore sit down beforehand and visualise the people and think his way into their needs, and come back with them to the throne of the grace of God. The man who refuses to make careful preparation for public prayer has little sense of responsibility and little involvement in the needs of his people. The prayer of the pulpit will depend for its effectiveness and its helpfulness on the way in which in private a man bears the troubles of his people in his mind and on his heart.

It is so with *life*. The foreground of life depends on the background of life. An ability to meet the challenges of life with courage, the tasks of life with strength, the sorrows of life with serenity does not just happen. A man's way of meeting life depends on what he brings with him to life.

You may remember the famous reply of Alexander Whyte of Free St George's, Edinburgh. Someone once said to him after a service: "Dr Whyte, you preached today as if you had come straight from the presence." And Whyte answered gently: "Perhaps I did."

An atheist was defined, I think, by John Buchan, as a man who has no invisible means of support. It is the man who comes to the foreground of life with a mind and a heart and a spirit prepared by contact with God in the background of life, who is really the master of life.

It is always true that the most important part of any achievement is the part that no one sees.

IN THE BACKGROUND

Lately I sat at an evening function at Trinity College in Glasgow. It was the closing evening and prize-giving of the course for laymen and laywomen, which meets twice a week throughout the six months of the first two terms of our college year.

It was the kind of function at which all kinds of people are congratulated and thanked for the services they have rendered, and the work they have done throughout the session. The director of the course made his speech. He thanked the Principal and the College for help; he thanked the distinguished and famous theologian who is convenor of the parent committee for all his encouragement; he thanked the equally famous and distinguished theologian who had come to present the diplomas and to speak to the meeting. He thanked all the teachers who had given their services throughout the session. And then he came to the end. There was still one person to be thanked—a person whose services had had much to do with the smoothness and the happiness of the running of the course. That person was the College janitor. If, he said, there was a better janitor in any college he would like to find him. All the many services required had been rendered with

52

a sunny goodwill which made them doubly valuable.

Do you think it an odd thing that the thanks of the director should culminate in thanks to the College janitor? I don't. It was entirely deserved. When I come into the College in the mornings, I expect to find the place warm and comfortable. I expect to find my room as clean as a new pin. I expect my mail to arrive on my desk. I expect to find the carafe of water on my rostrum filled with fresh water, and the blackboard washed and cleaned. I expect to find the College door unlocked, and I expect to go down to the Common Room at 11 a.m. to find tea all ready and waiting. I expect to find the class bells punctually rung. I expect all that—and I get it. And there are something like a dozen other people teaching in College besides me—and they all expect the same—and get it.

If the janitor did not do his work, the whole place would be disrupted. In many ways he is the most essential man in the place, for unless his work is done, none of the rest of us could get our work done—and yet you won't find his name in *Who's Who*!

The more I think of life, the more I am impressed with our complete dependence on other people who do their jobs without ever being heard of. If my car goes wrong, I shout for help. I could not do my work for a day without my hearing-aid. When it goes wrong there is someone there to mend it in a matter of hours. It takes so many people in the background to enable any of us to go on doing our work. And the trouble is that we so often take them completely for granted.

You have only to think of so simple a thing as how we get to work in the morning. How different it would be if there was no wife or mother to get us out of bed in time, to get a breakfast cooked and on the table, and to see us out of the door in time to catch our train or bus! We seldom think of the man who drives the bus or the train, or of the policeman who directs the traffic as directly serving *us*. In fact, we seldom remember that the bus or the train has a driver!

I am quite sure that, far oftener than we do, we should stop to think how we are all bound up together in the bundle of life; that we should stop every now and again to remember our utter dependence on other people; that sometimes we should stop to look at our own work and to see in it, whatever it is, not something by which we earn a wage, but something which is contributing to keeping the world going, and something in which we must, therefore, take a pride.

We ought sometimes not only to thank God for our work, and our health and strength and knowledge and skill to do it; but also for the number of ordinary background people. Without them, few of us would be able to get any work done at all.

THIS NOISY AGE

The age in which we live has been called by many names, but I think that it might be truest of all to call it "The Age of Noise". There never was an age which had such a dislike of silence, and which so avoided silence at all costs.

Early this morning I had breakfast in a large London restaurant which is open very early, and a group of lads there had a transistor going full blast at one of the tables.

Shortly afterwards, I found myself in the lounge of a

London Club, and a group there had a portable radio providing music.

This evening, I was at a conference near London. And the chairman and I entered a minute or two before I was due to lecture. We sat down to wait for the right time, for we did not wish to begin too early and have late-comers interrupting. Before we came in, the room was a babel of talk; when we sat down at the table, the talk died to silence. Then—with still a minute or two to go—the chairman turned to the gathering and said: "Please go on talking. Your silence embarrasses me!"

That, of course, was only a jest, but it is strangely symbolic of the age in which we live.

I remember, when I was a boy, living in Motherwell. The house, attached to the Bank of which my father was manager, was right on the main street. My bedroom was in the front of the house looking down on to the street. Naturally, there was silence neither night nor day. At that time we used to go for holidays to Fort William, to which my parents belonged. And I still remember not being able to sleep at night for the silence. I missed the rattle of the tramcars, the sound of the railway-engines, and the noise of the traffic.

Today, we seem to wish to live against a background of deliberate noise. There are many homes in which the radio is on from the moment people get up until the moment they go to bed—not that they listen all the time, but they like to have a continuous background of sound.

There are certain things about this attitude of mind. If there is always a background of man-made noise, there are some things we will never hear.

I heard lately of a doctor who had actually to ask that a television-set should be turned off in a sick-room, so that he might hear the heartbeat of his patient through his stethoscope.

If you were out in the country some night with your car radio on all the time, you would never hear the nightingale. Not would you hear a cry for help in the night.

You cannot think against this background of noise. No man can concentrate, if he is trying to do two things at once; and no one can listen, even with the fringe of his mind, through this background of noise, and think and concentrate at the same time.

You cannot listen against noise. If people are always talking, there is no time to listen. One of the most important times in prayer, for instance, should be when talking ceases and one begins in silence to listen to God.

Perhaps we are coming to the reason for all this. This background of noise is perhaps a defence and an escape. Quite subconsciously, perhaps, we try to find a way to avoid thinking, listening, facing ourselves.

The truth is that it is often in silence the greatest things come. In perfect friendship we find it so. I sometimes go to a conference where one whole day is passed in complete silence, and it is very valuable.

Amidst all the thunder and crash, the most impressive sentence in the Book of Revelation is that which says that when the seventh seal was opened, "there was silence in heaven for about half an hour" (Rev. 8.1).

We need to remember in this age the words (Psalm 46.10) *"Be still, and know that I am God!"*

THE STANDARD

During the month of December I was staying for a week in an Oxford College. My rooms were very comfortable indeed; but on the second day I noticed the cleaning had not been done nor the bed made. I wondered if we were supposed to do our own housework, which I would have been perfectly happy to do. On enquiry, I found that a mistake had been made. So I spoke to the cleaner who was in charge of the part of the College where I was staying. I wasn't in any sense making a complaint or anything like that.

She was very upset about the whole business, and very apologetic. I said to her: "You needn't worry about it. I don't mind a bit. It doesn't matter in the slightest."

"Sir," she said, "it may not matter to you, but it matters to me that my work has not been properly done." That, indeed, was an answer. And that answer presents us with a very real and a very important question—*Who is it that you work to satisfy?*

Are you satisfied to push things through anyway and, if possible, to get away with as little work as possible? Or is there someone for whose verdict you care, and whom you wish to satisfy?

It seems to me that there are three people whom we must seek to satisfy.

(a) We must seek to satisfy *ourselves*. In the old days, a traveller was moving about in Japan. At that time, one of the specialities was inlaid wood-work, especially inlaid table-tops. The traveller visited the shop of a

57

Japanese craftsman. He saw there a table-top that he wished to buy, but the craftsman refused to sell. The traveller increased the money he offered. But the craftsman said: "It is not a question of money. There is a flaw in that table-top, and I won't sell it to you."

The traveller persisted: "I can see no flaw. No one could see any flaw. I'm willing to take it as it is, and pay you the price you ask for it." "No," said the craftsman, "I am not willing to sell it. Nothing imperfect is going out of my shop." And nothing would induce him to sell.

Every one of us ought to work to satisfy his own conscience. One of the tragedies of the present situation is simply the slow death of pride in craftsmanship. The first question we always have to ask of any job is: Does this satisfy me?

(b) We have to satisfy *an employer*. We talk much today of the responsibilities of employers to employees—and they are very real; but equally real are the duties of employees to employers. Kipling's prayer was that there might be men everywhere who do the work for which they draw the wage. The first point I would make with any student or any man is simply that he should earn his pay. The second question we must ask is: Am I doing an honest day's work?

(c) We have to satisfy *God*. God sees everything that we do, and, in the last analysis, everything is done for God.

There is a great story of David (in II Samuel 24. 18–25). David was instructed by the Prophet Gad to erect an altar and to offer sacrifice on the threshing-floor of Araunah. When he went to buy it, Araunah, for love of David, offered him the ground and animals for nothing. But the offer was refused: David was

58

determined to pay the full price. "I will not offer burnt offerings to the Lord my God," said he, "which cost me nothing."

This is not simply a religious problem; nor is it simply pious and sermonic talk. In this modern competitive world, no firm can survive, and no nation can survive which offers shoddy and unconscientious workmanship—that which costs it nothing.

Here, as so often happens, religion and economics meet and agree. Both demand our best; *only then is it fit to be offered to God.*

A PERFECT GENTLEMAN

A number of years ago, a certain gentleman left a certain part of Glasgow to go to America. Throughout the years he has prospered in America, but he has never forgotten his own city. And at each Christmas time to this day he sends to Glasgow Y.M.C.A. a handsome cheque to give a Christmas party to the poor children of his own part of the city.

I want to tell you about two things that happened at that party, once this Christmas, and once a year ago.

Let us begin with the incident that happened a year ago. The children are many of them very poor; they turn up almost an hour in advance, waiting for the doors to open. It is worthwhile going a long way to see the joy on their faces when they sit down to their Christmas meal, and when they get their Christmas presents from the tree.

Last year a small boy, maybe seven years old, turned up. His name is wee Hughie. Wee Hughie had on a thin jersey and trousers and canvas shoes on the coldest night, and he was blue with cold. He had somehow or other fallen and scratched his face and the scratches had become infected, and they were covered with sticking-plaster, half on and half off. Wee Hughie was just a waif and stray who had found his way into the party.

He ate his meal; and then he got his Christmas present parcel. He opened it and on top was a bag of sweets.

I don't think wee Hughie sees sweets very often. Then he looked up and saw the secretary's wife and daughter sitting there, and wee Hughie crossed the floor with his bag of sweets held out: "Please," he said, "will you have one of ma sweets." Wee Hughie, the perfect gentleman, offered his sweets to someone else, before he would take one himself.

So this Christmas came, and there was the same party. The secretary was there again, and two of the little girls had attached themselves to him. They had come and said that they were shy and that they were afraid to go in among the other children. The secretary saw among the other children a figure he recognised. It was wee Hughie, a little bigger now, but although he had grown, his clothes hadn't grown with him, and even on a bitter cold night, there were two or three inches of bare skin showing between the top of Hughie's trousers and the bottom of his jersey.

The secretary called wee Hughie over and he came. The secretary spoke to him for a minute or two, and then, unasked and spontaneously, he took charge of the two little shy girls. He brought them into the circle, settled them in a good place round the Christmas tree

60

and looked after them as if he was a host looking after his most honoured guests.

Wee Hughie, the tattered waif and the perfect gentleman, was at it again.

I don't suppose that wee Hughie is anywhere near being a saint or an angelic child; I am quite sure that he is as wild as the rest. Wee Hughie may sometimes be what is called a juvenile delinquent, but in him there is the natural stuff of which knights are made, and the courtesy which is the first attribute of a gentleman.

It makes you think.

It makes you realise that you daren't judge by externals. Look at the externals and wee Hughie is just a rather scruffy small boy; but beneath the externals there is a heart of gold, and as Burns said long ago, "the heart's aye the part aye that makes us right or wrong."

It is one of the queer paradoxical laws of life that you find the most amazing kindness among those who have least to give. It is an old, old saying that it's the poor who help the poor.

Long ago a Roman moralist said that the worst of wealth is that it is like sea water—the more you drink, the more you want to drink. The odd thing is that for many of us it is true that the more comfortable we become, the more selfish we become. So often, like the widow with the two mites, it is the people who have most who give least.

And in the end a question forces itself on the mind—what's going to happen to wee Hughie? He's going to grow up—into what? Are the circumstances of life going to make him a rebel against society, as so many from his background become? Is he going to grow up into one of those teenagers who are at war with society and with the police? Or, please God, is the knight and the gentleman going to emerge in the years to come? The Church, and the country, have a responsibility here.

IN ALL CONSCIENCE

In many ways it is true to say that a man is a creature who longs for authority. There is a real sense in which it is true to say that man longs to be told what to believe and what to do. But the trouble is that this longing for authority encounters so many conflicting voices even from the experts who are supposed to know.

A very simple thing made me think of this a few days ago. I was reading two newspapers, each of which has a column of medical advice to correspondents. In the one case, the medical adviser strongly insisted that two hours' sleep before midnight was worth four hours after midnight. He laid it down that everyone should be in bed long before the midnight hour.

In the other case, the medical adviser was characterising the saying that two hours' sleep before midnight was worth four hours after midnight, as an old wives' tale in which there was no truth whatsoever, and as a belief which should be decently buried.

What is one to do? When the experts differ so radically on so simple a thing, where is authority to be sought?

This is simply an example of the kind of problem with which we are so often faced. This leads us to think of the much wider problem of where, for the Christian, authority lies. There are many answers to that question.

(a) Does the authority for the Christian lie in conscience? There are those who have held that conscience is instinctive, inherent and innate. Epictetus used to say that no one is born with a knowledge of music or geometry, but everyone is born knowing the difference between right and wrong.

But there is no solution here. Conscience is a variable thing. The conscience of a child is not the conscience of a mature man. The conscience of a civilised man is not the conscience of a primitive man.

Even up-bringing makes a vast difference. One may be brought up in an atmosphere in which, for instance, total abstinence is a matter of conscience, and another may be brought up with an entirely different view.

And still further, it is perfectly possible that one may so silence, stifle and blunt his conscience that it ceases to operate as sensitively as it should. He can come to a stage when he can, without a qualm and without a pang, do what once would have troubled his conscience very much indeed.

Anything so variable and so much the product of circumstances as conscience, cannot be the final authority.

(b) Does the authority of the Christian lie in the Church? It does for the Roman Catholic. But the Church has been guilty of the cruelty of a Spanish Inquisition, of the unspiritual commercialism of a traffic in indulgences, of Pharisaic discipline, of rank obscurantism, and often of the total inability to make any precise pronouncement on the very things on which the ordinary man desires guidance, as, for instance, on the issues of peace and war. The Church on earth is far too human an institution to have any kind of infallibility attached to it.

(c) Does the authority of the Christian lie in the Bible? The trouble about the Bible is that no sooner have we quoted one text on one side, than it is often possible to quote another text on the other side. We could find authority in the Bible for destroying our enemies and for forgiving them, depending on which part of it we use. We could find authority for arguing that there is no life after death, and for arguing that life after death is the very centre of Christian belief, depending on whether we choose to quote the Old or the New Testament.

The fact is that there is no man alive who accepts every word of the Bible as authoritative. He is bound to select, and he uses some other principle to guide his selection.

The truth is that there is no such thing as a final authority which can be externally imposed on any man. It is God's method that man is compelled to his own mind, his own heart and his own judgment. And for the Christian there is only one authority and that authority is Jesus Christ, interpreted by the Holy Spirit. The Christian's questions will be—what does Jesus say about this? What does Jesus want me to do about this? How does this seem, read or looked at through the eyes of Jesus? What is the verdict of Jesus upon this?

Clearly this kind of authority comes from personal experience. You cannot tell what anyone will say about anything unless you know him; and we cannot tell what Jesus would say about anything, unless we know him and have his mind.

The final authority for the Christian is the knowledge of Jesus Christ, which is the product of the experience of Jesus Christ.

A TIME FOR JOY

Here in Trinity College in Glasgow, we have a pleasant custom. We invite well-known people to come and talk to us for ten or fifteen minutes after lunch. We get all sorts of people; and last week we had one who for us was an unusual kind of guest—Rikki Fulton, the comedian, at whom and with whom tens of thousands laugh all through December and right on to the end of March. And Rikki Fulton, like all great clowns, had something serious to say.

One thing struck me about him. I never met a man more thrilled with his job—more in love with it. "I don't want to make people laugh," he said. "I want to make them *shriek*!"

Even after a pantomime has been running for nearly four months, he said, he still couldn't wait to get on to the stage to make contact with his audience.

He told of the joy of receiving a letter from some saddened soul who, in the theatre, had found again God's good gift of laughter.

One could not help feeling the difference between this man eager in his job—sparing no pains to perfect it—and the dull, dispirited, dreary mood of some of us. There is a quiet serene vitality about this man that you would search for in vain in many a church.

And he had a message; his message was a moving appeal for the rediscovery of joy in the church.

How right he was.

I have been reading again a forgotten book—by

James Moffatt, *The Day Before Yesterday*. As usual, Moffatt is full of quotations from the widest range of sources. Again and again, he shows how religion has gained the reputation of being gloom-encompassed. Ibsen's Julian said: "Have you looked at these Christians closely? Hollow-eyed, pale-cheeked, flat-breasted all; they brood their lives away, unspurred by ambition; the sun shines for them, but they do not see it; the earth offers them its fullness, but they desire it not; all their desire is to renounce and suffer, that they may come to die."

You remember Swinburne,

> *Thou hast conquered, O pale Galilean,*
> *The world has grown gray at thy breath.*

There have not been wanting voices of protest.

Once Carlyle was propounding his favourite view that the worship of sorrow was the highest idea of moral goodness, and that it was to be found in the New Testament. Whereat Harriet Martineau turned on him with the retort: "I think Jesus Christ lived one of the most joyous lives."

Ruskin once declared: "We continually hear of the trials, sometimes of the victories of faith, but scarcely ever of its pleasures."

Sir Henry Arthur Jones used to say: "Morality is an uncommonly happy way of living."

There is in Christianity a two-fold danger; there is the danger of becoming too involved in the world, but there is also the equal danger of despising the world.

Baron von Hügel once said an extraordinarily true thing: "If there is one danger for religion, if there is any one plausible, all-but-irresistible trend, which throughout its long rich history has sapped its force and prepared the most destructive counter excesses, it is just that—that of allowing the fascinations of Greece to deaden or to ignore the beauties and duties of Nature."

Jesus loved the birds, and the lilies, and the crops, and the children playing games. There is a clear sense in which he loved the world.

The New Testament says: "Your joy no man takes from you" (John 16.22). It was Jesus' prayer that "his joy should be in his people, and that their joy should be full" (John 15.11). "Rejoice," says Paul, "and again I say to you, Rejoice" (Philippians 4.4).

The noun *chara* which means *joy*, occurs in the New Testament fifty-eight times, and the verb *chairein* which means to rejoice, occurs seventy-three times. The New Testament is the book of Joy. There is no excuse for the dull dreariness which so often passes for Christianity. We Christians are men and women who have received Good News from God. It ought not to take a comedian to remind us of God's ministry of laughter, and of the Christian duty of joy.

IN THE UNLIKELY PLACE

There are few books in the Bible which have taken such a beating as the Book of Esther. Again and again it has been pointed out that from beginning to end the name of God does not occur even once in the whole book. Again and again it has been pointed out that Esther glorifies Jewish nationalism and delights in the slaughter of the enemies of the Jews. Again and again it has been pointed out that Esther knows nothing of

Christian forgiveness, and delights in the most savage vengeance.

Even amongst the Jews, Esther's place in the Canon of Scripture was precarious. Some of the greatest Jewish scholars tried to give the book a kind of midway position. It was, they said, indeed produced by the Holy Spirit, but only for reading, and not as Holy Scripture. In point of fact, it was not until the Council of Jamnia in A.D. 90, that the place of Esther as a book of Scripture was finally assured.

In the Christian Church, Esther was viewed with still more suspicion. At the end of the second century Melito of Sardis did not regard it as Scripture, and, much more significant, when the great bulwark of orthodoxy, Athanasius, drew up his list of the books of Scripture in A.D. 367, he did not include Esther, and relegated it to the secondary books.

Luther, with his usual violence of speech, did not spare Esther. "As to the Second Book of Maccabees," he said, "and that of Esther, I dislike them so much that I wish they did not exist; for they are too Jewish and have many bad Pagan elements."

Even so sober a modern scholar as F. V. Filson says of Esther: "Something less than the highest standards appears in the Book of Esther. It reflects a good sense of the place of Israel in God's plan, but its militant nationalism and wholesale bloodshed are open to definite criticism."

Such then was, and is, the reputation of the Book of Esther. Now it so happens that a very short time ago I was engaged with a group of other people on certain work which involved this Book of Esther. Naturally we mentioned the things that had been said of Esther. And then one of the greatest living New Testament scholars who was there told us a story.

In the days of the 1914–18 war, a body of British troops were besieged for a long time. Boredom more than actual danger was the problem. Among them there was a man who was a man of culture, but an atheist. In the siege he missed above all something to read. In despair he went to the chaplain, thinking that he might have some books. All the chaplain had to offer was the Bible. At first the man declared that the Bible was useless to him; but out of sheer boredom he took it and began to read it. It opened at the Book of Esther. Now whatever else Esther is, it is a great story which would make a magnificent film scenario. The man could not lay it down until he had finished it. If the Bible was like this, it was a worth reading! So indeed he read on—and he was converted. And it is literally true to say that it was the reading of the Book of Esther which led directly to his conversion.

I think that I have told before of an army doctor who was converted by the reading of Leviticus, because its regulations for sanitation and for hygiene were so eminently sensible.

Now, if there are two books which, it is said, could be removed from the Bible without loss, these books are Esther and Leviticus—and yet in the two cases I have instanced these two books were the means towards conversion.

To put it simply—it is safer to leave the Bible alone! Almost the first person to criticise Scripture, and to pick and choose the parts he was going to dispense with, was Marcion who, as Tertullian said, criticised the Scriptures with a pen-knife. There is a tendency to do just that. No one is going to claim that the Book of Esther has the religious value of, say, the Gospel of John, or that Leviticus has as much of the gospel of grace as Luke. But the lesson of experience is that there is a place in Christian experience for all the books of the Bible, and even the books which seem most *unlikely* have been for some the way to God and grace.

We do well to leave the Bible alone in its entirety, for no one knows out of which book of it the Spirit of God will speak to the heart of some man.

HOW TO GROW OLD GRACEFULLY

When I was in London at New Year time, I was just about to cross a busy street when a hand was laid on my arm. It was a little old lady carrying a shopping bag. "Will you take me across the street?" she asked. "I'm too nervous nowadays to cross by myself." So I took her by the arm and helped her across the street. When we got to the other side she thanked me. I was just turning to leave her when she turned to look at me again. "*Never grow old*," she said, and vanished in the crowd on the busy pavement.

So this was her advice. She found old age so frightening, so humiliating and so generally unpleasant that her word to me was "Never grow old." There are many things to be said about that advice.

First and foremost, it is impossible advice. You may stop many things in this life and this world, but you cannot stop the years. You may keep it at bay for long enough, but you cannot stop the slow decay of bodily strength and the slow deterioration of the physical faculties. No man has yet discovered the elixir of perpetual youth. Carefulness will delay the process, but in the end it cannot stop it. The old lady's advice begins with the handicap of being impossible.

It is not only impossible advice; it is bad advice. Impossible advice is always bad advice, for it can only lead to frustration in those who try to take it. This is particularly so in the matter of which we are thinking. "There are so few," said Richard Steele, "who can grow old with a good grace." There are few more embarrassing sights than the sight of someone who is old trying to be young. There is nothing lovely in the sight of someone who is old, dressing, talking, acting, speaking in a deliberate attempt to appear young. You can say few more damaging things, for example, about a woman than draw attention to this weakness. There are few more valuable abilities in life than the ability to accept things as they are, and any wise person accepts the years without any resentment at all, for any wise person knows that it is possible to live in the attitude that the best possible age in life is exactly the age you happen to be.

And this means that the advice not to grow old is mistaken advice, for there is another side to the question and another aspect to the balance-sheet. Perhaps Robert Browning's best-known stanza is:

> Grow old along with me!
> The best is yet to be,
> The last of life, for which the first was made:
> Our times are in His hand
> Who saith "A whole I planned,
> Youth shows but half; trust God: see all nor be afraid!"

There are at least four things that the years should bring.

They should bring a sense of proportion. He must be a strangely unteachable character who fails to learn from the years what is important and what is unimportant.

They should bring an increasing serenity. Again he must be a strangely unteachable person who does not discover from the years that feverish haste and restless anxiety never did anyone any good.

They should bring also a larger tolerance. A man must be strangely blind if the years do not make him more sympathetic and more ready to forgive; for the older one gets, the more he sees clearly how he himself might so easily have made shipwreck of life; and when he sees someone else in trouble, he has surely learned to say: "There but for the grace of God, go I."

And lastly, surely the years will bring an increasing conviction of the triumphant adequacy of the grace of God. When we look back on life we see all that we have come through in the way of sorrow and of tears, of pain and of toil; and we know that we would not be on our own two feet today were it not for God's grace. The experience of the past must give confidence for the future.

The advice is not "Never grow old," but rather, "Grow old with wisdom and with God, sure that the best is yet to be."

IN THE PEW

One Sunday last summer, I worshipped to my pleasure and profit in Martyrs' Church, St Andrews. St Andrews is a world-famous holiday resort, as every golfer knows. During the summer months especially, many visitors find their way into the pews of the St Andrews' churches.

I was a stranger in Martyrs' that day. No sooner had I sat down than I noticed a little white card in the book-board in front of me, and I noticed that similar cards were laid out along all the book-boards. I took up one and read it, and my heart was strangely warmed. It said:

We welcome you to our Church and Fellowship and extend Christian greetings to you.

I did not feel a stranger any more.

After the service I told one of the office-bearers what a fine idea I thought it, and how much I personally had appreciated it, and he at once went on to tell me about two other cards used in Martyrs' Church.

The first is put into the pews on Communion Sunday, and it runs:

The minister, kirk session and congregation of Martyrs' Church, St Andrews, welcome you to the fellowship of the Lord's Table.

I know how touched I would have been to find that card in my pew had I found myself at Martyrs' on a Communion Sunday.

But perhaps the third card is the most original of all. It is a card which the members of this Church take with them when they go to other congregations, as for instance, when they are on holiday, and it runs:

As a visitor to this Church, I bring warm Christian greetings to all who worship here, from Martyrs' Church, St Andrews.

The card is thus received in the churches in which they worship.

I don't know who first thought of all this, nor how many other churches follow it—but isn't it a splendid idea? I wish that more congregations would take it up and practise it.

And now let me share three practical conclusions with which there may be some who will disagree.

The first card says that there can be no strangers at the worship in this Church. That is exactly as it should be. If that is so, there would be no such things as seat-rents in church; and no one should possess, as his or hers, eighteen inches of space. There should never be in any church even the faintest feeling that, if you go in as a stranger, you are sitting in someone else's seat.

It is perfectly true that, just as they do in their own house and home, people will get into the habit of sitting in a certain place; but there should never even be the suggestion that they have the right to do so to the exclusion of anyone else.

The second card says that there can be no strangers at the Lord's Table. I have always been unhappy about the system of "communion cards", as used in Presbyterian Churches, at least in Scotland, and I suppose elsewhere. I have always disliked the idea of a ticket of admission to meet a Lord who said: "Him that cometh unto me, I will in no wise cast out."

Still more do I heartily dislike the state of the stranger who happens to come to a church on a Communion Sunday, and who has to wait at the door while enquiry is made as to what congregation he comes from, and while a "visitor's card" is duly written out.

I know that a record must be kept; I know that elders must visit their districts; and I know that the Sacrament is for those who are pledged members of the Church. But in the last analysis, only God knows who are the members of his Church, and I do not know that the possession of a bit of paste-board guarantees that a man loves the Lord Jesus Christ and is in fellowship with his neighbour and his fellow-men. I do not like admission tickets to the Table of our Lord.

The third card says that we do not belong to one congregation, but to the Church. It means that, into whatever house we go, we still go into the same family. Now the practical conclusion that I draw is that, if this is so, if a man is unhappy and discontented in one congregation, the sooner he leaves it for another the better for the congregation and the better for him. In such a case let him find a congregation in which he will be happy, for he is not a member of a congregation, but of the Church, and all doors are open to him. The man or woman who worships with a grudge cannot worship at all.

There is a way to truly worship.

DEFINITIONS TO SUIT

Jill, the elder of our two grand-daughters, has a very bad cough and cold. One day last week she was in our house, and the time came for her to go home. My wife said to her: "Come on, Jill, put on your cardigan." But Jill didn't want her cardigan on, and wouldn't put it on. My wife said to her: "You've got a cold, Jill, and if you go out without your cardigan it will make it worse." Jill looked at her: "I haven't got a cold," she announced. My wife looked at her in astonishment because Jill's cold is obvious. Then Jill explained: "When you have a cold," she said, "your nose is wet. My nose isn't wet. What I've got is a cough. That's not a cold!" So, you see, Jill made her own definition of what a cold is, just to suit herself.

Now this is something that we all do. We all make our definitions to suit ourselves.

There is many a person who would be shocked at the idea of gambling who thinks nothing of "doing the pools" or "going to the bingo". This same person would be shocked to be told he or she was a gambler. All the likelihood is that this person would never go near a race-course and would never dream of entering a betting shop. People like this—and there are thousands of them—define gambling to suit themselves.

Gambling consists quite simply in putting your money to such a use that you may lose it, or you may get back a great deal more, without doing any work for it, and on the necessity that others should lose their money for you to get your winnings. Whatever way you do that, in a big way or a small way, it is gambling.

There is many a person who would be shocked at the idea of stealing, but who will readily fiddle an expenses account, or evade income tax. I have known people to adopt such petty subterfuges as to travel third-class and claim first-class expenses. The number of people who nowadays steal time that belongs to their employer is legion. Quite simply, stealing means taking what does not belong to you, and we cannot get away from that definition.

There are many people who would be horrified to be called liars; but they are quite capable of twisting the truth to suit themselves. They can invent a plausible story for being late for an appointment, or for forgetting to do something, or for failing to have something done when it ought to be done. They no doubt believe that they would never tell a deliberate lie; but they define what is a lie to suit themselves. A lie is simply a departure from the truth—and again that is a definition we cannot evade.

There are many people who would be shocked and appalled to be called murderers, and fairly certainly they would never strike a man down in cold blood or even in hot temper. But these very same people can gather round a coffee table, or meet for afternoon tea, or monopolise a telephone for minutes on end, quite deliberately murdering the reputation and the good name and the character of other people.

I often wonder if, when someone was repeating some spicy bit of gossip about someone else, we were to say: "Come on round at once and visit that person and let's ask if it's true," they would accept the challenge and come.

This kind of murder is the most cowardly of all, for the kind of person who does this, deals not in honest knock-down blows, but in treacherous stabs in the back.

I think that most of us at one time or another make our own definitions and make them to suit ourselves. It would be better for us and for everyone else if we were to face truth instead of evading it.

ON THEIR FEET

I wonder what our preachers will preach about on Sunday? Whatever else be in a service, I am quite certain that there is one thing which should never be out of it.

I know a house in Glasgow where three women met last week, one afternoon. One is herself ill, and can only keep going with the drugs her doctor prescribes. Not long ago, she lost her only daughter, at the age of twenty-one, electrocuted in bed by an electric blanket, a thing which, by all the laws of science, could not happen. The second had lost her nineteen-year-old daughter in a car accident. The third had lost her son, a brilliant young army officer and one of the finest lads I ever knew, in another car accident when he was coming home on leave from England.

Tennyson wrote in *In Memoriam*,

> *Never morning wore*
> *To evening, but some heart did break.*

Now what I want to ask is: Suppose these women—and thousands like them—go to church this Sunday, what are they going to hear?

They will not get much help from a denunciation of a current TV programme that offends, from a diatribe against Roman Catholicism, or an exposition favourable or unfavourable of *Honest to God*, or an exposition of what in the Bible you cannot believe and cannot accept. What I want to say is: *There should be no service of the Church in which the note of comfort is forgotten.*

Of course, people need rousing; of course, they need rebuking; of course, the Church must have its say on the civic and national and international problems of its day; but somewhere in every service there must be comfort.

Whoever else will be at the service, there will be someone with a broken heart.

It is extraordinary how mindful the Bible is of the broken-hearted. I turn to only one prophet, to Isaiah. "Comfort, comfort my people, says your God" (Isaiah 40.1). "I am he that comforts you" (Isaiah 51.12). "The Lord has comforted his people" (Isaiah 52.9).

You will remember how the prophet interprets his commission from God—and here none of the newer translations can ever really take the place of the Authorised Version. It is to bind up the broken-hearted: to give beauty for ashes, the oil of joy for mourning, the garment of praise for the spirit of heaviness (Isaiah 61.1–3). "As one whom his mother comforts, so will I comfort you" (Isaiah 66.13).

Sunt lacrimae rerum, said Virgil in that phrase at once unforgettable and untranslatable. There are tears of things. And the Bible never forgets the tears of things. And yet it can so often happen that a person can go to a service of the Church, and find that the note of comfort is forgotten.

If we are to preach on Sunday, let us remember that there will be those in sorrow there.

But even so, let us remember another thing. The Bible never forgets the older meaning of the word *comfort*. Frequently the Greek word is *parakalein*, and *parakalein* does not only mean to comfort; it also means *to encourage*. It is for instance used of soldiers encouraging each other as they go into battle.

It must never be forgotten that the Latin root of the word *comfort* is *fortis*, which means *brave*; and the true Christian comfort is no easy and sentimental thing, but something which puts courage into a man when life is threatening to take his courage away.

There is a sentence in Job which Moffatt translates with a flash of sheer inspiration. It is in the speech of Eliphaz the Temanite; and in it Eliphaz says to Job: "*Your words have kept men on their feet*" (Job 4.4).

How any preacher might covet such a verdict on his preaching!

In any service there should be that word of comfort which will keep men and women on their feet, still facing life erect and with steady eyes, even when life has dealt them a blow which threatens to leave them prostrate.

Let no preacher forget that, if he is to walk in the succession of the prophets, and if he is to bring the whole word to his people.

IN THE HANDS OF GOD

I have just come across some physiological facts. They are given as being true of the average woman, but I suppose that in general they will also be true of a man. The average woman owns 750 movable muscles, 500 of which work in pairs. Her skin covers an area of 20 square feet. "In any piece of her skin the size of a postage stamp there are four yards of nerves, a hundred sweat glands, fifteen oil glands, a yard of blood vessels, and three million assorted cells!" When you think of that, you can only say that in truth we are fearfully and wonderfully made (Psalm 139.14).

Now this is what we might call God working in a square inch; this tells us of the detailed marvel of creation; this is seeing God in the infinitesimally small things.

But then we go on to the other end of the scale, and we look at the universe. The astronomers measure the distance that stars are away in light years. A light year is the distance that light travels in a year. Light travels 186,000 miles per second. Therefore in one year light travels 186,000 multiplied by 60 for minutes, multiplied by 60 for hours, multiplied by 24 for days, multiplied by 365 for years.

Now the *nearest* star in the heavens is Alpha Centauri, which is four-and-one-third light years away. (That is to say, the nearest star to the earth is $186,000 \times 60 \times 60$ $24 \times 365 \times 4\frac{1}{3}$ miles away.) The Pole Star is four hundred light years away. (That is to say, its distance from the earth is $186,000 \times 60 \times 60 \times 24 \times 365 \times 400$ miles.)

Put this another way. The light we see shining from the Pole Star left that star just about when Shakespeare was writing his plays, when the Authorised Version of the Bible was being written, and has been travelling ever since at 186,000 miles per second to get here. And when we think of that, we can say with far more amazement than ever the Psalmist could, "When I look at the heavens, the work of thy fingers, the moon and the stars which thou hast established; what is man that thou art mindful of him, and the son of man that thou dost care for him?" (Psalm 8.3–4).

The point about all this is that we see God in two things. First, we see in God *the most detailed care*. Nothing is too small for God. God's love of detail can be seen in the delicate tracery of every snowflake. The very structure of the universe shows us a God for whose care nothing is too small. We need never fear that, as far as God is concerned, we are lost in the mass. The very form of the universe makes it easy to believe in a God whose love is over every creature whom his hands have made.

Secondly, we see a God of *infinite power*. Nothing is too great to be beyond the control of God. The immensities of the universe obey the laws of the universe just as much as the atom or the molecule do. Just as the issues of the individual life are in the hands of God, so are the issues of the universe.

When we come back from a mental journey through the universe, we can see its detail and be reassured that neither we nor those we love can ever drift beyond God's love and care; and we can believe that the issues of life and death can never be beyond his control.

We can be sure that each one of us, and all the world, is in the hands of God.

THE W.P.B.

There is a Church in which I sometimes preach, which has a very pleasant vestry. It is large and light and airy. It is well heated and comfortable even on the coldest day. It has a desk at which any man might be proud to work. It has a magnificent wardrobe to hold gowns and coats. It has an armchair and even a couch on which to relax. It has round its walls the pictures of its past ministers and kirk sessions to be an inspiration to the preacher in the present.

But amidst all its splendour there is one thing which this vestry does not have—*it has no waste-paper basket.* And that is a real loss.

A waste-paper basket is an essential part of life's equipment. There is an art, and a necessary art, of throwing things away. I suppose that the word *discard* must be connected with these card-games in which the presence of certain cards in your hand constitutes a handicap and a danger, and in which the aim is to get rid of them as quickly as possible.

In life there are certain things for which the waste-paper basket is the only right destination.

Paul speaks about putting away childish things (I Corinthians 13.11). There are some people who forget to grow up.

There is a colloquial phrase we sometimes use which has a good deal of sense in it. We sometimes say to people when we are appealing to them to be sensible: "Be your age!"

There can be habits and mannerisms which are attractive and endearing in a child or a young person, which can become merely irritating in an older person. There can be, for instance, a kind of pert vivacity which can be charming in a younger person but which becomes merely exasperating in an older person. There can be a consistent facetiousness which makes one laugh when one encounters it in youth, but which renders all reasonable conversation next door to impossible when it is found in an alleged adult.

It would be no bad thing to take stock every now and again, just to make sure that we are growing up, and that we are putting away childish things, that we are becoming mature and full-grown adults.

We must put away things which are out-of-date. Tennyson speaks of God fulfilling himself in many ways, "lest one good custom should corrupt the world."

Life is full of odd survivals. I write this on a Friday, and in Glasgow University we are looking forward to a holiday on Monday. We get a holiday on the third Monday of November, and on the third Monday—and Tuesday—of February. These two Mondays come precisely halfway through the Martinmas and the Candlemas University terms. We call them *Meal Mondays*. They are a survival of the days when students were very poor, and they were the days when the country and the highland students went home for another barrel of meal, and another barrel of salt herrings to see them through the second half of the term.

The necessity of any such journey is long since past, but we still get the Mondays as holidays—not that I would wish to alter that!

But the point that I am making is that this is a survival.

Now the Church is full of survivals. The language of the Church is archaic. The architecture of the Church is archaic, so that cathedrals like Coventry and Guildford are a sensation. Clerical dress is archaic; the Moderator of the General Assembly of the Church of Scotland still wears what is in fact eighteenth-century court dress.

For some extraordinary reason the Church moves in an atmosphere of antiquity. I have no doubt that it makes for dignity; I have also no doubt that there are times when it makes for complete irrelevance; for, if there is one thing that is true of religion it is that it must always be expressible in contemporary terms. Religion fails if it cannot speak to men as they are. It might be a salutary if painful exercise to see how much of the Church's methods could be consigned to the waste-paper basket.

We must also put away things which are sub-Christian. One would have a right to expect that Church meetings would be conducted with every bit as much efficiency as secular meetings, but in a quite different spirit of fellowship and unity. One would have a right to assume that in a congregation the problem of personal relationships would be solved in a way in which out in the world they are not solved.

There are few things which would do the Church more good than to give some attention to the waste-paper basket!

LET'S FIND REALITY

There is a tradition of the Gilbert and Sullivan operas, as the D'Oyly Carte Company maintains them.

Jane had her first experience of these operas on this present visit. When you are a Gilbert and Sullivan devotee, you wish to bring up the younger generation in the faith!

Jane saw two of the operas. She saw *The Gondoliers*, and she was charmed with it. And then she saw *The Yeomen of the Guard*.

The Yeomen is quite different from any other of the operas. It ends with the death on the stage of poor Jack Point, the jester who dies of a broken heart. The part of Jack Point was magnificently played by John Reed. But for Jane it was too realistically played, for the tragedy of Jack Point broke her young heart! She dissolved into floods of tears and wept bitterly the whole way home, and insisted that so long as she lived she would never consent to go to a Gilbert and Sullivan opera again.

That is not the only thing over which Jane weeps. Jane always weeps at the story of the Cross. In fact, she cannot bear to look on any dramatic presentation of the Passion. The story always makes her cry.

I wish there were more people like Jane. There are so many, so very many, who can listen to the Passion story, who can look at the Cross, and feel no answering sword of grief and pity pierce their hearts: who can look on these things with no more reaction than they would feel on hearing the fat-stock prices on the radio.

This has always been a problem. Tillotson, the great 18th century Archbishop of Canterbury, was one day talking to Betterton, the great actor. Tillotson asked Betterton: "Why is it that I, when I am preaching about the greatest things, leave people quite unmoved, while you, when you are acting in what is nothing more than a play, can move them to the depths of their hearts?" "Sir," said Betterton, "You are telling them stories, while I am showing them facts."

What a condemnation of human nature, what a commentary on the human heart, that the action of a play should be more real to people than the working out of the eternal drama of the love of God!

What is the reason for this? There are two, I think.

First, there is the deadening influence of familiarity. Most of us have heard the story so often that the cutting edge of it is gone. Secondly, there is the strange fact that for so many the Bible stories belong to a kind of land of make-believe. They happen in the same twilight land as the fairy-tales do; they lack the reality of events which are sharply historical.

How can this be amended?

It can be amended, I think, by new methods of presentation and communication. That is why people like J. B. Phillips with his new translation of Scripture, and Geoffrey Beaumont with his introduction of music in the modern idiom into the Church, are so valuable. That is why any man who finds a startling new technique of preaching, or of worshipping, is a man who is doing a public service.

Too often the Church is dying of dignity and perishing in the perfection of some noble liturgy. New things are apt to shock us, and we do not like being shocked. We much prefer to remain comfortably half-awake.

Instead of regarding those who discover new techniques of communication, and who adventurously use them, as dangerous semi-heretics, we should regard them as the new apostles of the age.

This is to say that we need re-expression of the Christian gospel; but even more than that, maybe, we need re-realisation of the Christian gospel. The re-expression is not an end in itself; it is only the means towards an end, and the end is the awakened realisation of what this gospel means.

Basically, the gospel message can never mean anything without one's reawakening to the fact of one's own sin, and the fact of the wonderful love of God, as expressed in the life and the death of Jesus Christ. It is when we face ourselves, and face Christ, that we are lost in wonder, love, and praise. We need to rediscover the almost lost discipline of self-examination; and then a reawakened sense of sin will beget a reawakened sense of wonder.

The ancient word rings out still: "*Is it nothing to ye all who pass by?*" (Lamentations 1.12).

HOE HANDLES

Apolo Kivebulaya was one of the great saints of the African Church, and in the book *African Saint* Anne Luck has told his story.

One of the most characteristic stories of him tells how he arrived at Mboga in the Congo. He was not the first missionary Christian to arrive there. Two African missionaries had been there before him, but they had had to leave because the people would not give them any food. These two former missionaries had been members of the proud Baganda tribe in which menial work is for women and slaves. So, when the people of Mboga refused them food, they had been far too proud to cultivate the land themselves, and so they had to starve or go.

Apolo knew this, and he was well prepared to grow his own food. As he passed through the patches of forest on his way to Mboga he stopped to cut some hoe handles to be ready to get to work on some patch of ground whenever he arrived. When Tabaro, the ruler of Mboga, saw Apolo coming into the village carrying his hoe handles at the ready, he said: "Here is a man who is going to conquer."

A hoe handle may be an odd sign for a conqueror and an odd crest for a victor, but the very sight of it marked out Apolo as the man who would conquer. And why? For the simple yet sufficient reason that here was a man who was clearly prepared to do a day's honest work. It is hardly an exaggeration to say that what the world needs more than anything else is men who are ready and prepared and willing to do an honest day's work.

But we can go a little further than that. Apolo's hoe handles made it clear to the Congo people that he was prepared to work as well as to preach.

Under the Jewish law the rabbis were the greatest scholars and teachers of their day; they were the equivalent of the modern professor. But every Jewish rabbi had to have a trade. No rabbi could take any money for teaching and preaching at all. He had to earn his living by working at some trade. So we find rabbis who were tailors, carpenters, perfumers, barbers; and we know the trade of one who might have become one of the greatest of all Jewish rabbis, if he had not become one of the greatest of Christians, for we know that Paul was a tent-maker, or, as the word probably came to mean, a leather-worker. The rabbi had to work with his hands as well as with his brain and with his words.

Tolstoi somewhere has a story of a nobleman who always kept open house. At evening anyone could come and have a meal at his open and hospitable table. And when anyone came, he was never turned away, but there was one test. The nobleman always said: "Show me your hands," and if the hands were rough and scarred with toil, then the man was given a seat of honour at the top of the table, but if the hands were soft and flabby, then his place was low at the foot of the table.

Dr Jacks somewhere has the story of an Irish navvy. He was a simple soul, and one day someone asked him what he would say if, when he died, he was stopped at the heavenly gates and asked if he could produce any reason why he should be allowed in. He paused for a moment, and then he looked down at his spade with its blade polished and sharpened with constant work until it looked almost like stainless steel. "I think," he said, "I'll just show them my spade." And doubtless it would be a passport to heaven.

Jacks went on to say that when he wrote his many books he always wore an old jacket; and the right sleeve of it had become all tattered and worn with the constant friction of his desk as he wrote. "I wonder," he said, "if my old frayed coat-sleeve will get me in."

One of the strange things about the ministry is that there are many people who do not really think that ministers do an honest day's work—and sometimes perhaps they could be right. There is nothing in this world more tiring and even exhausting than concentrated brain work and study, and there is nothing more emotionally draining than visiting people and trying to help them by nothing less than the giving of oneself. And in that sense there is no harder job in the world than the ministry. But the minister is self-employed; he has no one to see that he does his work efficiently and consciously, and in such a situation it is perilously easy to rise late and to fritter away time.

It always takes self-discipline to be a workman who has no need to be ashamed, and I am certain that there is no job where that self-discipline is more essential, and yet harder, than in the work of the ministry.

Let us remember that the man who is prepared to do an honest day's work is indeed the conqueror. There are some victories that we cannot all win; but the victory of honest work is a victory that is open to all to win.

ESCAPE OR VICTORY

I have just been reading the newspapers, and I find in them certain facts which command attention, though set down quite haphazardly.

In the last financial year, this country spent more on smoking and on drink than it did on housing, fuel and light all put together.

At the end of the dispute between Equity and ITV, the result in one case is that certain dancing-girls are to have their pay raised from £9 9s. to £29 8s. for a fully networked show. Almost at the same time, nurses in the great hospitals and infirmaries have been offered a pay rise of 2½ per cent, that is sixpence in the pound. It is therefore a very much more profitable line of business to dance than it is to care for the sick and the dying.

I find that a certain popular young singer estimates his income at £80,000 a year. Confronted with the fact that he gets eight times as much as the Prime Minister of this country, he says that he does not think that he is overpaid, but he does think that the Prime Minister is underpaid.

I find that an impressario tells us that when he is discussing terms with popular comedians, the talks must begin at a figure of £1500 a week; that figure serves as a basis for discussions. And I find a story of a comedian who cheerfully refused a contract for ten shows at £2000 a show, on the grounds that an extra £20,000 a year was no good to him, when the tax-man had done with it.

I then find a news item which tells me that the Milk Marketing Board has a proposal to tip a quarter of a million gallons of surplus milk down disused mine shafts this spring. When it is pointed out that this milk could possibly be powdered and then sent to Africa, where it could be used to cure 20,000 children from a disease which will cripple them, the answer is that it would be too expensive to install machinery to treat the milk in this way. One wonders what precise figure is "too much" to save the lives of 20,000 children.

When you read facts and figures like these, you might well be pardoned for thinking that one is living in a world which has gone completely mad.

The truth is that these facts paint a perfectly discernible pattern, and demonstrate a perfectly identifiable state of affairs.

It is quite clear that the world is prepared to give its highest rewards to those who entertain it. It will pay the entertainer far more than a doctor or a nurse or a statesman or a minister of religion or anyone engaged in the necessary work and services of life and living.

Entertainment commands the highest pay of all.

We may put it in another way. It seems that what most people are looking for just now is *escape*. What they want is anything which will enable them to escape from reality. The picture-house and the dance-hall provide an escape out of the hard world of reality into a world of romance and glamour. An entertainer provides an escape into laughter in which for a time the realities are forgotten.

W. M. Macgregor used to tell of a woman who lived in a dreadful slum in Edinburgh called The Pans. Every now and again she would go round her friends borrowing a little money here and there, and then she would go and make herself helplessly drunk. When others remonstrated with her about this, she would answer: "Dae ye grudge me ma one chance to get clain oot o' The Pans wi' a sup o' whisky?"

That the entertainer commands the biggest rewards of all, is simply proof that today men and women are engaged in running away from reality; the thing which they rate highest is escape.

Here the folly of this age stands out. Escape is a temporary thing; it may work for a moment or two or an hour or two or even a week or two; but in the end reality catches up on us, and reality has to be faced. And therein lies the greatness of Christianity;

for the Christian faith offers *not escape but victory*. It enables one not to run away from life, but to conquer life. "In the world you shall have tribulation," said Jesus, "but be of good cheer, I have overcome the world" (John 16.33).

The world offers escape; Christ offers victory.

THE STRANGER

Last night an American friend of mine was telling me about something which happened to him while he was in Scotland. My friend is an American minister; he is enjoying what you might call an extended vacation, and he is using it to take classes here in Glasgow University. He is a man of mature years, and has seen a good deal of the world.

He and his wife are staying just outside Glasgow, and they come in to classes each morning with a suburban train. Usually my friend is a bit early for his train, and he has got into the habit of talking to the porter in the station. He doesn't know even the porter's name, but he and the porter have a chat every morning.

One morning last week the porter came up to my friend and handed him a parcel, saying that he wanted him to have this. And what do you think was in the parcel? *A haggis!*

The porter is a Scot; my friend is an American. And the porter wanted to give the stranger within the gates a present from Scotland, and chose the most Scottish thing he could think of—and he just wouldn't take even a word of thanks.

It is a rather wonderful story. There's no wonder that my American friend thinks Scotland rather a wonderful place. But it is more than a story—it is a sermon!

If the Bible is certain about one thing, it is that we must be kind to strangers.

The Bible is very careful for the stranger. It is, in fact, interesting to bring together what the Bible says about the stranger.

No one must ever wrong a stranger. "You must love the stranger as yourself" (Leviticus 19.33–4; Exodus 22.23–9).

God loves the stranger, and so must we (Deuteronomy 10.18–19). "The Lord watches over the stranger," says the Psalmist (Psalm 146.9).

Again and again the stranger appears in the merciful laws of the Old Testament. The stranger must be fed and satisfied from the three year tithe (Deuteronomy 14.29). When the field is being reaped the borders must be left for the stranger, and the gleaner will not glean too closely but will leave something for the stranger (Leviticus 23.22).

There are few things God hates more than injustice to a stranger. "Cursed be he who perverts the justice due to the stranger" (Deuteronomy 27.19; 24.17). Prophet after prophet insists that one of the things which will bring about the doom of the nation is injustice to the stranger (Ezekiel 22.29; Zechariah 7.10; Malachi 3.5).

Hospitality is a sacred duty. "The stranger has not lodged in the street," says Job, "I have opened my doors to the wayfarer" (Job 31.30). In the parable it is the treatment of the stranger which is one of the things which settle a man's eternal destiny (Matthew 25.38, 44). The widows must be hospitable (I Timothy 5.10).

"Do not neglect to show hospitality to strangers," says the writer to the Hebrews (Hebrews 13.2). Hospitality and kindness to strangers are simple virtues, but the Bible sets them very high.

But another thing emerges from this story. Everyone who meets a stranger is an advertisement for his own country—and what an advertisement that porter was! You are bound to judge a country by the people of it whom you meet—and my American friend thinks all the more of Scotland because of the porter.

The opposite can happen. In the same group as my American minister friend, was an American girl. When she came to Scotland she rang up a certain famous institution in which a girl might have expected to find a welcome, and found instead such off-hand, cold and discourteous treatment that her whole idea of that particular institution has been lowered.

I wonder if offices and hotels and institutions at large realise how extraordinarily important the girl at the switch-board is? You can be received at the other end of the line with a cheerful :"Good morning! Can I help you?" or with a response which makes it quite clear that you rank as a nuisance! A stranger is bound to judge this way. There is more motion in the world than in any previous generation; there are, therefore, more strangers everywhere.

The Bible is in no doubt of our duty to them.

WE'LL THINK ABOUT IT

Jill, the elder of our two grand-daughters at three years of age, is a young lady with a mind of her own—and no small ability to express that mind. She knows what she wants, and she usually has a very good shot at getting it.

It so happens that Jill stays very near to us, and she spends a lot of time in our house, sometimes even electing to spend the night because she likes her Granny.

One night recently Jill was coming home in the car with her Daddy and Mummy and her small sister and her Granny. Jill said that she wanted to stay the night with her Granny. Her Daddy said: "Well, we'll think about it when we arrive at Cathcart." A little while later Jill made the same request and got the same answer. A little while later she made the same request, and again got the same answer. And this time she looked at her Daddy and said decisively: "*Don't bother thinking about it! Just let me!*"

And, you know, Jill had something, because this phrase, "I'll think about it", with its close companion, "We'll see", are curious phrases.

Often when we say, "I'll think about it," all that we really mean is that *we don't want to decide*. Very often the phrase is just an evasion, and an excuse for inaction.

There is a famous story of how in a moment of crisis in the history of Greece, Agesilaus, the Spartan king, assembled his men and prepared to go into action. He sent word to another of the Greek rulers asking him to come to help in the hour of their country's peril. The other king replied that he would consider it. Agesilaus sent back the answer: "Tell him that while he is considering it, we will march."

I think that we ought to be very careful that, when we say, "I'll think about it," we don't in fact mean precisely the opposite, and that we are not simply evading a decision that we ought to make.

Another way of putting this is that, when we say, "I'll think about it," we are often simply *postponing something that we ought to do*.

Committees can be very useful things, but it is not altogether untrue that a committee is a thing which keeps minutes and wastes hours! And sometimes one has great sympathy with the person who remarked that the ideal committee is a committee of two, one of whom is permanently ill!

Just sometimes we, perhaps quite unconsciously, labour under the delusion that if we talk about a thing for long enough, in some mysterious way we will find that it has happened. No one is going to deny the usefulness of thinking about things and of discussing them, but perhaps we should remember oftener than we do that thought and talk are in the last analysis no substitutes for action. There comes a time when talking and thinking must become doing, and when the phrase, "I'll think about it", ought to be left behind.

And, lastly, it is all too true that often, if we go on saying, "I'll think about it," the *thing will so often not be done at all*.

You might well divide all things into things which really do require thought before action, and things which demand action on the spot if they are to be done at all. Obviously, if a man fell into the sea and was in danger of drowning, the rescuer cannot stand and say,

"I'll think about it." He has to act on the spot or there will be no rescue at all.

It is often this way with some generous impulse. Someone's need moves us to pity and compassion; we would like to help; but we stop to think about it and the fine moment is gone. There is a Latin proverb, *Qui cito dat, bis dat.* "He who gives quickly, gives twice."

There is a time when it is no doubt wise to say, "I'll think about it," but maybe there are still more times when Jill is right, and when we ought to say, "Don't bother thinking about it! *Do it!*"

SERENE, HUMBLE, CERTAIN

John W. Doberstein in *The Minister's Prayer Book*, which I have been pondering, makes three quotations one after another, all on the same subject. Of the first two the author is nameless. "The life of the clergyman is the book of the layman," "The life of the clergyman is the gospel of the people." The third is from Kierkegaard: "Order the parsons to be silent on Sundays. What is there left? The essential things remain: their lives, the daily life which the parsons preach. Would you then get the impression by watching them that it was Christianity they were preaching?"

These three quotations are all saying something which has been said over and over again. They are saying that *the most effective sermon is a life*; they are saying that Christianity must be demonstrated in action rather than commended in words.

These three quotations all speak specifically of the

parson. But this is to limit the matter far too much. It is not only the life of the parson which is a good or a bad sermon for Christianity; the life of every Church member preaches or fails to preach for the faith which in words he possesses.

What then are the qualities which a Christian life should show? What are the qualities by which it ought to be distinguished and characterised?

In regard to *life* the Christian life should be characterised by *serenity*. The world is littered with people who, as one might say, are permanently disorganised. They are always fussing; they are always worrying; they are often in a near-panic; they never quite catch up with their work. All their days are rushed and harassed and hot and bothered.

There should be in the life of the Christian a certain calm. A worried Christian is a contradiction in terms. A Christian is by definition a man who has that inner strength which enables him to cope with anything that life can do to him or bring to him. There should be in the Christian a calm, quiet, unhurried and unworried strength which is the opposite of the feverish and fretful inefficiency of the world.

In regard to *people* the Christian life should be characterised by what the Bible in the Authorised Version calls *charity*. Maybe the best modern equivalent of charity is kindness. The Christian should be kind in his judgments; kind in his speech; and kind in his actions. It is characteristic of the world to think the worst, and to put the worst construction and interpretation on any action. It is characteristic of the world to say the cruel and the cutting thing; it is characteristic of the world to be so taken up with self that it has little time for kindness to others. But the judgments, the words, and the deeds of the Christian are kind.

In regard to *self* the Christian life should be characterised by *humility*. There are few things so common in this life as conceit, and there are few of us who are not fairly well pleased with ourselves. Humility really means the extinction of self. It is only when self is extinguished that a man can learn, for the first condition of learning is the admission of our own ignorance. Above all, it is only when self is extinguished that a man can really see the beauty and the necessity of service, and that he can discover that the essence of life is not in being served by others, but in serving others.

In regard to *death* the Christian life should be characterised by *certainty*. We are not thinking so much of death as it affects ourselves, although there is also the Christian who should be cleansed from all fear; we are rather thinking of death as it invades our circle and lays its hand on those we love. When death comes, so many people are submerged in sorrow; so many are left in a state of collapse; so many grow bitter and resentful; so many live as if all that they were left with is memory, and as if there were no hope. The Christian is the man who in life's bitterest hour is still certain that nothing in life or in death can separate him from those whom he loved, and from the love of God in Christ Jesus his Lord.

With regard to life, *serenity*, with regard to people, *charity*, with regard to self, *humility*, with regard to death, *certainty*—these are the characteristics of the Christian life.

THINGS THAT COUNT

I borrow this story from the *Sunday Post*, which borrowed it from the Kilmadock Kirk Magazine.

There was a kirk which was looking for a minister. The vacancy committee was at the stage when it was sifting its way through the applications. The committee listened attentively as the clerk read them one by one.

All the candidates, with one exception, seemed to be gentlemen of the highest moral character—brilliant orators, tireless pastors, and experts at reviving flagging congregations and making misers glad to give.

The application which was different from the others went like this: "I have preached in a number of small churches, mostly situated in big towns, but I have never been in one place for more than three years. I have had some success as an author. My relationships with certain church officials in towns where I have preached have not always been of the best, and some of these office-bearers actually threatened me. I have been in jail three or four times for causing a breach of the peace. I am over fifty years of age, and my health is not very good. My memory is rather poor. Indeed, I have been known to forget the names of those whom I have baptised. Nevertheless, I still get quite a lot done. If you can see your way to appointing me, I shall do my best for you."

"Good heavens," said the interim-moderator, "appoint an unhealthy, trouble-making, absent-minded jail-bird? Who on earth is the fellow?"

"Well, sir," replied the clerk, "he signs himself 'Paul'!"

That is indeed the kind of application that Paul might well have written had he applied for a congregation.

Paul was not a well man. All his life he had that thorn in the flesh which so often made life and work a weariness. But how much of the world's work has been done by sick men! Augustus, greatest of the Roman Emperors, suffered from a stomach ulcer, and Julius Caesar, one of the greatest of all the generals, was an epileptic. To the end of the day, Nelson was violently sea-sick every time he put to sea. Sick men have so often written their names across history.

Paul was quite certainly not a handsome man. In the third-century work called *The Acts of Paul and Thecla*, there is a description of Paul which is so unflattering that it must be genuine: "A man of little stature, thin-haired upon the head, crooked in the legs, of good state of body, with eyebrows joining, and nose somewhat hooked." Certainly, from the point of handsome looks, no one would have looked twice at this man Paul.

Still further, it seems that Paul was not even a very good speaker, and that he was certainly no orator. The Corinthians said of him that "his bodily presence is weak, and his speech of no account" (II Corinthians 10.10).

Paul was not alone in this. One of the most crowd-drawing preachers Scotland has ever had was Thomas Chalmers; and they said of him that when he preached he never lifted his head from his manuscript, that he actually followed the line he was reading with his finger as he read, and that he read in a broad Fifeshire accent innocent of any elocutionary attraction.

103

Paul apparently had none of the gifts—and yet there can have been few preachers in history who were more effective. Where did his effectiveness come from?

It came, I think, from one thing—an unanswerable experience of Jesus Christ. It is told that when the Church at Ecclefechan was looking for a minister, Thomas Carlyle's father, who was an elder there, said simply: "What this kirk wants is a minister who knows Jesus Christ other than at secondhand."

Men were compelled to listen to Paul because it was obvious when Paul spoke that this was no carried story, but something which he knew personally to be true.

Polish and elegance can leave a congregation quite cold; experience and sincerity never fail to move men. In the last analysis, we can never bring to anyone else an experience which we have not had ourselves.

IT'S TIME TO THINK OF EASTER

I have just been hearing about the sudden death of a church organist. He literally dropped dead in his middle forties. He was a man who all his life had lived for music in the service of worship. Even when he was in the army during the war he still found time and opportunity for music in the service of God. In this country he and his padre managed to get a portable harmonium somewhere or other, and toured the searchlight batteries holding services; and when the war reached Europe, again and again in Italy, in Greece and in other places, he would find or make the opportunity to make music for worship. This week, as I write, his life came suddenly to an end.

And as it happened, the very day he died he said something which was astonishingly prophetic. It was his custom to co-operate with the organist and choir of a nearby Church to prepare a praise service at the great seasons of the Christian year. And just before he died, he had telephoned the organist of the other Church and had said: "*It's time we were thinking of Easter.*" And so, thinking of Easter and of the life everlasting, his life on earth came suddenly to an end.

It's time that we were thinking of Easter. It is one of the strange things in the modern Church that we think of the Easter faith only at Easter time. It is at Easter time almost alone that we think of the Resurrection and of the life to come; it is at Easter time almost alone that we sing the hymns of the Easter faith. And this is so wrong. I think that we have forgotten the origin of Sunday, the Lord's Day. The Sabbath, the Jewish holy day, commemorated the rest of God after the labour of the six days of creation; the Sunday, the Lord's Day, commemorates the Resurrection of our Lord, for it was on that day that he rose from the dead.

In the early Church the Resurrection was the star in the firmament of the Church. The Resurrection was the one glorious fact on which all worship and all life were founded. To that centrality of the Easter faith, the Resurrection faith, we would do well to return.

It is the Easter faith, the faith in the risen and living Lord, which makes us able to meet life. For if we believe that Jesus Christ is risen and living, then we must believe that all life is lived in his presence, that we are literally never alone, that we are called upon to make no effort, to endure no sorrow, to face no temptation without him.

There is a wonderful unwritten saying of Jesus, a saying which is not in any of the Gospels, but which is surely his: Jesus said: *Wherever they may be they are not without God; and where there is one alone, even then I am with him. Raise the stone and there you will find me; cleave the wood and I am there.* Where the mason works at the stone and where the carpenter works at the wood, Jesus Christ is there. We have only to compare that saying with the saying of a man who did not know Jesus Christ. The ancient preacher wrote: "Who hews stones shall be hurt by them; who cleaves wood is endangered by it" (Ecclesiastes 10.9). For the Christless man, work was a penance and a peril; for the man who knows the risen Christ, work is a sharing of the presence of the risen Lord. "Work," as Jeremias puts it, "is a blessing, because it is hallowed by the presence of Jesus."

> And warm, sweet, tender, even yet
> A present help is He;
> And faith has still its Olivet,
> And love its Galilee.

With the Easter faith, with the presence of the risen Lord, life becomes a glory.

It is the Easter faith, the faith in the risen and living Lord, which makes us able to meet death. It is the Easter faith that we have a Friend and a Companion who lived and who died and who is alive for evermore, who is the Conqueror of death. The presence which is with us in life is with us in death and beyond.

A writer tells how his father died. His father was old and ill. One morning the writer tells how he went up to his father's bedroom to waken him. The old man said: "Pull up the blinds so that I can see the morning light." The son pulled up the blind, and even as the light entered the room, the old man sank back on his pillows dead. Death was the coming of the morning light.

It is time that we were thinking of Easter. The Easter faith should be in our thoughts not simply at a certain season of the Christian year; it ought to be the faith in which Christians daily live, and in which they die, only to live again.

ALIVE WHILE YOU LIVE

I have just this morning heard what was to me a new story of that great scholar, preacher and saint, my old teacher, A. J. Gossip.

Gossip lived a very full life when he was occupying his chair in Trinity College and in Glasgow University. When he was just about to retire from teaching, one of his colleagues, thinking of the change that must come, asked him, "What will you do when you retire?" Back came the answer: "What will I do when I retire? Why, man, keep on living till I'm dead!"

And when Gossip said *living*, he meant living with a capital L!

One of the extraordinary things about the Christian experience is the sheer joyous vitality that it brings into life. When D. L. Moody was converted in the shoe-store amidst the shoes, he went out and said: "I thought the old sun shone a good deal brighter than it ever had before—I thought that it was just smiling upon me, and as I walked out upon Boston Common and heard the birds singing in the trees, I thought they were all singing a song to me. Do you know, I fell in love with the birds. I had never cared for them before. It seemed that I was in love with all creation."

The universe was suddenly gloriously and joyously alive.

In due time Wilfred Grenfell of Labrador was converted by Moody. "He started me working for all I was worth," said Grenfell, "and made religion real fun —a new field brimming with opportunities."

Life became real fun when life became Christian.

As George Wade Robinson the hymn-writer has it:

> *Heaven above is softer blue,*
>> *Earth around is sweeter green;*
> *Something lives in every hue,*
>> *Christless eyes have never seen:*
> *Birds with gladder songs o'erflow,*
>> *Flowers with deeper beauties shine,*
> *Since I know, as now I know,*
> *I am His, and He is mine.*

Let us ask: How does this new vital joy enter into life?

When a man becomes a Christian, life becomes *the outward-looking life*. So long as a man thinks of nothing but his own problems, his own sorrows, his own health, his own disappointments, life is a hypochondriacal thing. To have too much time to think about oneself is almost certainly to think oneself into illness. The Christian looks out, and he becomes so concerned with others that he forgets himself.

In Africa, when they have a specially heavy burden to carry, they tie it to one end of a stick, then they tie a stone of equal weight to the other end of the stick, and then they carry the stick and the two burdens across their shoulders. The one balances the other, and two burdens are easier than one. Start carrying some-one else's load, and you can forget your own.

When a man becomes a Christian, life becomes *the onward-looking life*. There is a weary sameness about the worldly life, a repetitiveness, a sheer boredom. But the one thing of which the Christian is quite sure is that he is on the way to somewhere. For the Christian life is not a tread-mill but a pilgrimage, so that even, in the wilderness, the Christian journeys towards the sunrise (Numbers 21.12).

When a man becomes a Christian, life becomes an *upward-looking life*. He sees things in the light of eternity, and he sees things in the light of God. And immediately two things happen.

The most ordinary things become important and thrilling, because it is in the performance of them that a man is making or marring a destiny or winning or losing a crown.

The hardest things become easy, because there is nothing that is done alone. An atheist has been described as a man with no invisible means of support, but the Christian has the help and the presence of God in every task and at every time.

Outward, onward, upward—these are the directions of the Christian life, and when one lives looking in these directions, in truth he can go on living until he dies.

CONVERTED—BY COURTESY

One of the most interesting hymns in the Revised Church Hymnary is the hymn of which the first verse runs:

> *One who is all unfit to count*
> *As scholar in Thy school,*
> *Thou of Thy love hast named a friend—*
> *O kindness wonderful!*

The interest of that hymn lies in the fact that it is one of the very few great hymns that the younger churches have yet produced. It is the work of Narayan Vaman Tilak, and was originally composed in Marathi.

The story of Tilak's conversion to Christianity is a very interesting and significant one. He was a well-known Marathi poet before he was converted to Christianity.

One day he was travelling in a train with an Englishman who treated him with the most perfect courtesy, instead of resenting his presence as many a European at that time might well have done. They talked and grew to be friendly. Finally the Englishman gave Tilak a New Testament and urged him to study it. "If you do so," the Englishman said, "you will be a Christian within two years." To Tilak at the moment this seemed a quite impossible prediction.

He had been so impressed by the courtesy of the Englishman that he began to read the New Testament. The book gripped him. "I could not tear myself away," he said, "from these burning words of love and tenderness and truth." Two years later to the day, he was baptised in the Christian Church at Bombay.

Now here is the notable thing. It was, of course, the reading of the New Testament which converted Tilak; but the fact remains true that he would never even have begun to read that book had it not been for the Christian courtesy of the nameless and unknown Englishman whom he met on the train. Christian courtesy converted Tilak.

There is something here which is worth pondering. More than one attitude can be encountered in evangelism.

There is the evangelist who preaches with an unconscious superiority. He utters his condemning tirades against the sinner; he dangles the sinner over the pit of hell; his stock in trade is largely threat and denunciation. He speaks from a height downwards; his whole assumption is that he speaks from a position of safety to those who are in peril.

Evangelism like that is far more likely to produce resentment than response.

There is a kind of pugnacious evangelism. Its attitude is that there is no salvation outside its particular way of thinking, and that any theology which does not think as it thinks is a lie. It is marked by intolerance and by harsh criticism of all those who differ from it. It attempts to bring men to Christ, but it has not itself the spirit of Christ.

The highest and most effective kind of evangelism is marked by the basic quality of sympathy. It does not stand over the sinner; it sits beside the sinner. It does not draw a distinction between itself and the sinner; it identifies itself with the sinner. It speaks as one hell-deserving sinner to another.

"True evangelism", as someone has said, "is one

starving man telling another starving man where he has found bread."

The great High Priest, Jesus Christ himself, is "touched with the feeling of our infirmities" (Hebrews 4.15). It is this gift of sympathy and identification which really draws men to Christ.

One who made confession to him tells of a thing which Studdert Kennedy, Woodbine Willie, said. This persons says: "I want to mention an incident which is very precious to me, and which shows the wonderful understanding he had. I went to the Rector for my first Confession, and among all the sins which I had to confess there was one that made me squirm. But it had to be done, of course. He saw how I felt, and as I finished he said with infinite tenderness: 'Yes, my dear, that's my great temptation, too!'"

Here was one who could sit where the sinner sat.

We wonder sometimes why evangelism is not more effective than it is. So long as it speaks from above, and so long as its accent is threat and condemnation, so long as it speaks with intolerance, and limits the way to God to its way, it is bound to awaken nothing but resistance and resentment. Evangelism must speak with Christian courtesy.

FOR PITY'S SAKE

I have just come back, as I write this, from one of my periodical stays in London Central Y.M.C.A. On this occasion my stay coincided with the Association Dinner, and with their accustomed courtesy and kindness, the officials of the Association invited me to come to the dinner.

One of the two main speakers was the General Secretary, Mr Harry Smith, who has an admirable and enviable gift of saying the most important things in the most memorable way. I cannot refrain from passing on a story which Harry told—with apologies to all civil servants.

There was a civil servant who, at the end of his life, thought that he would like to work on a farm. He went to the farm, and the farmer took him on. His first assignment was to clean out the bull's pen. He did this with no trouble at all, and with no fear of the bull.

His next assignment was to whitewash some of the farm buildings. This he did willingly and happily and efficiently. The next day the farmer was to be away all day, and he wished to give the ex-civil servant a job that would occupy him all day. He took him to the barn where the potatoes were stored, and he told him to divide them into large, medium and small, and in particular to keep apart one certain size to be used as seed potatoes. So the farmer went off and left him.

In the evening the farmer came home. He went to the barn, and found the ex-civil servant walking up and down the barn, wringing his hands and almost in tears. "What's the matter?" the farmer asked. The ex-civil servant answered: "I don't mind cleaning out the bull's pen. I like whitewashing the out-buildings. But *for pity's sake*, don't ask me to make a decision!"

Now this story may well be a slander on civil servants, but it is true of a great many people in this twentieth century. This generation is very unwilling to make decisions.

A kind of creeping paralysis can get into a man, when he can't even decide what train to take, or what to choose from the restaurant menu, or even to get up out of his chair and go to bed. A man can get into a state in which even the smallest decision is something to put off and to avoid.

There are certain things which ought to be a matter of decision. Our job in life should be a matter of decision. One of the tragedies and disasters of life is that for the majority of people this is not true. Their job is not what they chose, but what they more or less drifted into because there was nothing else available. This, of course, is not so true of the professions, but it does tend to be true of the man who cannot enter one of the professions. And this is in large measure the cause of discontent and unrest and even of inefficiency and bad workmanship, for there are few people either settled or efficient in a job in which they are not really interested.

There are difficulties, immense difficulties, perhaps it is quite impossible for everyone, but it is certainly true that life would be a new thing for many people, if they were doing the work that they had chosen to do.

Our acceptance of membership of the Church should be the result of a perfectly definite act of decision. Too often it is no more than a kind of hall-mark of respectability. Too often it is entered upon because a young person has reached a certain age, or because a friend is doing it. And too often, once the decision to enter upon Church membership is taken, the ceremony of reception is formal and unimpressive. The day on which a person decides to enter into full membership of the Church ought to be a day never to be forgotten.

It may be that we are living in days when people do not like decision, when they do not like deep involvement and pledged loyalty. Yet the fact remains, if a person is to find himself in his work, it must be work that he has deliberately decided to undertake. If Church membership is to mean what it ought to mean, it ought to be a deliberate and conscious pledge of loyalty to Jesus Christ, made in such a way that it will be impossible to forget it.

OURSELVES AND GOD

One Sunday, in our house, we sat listening to a television talk. We were all there, including the grandchildren Jill and Karen. The speaker was talking about prayer. Jill did not seem to be paying much attention. She was, in fact, in process of getting a series of rebukes for distracting the attention of those who wanted to listen. She was bouncing about in the background, climbing up the back of the couch and doing all sorts of forbidden things. After all, when you are not yet four, television talks on prayer haven't an awful lot to say to you.

The speaker had just been saying that there are certain things to remember in prayer. "God," said he, "knows far better than we do what is for our good. God is far wiser than we are." And then from the back of the sofa there came Jill's voice: "*And he's bigger, too!*" Jill had been listening after all.

God, said Jill, is a lot bigger than we are. Reinhold Niebuhr used to love to tell a story about something his daughter said when she was a little girl. One day he wanted to go for a walk, and he wanted the little girl to go with him, and she did not want to go. He painted the attractions of a walk in the open air in glowing words to persuade her, and in the end she went. When they got home, he said to her: "Well, wasn't that lovely? Aren't you glad you came?" And she answered: "I had to come. You're bigger than me!" She came because, as she saw it, she was a victim of *force majeure*.

How do we feel about God? What is our attitude to what God sends? It seems to me that you can have three attitudes to what happens in life.

(a) You can accept it just because *God is bigger than you*, and in the last analysis you can't do anything about it anyway, so it is better to accept it and to be done with it.

That was the Stoic point of view. The Stoics believed that everything, every single thing that happened, was according to the will of God. They therefore said that the one thing to learn was to accept everything without complaint. Not to do so was simply to batter your head against the walls of the universe, a painful process which got you nowhere. So they said epigrammatically: "If you can't get what you want, teach yourself to want what you can get." This was the Omar Khayyam attitude:

> *'Tis all a Chequer-board of*
> *Nights and days,*
> *Where Destiny with Men for*
> *Pieces plays,*
> *Hither and thither moves,*
> *and mates, and slays,*
> *And one by one back in the*
> *closet lays.*

There are many who have found a certain bleak peace in the thought that it is all fixed anyway. God is bigger than we are; therefore there's no good fighting.

(b) You can accept things because God is *wiser than we are*. This is better, but it is still not the best. We have all known the kind of people who have a passion for arranging the lives of others. They know best and they genuinely think that you ought to accept their guidance. If we could say no more than that God is wiser than we are, there might well be a kind of cold impersonalness in God's dealing with us. We might think of God sitting in a vast superiority arranging people's lives with a kind of intellectual benevolence, meticulously dealing out what is best for us, but regarding us rather as the pieces in a pattern than as persons with hearts that can be touched and feelings that can be hurt.

(c) So we can come to the last attitude; we can accept things because we *know that God is love*. We can know that God does not impose his will on us just because he is bigger than us. God does not impersonally push us around just because he is wiser than us. God loves us, and therefore he seeks not only our good but our happiness. God has the wisdom to know, and the power to do; he is bigger and wiser than we are. But God also has the love to understand; and so he does not move us around like pieces on a board who cannot say no anyway. When we realise that at the heart of things there is love, then we can say, not in resignation, but in joy: "*Thy will be done!*"

THE ONLY PHYSICIAN

Some time ago I was talking to a psychiatrist in one of the greatest mental hospitals in the country. He was talking about his work, and I was talking about mine; he was speaking as a psychiatrist and I was speaking as a minister of the Gospel.

In a way I envied him, for he must often see the evidence of his work in people who are visibly cured in a way that a minister can very seldom experience.

I said this to him: "I suppose that when people leave this hospital they are cured; I suppose they are rid of all their inhibitions and their complexes and their repressions and so on, and that they are new men and women." He looked at me half-smiling. "So you," he said, "are another of these people who believe in psychiatrists?"

I looked at him questioningly. "Well," I said, "I suppose I am."

"Let me tell you something," he said. "All that a psychiatrist can do is to strip a man naked until you get down to the essential man; and, if the essential man is bad stuff, there is nothing he can do about it. That's where you come in."

I don't think he meant literally that that is where *I* or any other minister comes in; I think he meant that is where *Jesus Christ* comes in.

118

In any illness there are certain steps which must be gone through before a cure is possible.

There must be *diagnosis* by the doctor. The doctor must be able to put his finger on the spot, and to say that this and this is wrong. The most alarming illnesses and those most difficult to deal with are the illnesses when no one can quite discover what is wrong. You cannot even begin to treat an illness until you find out what is wrong.

There must be *acceptance* by the patience. The patient must accept the verdict and the diagnosis of the doctor. If he completely refuses to believe that there is anything wrong, and if he persists in going on as if nothing is wrong, then he cannot be cured.

In these matters the layman is the ignorant man and the doctor is the man who knows; and the verdict of the man who knows must be accepted.

There must come next the *prescribed treatment* by the doctor. The sole purpose of the diagnosis of the trouble is that the treatment which will work a cure must be prescribed. Once again the doctor is the man who knows, and who can say what will cure.

And there must follow *acceptance of the treatment*. If the patient does not accept it, if he refuses to have the operation, if he pours the bottle of medicine down the drain and throws the box of pills out of the window, if he totally disregards the diet prescribed, then he cannot hope for a cure. He must do as he is told—which is not a thing most of us like to do.

But there is something to be added to this. A man is not only a body; he is also a soul, a spirit, a mind. And the state of his mind and soul and spirit can be such as to hinder the prescribed cure, or even to make it totally ineffective. If he is tense with nerves or bitter with resentment, or if he has a dull hopelessness that anything can be done, then very little, possibly nothing, can be done. The spirit, the mind, must be right before the body can be cured.

This is clearly set out in the greatest tribute in Jewish literature to the physician (in Ecclesiasticus 38.1, 16).

> *My son, when you are sick, do not be negligent,*
> *but pray to the Lord and He will heal you ...*
> *There is a time when success lies*
> *in the hands of the physicians,*
> *for they too will pray for the Lord.*

The whole thought of the passage is that for a complete cure two things are necessary—the best medical treatment, willingly accepted, and the most intense prayer, faithfully offered. When that happens, then the spirit is in a condition for the body to be cured, for then the grace of God co-ordinates with the skill of man, that skill which God himself has given.

But there is, as the great psychiatrist saw, a sickness of the soul which man is helpless to cure. Only the Divine Physician is adequate to deal with that.

A GREAT FAMILY

The Carnegies are one of the great Scottish families connected with Southesk and with Kinnaird. They take their origin from a man called Jocelyn de Ballinhard, who lived as long ago as 1203. Their family motto is *Dread God*, and a great motto it is.

It speaks of *the need for reverence*. "The fear of God," said the Hebrew sage, "is the beginning of wisdom"

(Proverbs 1.7). By *beginning* he may well mean not the thing with which wisdom begins, but the chief thing is wisdom.

The philosophers speak to us of what they call the *numinous*. The numinous is the feeling of awe which comes to every man at some time or other. It is the feeling that we are in the presence of something which comes from beyond this world, the eerie feeling that there is a presence which is mysterious and inexplicable in the world, a presence of something which is "wholly other" than ourselves.

This the philosophers tell us is the raw material of all religion.

It is true that, through Jesus Christ, there has come to us the friendship of God, and that we can come to him with childlike confidence, and in boldness without dread. But there is a familiarity which can breed contempt in a man with an insensitive heart. When we are in God's house, we should behave with reverence, remembering that the place whereon we stand is holy ground. When we are in God's world we should behave with reverence, remembering that the whole world is the Temple of the Spirit of God, and that in him we live and move and have our being.

We must remember that God is Father; but God is also God, and that the way to approach him is on our knees.

It speaks to us of *the need of obedience*. One of the great troubles of life is that we do not take the commands and the demands of God seriously enough. Somehow, although we know them so well, we are often prepared just to ignore them, or to forget them, as if they did not matter very much.

We must remember this. When we disobey God, when we take our own way, we are not so much breaking God's law as we are breaking God's heart.

One of the things which keeps us from doing many a wrong action is simply the fear to hurt those we love. If we remembered how our thoughtlessness and our disobedience hurt the heart of God, then we would fear and dread to disobey him.

It speaks to us of *the secret of courage*. If we really fear God, we will never fear any man.

When they laid John Knox to rest in his grave, the Earl of Morton looked down. "Here lies one," he said, "who feared God so much that he never feared the face of any man."

Really and truly to fear God is to find for ever the secret of courage in the face of man.

There is a craven and a coward fear. There is an abject and a humiliating fear. There is fear of the consequences, fear of the things that men can do, fear of the things that life can do.

That kind of fear has no place in the Christian life.

There is also a cleansing and an antiseptic fear, a fear which is awe, reverence, dread of God. It is not fashionable now to think much of the fear of God; it is much more fashionable to think sentimentally that God is a good fellow and all will be well.

The fear of God is nevertheless the beginning of wisdom—the foundation of reverence, the foundation of obedience, the mainspring of courage.

TOGETHER . . .

I have been reading with great pleasure Dr F. R. Barry's book on the Church and the ministry, *Asking the Right Questions*. One passage in it has reached me as with a blinding flash of illumination. Dr Barry is speaking of the expression of Christian faith and Christian belief.

One of my difficulties in worship has always been that I have never been happy about the repetition of the Creed. It is, of course, part of the service of the Church of England, though not nearly so universally part of the service of the Church of Scotland.

My trouble has always been that there are certain statements in the Creed that I am not prepared to accept, and I have always felt that to repeat them as an act of worship was dishonest. But this is what Dr Barry says: "In saying the creeds we identify ourselves with the total faith and experience of the Church, trusting that, as our Christian life develops, we may grow into fuller understanding of it. No one Christian can apprehend it all: and indeed the original form of the credal statement is '*We believe*' rather than 'I believe'."

To me this is something infinitely worth saying, and remembering. Here, it seems, for years has been my mistake. Although there are parts where I cannot say, "I believe", it is blessedly true that I can say, "We believe".

I can lose my *un*certainty in the certainty of the whole Church, of the whole company of God's worshipping people. It will be a really notable day when as clearly we introduce our credal confessions not by "I believe" but by "*We* believe".

All this is a demonstration of the folly of thinking of oneself only as an individual. As soon as we become Christians, there is a sense in which we cease to be individuals to become members of the great community of Christ.

As we have seen, my own faith may be puny and meagre and inadequate, but when I enter into the Church, I enter into a tradition and a heritage which is far beyond anything I, as an individual, possess. I am no longer under the grim necessity of being unable to go beyond what I believe; I can remember what *we* believe, and I can take comfort in that.

So I can even in my beliefs unite myself with the fellowship of all believers.

It is definitely so in worship. In a book Dr Alan Walker wrote many years ago, entitled *Everybody's Calvary*, he tells of a young minister in a little village chapel. He invited the congregation to wait for a communion service after the ordinary service was ended. Only two waited. So small was the congregation that he thought of cancelling the whole service, but he decided to go on. He followed the ancient ritual, and he came to the passage: " 'Therefore, with angels and archangels and all the company of heaven, we worship and adore thy glorious name.' " He stopped: the wonder of it gripped him. " 'Angels and archangels and all the company of heaven . . .' God forgive me," he said, "I did not know I was in that company."

In worship even when only two or three are gathered together, Jesus Christ is there, and all the company of heaven are present. You will remember how at Dothan, Elisha opened the eyes of his servant so that he might see the unseen host which encompassed them from heaven (II Kings 6.13–17).

When we worship, even with the two or three, we too are compassed about with a mighty cloud of witnesses (Hebrews 12.1).

It is definitely so with the effort which Christian living and Christian service demand. If we think at all, we are bound to think of things as they should be. The difference is daunting, and sometimes we feel our own weakness and helplessness so much that we come to the conclusion that it is hopeless to do anything about it.

Once again, that is the result of thinking as an individual, and not as a community, a Church scattered throughout every nation upon earth, and all time. At the head is Jesus Christ. Nothing is hopeless in such a fellowship, and with such a Leader.

NO "ACT OF GOD"

Recently I was brought face to face with a problem which I often used to meet when I was a parish minister. One whose main task it is to teach does not have to exercise a pastoral ministry in the same sense as a parish minister must. But a short time ago I had to visit a mother who had lost a daughter in most tragic circumstances. The death of the daughter had taken place as a result of an accident which was in any ordinary way impossible. To this day, no one knows just how this accident occurred. It just should not have happened, yet happen it did.

When it was being investigated, a certain phrase

was used by one of the chief investigators, a man with long experience in such matters. He said that the accident was so impossible of explanation that all he could say was that it was "an act of God".

It is difficult to imagine a more terrible and a more blasphemous phrase. What kind of God can people believe in, when they attribute the accidental death of a girl of twenty-four to an act of God? How can anyone who is left possibly pray to a God who would do a thing like that?

During my own parish ministry, I was never able to go into a house where there had been an untimely and tragic death or sorrow and say: "It is the will of God." When a child or a young person dies too soon, when there is a fatal accident, maybe due to someone's mistake or misjudgment, that is not an act of God, neither is it the will of God. It is, in fact, the precise opposite. It is against the will of God, and God is just as grieved about it as we are.

If a terrible and incurable disease strikes someone, if a child is run down and killed by a motor-car, driven maybe by a reckless or a drunken driver, if there is a disaster in the air or at sea or on the railways, that is not the will of God. It is exactly and precisely what God did not will. It is due to some human failure or to some human selfishness.

God gave men free will because there could neither be goodness nor love without free will, and exactly for that reason the action of men can run right counter to the will of God.

I do not think that anyone can calculate the vast amount of damage that has been done by suggesting that terrible and tragic events in life are the will of God.

When Jesus was on this earth in the body, he healed the sick; he raised to life the little daughter of Jairus, and the son of the widow at Nain. Quite clearly, Jesus did not think sickness and illness and untimely death the will of God. Quite clearly, he thought them the reverse of the will of God. They were the very things that he had come to help and to overcome.

What then can we say at a time like this?

We can say that God is as grieved as we are, that he is sharing in our sorrow and our grief, that he is afflicted in all our afflictions, that his heart is going out to meet our hearts.

We can say that he has it in his power to make it up to those who are taken too soon away, and to those to whom sorrow and suffering has tragically come. If God is justice, and if God is love, I am as certain as it is possible to be certain of anything, that there is a life to come. And in that life to come God is seeing to it that the life cut off too soon is getting its chance to blossom and flourish, and the life involved in tragedy is finding its compensation. The eternal world is redressing the balance of the world of time.

We can say that Christianity has never pretended to explain sorrow and suffering. It may often be that in any tragedy there is traceable an element of human fault, human sin; in any disaster the reason may well lie in human error. Yet even when all such cases are taken into account, there remains much that is sheerly inexplicable.

Christianity offers no cheap and facile explanation. In face of such things, we have often to say: "I do not know why this happened." But what Christianity does triumphantly offer is the power to face these things, to bear them, to come through them, and even to transform them so that the tragedy becomes a crown.

When such things happen, let us at least stop blasphemously talking about their being the will of God.

CONTROL FOR TOO LONG

Bishop Lesslie Newbigin has published an excellent and thought-provoking book, *A Faith For this One World*. Very near the beginning of it, he tells us that for the people of Asia "the great new fact of our time is the end of colonialism." We all know that this is the generation in which former colonies are becoming independent nations.

But not long after this, he goes on to quote something else. "In 1957, the Liberian delegate to the United Nations complained that his country suffered as compared with Ghana in not having the advantage of being a colony." Here, indeed, there is something to think about. It is in one sense true that the one aim and end of many people is the end of colonialism; in another sense it is also true that a country which is or was a colony has something very precious.

Now government and parenthood are very closely related; they in fact ought to function under the same principles. So, if we ask the question, "What is it that goes wrong with government, and turns colonialism from being a good thing into a bad thing?" we are not asking a merely academic and political question. We are asking a question the answers to which may well shed a flood of light not only on the conception of Empire, but also on the conception of parenthood.

In the first place, government quite clearly goes wrong when it consciously or unconsciously thinks in terms of exploitation. Any government which regarded its colonies as territories to be exploited for its own profit, is undoubtedly storing up a world of trouble.

Can parenthood be like that? Unfortunately it can. There are parents who desire their children to do well at school, in university, in all kinds of realms in which there is competition, not nearly so much for the sake of the child, as for the credit it will bring to them. There are children who are driven not for the good of the child, but more for the sake of the parent's ego. There are parents who regard their children much as they would regard an insurance policy. They expect their children to look after them and support them in age. Far be it from me to say that a child has no duties to an aged parent. But the parent who is wise will remember that his or her children will one day have a home of their own, and the introduction of someone else into that home, or the demand of support from that home, may well cause problems which come near to defying solution.

No son was ever nearer to his father than I was, and yet my father even after my mother's death, would not live with me—and he was right. There are cases when nothing else is possible, but there are balances in a home which can be tragically, easily upset by the incoming of even a well-loved stranger as a permanent resident.

In the second place, government goes wrong when it does not fit and equip those who are governed to govern themselves. And parental control, the first object of which is not to enable the child to go out and live his own life, can achieve nothing but tragedy.

To return to Lesslie Newbigin—Lesslie Newbigin draws a contrast between the action of the modern Church to the new Churches, and the action of the early Church to the new Churches. When Paul made a missionary journey he set up Churches here and there; he ordained elders; and *he left them to get on with it.* He had to. He paid them visits; but they governed themselves.

The modern Church tends to keep the young Churches on leading strings for scores of years, thinking, it seems, that until the leaders of the younger Churches are trained and educated in Western culture and theology they cannot govern.

I well know that it is not as simple as that; but that is the principle behind it; and Lesslie Newbigin holds it to be wrong, and pleads for a return to the almost recklessly adventurous policy of the early Church.

However that may be, a teacher's duty is to teach a child to think for himself, and a parent's duty is to teach a child to live for himself; and the sooner the better, for there is no more demoralising thing in this world than control exercised too long. In the last analysis, Christianity means having faith in God, and faith also in people.

LEARN, LEARN, LEARN!

Some time ago I had the great pleasure of being at a Conference on Christian Education in St Andrews. It was quite one of the happiest weeks that I have spent for a long time. It had the great advantage of being in St Andrews, Scotland's loveliest university town. We stayed in St Salvator's, one of the finest of its halls. Good talk and discussion was to be had far into the night—and the early morning. There were excursions and tours to the many places of interest in the town and in the countryside, added to social fun in plenty.

All the time there was learning about the Bible, and about the Christian faith, and about the communication of the Bible and the faith in day schools. And to add to the interest, there were people present from America and Jamaica and Australia to tell us of their experience and their work.

But the thing that struck me most of all was this— of the one-hundred-and-eighty people of all ages, and from all kinds of places, practically all teachers— *they had all come to learn.*

They certainly underlined one of life's great truths— no one can teach, unless he is prepared to go on learning all the time.

One of the saddest things I come across is that sometimes when people pass their final examination, or when they receive their degree, or when they get their post, they think their days of learning are ended. I have actually known a student to sell his textbooks the day his college course ended.

To keep on learning, certain things need to be kept in mind.

We need to remember our own ignorance. Quintilian, the Roman teacher of oratory, said of certain of his students: "They would doubtless have been excellent students, if they had not been convinced of their own knowledge." As the old proverb reminds us: "He who knows not, and knows not that he knows not is a fool— avoid him; he who knows not and knows that he knows not is a wise man—seek his company."

We must never think that there is an age at which we stop learning. No one is ever too old to learn. Cato learned Greek at eighty. When Corot, the great painter, was nearly seventy, he said, "If God spares me for another ten years, I think I may still learn to paint."

Once the great actress Marie Tempest acted in a play which was a failure. Her own performance was brilliant, but the play failed and had to be taken off. There was a very sad luncheon party at the end of the play and everyone was very depressed. Suddenly Marie Tempest brightened up. "Everybody," she said, "at the beginning of their career must expect reverses." When she said that, she was sixty-five—and for her it was the beginning. "Age has its opportunities no less than youth."

One of the surest ways to stay young is to stay interested; and the only sure way to stay interested is to go on learning to the end of the day.

We must always be ready to learn about ourselves. The last thing that most of us know is ourselves. It takes humility to know oneself.

Aristippus and Aeschines were two great Greeks who were friends, and Aristippus was a famous philosopher. Anger rose between them. Someone asked Aristippus: "Where now is the friendship of you two?" "It is asleep," came the answer, "but I will waken it." So he went to Aeschines. "Do I appear to you," he asked, "so utterly unfortunate and incurable as not to be able to receive correction from you?" And Aeschines moved by his friend's humility forgot his anger.

It takes humility to say: "Please tell me my faults." It takes humility to ask for criticism, but it is the way to learn about ourselves, and so to grow in grace.

We must always be learning about God. There is a difference between a *childlike* and a *childish* faith; and it is often the tragedy of life that people mature in years in the physical sense, but not in the spiritual sense. Our faith must grow deeper and deeper as the years go on. There is so much of God to know that not all eternity is time enough to know Him.

A happy secret is that of the teachers with whom I spent such a happy week.

GET ON WITH THE JOB!

What would you do, if you were told that you had an incurable illness, and that you were doomed very soon to die? I have been thinking of that question because I have been reading the story of Dr Thomas A. Dooley, in Walter Russell Bowie's book *Men of Fire*.

Thomas A. Dooley as a young doctor straight from medical school, went with the United States Army to Vietnam in 1954. There he saw disease, famine, squalor, death such as he had never seen. In 1956, his service term came to an end, and most men would have thought it escape, but not Thomas A. Dooley. He could not forget. So he went to the Vietnam ambassador in America and volunteered to lead a medical mission to a country in which there was precisely one fully medically trained doctor for two million people. He went because he could not help it, and he worked because he could not help it.

Then quite suddenly he discovered that what he thought had been a harmless tumour on his chest was malignant cancer. So in America he was operated on again. In the hospital he dreamed of a ceremony that he had seen out in the east. The ceremony of the burning of the mountain was carried out every year. Before the monsoon rains, the people burned the mountain because they thought—and rightly—that the ashes fertilised the soil for the planting of the new rice.

He knew what the dream meant. "I knew the meaning of my dream ... I must, into the burnt soil of my personal mountain, plant the new seedlings of my life. ... Whatever time was left, whether it was a year or a decade, would be more than just a duration. I would continue to help the clots and clusters of withered and wretched in Asia, to the utmost of my ability. The words of Camus rang through. 'In the midst of winter, I suddenly found that there was in me an invincible summer.' Maybe I could not be tender in a better way."

So the young man doomed to die went back to Vietnam. Round his neck he had a St Christopher medal—Dooley was a Roman Catholic—and on the back of the medal four lines by Robert Frost:

> The woods are lovely, dark and deep,
> But I have promises to keep,
> And miles to go before I sleep,
> And miles to go before I sleep.

"If I stop now, I'll probably die sooner," he said. So he went back and worked twenty hours a day, until he literally collapsed at his work.

They brought him back to New York, and on 18th January 1961, Thomas A. Dooley died, one day after his thirty-fourth birthday.

Here was a man whose one motto was: "Get on with the job." It is a good one.

In sorrow—Get on with the job. The work that has been done by men and women with broken hearts is one of the great facts of history.

It was because his young and adored wife died that William Bright plunged into the work that won the repeal of the Corn Laws. It was because her daughter was killed that Josephine Butler engaged in the work which made her one of the greatest social reformers of her generation.

We do not forget our sorrows; we cannot; but to withdraw and to brood is the way to resentment and to nothing but unhappiness. At such a time get a job and get on with it. There is comfort in work.

In disappointment—Get on with the job. There are people who are rather like children who, if they do not get their own way, will not play any more. There are people, who, for some reason or other, have been disappointed in something on which they set their hearts, and from that time they stop doing even what they have been doing. They grow bitter and retire within themselves.

In disappointment, get on with the job. If you can't get the job you want, get on with the job you can get. There is satisfaction in any job well done.

In success—Get on with the job. When you read the New Testament you see at once that the reward for work well done is more work to do (Matt. 25.14–30). There are those who, when they have achieved something, rest on their oars. There is no better way of getting old too quickly. When one job is finished, get on with another job, for that way lies life.

In face of death—Get on with the job. As Stevenson had it, if you know you will never finish your folio, get on with your page. There is no better way for the end to find us than working hard so long as strength lasts.

There are plenty of people in the world who want nothing so much as to dodge the job. The world needs people whose one aim is to get on with the job.

THREEPENCE A TIME

This afternoon I was at a sale of work—a gathering to which I hardly ever go. But it was being held at a friend's church, and he asked me to attend.

There were many interesting things there, but one interested me more than others. In that congregation is a lad who is a Scottish international football player. He is also a Sunday school teacher in that congregation. Now this lad is also a brilliant member of the Scottish football club that won the Scottish Cup. And what do you think he did to help the sale of work?

He succeeded in persuading his club to lend the Scottish Cup—a massive bit of silverware—for display; and at the sale of work the Scottish Cup was put into a room, and for the sum of threepence you could go in and look at it. I think that there is a tremendous lesson for every church member here. This lad wanted to do something to help his church. He must have said to himself: "What is there I can do?" And he found the one thing that he could offer, and he offered it.

Jesus thought the world of people who did that. Once he was away out in a lonely place with a crowd of tired and hungry people. He wanted to give them something to eat before they started on the long tramp home, and he suggested to his disciples that they should do so, and the disciples said it was hopeless to think about it.

But there was a boy there who had his picnic lunch with him—five little rolls and two little fishes like sardines. He knew Jesus was looking for food, and he brought them along and offered them, and a miracle happened (John 6.5-13). And the miracle happened because a boy offered the one thing he had to offer.

It was near the end of Jesus' life and he was in the house of Simon the leper at Bethany, and there was a woman who loved Jesus for what he had done for her. All she had was an alabaster box of ointment, and she came and she anointed him with it. And there were some there who said that this was a foolish and a wasteful thing to do.

But Jesus paid her the biggest compliment you can pay anyone. He said: "Don't worry and criticise her. *She hath done what she could*" (Mark 14.3-9). She offered what she had to offer, and she gave the world a moment of immortal loveliness which will live for ever.

I'm sure you remember the old story of the acrobat who became a Christian. He came into a cathedral and he knelt before a statue of the Virgin Mary. He wanted so much to offer something, but he was poor and he had nothing to give. Then he looked round to see that there was no one watching, and he began to offer all he had to offer—his somersaults, his handstands, his acrobatic tricks.

When he had finished his routine he knelt there, and —the legend says—the Virgin stepped down from her statue and gently wiped the sweat from his brow. He offered what he had to offer.

What a Church we could make it be if people offered what they had to offer. *Jesus does not want what we haven't got; he wants what we have got.* Maybe we have a voice— and there is a church choir which could use it. Maybe we can teach a little—and there is a Sunday school which could use that. Maybe we have some skill or craft—and there's a job on the church buildings to be done which could use that.

We've got a home; and there are lonely people in our town. Jesus could use that home if we offered it to him, and if we were given to hospitality. Maybe there is a new housing area around our church or in our district; it's a big job to visit all these people and to give them an invitation to worship. We've got an evening or two to spare; the church could use that evening for a visit or two.

Maybe we've got a car, and there's an old person who could be doing with a lift to church, who maybe can't get to church any other way. Jesus could use that car.

There is a Scottish international football player who gave his church what he had to offer. What about us doing the same?

HE WILL SUSTAIN THEE

A short time ago I heard a very well known Glasgow minister tell of an incident which he had never forgotten.

More than thirty years ago now he had been at a service conducted by a very famous preacher who for many years had occupied a great pulpit with the greatest distinction. After the service my friend went round to speak to the famous man. "Sir," he said, "when I think of the strain of preaching from this famous pulpit, I do not know how you have carried on all these years." The great preacher answered: "*In this job you do not carry on; you are carried on.*"

My friend went on to say that at the time it had

seemed to him almost a "slick" answer, but the years had taught him that it was nothing but the truth.

The Bible is full of this truth of the support of God. "Cast your burden on the Lord," said the Psalmist, "and he will sustain you" (Psalm 55.22). "When you pass through the waters, I will be with you," Isaiah heard God say, "and through the rivers, they shall not overwhelm you" (Isaiah 43.2). "The eternal God is your dwelling-place," said Moses, "and underneath are the everlasting arms" (Deuteronomy 33.27). Again and again the promise recurs.

There are three things to be said about this.

It is the experience of life that the promise is true. The plain fact is that many of us would bear witness that we have been made able to pass the breaking-point and not to break, that we have been enabled to come through that which we would have said to be impossible, if we had been told in advance that it was to happen.

But this promise is true only upon conditions. The first condition is that we must accept what happens. If we are in a state of bitterness and resentment, then the promise is not for us.

Carlyle dealt roughly with the lady who said: "I accept the universe." "By God," said Carlyle, "she'd better!"

Paul Sangster tells of an incident when his father went to visit a girl in hospital who was going blind, and whom no human skill was able to help. "Mr Sangster," Jessie said, "God is going to take my sight away." For a little while Sangster did not answer. Then he said, "Don't let him, Jessie. Give it to him." "What do you mean?" she asked. "Try to pray this prayer," he answered: " 'Father, if for any reason I must lose my sight, help me to give it to you.' "

You remember Job in the midst of the disasters which smote him: "The Lord gave, and the Lord hath taken away; blessed be the name of the Lord" (Job 1.21).

Before God's promise can come true, we have to accept that which happens to us. This is not to say that all sorrow and suffering and pain and disaster are the will of God. In many cases they are not; they are the result of the sin and the folly and the ignorance of man. But whatever happens, and however it happens, it has to be accepted before it can be transformed.

There is a second condition. We have to try to do our best with, and in, any situation in which we are involved. Acceptance does not mean that we sit down passively and do nothing whatever about a situation. It does not mean that we abandon the struggle to face life with gallantry and with efficiency. It means that what we can do, we will do.

No one ever gets anywhere by running away from life; however difficult life may be we still have to stand up to it. No one ever achieves anything by refusing to help himself.

Suppose health be lost, there is something we can do to pick up the threads again.

Suppose devastating sorrow comes, there is something we can do to get through the terrible days.

Suppose crushing disappointment comes, and hopes are dead, there is something left out of which to rebuild.

Suppose some sin or folly or mistake wrecks life, there is something still left to be salvaged from the wreckage.

It is always true that God helps those who help themselves; and it is also true that God is helpless to help those who refuse to be helped.

When a man faces things in all their agony, God comes in and makes the impossible possible.

A MISTAKE

I have a friend who is an extraordinary man. He is a successful business man, well able to travel to the continent, to France and to Italy, when he wants a holiday. He is an expert naturalist in the things of the district where he lives. And he is also a distinguished poet. He was telling me with great glee about a thing which happened to him during this very week in which I write.

He was coming south from where he stays—a long railway journey. He is not an extravagant man, but, as he said himself, he wanted to think and to compose his mind, so he decided to travel first class on the train.

Now to look at my friend I do not think that you would jump to the conclusion that he possessed all the gifts which he does possess. So he got into a first class railway carriage in which one man was already seated. No sooner had he sat down than the man already in the carriage looked across at him in cold disapproval and said: "Are you aware that this is a first class carriage?"

This man had entirely misjudged my friend, and, looking on the outward man, concluded that he had no right to be in a first class railway carriage.

In a way that story of his is merely amusing. But it is typical of the way in which some people judge other people; they judge entirely by externals. T. E. Lawrence was a quite close friend of Mr and Mrs Thomas Hardy. As everyone knows, T. E. Lawrence laid down his rank in the Army and became an aircraftsman in the RAF.

Sometimes he used to go to tea with Mr and Mrs Hardy at Max Gate, Hardy's house. One day he happened to turn up on the same afternoon as the Mayoress of Dorchester. The lady was affronted; she turned to Mrs Hardy and said in French that in all her born days she had never been asked to sit down to tea with a private soldier—for she had no idea who this aircraftsman was.

There was a deep silence which no one broke, until T. E. Lawrence said courteously: "I beg your pardon, Madame, but can I be of any use as your interpreter? Mrs Hardy knows no French." There followed the very complete collapse of a Lady Mayoress.

There can hardly be anything more dangerous in this world than to judge by externals.

There are those who judge others by their clothes. What would they have said, if they had come across Francis Thompson in the days of his poverty in London, with his coat fastened tight to conceal the fact that he did not possess a shirt, and with his immortal poems, written on old envelopes, in his pockets?

There are those who judge others by their accent. What would they have said, if they had heard Thomas Chalmers preaching in the broadest of broad Scots accents to his Glasgow congregation? They would have fastidiously shut their ears to the flaming truth proclaimed by the uncouth voice.

There are those who judge by worldly success. Maybe they have forgotten the story that Jesus told about the man who was so rich that he did not know what to do with all his possessions, but who, for all that, was a fool (Luke 12.13–21).

There are people who would have looked with

contempt on a little Jewish tent-maker who wandered about Asia Minor with a strange new message; and there are people who would have looked at a carpenter from Nazareth as a person of no importance because he happened to work with his hands.

We may make such a mistake; but God never does. He sees the person behind the externals—and he is never wrong.

TRUE PERSPECTIVE

One of the staggering things about the human mind is how it can lose all sense of proportion. It can magnify trifles until they fill the whole horizon; and it can set side by side things which are of no importance and things which are of eternal importance, and feel no shattering incongruity in the juxtaposition.

Edmund Gosse tells how his father chronicled his birth in his diary. His father was a naturalist; it was a household in which the birth of a child was not really welcomed. When Edmund was born, his father entered in his diary: "E. delivered of a son. Received green swallow from Jamaica." With an astonishing lack of perspective, the birth of a man child into the world, and the arrival of a green swallow from Jamaica are set down side by side.

Mrs Belloc Lowndes in her collection of memories, *A Passing World*, sets down a letter which she wrote to her mother in the autumn of 1914, in the early days of the First World War: "London has become very melancholy. The mourning worn by relatives of the soldiers who have been killed is beginning to show in the streets, and strikes a tragic note. Everything is going to be terribly dear. I got in a case of China tea this morning at the old price, and in the afternoon it went up twopence a pound, so now I wish I had got in two cases."

Here is a woman complaining that the price of China tea is going up twopence a pound when she was moving in a world of broken hearts. The sheer insensitive blindness of a juxtaposition like that is appalling.

We live in a world where people are for ever getting things out of true perspective, a world where one of the rarest of all things is a sense of proportion, a world where people so often seem quite incapable of distinguishing between the things which matter and the things which do not matter.

There is nothing new about this. A man who worked in a paper factory came to see Dr Johnson. He had taken from the factory two or three sheets of paper and some pieces of string to tie up parcels of his own; and by doing so had convinced himself that he had committed a deadly sin. He would not stop talking and lamenting about this trivial business. At last Dr Johnson burst out: "Stop bothering about paper and pack-thread when we are all living together in a world that is bursting with sin and sorrow."

How often friendships are shattered by some trifle! How often the peace of a congregation is wrecked on some completely unimportant detail! How often people delude themselves that they are standing on principles when they are fussing about trifles! How often someone whose heart is breaking is astonished and bewildered at the things which fill other people's lives and talk!

There is only one way to get our perspectives right —and that is to see things in the light of eternity, and in the light of the Cross.

Dr Alan Walker has made that clear to us in the moving story already recounted from his *Everybody's Calvary*, where the young minister suddenly found himself in a larger company altogether than the two with whom he celebrated the communion service when the rest of the congregation had gone. And you and I may do as much—to take upon one's lips those great words of the service: "Therefore with angels and archangels and all the company of heaven . . ." is to move into another dimension. God forgive us, if we never know ourselves in that company!

If we could but see this world against the background of eternity, if we could but see it in the light of the Cross, if we could but see it in the presence of God, or, if that is asking too much, if we could see it simply against the background of human tragedy and human sorrow and broken hearts, we would get back the true perspective.

Trifles should be seen as trifles.

END—AND BEGINNING

Some time ago two things happened very closely to each other which seemed to me very definitely to mark the end of chapters in life. The one was the departure of the Hastings from the editorship of the *Expository Times*, a parting which for me broke a connection which goes back at least a quarter of a century. The other was the death of Sir Hector Hetherington, the former Principal of Glasgow University, without whom it was difficult for my generation to visualise the University at all.

These two events had happened and they were much in my mind. So, thinking of them, I was present at the memorial service for Sir Hector, and before the service I was talking to a distinguished professor who will be retiring from his chair at the end of September. I suppose that the cumulative effect of all this was depressing as far as I was concerned, and I said to the senior professor: "Well, we're at the end of an epoch." He turned and put his hand on my shoulder. "Remember," he said, "if we are at the end of one epoch, we are at the beginning of another."

This was well and bravely spoken, and it seems to me that it was a rebuke to all pessimism and depression.

There are certain things of which that wise saying reminds us.

(a) That our look in life should always be the forward look. It seems to me that we might well define the beginning of old age as the day on which we begin to look back instead of forward. It is the day on which we think rather of what we have done, than of what we still may do.

The backward look is very characteristic of churches and of congregations. There are many congregations suffering from what might be called the handicap of history. At one time or another they had a great period, or rather more probably, a period which memory has wrapped in a golden glow, and they talk for ever of what things used to be like in Mr So-and-So's ministry, and at such-and-such a time. They look back instead of forward, and when that happens the spirit of a congregation is dead. Pray God that to the end of the day we keep the forward look.

(b) It reminds us that any time is a time of opportunity. It is possible to look on the same thing as a disaster, or a challenge. There is a story told of Sir Winston Churchill. There was a time in the early stages of the war when disaster seemed to be imminent. Churchill called a meeting of his leaders. He told them the facts, told them that the nation stood alone, and stood alone with practically no resources other than spirit and courage. It was clear that at that moment some at least of the gathering would have been prepared to give in. There was a moment's silence, and then Churchill said quietly: "Gentlemen, I find it rather inspiring."

To him, the disaster was an opportunity. Any situation is an opportunity for the person who will grasp it.

(c) But the fact that the end of one epoch is the beginning of another also reminds us that there is a time to stop and there is a time to begin. In the Qumran community, from which the famous Dead Sea Scrolls came, there was an interesting law as to the selection of the judges of the community. They were to be skilled in the Book of Study and in the fundamentals of the Covenant. "Their minimum age shall be twenty-five and their maximum age sixty," for men's mental powers recede before they have fulfilled their days (*The Zadokite Document* 10.4–10), on which passage G. Vermes comments that they thus "saved the machinery of government from an encumbrance of aged men."

People keep on too long for two reasons—one is because they want to, and the other is because there is no one willing to take on the work; but if we remember that one epoch ends and another begins, we will also remember that there is a time to lay down work, and there is a time to take it up, and thus we shall neither cling to it too long nor refuse to shoulder the burden in time.

THREE AGES—THREE SINS

June Bingham, in her vivid introduction to the life and thought of Reinhold Niebuhr, *Courage to Change*, quotes a thing that Niebuhr said in 1959, when he was no longer young, and had come through much: "When one is young it is natural to be polemical. As one grows older one wonders whether one is polemical because one has grown in wisdom or because one has diminished in energy."

A saying like that sets one thinking. The danger that threatens life does not remain constant. The temptations which come to us do not remain the same. Each age has its own special sins and faults which are characteristic of it.

The fault of youth is to be in too big a hurry. And very often that haste has a consequence which can be worse than itself. It often means that youth finds it very difficult to take the long view of things.

"Rome was not built in a day", "Hasten slowly", "The more hurry, the less speed"—these are all proverbs, but they were certainly not coined by youth, and they are certainly seldom quoted by youth.

Inevitably youth is a time when feelings are intense and when passions run high. Youth is a time when the moment can be very precious, and when next year can seem a very long way away, and therefore youth is apt to live in the moment and to clutch at the moment.

Youth needs to learn to wait. Many a young minister, for instance, going to a first charge with all the blazing enthusiasm of youth, embarks on a policy of reformation in which this, that and the next thing are changed. The result is, inevitably, trouble, and if he had only waited for a year or two, until people knew him and liked him, he could have done anything he liked with no trouble at all.

Youth needs to learn to look ahead. Things can look very different when we take the long view of them, and the long view is best, for the Christian view is longest of all, for it sees everything *sub specie aeternitatis*, in relation to eternity.

The fault of middle-age is likely to be an over-cautious and even a cowardly prudence. The trouble is that by the time a man is middle-aged he has given hostages to fortune. He has achieved certain standards of living which he would hate to lose. He will therefore often consent to do and to tolerate things because it is dangerous to resist them. The tendency of middle-age is to set security in the highest place. Many a man in middle-age jogs along as he always did simply because he feels that the devil he knows is a lot better than the devil he doesn't know, and he is afraid to change. He feels that he cannot afford the risk of being adventurous. He feels that it is much safer to be a conformist than a non-conformist. He feels that he is much more likely to keep his place and his job if he accepts things than if he protests against them.

The danger of middle-age is that we may well, in our desire for security, lose life with a capital L.

The fault of age is that it has come to a stage when it

prefers things as they are. Age is a little tired; and age is a little disillusioned. It is sadly true that the only lesson that a great many people have drawn from life is that there are a large number of things which can't be done, and which are not worth trying. Niebuhr overworked until he had a very serious illness. He said afterwards that he ought to have seen the signs and have stopped in time. He felt afterwards that he did not give enough time to the personal needs of his students. "The warning signal should have been when they started apologising for bothering me." Often age is critical of youth for no other reason than that age wants things left alone, because it does not want to be disturbed.

When a man knows a danger he can do something to meet it. Each age in life has its own danger. We do well to seek ever in our lives *the renewing and recreating grace which is sufficient for all things and for all ages.*

TO THE LAST MINUTE

When I was a parish minister, I had in my congregation an old lady I used to visit almost every week in life. She had been bed-ridden for so long. She was a character, and she spoke the braid Scots tongue and was not ashamed of it. She was a gallant soul, and I am sure that the visits I paid did me more good than they did her. A visit to her room was the best cure for self-pity that I ever came across.

I didn't wear a clerical collar, except for official occasions, and so the old lady seldom saw me dressed in clerical attire. But one day I came to visit her directly after officiating at a funeral. I came upstairs to her room and put my head round the door. She took one look at me, and said peremptorily: "Get awa' oot o' here and change your collar. Ah'm no' deein' yet!"

From her that was a jest, for she loved her Lord and lived daily with him. But I have never quite forgotten it. For so many people that kind of thing is not a jest, but the truth. There are so many people who leave religion and God out of the reckoning till the last minute.

Their general theory is that they can do without the Church, and without prayer, and without God, until they are up against it. So long as life goes smoothly on, they think that they do not need to bother about God. It is only when life falls in, and when the chill breath of death comes near them that they think about God at all.

Shakespeare knew men. In the first act of *The Tempest* he draws the picture of the storm at sea; and when shipwreck is imminent, he has the grim stage direction, "Enter mariners, wet", and their first cry is, "All lost! to prayers, to prayers! All lost!" It was only when all was lost that they turned to prayers.

In *Henry V*, Shakespeare has the immortal scene when the hostess of the tavern and Pistol, Nym and Bardolph talk of the death of Falstaff (ii 3): "'A parted even just between twelve and one, even at the turning o' the tide; for after I saw him fumble with the sheets and play with the flowers and smile upon his fingers' ends, I knew that there was but one way: for his nose was as sharp as a pen, and 'a babbled of green fields. 'How now, Sir John?' quoth I: 'What man! be a good cheer.' So 'a cried out 'God, God, God!' three or four times: now I, to comfort him, bid him 'a should not think of God; I hoped there was no need to trouble himself with any such thoughts yet."

No need to trouble himself yet with thoughts of God—so many people are like that. As Paul had it: It's time to wake out of sleep; your salvation is coming nearer and nearer; the night is far spent, and the day is at hand (Rom. 13. 11–12).

I think it is Dr Frank Boreham who tells of meeting a doctor friend, and, seeing that the doctor was much depressed, Boreham asked what the matter was. The answer he got was: "I have just come from a man for whom I can do nothing; and if he had come to me months ago, when he felt the first twinges of the thing that will kill him, I could have cured him quite easily. But he has let it go too far."

As someone has put it, the trouble is that so many people connect religion with the ambulance corps and not the firing line of life. And it is disastrously easy to put off too long the calling of the ambulance. The Bible is full of the thought that things must be done *while yet there is time.*

And when we come to think of it, is this any way to treat God? Must we forget about him until we need him? Is God someone of whom we only make use? Is God a life-belt or a friend? Surely he should be the friend of every step of the way, and not only the one whom we call in an emergency. The trouble is that when we treat God that way, it is to a stranger that we appeal.

There was an old saint who spent much time in prayer. Someone asked why he spent so much. He answered: "I talk to God every day so that when the desperate moment comes, he will know my voice."

It is always folly to leave things to the last minute.

BEYOND DIFFERENCES

Lately there came to my house a parcel. I opened it and found therein a book and a letter. The book was a gift from the author who wrote it, and the letter was a gracious and kindly word saying that the writer was grateful for certain things of mine that he had read.

In the letter there was one sentence which greatly moved me: "Naturally I come across things at times, which by reason of my own personal convictions (or it may be prejudice through up-bringing!) I find it difficult to accept. But such differences of outlook on critical questions only enhance in my mind the greater fellowship in those things where we are one."

I suppose if you wished to label this gracious friend whom I have never met, you would call him a fundamentalist. I suppose, if you wished to label me, you would call me a liberal. And yet in the things that matter we are one.

Why can't life always be like that? Why is it that we must make *so much* of our differences and *so little* of our agreements? Why is it that we find it so difficult to appreciate things which differ from our own point of view?

In the *Diary* of Sir Walter Scott there is a story. There were two famous Scotsmen who had quarrelled with each other, John Leyden and Thomas Campbell. Scott repeated Campbell's famous *Hohenlinden* to Leyden. Leyden said: "Dash it, man, tell the fellow that I hate him:—but, dash him, he has written the finest verses that have been published these fifty years."

Scott took that queer message to Campbell and Campbell said: "Tell Leyden that I detest him, but I know the value of his critical approbation." Here were two men, hot-tempered enough to quarrel, but big enough to see the greatness in each other.

I wish that theologians and church people were more like that. I wish that one could differ with a man without branding him as a heretic and a sinner and an outsider. After all, it is bound to happen that one should think differently, and should use different methods and different ways, and why not?

I shouldn't think that Tyson (a fast bowler) thinks Wardle (a spin bowler) a heretic because he believes that the best way to remove opposing batsmen (American readers, for "bowler" read "pitcher") is to bowl at them at eighty-seven miles per hour, while Wardle holds that slow bowling is the thing. I should think it entirely probable that Wardle would heartily agree that there are certain kinds of wickets on which Tyson is much more likely to get men out than he is. They have their methods, and they have their common object, and they both belong to the one team.

There are certain things on which we church people differ.

(a) It is the tragedy of the Church that we cannot sit at the Lord's Table together.

J. B. Phillips in *Appointment with God* protests against the apparent desire by any Church to "corner" the mystery of the sacrament. He writes: "I, for one, cannot see by what right I exclude my fellow-Christian from communion with our common Lord." Who are we to shut any man out from him who said: "Him that cometh unto me I will in no wise cast out"?

(b) It is the tragedy of the Church that we have our liturgical wrangles.

One man insists on a prayer-book service; another insists on free prayer. One man prays extemporaneously; another regards read prayers as an abomination before the Lord. Surely things like that do not matter. Surely it matters not that worship be the elaborate worship of a cathedral or the bare simplicity of a little meeting-house, *so long as men get to God through it.*

We do not compel everyone to eat the same kind of food for their bodies. Why should we compel them to nourish their spirits with the same kind of prayer?

(c) In some ways most bitter of all is the fight about the Bible, the argument between the fundamentalist and the liberal. Though a change is coming.

One man condemns to outer darkness anyone who says that Moses did not write the Pentateuch, that the story of Jonah is not literally true, that maybe John the Apostle was not the pen-man of the Fourth Gospel. Another has arrogant contempt for what he regards as academic ignorance.

If only we were a little more sympathetic to each other, if only we would stop labelling each other heretic and outcast, truth would be better served, and the day be nearer when there will be one flock and one shepherd.

FOUR VEILS

Dr John Oman, in his *Vision and Authority*, said that in the human situation there were necessary veils which hid the mystery of God from the eyes of men, the veils of ignorance, of sin, of weakness, and of evanescence. But he goes on to add, to our wonder, that in Christ and in Christianity these four veils are taken away.

The passage runs as follows:

"Enshrouded by these four veils man stands before the mystery of God. By four great Christian doctrines they are taken away. The veil of our ignorance is removed by the Incarnation, the veil of our sin by the Atonement, the veil of our weakness by Grace, the veil of our evanescence by Immortality."

In a sense, here is the whole pith of Christianity.

The Incarnation takes away our ignorance of God.

Long ago Plato said that it was impossible to find out anything about God, and, if by any chance one did find out anything, it was impossible to tell anyone else.

The very essence of Jesus Christ is that in him we see what God is like. Jesus is the Word (John 1.14). The simplest definition of a word is that it is the expression of a thought; in Jesus we see perfectly expressed the thought of God. "He who has seen me," said Jesus, "has seen the Father" (John 14.9). To see Jesus is to see God.

It is true that in Jesus we do not see the great metaphysical attributes of God, like omnipotence and omniscience and omnipresence. Jesus could stagger under the weight of the Cross; there were things that he did not know; he was confined to one place at one time in the days of his flesh. But in Jesus we do see fully and perfectly expressed the attitude of God to men—and that attitude is love.

When we look at Jesus and see how he treated men and women of all sorts and conditions, we can say: "This is how God feels to me."

The Atonement takes away the barrier of sin.

The Church very wisely has never had one official and orthodox theory of the Atonement. But every theory says one thing, although the different theories may say it in different ways. Through the life and death of Jesus Christ, the relationship between man and God was completely and totally changed.

Because of what Jesus Christ is, and what he did, and does, the fear and the estrangement and the distance and the terror are gone. We know that even to us the friendship of God is open. Now that we know what God is like, we can go to him with childlike confidence and boldness.

The gift of Grace removes our helplessness.

When we know what Grace means, more than one precious thing emerges clearly. We know that our relationship to God depends not on our merits, but on his love. We know that he loves us not because of what we are, but because of what he himself is. We know that we are no longer left to face and fight life alone, but that there is open to us all the power and strength of God.

What the ancient world longed for, as Seneca said, was a hand let down to lift us up. And that is precisely what Grace is. It is the hand of God to lift us out of frustration into victory, out of helplessness into power, out of defeat into triumph.

In Grace there is release from the tension of unavailing effort.

157

The gift of Immortality removes the evanescence of humanity.

Jesus, through his glorious gospel, brought life and immortality to light (II Timothy 1.10). We know ourselves now to be on the way, not to death, but to life. We know that death is not the end, but the beginning of life. We know ourselves to be not the children of a moment, but the pilgrims of eternity. And life has a new value, because it is on the way not to extinction and obliteration, but to consummation and to completion.

So left to ourselves, we are bound to live a life in which the inevitable veils of humanity conceal God from us; but in Jesus Christ the veils are removed, and we see God face to face, knowing him as he is, rejoicing in our new-found friendship with him, triumphant in the power in which our weakness becomes his strength, certain that after life here there is a still greater life, both for us and for those whom we love.

Also available in Fount Paperbacks

BOOKS BY WILLIAM BARCLAY

Jesus of Nazareth

'The book is in Dr Barclay's usual readable and straightforward style and is quite worthy of the film, as the film was of the book.'
Life and Work

In the Hands of God
Ed. BY RITA SNOWDEN

William Barclay's *British Weekly* articles have brought comfort, understanding and pleasure to thousands. These articles help us to take a fresh look at our own lives and the people in them.

Prayers for Young People

Morning and evening prayers for every week of the year, designed to help young people to pray, and with a fine introductory chapter on 'You and Your Prayers'.

More Prayers for Young People

'William Barclay has provided excellent help . . . All Dr Barclay's well-known virtues of clarity and soundness are present.'
Church Times

The Plain Man Looks at the Apostles' Creed

'An excellent book for a serious-minded Church study group . . . It would also provide . . . the right material for a series of talks on the Apostles' Creed. Once again Professor Barclay has done a great service for his fellow Christians in the Church.'
Expository Times

Fount Paperbacks

Fount is one of the leading paperback publishers of religious books and below are some of its recent titles.

☐ DISCRETION AND VALOUR (New edition)
  Trevor Beeson £2.95 (LF)
☐ ALL THEIR SPLENDOUR David Brown £1.95
☐ AN APPROACH TO CHRISTIANITY
  Bishop Butler £2.95 (LF)
☐ THE HIDDEN WORLD Leonard Cheshire £1.75
☐ MOLCHANIE Catherine Doherty £1.00
☐ CHRISTIAN ENGLAND (Vol. 1)
  David Edwards £2.95 (LF)
☐ MERTON: A BIOGRAPHY Monica Furlong £2.50 (LF)
☐ THE DAY COMES Clifford Hill £2.50
☐ THE LITTLE BOOK OF SYLVANUS
  David Kossoff £1.50
☐ GERALD PRIESTLAND AT LARGE
  Gerald Priestland £1.75
☐ BE STILL AND KNOW Michael Ramsey £1.25
☐ JESUS Edward Schillebeeckx £4.95 (LF)
☐ THE LOVE OF CHRIST Mother Teresa £1.25
☐ PART OF A JOURNEY Philip Toynbee £2.95 (LF)

All Fount paperbacks are available at your bookshop or news-agent, or they can also be ordered by post from Fount Paperbacks, Cash Sales Department, G.P.O. Box 29, Douglas, Isle of Man, British Isles. Please send purchase price, plus 10p per book. Customers outside the U.K. send purchase price, plus 12p per book. Cheque, postal or money order. No currency.

NAME (Block letters) _____

ADDRESS _____

_____

_____

CLIVE CUSSLER

R... ... DE L'ANGLAIS
PAR CL... ...ANGLOIS-CHASSAIGNON

GRASSET

*L'édition originale de cet ouvrage a été publiée en 1992
par Simon & Schuster, à New York, sous le titre :*

SAHARA

« J'exprime ici ma profonde gratitude à Hal Stuber, Ph. D. (chimiste de l'environnement) de la James P. Walsh & Associates, à Boulder (Colorado) qui, grâce à ses explications sur les déchets toxiques, m'a permis de rester dans des limites acceptables. »

LE CHENAL

Il paraissait flotter au-dessus du brouillard comme un fantôme nocturne, une énorme bête menaçante émergeant du limon des premiers âges. Sa silhouette basse et noire, inquiétante, se détachait sur les potences des arbres, le long de la côte. Des ombres humaines imprécises se déplaçaient dans la lumière jaunâtre et surnaturelle des lanternes tandis que l'humidité ruisselait le long de ses flancs gris pour retomber dans les eaux du courant paresseux de la James River.

Le *Texas* tirait sur ses amarres le long du quai avec l'impatience d'un chien de chasse sur le point d'être détaché de la meute. De grands mantelets de fer couvraient ses sabords et la cuirasse de six pouces d'épaisseur de sa tourelle paraissait flambant neuve. Seul le pavillon de guerre rouge et blanc flottant à son mât derrière la cheminée, qui pendait mollement dans l'atmosphère humide, le signalait comme un navire de guerre de la Marine des Etats confédérés.

Aux terriens, il paraissait laid et courtaud, mais les marins le trouvaient sans conteste gracieux et plein de caractère. Il était solide et dangereux. C'était le dernier de ce type étrange à fendre les flots avant de disparaître dans une brève mais mémorable explosion de gloire.

Le commandant Mason Tombs se tenait sur le

9

pont avant. Il tira de sa poche un mouchoir bleu avec lequel il épongea les rigoles de sueur qui s'infiltraient dans le col de son uniforme. Le chargement était lent, trop lent. Le *Texas* avait besoin de chaque seconde d'obscurité disponible pour s'échapper jusqu'à la pleine mer. Il regarda anxieusement son équipage qui manipulait avec force jurons des caisses de bois et les enfournait dans une écoutille du pont. Les caisses paraissaient bien lourdes pour ne contenir que les archives de quatre ans de gouvernement. Des hommes les sortaient des chariots attelés de mules, déployés le long du quai où les gardaient solidement quelques survivants fatigués de la compagnie d'infanterie de Géorgie.

Tombs tourna son regard inquiet vers Richmond, à deux miles à peine au nord. Par là, Grant avait brisé la défense têtue avec laquelle Lee protégeait Petersburg. L'armée du Sud, battue, se retirait vers Appomattox en abandonnant la capitale de la Confédération aux forces de l'Union qui approchaient. L'évacuation avait commencé et, dans la cité, la confusion, les rixes et les pillages déferlaient dans les rues. Des explosions secouaient le sol, des flammes surgissaient dans la nuit, les arsenaux et les entrepôts pleins de réserves de guerre étaient la proie du feu.

Tombs, ambitieux et énergique, était l'un des meilleurs officiers de marine de la Confédération. Pas très grand, la physionomie agréable, des cheveux et des sourcils bruns, il portait une épaisse barbe rousse et ses yeux noirs avaient le tranchant du silex.

Commandant de petites canonnières aux batailles de La Nouvelle-Orléans et de Memphis, officier de tir à bord du cuirassé *Arkansas* et second sur l'infamant navire corsaire le *Floride*, Tombs avait montré quel homme implacable il pouvait être contre l'Union.

Une semaine après sa sortie des chantiers Rocketts de Richmond, on lui avait confié le commandement du *Texas* pour lequel il avait exigé et supervisé un certain nombre de modifications en vue de la croisière quasi impossible qu'il allait devoir faire en descendant la rivière au milieu de centaines de canons nordistes.

Il reporta son attention sur le chargement du fret tandis que le dernier chariot s'éloignait du dock et disparaissait dans la nuit. Tirant sa montre de sa poche, il en souleva le couvercle et s'approcha d'une lanterne pendue à un pilier du quai. Huit heures vingt. Il ne restait guère que huit heures avant l'aurore. Pas assez pour couvrir les vingt derniers miles du chenal, protégés par l'obscurité.

Une voiture ouverte attelée de chevaux pommelés vint se ranger au bord du quai. Le cocher resta immobile, sans même tourner la tête, mais les deux passagers regardèrent un instant les dernières caisses disparaître par l'écoutille. Le plus grand, en vêtements civils, s'étira mollement tandis que l'autre, en uniforme d'officier de marine, regarda Tombs et lui fit signe.

Tombs descendit à la hâte la passerelle, s'approcha de l'attelage et salua respectueusement.

— Quel honneur, amiral ! Bonsoir, monsieur le secrétaire. Je ne pensais pas que vous trouveriez le temps de venir nous souhaiter bon voyage !

L'amiral Raphaël Semmes, célèbre pour ses exploits en tant que capitaine de l'*Alabama*, un fameux flibustier confédéré, commandant maintenant l'escadre des cuirassés de la James River, hocha la tête et sourit à travers son épaisse moustache et le petit bouc qui lui cachait le menton.

— Un régiment de Yankees n'aurait pu m'en empêcher !

Stephen Mallory, secrétaire d'Etat à la Marine des Etats confédérés, lui tendit la main.

— On vous a confié une tâche trop importante pour que nous ne prenions pas la peine de venir vous souhaiter bonne chance.

— J'ai un solide navire et un brave équipage, dit Tombs avec confiance. Nous passerons.

Le sourire de Semmes s'effaça et son regard se fit sérieux.

— Si la mission devient impossible, il faut brûler

le navire et le couler dans la partie la plus profonde de la rivière afin que nos archives ne puissent être récupérées par l'Union.

— Les charges sont en place et amorcées, le rassura Tombs. Le fond de la coque explosera, les caisses sont lourdes et s'enfonceront dans la boue du fond tandis que le navire flottera à une bonne distance avant de couler.

Mallory approuva.

— Bonne tactique !

Les deux hommes dans la voiture échangèrent un regard entendu. Un instant, ils parurent gênés.

— Je suis désolé de mettre au dernier moment un nouveau fardeau sur vos épaules, dit enfin Semmes, mais vous allez devoir vous charger d'un passager.

— Un passager ? répéta Tombs, incrédule. J'espère qu'il ne tient pas trop à la vie.

— De toute façon, il n'a pas le choix, marmonna Mallory.

— Où est-il ? s'enquit Tombs en scrutant le quai. Nous sommes prêts à appareiller.

— Il ne va pas tarder, assura Semmes.

— Puis-je savoir de qui il s'agit ?

— Vous le reconnaîtrez très facilement, fit Mallory. Et priez pour que l'ennemi le reconnaisse aussi au cas où vous auriez besoin de le montrer !

— Je ne comprends pas...

Mallory sourit pour la première fois.

— Vous comprendrez, mon vieux, vous comprendrez.

— Ah ! Une information qui vous sera sans doute utile, dit Semmes en changeant de sujet. Mes espions m'ont rapporté que l'ancien cuirassé l'*Atlanta*, capturé l'année dernière par les Monitors yankees, a été remis en service par la Marine de l'Union et qu'il patrouille la rivière au-dessus de Newport News.

Le visage de Tombs s'éclaira.

— Oui, je vois. Etant donné que le *Texas* a la même ligne générale et à peu près les mêmes dimensions, on devrait pouvoir le confondre avec l'*Atlanta* dans l'obscurité.

Semmes hocha la tête et lui tendit un drapeau plié.

— Le drapeau du Nord. Ça pourra servir à un déguisement.

Tombs prit la bannière de l'Union et la coinça sous son bras.

— Je la ferai monter au mât juste avant que nous n'atteignions les lignes de l'artillerie de l'Union, vers Trent's Reach.

— Alors, bonne chance, dit Semmes. Désolé de ne pas rester jusqu'à ce que vous partiez mais le secrétaire a un train à prendre et je dois retourner près de la flotte pour superviser sa destruction avant que les Yankees ne nous tombent dessus.

Le secrétaire à la Marine confédérée serra à nouveau la main de Tombs.

— Le *Fox*, qui a forcé le blocus, vous attend au large des Bermudes et vous ravitaillera en charbon pour la dernière partie de votre voyage. Bonne chance, commandant. Le salut de la Confédération est entre vos mains.

Avant que Tombs pût répondre, Mallory donna au cocher l'ordre de partir. Tombs leva la main pour un dernier salut et resta immobile, cherchant à comprendre les derniers mots du secrétaire. Le salut de la Confédération ? Cela n'avait aucun sens ! La guerre était perdue. Entre Sherman arrivant par le nord des deux Carolines et Grant surgissant du sud et traversant la Virginie comme un raz-de-marée, Lee allait être pris dans l'étau et devrait se rendre. Ce n'était qu'une question de jours. Jefferson Davis cesserait alors d'être le président des Etats confédérés pour n'être plus qu'un vulgaire fugitif. Quant au *Texas* il risquait fort d'être, dans quelques heures, le dernier bâtiment de la Marine confédérée à couler vers une mort silencieuse.

Où donc était le salut, même si le *Texas* réussissait à passer entre les mailles du filet ? Tombs n'avait pas la moindre réponse à cette question. Ses ordres étaient de transporter les archives du gouvernement jusqu'à un port neutre de son choix et d'y rester caché jusqu'à ce qu'il soit contacté par un messager.

Comment la réussite de ce passage en contrebande de papiers bureaucratiques pouvait-elle empêcher la défaite certaine du Sud ?

Ses pensées furent interrompues par son second, le lieutenant Ezra Craven.

— Le chargement est terminé, monsieur, et tout est en place. Dois-je donner l'ordre d'appareiller ?

— Pas encore, dit Tombs. Nous devons prendre un passager.

Craven, gros Ecossais brusque, s'exprimait avec un curieux accent traînant mi-irlandais, mi-sudiste.

— Il aurait intérêt à se presser !

— Le chef mécanicien O'Hare est-il prêt à manœuvrer ?

— Ses moteurs sont à pleine vapeur.

— Et les servants ?

— Ils sont à leurs pièces.

— Nous resterons muets jusqu'à ce que nous rencontrions la flotte fédérale. Nous ne pouvons nous permettre de perdre ni un canon ni un homme d'équipage et il suffirait d'un coup adroit à travers un hublot juste avant.

— Les hommes n'aimeront pas beaucoup être obligés de tendre la joue gauche !

— Dites-leur que ça leur permettra de vivre un peu plus longtemps...

Tous deux tournèrent brusquement leurs regards vers la plage d'où provenait le bruit de chevaux qui approchaient. Quelques secondes plus tard, un officier confédéré émergea de l'obscurité et s'arrêta devant eux.

— Lequel d'entre vous est le commandant Tombs ? demanda-t-il d'une voix fatiguée.

— Je suis Tombs, dit celui-ci en faisant un pas en avant.

Le cavalier mit pied à terre et salua. Il était couvert de poussière et paraissait épuisé.

— Mes respects, messieurs. Capitaine Neville Brown, chargé d'escorter votre prisonnier.

— Prisonnier ? fit Tombs. On m'avait parlé d'un passager.

— Vous le traiterez comme vous voudrez, dit Brown en haussant les épaules avec indifférence.

— Où est-il ? demanda Tombs pour la seconde fois de la soirée.

— Juste derrière. J'ai chevauché en avant de mon groupe pour vous dire de ne pas avoir peur.

— Est-il fou ? murmura Craven. De quoi aurions-nous peur ?

La réponse à cette question fut inutile : une légère voiture fermée venait de s'approcher d'eux, entourée par un détachement de cavaliers vêtus de l'uniforme bleu de la cavalerie de l'Union.

Tombs allait ordonner à son équipage de tirer et de repousser les assaillants quand le capitaine Brown le rassura d'une voix calme.

— Pas de panique, commandant. Ce sont des fidèles sudistes. Ils se sont habillés comme des Yankees parce que c'était le seul moyen de passer entre les lignes de l'Union.

Deux des hommes mirent pied à terre, ouvrirent la porte de la voiture et aidèrent le passager à descendre. Un homme très grand, maigre, portant une barbe familière, mit le pied sur les planches du quai. Il paraissait, lui aussi, fatigué. Des menottes lui attachaient les pieds et les chevilles. Il contempla un instant le cuirassé puis se tourna vers Tombs et Craven qu'il salua d'un mouvement de tête.

— Bonsoir, messieurs, dit-il d'une voix curieusement haut perchée. Ai-je raison de penser que la Marine confédérée m'offre l'hospitalité ?

Tombs ne répondit pas, il ne pouvait articuler une parole. Il resta là, planté près de Craven, incrédule, l'air aussi ahuri que lui.

— Mon Dieu ! murmura finalement Craven. Si vous n'êtes pas déguisé, monsieur, vous êtes quelqu'un !

— Non, répondit le prisonnier, je vous assure, je suis bien le vrai !

— Comment est-ce possible ? demanda Tombs, complètement éberlué.

Brown se remit à cheval.

— Je n'ai pas le temps de vous l'expliquer. Il faut que je fasse traverser la rivière à mes hommes par le pont de Richmond avant qu'on le fasse sauter. Vous en êtes responsables, maintenant.

— Mais qu'est-ce que je dois faire de lui ? demanda Tombs.

— Gardez-le au fond de votre bateau jusqu'à ce qu'on vous donne l'ordre de le relâcher. C'est tout ce qu'on m'a dit de vous dire.

— Tout cela est insensé !

— La guerre l'est aussi, commandant, dit Brown par-dessus son épaule.

Il éperonna son cheval et s'éloigna, suivi par son petit détachement de faux cavaliers de l'Union.

Il n'y avait plus de temps à perdre, plus d'interruptions pour retarder le voyage du *Texas* vers l'enfer. Tombs se tourna vers Craven.

— Lieutenant, escortez notre *passager* jusqu'à mes quartiers et dites au chef mécanicien d'envoyer un de ses hommes lui enlever ces menottes. Je n'ai pas l'intention de mourir dans la peau d'un négrier !

Le barbu sourit à Tombs.

— Merci, commandant. Je vous suis reconnaissant de votre bonté.

— Ne me remerciez pas, dit Tombs d'un ton amer. Dès que le soleil se lèvera, nous nous présenterons tous au diable.

D'abord lentement, puis de plus en plus vite, le *Texas* commença à descendre la rivière de toute la force de sa vapeur, aidé par les deux nœuds qu'ajoutait le courant. Il n'y avait pas un souffle de vent et, en dehors des vibrations des moteurs, la rivière n'était que silence. Dans la pâle clarté d'un maigre croissant de lune, il glissait sur l'eau noire comme un spectre, sensation plutôt que vision, presque illusion.

Il semblait n'avoir aucune substance, aucune masse. Son mouvement seul trahissait sa présence, révélant sa silhouette fantomatique, flottant le long de la côte immobile.

Imaginé pour cette unique mission, ce seul voyage, ses constructeurs avaient fait là une merveilleuse machine, la plus belle machine de guerre que les Etats confédérés aient mis sur l'eau pendant les quatre années de guerre.

Il avait deux hélices, deux moteurs entraînaient les cinquante-huit mètres de sa coque, ses douze mètres de large avec seulement trois mètres cinquante de tirant d'eau. Les trois mètres soixante de sa tourelle faisaient un angle de trente degrés. Des plaques de fer de quinze centimètres doublées de près de trente centimètres de coton maintenu par des plaques de chêne de plus de cinquante centimètres d'épaisseur assuraient sa cuirasse. Cette protection continuait sous l'eau, formant une articulation qui s'enroulait autour de la coque.

Le *Texas* n'était armé que de quatre canons mais leur morsure était mortelle. Deux Blakely de cent livres, montés à l'avant et à l'arrière sur des pivots permettant un angle de tir très large tandis que les deux autres, de neuf pouces et de soixante-quatre livres couvraient le navire à bâbord et à tribord.

Au contraire des autres cuirassés dont les moteurs avaient été récupérés sur des vapeurs marchands, ses moteurs étaient gros, puissants et absolument neufs. Ses lourdes chaudières reposaient sous la ligne de flottaison et ses pistons de près de trois mètres lui faisaient fendre l'eau à quatorze nœuds, c'est-à-dire l'équivalent nautique de vingt-cinq kilomètres à l'heure, une vitesse énorme qu'aucun navire de guerre, qu'il fût du Nord ou du Sud, n'avait jamais pu égaler.

Tombs était fier de son navire et triste aussi à la pensée que sa vie serait probablement bien courte. Il était cependant déterminé à écrire avec lui l'éclatante épitaphe de la gloire expirante des Etats confédérés.

Il grimpa une échelle sur le pont et entra dans le poste de pilotage, petite construction à l'avant de la tourelle, en forme de pyramide tronquée. Les yeux presque fermés, dans l'obscurité, il fit un signe au timonier Leigh Hunt, étrangement silencieux.

— Il faudra tenir à toute vapeur pendant tout le

voyage jusqu'à la mer, monsieur Hunt. Gardez les yeux bien ouverts pour éviter de nous cogner contre les berges.

Hunt était un habitué du pilotage sur la James River. Il en connaissait chaque courbe, chaque écueil comme la paume de sa main. Sans détourner les yeux, il releva la tête.

— Le peu de lumière que nous octroie la lune me suffit pour lire le fleuve comme un livre ouvert.

— Mais les tireurs yankees le lisent aussi bien que vous.

— C'est vrai, mais notre coque grise se fond dans les ombres le long de la rivière. Ils ne nous repéreront pas facilement.

— Espérons-le, soupira Tombs.

Il grimpa par une écoutille et se tint un moment sur le toit de la tourelle. Le *Texas* atteignait Drewry's Bluff lorsqu'il tomba en plein milieu de la flotte des canonnières de l'amiral Semmes sur la James River. Les équipages de ces cuirassés frères, le *Virginia II*, le *Fredericksburg* et le *Richmond*, se préparaient, la mort dans l'âme, à envoyer leurs navires par le fond. Tous se mirent à crier des encouragements au passage du *Texas*. Une fumée noire s'échappait des cheminées de celui-ci jusqu'à obscurcir les étoiles. Le drapeau de bataille confédéré flottait dans la brise, agité par la vitesse du navire, et offrait une image émouvante qu'on ne devait plus jamais revoir.

Tombs enleva son chapeau et l'agita bien haut. C'était le dernier rêve qui, bientôt, se changerait en cauchemar dans l'amertume de la défaite. Et pourtant, c'était aussi un moment extraordinaire qu'il convenait de savourer. Le *Texas* avait commencé le voyage qui ferait de lui une légende.

Puis, aussi soudainement qu'il était apparu, il disparut dans un coude de la rivière, son sillage seul prouvant qu'il venait de passer.

Juste au-dessus de Trent's Reach, où l'armée fédérale avait installé un barrage en travers de la rivière et creusé divers emplacements sur les berges pour

18

les artilleurs, Tombs ordonna de faire monter les couleurs des Etats-Unis en haut du mât.

Dans la tourelle, tout était dégagé en prévision des tirs. La plupart des hommes étaient torse nu et se tenaient devant leur canon, un foulard noué autour du front. Les officiers avaient ôté leur tunique et arpentaient tranquillement le pont en sous-vêtements sous leurs bretelles. Le chirurgien du bord avait distribué des garrots et expliqué aux hommes comment les poser.

On avait mis un peu partout des seaux d'eau en prévision d'un éventuel incendie. Le pont était couvert de sable pour absorber le sang. Les pistolets et les coutelas, à portée de la main, n'attendaient que de repousser des assaillants et les baïonnettes étaient déjà fixées sur les fusils chargés. Les écoutilles communiquant avec l'armurerie étaient ouvertes et les treuils et les poulies prêts à monter la poudre et les balles.

Poussé par le courant, le *Texas* filait à seize nœuds quand sa proue heurta le premier espar du barrage. Il le força sans qu'une égratignure ne raye la cuirasse de fer de sa proue.

Une sentinelle de l'Union, alertée, aperçut le *Texas* émergeant de l'obscurité et tira un coup de son mousquet.

— Cessez le feu, pour l'amour du ciel ! cria Tombs du toit de la tourelle.

— Quel navire êtes-vous ? demanda une voix sur la rive.

— L'*Atlanta*, espèce d'idiot. Etes-vous incapables de reconnaître vos propres navires ?

— Quand avez-vous remonté la rivière ?

— Il y a une heure. Nous avons ordre de patrouiller jusqu'au barrage et de redescendre à City Point[1].

Le bluff prit. Les sentinelles de l'Union postées le long de la rive parurent satisfaites. Le *Texas* poursuivit sa route sans autre incident. Tombs poussa un

---

1. Port de ravitaillement sur la James River de l'armée de l'Union sous la direction du général Grant.

soupir de soulagement. Il s'était attendu à une rafale de boulets contre son navire. Ce danger momentanément écarté, il craignait maintenant qu'un ennemi plus soupçonneux ne télégraphie aux autres postes en amont et en aval pour les avertir.

Quinze miles après le barrage, la chance de Tombs commença à tourner. Une masse basse et menaçante se dessina dans l'obscurité devant eux.

Le Monitor à double tourelle *Onondaga*, avec ses trente centimètres de blindage sur la coque, ses deux puissants canons Dahlgren de quinze pouces et ses Parrotts de cent cinquante livres, était ancré près de la rive ouest, la poupe dirigée vers l'aval. Sur tribord, on chargeait du charbon à partir d'une péniche amarrée le long du cuirassé[1].

Le *Texas* était déjà presque sur lui quand un midship, debout sur le pont supérieur, donna l'alarme en l'apercevant.

L'équipage cessa immédiatement le chargement de charbon et se tourna vers le cuirassé qui se matérialisait en sortant de l'ombre. John Austin, le commandant de l'*Onondaga*, hésita quelques secondes, se demandant comment un cuirassé rebelle aurait pu descendre aussi loin la James River sans être aperçu. Ces quelques secondes lui coûtèrent très cher. Avant qu'il ne criât à ses hommes de faire feu, le *Texas* le dépassa à un jet de pierre.

— Mettez en panne, cria Austin, ou nous tirons jusqu'à vous réduire en miettes.

— Nous sommes l'*Atlanta*, répondit Tombs en criant aussi, tentant de renouveler son bluff.

Mais Austin n'avala pas la fable, même lorsqu'il vit le drapeau de l'Union flotter au mât de l'intrus. Il donna l'ordre de tir.

La tourelle avait obéi trop tard. Le *Texas* avait déjà dépassé sa ligne de tir.

Et les Dahlgren de quinze pouces disposés dans la

---

1. Le *Monitor* d'origine fut le premier bateau de la série. Une soixantaine d'autres furent construits, sur des plans un peu différents, jusqu'en 1903.

tourelle arrière de l'*Onondaga* se mirent à cracher des flammes et de la fumée.

A bout portant comme ils l'étaient, les canonniers de l'Union ne pouvaient pas manquer leur cible. Leur tir frappa les flancs du *Texas* comme une enclume, écrasant la partie supérieure de la tourelle en une explosion de fer et d'éclats de bois qui allèrent se ficher dans la chair de sept marins autour.

A peu près au même instant, Tombs cria un ordre par l'écoutille ouverte. Les volets protégeant les sabords rapidement poussés, le *Texas* mit en action ses batteries de canons qui balayèrent toute la surface de la tourelle de l'*Onondaga*. Un des boulets du Blakely, passant par un sabord ouvert, explosa contre un Dahlgren, provoquant un jaillissement de flammes et de fumée ainsi qu'un terrible carnage. Neuf hommes furent tués et onze grièvement blessés.

Avant que les armes, sur les deux vaisseaux, aient pu être rechargées, le cuirassé rebelle s'était fondu dans la nuit, à l'abri du coude le plus proche de la rivière.

De la tourelle avant de l'*Onondaga* partit à l'aveuglette une dernière salve, les obus sifflant bien au-dessus du *Texas* en fuite.

Désespérément, le commandant Austin ordonna à son équipage de lever l'ancre et de virer à 180 degrés. Mais ce fut inutile. La vitesse de pointe du Monitor ne dépassait pas sept nœuds. Il n'y avait aucun espoir de rattraper le navire rebelle.

Calmement, Tombs appela le lieutenant Craven.

— Monsieur Craven, nous n'allons plus nous cacher sous le drapeau ennemi. Veuillez hisser les couleurs confédérées et fermer les sabords.

Un jeune midship courut vers le mât et dénoua les drisses, amenant le drapeau du Nord et hissant à sa place celui du Sud aux étoiles et aux bandes diagonales sur champ de rouge et de blanc.

Craven rejoignit Tombs sur le pont supérieur.

— Maintenant que l'on connaît notre présence, dit-il, ça ne va pas être du gâteau d'ici à la mer. On peut se débrouiller des batteries sur les rives, elles ne sont pas assez puissantes pour faire autre chose que quelques bosses à notre blindage.

Tombs s'arrêta pour scruter avec appréhension l'arc d'eau noire se déroulant devant eux.

— Les canons de la flotte fédérée qui nous attendent à l'embouchure présenteront beaucoup plus de danger.

Un tir de barrage éclata presque avant qu'il ait fini sa phrase.

— Et ça commence ! souligna Craven avec philosophie.

Il se recula rapidement pour reprendre sa place sur le pont de batterie en dessous. Tombs resta derrière la cabine de pilotage, pour diriger les mouvements du navire contre tout vaisseau fédéré qui pourrait bloquer la rivière.

Des obus crachés par des batteries invisibles et des mousquets commencèrent à pleuvoir sur le *Texas* comme un orage de grêle. Malgré ses hommes qui juraient et s'énervaient, Tombs ordonna de laisser fermés les sabords. Il ne voyait aucune raison de mettre en danger son équipage ni de gâcher des munitions en tirant sur un ennemi invisible.

Le *Texas* supporta l'assaut pendant plus de deux heures. Ses moteurs tournaient à merveille et poussèrent sa vitesse un ou deux nœuds au-dessus de ce qu'ils étaient supposés atteindre. Des canonnières de bois apparurent, tirèrent de toutes leurs armes puis tentèrent de le poursuivre mais le *Texas* les ignora comme de vulgaires moucherons et les dépassa comme s'ils avaient été immobiles sur l'eau.

Soudain, la silhouette familière de l'*Atlanta* se matérialisa, ancré par le flanc le long de la rive. Ses canons tribord crachèrent dès que fut reconnu le monstre rebelle et inflexible qui avançait sur lui.

— Ils savaient que nous arrivions ! murmura Tombs.

— Dois-je le contourner, commandant ? demanda le timonier Hunt avec un calme surprenant.

— Non, monsieur Hunt, répondit Tombs. Eperonnez-le vers l'avant.

— Pour les dégager de notre chemin ! dit Hunt qui avait compris. Très bien, monsieur.

Hunt donna un quart de tour à la barre et plaça la proue du *Texas* dans l'axe de la proue de l'*Atlanta*. Deux boulets des canons de huit pouces de l'ancien navire confédéré pénétrèrent dans la tourelle qui s'approchait très vite. Ils déchirèrent le bouclier protecteur, repoussèrent la couche de chêne sur près de trente centimètres et blessèrent trois hommes sous le choc et les éclats de bois.

La distance entre les deux navires diminua très vite. Le *Texas* enfonça près d'un mètre de sa proue de métal dans la coque de l'*Atlanta* et continua jusqu'au pont, cassant la chaîne d'ancre avant, faisant décrire à l'ennemi un arc de 90 degrés tout en enfonçant son pont sous la surface de la rivière. L'eau s'engouffra dans les sabords du cuirassé de l'Union qui commença à disparaître tandis que le *Texas* réussissait à passer à travers la pluie de boulets et les canonnières fédérées qui le poursuivaient. Les lignes du télégraphe bourdonnaient des nouvelles de l'approche du cuirassé dans le raz de marée de chaos et de désespoir enveloppant les batteries installées sur les rives et les navires de guerre tentant de l'intercepter et de le couler.

Des boulets et des balles ne cessaient de s'abattre sur l'acier du *Texas* avec une force qui le faisait vibrer de la proue à la poupe. Un boulet de cent livres tiré par un Dahlgren installé sur une hauteur près de Fort Hudson frappa le poste de pilotage, laissant le timonier Hunt assommé par le choc et ensanglanté par les fragments de toutes sortes qui volaient partout. Il demeura cependant à la barre, imperturbable, maintenant le navire dans sa course immuable au milieu du chenal.

Le ciel commençait à pâlir vers l'est lorsque le *Texas*, sortant comme un boulet de la James River, passa Newport News et s'engagea dans le large estuaire et les eaux plus profondes de Hampton Roads, là où le *Monitor* et le *Merrimack* s'étaient battus comme des Titans, trois ans auparavant.

On aurait pu croire que toute la flotte de l'Union s'était alignée là pour les attendre. Du pont supérieur, Tombs ne voyait qu'une forêt de mâts et de cheminées. Des frégates lourdement armées et des corvettes, à gauche, des Monitors et des canonnières à droite. Et au-delà, l'étroit chenal entre la puissance de tir massive de Fort Monroe et de Fort Wool, bloqué par le *New Ironsides*, un formidable vaisseau à la coque conventionnelle cuirassée de fer, armé de dix-huit lourds canons.

Tombs ordonna enfin d'ouvrir les sabords et de sortir les canons. Maintenant, la Marine fédérale allait connaître toute la fureur de ses crocs. Avec un hurlement de joie, les hommes du *Texas* firent glisser les volets et avancer les gueules des canons dans les orifices, amorceurs prêts, relâchant les loquets. Les officiers se mirent à leurs postes, leurs tire-feu en équilibre.

Craven parcourut calmement le navire, riant et plaisantant avec les hommes, offrant des paroles d'encouragement ou des conseils. Tombs, descendu du pont de commandement, fit une brève allocution, acerbe envers l'ennemi et optimiste quant à la correction que les vrais fils du Sud allaient flanquer à ces chiens de Yankees. Puis, sa longue-vue sous le bras, il regagna son poste sur le pont de commandement.

Les canonniers de l'Union avaient eu tout le temps de se préparer. Les signaux codés et lumineux qui devaient annoncer l'arrivée du *Texas* furent envoyés. Il sembla à Tombs que, dans sa longue-vue, les ennemis occupaient tout l'horizon. Un silence terrible régnait sur l'eau, comme un maléfice, tandis que les loups attendaient que leur proie pénètre dans ce qui semblait un piège inévitable.

Le contre-amiral David Potter, épais et barbu, sa casquette plate fermement enfoncée, était monté sur une caisse de munitions d'où il apercevait tout le pont de son navire amiral, la frégate *Brooklyn*. Il contempla la fumée du cuirassé rebelle qui approchait dans la lumière pure de l'aurore.

— Le voilà ! dit le capitaine James Alden, qui commandait le navire amiral de Potter. Il arrive comme le diable, droit sur nous !

— Un beau et noble vaisseau en route pour sa tombe, murmura Potter tandis que le *Texas* emplissait la lentille de sa longue-vue. Voilà un spectacle que nous ne verrons plus jamais.

— Il est à notre portée, annonça Alden.

— Inutile de gaspiller de bonnes munitions, monsieur Alden. Dites à vos hommes d'attendre et que chaque coup doit porter.

A bord du *Texas*, Tombs donna ses ordres au timonier qui tenait courageusement la barre malgré le sang qui coulait de sa tempe.

— Hunt, restez aussi près que possible des frégates en bois. De cette façon, les cuirassés hésiteront à tirer de peur de toucher leurs propres bateaux.

Le premier navire des deux lignes était le *Brooklyn*. Tombs attendit d'être à bonne portée avant d'ordonner le tir. Le Blakely de cent livres sur la proue du *Texas* ouvrit les hostilités en envoyant un obus qui siffla en traversant le fleuve avant de frapper le navire de l'Union, réduisant en miettes son bastingage. Il explosa contre un énorme canon Parrott et tua tous les hommes à trois mètres à la ronde.

Le *Saugus*, un Monitor à tourelle unique, ouvrit le feu à son tour avec ses doubles Dahlgren de quinze pouces tandis que le *Texas* fonçait toujours. Le tir des deux boulets se révéla trop court. Ils ricochèrent comme des pierres, faisant jaillir une énorme cascade d'écume. Alors les deux autres Monitors, le *Chickasaw*, récemment rentré de Mobile Bay où il avait pris part à la capture du puissant cuirassé confédéré le *Tennessee*, le *Manhattan*, le *Saugus* et le *Nahant* tournèrent tous leurs tourelles, baissèrent les mantelets de leurs sabords et envoyèrent une terrible salve qui martela et troua la tourelle du *Texas*. Le reste de la flotte se joignit au tir, faisant bouillir l'eau autour du rapide navire pris comme en un gigantesque chaudron.

Tombs cria à Craven par l'écoutille :

— Nous ne pourrons briser les Monitors. Répondez à leur feu par le canon tribord seulement. Faites virer les canons avant et arrière pour qu'ils tirent sur les frégates.

Craven fit exécuter les ordres du commandant et en quelques secondes, le *Texas* envoya sa réponse sous forme d'obus qui firent exploser la coque de chêne du *Brooklyn*. Un obus explosa dans la salle des machines, tuant huit hommes et en blessant douze. Un autre balaya les marins qui tentaient fiévreusement d'abaisser le percuteur d'un canon lisse de trente-deux livres. Et un troisième éclata sur le pont bondé, répandant encore plus de sang et de ravages.

Tous les canons du *Texas* prenaient part à la destruction. Les canonniers rebelles chargeaient et tiraient avec une précision diabolique. Pas un coup qui ne fasse mouche. Ils ne pouvaient tout simplement pas manquer leur cible. Les navires yankees étaient partout en face de leurs sabords.

L'atmosphère de Hampton Roads semblait pleine de tonnerre, des tirs de canons, des explosions d'obus, des cartouches coniques et massives, boîtes à mitraille et même des balles de mousquets tirées par les marins fédérés perchés dans les mâtures et sur les vergues. Une fumée dense enveloppa bientôt le *Texas*, empêchant les canonnières de l'Union de distinguer leur cible. Ils tiraient vers les éclairs sortant des canons ennemis et entendaient leurs balles sonner contre le cuirassé confédéré et ricocher dans la fumée.

Tombs eut l'impression de s'être échoué dans le cratère d'un volcan en éruption.

Le *Texas* avait maintenant dépassé le *Brooklyn* et, par son canon arrière, tira sur lui une dernière salve qui passa si près de l'amiral Potter que le déplacement d'air lui coupa un instant la respiration. Il était fou de colère de voir avec quelle facilité le cuirassé rebelle avait détourné le tir de flanc envoyé par le *Brooklyn*.

— Ordonnez à la flotte de les encercler et de les éperonner ! hurla-t-il au capitaine Alden.

Alden obéit mais il savait que ce ne serait pas facile. Tous les officiers étaient sidérés de la vitesse du cuirassé.

— Il va beaucoup trop vite pour qu'un de nos navires puisse l'arrêter en l'éperonnant, dit-il d'un ton morne.

— Je veux voir ce damné rebelle par le fond ! aboya Potter.

— Si par miracle il réussit à nous semer, il n'échappera jamais aux forts ni au *New Ironsides*, dit Alden pour tenter de calmer son supérieur.

Comme pour ponctuer cette déclaration, les Monitors ouvrirent le feu quand le *Texas*, dégagé du *Brooklyn*, fonça droit sur la frégate suivante, le *Colorado*.

Le *Texas* fut balayé par un tintamarre hurlant de mort. Les canonniers yankees commençaient à tirer plus juste. Deux énormes boulets le frappèrent à l'arrière du canon tribord avec une force incroyable. De la fumée s'échappa de la tourelle lorsque les trente-huit pouces d'acier, de bois et de coton s'enfoncèrent de près d'un mètre vers l'intérieur. Un autre coup creusa un grand cratère sous la cheminée, suivi par un obus qui frappa exactement au même endroit, déchirant la cuirasse déjà endommagée et explosant à l'intérieur de la batterie avec une force telle que six hommes furent tués, onze blessés, et que le coton et le bois mis en pièces prirent feu immédiatement.

— Les portes de l'enfer ! cria Craven en se retrouvant seul au milieu d'un monceau de cadavres, les cheveux roussis, les vêtements déchirés et le bras gauche cassé. Attrapez-moi ce tuyau de la salle des machines et éteignez-moi ce foutu feu !

L'officier mécanicien O'Hare passa la tête par l'écoutille de la salle des machines. Son visage noirci de charbon ruisselait de sueur.

— Quels sont les dégâts ? demanda-t-il avec calme.

— Vous n'avez pas besoin de le savoir, hurla Craven. Tout ce qu'on vous demande, c'est de garder la vitesse.

— Pas facile. La chaleur fait tomber mes hommes comme des mouches. Il fait plus chaud qu'en enfer, là-dedans.

— Dites-vous que c'est un bon entraînement pour quand nous y serons tous, répliqua Craven.

Un nouvel obus heurta la tourelle en une explosion assourdissante qui secoua le *Texas* jusqu'à la quille. Ce ne fut pas une explosion mais deux, tellement simultanées qu'on n'aurait pu les dissocier. Le coin bâbord avant de la tourelle fut carrément arraché, comme sous le coup d'une hache géante. De gros tronçons d'acier et de bois se tordirent et explosèrent en un souffle qui éloigna l'équipage du canon Blakely de l'avant.

Un autre obus se fora un chemin dans le blindage et explosa dans le poste des blessés, tuant le chirurgien et la moitié de ceux qui attendaient d'être soignés. La batterie ressemblait à un abattoir. Le pont, autrefois immaculé, était noir de poudre et rouge de sang.

Le *Texas* souffrait. Tandis qu'il filait à travers le champ de mort, il subissait des coups qui le mettaient peu à peu en morceaux. La plupart de ses barques avaient disparu avec ses deux mâts. La cheminée était devenue une passoire. La tourelle tout entière, à l'avant comme à l'arrière, n'était plus qu'un amas grotesque de ferrailles tordues et déchiquetées. Trois de ses conduits de vapeur avaient été coupés net et sa vitesse avait baissé d'un tiers.

Mais il était loin d'être hors de combat. Ses moteurs tournaient toujours et ses trois canons semaient encore la mort dans la flotte de l'Union. Son flanc vint heurter le flanc de bois de la frégate *Powhatan* dont la roue latérale fonctionnait à la vapeur. Le choc fit exploser l'une des chaudières, dévastant la salle des machines et causant la plus forte perte en vies humaines qu'aucun navire de l'Union ait connue à ce jour.

Tombs avait, lui aussi, subi de graves blessures. Un

morceau d'obus s'était logé dans l'une de ses cuisses et une balle lui avait labouré l'épaule gauche. Pourtant, il restait stupidement exposé derrière le poste de pilotage, criant des ordres à l'officier timonier Hunt. Ils étaient presque au bout de l'holocauste, maintenant.

Son regard se porta sur le *New Ironsides* qui, en travers du chenal, dressait sa formidable masse et s'apprêtait à les recevoir. Il étudia les canons de Fort Monroe et de Fort Wool qui approchaient. Il comprit, le cœur brisé, qu'ils ne réussiraient jamais à passer. Le *Texas* ne pouvait plus rien encaisser. Un autre cauchemar comme celui qu'ils venaient de subir, et son navire serait réduit à une coque impuissante, incapable d'empêcher la destruction totale que les Monitors yankees cherchaient à lui faire subir.

Il pensa à l'équipage, à ces hommes qui se moquaient désormais de vivre ou de mourir, ces hommes oublieux de tout sauf de charger leurs armes et de tirer ou de garder la vapeur aux moteurs. Ceux qui vivaient encore étaient allés au-delà d'eux-mêmes, ignorant la mort, accomplissant leur devoir.

Les tirs avaient cessé, maintenant, remplacés par un silence terrifiant. Tombs dirigea sa longue-vue vers les superstructures du *New Ironsides*. Il aperçut ce qui devait être le commandant, penché sur un bastingage blindé, qui le regardait lui aussi à la longue-vue.

Puis il remarqua le banc de brouillard venant de la mer par l'embouchure de Chesapeake Bay, au-delà des forts. Si par miracle ils pouvaient l'atteindre et disparaître dans cette cape grise, la meute de Potter perdrait leur trace. Tombs repensa aussi aux paroles de Mallory, qui lui avait conseillé de se servir de son passager. Il appela par l'écoutille :

— Monsieur Craven ? Etes-vous là ?

Son second apparut en bas et leva les yeux. Son visage était celui d'une effrayante apparition, couverte de poudre noire, de sang et de chair déchirée.

— Oui, monsieur, et Dieu sait combien je souhaiterais être ailleurs !

— Amenez notre passager de mes quartiers jusqu'ici, sur la passerelle. Et fabriquez aussi un drapeau blanc.

Craven fit signe qu'il avait compris.

— Bien, monsieur.

Les canons restants, le 64-livres du flanc et le Blakely de l'avant, se turent lorsque la flotte de l'Union, dépassée, ne distingua plus suffisamment sa cible pour tirer efficacement.

Tombs allait jouer le tout pour le tout en un pari désespéré, le dernier bluff de son jeu. Il se sentait comme un mort vivant et souffrait fort de ses blessures. Mais son regard sombre était plus vif que jamais. Il pria Dieu que les commandants des forts de l'Union aient leurs longues-vues fixées sur le *Texas* comme le faisait le capitaine du *New Ironsides*.

— Gouvernez entre l'avant du cuirassé et Fort Wool, dit-il à Hunt.

— Comme vous voulez, monsieur.

Tombs se tourna tandis que le prisonnier montait lentement l'échelle jusqu'à la passerelle, suivi de Craven qui tenait une nappe blanche prise à la table des officiers, attachée à un manche à balai.

L'homme paraissait plus que son âge. Il avait les traits tirés, le teint pâle, la peau décharnée. Un homme usé, épuisé par des années de tension. Ses yeux enfoncés exprimèrent souffrance et compassion lorsqu'ils se posèrent sur l'uniforme maculé de sang de Tombs.

— Vous avez été gravement blessé, commandant. Vous devriez voir le médecin, en bas.

Tombs secoua la tête.

— Je n'en ai pas le temps. Veuillez, s'il vous plaît, monter sur la passerelle du poste de pilotage et vous tenir là où vous pourrez être vu.

Le prisonnier fit signe qu'il avait compris.

— Oui, je saisis votre plan.

Tombs reporta son regard vers le cuirassé et les forts tandis qu'une courte flamme suivie par un panache de fumée noire et le sifflement d'un projectile éclata sur les remparts de Fort Monroe.

Un grand jet d'eau s'éleva et demeura un instant comme immobile, blanc et vert, avant de retomber.

Tombs poussa sans courtoisie le grand homme d'un coup d'épaule et lui désigna le pont supérieur.

— Je vous en prie, dépêchez-vous, nous sommes à leur portée, maintenant.

Puis il arracha le drapeau blanc des mains de Craven et l'agita frénétiquement de son bras valide.

A bord du *New Ironsides*, le capitaine Joshua Watkins ne quittait pas sa longue-vue.

— Ils ont sorti le drapeau blanc ! s'exclama-t-il d'une voix surprise.

Son second, le commandant John Crosby, approuva tout en suivant la scène lui aussi à la jumelle.

— C'est quand même curieux qu'ils se rendent après la dégelée qu'ils ont donnée à la flotte !

Soudain, Watkins baissa sa longue-vue comme s'il ne pouvait croire ce qu'il venait de voir. Il chercha une tache sur la lentille et, n'en trouvant aucune, la dirigea à nouveau sur le cuirassé rebelle tout abîmé par sa récente bataille.

— Mais que diable...

Le capitaine s'arrêta pour régler sa longue-vue.

— Doux Jésus ! murmura-t-il, sidéré. Qui voyez-vous sur le pont supérieur ?

Il en fallait beaucoup pour démonter le calme imperturbable de Crosby mais là, son visage devint totalement blanc.

— On dirait... mais c'est impossible !

Les canons de Fort Wool ouvrirent le feu et une muraille liquide entoura le *Texas*, le cachant presque à la vue. Mais il surgit de l'écume avec une magnifique persévérance.

Watkins contemplait, fasciné, l'homme grand et mince debout sur le pont supérieur. Puis son regard exprima la plus profonde horreur.

— Mon Dieu ! Mais c'est *lui* !

Il abaissa sa longue-vue et se tourna vers Crosby.

— Signalez aux forts qu'ils cessent le feu, mon vieux !

Les canons de Fort Monroe suivirent ceux de Fort Wool, arrosant le *Texas* de leurs boulets. La plupart passaient trop haut mais deux explosèrent contre la cheminée du cuirassé, perçant des trous énormes dans sa circonférence. Les tireurs de l'armée rechargèrent à toute vitesse, chacun espérant porter un coup fatal.

Le *Texas* n'était qu'à soixante mètres lorsque les commandants des forts reçurent le signal de Watkins. Leurs canons se turent l'un après l'autre. Watkins et Crosby coururent à l'avant du *New Ironsides* juste à temps pour avoir une vue précise des deux hommes vêtus de l'uniforme confédéré, pleins de sang et de l'homme en costume civil qui regardaient dans leur direction et leur adressèrent enfin un salut fatigué et solennel.

Ils demeurèrent tout à fait immobiles, réalisant avec une certitude choquée que ce qu'ils voyaient là resterait à jamais gravé dans leur mémoire. Et malgré l'orage de controverses qui se déchaînerait plus tard autour d'eux, eux-mêmes et des centaines d'hommes, sur les navires et sur les murs des forts, ne cesseraient jamais de croire à ce qu'ils avaient vu — à qui ils avaient vu — ce matin-là, sur le pont presque détruit du cuirassé confédéré.

Près de mille hommes regardèrent avec une stupeur impuissante le *Texas* passer devant eux, la fumée s'échapper de ses sabords silencieux, son drapeau en loques accroché au mât tordu. Il n'y eut pas un coup de feu lorsqu'il pénétra dans la nappe de brouillard et disparut à jamais de leur vue.

PERDUE

Kitty Mannock avait le sentiment étrange qu'elle volait vers le néant. Elle était perdue, totalement, désespérément perdue. Depuis deux heures, avec son petit avion léger, elle avait été secouée par une forte tempête de sable qui avait oblitéré toute vision sur le désert au-dessous d'elle. Seule dans ce ciel vide et invisible, elle se battait contre d'étranges illusions qui paraissaient se former sur les nuages sombres qui l'entouraient.

Kitty leva la tête et regarda par la verrière supérieure. La lueur orangée du soleil était complètement cachée. Alors, pour la dixième fois au moins en quelques minutes, elle ouvrit le volet transparent sur le côté et regarda au-delà du cockpit, sans rien distinguer qu'un vaste nuage tourbillonnant.

L'altimètre indiquait 1 500 pieds, une altitude suffisante pour échapper aux plus hautes dunes pierreuses de l'Adrar des Iforas, ce morceau de la chaîne montagneuse du Hoggar, en plein Sahara.

Elle se fiait à ses instruments pour empêcher l'avion de glisser dans une vrille. A quatre occasions depuis qu'elle était entrée dans cet orage aveuglant, elle avait noté une baisse d'altitude et un notable changement de direction. C'était là le signe certain qu'elle commençait à descendre en cercles vers le sol. Consciente du danger, elle avait chaque fois redressé la situation sans incident jusqu'à ce que l'aiguille du compas ait regagné en tremblotant le cran indiquant 180 degrés vers le sud.

Kitty avait essayé de suivre la piste transsaharienne au sol mais l'avait perdue en entrant dans le vent de sable qui était arrivé d'un seul coup, venant du sud-est. Incapable de voir le sol, elle n'avait aucune idée de l'endroit où elle avait dérivé et ne savait à quelle distance de sa route le vent l'avait poussée. Elle prit la direction de l'ouest, pour compenser sa dérive, en une vaine tentative de contourner l'orage.

Elle ne pouvait rien faire d'autre, maintenant, que de rester là, assise, et de naviguer dans le grand océan de sable menaçant et informe. C'était cette étendue que Kitty craignait le plus. Elle calcula qu'il lui faudrait parcourir encore 400 miles avant d'atteindre Niamey, la capitale du Niger. Là, elle referait le plein avant de continuer sa tentative de record de distance, jusqu'à Cape Town, en Afrique du Sud.

Elle sentit ses bras et ses jambes s'ankyloser lentement. L'incessant ronronnement de l'échappement du moteur et les vibrations commençaient à la fatiguer. Il y avait près de vingt-sept heures que Kitty avait décollé de l'aérodrome de Croydon, un faubourg de Londres. Elle était passée du froid humide de l'Angleterre à la fournaise du Sahara.

Dans trois heures, il ferait nuit. Le vent défavorable de la tempête de sable avait abaissé sa vitesse à 90 miles par heure, c'est-à-dire trente de moins que les 120 qu'atteignait son vieux Fairchild FC-2W monoplan à ailes hautes en vitesse de croisière. Elle pouvait compter sur lui, avec son cockpit fermé et sa cabine, son moteur radial Wasp de Pratt & Whitney qui développait 410 CV.

Ce quatre places avait autrefois appartenu à la Pan-American-Grace Airways pour transporter le courrier de Lima à Santiago. Quand on l'avait mis au rancart, au profit d'un modèle plus récent, aménagé pour six passagers, Kitty l'avait acheté. Elle avait fait installer des réservoirs de carburant à la place du compartiment des passagers. Elle avait ensuite décidé de tenter le record de vol à longue distance, de Rio de Janeiro à Madrid, vers la fin de l'année 1930. Elle était alors la première femme à traverser l'océan Atlantique par le sud.

Une heure passa encore, pendant laquelle elle lutta pour garder son plan de vol contre les assauts du vent. Le sable fin avait réussi à s'infiltrer dans la cabine et envahissait ses paupières et ses narines. Elle se frotta les yeux, ce qui ne fit qu'augmenter l'irritation. Pire encore, elle voyait de moins en moins. Si elle devenait aveugle, si elle ne pouvait plus lire les instruments, ce serait la fin et elle le savait.

Elle sortit une petite gourde d'eau de dessous son siège, la déboucha et s'aspergea le visage. Rafraîchie, elle cligna furieusement des yeux. Le sable humide glissa le long de ses joues, séchant en quelques secondes dans la chaleur insupportable. Elle voyait mieux mais avait l'impression que des centaines d'épingles lui piquaient les yeux.

Soudain, elle sentit quelque chose, une fraction de seconde. Un bruit hors de la cadence ou peut-être un minuscule top de silence au milieu du vent et du bruit du moteur. Elle se pencha et inspecta les instruments. Tous les cadrans semblaient normaux. Elle vérifia les niveaux du carburant. Chaque vanne était en position correcte. Elle se dit qu'elle avait dû rêver.

Puis ce bip infinitésimal revint. Elle se raidit, tous ses sens en alerte. L'intervalle entre le normal et l'anormal diminuait. Son cœur se serra quand elle reconnut un raté d'allumage dans l'un des pistons du moteur. Puis les bougies, l'une après l'autre, cessèrent de fonctionner. Le moteur commença à tousser tandis que l'aiguille du tachymètre glissait lentement en arrière.

Quelques secondes plus tard, le moteur s'arrêta et l'hélice s'immobilisa. Le silence soudain des tubulures d'échappement la frappa comme une onde de choc. Le seul son audible, maintenant, était celui du vent. Kitty n'eut plus de doute. Elle savait exactement pourquoi le moteur s'était arrêté. Le barrage constant du sable avait étouffé le carburateur.

Les premières secondes de surprise et de peur passées, elle fit le tour des solutions, hélas limitées. Si par chance elle réussissait à se poser, elle pourrait attendre la fin de la tempête de sable et probablement réparer. L'avion commença à planer et elle poussa doucement le manche au tableau pour commencer la descente vers le désert. Ce n'était pas la première fois qu'elle devait se poser en catastrophe. Elle l'avait déjà fait au moins sept fois et avait cassé du bois en deux occasions. Elle s'en était sortie avec quelques coupures et quelques bleus. Cependant, elle n'avait encore jamais essayé d'atterrir sans moteur dans la quasi-obscurité d'une tempête de sable. Serrant le manche d'une main, Kitty baissa de l'autre ses lunettes de vol et, ayant ouvert le volet transparent, passa la tête pour tenter de voir quelque chose.

Elle descendait, sans savoir où. Elle tenta désespérément d'imaginer à quoi ressemblait le sol. Bien qu'elle fût certaine que la plus grande partie du désert était raisonnablement plate, elle savait aussi qu'il y avait de petits ravins cachés et de hautes dunes de sable n'attendant que l'occasion de mettre en pièces le Fairchild et sa femme pilote. Kitty eut l'impression d'avoir vieilli de cinq ans jusqu'à ce que le terrain désertique lui apparaisse enfin, à moins de trente pieds au-dessous de son train d'atterrissage.

Le sol sablonneux paraissait assez ferme pour que les roues puissent y rouler. Mais, mieux encore, il paraissait doux. Elle redressa son angle et se posa. Les gros pneus se posèrent sans effort sur le sable. Kitty avait retenu son souffle. Elle cria de joie quand la roue du train arrière toucha à son tour. Mais soudain, le sol se déroba devant elle.

Le Fairchild suivit l'angle aride d'un à-pic et tomba comme une pierre dans un goulet étroit et profond. Les roues s'enfoncèrent dans le sable et le train s'effondra. La force de la vitesse lança l'avion contre la paroi la plus éloignée du goulet, dans un bruit effrayant de bois cassé et de toile déchirée. L'hélice tomba en morceaux tandis que le moteur reculait, cassant une des chevilles de Kitty et lui tordant un genou. Elle fut propulsée en avant. Sa ceinture de sécurité avait dû la maintenir assise mais elle avait oublié de la serrer et tout le haut de son corps fut projeté en avant. Sa tête heurta le châssis du pare-brise et elle plongea dans l'inconscience.

La nouvelle de la disparition de Kitty Mannock se répandit dans le monde entier quelques heures après que l'on eut constaté qu'elle ne s'était pas présentée à Niamey pour faire le plein. Des recherches à grande échelle et une vaste opération de sauvetage se révélèrent impossibles. Cela n'aurait rien donné. La région du désert où Kitty avait disparu était pratiquement inhabitée et peu d'humains s'y aventuraient. Il n'y avait aucun réseau d'aviation à des miles à la ronde. En 1931, il n'existait dans le désert ni armée ni équipement.

Des recherches furent cependant entreprises le lendemain matin par une petite unité motorisée de la Légion étrangère française, dans ce qui s'appelait alors le Soudan français, à l'oasis de Takaldebey. Supposant qu'elle suivait quelque part la piste trans-saharienne, ils fouillèrent le Nord, tandis que quelques hommes avec deux voitures d'une compagnie commerciale française de Tessalit se dirigeaient vers le sud.

Les deux équipes de recherche se retrouvèrent sur la piste deux jours plus tard sans qu'aucune ait vu d'épave ou de feu pendant la nuit. Les hommes se séparèrent en éventail sur vingt miles de part et d'autre de la piste et cherchèrent encore. Après dix jours de vaines recherches, sans le moindre signe du pilote disparu, le commandant de la Légion perdit tout espoir. Aucun homme, aucune femme, n'aurait pu marcher dans le désert sans eau et sans nourriture, dans cette chaleur étouffante, expliqua-t-il dans son rapport. Kitty devait maintenant être morte de faim, de soif et de chaleur.

Dans toutes les villes importantes, des services

funèbres furent organisés à la mémoire de l'aviatrice très chérie. Considérée comme l'une des plus grandes aviatrices avec Amelia Earhart et Amy Johnson, Kitty fut pleurée par tous ceux qui, dans le monde, avaient vibré à ses efforts. Jeune femme ravissante aux yeux d'un bleu profond et aux longs cheveux bruns qui lui arrivaient à la taille quand elle ne les relevait pas, elle était la fille d'un riche éleveur de la région de Canberra, en Australie. Après ses études secondaires, elle avait appris à piloter. Curieusement, ses parents avaient encouragé ce grand désir de voler et lui avaient acheté un biplan Avro Avian d'occasion, avec un cockpit ouvert et un moteur Cirrus de 80 CV.

Six mois plus tard, malgré leurs supplications, Kitty avait quitté l'Australie et traversé le Pacifique d'île en île jusqu'à Hawaii où elle avait atterri sous les acclamations d'une foule immense qui attendait anxieusement son arrivée. Avec son visage bronzé et sa tenue kaki tachée d'huile, Kitty avait souri et salué, étonnée d'une telle réception. Elle avait continué à gagner les cœurs de millions de gens et son nom était devenu le symbole de records à travers océans et continents.

Ce vol aurait dû être la dernière tentative de record de durée avant son mariage avec un ami d'enfance, exploitant un ranch voisin de celui de ses parents, en Australie. Maintenant, le monde de l'aviation attendait d'apprendre son sauvetage avec un espoir qui s'effritait à mesure que passaient les jours.

Kitty resta inconsciente jusqu'à l'aube du jour suivant. Le soleil brûlait déjà le désert quand elle commença à lutter pour émerger des profondeurs de l'obscurité. La première chose qu'elle vit en ouvrant les yeux fut un morceau de l'hélice cassée. Sa vision était brouillée. Elle essaya de secouer la tête pour se débarrasser du brouillard qui entourait toutes choses et cria de douleur. Sa tête lui faisait mal. Doucement, elle tâta son front. La peau ne paraissait pas blessée mais elle sentit une énorme bosse près de ses cheveux. Elle vérifia qu'elle n'avait pas d'autre blessure et découvrit sa cheville cassée qui avait enflé à l'intérieur de sa botte et l'entorse de son genou.

Elle défit le harnais de sécurité, poussa la porte de la cabine et, avec précaution, sortit de l'appareil. Elle fit quelques pas en boitant et se laissa tomber sur le sable pour faire le point.

Heureusement, il n'y avait pas eu d'incendie mais son fidèle Fairchild ne volerait plus jamais. Le moteur, dont trois cylindres avaient éclaté sous le choc, était tordu en avant, sous un angle bizarre. Curieusement, les ailes étaient intactes, de même que la carlingue, mais le train d'atterrissage était fichu, les roues tordues vers l'extérieur.

Plus question de réparer et de repartir. Le problème était maintenant de déterminer où elle se trouvait. Elle n'avait aucune idée de son point de chute. Elle jugea qu'elle était tombée dans ce qu'on appelait en Australie un *billabong*, le lit d'une rivière à sec, où l'eau ne coule que quelques jours par an. Sauf que le sable de celui-ci n'avait probablement pas vu d'eau depuis au moins cent ans. La tempête de sable était tombée mais les murs de l'étroite gorge où elle se trouvait avaient au moins six mètres de haut et elle ne distinguait pas le paysage au-delà. C'était du reste mieux ainsi. Il était incolore, désolé et plus laid que tout ce qu'elle aurait pu imaginer.

Elle eut très soif et la pensée de l'eau lui rappela son bidon. Elle regagna la porte de la cabine en sautillant sur une jambe, se pencha et tira le bidon de dessous le siège. Il ne contenait que quatre litres et n'était rempli qu'aux deux tiers. Kitty réalisa qu'elle aurait de la chance s'il lui durait plus de deux ou trois jours. Elle n'osa pas boire plus de quelques gorgées à la fois.

Elle décida d'essayer de gagner un village ou la piste. Ce serait un suicide de rester près de l'épave. A moins qu'un avion ne le survole directement, le Fairchild était invisible. Encore tremblante, elle s'étendit à l'ombre de l'appareil et se résigna à son sort.

Kitty découvrit bientôt l'incroyable contraste des

températures au Sahara. Pendant le jour, la chaleur pouvait atteindre 49 degrés et tomber à 4 degrés à peine la nuit. Ce froid terrible de la nuit était aussi insupportable que la canicule du jour. Après avoir souffert douze heures de soleil brûlant, elle creusa un trou dans le sable et s'y glissa. Puis elle se mit en boule, tremblante, et dormit par à-coups jusqu'à l'aurore.

Tôt le matin du second jour, avant que le soleil ne commence à brûler, elle se sentit assez forte pour commencer ses préparatifs en vue d'abandonner l'avion. Elle se fabriqua une béquille avec une entretoise de l'aile et une ombrelle rudimentaire avec un morceau de toile. Avec les quelques outils qu'elle possédait, elle retira le compas du tableau de bord. Malgré ses blessures, Kitty était décidée à chercher la piste automobile. Elle savait que, de toute façon, elle n'avait pas d'autre solution.

Elle se sentit mieux dès qu'elle eut mis ce plan au point. Elle prit son livre de vol et commença à rédiger ce qui devait être le récit de sa persévérante et héroïque tentative de survie, dans les pires conditions imaginables. Elle commença par raconter l'atterrissage en catastrophe puis dessina le plan du chemin qu'elle entendait suivre, vers le sud du *billabong* jusqu'à ce qu'elle trouve un endroit d'où elle pourrait grimper jusqu'au bord. Une fois sortie du goulet, elle se dirigerait vers l'est, jusqu'à la piste transsaharienne ou jusqu'à ce qu'elle rencontre une tribu nomade. Puis elle déchira la page et la fixa sur le tableau de bord pour que des sauveteurs éventuels puissent suivre sa piste au cas, peu probable hélas, où l'on découvrirait l'avion d'abord.

La chaleur devenait rapidement insupportable. Sa situation était rendue plus inconfortable encore par le fait que les parois du goulet reflétaient et amplifiaient les rayons du soleil, en faisant un four crématoire en plein air. Respirer lui était difficile. Elle lutta contre une terrible envie de boire sa précieuse réserve d'eau à grandes gorgées.

Un dernier geste avant de partir. Elle délaça la botte de sa cheville cassée et l'enleva tout doucement. La douleur lui arracha une plainte et elle attendit un moment avant de la bander avec son foulard de soie. Puis, le compas et le bidon attachés à sa ceinture, l'ombrelle bien haut au-dessus de sa tête, la béquille calée sous le bras, Kitty partit sous le soleil meurtrier du Sahara en boitant dans le sable du lit de l'ancienne rivière.

Les recherches pour retrouver Kitty Mannock continuèrent pendant plusieurs années mais on ne découvrit jamais ni l'avion ni la jeune femme. Aucun signe ne fut mis au jour, aucune caravane ne tomba jamais sur un squelette vêtu de la tenue kaki démodée des pilotes des années 30, aucun nomade ne trouva jamais le moindre reste d'un avion écrasé. La disparition totale de Kitty resta l'un des plus grands mystères de l'aviation.

Au cours des années, des rumeurs se répandirent sur le sort de Kitty. Certains prétendirent qu'elle avait survécu mais souffrait d'amnésie et vivait sous un autre nom en Amérique du Sud. Beaucoup pensèrent qu'elle avait été capturée et mise en esclavage par une tribu de Touaregs. Seul le vol d'Amelia Earhart vers l'inconnu causa davantage de spéculations.

Le désert garda son secret. Le sable devint le linceul de Kitty Mannock. L'énigme de son vol vers nulle part ne devait pas être résolue avant un demi-siècle.

PREMIÈRE PARTIE

DÉLIRE

1

Après des jours et des semaines dans le désert sans voir un animal, sans rencontrer âme qui vive, la civilisation, si rude et primitive soit-elle, constitue une surprise étourdissante. Pour les onze personnes réparties dans cinq Land Rover plus quatre guides-chauffeurs, la vue d'une habitation érigée par des hommes fut un grand soulagement. Sales et fatigués par une semaine de voyage à travers la désolation totale, les touristes aventureux de ces douze jours de « Safari à travers le Sahara », sous l'égide des Backworld Explorations, furent ravis à l'idée de voir des êtres humains et de trouver assez d'eau pour prendre un bain réparateur.

Ils aperçurent le village d'Asselar planté, nu et isolé, au milieu de la partie saharienne de ce vaste pays africain qu'est le Mali. Quelques huttes de boue séchée étaient groupées autour d'un puits dans le fond asséché de ce qui devait être le lit d'un ancien fleuve. Eparpillées tout autour, les ruines d'une centaine de maisons abandonnées et, au-delà, les rives basses qui s'étendaient vers la plaine alluviale. Il était presque impossible de voir le village de loin tant les

47

édifices usés par le temps se fondaient dans le paysage austère et incolore.

— Eh bien ! nous y sommes ! déclara le major Ian Fairweather, responsable du safari, aux touristes fatigués et assoiffés descendus des Land Rover et groupés autour de lui. On ne croirait jamais, en la regardant, qu'Asselar fut autrefois un carrefour culturel de l'Afrique occidentale. Pendant cinq siècles, elle fut un important point d'eau pour les grandes caravanes faisant du commerce et du trafic d'esclaves qui traversaient le nord et l'est du continent.

— Pourquoi ce déclin ? demanda une Canadienne affable vêtue d'un short et d'un maillot sans manches.

— Sans doute la combinaison des guerres et des conquêtes menées par les Maures et les Français, et aussi l'abolition de l'esclavage. Mais surtout parce que les routes commerciales se sont déplacées au sud et à l'ouest pour relier les côtes. Le coup mortel lui a été porté il y a une quarantaine d'années quand les puits se sont asséchés. Le seul puits encore capable d'abreuver la ville a dû être creusé à cinquante mètres de profondeur.

— Ce n'est pas ce que j'appellerais un paradis métropolitain, grommela un gros homme à l'accent espagnol.

Le major Fairweather se força à sourire. Grand, ancien officier de la Marine royale britannique, une longue cigarette toujours au coin des lèvres, il parlait en mangeant ses mots, d'un ton un peu théâtral.

— Seules quelques familles touaregs ayant abandonné les traditions nomades résident actuellement à Asselar. Elles vivent de l'élevage de quelques troupeaux de chèvres qui broutent quelques carrés de terre sablonneuse qu'ils irriguent à la main depuis le puits central du village. Ils ramassent aussi quelques pierres semi-précieuses dans le désert, les polissent et vont les vendre à Gao comme souvenirs.

Un avocat londonien, impeccable dans un ensemble kaki et casque colonial, pointa sa canne d'ébène vers le village :

— Tout ça me paraît abandonné. Si je ne m'abuse, votre brochure affirmait que notre groupe serait « ensorcelé par le romantisme de la musique du désert et des indigènes d'Asselar dansant autour des feux de camp » !

— Je suis sûr que nos éclaireurs ont pris toutes les dispositions pour votre confort et votre plaisir, assura Fairweather avec confiance.

Il regarda un instant le soleil se coucher derrière le village.

— Il va bientôt faire nuit, ajouta-t-il. Nous ferions bien de nous diriger vers le village.

— Y a-t-il un hôtel ? demanda la Canadienne.

Fairweather eut un regard peiné.

— Non, madame Lansing. Nous camperons dans les ruines à la sortie de la ville.

Les touristes émirent un grognement déçu. Ils avaient espéré un lit confortable et des salles de bains privées. Un luxe qu'Asselar n'avait probablement jamais connu.

Le groupe remonta dans les véhicules qui suivirent la piste en mauvais état jusqu'à la vallée de l'ancienne rivière puis prirent la route principale traversant le village. Plus on en approchait, plus il paraissait difficile d'imaginer son glorieux passé. Les rues étaient étroites et sablonneuses. On aurait dit une ville morte, à l'odeur de défaite. Aucune lumière ne brillait dans la nuit, aucun chien n'aboyait en signe de bienvenue. Ils ne virent aucun signe de vie dans les huttes de boue séchée. Les habitants semblaient avoir ramassé leurs hardes et disparu dans le désert.

Fairweather commençait à se sentir mal à l'aise. De toute évidence, quelque chose allait de travers. Aucun signe de l'éclaireur. Il aperçut du coin de l'œil un gros animal à quatre pattes disparaître par la porte d'une hutte. Mais la vision fut si brève qu'il la rejeta en haussant les épaules. C'était une ombre portée par une des Land Rover.

Sa joyeuse bande de touristes allait probablement rouspéter, ce soir. Ces idiots de publicitaires, avec leur manie d'exagérer les charmes du désert ! « L'occasion de vivre une expérience unique, sur les traces des nomades du Sahara ! » se récita Fairweather à voix basse. Il parierait bien un an de salaire que le crétin qui avait écrit ça n'avait jamais dépassé les côtes de Douvres.

Il y avait près de quatre-vingts kilomètres depuis la piste automobile transsaharienne et au moins deux cent quarante du fleuve Niger à la ville de Gao. L'expédition avait plus de nourriture, d'eau et d'essence qu'il n'en fallait pour le reste du voyage, aussi Fairweather se dit-il qu'il vaudrait peut-être mieux sauter l'étape d'Asselar si un problème inattendu se présentait. La sécurité des clients des Backworld Explorations était une priorité. En vingt-huit ans, ils n'en avaient pas perdu un seul si l'on exceptait ce plombier américain à la retraite qui s'était amusé à exciter un chameau et qui en avait reçu un coup de sabot mortel, par pure sottise.

Fairweather commençait à se demander pourquoi on ne voyait ni chèvre ni chameau ; pourquoi aucune empreinte de pas ne marquait le sable des rues, mais seulement des marques de griffes et des traces rondes qui couraient en lignes parallèles, comme si l'on avait traîné là deux bûches jumelles. Les petites maisons tribales, faites de pierres recouvertes de boue rougeâtre, semblaient plus abîmées, plus abandonnées que lorsque Fairweather était passé là, au cours du dernier safari, moins de deux mois auparavant.

Décidément, quelque chose allait de travers. Même si, pour une raison bizarre, les villageois avaient abandonné les lieux, son éclaireur aurait dû être là pour les retrouver. Depuis toutes ces années où ils avaient traversé le Sahara ensemble, jamais Ibn Hajib ne l'avait laissé tomber. Fairweather décida de permettre à ses touristes de se reposer un peu près du puits du village et d'y faire un brin de toilette avant de repartir vers le désert et d'installer un campement.

Mieux vaut garder les yeux ouverts, pensa-t-il en tirant d'entre les sièges de sa voiture une petite mitraillette Patchett de la Marine. Il l'installa entre ses genoux. Il y fixa un silencieux Invicta qui donnait à l'arme l'allure d'un long tuyau terminé par une longue coquille incurvée.

— Quelque chose ne va pas ? demanda Mrs Lansing qui partageait avec son mari la Land Rover de Fairweather.

— Non, c'est juste une précaution pour faire peur à d'éventuels mendiants, mentit Fairweather.

Il stoppa le véhicule à quatre roues motrices et fit quelques pas pour aller dire aux autres chauffeurs d'ouvrir les yeux sur tout ce qui pouvait leur paraître anormal. Puis il revint prendre la tête de la colonne, roulant jusqu'au centre du village, par les rues étroites et couvertes de sable, tracées sans ordre particulier. Il s'arrêta enfin sous un palmier solitaire au milieu d'une vaste place, sans doute un ancien marché, près d'un puits de pierre d'au moins quatre mètres de diamètre.

Fairweather étudia la couche de sable autour du puits dans la lumière tombante de la fin du jour. Il y lut les mêmes traces bizarres que celles qu'il avait notées dans les rues. Puis il regarda dans le puits. Il n'aperçut qu'un tout petit reflet, tout au fond des flancs de roche. Il se rappela que la teneur en éléments minéraux de l'eau était assez forte, ce qui lui donnait un goût légèrement métallique et une teinte d'un vert laiteux. Oui, cette eau avait apaisé la soif de bien des êtres vivants, hommes et animaux, pendant des siècles. Qu'elle fût très hygiénique pour les estomacs non habitués de ses clients était le dernier de ses soucis. Fairweather souhaitait seulement qu'ils l'utilisent pour se débarrasser de la sueur et de la poussière dont ils étaient couverts, et non qu'ils la boivent.

Il ordonna à ses chauffeurs de monter la garde puis montra aux touristes comment remonter le seau de peau de chèvre grâce à un vieux treuil manuel attaché à une corde effilochée. On oublia très vite l'image exotique des danseurs et de la musique autour des feux de camp en riant et en s'éclaboussant comme des enfants sous un jet d'eau de jardin par un chaud après-midi d'été. Les hommes se mirent torse nu et s'aspergèrent la peau. Les femmes pensèrent surtout à se laver les cheveux.

La scène, assez comique, était éclairée par la lumière des phares des Land Rover qui formaient des ombres mouvantes sur les murs silencieux du village, comme des projecteurs de cinéma. Tandis que les chauffeurs regardaient en riant, Fairweather descendit l'une des rues et pénétra dans une maison, non loin de la mosquée. Les murs semblaient vieux et usés par les ans. De l'entrée on atteignait, par un porche arrondi, un patio jonché de tant d'ordures qu'il eut du mal à le traverser. Il alluma une lampe de poche et examina la salle principale de la maison. Les murs étaient d'un blanc poussiéreux, le toit haut avec des entrelacs de bois un peu comme les *latillas vigas* des plafonds de Santa Fe, dans le Sud-Ouest américain. De nombreuses niches creusées dans les murs avaient autrefois servi à tenir au frais les biens de la maisonnée. Toutes étaient vides, leur contenu éparpillé et brisé sur le sol, au milieu du mobilier en miettes.

Parce que rien ne paraissait manquer, il sembla à Fairweather que des vandales avaient mis la maison à sac après que les occupants eurent fui sans rien emporter avec eux. Soudain il aperçut un tas d'os dans un coin de la pièce. Il vit que ces os étaient humains et, à nouveau, se sentit extrêmement mal à l'aise.

Dans la lueur de sa torche, des ombres s'allongeaient, jouant de mauvais tours à ses yeux. Il aurait pu jurer avoir vu un gros animal filer dans la cour par une fenêtre. Il enleva le cran de sûreté de sa Patchett, non seulement parce qu'il avait peur mais parce qu'un sixième sens l'avertissait qu'une menace se précisait dans les allées sombres.

Un son froufroutant se produisit derrière une porte fermée donnant sur une petite terrasse. Fairweather s'approcha sans bruit de la porte, en marchant aussi doucement que possible sur les débris. Si quelqu'un se cachait à l'intérieur, il était bien silencieux. Fairweather, tenant d'une main la torche devant lui, agrippa le fusil de l'autre et dirigea le canon vers l'avant. Puis il ouvrit la porte d'un coup de pied. Elle tomba sur le sol, les gonds cassés, faisant naître un nuage de poussière.

Il y avait bien quelqu'un — ou était-ce *quelque chose* ? La peau sombre et sinistre, comme un démon échappé de l'enfer, on aurait dit un sous-homme à forme animale, se mouvant sur les mains et les genoux, qui regardait intensément le faisceau de la torche de ses yeux rouges comme des charbons ardents.

Fairweather fit instinctivement un pas en arrière. La chose se dressa sur les genoux et se précipita sur lui. Fairweather pressa calmement la détente de la Patchett, la crosse appuyée contre les muscles tendus de son estomac. Un flot rapide de balles à nez rond de 9 millimètres s'échappa du canon de l'arme avec le son étouffé du pop-corn qui éclate.

La bête hideuse émit un son horrible et s'écroula, la poitrine arrachée. Fairweather s'approcha de la forme ramassée sur elle-même, se pencha et l'éclaira de sa torche. Les yeux le regardaient sans le voir, rouges là où aurait dû être le blanc de la cornée. C'était le visage d'un garçon d'une quinzaine d'années au plus.

La peur s'empara de lui avec tant de force que Fairweather resta un instant assommé en appréhendant le danger. Il savait maintenant d'où venaient les traces bizarres sur le sable. Il devait y en avoir toute une colonie, rampant à travers le village. Il retourna en courant vers la place du marché. Mais il était trop tard, beaucoup trop tard.

Un mur de monstres hurlants émergea de l'obscurité et se précipita sur les touristes inconscients près du puits. Les chauffeurs furent comme avalés par ce raz-de-marée grouillant avant même de pouvoir donner l'alarme ou tenter de se défendre. La horde sauvage arriva sur les mains et les genoux comme des chacals, jetant à terre les touristes désarmés et enfonçant leurs dents dans leur chair nue.

L'horrible cauchemar, illuminé par les phares des Land Rover, devint une mêlée frénétique de corps tordus par la souffrance d'où émergeaient les hurlements terrifiés des touristes pris de panique se confondant avec les rugissements de leurs attaquants. Mrs Lansing poussa un cri d'agonie et disparut dans une masse emmêlée de corps. Son mari essaya de grimper sur le capot d'un des véhicules mais fut tiré à bas dans la poussière et mutilé comme un scarabée par une armée de fourmis.

Le Londonien délicat dévissa le pommeau de sa canne, révélant un sabre court. Il l'agita dans tous les sens, tenant un moment en respect la foule sauvage. Mais les monstres ne connaissaient apparemment pas la peur et ne tardèrent pas à le submerger.

Tout le tour du puits s'agitait en une masse solide d'humanité. Le gros Espagnol, dégoulinant du sang des morsures reçues, sauta dans le puits pour s'échapper, mais quatre tueurs fous sautèrent derrière lui.

Fairweather courut puis s'agenouilla, lâchant des rafales de balles sur les attaquants en essayant de ne pas toucher les touristes dont il avait la garde. La meute, incapable d'entendre l'arme munie du silencieux, ignora ce tir inattendu, à moins qu'elle ne fût trop excitée ou trop indifférente pour réaliser que des dizaines de ses membres tombaient tout autour d'elle.

Fairweather avait tué environ trente attaquants lorsque la Patchett cracha sa dernière balle. Il se leva, impuissant. Personne ne l'avait remarqué. Le massacre incontrôlé ralentit puis cessa lorsque les chauffeurs et les touristes furent tous massacrés. Fairweather ne comprenait pas la soudaineté qui avait transformé la place du marché en charnier.

— Oh ! mon Dieu ! murmura-t-il d'une voix étouffée en regardant, glacé d'horreur, les sauvages, penchés sur les corps avec un délire cannibale, dévorer la chair de leurs victimes. Il ne pouvait détacher son regard de la scène, saisi d'une fascination morbide qui, peu à peu, se transforma en colère, en fureur devant l'écœurante tragédie qui se déroulait sous ses yeux. Il nageait en plein cauchemar, incapable de faire autre chose que de contempler toute cette horreur.

Déjà, les sauvages qui ne déchiraient plus les malheureux touristes commençaient à marteler les Land Rover. Lançant des pierres par les fenêtres, brisant les vitres, ils assouvissaient leur insatiable sauvagerie sur tout ce qui leur était étranger.

Fairweather recula dans l'ombre, malade à l'idée de sa responsabilité dans la mort de ses hommes et de ses clients. Il avait été incapable d'assurer leur sécurité et les avait conduits, sans le savoir, jusqu'à ce massacre épouvantable. Il maudit son impuissance à les sauver, sa lâcheté de ne pas avoir partagé leur sort.

Rassemblant toute sa volonté, il détourna les yeux de la place du marché et commença à courir le long des rues étroites, traversa les ruines et s'enfonça dans le désert. Pour prévenir les autres voyageurs du désert du massacre qui les attendait à Asselar, il fallait qu'il se sauvât lui-même. Le village suivant était trop éloigné pour qu'il l'atteigne sans eau. Il décida de rejoindre la piste automobile vers l'est, espérant trouver un véhicule ou une patrouille du gouvernement avant de mourir sous le soleil ardent.

Il chercha l'étoile Polaire et commença une marche rapide à travers le désert, sachant que ses chances de survie étaient presque nulles. Pas une fois il ne regarda en arrière. Tout était bien trop présent dans sa tête et ses oreilles résonnaient encore des cris d'agonie de ceux qui venaient de mourir.

2

Le sable blanc de la plage déserte brûlait les pieds nus d'Eva Rojas et ses grains fins lui pénétraient entre les orteils. Debout, elle contemplait la Méditerranée. Les eaux profondes étaient d'un bleu de cobalt qui virait à l'émeraude sur les fonds marins profonds puis à l'aigue-marine là où les vagues venaient mourir sur le sable décoloré.

Au volant de sa voiture de location, Eva avait roulé vers l'est pendant 100 kilomètres depuis Alexandrie, avant de s'arrêter sur cette zone déserte de la plage, non loin de la ville d'El-Alamein, là où s'était déroulée la grande bataille du désert de la Seconde Guerre mondiale. Laissant la voiture le long de la route de la côte, elle avait pris son fourre-tout et avait cheminé à travers les dunes basses jusqu'au bord de l'eau.

Elle portait un maillot une pièce en jersey corail qui la couvrait comme une seconde peau. Les bras et les épaules revêtus d'un boléro de la même couleur, elle était là, gracieuse et légère, le corps ferme, les membres minces et bronzés. Ses cheveux d'un blond vénitien étaient retenus en une longue natte qui retombait presque jusqu'à sa taille et luisait sous le soleil comme du cuivre poli. Son regard, du bleu des porcelaines de Dresde, éclairait un visage lisse aux pommettes hautes. Eva avait trente-huit ans mais on lui en donnait à peine trente. Certes, elle ne ferait jamais la couverture de *Vogue* mais elle était jolie, avec ce vibrant naturel que les hommes, même très jeunes, trouvent extrêmement attirant.

La plage paraissait déserte. Debout, elle tourna la tête et regarda autour d'elle, comme une biche prudente. Le seul signe de vie était une Jeep Cherokee turquoise avec, sur la portière, les lettres NUMA, à quelques centaines de mètres d'Eva. Elle l'avait dépassée avant de s'arrêter. Mais elle ne voyait pas trace de son propriétaire.

Le soleil matinal avait déjà chauffé le sable qui lui parut brûlant sous ses pieds nus, aussi se dirigea-t-elle vers l'eau. Elle s'arrêta à quelques mètres du bord et étendit par terre une serviette de bain. Elle vérifia l'heure avant de ranger sa montre dans le fourre-tout. Dix heures dix. Elle s'enduisit de crème solaire, s'allongea sur la serviette, soupira et commença à s'imprégner du soleil d'Afrique.

Eva ressentait encore les effets du décalage horaire après son long voyage de San Francisco au Caire, auxquels s'ajoutaient quatre jours de longues réunions d'urgence avec les physiciens et ses collègues biologistes, à propos des étranges maladies nerveuses récemment découvertes un peu partout dans le sud du Sahara. Pour se reposer des conférences épuisantes, elle ne souhaitait que de se plonger quelques heures dans le repos et la solitude avant de poursuivre son voyage dans le vaste désert avec une mission de recherche. Détendue, tandis que la brise marine caressait sa peau, elle ferma les yeux et s'assoupit.

En s'éveillant, Eva regarda à nouveau sa montre. Elle indiquait onze heures vingt. Elle avait sommeillé une heure et demie. Elle se mit à plat ventre et regarda la plage. Deux hommes en chemisette et en short kaki marchaient lentement dans sa direction au bord de la grève. Ils s'arrêtèrent net en voyant qu'elle les observait et firent mine de regarder un bateau qui passait. Ils étaient à 200 mètres au moins et elle ne fit plus attention à eux.

Soudain, quelque chose attira son regard dans l'eau à quelque distance de la plage. Une tête aux cheveux noirs brisa la surface. Eva mit une main sur ses yeux pour éviter le soleil et regarda du coin de l'œil. Un homme avec un masque de plongée et des palmes nageait seul dans l'eau profonde, au-delà des brisants. Il paraissait pêcher sous l'eau. Elle le vit plonger, restant sous l'eau si longtemps qu'elle se demanda s'il ne s'était pas noyé. Mais il refit surface et continua à pêcher. Après quelques minutes, il nagea vers la plage, se laissant porter par les vagues, le corps flottant jusqu'aux eaux peu profondes où il se mit debout.

Il portait un bizarre fusil sous-marin avec une longue tige hérissée de pointes et un caoutchouc de chirurgie attaché à l'extrémité. De l'autre main, il tenait plusieurs poissons, tous d'au moins trois livres et attachés par les ouïes sur un anneau d'acier pendant à sa ceinture.

Malgré sa peau très bronzée, son visage taillé à la serpe ne semblait pas arabe. Son épaisse chevelure d'ébène était collée par l'eau de mer qui tombait en grosses gouttes que le soleil irisait sur sa poitrine. Il était grand, musclé, avec de larges épaules, et marchait avec une grâce féline, très rare chez un homme. Eva lui donnait une quarantaine d'années.

Lorsqu'il passa près d'elle, l'homme promena sans complexe son regard sur elle. Il était assez près pour qu'elle distingue le vert opalin de ses yeux écartés, avec un éclat très blanc autour des iris. Il la regarda avec une telle franchise qu'Eva eut l'impression qu'il aurait pu l'hypnotiser. Une partie d'elle-même craignait qu'il ne s'arrête et ne lui adresse la parole, l'autre souhaitait qu'il le fît. Mais avec un sourire dévastateur dévoilant des dents éclatantes de blancheur, il se contenta d'un signe de tête et passa son chemin, se dirigeant vers la route.

Elle le regarda disparaître derrière les dunes, près de l'endroit où elle avait vu la Jeep marquée NUMA.

« Qu'est-ce qui m'arrive ? se demanda-t-elle. J'aurais dû au moins lui rendre son sourire. » Puis elle le chassa de ses pensées, se disant qu'elle aurait probablement perdu sa peine car il ne parlait sans doute pas un mot d'anglais. Et pourtant ses yeux prirent un éclat qu'ils avaient perdu depuis longtemps. « Comme c'est étrange, pensa-t-elle, de se sentir jeune et pleine d'entrain juste parce qu'un homme énigmatique m'a regardée un instant, un homme dont je ne croiserai sans doute plus jamais la route. »

Elle eut envie de se mettre à l'eau pour se rafraîchir mais les deux hommes qui marchaient sur la plage s'étaient rapprochés et se trouvaient maintenant entre Eva et la grève. Elle décida d'attendre qu'ils se soient éloignés. Ils n'avaient pas les traits fins des Egyptiens mais le nez plus plat, la peau plus sombre, presque noire, et les cheveux crépus de ceux qui vivent dans la zone la plus au sud du Sahara.

Ils s'arrêtèrent et scrutèrent la plage de toutes parts pour la vingtième fois au moins. Puis, soudain, ils furent sur elle.

— Allez-vous-en ! hurla-t-elle instinctivement. Elle essaya frénétiquement de les chasser mais l'un d'eux, un homme à la face de rat, les yeux fendus, avec une épaisse moustache, la saisit brutalement par les cheveux et la retourna sur le dos. Une terreur glacée s'empara d'Eva lorsque l'autre homme aux dents tachées par le tabac et au sourire sadique s'agenouilla et s'assit sur ses cuisses. L'homme à la face de rat lui immobilisa la poitrine, les jambes appuyées sur ses bras, l'enfonçant presque dans le sable. Elle était maintenant comme un papillon épinglé, totalement incapable de bouger autre chose que les doigts et les pieds.

Curieusement, il n'y avait aucune lubricité dans leurs yeux. Aucun des deux hommes ne fit mine de déchirer son maillot. Ils n'agissaient pas comme des violeurs. Eva hurla de nouveau, d'un ton très aigu. Mais seul le bruit des vagues lui répondit. Il n'y avait pas âme qui vive sur la plage.

A travers sa terreur quasi hypnotique, Eva réalisa avec une incrédulité horrifiée qu'ils avaient l'intention de la tuer. Elle tenta de crier encore mais ne réussit à émettre qu'un son étouffé. Elle ne sentait aucune douleur, rien qu'une panique aveugle et une paralysie choquée. Elle tenta de se dégager de la pression constante sur sa figure mais ses bras et ses mains étaient comme vissés au sol. Ses poumons exigeaient de l'air qu'elle ne trouvait pas. L'obscurité commença à envahir sa vision. Désespérément, elle luttait pour rester consciente mais sentait que sa conscience même l'abandonnait. Elle vit l'homme assis sur ses cuisses jeter un coup d'œil par-dessus l'épaule de son meurtrier et se dit que ce serait sans doute sa dernière vision.

Eva ferma les yeux en sentant approcher le vide noir. Elle pensa un instant qu'elle faisait un cauchemar et que, si elle ouvrait les yeux, tout disparaîtrait. Mais qu'il était difficile de soulever la paupière et de jeter un dernier regard à la réalité !

« C'était bien un cauchemar », pensa-t-elle presque joyeusement. L'homme aux dents jaunes ne souriait plus. Une mince flèche de métal sortait de ses deux tempes comme une de ces flèches factices que l'on pose sur sa tête pour faire croire que le crâne a été transpercé. Le visage de l'assaillant se défit et il tomba à la renverse sur les pieds d'Eva, les bras en croix.

Face-de-rat était si occupé à étouffer la vie d'Eva qu'il ne se rendit pas compte de la chute de son complice. Puis, pendant une seconde, deux peut-être, il se raidit tandis qu'une paire de larges mains se matérialisait et se refermait solidement autour de son menton et sur le haut de sa tête. Eva sentit la pression sur son nez et ses lèvres se relâcher lorsque son assassin leva les bras et tenta désespérément de se libérer des mains qui enserraient son crâne. L'imprévu total de ce nouveau tournant de l'aventure ne faisait qu'ajouter à l'irréalité cauchemardesque de tout cela, dans l'esprit d'Eva. Avant d'être emportée dans l'inconscience, elle entendit un craquement, comme lorsqu'on mord un cube de glace, et aperçut furtivement les yeux du tueur grands ouverts, globuleux, aveugles, sortant de sa tête, laquelle avait été tournée de 360 degrés.

3

Eva s'éveilla en sentant la chaleur du soleil sur son visage. Elle s'éveilla en entendant le bruit des vagues battant la plage africaine. Quand elle ouvrit les yeux, elle pensa que c'était la plus belle vue qu'il lui avait été donné de contempler.

Elle gémit et s'étira, clignant devant l'éblouissement de la plage, le panorama paisible, écrasé de soleil, d'une incroyable beauté. Elle s'assit soudain, les yeux agrandis de peur, terrorisée par le souvenir aigu de l'attaque qu'elle avait subie. Mais les tueurs avaient disparu. Avaient-ils vraiment existé ? Elle commença à se demander si elle n'avait pas été sujette à une hallucination.

— Bon retour de voyage ! dit une voix d'homme. J'ai eu peur, un instant, que vous ne soyez dans le coma.

Eva tourna la tête et regarda le visage souriant du pêcheur sous-marin agenouillé derrière elle.

— Où sont les hommes qui ont essayé de me tuer ? demanda-t-elle d'un ton apeuré.

— Partis avec la marée, répondit l'étranger avec une gaieté glacée.

— La marée ?

— On m'a appris à ne pas laisser de détritus sur la plage. Alors, j'ai jeté leurs corps loin dans l'eau. La dernière fois que je les ai vus, ils flottaient gentiment vers la Grèce.

Elle le regarda en frissonnant.

— Vous les avez tués ?

— Ce n'était pas des gens bien.

— Vous les avez tués ! répéta-t-elle, sidérée.

Son visage prit une teinte cendrée et elle donna l'impression d'être sur le point de vomir.

— Vous êtes un meurtrier de sang-froid, exactement comme eux !

Il vit qu'elle était encore en état de choc et qu'elle ne raisonnait pas normalement. Ses yeux reflétaient sa répulsion. Il haussa les épaules et dit simplement :

— Auriez-vous préféré que je n'intervienne pas ?

La peur et la répulsion quittèrent lentement son regard pour laisser place à l'appréhension. Il fallut une minute à Eva pour réaliser que l'étranger l'avait sauvée d'une mort violente.

— Non, pardonnez-moi, je vous en prie. Je suis

stupide. Je vous dois la vie et je ne connais même pas votre nom.

— Dirk Pitt.

— Moi, c'est Eva Rojas.

Elle se sentit étrangement troublée lorsqu'il lui adressa un chaleureux sourire en serrant doucement sa main dans la sienne. Elle ne vit que de l'inquiétude dans ses yeux et toute son appréhension disparut.

— Vous êtes américain ?

— Oui. Je suis membre de l'Agence nationale marine et sous-marine, qu'on appelle la NUMA... Nous faisons une étude archéologique du Nil.

— J'ai pensé que vous étiez reparti en voiture bien avant que je ne sois attaquée.

— Presque, mais vos amis m'ont intrigué. Il m'a paru bizarre qu'ils parquent leur voiture à un bon kilomètre d'ici et qu'ils fassent à pied, sur une plage déserte, la distance qui les séparait de vous. Alors, je suis resté pour voir ce qu'ils avaient derrière la tête.

— J'ai de la chance que vous soyez du type soupçonneux.

— Avez-vous une idée de la raison pour laquelle ils ont essayé de vous tuer ? demanda Pitt.

— Probablement des bandits qui tuent et volent les touristes.

Il secoua la tête.

— Le vol n'était pas leur mobile. Ils n'étaient pas armés. Celui qui a tenté de vous étouffer s'est servi de ses mains et non d'un ruban adhésif ou d'un mouchoir. Et ils n'ont pas essayé de vous violer. Ce n'était pas des assassins professionnels ou nous serions morts tous les deux. Tout à fait curieux. Je parierais ma tête qu'ils étaient seulement payés pour cela par quelqu'un qui souhaite votre mort. Ils vous ont suivie dans un endroit isolé avec l'intention de vous tuer puis de vous faire entrer de force de l'eau salée dans le nez et dans la bouche. Ensuite, votre corps aurait été abandonné quelque part à marée haute pour faire croire que vous vous étiez noyée. Ce qui explique pourquoi ils ont essayé de vous étouffer.

— Je n'arrive pas à y croire, dit-elle avec une hésitation. Cela paraît tellement inutile, ça n'a pas le moindre sens. Je ne suis qu'une biochimiste, spécialisée dans les effets des matières toxiques sur l'être humain. Je n'ai pas d'ennemis. Pourquoi diable quelqu'un voudrait-il me tuer ?

— Comme je viens seulement de faire votre connaissance, je n'en ai pas la moindre idée.

Eva passa la main sur ses lèvres meurtries.

— Ça paraît complètement insensé !

— Depuis combien de temps êtes-vous en Egypte ?

— Quelques jours seulement.

— Vous avez dû faire quelque chose qui a rendu quelqu'un furieux.

— Certainement pas des Nord-Africains, dit-elle. Je suis ici pour les aider.

Il regarda le sable d'un air songeur.

— Alors, vous n'êtes pas en vacances ?

— C'est mon travail qui m'amène ici, répondit Eva. Des rumeurs concernant d'étranges anomalies physiques et des désordres psychologiques touchant les peuplades nomades du Sud saharien sont venues aux oreilles de l'Organisation mondiale de la santé. Je fais partie d'une équipe internationale de scientifiques que l'on a envoyée ici pour enquêter.

— Je ne vois pas là matière à un meurtre, admit Pitt.

— C'est ce qui m'étonne ! Mes collègues et moi sommes ici pour sauver des vies. Nous ne représentons pas une menace.

— Vous pensez que l'épidémie du désert est due à des toxines ?

— Nous n'avons pas encore de réponse. On n'a pas assez de données pour tirer des conclusions. En surface, il semble que la cause soit une maladie contagieuse, mais l'origine demeure un mystère. Il n'y a à notre connaissance aucune usine de produits chimiques ni aucune décharge sauvage à des centaines de kilomètres des zones où l'on a noté les symptômes.

— Et quelle est l'étendue du problème ?

— Plus de huit mille cas ont été dénombrés au Mali et au Niger depuis dix jours.

Pitt leva les sourcils.

— C'est un nombre incroyable pour une si courte période ! Comment savez-vous que la cause n'est pas une bactérie ou un virus ?

— Comme je vous l'ai dit, l'origine reste mystérieuse.

— Bizarre que les médias n'en aient jamais fait mention.

— L'Organisation mondiale de la santé a insisté pour que cela reste secret jusqu'à ce qu'on ait découvert la cause. Pour empêcher les titres à sensation et la panique, je suppose.

Pitt avait plusieurs fois regardé autour de lui. Il aperçut un mouvement derrière les dunes bordant la route.

— Quels sont vos projets ?

— Mon équipe part demain matin pour le Sahara pour commencer une enquête sur place.

— J'espère que vous savez que le Mali est au bord de ce qui pourrait devenir une guerre civile sanglante ?

Elle haussa les épaules, comme si cela ne la concernait pas.

— Le gouvernement a accepté de nous fournir une garde importante tout au long de nos recherches.

Elle se tut et le regarda longuement, puis reprit :

— Pourquoi me posez-vous toutes ces questions ? Qu'est-ce que vous êtes ? Un agent secret ?

Pitt éclata de rire.

— Je ne suis qu'un ingénieur de la Marine qui met son nez partout et qui déteste les gens qui tuent les jolies femmes qu'ils rencontrent.

— Peut-être se sont-ils trompés de personne, dit-elle avec conviction.

Pitt promena son regard sur elle et l'arrêta sur ses yeux.

— Je ne sais pas pourquoi, mais je ne crois pas que ce soit possible...

Il s'arrêta soudain, se leva et regarda vers les

dunes. Ses muscles se tendirent. Il se baissa, saisit le poignet d'Eva et la fit mettre debout.

— Il est temps de partir, dit-il en la tirant vivement à travers la plage.

— Mais qu'est-ce que vous faites ? protesta-t-elle en trébuchant derrière lui.

Pitt ne répondit pas. Le mouvement derrière les dunes était devenu un filet de fumée qui s'épaississait en montant dans le ciel désert. Il comprit immédiatement qu'un autre tueur — ou davantage — avait mis le feu à la voiture qu'Eva avait louée pour l'obliger à rester là jusqu'à l'arrivée de renforts. On voyait les flammes maintenant. S'il avait pris son fusil sousmarin... Non, il ne devait pas se faire d'illusions. Cela n'aurait servi à rien contre une arme à feu. Son seul espoir — et il était bien mince — était que le complice de l'assassin ne soit pas armé non plus et qu'il n'ait pas vu la Jeep de Pitt.

Il eut raison sur le premier point mais tort sur le second. Lorsqu'ils arrivèrent en haut de la dernière dune, il vit un homme à la peau sombre tenant à la main un journal roulé en torche et enflammé. L'intrus était occupé à donner des coups sur le parebrise pour le casser et mettre ensuite le feu à l'intérieur de la Jeep. Celui-ci n'était pas habillé comme les autres. Il portait une coiffure blanche compliquée, disposée de telle sorte qu'on ne voyait que ses yeux. Son corps était enveloppé d'un large caftan lui descendant jusqu'aux chevilles. Il ne vit pas Pitt foncer sur lui, remorquant toujours Eva.

Pitt s'arrêta et murmura à l'oreille d'Eva :

— S'il m'arrive quelque chose, courez à toute vitesse vers la route et arrêtez une voiture.

Puis, à voix haute :

— On ne bouge plus !

Surpris, l'homme se retourna, les yeux étonnés mais menaçants.

Presque en même temps qu'il criait son ordre, Pitt baissa la tête et chargea. L'homme lança devant lui le journal enflammé mais la tête de Pitt lui avait déjà percuté l'estomac, lui brisant le sternum et les côtes avec un bruit sec. Son poing droit alla simultanément s'écraser sur ses parties génitales.

Le regard menaçant de l'homme se transforma en un regard de douleur. Puis un gémissement étranglé s'échappa de sa bouche tordue lorsque ses poumons se vidèrent. Il se sentit soulevé et jeté en arrière par un nouveau coup de Pitt tandis que ses pieds quittaient le sol.

La torche enflammée vola par-dessus les épaules de Pitt et atterrit sur le sable. L'expression de l'homme passa du choc à la terreur. Le visage congestionné, violacé, il tomba en arrière et s'affaissa. Pitt se pencha rapidement sur lui et lui fouilla les poches. Elles étaient vides. Pas d'arme, pas de papiers d'identité. Même pas un peigne ou une pièce de monnaie.

— Qui t'a envoyé, l'ami ? demanda Pitt en attrapant le type par le cou et en le secouant comme un doberman aurait fait d'un rat.

La réaction ne fut pas celle que Pitt attendait. Dans le tourment de son agonie, l'homme se contenta de lancer à Pitt un regard sinistre — le regard, pensa Pitt, de celui qui aurait ri le dernier. Puis un sourire crispé montra de belles dents blanches dont l'une manquait. Sa mâchoire tomba lentement, puis se referma. Trop tard, Pitt comprit que son adversaire venait de mordre dans une capsule enrobée de caoutchouc et contenant du cyanure. Elle avait été cachée dans sa bouche comme une fausse dent.

De la mousse s'échappa de ses lèvres. La pilule empoisonnée était très puissante et la mort vint rapidement. Pitt et Eva regardèrent, impuissants, les forces s'échapper de son corps. Ses yeux restèrent ouverts, immobiles comme la mort.

— Est-il... ?

Eva s'arrêta puis reprit :

— Est-il mort ?

— Je pense qu'il vaut mieux dire qu'il a passé, dit Pitt sans l'ombre d'un remords.

Eva chercha le soutien du bras de Pitt. Malgré la chaleur africaine, ses mains étaient glacées et elle tremblait. Elle n'avait jamais vu mourir personne. Elle sentit qu'elle allait vomir mais réussit à se maîtriser.

— Mais pourquoi s'est-il tué ? murmura-t-elle. Dans quel but ?

— Pour protéger les autres, ceux qui ont ordonné votre meurtre raté, répondit Pitt.

— Et il a volontairement donné sa vie pour garder le silence ? demanda-t-elle, incrédule.

— Fanatiquement loyal à son patron, dit Pitt avec calme. Je suppose que s'il n'avait pas avalé son cyanure de son propre chef, quelqu'un l'y aurait aidé.

Eva secoua la tête.

— Tout cela est insensé ! Vous semblez impliquer une conspiration.

— Regardez les choses en face, madame. Quelqu'un a fait des pieds et des mains pour vous éliminer.

Pitt regarda Eva. Elle ressemblait à une petite fille perdue dans un grand magasin.

— Vous avez un ennemi qui ne veut pas de vous en Afrique, poursuivit-il, et si vous tenez à la vie, je vous suggère de prendre le premier avion pour les Etats-Unis.

Elle avait l'air en pleine confusion.

— Non. Pas tant qu'il y aura des gens qui meurent.

— Vous êtes difficile à convaincre, dit-il.

— Mettez-vous à ma place !

— Je me mettrais plutôt à la place de vos collègues. Ils sont peut-être aussi sur la liste noire. Nous ferions mieux de rentrer au Caire pour les prévenir. Si tout cela est lié à vos recherches et à votre enquête, leur vie est aussi en danger.

Eva considéra le mort.

— Qu'allez-vous faire de lui ?

Pitt haussa les épaules.

— Je vais le mettre à l'eau avec ses copains.

Son visage s'éclaira d'un sourire diabolique.

— J'aimerais bien voir la tête de leur patron quand il apprendra que ses sbires ont disparu sans laisser de trace et que vous vous promenez comme si de rien n'était.

4

Les dirigeants des Backworld Explorations au Caire réalisèrent que quelque chose avait dû mal tourner lorsque le groupe du safari du désert ne se présenta pas à la date prévue dans la fabuleuse cité de Tombouctou. Vingt-quatre heures plus tard, on envoya les pilotes qui auraient dû ramener les touristes à Marrakech, au Maroc, faire une patrouille de reconnaissance dans le Nord, mais personne ne vit les véhicules.

Les craintes s'intensifièrent trois jours plus tard car le major Ian Fairweather n'était toujours pas là pour faire son rapport. On alerta les autorités gouvernementales du Mali qui, en signe de parfaite coopération, envoyèrent des patrouilles aériennes et des véhicules motorisés refaire la route du désert qu'aurait dû suivre le safari.

La panique commença à régner lorsqu'on apprit que les Maliens n'avaient aperçu ni les touristes ni les Land Rover pendant les quatre jours de recherches intenses. Un hélicoptère militaire survola Asselar et affirma n'avoir vu qu'un village mort et abandonné.

Puis, le septième jour, une équipe de prospecteurs de pétrole poussant vers le sud le long de la piste transsaharienne découvrit le major Fairweather. Le ciel était désert et immense au-dessus de la vaste plaine plate semée seulement de rochers. Le soleil brûlait comme à l'ordinaire et cuisait le sable que des vagues de chaleur faisaient vibrer et danser. Les géologues furent surpris par une apparition oscillante comme un mirage dû à la chaleur mouvante. Une seconde, l'image parut flotter librement au-dessus du sol, s'élargit puis se rétracta à des proportions grotesques dans l'air étouffant.

A mesure que la distance diminuait, ils distinguèrent une silhouette agitant les bras comme un dément et trébuchant en se dirigeant vers eux. Puis elle parut tourner sur elle-même et s'effondra doucement, la tête la première dans le sable.

Surpris, le chauffeur du camion Renault faillit freiner trop tard et dut faire une embardée pour éviter le malheureux. Il stoppa son camion dans un nuage de poussière.

Fairweather était plus mort que vif. Gravement déshydraté, sa sueur avait séché sur tout son corps en formant une croûte blanche de cristaux de sel. Il reprit bientôt conscience après que les pétroliers eurent doucement humidifié sa langue enflée. Quatre heures après, restauré par l'absorption de près de six litres d'eau, Fairweather raconta d'une voix rauque comment il avait échappé au massacre d'Asselar.

Aux oreilles du seul Français de l'équipe de prospecteurs qui comprît l'anglais, le récit de Fairweather sonna comme un délire d'ivrogne avec, cependant, une conviction et une urgence indéniables. Après une brève discussion, les sauveteurs installèrent doucement Fairweather à l'arrière du camion et foncèrent vers Gao, sur le Niger. Ils y arrivèrent juste avant la nuit et se rendirent aussitôt à l'hôpital de la ville.

Après s'être assurés que Fairweather était confortablement installé et qu'un médecin et une infirmière veillaient sur lui, les Français pensèrent qu'il serait bon d'informer le chef de la sécurité malienne de l'incident. On leur demanda d'en rédiger un rapport détaillé tandis que le colonel dirigeant le quartier général de Gao avisait ses supérieurs à Bamako, la capitale.

A la surprise et l'indignation des Français, on les mit en prison. Le matin, une équipe arriva de Bamako pour les interroger. Ils furent, séparément, obligés de répondre à un feu croisé de questions sur les circonstances de leur découverte de Fairweather.

Ils exigèrent de contacter leur consulat, ce qui leur fut refusé. Lorsque les géologues refusèrent de coopérer, l'interrogatoire prit un tour franchement désagréable.

Les Français n'étaient pas les premiers à pénétrer dans l'immeuble de la Sécurité et à disparaître à jamais.

Lorsque leurs supérieurs, au siège de la compagnie pétrolière de Marseille, inquiets de ne recevoir aucune nouvelle de leur équipe d'exploration, lancèrent une enquête, les Forces de sécurité maliennes firent mine d'explorer le désert à nouveau et affirmèrent qu'il n'y avait aucun signe d'eux, à part le camion Renault abandonné.

Les noms des géologues français et ceux des touristes disparus des Backworld Explorations s'ajoutèrent à ceux des étrangers disparus et avalés par le vaste désert.

*\
* *

Le Dr Haroun Madani se tenait sur les marches de l'hôpital de Gao, sous le portail de briques aux dessins compliqués qui couraient tout autour des murs. Il scrutait nerveusement la rue poussiéreuse qui serpentait entre les vieux bâtiments coloniaux et les maisons basses de briques et de boue rouge. Une brise venue du nord enveloppait d'une fine pellicule de sable la ville qui avait autrefois été capitale de trois grands empires mais n'était plus qu'une relique décadente de la période coloniale française.

L'appel à la prière du soir s'étendit sur la ville des hauts minarets dominant les mosquées. Les fidèles n'étaient plus appelés par un saint homme musulman, le muezzin, grimpé tout en haut des marches et psalmodiant du haut de la tour. Maintenant le muezzin restait au sol et offrait les prières à Allah et à son prophète Mahomet par micro et haut-parleurs interposés.

Non loin de la mosquée, une lune presque entière reflétait ses rayons dans les eaux du Niger, large, magnifique, au courant lent et majestueux. Le fleuve n'était plus ce qu'il avait été. Autrefois puissant et profond, des années de sécheresse l'avaient réduit à son état actuel, peu profond, parsemé d'une nuée de ces petits bateaux qu'on appelle des pinasses. Ses eaux qui, autrefois, léchaient les pieds de la mosquée s'étaient retirées à plus de deux îlots de maisons plus loin.

Le peuple malien est composé de descendants de Français et de Berbères à la peau claire, d'Arabes et de Maures du désert, plus foncés, et de Noirs africains. Le Dr Madani était de ceux-là. Il avait des traits négroïdes, des yeux d'ébène très enfoncés, et un large nez épaté. De forte carrure, l'estomac rebondi des quadragénaires et une tête large aux mâchoires carrées.

Ses ancêtres avaient été des esclaves mandingues qu'avaient achetés et emmenés au nord les Marocains dominant le pays en 1591. Ses parents avaient exploité une terre peu généreuse au sud du Niger, lorsqu'il était enfant. Il avait été élevé par un commandant de la Légion étrangère française qui avait pourvu à son éducation et l'avait envoyé suivre des études de médecine à Paris. Personne ne lui avait jamais expliqué comment ni pourquoi.

Le médecin se raidit en voyant apparaître les phares jaunes d'une très vieille automobile, absolument unique. Celle-ci parcourut tranquillement la rue inégale, son élégante couleur magenta tout à fait déplacée au milieu des maisons de boue austères et mal entretenues. Cette Avions Voisin de 1936 avait cependant un air d'élégance digne. Le dessin de sa carrosserie était une étrange combinaison de modèles aérodynamiques d'avant la Seconde Guerre mondiale, d'art cubiste et de Frank Lloyd Wright. Son moteur à six cylindres assurait un ronronnement silencieux et une endurance à toute épreuve. Ce chef-d'œuvre de mécanique et d'invention avait appartenu au gouverneur général lorsque le Mali faisait encore partie des territoires de l'Afrique-Occidentale française.

Madani connaissait bien la voiture. Presque tous

les habitants de la ville, du reste, connaissaient la voiture et son propriétaire, et tous frissonnaient d'angoisse en la voyant passer.

Le médecin nota qu'une ambulance militaire suivait le véhicule et craignit un problème. Il s'avança et ouvrit la portière arrière dès que le chauffeur se fut arrêté sans bruit.

Un officier de haut rang quitta le siège arrière et déplia son long corps mince vêtu d'un uniforme de coupe parfaite dont les plis étaient si bien marqués qu'on aurait pu couper du beurre avec. Contrairement aux autres chefs africains qui aiment parader avec toutes leurs médailles, le général Zateb Kazim ne portait sur la veste de son uniforme qu'un ruban vert et or. Il avait la tête couverte d'une version abrégée du litham, le voile bleu sombre des Touaregs. Son visage, chocolat et sculpté, était celui d'un Maure et ses yeux, deux taches couleur topaze dans un océan de blanc. Il aurait pu être très beau n'était son nez bizarre. Au lieu d'être droit et régulier, il se terminait par une boule, surplombant une moustache maigrichonne qu'il tentait d'élargir en la poursuivant jusqu'au milieu de ses joues.

Le général Zateb Kazim ressemblait au méchant des vieux dessins animés de la Warner.

Débordant d'importance, il chassa pompeusement une poussière imaginaire de son uniforme. Il salua le Dr Madani d'un signe de tête distrait.

— Est-il prêt à être emmené ? demanda-t-il d'un ton mesuré.

— Mr Fairweather est tout à fait remis de ses épreuves, répondit Madani. Il est actuellement sous fort sédatif, comme vous l'avez ordonné.

— Il n'a vu personne, n'a parlé à personne depuis que les Français l'ont amené ?

— Fairweather n'a reçu de soins que de moi-même et d'une infirmière de la tribu, qui ne parle que le dialecte peul. Il n'a eu aucun autre contact. J'ai également suivi vos instructions en l'installant dans une chambre particulière, loin de la salle commune. J'ajouterai que tous les documents relatifs à son séjour ici ont été détruits.

Kazim parut satisfait.

— Merci, docteur. Je vous suis reconnaissant de votre coopération.

— Puis-je vous demander où vous l'emmenez ?

Kazim eut le sourire aimable d'une tête de mort.

— A Tebezza.

— Pas ça ! murmura Madani d'un ton atterré. Pas aux mines d'or pénitentiaires de Tebezza ! Seuls les traîtres politiques et les meurtriers sont condamnés à mourir là-bas ! Cet homme est un étranger. Qu'a-t-il fait pour mériter cette mort lente dans les mines ?

— Cela a peu d'importance.

— Quel crime a-t-il commis ?

Kazim toisa Madani comme si le médecin n'était qu'un insecte.

— Je ne vous conseille pas de le demander, laissa-t-il tomber.

Une pensée horrible s'imposa à Madani.

— Et les Français qui l'ont trouvé et l'ont amené ici ?

— Ils subiront le même sort.

— Aucun ne survivra plus de quelques semaines dans les mines.

— Cela vaut mieux que de les exécuter, lâcha Kazim en haussant les épaules. Qu'ils travaillent pendant le peu de temps qui leur reste à vivre. Au moins feront-ils quelque chose d'utile. Un peu d'or de plus est toujours le bienvenu pour notre économie.

— Vous êtes un homme avisé, général, dit Madani avec en bouche toute l'amertume de ses paroles serviles.

La puissance sadique de Kazim, à la fois juge, juré et bourreau, était une réalité avec laquelle il fallait vivre au Mali.

— Je suis heureux que vous m'approuviez, docteur.

Il regarda Madani comme s'il était déjà un de ses prisonniers.

— Dans l'intérêt de la sécurité de notre pays, je

vous suggère d'oublier M. Fairweather et de vider votre mémoire de tout ce qui concerne son séjour ici.

— Comme vous voulez, approuva Madani.

— Qu'aucun malheur ne s'abatte sur votre famille ni sur vos biens !

La pensée de Kazim fut très claire pour le médecin. Ces paroles rituelles de bienvenue chez les nomades firent leur effet. Madani avait une grande famille. Tant qu'il garderait le silence, la paix serait sur elle. Il ne souhaita pas réfléchir à l'autre éventualité.

Quelques minutes plus tard, Fairweather sortit de l'hôpital sur une civière portée par deux gardes de Kazim et placée dans l'ambulance. Le général fit à Madani un salut distrait et remonta dans son Avions Voisin.

Tandis que les deux véhicules disparaissaient dans la nuit, Madani sentit un frisson glacé de peur passer dans ses veines. Il se demanda à quelle terrible tragédie il venait de participer. Puis il pria ardemment de ne jamais, jamais le savoir.

5

Dans l'une des suites du Nil Hilton aux superbes peintures murales, le Dr Frank Hopper, assis sur un sofa de cuir, écoutait attentivement. Assis près de lui, de l'autre côté d'une table basse, Ismail Yerli tirait pensivement sur une pipe d'écume dont le fourneau sculpté représentait une tête de sultan enturbannée.

Même replongée dans les bruits de la circulation du Caire pénétrant par les fenêtres de l'hôtel, Eva ne réussissait pas à accepter le cauchemar qu'elle avait vécu sur la plage où elle avait frôlé la mort. Déjà son subconscient obscurcissait ce souvenir. Mais la voix du Dr Hopper la ramena vers la salle de conférences.

— Il n'y a aucun doute dans votre esprit ? Ces hommes ont essayé de vous tuer ?

— Aucun doute, répondit Eva.

— Vous les avez décrits comme des Africains noirs, c'est cela ? demanda Ismail Yerli.

Eva secoua la tête.

— Je n'ai pas dit noirs. J'ai dit qu'ils avaient la peau sombre. Leurs traits étaient plus aigus, plus marqués, comme un mélange d'Arabe et d'Indien. Celui qui a brûlé ma voiture portait une tunique large et un turban bizarrement noué. Tout ce que j'ai pu voir de lui, ce fut ses yeux très noirs et son nez en bec d'aigle.

— Le turban, demanda Yerli, c'était bien du coton et il était bien entortillé plusieurs fois autour de sa tête et de son menton ?

Eva fit signe que oui.

— Et le tissu paraissait extrêmement long.

— De quelle couleur ?

— Un bleu profond, presque comme de l'encre.

— Indigo ?

— Oui, dit Eva, indigo, c'est le mot qui convient.

Ismail Yerli resta un moment silencieux. Il était l'expert chargé de la coordination et de la logistique de l'équipe de l'O.M.S. Mince et nerveux, extrêmement efficace, presque maladivement pointilleux, c'était le guide parfait doté d'un grand bon sens politique. Il venait d'Antalya, un port méditerranéen de Turquie. Il prétendait avoir du sang kurde, étant né et ayant été élevé en Cappadoce, dans l'arrière-pays de l'Asie Mineure. Musulman tiède, il n'avait pas mis les pieds dans une mosquée depuis des années. Comme la plupart des Turcs, il était doté d'une épaisse chevelure brune que complétaient des sourcils broussailleux se rejoignant au-dessus du nez et une énorme moustache. Il ne se départissait jamais d'un certain sens de l'humour et sa bouche, toujours souriante, était le leurre d'un caractère extrêmement renfermé.

— Des Touaregs, dit-il enfin.

Il dit cela d'une voix si basse que Hopper dut se pencher vers lui.

— Des quoi ? demanda-t-il.

Yerli regarda par-delà la table basse le chef canadien de l'équipe médicale. Homme calme, Hopper parlait peu mais écoutait beaucoup. Il était, selon les dires du Turc, son parfait contraire. Hopper était massif, le visage rougeaud et largement barbu. Il ne lui manquait, pour ressembler au Viking Eric le Rouge, qu'une hache guerrière et le casque pointu à double corne. Plein de ressources, précis, les scientifiques internationaux le considéraient comme l'un des deux meilleurs toxicologues du monde.

— Des Touaregs, répéta Yerli. Autrefois puissants guerriers nomades du désert, ils ont gagné de grandes batailles contre les Français et contre les Maures. Ils sont sans doute les plus romantiques des bandits. Mais ils ne font plus de raids. Aujourd'hui, ils élèvent des chèvres et mendient leur pitance dans les marchés qui bordent le Sahara. Au contraire des Arabes musulmans, les hommes portent le voile, en fait une pièce d'étoffe qui, lorsqu'on la déroule, peut mesurer plus d'un mètre de long.

— Mais pourquoi une tribu nomade du désert pourrait-elle souhaiter se débarrasser d'Eva ? demanda Hopper à la cantonade. J'ai du mal à trouver une raison valable.

Yerli secoua la tête, perplexe.

— Il semble qu'un d'entre eux au moins ne souhaite pas la voir *ni* — nous devons envisager cette possibilité — le reste de l'équipe médicale enquêtant sur l'origine de l'empoisonnement toxique dans le sud-ouest du désert.

— Au point où nous en sommes du projet, dit Hopper, nous ne savons même pas s'il s'agit de contamination. La mystérieuse maladie pourrait être virale ou bactérienne.

Eva approuva.

— C'est ce que Pitt a suggéré.

— Qui ? demanda encore Hopper.

— Dirk Pitt, l'homme qui m'a sauvé la vie. Il dit que quelqu'un ne souhaite pas ma présence en Afrique. Il pense aussi que vous-mêmes et les autres équipes pourriez être en danger.

Yerli leva les mains.

— Incroyable ! Ce type pense sans doute que nous avons affaire à la Mafia sicilienne.

— Une vraie chance qu'il ait été dans le coin, en tout cas, dit Hopper.

Yerli exhala un nuage bleu de sa pipe et le regarda pensivement.

— Plus qu'une chance, si l'on considère qu'étant la seule personne sur des kilomètres de plage, il a eu le courage de faire face à un trio d'assassins. Presque un miracle ou alors... une présence arrangée, acheva-t-il après une pause.

Eva le regarda comme si elle ne le croyait pas capable d'une telle pensée.

— Si tu penses que c'était une mise en scène, Ismail, tu peux oublier ça !

— Peut-être a-t-il joué à vous faire peur pour vous faire tous rentrer aux Etats-Unis ?

— Je l'ai vu de mes yeux tuer trois hommes. Croyez-moi, ce n'était pas une mise en scène !

— T'a-t-il contactée depuis qu'il t'a ramenée à l'hôtel ? demanda Hopper.

— Il a seulement laissé un message à la réception pour m'inviter à dîner ce soir.

— Et tu penses toujours qu'il n'est qu'un bon Samaritain qui passait par là ? insista Yerli.

Eva l'ignora et regarda Hopper.

— Pitt m'a dit qu'il était en Egypte pour une fouille archéologique sur le Nil, avec l'Agence nationale marine et sous-marine. Je n'ai aucune raison d'en douter.

Hopper se tourna vers Yerli.

— Ce doit être assez facile à vérifier ?

— Je vais appeler un de mes amis qui s'occupe de biologie marine à la NUMA.

— Mais la question demeure. Pourquoi ? murmura Hopper, l'air absent.

Yerli haussa les épaules.

— Si la tentative de meurtre sur Eva émane d'une conspiration, c'est peut-être bien dans le but de nous faire peur et de nous obliger à annuler la mission.

— D'accord, mais nous avons cinq équipes de six membres chacune qui se dirigent en ce moment vers le sud du désert. Elles sont réparties sur cinq nations, du Soudan à la Mauritanie. Nous n'avons imposé notre présence à personne. Ce sont leurs gouvernements qui ont demandé aux Nations Unies de l'aide pour trouver la cause de cette étrange maladie qui balaie leurs pays. Nous sommes des invités, pas des envahisseurs.

Yerli regarda fixement Hopper.

— Tu oublies une chose, Frank. Il y a bien un gouvernement qui ne souhaite pas vous voir arriver.

— Tu as raison, admit Hopper. J'avais oublié le président Tahir du Mali. Il s'est montré fort peu disposé à nous laisser entrer chez lui.

— Il s'agit sans doute plutôt du général Kazim, corrigea Yerli. Tahir n'est qu'une marionnette à la tête de l'Etat. C'est Zateb Kazim qui détient le vrai pouvoir derrière le gouvernement malien.

— Que peut-il bien avoir contre de malheureux biologistes qui essaient de sauver des vies ? s'étonna Eva.

— Nous ne le saurons peut-être jamais, dit Yerli d'un geste d'ignorance.

— C'est tout de même une coïncidence troublante, insista doucement Hopper, que des gens, surtout des Européens, disparaissent avec une certaine régularité dans le grand vide du nord du Mali et ce, depuis l'année dernière.

— Comme ces touristes du safari dont on parle dans les journaux, dit Eva.

— Où sont-ils et quel a été leur sort, ça reste un mystère, ajouta Yerli.

— Je n'arrive pas à croire qu'il y ait un rapport entre cette tragédie et l'aventure d'Eva, fit Hopper.

— Mais si nous supposons que le général Kazim est le vilain dans le cas d'Eva, il paraît évident que ses espions ont découvert son appartenance à l'équipe d'études biologiques au Mali. Le sachant, il aura ordonné son assassinat pour nous prévenir que nous ferions mieux de ne pas trop mettre le nez dans son parc à chameaux.

Eva se mit à rire.

— Avec ton imagination fertile, Ismail, tu ferais un excellent scénariste à Hollywood.

Yerli fronça ses épais sourcils.

— Je crois quand même que nous devrions nous tenir sur nos gardes et qu'il vaudrait mieux que l'équipe du Mali reste au Caire jusqu'à ce que toute cette histoire soit éclaircie.

— Tu en fais trop, dit Hopper. Quel est ton avis, Eva ? On annule la mission ou on y va ?

— Moi, je cours le risque, répondit Eva. Mais bien sûr, je ne parle que pour moi.

Hopper baissa les yeux en hochant la tête.

— Dans ce cas, nous ne prendrons que des volontaires. Je n'annulerai pas la mission, pas tant que des centaines, peut-être même des milliers de gens meurent là-bas de quelque chose que personne ne peut expliquer. Je conduirai moi-même l'équipe.

— Non, Frank, coupa Eva. Que ferait-on si le pire arrivait ? Tu es trop précieux pour qu'on se passe de toi.

— Je crois que notre devoir est de raconter tout ça à la police avant qu'on ne se fasse tous démolir, insista Yerli.

— Sois sérieux, Ismail, dit impatiemment Hopper. Si on se présente à la police, ils sont capables de nous retenir et de repousser toute la mission. On pourrait être retenus des mois et des mois. Je n'ai pas l'intention de me mettre de mon plein gré entre les griffes de la bureaucratie orientale.

— Mes contacts pourraient éviter ça, plaida Yerli.

— Non, dit Hopper d'un ton sans réplique. Je veux voir toutes les équipes embarquer sur nos avions et en route pour leurs lieux de travail comme prévu.

— Dans ce cas, nous partons tous demain, dit Eva.

Hopper approuva.

— Pas de retard et pas de mauvaises excuses. Nous partons demain matin à la première heure.

— Tu réalises que tu mets des vies en danger sans nécessité ? murmura Yerli.

— Pas si je prends des assurances.

Yerli regarda Hopper sans comprendre.

— Des assurances ?

— En fait, une conférence de presse. Avant de partir, je vais réunir tous les correspondants étrangers et tous les journalistes en service au Caire. Je leur expliquerai notre projet en mettant le paquet sur le Mali. Evidemment, je mentionnerai les dangers potentiels inhérents à la mission. Alors, étant donné la publicité internationale donnée à notre présence dans son pays, le général Kazim devra y réfléchir à deux fois avant de menacer la vie de scientifiques lancés dans une mission humanitaire dont tout le monde aura eu connaissance.

— Pour notre salut, j'espère que tu as raison, soupira Yerli. Je l'espère bien sincèrement.

Eva s'approcha du Turc.

— Tout ira bien, dit-elle doucement. Il ne nous arrivera rien de mal.

— Rien de ce que je pourrais dire ne vous fera changer d'avis ? Vous voulez vraiment y aller ?

— Des milliers de gens risquent de mourir si nous n'y allons pas, dit fermement Hopper.

Yerli le regarda tristement puis baissa la tête en une acceptation silencieuse, le visage soudain très pâle.

— Alors, qu'Allah vous protège parce que s'il ne le fait pas, il est certain que vous mourrez tous.

6

Pitt attendait dans le hall du Nil Hilton quand Eva sortit de l'ascenseur. Il portait un costume de popeline beige à veston droit et un pantalon à pinces, une chemise bleu pâle et un foulard de soie bleu foncé avec des motifs noir et or.

Il avait l'air inconscient et dégagé, les mains derrière le dos, la tête un peu penchée, regardant une jeune et ravissante Egyptienne aux cheveux noir corbeau qui dansait, en robe à sequins. Balayant le hall d'un éclat doré, elle tenait par le bras un homme d'au moins trois fois son âge. Elle marquait tous les pas en remuant son large séant comme une pendule.

Rien dans le regard de Pitt ne suggérait le désir. Il regardait le spectacle avec une curiosité détachée. Eva s'approcha de lui et lui prit le coude.

— Elle vous plaît ? demanda-t-elle en souriant.

Pitt tourna vers elle les yeux les plus verts qu'elle eût jamais vus. Ses lèvres s'étirèrent en un sourire qu'elle trouva ravageur.

— Admettez qu'elle vaut le déplacement !

— C'est votre type ?

— Non, je préfère les femmes douces et intelligentes.

Elle trouva à sa voix une profondeur moelleuse. Il se dégageait de lui un léger parfum d'eau de toilette, plus discret que celui que les parfumeurs français concoctent pour les grands couturiers. C'était beaucoup plus masculin.

— J'espère que c'est un compliment ?

— C'en est un.

Elle rougit et baissa les yeux.

— Je dois prendre l'avion très tôt demain matin, alors il faudra que je me couche tôt.

« Seigneur, pensa-t-elle, c'est ridicule. Je me comporte comme une gamine à son premier rendez-vous ! »

— C'est bien dommage. J'avais prévu de rester dehors toute la nuit et de vous montrer tous les lieux de perdition du Caire, les endroits exotiques où les touristes ne vont jamais.

— Vous parlez sérieusement ?

— Non, dit Pitt en riant. En réalité, j'ai pensé qu'il serait sage de dîner ici, à l'hôtel, et d'éviter les rues. Vos petits camarades pourraient avoir envie d'essayer à nouveau.

Elle regarda le hall plein de monde.

— L'hôtel est bondé. Nous aurons de la chance si nous trouvons une table.

— Je l'ai déjà réservée, dit Pitt en lui prenant la main et en l'entraînant vers l'ascenseur qui menait au restaurant très luxueux au dernier étage de l'hôtel.

Comme la plupart des femmes, Eva aimait avoir une escorte. Elle aima aussi la façon légère mais ferme dont il lui tint la main jusqu'au restaurant.

Le maître d'hôtel les guida jusqu'à une table près d'une fenêtre d'où l'on découvrait une vue spectaculaire sur Le Caire et sur le Nil. Un univers de lumières scintillait dans la brume vespérale. Les ponts enjambant le fleuve étaient encombrés de voitures bruyantes qui s'égaillaient ensuite dans les rues et côtoyaient des carrioles de livraison tirées par des chevaux et des fiacres pleins de touristes.

— A moins que vous ne préfériez un cocktail, dit Pitt, je suggère que nous nous en tenions au vin.

Eva approuva d'un sourire satisfait.

— C'est parfait pour moi. Pourquoi ne choisiriez-vous pas le menu aussi ?

— J'aime les âmes aventureuses, dit-il en souriant aussi. Essayons une bouteille de Grenaclis Village ? proposa-t-il après un coup d'œil à la carte des vins.

— Très bien, dit le serveur. C'est l'un de nos meilleurs crus locaux, blanc et sec.

Pitt commanda quelques amuse-gueule, graines de sésame avec des aubergines, un plat de yoghourt appelé *Leban zabadi* et une assiette de légumes au vinaigre avec tout un panier de pain aux graines d'agave.

Le vin arriva. Pitt les servit puis leva son verre.

— Au succès de votre expédition ! Puissiez-vous trouver toutes les réponses.

— A votre fouille du fleuve, répondit-elle en faisant tinter son verre contre le sien. Que cherchez-vous exactement ? ajouta-t-elle avec curiosité.

— De vieilles épaves. L'une d'elles en particulier. Une barque funéraire.

— Ça a l'air passionnant. Quelqu'un que je connais ?

— Un pharaon de l'Ancien Empire du nom de Menkura, ou Mycerinus, si vous préférez son nom grec. Il a régné pendant la IVe dynastie et construit la plus petite des trois pyramides de Ghiza.

— Pourquoi n'est-il pas enseveli dans sa pyramide ?

— En 1830, un colonel de l'armée britannique a trouvé un corps dans un sarcophage de la chambre funéraire. Mais l'analyse des restes a prouvé qu'ils dataient soit de la période grecque, soit de la période romaine.

On leur apporta les amuse-gueule qu'ils entamèrent avec plaisir. Ils dégustèrent des tranches d'aubergines frites trempées dans la sauce au sésame et dévorèrent les légumes au vinaigre. Pendant qu'il tenait le serveur, Pitt commanda le plat principal.

— Pourquoi pensez-vous que Menkura se trouve dans le fleuve ? demanda Eva.

— Des inscriptions en hiéroglyphes sur une pierre récemment découverte dans une carrière près du Caire montrent que sa barque funéraire a pris feu puis coulé dans le fleuve entre l'ancienne capitale, Memphis, et sa pyramide à Ghiza. La pierre précise que son sarcophage contenant sa momie et une grande quantité d'or n'a jamais été retrouvé.

Les yoghourts arrivèrent, épais et crémeux. Eva les regarda en hésitant.

— Essayez, dit Pitt. Non seulement, après les *Leban zabadi*, vous ne pourrez plus jamais manger un yoghourt américain, mais en plus, ça soigne l'intestin.

— Ça le fait figer, vous voulez dire !

Elle en prit un tout petit peu sur sa cuiller et le posa sur sa langue. Impressionnée, elle commença à goûter sérieusement.

— Et qu'arrivera-t-il si vous trouvez la barque ? Pourrez-vous garder l'or ?

— Difficile, répondit Pitt. Quand nos instruments de détection repèrent une cible prometteuse, nous marquons l'endroit et signalons sa position aux archéologues de l'Organisation égyptienne des antiquités. Quand ils auront réuni les fonds nécessaires, ils feront faire des fouilles ou, dans le cas qui nous occupe, draguer le fond pour trouver l'objet.

— Est-ce que l'épave n'est pas posée simplement au fond du fleuve ? demanda Eva.

Pitt fit signe que non.

— Quarante-cinq siècles de limon ont recouvert et enterré tout ce qui pourrait rester.

— Et à quelle profondeur cela correspond-il ?

— On ne peut pas être précis. Les archives historiques et géologiques égyptiennes indiquent que la partie du fleuve sur laquelle nous fouillons s'est déplacée d'environ cent mètres vers l'est depuis 2400 avant Jésus-Christ. Si la barque est dans la terre sèche près d'une rive, elle peut se trouver n'importe où entre trois et dix mètres sous le sable et la boue.

— Je suis contente de vous avoir écouté. Ce yoghourt est délicieux.

Le serveur reparut, portant avec brio un immense plateau en argent sur lequel étaient posés les plats de service. Il leur servit de l'agneau épicé en brochettes avec des langoustes grillées au charbon de bois, accompagnées d'une sorte d'épinards cuits à la vapeur mélangés à un odorant pilaf de bœuf, de riz, de raisins secs et de noisettes. Après un bref échange avec le serveur, attentif au point de se montrer condescendant, Pitt commanda quelques sauces piquantes pour accompagner le plat.

— Quelles sortes de maladies étranges allez-vous chercher dans le désert ? demanda Pitt pendant qu'on les servait.

— Les rapports émanant du Mali et du Niger sont trop vagues pour qu'on puisse déjà porter un jugement. On parle de symptômes typiques d'empoisonnement toxique. Anomalies à la naissance, convulsions, crises nerveuses, coma et mort. On a aussi parlé de désordres psychiatriques et de comportements bizarres. Cet agneau est vraiment délicieux !

— Essayez une de ces sauces. Les baies fermentées relèvent le goût de l'agneau.

— Qu'est-ce qu'il y a dans cette sauce verte, là ?

— Je n'en suis pas sûr. Elle est à la fois sucrée et piquante. Trempez-y la langouste.

— Délicieux, dit Eva. Tout est délicieux. Sauf peut-être ce machin vert épinard. Son goût est vraiment fort.

— On appelle cela *moulukeyeh*. Il faut s'y faire. Mais pour en revenir aux toxines empoisonnées... De quels comportements bizarres parlez-vous ?

— De gens qui s'arrachent les cheveux, qui se jettent la tête la première contre les murs, qui mettent les mains dans le feu ou bien qui courent, nus comme des animaux, sur les mains et les genoux et qui mangent les morts comme s'ils étaient devenus cannibales. Ce riz est une merveille ! Comment l'appelez-vous ?

— Du *khalta*.

— J'aimerais bien en demander la recette au chef.

— Je pense que ça peut s'arranger, dit Pitt. Vous ai-je bien comprise ? Ceux qui sont contaminés mangent de la chair humaine ?

— Leurs réactions dépendent beaucoup de leur culture, répondit Eva en se resservant du *khalta*. Le tiers monde, par exemple, est plus habitué aux massacres d'animaux que les Européens ou les Américains. Oh, bien sûr, on croise un accident de la route de temps en temps mais eux voient des animaux écorchés pendus sur les marchés et ils regardent leurs pères préparer les chèvres et les moutons pour la tribu. Les enfants apprennent très tôt à tuer des lapins, des écureuils, des oiseaux, puis à les écorcher, à les plumer, à les vider. La cruauté primitive et la vue du sang et des entrailles sont des événements quotidiens, même pour les plus pauvres. Pour survivre, il faut tuer. Alors, quand ils ingurgitent certains produits toxiques et mortels, même en doses minimes, quand ces produits sont digérés et absorbés dans leur sang pendant une assez longue période, leurs systèmes se détériorent. Le cerveau, le cœur, le foie, les intestins et même le code génétique. Leurs sens sont affaiblis et ils sont pris de schizophrénie. Les codes moraux disparaissent. Ils ne fonctionnent plus comme des humains normaux. Pour eux, tuer, manger un parent semble soudain aussi ordinaire que de tordre le cou à un enfant et le préparer pour le repas du soir. J'adore cette sauce au goût de chutney.

— Oui, c'est très bon.

— Surtout avec le *khalta*. Nous, les civilisés, nous achetons notre viande proprement préparée, tranchée et enveloppée dans les supermarchés. Nous n'assistons pas au massacre des animaux de boucherie au marteau électronique. Nous ratons toute la partie « amusante ». Alors nous sommes plus conditionnés pour exprimer simplement notre peur, notre anxiété et notre misère. Il arrive que certains tirent sur tout ce qui bouge et descendent leurs voisins dans une crise de folie, mais nous ne mangerions jamais personne.

— Quelle sorte de toxine exotique pourrait causer ces problèmes ? demanda Pitt.

Eva finit son verre de vin et attendit que le serveur le lui remplisse.

— Elles n'ont pas besoin d'être exotiques. L'empoisonnement par le plomb commun peut faire faire des choses étranges aux gens. Il peut aussi faire éclater les capillaires et donner des yeux couleur sang de bœuf.

— Avez-vous assez faim pour un dessert ? demanda Pitt.

— Tout est si bon que je ne saurais refuser.

— Café ou thé ?

— Café à l'américaine.

Pitt fit signe au serveur qui arriva sur lui comme un skieur attaque la neige fraîche.

— Un *Um Ali* pour madame et deux cafés. Un américain et un égyptien.

— Qu'est-ce que c'est qu'un *Um Ali* ? s'étonna Eva.

— Un gâteau de pain chaud avec du lait et surmonté de pignes. Ça calme l'estomac après un repas copieux.

— Cela me paraît parfait.

Pitt s'adossa à sa chaise, son visage énergique soudain sérieux et inquiet.

— Vous avez dit que vous preniez l'avion demain. Vous avez toujours l'intention d'aller au Mali ?

— Toujours ce rôle d'ange gardien ?

— Voyager dans le désert peut s'avérer une épreuve meurtrière. La chaleur ne sera pas votre seule ennemie. Il y a là-bas quelqu'un qui vous attend pour vous tuer, vous et vos petits copains les bons Samaritains.

— Et mon chevalier à la brillante armure ne sera pas là pour me sauver, dit-elle d'un ton sarcastique. Vous ne me faites pas peur. Je suis assez grande pour prendre soin de moi.

Pitt la regarda et elle lut de la tristesse dans ses yeux.

— Vous n'êtes pas la première femme ayant dit cela que l'on retrouve à la morgue.

Dans la salle de bal, à l'autre extrémité de l'hôtel, le Dr Frank Hopper donnait une conférence de presse. C'était une belle réunion. Une petite armée de correspondants représentant les journaux du Moyen-Orient et quatre journalistes d'agences internationales l'assaillaient de questions sous une batterie de lumières des caméras de la télévision égyptienne.

— Quelle est, selon vous, l'étendue de la pollution de l'environnement, docteur Hopper ? demanda une journaliste de l'Agence Reuter.

— Nous ne le saurons que lorsque nos équipes seront sur place et auront l'occasion d'étudier l'épidémie.

Un homme muni d'un magnétophone leva la main.

— Connaissez-vous la source de la contamination ?

— Pour le moment, dit Hopper en hochant la tête, nous n'en avons pas la moindre idée.

— Y a-t-il une possibilité que ce soit le projet français de désintoxication solaire au Mali ?

Hopper s'approcha d'une grande carte du Sud saharien posée sur une estrade et prit une baguette.

Il montra le haut d'une région désolée, au nord du Mali.

— Le projet français est situé ici, à Fort-Foureau, à plus de 200 kilomètres de la zone contaminée la plus proche. C'est trop loin pour en être une source directe.

Un correspondant allemand du *Spiegel* se leva :

— La pollution ne peut-elle pas être apportée par les vents ?

Hopper secoua la tête.

— Non, ce n'est pas possible.

— Comment pouvez-vous en être certain ?

— Pendant la préparation et la construction du projet, mes collègues scientifiques de l'Organisation mondiale de la santé et moi-même avons été consultés à chaque étape par les ingénieurs des Entreprises d'énergie solaire Massarde, qui dirigent le projet. Tous les déchets présentant des risques sont détruits par l'énergie solaire et réduits à l'état de vapeurs sans danger. La production est constamment surveillée. Il ne reste aucune émission toxique que le vent pourrait emporter pour détruire la vie à des centaines de kilomètres.

Un reporter de la télévision égyptienne lui tendit un micro.

— Recevez-vous une bonne coopération de la part des nations du désert où vous avez l'intention de travailler ?

— La plupart nous ont invités à bras ouverts, répondit Hopper.

— Vous avez fait mention, il y a un moment, d'un certain manque d'empressement de la part du président Tahir du Mali, pour autoriser vos équipes de recherches à travailler dans ce pays.

— C'est exact, mais lorsque nous serons sur place et que nous aurons démontré nos intentions humanitaires, je suppose qu'il changera d'attitude.

— Vous ne pensez donc pas mettre des vies en danger en allant mettre le nez dans les affaires du gouvernement de M. Tahir ?

Un début de colère tendit la voix de Hopper.

— Le vrai danger réside dans l'attitude de ses conseillers. Ils choisissent d'ignorer la maladie comme si elle ne devait pas exister tant qu'elle demeurera officiellement ignorée.

— Mais pensez-vous qu'il soit prudent pour votre équipe de voyager librement à travers le Mali ?

Hopper eut un petit sourire satisfait. Les questions avaient pris le cours qu'il avait espéré.

— Si une tragédie devait se produire, je compte sur vous, mesdames et messieurs des médias, pour faire toute la lumière et attirer la colère de toutes les nations du monde sur celle qui s'en serait rendue coupable.

Après dîner, Pitt raccompagna Eva jusqu'à la porte de sa chambre. Elle chercha nerveusement sa clef, peu sûre d'elle-même. Elle se dit qu'elle avait une bonne excuse pour l'inviter à entrer. Elle lui devait beaucoup et elle en avait envie. Mais Eva était de la vieille école et trouvait difficile de se retrouver au lit avec tous les hommes qui s'intéressaient à elle, même si l'un d'eux lui avait sauvé la vie.

Pitt remarqua la teinte rose qui montait à ses joues. Il la regarda dans les yeux, ces yeux bleus comme un ciel des mers du Sud. Il la prit par les épaules et l'attira doucement contre lui. Elle se raidit un peu mais ne résista pas.

— Reculez votre départ.

Elle tourna la tête.

— Je ne peux pas.

— Il se peut que nous ne nous rencontrions plus jamais.

— Je suis liée par mon travail.

— Et quand vous serez libre ?

— Je rentrerai dans ma famille, à Pacific Grove, en Californie.

— Un coin magnifique ! J'y ai souvent participé à la course de voitures anciennes, au concours d'élégance de Pebble Beach.

— C'est agréable, en juin, dit-elle d'une voix soudain tremblante.

Il sourit.

— Alors ce sera vous, moi et la baie de Monterey.

Ce fut comme s'ils étaient devenus amis au cours d'un voyage sur l'océan, un bref intermède qui aurait fait naître une mutuelle attirance. Il l'embrassa doucement puis recula.

— Prenez bien soin de vous. Je ne veux pas vous perdre.

Puis il se dirigea vers l'ascenseur.

7

Pendant des siècles et des siècles, les Egyptiens et la végétation se sont battus pour maintenir leur précieuse emprise entre les eaux d'un bleu d'étain du Nil et les sables jaune-brun du Sahara.

Serpentant sur 6 500 kilomètres de sa source en Centre-Afrique jusqu'à la Méditerranée, le Nil est le seul de tous les grands fleuves du monde à couler vers le nord. Ancien, toujours présent, toujours vivant, le Nil est aussi étranger au paysage aride de l'Afrique du Nord que le serait une atmosphère vaporeuse sur la planète Vénus.

La saison chaude était arrivée sur le fleuve. La chaleur roulait et s'installait comme une couverture oppressante, arrivant de l'Ouest désert. Le soleil de l'aurore poignait à l'horizon avec la vigueur d'un coup de tisonnier, soufflant une brise légère aussi brûlante que si elle s'échappait d'une chaudière ouverte.

La sérénité du passé se mêlait à la technologie du présent tandis qu'une felouque à voile latine, dirigée par quatre jeunes garçons, passa le long du bateau de recherche long et effilé, équipé de ce qui se fait de plus moderne en matériel électronique. Apparemment indifférents à la chaleur, les jeunes gens riaient en faisant des signes au bateau couleur turquoise qui descendait le fleuve en face d'eux.

Pitt leva les yeux de son écran vidéo à haute résolution et rendit leur salut aux jeunes garçons par le large hublot. La chaleur extérieure ne le gênait pas le moins du monde. L'intérieur du bateau était doté d'un conditionnement d'air de sorte qu'il était confortablement installé devant un ensemble impressionnant d'ordinateurs en buvant un verre de thé glacé.

Il regarda un moment la felouque en enviant un peu les gamins qui s'amusaient sur le pont minuscule et cherchaient la meilleure position de la voile pour accrocher la brise soufflant sur le fleuve.

Il reporta son attention sur l'écran où une anomalie commençait à se dessiner en couleurs. Le balayage vertical suivant la ligne du fond du Nil était en train d'enregistrer un contact, tout au fond, en dessous de la couche de vase, sous les eaux mouvantes. Au début, cela ressembla à une sorte de bosse indistincte, mais l'image fut automatiquement agrandie et la silhouette d'un bateau ancien commença à apparaître.

— La cible arrive, dit Pitt. Marque-la numéro quatre-vingt-quinze.

Al Giordino pressa un code sur sa console. Instantanément, la configuration du fleuve avec les points de repère laissés par les hommes et les caractéristiques naturelles derrière le littoral se dessina en un graphisme parfaitement lisible. Un autre code et le système de positionnement par satellite nota avec une précision extraordinaire la position exacte de l'image dans le paysage environnant.

— Numéro quatre-vingt-quinze pointé et enregistré, annonça Giordino.

Trapu, bronzé et aussi compact qu'un baril de béton, Albert Giordino leva des yeux noisette pétillants surmontés de sourcils et de cheveux bruns et frisés. Pitt pensait souvent que si on l'affublait d'une barbe et d'une hotte de jouets, il aurait tout à fait l'allure de la version plus jeune d'un Père Noël étrusque.

Etonnamment souple pour un homme aussi musclé, il savait se battre comme un tigre, ce qui ne l'empêchait pas de se sentir atrocement gêné lorsqu'il était obligé de converser avec une dame.

Giordino et Pitt avaient été à l'école ensemble, avaient joué ensemble pour l'équipe de football de l'Ecole de l'Air et, ensemble, avaient combattu au Vietnam, pendant les derniers jours de la guerre. Au même moment de leurs carrières respectives, à la demande de l'amiral James Sandecker, directeur de l'Agence nationale marine et sous-marine, ils avaient été engagés par la NUMA à titre temporaire, statut qui durait maintenant depuis neuf ans.

Ni l'un ni l'autre n'aurait pu préciser combien de fois ils s'étaient mutuellement sauvé la vie, ou du moins s'étaient sortis de situations embarrassantes ayant généralement pour origine quelques malicieuses sottises. Cependant, leurs aventures sur la mer et sous la mer étaient devenues légendaires et leur valaient une certaine gloire qu'aucun des deux ne goûtait.

Pitt se pencha sur un écran isométrique digital. L'ordinateur fit tourner l'image tridimensionnelle, montrant le bateau enfoui avec un luxe étonnant de détails. Images et dimensions étaient enregistrées et communiquées à une banque de données où elles étaient ensuite comparées avec les données connues concernant les bateaux du Nil de l'Egypte ancienne. En quelques secondes, l'ordinateur analysait un profil et interrogeait la banque de données. Tous les détails sur la construction du vaisseau se mettaient à clignoter au bas de l'écran.

— Ce que nous avons là semble être un navire marchand de la VIe dynastie, dit Pitt. Construit entre 2000 et 2200 avant Jésus-Christ.

— Dans quel état est-il ?

— Assez bon. Comme tous ceux que nous avons trouvés, il a été assez bien préservé par le limon. Sa quille et son gouvernail sont intacts et je distingue son mât qui repose sur le pont. A quelle profondeur est-il ?

Giordino lut les données sur l'écran de positionnement.

— Il est sous deux mètres d'eau et huit mètres de vase.

— Y a-t-il du métal ?

— Rien que le mag à proton puisse détecter.

— Ce n'est pas étonnant puisque l'Egypte n'a connu le fer qu'à partir du XIIe siècle avant Jésus-Christ. Que lis-tu sur le scanner de métaux non ferreux ?

Giordino tourna un cadran de sa console.

— Pas grand-chose. Quelques traces de bronze. C'est probablement une épave abandonnée.

Pitt étudia l'image de ce bateau qui avait coulé à plus de quarante siècles de lui.

— C'est fascinant de constater que la forme des bateaux est restée virtuellement la même pendant trois mille ans.

— Ça va avec leur conception de l'art, dit Giordino.

Pitt le regarda.

— L'art ?

— As-tu remarqué que leur style est resté exactement le même de la Ire à la XIIIe dynastie ? pontifia Giordino. Même la position du corps est restée la même. Comment est-il possible que pendant une aussi longue période, ils n'aient jamais appris à dessiner l'œil humain vu de profil et n'en dessinant que la moitié ? Tu parles d'une tradition ! On peut dire que les Egyptiens étaient les champions de la tradition !

— Et quand donc es-tu devenu expert en égyptologie ?

Semblable à lui-même, Giordino haussa les épaules d'un petit air supérieur.

— Oh ! j'ai lu des trucs ici et là...

Mais Pitt ne se laissa pas prendre à cette modestie. Giordino avait un œil remarquable pour les détails. Il ne laissait pas passer grand-chose, comme il venait de le prouver par ses observations sur l'art égyptien, que quatre-vingt-dix-neuf pour cent des touristes ne remarquaient même pas et que les guides ne mentionnaient jamais.

Giordino vida sa bière et fit rouler la bouteille vide sur son front. Il montra l'épave que le bateau de recherche était en train de dépasser et dont l'image disparaissait de l'écran.

— J'ai du mal à croire que nous ayons trouvé quatre-vingt-quatorze épaves sur seulement cinq kilomètres du fleuve. Et certaines même sur trois épaisseurs !

— Ce n'est pas si étonnant quand on considère le nombre de bateaux qui ont remonté le Nil, dit Pitt. Des vaisseaux de toutes les civilisations ont eu la chance de durer près de vingt ans avant de se perdre dans un orage, de brûler ou de se faire éperonner. Et ceux qui ont survécu ont probablement pourri par pure négligence. Le Nil, entre le Delta et Khartoum, cache plus d'épaves au kilomètre carré que n'importe quel autre endroit du monde. Heureusement pour les archéologues, les épaves sont nichées dans le limon qui les a préservées. Elles pourraient rester là encore quatre mille ans avant de remonter.

— Aucun signe d'un chargement, dit Giordino en regardant l'image de l'épave par-dessus l'épaule de Pitt. Comme tu l'as suggéré, il a dû servir à autre chose que ce à quoi il était destiné et ses propriétaires l'auront laissé se détériorer jusqu'à ce qu'il coule.

Le pilote du bateau de recherche, Gary Marx, gardait sans cesse un œil sur le sonar tout en surveillant le fleuve. Grand, blond, le regard limpide, il n'était vêtu que d'un short, de sandales et d'un chapeau de paille. Il tourna à peine la tête et parla du coin des lèvres :

— Et ceci termine la promenade vers le sud, Dirk.

— D'accord, répondit Pitt. Demi-tour. Mais, s'il te plaît, navigue au plus près de la rive.

— Nous raclons déjà pratiquement le fond, rouspéta Marx sans prendre de gants. Si je me rapproche du bord, il faudra un tracteur pour nous remorquer.

— Pas la peine de faire une crise, dit sèchement Pitt. Fais-nous virer, longe la rive et tâche de ne pas abîmer le capteur.

Avec brio, Marx fit virer le bateau dans le chenal

principal en un U parfait et le plaça parallèlement à la rive, à cinq ou six mètres au plus. Presque immédiatement, le capteur signala une autre épave. L'ordinateur dessina les contours du navire personnel d'un noble du Moyen Empire, pouvant se situer entre 2040 et 1786 avant Jésus-Christ.

La coque était plus fine que celle des navires marchands et une cabine ornait gracieusement son pont arrière. Ils distinguèrent les restes d'un bastingage autour du pont. Il semblait y avoir des têtes de lions sculptées sur les supports. Un grand trou sur le flanc bâbord suggérait qu'il avait coulé après avoir été heurté par un autre navire.

Ils découvrirent huit autres bateaux ensevelis dans le limon du fleuve avant que le sonar ne heurte le gros lot.

Pitt se raidit, le regard concentré, tandis qu'une image bien plus large que ce qu'ils avaient découvert jusqu'alors s'inscrivait sur l'écran de contrôle.

— Nous avons un navire royal ! cria-t-il.

— Je note la position, dit Giordino. Tu es sûr qu'on peut lire *pharaon* dessus ?

— C'est le plus *pharaon* de tout ce qu'on trouvera jamais ! Regarde !

Giordino étudia l'image qui se précisait.

— Ça a l'air vrai ! Aucun signe de mât. Il est trop grand pour appartenir à quelqu'un d'autre qu'un roi.

La coque était longue, avec de délicates colonnes aux extrémités. L'étrave de poupe portait une sculpture en forme de tête de faucon, sans doute le dieu égyptien Horus, mais la partie avant de la proue manquait. L'agrandissement de l'image haute résolution de l'ordinateur révéla que les flancs du navire étaient décorés de milliers de hiéroglyphes gravés, comme l'était également la cabine royale. Ce qui restait des rames sortait encore de la coque. Le gouvernail, énorme, ressemblait à une immense pagaie et tenait encore d'un côté de la proue. Le plus extraordinaire, cependant, était une grande forme rectangulaire posée sur une estrade, au centre du bateau. Elle était ornée de sculptures.

Les deux hommes retinrent leur souffle tandis que l'ordinateur passait l'image en revue.

— Un sarcophage de pierre, balbutia Giordino avec une nervosité rare chez lui. Nous avons un sarcophage !

Il se précipita vers la console pour vérifier les données.

— Le scanner indique une grosse masse de métal non ferreux dans la cabine et dans le sarcophage, dit-il.

— L'or du pharaon Menkura, murmura Pitt.

— Qu'est-ce qu'on a comme date ?

— 2600 avant Jésus-Christ. L'époque et la forme correspondent, dit Pitt avec un large sourire. Et l'analyseur indique du bois brûlé à l'avant, ce qui signifie qu'un incendie a détruit la proue.

— Alors, nous avons vraiment le navire funéraire disparu de Menkura ?

— Je crois qu'on peut parier que oui, dit Pitt, euphorique.

Marx amarra le bateau-laboratoire juste au-dessus de l'épave. Puis, pendant les six heures qui suivirent, Pitt et Giordino soumirent le navire funéraire à une batterie d'examens et d'études, accumulant une énorme quantité de données sur sa condition et les dispositions que devraient prendre les autorités égyptiennes.

— Dis donc ! Ce que je voudrais pouvoir mettre une caméra dans la cabine et dans le sarcophage !

Giordino ouvrit une autre bière mais oublia de la boire tant il était passionné.

— Les sarcophages intérieurs devraient être intacts, dit Pitt. Mais il est probable que la momie a été rongée par l'humidité. Quant au trésor... Qui peut le dire ? Il pourrait être aussi important que le trésor de Toutankhamon.

— Menkura était un bien plus grand nabab que le petit Toutankhamon. Il a dû emporter un plus gros magot pour la vie éternelle.

— Nous n'en verrons pas la plus petite partie, dit

Pitt en s'étirant. Nous serons morts et enterrés avant que les Egyptiens trouvent les fonds nécessaires pour sortir le bateau et le mettre à l'abri au musée du Caire.

— Des visiteurs ! annonça Marx. Une vedette de la patrouille égyptienne du Caire arrive par l'arrière.

— Le téléphone arabe n'est pas un vain mot, par ici ! s'étonna Giordino... Qui a pu les mettre au courant ?

— C'est une patrouille de routine, dit Pitt. Ils vont passer au large, au centre du chenal.

— Ils viennent droit sur nous, prévint Marx.

— Ce n'est donc pas une patrouille de routine, grommela Giordino.

Pitt se leva et retira un dossier d'un placard.

— Ils sont simplement curieux et veulent vérifier ce que nous faisons. Je vais à leur rencontre sur le pont avec le permis que nous ont remis les Antiquités égyptiennes.

Il passa la porte et pénétra dans la fournaise extérieure. Il alla attendre sur le pont arrière. L'écume formée par l'étrave mourait en une série de vaguelettes et le grondement métallique des diesels jumeaux battait paresseusement tandis que le patrouilleur gris vint longer le navire-laboratoire, à moins d'un mètre de ses flancs.

Pitt s'agrippa au bastingage pour compenser le roulis. Il regarda, détaché, deux marins en uniforme de la Marine égyptienne qui, penchés sur leur propre bastingage, empêchaient le patrouilleur de heurter l'autre navire en le tenant éloigné par des crochets rembourrés. Il aperçut le capitaine, debout près de la barre, et ne fut que vaguement surpris lorsqu'il lui fit un salut de la main sans paraître aucunement désireux d'aborder le bateau américain. En revanche, il n'en crut pas ses yeux lorsqu'il vit un petit homme aux cheveux raides enjamber les plats-bords et sauter sur le pont presque sous ses pieds.

Pitt le regarda, incrédule.

— Rudi ! Mais d'où est-ce que tu tombes ?

Rudi Gunn, directeur-adjoint de la NUMA, serra la main de Pitt, un large sourire aux lèvres.

— Washington. J'ai atterri au Caire il y a moins d'une heure.

— Et qu'est-ce qui t'amène sur les rives du Nil ?

— L'amiral Sandecker m'envoie vous arracher à votre mission. Un avion de la NUMA nous attend pour nous emmener à Port Harcourt. L'amiral nous y rejoindra.

— Où diable est Port Harcourt ? demanda sèchement Pitt.

— C'est un endroit charmant sur le delta du Niger.

— Et qu'y a-t-il de si urgent ? Vous auriez pu m'avertir par communication satellite. Pourquoi cet effort et ce temps perdu pour me le dire en personne ?

Gunn fit un geste de dénégation.

— Je ne peux pas te le dire. L'amiral ne m'a pas fait l'honneur de m'informer du secret ni de l'urgence.

Si Rudi Gunn ne savait pas ce que Sandecker cachait dans sa manche, personne ne le savait. C'était un homme mince, étroit d'épaules et de hanches. Extrêmement compétent, diplômé de logistique, Gunn avait fait ses études à l'université d'Annapolis puis était devenu commandant de la Marine des Etats-Unis. Il avait rejoint la NUMA en même temps que Pitt et Giordino. Il regardait le monde à travers d'épaisses lunettes cerclées d'écaille et gardait, quoi qu'il eût à dire, un sourire plein de malice. Giordino disait de lui qu'il avait l'air d'un agent de l'I.R.A. sur le point de commettre un attentat.

— En tout cas, tu tombes bien, dit Pitt. Entre, quittons cette chaleur. Je voudrais te montrer quelque chose.

Giordino tournait le dos à la porte de la cabine quand Pitt et Gunn entrèrent.

— Qu'est-ce que voulaient ces tordus ? demanda-t-il d'un air excédé.

— Te faire tomber raide ! répondit Gunn en riant.

Giordino se retourna et, reconnaissant le petit homme, feignit la plus grande surprise.

— Oh ! Seigneur ! fit-il en se levant pour serrer la main tendue de Gunn. Mais qu'est-ce que tu fais là ?

— Je viens pour vous transférer sur un autre projet.

— Tu tombes bien !

— C'est ce que je lui ai dit, dit Pitt en souriant.

— Salut, monsieur Gunn, dit Gary Marx en passant la tête dans la cabine aux ordinateurs. Ça fait plaisir de vous voir à bord.

— Salut, Gary.

— Est-ce qu'on me transfère aussi ?

— Non, vous poursuivez le projet, répondit Gunn. Dick White et Stan Shaw arriveront demain pour remplacer Dirk et Al.

— C'est du temps perdu, fit Marx. Nous sommes prêts à faire nos paquets.

Gunn interrogea Pitt du regard puis, comprenant à demi-mot, s'étonna à son tour.

— La barque funéraire du pharaon ? murmura-t-il. Vous l'avez trouvée ?

— Un coup de chance, révéla Pitt. Et seulement deux jours après le début des recherches.

— Où ? s'enquit Gunn.

— Tu es juste dessus, si j'ose dire. Elle est là, à neuf mètres environ sous notre quille.

Pitt fit apparaître le modèle isométrique de l'épave sur l'écran de l'ordinateur. Les heures passées à accentuer l'image en couleurs portaient leurs fruits. L'image était vive, montrant en détail chaque mètre carré du bateau séculaire.

— Incroyable ! murmura Gunn stupéfait.

— Nous avons aussi découvert et répertorié plus de cent autres épaves datant de 2800 à 1000 avant Jésus-Christ, ajouta Giordino.

— Félicitations à vous trois, sourit Gunn chaleureusement. Voilà une performance incroyable, digne des livres d'histoire. Je suis sûr que le gouvernement égyptien vous couvrira de médailles.

— Et l'amiral ? s'informa brièvement Giordino. De quoi va-t-il nous couvrir ?

Gunn cessa de regarder l'écran et se tourna vers eux, le visage soudain sérieux.

— Un sale boulot, je le crains.

— Ne t'en a-t-il vraiment rien dit ? le pressa Pitt.

— Rien qui ait un sens, fit Gunn en fixant le plafond. Quand je lui ai demandé la raison de cette précipitation, il a cité un poème. Je ne me rappelle pas les mots exacts. Ça parlait de l'ombre d'un bateau et d'eaux enchantées qui deviennent rouges.

Pitt cita :

> *Ses flancs se jouaient de la mer étouffante*
> *Comme s'étendent les frimas d'avril,*
> *Mais là où se posait l'ombre du grand navire*
> *Les eaux enchantées se consumaient*
> *En une immobile et terrifiante rougeur.*

C'est tiré de *la Ballade du vieux marin* de Samuel Taylor Coleridge.

Gunn considéra Pitt avec un respect nouveau.

— Je ne savais pas que tu étais capable de citer des poètes !

— J'ai juste retenu quelques vers, dit Pitt en riant.

— Je me demande ce que Sandecker peut avoir dans son esprit tordu ! fit Giordino. Ça ne ressemble pas à ce vieux renard de faire des mystères.

— Non, acheva Pitt d'un air sombre. Ça ne lui ressemble pas du tout.

8

Le pilote de l'hélicoptère des Entreprises Massarde s'éloigna vers le nord-est de Bamako. Pendant deux heures et demie se déroula sous sa carlingue la vaste désolation du désert comme une scène miniature sur un parchemin. Après deux heures de vol, il aperçut le reflet du soleil, au loin, sur des rails d'acier. Il commença à les suivre bien qu'elles ne parussent mener nulle part.

Le chemin de fer, terminé seulement le mois précédent, aboutissait à un immense site de désintoxication solaire de déchets, au cœur du désert malien. Le lieu se nommait Fort-Foureau, du nom d'un fort de la Légion étrangère française depuis longtemps abandonné, à quelques kilomètres de là. Depuis le site industriel, le réseau ferré courait sur 1 600 kilomètres en une ligne presque droite, traversait la frontière de Mauritanie avant de s'achever au port de Cap Tafarit, sur l'océan Atlantique.

Le général Kazim était confortablement installé dans le luxueux hélicoptère, tandis que le pilote rattrapait et dépassait un long train de wagons plombés contenant des déchets et tiré par deux locomotives Diesel.

Le train se dirigeait vers la Mauritanie après s'être débarrassé de son mortel chargement. Là il ferait à nouveau demi-tour.

Le général eut un sourire sournois en détournant son regard des wagons à déchets et fit signe au steward qui remplit son verre de champagne et lui offrit un plateau d'amuse-gueule.

Les Français, songea Kazim, semblent ne pas pouvoir se passer de champagne, de truffes et de foie gras. Il les considérait comme une race bornée qui avait, sans trop y croire, essayé de construire et de maintenir un empire. Comme leurs concitoyens avaient dû soupirer de soulagement collectif, se dit-il, lorsqu'ils furent obligés d'abandonner leurs avant-postes en Afrique et en Orient. Au fond de lui-même, il était furieux que les Français n'aient pas entièrement disparu du Mali. Bien qu'ils aient relâché leur main de fer coloniale en 1960, ils avaient maintenu leur influence et tenaient encore fermement l'économie, contrôlant très sérieusement la plupart des revenus miniers du pays, leur transport et le développement de l'industrie et de l'énergie. Beaucoup d'hommes d'affaires français surveillaient de près les investissements et achetaient de grosses parts des entreprises maliennes. Mais aucun n'avait enfoncé plus profondément sa pompe à billets que l'avait fait Yves Massarde dans les sables du Sahara.

Un temps véritable magicien français de l'économie d'outre-mer, Massarde s'était garni un nid confortable et discret en utilisant ses contacts et son influence pour prendre la direction et transférer à son profit les compagnies malades de l'Afrique occidentale. Négociateur tenace et perspicace, ses méthodes étaient radicales et l'on murmurait qu'il n'hésitait pas à utiliser des techniques vigoureuses pour décrocher une affaire. On estimait sa fortune entre deux et trois milliards de dollars et le site de décontamination des déchets toxiques de Fort-Foureau était le centre vital de son empire.

L'hélicoptère arriva sur le vaste complexe et le pilote tourna autour du périmètre pour permettre à Kazim de bien voir l'immense site de décontamination solaire et son vaste champ de miroirs paraboliques qui absorbaient l'énergie solaire et l'envoyaient à des récepteurs qui à leur tour la concentraient, créant l'équivalent incroyable de 60 000 soleils dégageant des températures pouvant atteindre 5 000 degrés. Cette énergie de photons surchauffés était ensuite dirigée vers des réacteurs photochimiques capables de détruire les molécules des produits chimiques toxiques.

Le général l'avait déjà vu plusieurs fois et s'intéressait davantage aux sandwiches au foie gras truffé qu'il dévorait. Il venait de finir la sixième coupe de Veuve Clicquot Cordon Noir quand l'hélicoptère se posa lentement sur l'aire d'atterrissage, juste en face des bureaux des ingénieurs du complexe.

Kazim descendit et salua Félix Verenne, le bras droit d'Yves Massarde, qui l'attendait en plein soleil. Kazim fut ravi de constater que le Français souffrait de la chaleur.

— Félix ! Comme c'est gentil à vous de m'accueillir ! dit-il en français, un large sourire faisant luire ses dents sous sa moustache.

— Avez-vous fait bon voyage ? demanda Verenne d'un ton légèrement supérieur.

— Le pâté de foie n'était pas digne de ce que votre chef nous offre d'habitude.

Maigrichon et chauve, la quarantaine, Verenne s'obligea à sourire malgré son dégoût personnel pour Kazim.

— Je veillerai à ce qu'il vous satisfasse pendant le voyage de retour.

— Et comment va M. Massarde ?

— Il vous attend dans son bureau.

Verenne passa devant, traversant un passage recouvert d'un vélum, et entra dans un immeuble de trois étages en verre fumé et aux angles arrondis. A l'intérieur, ils traversèrent un hall de marbre totalement désert à l'exception d'un garde de sécurité et ils pénétrèrent dans un ascenseur. Les portes s'ouvrirent sur une entrée aux murs recouverts de panneaux de teck qui donnait sur le salon principal de ce qui était à la fois le bureau et l'appartement de Massarde. Verenne conduisit Kazim dans un bureau de petite taille mais somptueusement décoré et le pria de s'asseoir dans un canapé de cuir de Roche et Bobois.

— Asseyez-vous, je vous en prie. M. Massarde ne va pas tarder...

— Mais, Félix, je suis là ! fit une voix venant de la porte opposée.

Massarde s'avança, les bras grands ouverts.

— Zateb, mon ami, comme c'est gentil d'être venu !

Yves Massarde avait les yeux bleus, les sourcils noirs et les cheveux plutôt roux. Son nez était mince et ses mâchoires carrées. Malgré un corps et des hanches minces, son estomac protubérant gâchait la silhouette. On l'aurait dit construit de pièces dépareillées. Mais ce n'était pourtant pas son physique que gardaient en mémoire ceux qui le rencontraient. Ce dont ils se souvenaient, c'était de l'intensité qui se dégageait de toute sa personne, à la manière de l'électricité statique.

Il fit un signe discret à Verenne qui, hochant la tête, sortit discrètement de la pièce en fermant la porte derrière lui.

— Alors, Zateb, mes agents du Caire m'ont informé du fiasco de vos hommes chargés d'effrayer l'équipe de l'Organisation mondiale de la santé et de les empêcher de venir au Mali.

— Des circonstances regrettables, fit Kazim en haussant les épaules avec indifférence. Les raisons n'en sont pas claires.

Massarde lança au général un regard dur.

— Selon mes informateurs, vos assassins ont disparu au cours d'un essai raté pour tuer le Dr Eva Rojas.

— Ça leur apprendra à être inefficaces !

— Vous les avez tués ?

— Je ne tolère aucun échec de mes gens, mentit Kazim, que la disparition de ses sbires et le meurtre raté d'Eva avaient déconcerté.

De frustration, il avait ordonné la mort de l'officier qui avait organisé l'attentat en l'accusant avec les autres d'avoir trahi ses ordres.

Massarde n'était pas arrivé à la position qu'il occupait sans être un juge avisé en personnalités. Il connaissait assez bien Kazim pour suspecter le général de se cacher derrière un écran de fumée.

— Si nous avons des ennemis à l'extérieur, ce serait une grave erreur de les ignorer.

— Ce n'était rien, dit Kazim en abandonnant le sujet. Notre secret est toujours bien gardé.

— Vous trouvez, alors qu'une équipe de l'Organisation mondiale de la santé issue des Nations Unies doit débarquer à Gao dans moins d'une heure ! Ne traitez pas cette affaire à la légère, Zateb. Si jamais ils remontaient jusqu'ici...

— Ils ne trouveront que du sable et de la chaleur, l'interrompit Kazim. Vous savez mieux que moi, Yves, que ce qui cause cette étrange maladie ne peut pas venir d'ici. Je ne vois pas comment votre entreprise pourrait être responsable d'une pollution à des centaines de kilomètres à l'est et au sud d'ici !

— C'est vrai, dit pensivement Massarde. Nos systèmes informatiques montrent que les déchets que nous brûlons pour sauver les apparences sont bien dans les limites étroites imposées par les normes internationales.

— Alors, qu'avez-vous à craindre ?

— Rien, à condition que toutes les voies soient bien bouchées.

— Laissez-moi m'occuper de l'équipe de l'O.M.S.

— Ne les cherchez pas ! prévint rapidement Massarde.

— Le désert se charge des intrus.

— Tuez-les et le Mali — et avec lui les Entreprises Massarde — seront en position dangereuse. Leur patron, le Dr Hopper, a donné une conférence de presse au Caire et souligné le manque de coopération de votre gouvernement. Il a insisté sur le fait que son équipe de recherche pourrait courir un danger dès son arrivée. Eparpillez leurs os dans le désert, mon ami, et nous aurons une nuée de journalistes et d'agents des Nations Unies qui déferlera sur le complexe.

— Vous n'avez pourtant pas fait la fine bouche pour faire disparaître le Dr Rojas.

— Peut-être, mais l'attentat ne se passait pas à notre porte, là où l'on pourrait nous soupçonner d'y avoir mis la main.

— Vous n'avez pas été plus gêné quand la moitié de vos ingénieurs et leurs épouses sont partis en pique-nique dans les dunes et ont disparu !

— Leur disparition était nécessaire pour protéger la seconde phase de l'opération.

— Vous avez eu de la chance que je puisse couvrir la situation sans gros titres dans les journaux de Paris et sans enquête sur place des agents du gouvernement français.

— Vous avez remarquablement réagi, soupira Massarde. Je ne pourrais rien faire sans vos estimables talents.

Comme la plupart de ses concitoyens du désert, Kazim ne pouvait vivre sans perpétuels compliments à son génie. Massarde détestait le général mais l'opération clandestine n'aurait pu exister sans lui. C'était un contrat diabolique entre deux êtres vils, Massarde comptant bien profiter seul de la dernière phase de l'affaire. Il pouvait se permettre de traiter avec « l'étron de chameau », comme il appelait Kazim derrière son dos. Après tout, un salaire de cinquante mille dollars américains, c'était une misère en regard des deux millions de dollars quotidiens que rapportait à Massarde le projet de transformation de déchets.

Kazim s'approcha d'un bar bien garni et se servit un cognac.

— Alors, comment suggérez-vous d'agir pour manœuvrer le Dr Hopper et son équipe ?

— C'est vous l'expert ! dit Massarde avec obséquiosité. Je fais confiance à votre habileté.

Kazim leva un sourcil arrogant.

— Elémentaire, mon ami. Je me contente d'éliminer le problème qu'ils sont venus résoudre.

Massarde parut intéressé.

— Et comment accomplirez-vous ce miracle ?

— J'ai déjà commencé, répondit Kazim. J'ai envoyé mes brigades personnelles trouver, tuer et enterrer toutes les victimes de la maladie contagieuse.

— Vous massacreriez votre propre peuple ? fit Massarde avec ironie.

— Je ne fais que mon devoir patriotique pour mettre un terme à une épidémie nationale, fit Kazim avec une indifférence non feinte.

— Vos méthodes sont un peu radicales !

Une ride inquiète se creusa sur le front de Massarde.

— Je vous préviens, Zateb, reprit-il, ne provoquez pas le tumulte. Si le monde découvre accidentellement ce que nous faisons vraiment ici, un tribunal international nous fera pendre.

— Pas sans preuves ni témoins, ils ne pourront pas !

— Et ces espèces de diables bizarres qui ont mas-

sacré les touristes à Asselar ? Vous les avez fait disparaître aussi ?

Kazim eut un sourire insolent.

— Non, ils se sont entre-tués et entre-dévorés.
Mais d'autres villages souffrent des mêmes maladies.
Si le Dr Hopper et sa bande devenaient trop gênants,
je pourrais peut-être m'arranger pour qu'ils assistent
à un massacre aux premières loges.

Massarde n'eut pas besoin qu'on lui fasse un dessin. Il avait lu le rapport reçu de Kazim sur le massacre d'Asselar. Il imagina facilement les nomades fous
avalant littéralement les chercheurs de l'O.M.S.
comme ils l'avaient fait des touristes du safari.

— C'est effectivement un moyen efficace pour se
débarrasser d'une menace, dit-il. Ça économise les
frais d'un enterrement.

— Je suis d'accord.

— Mais si un ou deux survivaient et tentaient de
rentrer au Caire ?

Kazim haussa les épaules. Ses lèvres fines et exsan-
gues s'étirèrent en un sourire cruel.

— Quelle que soit leur façon de mourir, leurs os
ne quitteront jamais le désert.

9

Il y a dix mille ans, les oueds sableux de la république du Mali roulaient leurs eaux profondes tandis
que les plaines aujourd'hui sèches et désolées étaient
couvertes de forêts où se mêlaient des centaines
d'essences variées. Les plaines et les montagnes ferti-
les accueillaient l'homme bien avant qu'il n'émerge
de l'âge de pierre et ne devienne berger. Pendant près
de sept mille ans, de vastes tribus chassèrent l'anti-
lope, l'éléphant et le buffle tout en gardant des troupeaux aux longues cornes, d'une prairie herbeuse à
l'autre.

Puis peu à peu, trop de pâture et trop peu de pluies

firent que le Sahara s'asécha et devint le désert désolé qu'il est aujourd'hui, s'étendant sans cesse, gagnant du terrain sur la végétation des terres plus tropicales du continent africain. Les grandes tribus abandonnèrent la région, ne laissant derrière eux que la désolation des terres presque sans eau où ne vécurent bientôt que quelques bandes de nomades.

En découvrant l'incroyable endurance du chameau, les Romains furent les premiers à conquérir les étendues désertiques, utilisant ces animaux pour transporter des esclaves, de l'or, de l'ivoire et des milliers de bêtes sauvages qu'ils envoyaient combattre dans les arènes sanglantes de Rome. Pendant huit siècles, leurs caravanes traversèrent ce néant de la Méditerranée aux rives du Niger. Et quand la gloire de Rome se tarit, ce fut encore le chameau qui ouvrit les frontières du Sahara aux envahisseurs berbères à la peau claire, bientôt suivis des Arabes et des Maures.

Le Mali représente la fin d'une lignée de puissants empires depuis longtemps disparus qui gouvernèrent l'Afrique noire. Au début du Moyen Age, le royaume du Ghana ouvrit les routes des caravanes entre le fleuve Niger, l'Algérie et le Maroc. En 1240 après Jésus-Christ, le Ghana fut détruit par les Mandingues venus du sud, qui formèrent un empire encore plus grand, appelé Malinké, d'où vient le nom du Mali. Il atteignit à une grande prospérité, et les villes de Gao et de Tombouctou devinrent des cités très respectées comme centres du savoir et de la culture islamique.

Des légendes coururent sur les richesses considérables transportées par les caravanes de l'or et la renommée de l'empire s'étendit dans tout le Moyen-Orient. Mais deux cents ans plus tard, l'empire connaissait la décadence avec les nomades touaregs et les Peuls, qui descendirent du Nord. Les Songhaïs, à l'est, prirent peu à peu le contrôle et gouvernèrent jusqu'à ce que les armées du sultan du Maroc, envahissant le Niger, dévastent le royaume, en 1591. Lorsque les Français lancèrent leur conquête coloniale vers le sud, au début du XIXᵉ siècle, les vieux empires du Mali étaient depuis longtemps oubliés.

Au début de ce siècle, les Français établirent dans les territoires d'Afrique-Occidentale ce qu'ils baptisèrent le Soudan français. En 1960, le Mali déclara son indépendance, mit au point une constitution et forma un gouvernement. Le premier président du pays fut renversé par un groupe d'officiers conduits par le lieutenant Moussa Traoré. En 1992, après un certain nombre de coups d'état infructueux, le président, maintenant général, Traoré fut renversé par le général, alors commandant, Zateb Kazim.

Réalisant bientôt qu'il ne pourrait obtenir d'aides ou de prêts de l'étranger tant qu'il serait dictateur militaire, Kazim se retira et installa à sa place l'actuel président Tahir, un fantoche. Manipulateur rusé, Kazim casa tous ses amis au sein du gouvernement et garda ses distances vis-à-vis de l'Union soviétique et des Etats-Unis, tout en maintenant d'étroites relations avec la France.

Il s'installa bientôt aux commandes de tout le commerce national et international, pour le plus grand profit de ses divers comptes en banque répartis dans le monde entier. Il trempa dans tous les projets de développement et, bien qu'il eût mis en place de très stricts contrôles douaniers, se fit une belle petite pelote grâce à la contrebande. Les sommes allouées par les industriels français en échange de sa coopération, comme son association avec Yves Massarde, firent de lui un multimillionnaire. Vu la monstrueuse corruption de Kazim et la cupidité sans bornes de ses subalternes, on ne s'étonnera pas que le Mali fût devenu l'une des nations les plus pauvres du monde.

Le Boeing 737 des Nations Unies vira si près du sol qu'Eva pensa que le bout de son aile allait creuser un sillon au milieu des huttes de bois et de boue séchée. Puis le pilote stabilisa l'appareil pour prendre son approche de l'aéroport primitif de Tombouctou, ville de légende. Il atterrit avec un bruit lourd.

Regardant par le hublot, Eva eut du mal à croire que cette ville misérable avait été autrefois le grand marché des caravanes au croisement des empires du Ghana, du Malinké et des Songhaïs, et que plus de cent mille âmes l'habitaient alors. Fondée par les nomades touaregs dont elle fut un camp saisonnier en 1100 après Jésus-Christ, elle devint ensuite l'un des plus grands centres commerciaux d'Afrique occidentale.

Eva trouvait difficile d'imaginer ce glorieux passé. A part les trois anciennes mosquées encore debout, il ne restait pas grand-chose de son ancienne prospérité. La ville semblait morte et abandonnée, avec ses rues étroites et sinueuses qui paraissaient ne mener nulle part. Son emprise sur la vie était ténue et sans objet.

Hopper ne perdit pas de temps. Il fut au sol avant même que les moteurs aient coupé le gémissement de leurs réacteurs. Un officier portant la courte coiffe bleu indigo de la garde personnelle de Kazim s'avança et salua le chercheur des Nations Unies dans un anglais marqué d'un fort accent français.

— Docteur Hopper, je présume ?

— Docteur Stanley, sans doute ? plaisanta Hopper avec son humour habituel.

Il n'obtint pas le moindre sourire. L'officier malien lui lança un regard inamical, probablement teinté de suspicion.

— Je suis le capitaine Mohammed Batutta. Veuillez m'accompagner jusqu'au terminal, je vous prie.

Hopper regarda ce qui avait pompeusement été baptisé terminal. C'était à peine mieux qu'un abri métallique avec des fenêtres.

— Bon, d'accord, si c'est ce que vous avez de mieux à m'offrir ! dit-il sèchement, refusant de faire des courbettes.

Ils allèrent directement au terminal et pénétrèrent dans un petit bureau surchauffé, sans autre ameublement qu'une table de bois misérable et deux chaises. Derrière la table, un officier, le supérieur de Batutta, paraissait passer un très mauvais moment.

Il resta assis et considéra longuement Hopper, avec un mépris non déguisé.

— Je suis le colonel Nouhoum Mansa. Puis-je voir votre passeport, s'il vous plaît ?

Hopper avait préparé les documents et lui donna les six passeports de son équipe. Mansa en feuilleta les pages sans intérêt évident, ne notant que les nationalités.

— Pourquoi êtes-vous venus au Mali ?

Hopper, qui avait voyagé dans le monde entier, n'avait pas de patience pour les formalités ridicules.

— Je suppose que vous connaissez le but de notre visite !

— Voulez-vous répondre à ma question ?

— Nous sommes membres de l'Organisation mondiale de la santé des Nations Unies et notre mission consiste à étudier les rapports concernant les maladies contagieuses qui frappent votre population.

— Il n'y a aucune maladie de ce type parmi notre population, dit fermement le colonel.

— Dans ce cas, vous ne verrez aucun inconvénient à ce que nous analysions les sources d'eau et prenions des échantillons d'air, au hasard, dans les villes que traverse le Niger ?

— Nous n'aimons pas beaucoup que des étrangers viennent étudier les carences de notre pays.

Hopper n'avait aucune intention de se laisser dominer par une autorité stupide.

— Nous sommes ici pour sauver des vies. Je croyais que le général Kazim avait compris cela !

Mansa se raidit. Que Hopper lance le nom de Kazim et non celui du président Tahir le prit par surprise.

— Le général Kazim... Il a donné des ordres autorisant votre visite ?

— Pourquoi ne pas lui téléphoner pour le lui demander ?

C'était du bluff, mais Hopper n'avait rien à perdre. Le colonel Mansa se leva et se dirigea vers la porte.

— Attendez là, ordonna-t-il d'un ton sec.

— Je vous prie de rappeler au général que les

nations voisines ont invité les chercheurs de l'O.M.S.
à les aider à localiser l'origine de la contamination et
que, s'il refuse à mon équipe d'entrer au Mali, il risque de perdre la face vis-à-vis des nations du monde !

Mansa ne répondit pas et quitta la pièce.

Pendant qu'il attendait, Hopper jeta au capitaine
Batutta son regard le plus intimidant. Batutta le soutint un moment puis détourna les yeux et commença
à faire les cent pas dans la pièce.

Cinq minutes plus tard, Mansa revint s'asseoir au
bureau. Sans un mot, il tamponna chacun des passeports et les rendit à Hopper :

— Vous êtes autorisés à entrer au Mali pour y faire
vos recherches. Mais je vous prie de ne pas oublier,
docteur, que vous et vos collègues êtes les hôtes de ce
pays. Rien de plus. Si vous faisiez des commentaires
désagréables ou si vous preniez part à une action
nuisant à la sécurité, vous seriez immédiatement
expulsés.

— Je vous remercie, colonel. Et je vous prie de
remercier le général Kazim pour son aimable autorisation.

— Le capitaine Batutta vous accompagnera, avec
dix de ses hommes, pour vous protéger.

— Je suis très honoré d'avoir un garde du corps !

— Vous ferez également un rapport sur ce que
vous trouverez, rapport que vous m'adresserez personnellement. Je souhaite votre complète coopération dans cette affaire.

— Comment enverrai-je mes rapports de la
brousse ?

— L'unité du capitaine disposera des équipements
de communication nécessaires.

— Nous allons tous très bien nous entendre, dit
Hopper à Batutta d'un ton dédaigneux.

Puis, se tournant vers Mansa :

— Mon équipe et moi-même aurons besoin d'un
véhicule, de préférence un 4 x 4, pour le personnel
et de deux camions pour transporter le matériel de
laboratoire.

Le visage du colonel Mansa vira au rouge foncé.

— Je vous ferai donner des véhicules militaires.

Hopper savait qu'il était important pour le colonel de sauver la face et d'avoir le dernier mot.

— Merci, colonel Mansa. Vous êtes un homme généreux et honorable. Le général Kazim doit être très fier d'avoir auprès de lui un véritable guerrier du désert.

Mansa se pencha, une lueur de satisfaction et de triomphe dans les yeux.

— Oui, le général a souvent exprimé sa gratitude pour ma loyauté et pour mon aide.

L'entrevue était terminée. Hopper regagna l'avion où il supervisa le déchargement des bagages. Mansa le surveilla depuis la fenêtre de son bureau, un vague sourire aux lèvres.

— Dois-je restreindre les recherches aux zones non classées ? demanda Batutta.

Mansa secoua lentement la tête, sans se retourner.

— Non, laissez-les aller où ils veulent.

— Et si le Dr Hopper trouve des preuves de la maladie ?

— Ça n'a aucune importance. Tant que je contrôlerai les communications avec les autres pays, ses rapports seront modifiés pour montrer que notre pays est sain et ne contient aucun élément toxique.

— Mais quand ils retourneront aux quartiers généraux de l'O.M.S...

— Est-ce que leurs découvertes ne seront pas rendues publiques ? finit Mansa. Si, très certainement.

Il se retourna soudain, l'air menaçant.

— Mais pas si leur avion a un accident tragique durant leur voyage de retour.

10

Pitt sommeilla pendant tout le vol d'Egypte au Nigeria. Il ne s'éveilla que lorsque Rudi Gunn s'approcha de lui, dans le jet du directeur de la

NUMA, en tenant fermement trois tasses de café. En en prenant une, Pitt regarda Gunn d'un air résigné, sachant qu'il n'y avait aucune chance de s'amuser un peu.

— Où devons-nous rencontrer l'amiral, à Port Harcourt ? demanda-t-il pour dire quelque chose.

— Ce n'est pas exactement *à* Port Harcourt, répondit Gunn sans vouloir se compromettre.

— Eh bien, où, alors ?

— Il nous attend à bord de l'un de nos navires de recherche, à deux cents kilomètres au large de la côte.

Pitt regarda Gunn comme le ferait un lièvre qui aurait coincé un renard.

— Tu nous caches quelque chose, Rudi !

— Comment crois-tu qu'Al souhaite boire son café ?

Pitt jeta un coup d'œil à Giordino qui ronflait du sommeil du juste.

— Ne te fatigue pas. Tu ne le réveillerais pas, même en lui mettant un pétard allumé dans l'oreille.

Gunn s'installa dans un fauteuil en face de Pitt, de l'autre côté de l'allée centrale.

— Je ne peux pas te dire ce que l'amiral Sandecker a derrière la tête parce que, honnêtement, je n'en sais rien. J'ai cependant la vague impression que ça concerne plus ou moins une étude que les biologistes de la NUMA ont effectuée sur les récifs de corail du monde entier.

— J'ai entendu parler de cette étude, dit Pitt, mais les résultats ont été donnés après que Giordino et moi fûmes partis pour l'Egypte.

Pitt était presque sûr que Gunn finirait par lui dire ce qu'il savait. Ils avaient des relations de sympathie malgré les énormes différences de leurs styles de vie. Gunn était un intellectuel diplômé de chimie, de finances et d'océanographie. Il aurait pu se sentir à l'aise dans un sous-sol de bibliothèque, noyé dans les livres, dans les rapports à compiler et les projets de recherches à mettre au point.

Pitt, lui, aimait travailler de ses mains, faire de la

mécanique, surtout sur les voitures anciennes de sa collection, à Washington. Sa drogue, c'était l'aventure. Il était aux anges lorsqu'il pouvait piloter un vieil avion ou plonger pour chercher une épave historique. Il avait un diplôme supérieur d'ingénieur et prenait un grand plaisir à réussir tout ce que les autres jugeaient impossible. Contrairement à Gunn, on le trouvait rarement à son bureau du quartier général de la NUMA auquel il préférait les sensations fortes des plongées dans les profondeurs marines inconnues.

— En gros, les récifs sont en danger et meurent à une vitesse inouïe, dit Gunn. Pour l'instant, c'est un sujet de conversation brûlant chez les scientifiques de la Marine.

— Quelles sont les zones de l'océan où se produisent ces phénomènes ?

Gunn fixa sa tasse de café.

— Toutes celles que tu pourrais nommer. Les Caraïbes, des îles de Floride à Trinidad, le Pacifique, de Hawaii à l'Indonésie, la mer Rouge, les côtes d'Afrique...

— Et partout à la même vitesse ? s'étonna Pitt.

— Non, fit Gunn. Ça varie d'un endroit à l'autre. Le scénario le plus tragique se passe le long des côtes d'Afrique occidentale.

— Je ne crois pas qu'il soit extraordinaire pour des récifs de corail de passer par des cycles, de cesser de se reproduire et de mourir puis de renaître en pleine santé.

— C'est exact, dit Gunn. Lorsque les choses redeviendront normales, les récifs reprendront vie. Mais on n'a jamais vu des dommages aussi étendus et surtout se produisant à une allure aussi alarmante.

— A-t-on une idée de la cause ?

— Deux facteurs. Le premier, la coupable habituelle, la chaleur de l'eau. Des élévations périodiques de température, généralement dues aux courants marins, font que les petits polypes de corail éjectent, vomissent, si tu préfères, les algues dont ils se nourrissent.

— Ces polypes sont les petits êtres tubulaires qui bâtissent les récifs des restes de leurs squelettes, c'est bien ça ?

— Exactement.

— C'est à peu près tout ce que je sais du corail, admit Pitt. La lutte des polypes de corail pour survivre fait rarement la une des journaux.

— C'est bien dommage, répondit Gunn. Surtout si l'on considère que les changements que présente le corail sont un baromètre extrêmement précis des tendances futures de la mer et des conditions atmosphériques.

— D'accord. Alors, les polypes vomissent les algues, dit Pitt, résigné. Et alors ?

— Etant donné que l'algue est la substance qui nourrit le polype et lui donne sa belle couleur, continua Gunn, sa disparition fait mourir de faim le corail qui devient alors blanc et inerte. On appelle ce phénomène la décoloration.

— Ce qui n'arrive pas souvent quand l'eau est tiède.

Gunn regarda Pitt dans les yeux.

— Pourquoi me laisses-tu te raconter tout ça si tu le sais déjà ?

— J'attends que tu arrives au suspense.

— Laisse-moi boire mon café avant qu'il soit froid.

Il y eut un silence. Gunn n'avait pas la tête à penser au café mais il prit son temps pour le boire. Pitt s'impatienta.

— D'accord, dit-il. Les récifs de corail sont en train de mourir un peu partout. Quel est le second facteur responsable de leur extinction ?

Gunn tournait pensivement son café avec la cuiller de plastique.

— Une nouvelle menace, une menace sérieuse, est apparue : une algue épaisse et verte, soudain très abondante, détruit les récifs comme une épidémie de peste incontrôlable.

— Attends ! Tu dis que le corail meurt d'inanition parce qu'il vomit les algues, bien qu'il soit pratiquement étouffé par elles ?

116

— L'eau trop chaude donne et prend. Elle fait disparaître les récifs et en même temps, elle fait croître les algues qui empêchent les aliments et le soleil d'atteindre le corail. En quelque sorte, les algues l'étouffent à mort.

Pitt passa une main dans ses cheveux noirs.

— Mais on peut espérer que la situation redeviendra normale quand l'eau se refroidira ?

— Ça n'est pas arrivé, dit Gunn. Pas dans l'hémisphère Sud. Et on ne prévoit aucune chute de température aquatique pour les dix ans à venir.

— Tu penses que c'est un phénomène naturel ou le résultat d'un effet de serre ?

— C'est une possibilité qui n'exclut pas une évidente pollution.

— Mais tu n'as aucune preuve solide ?

— Personne n'a toutes les réponses, ni moi, ni les scientifiques de la NUMA.

— Je n'ai jamais entendu parler d'un fana du tube à essai qui n'aurait pas au moins une petite théorie, dit Pitt en souriant.

Gunn sourit à son tour.

— Je ne me suis jamais pris pour un fana du tube à essai !

— Parce qu'on ne te l'a jamais dit comme ça !

— Tu adores mettre des étiquettes aux gens, n'est-ce pas ?

— Seulement aux savants patentés.

— Bon. Eh bien, commença Gunn, je ne suis pas le roi Salomon. Mais puisque tu y tiens... Ma théorie sur la prolifération des algues, comme pourrait te le dire n'importe quel écolier, c'est qu'après que des générations eurent déversé des vidanges non traitées, des ordures, des produits toxiques dans tous les océans, on a finalement atteint le point de saturation. L'équilibre chimique délicat des mers est irréparablement fichu. Les eaux chauffent et nous allons, nous et plus sûrement nos petits-enfants, payer le prix fort de tout cela.

Pitt n'avait jamais vu Gunn aussi sérieux.

— C'est moche à ce point ?

— J'ai peur que nous n'ayons atteint le point de non-retour.

— Tu n'as vraiment aucun espoir que les choses changent ?

— Non, dit tristement Gunn. On a ignoré trop longtemps les effets désastreux de la pollution sur l'eau.

Pitt regarda Gunn, vaguement surpris que le numéro deux de la NUMA soit la proie de telles pensées d'échec et de mélancolie. Gunn avait décrit une situation sinistre mais Pitt ne partageait pas le pessimisme total de son ami. Les océans étaient malades, certes, mais on était loin de la phase terminale.

— Détends-toi, mon vieux Rudi ! dit chaleureusement Pitt. Quoi que l'amiral puisse avoir pour nous dans sa manche, il ne peut sûrement pas nous demander de partir gaiement sauver les eaux du monde.

Gunn lui adressa un sourire triste.

— Il ne faut jamais sous-estimer l'amiral !

S'ils avaient tous les deux su ou même deviné à quel point ils se trompaient, ils auraient probablement menacé le pilote de tous les maux de la terre s'il ne les ramenait pas dare-dare au Caire.

Le peu de temps qu'ils passèrent sur l'aérodrome privé d'une compagnie pétrolière, dans les faubourgs de Port Harcourt, fut court et agréable. Quelques minutes seulement après, un hélicoptère leur fit survoler le golfe de Guinée. Quarante minutes plus tard, ils planaient au-dessus du *Sounder*, un vaisseau de recherche de la NUMA que Pitt et Giordino connaissaient bien pour y avoir dirigé des projets d'études en trois occasions.

Ce navire, qui avait coûté quatre-vingts millions de dollars et mesurait cent vingt mètres de long, était équipé des systèmes les plus sophistiqués de sonars, bathymètres et appareils d'études sismiques.

Le pilote contourna l'immense grue qui se dressait à l'arrière et posa sur la petite aire d'atterrissage, derrière la superstructure. Pitt fut le premier à mettre le pied sur le pont, suivi de Gunn. Giordino, tel un zombi, fermait la marche en bâillant à chaque pas. Ils furent accueillis par des hommes d'équipage et des scientifiques qu'ils connaissaient depuis longtemps et avec lesquels ils échangèrent quelques mots pendant que les pales de l'hélicoptère s'arrêtaient doucement.

Pitt, qui connaissait le chemin, monta jusqu'à une écoutille menant à l'un des laboratoires marins du *Sounder*. Passant le long des paillasses chargées d'appareils de mesure, il entra dans une salle de conférences. Pour un navire de recherche, la pièce était agréablement meublée, un peu comme un bureau directorial avec une table d'acajou et des chaises de cuir confortables.

Un Noir tournait le dos à Pitt, regardant un grand écran de projection... Il paraissait absorbé par un graphique. Il avait au moins vingt ans de plus que Pitt et était beaucoup plus grand. Pitt pensait qu'il faisait bien deux mètres, voire un peu plus, et que sa façon de bouger ses longs membres indiquait un ancien basketteur.

Mais ce qui retint surtout l'attention de Pitt et de ses deux compagnons, ce jour-là, ne fut ni le graphique coloré sur l'écran ni la présence de cet étrange géant. Ce fut l'autre personnage se tenant dans la salle de conférences, à la silhouette courte, mince et cependant dominatrice, qui s'appuyait avec nonchalance d'une main sur la table, un gros cigare dans l'autre main. Le visage étroit, les yeux bleus et autoritaires, les cheveux roux semés de gris et la barbe soignée donnaient au personnage une allure d'amiral à la retraite, ce qui, comme le suggérait le blazer bleu brodé de deux ancres d'or sur la poitrine, était précisément le cas.

L'amiral James Sandecker, force vive de la NUMA, se redressa, leur adressa un sourire de barracuda et leur tendit la main.

— Dirk ! Al !

À l'entendre, on aurait pu le croire surpris de leur visite inattendue.

— Toutes mes félicitations pour la découverte de la barque funéraire du pharaon ! Beau travail ! Vraiment !

Il parut se rendre compte de la présence de Gunn à qui il adressa un simple signe de tête.

— Rudi, je vois que vous les avez ramenés sans incident.

— Comme des agneaux à l'abattoir, dit Gunn avec un sourire triste.

Pitt jeta un regard dur à Gunn et se tourna vers Sandecker.

— Vous nous avez fait quitter le Nil à la vitesse grand V. Pourquoi ?

Sandecker feignit d'être blessé.

— On ne dit pas « bonjour, content de vous voir » ? Pas de salutations à votre pauvre vieux patron qui a dû annuler un dîner avec une dame riche et ravissante de la haute société de Washington et faire 6 000 kilomètres pour vous féliciter de votre découverte ?

— Comment expliquez-vous que vos amabilités douteuses me remplissent d'anxiété ?

Giordino se laissa tomber sur une chaise, l'air inquiet.

— Si nous avons si bien travaillé, que diriez-vous d'une belle petite augmentation, d'une prime, d'un billet de retour et de deux semaines de congés, tous frais payés ?

Sandecker répondit patiemment.

— La grande parade à Broadway avec serpentins, c'est pour plus tard. D'abord, nous allons faire une croisière de rêve sur le Niger.

— Le Niger ? murmura rêveusement Giordino. Ne me dites pas qu'on va chercher d'autres épaves ?

— Non, pas des épaves.

— Quand ? demanda Pitt.

— Vous partirez à la première heure, répondit Sandecker.

— Et qu'est-ce que vous voulez nous faire faire exactement ?

Sandecker se tourna vers l'homme devant l'écran.

— Commençons par le commencement. Permettez-moi de vous présenter le Dr Darcy Chapman, toxicologue en chef des recherches océaniques au Laboratoire des sciences maritimes Goodwin de Laguna Beach.

— Messieurs, dit Chapman d'une voix profonde comme si elle sortait d'un puits, ravi de vous connaître. L'amiral Sandecker m'a rebattu les oreilles de vos exploits à tous les trois. J'en suis vivement impressionné !

— Vous jouiez avec les Denver Nuggets, n'est-ce pas ? murmura Gunn en levant la tête pour regarder Chapman dans les yeux.

— Oui, jusqu'à ce que mes genoux me lâchent, sourit Chapman. Après, j'ai dû me remettre aux études pour décrocher un diplôme de chimie de l'environnement.

Pitt et Gunn serrèrent la main de Chapman. Giordino se contenta d'un geste fatigué, sans quitter sa chaise. Sandecker commanda le petit déjeuner en téléphonant à la cuisine.

— A tant que faire, autant le faire confortablement, dit-il vivement. Nous avons du pain sur la planche avant l'aurore.

— Vous avez donc bien un sale boulot à nous faire faire ? demanda lentement Pitt.

— Bien sûr que c'est un sale boulot, répondit prosaïquement Sandecker.

Il fit un signe au Dr Chapman qui pressa un bouton sur la télécommande de l'écran. La carte en couleurs d'une rivière sinueuse apparut sur l'écran.

— Voici le Niger. C'est le troisième fleuve d'Afrique par la longueur, après le Nil et le Congo. Curieusement, il prend sa source en Guinée, à 300 kilomètres seulement de la mer. Mais il coule vers le nord puis vers le sud pendant 4 200 kilomètres avant de se jeter dans l'Atlantique, en un delta sur la côte du Nigeria. Et quelque part le long de sa course... quelque part, un poison toxique est introduit dans l'eau et porté jusqu'à l'océan. Là, il crée un cataclysme épouvantable qui est... disons, incalculable en termes d'apocalypse potentielle.

11

Pitt considéra Sandecker, se demandant s'il avait bien entendu.

— L'apocalypse, amiral ? Est-ce que j'ai bien entendu ?

— Je ne parle pas à la légère, répondit l'amiral. La mer au large de l'Afrique occidentale est en train de mourir à cause d'un agent contaminant inconnu. La situation se développe rapidement par une réaction en chaîne capable de détruire toutes les espèces de vies marines.

— Ce qui pourrait conduire à un changement permanent du climat terrestre, ajouta Gunn.

— C'est le moindre de nos soucis, remarqua Sandecker. Le résultat final, c'est l'extinction de toute forme de vie sur terre, et cela inclut l'homme.

Gunn murmura d'un ton accusateur :

— Est-ce que vous n'exagérez pas un peu les choses ? ...

— Exagérer ? interrompit vivement Sandecker. C'est exactement ce que m'ont dit les vieux crétins du Congrès quand j'ai commencé à exprimer la menace, quand j'ai demandé leur soutien pour isoler et résoudre le problème ! Ils sont bien plus concernés par le maintien de leur précieux pouvoir et ne s'intéressent qu'à promettre la lune pour être réélus. Je suis écœuré par leurs stupides comités ! Ecœuré par leur manque de cran à défendre des causes impopulaires, par leurs dépenses qui finiront par mettre la nation en banqueroute. Notre système bipartite est devenu un marécage stagnant de tricheries et de promesses criminelles. Comme pour le communisme, la grande expérience de la démocratie meurt pour cause de corruption ! Qui diable s'intéresse à la mort des océans ? Eh bien, par Dieu, moi, je m'y intéresse ! Et je ferai n'importe quoi pour les sauver !

Les yeux de Sandecker brillaient d'amertume, ses lèvres s'amincissaient à mesure que montait sa véhémence. Pitt était abasourdi par la profondeur de son émotion. C'était tout à fait inhabituel chez lui.

— Des déchets toxiques sont déversés dans toutes les rivières du monde, fit-il amicalement pour le ramener au cœur du sujet. Qu'y a-t-il de spécial dans la pollution du Niger ?

— Ce qui est spécial, c'est qu'elle crée un phénomène communément appelé la marée rouge qui se développe et s'étend sur une échelle effrayante.

« *Les eaux enchantées se consumaient en une immobile et terrifiante rougeur* », cita Pitt.

Sandecker jeta un coup d'œil à Gunn et se tourna vers Pitt.

— Vous avez saisi le message.

— Mais pas le rapport, admit Pitt.

— Vous êtes tous des plongeurs, dit Chapman et vous savez sûrement que la marée rouge est causée par des créatures microscopiques, appelées dinoflagellaires, de tout petits organismes qui contiennent un pigment rouge, celui précisément qui donne à l'eau cette couleur d'un brun rougeâtre quand ils prolifèrent et flottent en masse.

Chapman poussa un autre bouton de la télécommande et continua sa conférence tandis que l'image d'un micro-organisme bizarre s'étalait sur l'écran.

— On a connu des marées rouges depuis les temps les plus anciens. Moïse est supposé avoir changé le Nil en un fleuve de sang. Homère et Cicéron parlent aussi de taches rouges dans la mer, comme le fit Darwin pendant son voyage à bord du *Beagle*. On en a vu un peu partout à notre époque. La plus récente s'est produite au large de la côte ouest du Mexique lorsque les eaux sont devenues visqueuses et nocives. Cette marée rouge a causé la mort de milliards de poissons, de coquillages et de tortues. Même les bernacles ont été balayées. On a fermé les plages sur plus de 200 miles et des centaines de Mexicains et de touristes sont morts pour avoir mangé du poisson contaminé par une espèce de dinoflagellaires contenant des toxines mortelles.

— J'ai déjà plongé dans des marées rouges, dit Pitt, et je n'en ai rapporté aucun effet toxique.

— Heureusement pour vous, vous avez nagé dans l'une des nombreuses variétés communes et sans danger, expliqua Chapman. Il y a cependant une espèce mutante, récemment découverte, qui produit les toxines les plus mortelles que nous connaissions. Aucune espèce marine ne survit après le plus léger contact avec elle. Quelques grammes, même dilués, peuvent envoyer l'homme le plus sain au cimetière.

— C'est si puissant ?

— C'est si puissant, confirma Chapman.

— Et comme si la toxine ne suffisait pas, ajouta Sandecker, ces sales bêtes s'entre-dévorent en une orgie de cannibalisme marin qui abaisse dramatiquement l'oxygène de l'eau, ce qui a pour conséquence d'étouffer les quelques poissons et algues survivants.

— Plus grave encore, continua Chapman, soixante-dix-sept pour cent de tout le nouvel oxygène est fourni par les diatomées, de minuscules formes de plantes comme les algues qui vivent dans la mer. Le reste vient de la végétation terrestre. Je ne crois pas utile de faire un long exposé sur la façon dont les diatomées de l'eau et les arbres de la jungle fabriquent l'oxygène par photosynthèse. Vous avez tous appris cela à l'école. La toxicité étouffante des dinoflagellaires qui se groupent et se développent pour former une marée rouge tue les diatomées. Pas de diatomées, pas d'oxygène. La tragédie, c'est que nous pensons que l'oxygène est une chose naturelle, sans jamais imaginer que le moindre déséquilibre dans ce que fabriquent les plantes et que nous transformons en oxyde de carbone peut nous conduire à notre dernier soupir.

— Est-il possible qu'ils s'entre-dévorent au point de disparaître ? demanda Giordino.

Chapman secoua la tête.

— Ils se reproduisent à la vitesse de dix naissances pour une mort.

— Les marées ne finissent-elles pas par se disperser ? demanda Gunn. Ou par disparaître complètement quand des courants plus froids entrent en contact avec elles ?

— Malheureusement, dit Sandecker, nous n'avons pas affaire à des conditions normales. Le microorganisme auquel nous sommes confrontés semble immunisé contre les changements de température de l'eau.

— En somme, vous impliquez qu'il n'y a aucun espoir de voir diminuer puis disparaître la marée rouge qui frappe les côtes africaines ?

— Pas si on n'agit pas très vite, répondit Chapman. Comme des milliards de clones de Frankenstein, les dinoflagellaires se reproduisent à une vitesse astronomique. Au lieu d'en compter plusieurs milliers par litre d'eau, on en est maintenant à plus d'un milliard. Une augmentation jamais vue à ce jour. Pour l'instant, rien ne peut l'arrêter.

— Avez-vous une théorie sur l'origine de cette marée rouge mutante ? demanda Pitt.

— L'instigateur de cette nouvelle race de dinoflagellaires prolifiques nous est encore inconnu. Mais nous pensons qu'un agent contaminant est déversé quelque part dans le fleuve Niger qui est responsable de la mutation des dinoflagellaires, lesquelles se plaisent dans l'eau de mer et surmultiplient leur cycle de reproduction.

— Comme un athlète qui prend des anabolisants, conclut sèchement Giordino.

— Ou des aphrodisiaques, sourit Gunn.

— Ou des drogues contre la stérilité, ajouta Pitt.

— Si cette marée rouge n'est pas enrayée, si elle se répand sans obstacles dans tous les océans, couvrant la surface d'une pellicule épaisse de dinoflagellaires toxiques, expliqua Chapman, la quantité d'oxygène diminuera jusqu'à un niveau trop bas pour autoriser la vie.

— Votre scénario est plutôt macabre, docteur Chapman, dit Gunn.

— Parlez plutôt d'un film d'horreur, c'est plus près de la vérité, contra Pitt.

— Ne peut-on pas les détruire par des applications chimiques ? demanda Giordino.

— Un pesticide ? fit Chapman. Ça risque d'empirer les choses. Il vaut mieux s'attaquer à la cause.

— Avez-vous une idée des limites de temps dont on dispose ? interrogea Pitt.

— Si le flux contaminant qui pénètre dans la mer n'est pas arrêté totalement dans les quatre mois à venir, il sera trop tard. A ce moment-là, son étendue sera trop vaste pour être contrôlée. Il sera en outre devenu autonome, capable de se nourrir lui-même, de passer le poison qu'il a absorbé dans le Niger à ses descendants.

Chapman fit une pause pour faire apparaître une nouvelle image à l'écran.

— Les projections par ordinateur montrent que des millions de gens vont commencer à mourir de lente suffocation dans les huit prochains mois, dix mois à tout casser. Les jeunes enfants, dont les capacités respiratoires sont moins grandes, seront les premiers touchés, n'ayant pas assez d'air pour crier, leur peau deviendra bleue tandis qu'ils entreront dans un coma irréversible. Ce ne sera pas une image réjouissante pour ceux qui mourront plus lentement.

Giordino paraissait incrédule.

— Je n'arrive pas à imaginer un monde mort faute d'oxygène !

Pitt se leva et s'approcha de l'écran où il étudia les chiffres froids indiquant le temps qui restait à vivre à l'humanité. Puis il se tourna vers Sandecker.

— Si je résume correctement, vous souhaitez qu'Al, Rudi et moi remontions le fleuve avec un navire de recherche compact et que nous analysions l'eau jusqu'à ce que nous trouvions l'origine de la contamination responsable de la marée rouge. Et ensuite, que nous trouvions un moyen de fermer le robinet ?

Sandecker approuva de la tête.

— Pendant ce temps, nous, à la NUMA, nous travaillerons pour mettre au point une substance capable de neutraliser les marées rouges.

Pitt s'approcha de la carte du fleuve Niger pendue au mur et la regarda longuement.

— Et si nous ne trouvons pas son origine au Nigeria ?

— Vous remonterez le fleuve jusqu'à ce que vous la trouviez.

— Jusqu'au centre du Nigeria puis au nord-est, là où le fleuve sépare le Bénin du Niger puis jusqu'au Mali ?

— Si c'est nécessaire, admit Sandecker.

— Quelle est la situation politique de ces pays ? s'informa Pitt.

— Je dois admettre qu'elle est assez instable.

— Qu'est-ce que vous appelez « assez instable » ?

— Le Nigeria, commença Sandecker, la nation la plus peuplée d'Afrique avec cent vingt millions d'individus, est en plein bouleversement. Le nouveau gouvernement démocratique a été renversé par les militaires le mois dernier. C'est le huitième depuis vingt ans, sans compter les tentatives avortées. Le pays est déchiré par les habituelles guerres ethniques et par l'antagonisme entre les musulmans et les chrétiens. L'opposition assassine les employés du gouvernement qui sont eux-mêmes accusés de corruption et d'incapacité.

— Ça me paraît un coin marrant ! murmura Giordino. J'ai hâte d'aller y respirer l'odeur de la poudre !

Sandecker ignora l'interruption.

— La république populaire du Bénin est sous une dictature extrêmement rigide. Le président Ahmed Tougouri gouverne par la terreur. De l'autre côté du fleuve, le gouvernement est soutenu par Muammar Kadhafi, le chef libyen qui voudrait s'approprier les mines d'uranium. L'endroit est au bord de la crise. Des guérillas, des rebelles partout. Je vous conseille de rester bien au centre du fleuve quand vous passerez entre eux.

127

— Et le Mali ? s'enquit Pitt.

— Le président Tahir est un honnête homme mais il est enchaîné au général Zateb Kazim qui dirige un Conseil militaire suprême de trois membres et qui saigne à blanc le pays. Kazim est une ordure. Sa position, très inhabituelle, en fait un dictateur virtuel qui opère derrière le dos d'un gouvernement honnête.

Pitt et Giordino échangèrent un regard désabusé et secouèrent la tête en même temps.

— Vous avez un problème, vous deux ? demanda Sandecker.

— Une croisière de rêve sur le Niger, hein ? dit Pitt en citant l'amiral. Tout ce que nous avons à faire, c'est de remonter gaiement mille kilomètres d'un fleuve grouillant de rebelles assoiffés de sang qui tendent des embuscades tout le long des rives, échapper aux navires patrouilleurs armés et faire du carburant chaque fois que nous pourrons sans être ni arrêtés, ni exécutés comme espions ennemis. Et tout ça en ramassant çà et là des échantillons d'eau polluée. Non, on n'a pas de problème, amiral, pas de problème du tout. On va tout simplement au suicide.

— Je sais, dit Sandecker, ça peut paraître le cas, mais avec un peu de chance, vous vous en sortirez sans une égratignure.

— Me faire éclater la cervelle me semble un peu gros pour une égratignure.

— Avez-vous pensé à utiliser les sondes-satellites ? demanda Gunn.

— Ça ne serait pas assez précis, répondit Chapman.

— Que diriez-vous d'un avion volant très bas ? essaya Giordino.

— Même conclusion, fit Chapman. Tirer des sondes dans l'eau à des vitesses supersoniques ne marcherait pas. Je le sais. J'ai étudié le système et je l'ai essayé moi-même.

— Il y a des labos de premier ordre, à bord du *Sounder*, fit remarquer Pitt. Pourquoi ne remontezvous pas jusqu'au delta pour déterminer au moins le type, la classe et le niveau de la contamination ?

— Nous avons essayé, dit Chapman, mais un destroyer nigérien nous a virés avant que nous ayons fait les cent kilomètres qui manquaient pour atteindre l'embouchure. Trop loin pour une analyse précise.

— Le projet ne peut être accompli que par un petit bateau bien équipé, dit Sandecker. Un bateau capable de se sortir d'un rapide occasionnel et de naviguer aussi en eaux peu profondes. Il n'y a pas d'autre moyen.

— Est-ce que notre ministère des Affaires étrangères a essayé de persuader ces gouvernements d'autoriser une équipe de chercheurs à sonder le fleuve ? Leur a-t-on expliqué que ça pourrait sauver des milliards de vies ? demanda Gunn.

— On a essayé une approche directe. Les Nigériens et les Maliens l'ont rejetée sans appel. Des savants respectés sont venus en Afrique occidentale pour expliquer la situation. Les chefs africains n'ont pas cru à la menace, ils en ont même franchement rigolé. On ne peut pas les en blâmer. Ils ne peuvent concevoir les choses sur une si grande échelle.

— Mais n'ont-ils pas un taux énorme de mortalité parmi la population ayant consommé l'eau du fleuve contaminé ? demanda Gunn.

— Rien de très répandu, expliqua Sandecker. Le Niger charrie plus que des produits chimiques. Les villes et les villages le long de ses rives y déversent aussi des ordures et des déchets humains. Les habitants de ces contrées ne sont pas assez bêtes pour y puiser l'eau qu'ils boivent.

Pitt avait maintenant une idée précise de la mission et n'aimait pas du tout ce qu'elle impliquait.

— Alors, vous pensez qu'une opération furtive est le seul moyen de trouver la cause de la contamination ?

— Je le pense, admit Sandecker sans enthousiasme.

— J'espère que vous avez un plan pour contourner tous les obstacles, quels qu'ils soient.

— Bien sûr que j'ai un plan !

— Sommes-nous autorisés à savoir comment nous sommes supposés trouver la source de l'épidémie et comment rester en vie ? demanda poliment Gunn.

— Il n'y a pas de secret, dit Sandecker exaspéré. Nous couvrirons votre arrivée en faisant savoir que trois riches industriels français passent de studieuses vacances en cherchant à investir en Afrique occidentale.

Gunn parut sidéré, Giordino ahuri. Le visage de Pitt exprima la colère qui montait en lui.

— C'est ça ? demanda-t-il. C'est ça, votre plan ?

— Oui, et il est fichtrement bon, coupa Sandecker.

— C'est dingue ! Je ne marche pas !

— Moi non plus, se rebella Giordino. J'ai l'air à peu près aussi français qu'Al Capone !

— Moi non plus, ajouta Gunn.

— Et certainement pas dans un bateau-laboratoire lent et sans armes, ajouta fermement Pitt.

Sandecker fit semblant de ne pas remarquer la mutinerie.

— A propos, j'ai oublié le principal. Le bateau. Quand vous le verrez, je suis sûr que vous changerez d'avis.

12

Si Pitt avait rêvé d'atteindre à de hautes performances, au style et au confort, et d'avoir assez de puissance de feu pour tenir tête à la VIe flotte américaine, il réalisa ce rêve avec le navire que Sandecker lui avait promis. Un seul regard à sa ligne longue et effilée, à la taille énorme de ses moteurs et à l'incroyable armement bien dissimulé, et Pitt fut conquis.

Chef-d'œuvre d'équilibre aérodynamique, en fibre de verre et en acier inoxydable, il s'appelait le *Calliope*, du nom de la muse de la poésie épique. Dessiné par les ingénieurs de la NUMA et construit dans le plus grand secret dans un chantier naval caché dans un bayou de Louisiane, sa coque de 18 mètres de long, au centre de gravité abaissé, et son fond presque plat tirant seulement 1,50 mètre d'eau le rendaient idéal pour les chenaux très bas du cours supérieur du Niger. Il avait trois moteurs turbos Diesel V12 qui lui permettaient d'atteindre 70 nœuds en vitesse de pointe. On n'avait pas lésiné pour sa construction. C'était un bateau très spécial pour une mission très spéciale.

Pitt, à la barre, mesurait la force inégalée et la douceur exceptionnelle de ce super-yacht de sport qui filait 30 nœuds dans les eaux bleu-gris du delta du Niger. Il ne cessait de scruter les eaux devant lui tandis que les rives semblaient courir le long de la coque. De temps en temps, il jetait un coup d'œil pour vérifier la profondeur sur le graphique et les chiffres que modifiait sans cesse le sonar. Il avait croisé une patrouille de surveillance sur le fleuve mais l'équipage n'avait manifesté qu'une évidente admiration à la vue du yacht qui paraissait planer à la surface de l'eau. Un hélicoptère militaire l'avait survolé avec curiosité et un jet militaire, un Mirage français selon Pitt, était descendu aussi bas que possible pour l'observer puis s'était éloigné, apparemment satisfait. Pour l'instant, tout allait bien. Personne n'avait essayé de les stopper ou de les retenir.

En bas, dans le spacieux intérieur, Rudi Gunn avait pris possession de son laboratoire, petit mais bien équipé d'après les plans d'un groupe de scientifiques pluridisciplinaires de sorte qu'on y trouvait des versions compactes des appareils les plus sophistiqués, mis au point tout au long des explorations spatiales de la N.A.S.A. Le labo n'était pas seulement aménagé pour analyser les échantillons d'eau mais aussi pour envoyer par satellite les résultats, rassemblés par une équipe de la NUMA travaillant d'après les données de base de l'ordinateur central pour identifier les composants complexes.

Gunn, scientifique jusqu'à la moelle, oubliait les dangers qui entouraient le merveilleux navire. Il s'impliqua totalement dans son travail, faisant confiance à Pitt et à Giordino pour lui épargner distractions et interruptions.

Les moteurs et les systèmes d'armement étaient le royaume de Giordino. Pour étouffer le rugissement des turbos Diesel dans ses oreilles, il portait un casque relié à un magnétophone diffusant Harry Connick Jr au piano et quelques autres de ses morceaux de jazz préférés. Assis sur un tabouret dans la salle des machines, il était occupé à déballer des caisses de lanceurs portables avec leurs missiles. Le Rapier était une arme nouvelle tous usages, adaptable aux avions supersoniques, aux navires, aux chars et aux bunkers de béton. On pouvait les lancer à l'épaule ou montés en batterie sur un système central de mise à feu. Giordino installa une batterie complète dans des logements permettant de tirer l'ensemble des missiles par les sabords cuirassés d'une tourelle à coupole, au-dessus de la salle des machines. De l'extérieur, la tourelle ressemblait à une simple lucarne. La superstructure, apparemment innocente, dépassait d'un bon mètre au-dessus du pont arrière et pouvait pivoter sur 220 degrés. Lorsqu'il eut assemblé le lanceur et les systèmes de guidage et inséré les missiles dans leurs logements, Giordino se mit à nettoyer et à charger un petit arsenal de pistolets automatiques et de fusils. Puis il vida une caisse de grenades dont il rangea soigneusement quatre exemplaires dans le réceptacle pendu à un lanceur automatique.

Chacun accomplissait la tâche qui lui était allouée avec une froide efficacité et une concentration totale propres à assurer le succès de la mission et la survie de tous. L'amiral Sandecker avait choisi les meilleurs. Il n'aurait pu trouver un équipage plus capable d'accomplir l'impossible, même en écumant le pays tout entier. Sa foi en eux trois touchait au fanatisme.

Les kilomètres filaient sous la coque. Les hautes terres du Cameroun et les collines de Yoruba bordant la partie sud du fleuve s'élevaient dans une brume dense d'humidité. Les forêts succédaient aux massifs d'acacias et de palétuviers le long des rives. Des villages et des bourgades apparaissaient puis s'évanouissaient tandis que la proue du *Calliope* fendait l'eau en une gerbe d'écume.

On voyait sur le fleuve tout ce qui peut naviguer, du canot pneumatique aux ferry-boats essoufflés et dangereusement surchargés, des navires de plaisance pleins de passagers souriants et des petits navires marchands dont la fumée s'étalait paresseusement dans la brise légère venue du nord. C'était une image de contentement pacifique dont Pitt savait qu'elle ne pourrait durer. A chaque coude du fleuve, une menace inconnue pouvait se tapir et les envoyer rencontrer le diable.

Vers midi, ils passèrent sous le grand pont de 1 404 mètres qui enjambe le fleuve depuis le port et la cité marchande d'Onitsha jusqu'à la ville d'Asana, un centre agricole important. Des cathédrales catholiques semblaient monter la garde des rues grouillantes bordées d'usines. Les docks étaient bondés de lourds navires et de bateaux chargés de nourriture et de marchandises diverses qui remontaient jusqu'au delta remplis de tout ce qui peut s'importer.

Pitt se concentrait sur la navigation, évitant soigneusement le trafic du fleuve, souriant aux poings tendus et aux jurons adressés au *Calliope* quand il frôlait d'un peu trop près de petites embarcations que secouait le remous du navire. Ayant enfin laissé le port derrière lui, il se détendit, lâcha un instant la barre pour assouplir ses doigts. Il y avait au moins six heures qu'il naviguait sans ressentir cependant ni tension ni fatigue. Le fauteuil de barreur était aussi confortable qu'un siège directorial et la barre elle-même aussi souple que le volant d'une automobile de luxe.

Giordino apparut avec une bouteille de bière Coors et un sandwich au thon.

— J'ai pensé que tu pourrais avoir une petite dent. Tu n'as rien mangé depuis que nous avons quitté le *Sounder*.

— Merci. Je n'entendais pas rouspéter mon estomac à cause du bruit des moteurs.

Pitt laissa la barre à son ami et fit un signe de tête en montrant l'avant.

— Fais attention au remorqueur qui tire des péniches, là-bas, quand tu t'engageras dans le chenal. Il a tendance à prendre toute la largeur.

— Je lui laisserai de la place à bâbord, dit Giordino.

— Sommes-nous prêts à repousser d'éventuels envahisseurs ? sourit Pitt.

— Fin prêts ! Y a-t-il des suspects dans le coin ?

Pitt fit signe que non.

— On a été survolés par un ou deux avions de surveillance nigériens et quelques patrouilleurs nous ont salués au passage. Autrement, c'est une journée paresseuse et tranquille, une vraie croisière touristique.

— Les bureaucrates du coin ont dû gober l'histoire de l'amiral.

— Espérons que ceux dont nous traverserons les territoires plus loin seront aussi crédules.

Giordino montra du pouce le drapeau français flottant à l'arrière.

— Je me sentirais tout de même mieux si nous avions la bannière étoilée, le ministre des Affaires étrangères, Ralph Nader, les Denver Broncos[1] et une compagnie de *marines* derrière nous !

— Le cuirassé *Iowa* ne serait pas mal non plus !

— Est-ce que la bière est fraîche ? Je l'ai mise dans le frigo de la cuisine il y a seulement une heure.

— Assez fraîche, répondit Pitt en mordant dans le sandwich. Est-ce que Rudi t'a fait des révélations fracassantes ?

— Il est perdu dans ses recherches, répondit Gior-

_____
1. Equipe de base-ball célèbre de Denver.

dino. J'ai essayé de lui faire la conversation — mais il m'a envoyé paître.

— Je crois que je vais lui rendre une petite visite.

Giordino bâilla.

— Fais attention qu'il ne te morde pas.

Pitt rit et descendit jusqu'au labo de Gunn. Le petit scientifique de la NUMA était plongé dans l'étude de données imprimées par l'ordinateur, ses lunettes remontées sur le front. Giordino s'était trompé sur son humeur qui, apparemment, était excellente.

— Tu as trouvé quelque chose ? demanda Pitt.

— Ce sacré fleuve contient tous les polluants connus et d'autres encore. Il est bien plus pollué que l'ont été l'Hudson, la James et Cayuhoga à leur plus mauvaise époque.

— Ça m'a l'air compliqué, fit Pitt en faisant le tour de la cabine et en étudiant l'équipement très spécialisé qui l'encombrait du sol au plafond. A quoi servent tous ces instruments ?

— Où as-tu trouvé cette bière ?

— Tu en veux une ?

— Et comment !

— Giordino en a bourré le frigo. Attends une minute.

Pitt alla jusqu'à la cambuse et revint avec une bière fraîche pour Gunn.

Celui-ci avala de longues gorgées et soupira.

— Bon, pour répondre à ta question, notre approche de recherche est fondée sur trois éléments. Le premier exige un micro-incubateur automatique. J'utilise celui-ci pour voir comment réagit un petit échantillon de l'eau du fleuve dans des tubes à essai contenant des échantillons de marée rouge prélevés au large de la côte. Le micro-incubateur contrôle optiquement la croissance des dinoflagellaires. Après quelques heures, l'ordinateur m'indique la puissance du mélange et à quelle vitesse se développent ces petites saloperies. Je joue un peu avec les chiffres et j'obtiens une estimation raisonnable de notre approche de la source du problème.

— Alors, la marée rouge que tu utilises comme stimulant ne vient pas du Nigeria ?

— Les chiffres semblent indiquer que la source est plus en amont du fleuve.

Gunn contourna Pitt et s'approcha de deux machines carrées, de la taille de petits téléviseurs mais munies de portes là où aurait dû se trouver l'écran.

— Ces deux instruments servent à identifier les sales globules, comme je les appelle, ou la combinaison de globules qui se cache derrière tout ça. Le premier est un spectromètre chromatographique. Pour résumer, je me contente de mettre dedans les tubes d'échantillons d'eau du fleuve. Le système en analyse automatiquement le contenu. Les résultats sont disséqués ensuite sur nos ordinateurs de bord.

— Et qu'est-ce que ça te dit exactement ? demanda Pitt.

— Ça identifie les polluants organiques synthétiques, y compris les solvants, les pesticides, les P.C.B., les dioxines et tous les nombreux composants chimiques et autres drogues. Ce bébé, j'espère, mettra le doigt sur la composition de l'ensemble qui mue et déclenche la marée rouge.

— Et si l'agent contaminant est un métal ?

— C'est là qu'entre en action le spectromètre couplant par induction plasma et masse, dit Gunn en montrant le second appareil. Il sert à identifier automatiquement tous les métaux et autres éléments métalloïdes qui pourraient être présents dans l'eau.

— Il me paraît semblable à l'autre, observa Pitt.

— A la base, le principe est le même, mais la technologie est différente. Encore une fois, je me contente d'y placer les tubes d'échantillons d'eau, j'appuie sur le bouton de mise en marche et je vérifie les résultats tous les deux kilomètres.

— Que t'a-t-il dit jusqu'à présent ?

Gunn frotta ses yeux rougis.

— Que le Niger charrie la moitié des métaux connus, du cuivre au mercure, de l'or à l'argent en passant même par l'uranium. Tous ont une concentration bien supérieure aux taux habituellement relevés dans la nature.

— Ça ne va pas être commode de trier ce mélange ! murmura Pitt.

— Finalement, ajouta Gunn, les données sont envoyées à nos chercheurs de la NUMA qui vérifient mes résultats dans leurs propres laboratoires et cherchent ce qui aurait pu m'échapper.

Pitt se dit que Gunn n'était pas homme à laisser passer quelque chose. Pour lui, il était évident que son vieil ami était plus qu'un scientifique ou un analyste compétent. Il pensait froidement, clairement et de façon aussi constructive que possible. C'était un bourreau de travail consciencieux, ignorant le sens de l'expression « laisser tomber ».

— Tu as déjà une idée du composé toxique qui pourrait être notre méchant responsable ?

Gunn vida sa bière et jeta la bouteille dans une boîte de carton déjà pleine de feuilles d'ordinateur.

— Le mot « toxique » est assez relatif. Dans le monde de la chimie, il n'existe pas de composés toxiques mais seulement des niveaux de toxicité.

— Et alors ?

— J'ai identifié un tas de contaminants divers et de composés naturels, à la fois métalliques et organiques. L'ordinateur a relevé des taux de pesticides incroyables, interdits aux Etats-Unis mais encore largement utilisés dans le tiers monde. Mais j'ai été incapable d'isoler les polluants chimiques synthétiques qui rendent dingues les dinoflagellaires. Pour le moment, je ne sais même pas ce que je cherche. Tout ce que je peux faire, c'est suivre les pistes qui se présentent.

— Plus nous avançons, plus la région est chaude, plaisanta Pitt. J'espérais que tu aurais déjà une idée du truc. Plus nous nous enfonçons dans les terres africaines, plus le voyage de retour jusqu'à la mer sera difficile, surtout si les militaires du coin décident de mettre le nez dans nos affaires.

— Essaie de te faire à l'idée que nous ne trouverons peut-être pas, dit Gunn avec irritation. Tu n'as pas l'air de réaliser combien de produits chimiques il y a là-dedans ! On dépasse les sept millions de composés chimiques fabriqués par l'homme et, chaque semaine, rien que les chimistes américains en créent plus de six mille nouveaux !

— Mais ils ne sont pas tous toxiques ?

— A un certain niveau, la plupart de ces mixtures chimiques finissent par avoir des propriétés toxiques. Tout est toxique si on l'avale, si on l'inhale ou si on l'injecte à des doses suffisantes. Même l'eau peut être fatale si on en consomme trop. Elle expulse du corps les électrolytes nécessaires.

— Alors, il n'y a pas d'absolu, pas de garantie, dit Pitt.

— Non, aucun. Tout ce dont je suis sûr, c'est que nous n'avons pas encore passé l'endroit où notre peste de l'apocalypse est jetée dans le fleuve. Depuis que nous sommes entrés dans le delta et que nous avons passé les principaux affluents du bas Niger, la Kaduna et la Bénoué, les échantillons ont rendu les dinoflagellaires complètement frénétiques. Mais pas un indice ne dénonce le coupable. La seule bonne nouvelle, c'est que je suis sûr que ça ne vient pas de micro-organismes bactériens.

— Comment les as-tu éliminés ?

— En stérilisant les échantillons d'eau. La suppression des bactéries n'a pas le moins du monde ralenti la prolifération des petites saloperies.

Pitt tapa affectueusement l'épaule de son ami.

— Si quelqu'un peut mettre le doigt dessus, c'est toi, assura-t-il.

— Oh ! je finirai bien par l'avoir, dit Gunn en enlevant ses lunettes pour en nettoyer les verres. Il est peut-être inconnu, diabolique, surnaturel, mais je l'aurai, je te le promets !

Leur chance tourna le lendemain après-midi, une heure après qu'ils eurent passé la frontière du Nigeria, sur la partie du fleuve séparant le Bénin du Niger. Pitt regardait silencieusement au-delà des flancs du *Calliope* la muraille de jungle épaisse bor-

138

dant le fleuve, une jungle humide et sinistre. Des nuages gris donnaient à l'eau une couleur de plomb. Devant lui, le cours du fleuve s'incurvait légèrement et semblait faire un signe, comme le doigt osseux de la mort.

Giordino tenait la barre, les premiers signes de fatigue plissant le coin de ses yeux. Pitt se tenait à ses côtés, le regard attiré par un cormoran solitaire prenant délicatement son essor un peu plus loin. Soudain, l'oiseau battit vigoureusement des ailes et disparut dans les arbres épais de la rive.

Pitt prit ses jumelles et aperçut la proue d'un navire, à peine visible, au coude du fleuve.

— Les indigènes sont sur le point de nous rendre une petite visite, annonça-t-il.

— Je le vois, dit Giordino en se levant et en protégeant d'une main ses yeux du soleil. Correction, fit-il bientôt. Je les vois. Il y en a deux.

— Ils se dirigent droit sur nous, armes pointées. Ils cherchent la bagarre.

— Sous quel chapeau naviguent-ils ?

— Le Bénin, répondit Pitt. Ça, c'est de la fabrication russe, si j'en juge par la ligne.

Pitt posa les jumelles et déplia un tableau montrant les forces maritimes et aériennes des pays d'Afrique occidentale.

— Bâtiment fluvial d'attaque, armé de deux canons de 30 millimètres, capables de tirer environ 500 coups minute.

— Ce n'est pas bon ! murmura brièvement Giordino.

Il jeta un coup d'œil à la carte du fleuve.

— Encore 40 kilomètres et nous serons sortis des eaux du Bénin pour entrer dans celles du Niger. Avec un peu de chance, si nous poussons les moteurs au maximum, on pourra atteindre la frontière à l'heure du déjeuner.

— Laisse tomber la chance. Ces types ne sont pas là pour nous souhaiter gentiment bon voyage. Ça ne ressemble pas à une inspection de routine. Pas avec toutes ces armes pointées sur nous.

Giordino regarda vers l'arrière et montra le ciel.

— Le complot s'épaissit. Ils ont convoqué un vautour.

Pitt se retourna, vit un hélicoptère obliquer à dix mètres à peine de la surface du fleuve.

— Tout espoir d'une rencontre amicale vient de tomber à l'eau.

— Ça sent le coupe-gorge ! dit calmement Giordino.

Pitt alerta Gunn qui lâcha ses ordinateurs pour étudier avec eux la situation.

— Je m'y attendais un peu, dit-il seulement.

— Ils nous guettaient, remarqua Pitt. Ce n'est pas une rencontre fortuite. S'ils ont seulement l'intention de nous coffrer et de confisquer le bateau, ils nous fusilleront sans doute quand ils découvriront que nous sommes aussi français qu'un trio de groupies de Bruce Springsteen. Mais on ne va pas les laisser faire. Les données que nous avons accumulées depuis que nous sommes sur le fleuve doivent être remises à Sandecker et à Chapman. Ces types sont payés pour nous coincer. Alors, pas de coopération naïve ou innocente de notre part. C'est eux ou nous.

— Je peux descendre l'hélicoptère et, si j'ai de la chance, le bateau le plus proche, dit Giordino. Mais je ne peux pas les prendre tous les trois avant que l'un d'eux ne déclenche la bagarre.

— D'accord. Voilà ce qu'on va faire.

Pitt parla tranquillement, tout en surveillant les bâtiments qui approchaient. Il expliqua son plan à Giordino et à Gunn qui l'écoutèrent pensivement. Quand il eut terminé, il se tourna vers eux.

— Ils parlent tous français, dans ce coin, commenta Gunn. Comment est ton vocabulaire ?

— Je ferai avec, dit Pitt en haussant les épaules.

— Alors, allons-y, lança Giordino, d'un ton glacé et décidé.

Pitt trouva ses deux amis vraiment formidables. Ni Gunn ni Giordino n'étaient des professionnels entraînés des Forces spéciales, mais ils étaient braves et compétents, et c'était rassurant de les avoir auprès de soi en cas de coup dur. Il ne se serait sans doute pas senti plus confiant s'il avait commandé un destroyer avec un équipage de deux cents marins.

— D'accord, dit-il avec un grand sourire. Mettez vos casques et ne quittez pas l'écoute. Bonne chance !

L'amiral Pierre Matabu se tenait sur le pont du navire de tête et regardait à la jumelle le yacht sportif qui remontait le fleuve. Il avait sur le visage l'expression béate de l'entraîneur qui regarde son équipe marquer un but facile. Matabu était plutôt petit, trapu, âgé d'environ trente-cinq ans et vêtu avec ostentation d'un uniforme qu'il avait lui-même embelli de galons peu réglementaires. Chef de la Marine du Bénin, il devait sa position à la générosité de son frère, le président Tougouri. Il commandait une flotte d'environ quatre cents hommes, deux navires armés fluviaux et trois pétroliers. Son expérience de la navigation se résumait à trois années sur un ferry comme matelot de pont.

Le commandant Behanzin Ketou, capitaine du bateau, se tenait légèrement en retrait.

— Vous avez bien fait de venir de la capitale pour prendre le commandement de l'opération, amiral.

— Oui, fit Matabu avec un sourire ravi. Mon frère sera très heureux quand je lui ferai cadeau de ce magnifique bateau de plaisance.

— Les Français sont arrivés à l'heure que vous aviez prévue. Votre intuition est vraiment remarquable !

Ketou était grand et mince, d'allure fière.

— C'est vraiment aimable à eux d'agir comme je l'avais espéré, se vanta Matabu.

Il passa sous silence le fait que les agents à sa solde le tenaient toutes les deux heures au courant de l'avance du *Calliope* depuis qu'il était entré dans le delta, au Nigeria. Le fait qu'il ait remonté jusqu'aux eaux du Bénin le comblait d'aise.

— Ce sont sûrement des gens très importants pour posséder un si beau bateau !

— Ce sont des agents ennemis.

Le visage de Ketou hésita entre le scepticisme et l'incertitude.

— Ils me paraissent bien voyants pour des agents ennemis.

Matabu abaissa ses jumelles et jeta un regard irrité à Ketou.

— Ne discutez pas mes informations, commandant. Vous pouvez me croire quand je vous dis que ces étrangers blancs font partie d'une conspiration cherchant à voler les richesses de notre pays.

— Alors on va les arrêter et les juger dans la capitale ?

— Non, vous les fusillerez dès que vous serez à leur bord et que vous découvrirez les preuves de leur culpabilité.

— Monsieur ?

— J'ai oublié de vous dire que vous aurez l'honneur de conduire l'équipe d'abordage, dit pompeusement Matabu.

— Pas une exécution ! protesta Ketou. Les Français exigeront une enquête quand ils apprendront que certains de leurs riches concitoyens ont été assassinés. Votre frère ne sera sûrement pas d'accord pour...

— Vous jetterez les corps dans le fleuve et cessez de discuter mes ordres, l'interrompit Matabu.

Ketou céda.

— A vos ordres, amiral.

Matabu reprit ses jumelles. Le yacht n'était plus qu'à 200 mètres et ralentissait.

— Faites mettre vos hommes en position d'abordage. J'interpellerai personnellement les espions et leur ordonnerai de recevoir votre groupe.

Ketou parla à son second qui répercuta les ordres par porte-voix au capitaine de la seconde canonnière. Puis Ketou reporta son attention au yacht qui s'approchait.

— Il est bizarre, ce bateau, dit-il à Matabu. Il n'y a personne en vue sauf l'homme de barre.

— Ces larves d'Européens sont probablement en

train de cuver leur vin sur leurs couchettes. Ils ne se doutent de rien.

— C'est étrange, ils ont l'air de se moquer de notre présence. Ils ne réagissent même pas à la vue de nos canons pointés.

— Ne tirez que s'ils essaient de s'échapper, ordonna Matabu. Je veux ce bateau en bon état.

Ketou pointa ses jumelles sur Pitt.

— Le barreur nous sourit et nous salue de la main !

— Il ne va pas sourire longtemps, fit Matabu comme un fauve. Dans quelques minutes, il sera mort.

— Venez dans mon boudoir, dit l'araignée aux trois mouches, murmura Pitt entre ses dents tout en faisant un signe amical et un grand sourire.

— Tu as dit quelque chose ? demanda Giordino depuis la tourelle.

— Non, je parle tout seul.

— Je ne vois rien du tout par les hublots, s'écria Gunn d'une cabine avant. Quelle est ma ligne de tir ?

— Tiens-toi prêt à abattre les tireurs du canot qui arrive à tribord dès que je te ferai signe, dit Pitt.

— Où est l'hélicoptère ? demanda Giordino qui ne voyait rien non plus puisque les volets de la tourelle n'étaient pas baissés.

Pitt observa le ciel au-dessus du sillage du canot.

— A peu près cent mètres vers l'arrière et à cinquante mètres au-dessus de la surface du fleuve.

Ils ne s'étaient pas préparés à moitié. Ils avaient tous compris que ni les bateaux béninois ni l'hélicoptère n'avaient l'intention de les laisser passer sans réagir. Ils gardèrent le silence, chacun prêt et résigné à combattre pour rester en vie. S'ils avaient peur, cette peur les quitta dès qu'ils approchèrent du point de non-retour. Ils étaient déterminés, férocement décidés à ne pas perdre. Ni Pitt ni ses compagnons n'étaient du genre à se soumettre humblement ni à tendre la joue gauche. Trois navires armés contre un, peut-être, mais la surprise était de leur côté.

Pitt casa le lance-grenades chargé dans une niche à côté de sa chaise. Puis il fit passer la manette des gaz au point mort et jeta un coup d'œil aux deux bateaux. Il ignora l'hélicoptère. Pendant la première phase de la bataille, ce serait le problème de Giordino. Il était maintenant assez proche pour distinguer les visages des officiers et conclut rapidement que le gros Africain arpentant le pont de la canonnière devait être le chef de l'opération. Sans ciller, il contempla, fasciné et presque hypnotisé, les deux anges de la mort qui le fixaient de leurs canons noirs pointés sur lui.

Pitt ne pouvait deviner l'identité de l'officier plastronnant sur le pont qui l'observait à la jumelle. Du reste, il s'en moquait bien. Mais il lui fut reconnaissant de son erreur tactique. Il avait en effet omis d'aligner ses deux navires proue contre poupe en travers du fleuve, ce qui lui aurait permis de bloquer réellement le passage et de faire tirer tous ses canons sur le *Calliope*.

La vague ouverte par la proue se refermait déjà tandis que le *Calliope* se glissait entre les deux canonnières. Elles avaient déjà stoppé et se laissaient porter par le courant. Pitt réduisit la vitesse juste assez pour garder une légère avance. Les flancs des bateaux béninois dominaient le yacht à 5 mètres au plus des siens. De la cabine de pilotage, Pitt pouvait voir presque tout l'équipage, debout dans une attitude détendue, armés seulement de pistolets automatiques dans leurs étuis. Aucun homme n'avait de mitraillette. Ils paraissaient attendre leur tour au stand de tir. Pitt regarda innocemment Matabu.

— *Bonjour !*

Matabu se pencha et hurla en français à Pitt l'ordre de stopper son yacht et d'accueillir ses hommes.

Pitt n'en comprit pas un mot, mais il répondit :

— *Pouvez-vous me recommander un bon restaurant ?*

— Qu'est-ce qu'il a dit ? demanda Giordino à Gunn.

— Seigneur ! murmura celui-ci. Il a seulement demandé au chef de ces bougnoules de lui recommander un restaurant.

Les canonnières glissaient lentement le long des flancs du yacht que Pitt maintenait en vitesse réduite contre le courant. Matabu réitéra son ordre de stopper et d'accueillir les Africains.

Pitt se raidit et essaya d'avoir l'air suave et désarmant.

— *J'aimerais une bouteille de chardonnay Martin Ray.*

— Et maintenant, qu'est-ce qu'il a dit ?

Gunn paraissait ahuri.

— Je crois qu'il a demandé une bouteille de vin californien.

— Tout à l'heure, il va demander un pot de moutarde ! murmura Giordino.

— Il doit être en train de les retenir jusqu'à ce qu'ils aient dérivé derrière nous.

A bord de la canonnière, les visages de Matabu et de Ketou reflétaient une totale incompréhension lorsque Pitt cria, cette fois dans sa langue maternelle :

— Je ne comprends pas le swahili. Pourriez-vous essayer l'anglais ?

Matabu, exaspéré et hors de lui, frappa du poing sur le bastingage. Il n'avait pas l'habitude qu'on se moque de lui. Il répondit en mauvais anglais que Pitt eut du mal à saisir.

— Je suis l'amiral Pierre Matabu, chef de la Marine nationale du Bénin, annonça-t-il pompeusement. Stoppez vos machines et préparez-vous à une inspection. Mettez en panne ou je donne l'ordre de vous tirer dessus.

Pitt fit un grand signe de tête et agita les deux mains en signe d'acceptation.

— Oui, oui, ne tirez pas ! Je vous en prie, ne tirez pas !

Le poste de pilotage du *Calliope* arrivait doucement à la hauteur de la proue de la canonnière de Matabu. Pitt laissa juste assez de distance entre les

145

bateaux pour rendre impossible à quiconque n'était pas champion olympique de saut de franchir l'intervalle. Deux marins lancèrent des élingues sur les ponts avant et arrière de Pitt qui ne fit aucun mouvement pour s'en approcher.

— Attachez les élingues ! ordonna Ketou.

— Trop loin, fit Pitt en haussant les épaules.

Il leva la main en demi-cercle.

— Attendez, je me rapproche.

Sans attendre la réponse, il remit un peu les gaz et fit lentement virer le yacht sur 180 degrés, contournant l'avant de la canonnière avant de s'immobiliser en présentant l'autre flanc. Maintenant, les deux embarcations étaient parallèles, leurs proues vers l'aval. Pitt nota avec satisfaction que les canons de 30 millimètres ne pouvaient s'abaisser suffisamment pour frapper le cockpit du *Calliope*.

Matabu jeta à Pitt un regard méprisant et un sourire de triomphe commença à étirer ses mâchoires épaisses. Ketou ne partageait pas la satisfaction animale de son supérieur. Son expression, à lui, était très soupçonneuse.

Calmement, souriant toujours, Pitt attendit que la tourelle de Giordino ait directement dans sa ligne de mire la salle des machines de la canonnière. Une main sur la barre, il tendit l'autre discrètement vers la chaise et saisit le lance-grenades. Puis il parla doucement dans le micro de son casque.

— L'hélico est juste en face. Canonnière à tribord. Allez, les gars ! Que le spectacle commence ! A vous de jouer.

Tandis que Pitt parlait, Giordino avait ouvert le volet de la tourelle et lâché un missile qui fila directement sur les réservoirs de carburant de l'hélicoptère. Gunn sortit de l'écoutille avant avec deux fusils mitrailleurs automatiques M16, un sous chaque bras, les deux mains occupées à appuyer sur les détentes. Les armes crachèrent, soufflant littéralement les servants des canons de 30 millimètres comme des graines tirées à la sarbacane. Pitt dirigea le lance-grenades vers le haut et tira la première grenade incendiaire, par-dessus le bâtiment de Matabu, dans la superstructure de l'autre bateau. Comme il ne le voyait pas, il tira à l'aveuglette, jugeant que la trajectoire devait atteindre la cible.

La grenade rebondit sur un treuil et tomba dans le fleuve où elle explosa dans un bruit de tonnerre. Le tir suivant manqua complètement le bateau et explosa comme la précédente.

Jamais Matabu n'aurait pu imaginer le spectacle horrible qui se déroulait sous ses yeux. Il eut l'impression que le ciel et l'air se déchiraient soudain. Son esprit enregistra sans comprendre, en un coup d'œil stupéfait, la désintégration totale de l'hélicoptère. Celui-ci explosa en un feu d'artifice géant suivi d'un champignon de débris qui retombèrent en une pluie de feu dans l'eau du Niger.

— Ces sales cochons de Blancs nous ont roulés ! hurla Ketou dans un brusque accès de rage contre lui-même pour avoir si facilement avalé l'hameçon.

Il se précipita contre le bastingage et montra le poing au *Calliope*.

— Chargez et tirez ! hurla-t-il en même temps à son équipage.

— Trop tard ! cria Matabu terrorisé.

L'amiral, paniqué, se coucha par terre, glacé et immobile, tandis que son équipage tombait sous les balles explosives des armes de Gunn. Pétrifié, il regardait, incrédule, l'obscénité des cadavres tordus près des armes silencieuses, étendus sur le pont. L'esprit de Matabu ne pouvait admettre qu'un bateau clandestin, déguisé en innocent yacht de plaisance sous un pavillon respecté, puisse posséder une puissance de feu capable de transformer son confortable petit monde en un enfer terrifiant. L'étranger qui se tenait à la barre de ce bateau mortel avait tourné à son profit l'effet de surprise en avantage tactique. Les hommes de Matabu étaient accablés sous un choc qu'ils paraissaient incapables de surmonter. Ils couraient dans tous les sens comme un troupeau au milieu d'un orage, pris par surprise, paralysé de peur, tombant sans même tirer un coup de feu. Il réalisa alors qu'il allait mourir et cette pensée le glaça d'effroi. Il le réalisa lorsque la tourelle du yacht, au-dessus du pont avant, tourna à nouveau pour lâcher un autre missile contre la canonnière. Le missile pénétra la coque de bois et frappa un générateur dans la salle des machines avant d'exploser.

Presque au même moment, le troisième tir de Pitt toucha son but. Miraculeusement, la grenade frappa une cloison, ricocha et pénétra dans une écoutille ouverte de la seconde canonnière. Dans un concert d'explosions, le bateau s'ouvrit dans un rugissement de flammes, mettant l'enfer dans l'armurerie où sautèrent les munitions et les obus. Les débris et la fumée noire et tourbillonnante formèrent un instant un gigantesque parapluie de cloisons éclatées de ventilateurs, de morceaux de canots et de corps en charpie. D'un seul coup, la canonnière cessa d'exister. L'onde de choc se répandit comme un marteau-piqueur et envoya le navire de Matabu voler contre le yacht, où Pitt perdit l'équilibre.

Le missile de Giordino fit sauter toute la salle des machines de l'ennemi en un holocauste de métal tordu et de poutres éclatées. L'eau s'engouffra dans un énorme trou ouvert dans la cale et le navire commença à s'enfoncer rapidement. Presque tout l'intérieur était la proie des flammes dont des langues rouges s'échappaient des hublots. Des rubans de fumée noire et grasse s'élancèrent à l'assaut de l'air tropical pour aller se mêler aux bosquets touffus de la jungle voisine.

N'ayant plus de cible encore debout aux canons, Gunn tira quelques rafales sur les deux silhouettes qu'il apercevait sur le pont. Deux balles déchirèrent la poitrine de Matabu. Celui-ci réussit à se mettre debout, regardant sans comprendre le sang se répandre sur son bel uniforme. Puis, lentement, il tournoya sur lui-même et s'abattit en une grosse masse inerte.

Pendant quelques secondes, un silence désespéré tomba sur le fleuve, brisé seulement par le craquement léger de l'huile qui brûlait à la surface. Puis soudain, comme un hurlement surgi du fond des enfers, une voix agonisante s'éleva au-dessus de l'eau.

13

— Espèces de porcs d'Occidentaux ! cria Ketou. Vous avez assassiné mon équipage.

Il se tenait là, contre le ciel gris, le sang coulant de son épaule blessée, abasourdi par le choc physique du désastre qui l'entourait.

Gunn le contempla par-dessus les canons de ses fusils déchargés. Ketou soutint un moment son regard puis regarda Pitt qui se frayait un chemin sur le pont pour rejoindre la barre.

— Sales cochons d'Occidentaux ! répéta Ketou.

— Ce n'est que justice, lui cria Pitt par-dessus le craquement des flammes. Vous avez perdu. Abandonnez votre navire. Nous allons nous approcher et vous hisser à bord.

En un instant, presque aussi vite qu'un obturateur photographique, Ketou sauta à bas de l'échelle et courut vers l'arrière. La canonnière gîtait fortement sur bâbord, ses canons à fleur d'eau, mais il s'efforça de traverser le pont incliné.

— Descends-le, Rudi ! cria Pitt dans son micro. Il cherche à atteindre le canon arrière.

Gunn ne répondit pas mais écarta les armes inutiles, plongea dans le compartiment avant et attrapa un fusil automatique Remington TR 870. Pitt repoussa les gaz d'un geste brusque, tournant la barre sur bâbord et faisant virer le *Calliope* en une violente embardée qui mit la proue vers l'amont. Les hélices mordirent l'eau qui bouillonna sous la poupe et le yacht bondit comme un cheval de course au départ.

Il ne flottait plus maintenant que de l'huile et des débris. La canonnière du capitaine Ketou commençait son dernier voyage, vers le fond. Le fleuve s'engouffrait dans sa quille brisée d'où s'échappaient en sifflant des nuages de vapeur. L'eau tourbillonnait autour des genoux de Ketou lorsqu'il atteignit le canon arrière de 30 millimètres dont il tourna la gueule vers le yacht qui filait devant lui. Il appuya sur le mécanisme de mise à feu.

— Al ! appela Pitt.

La réponse de Giordino fut le sifflement du missile qu'il lança depuis sa tourelle. Une étrange flamme orange panachée de fumée blanche troua l'air en direction de la canonnière. Mais le brusque mouvement que Pitt fit faire à la barre et la poussée soudaine d'accélération altérèrent le tir de Giordino. Le missile passa en sifflant au-dessus du navire endommagé et alla exploser dans les arbres bordant le fleuve.

Gunn apparut aux côtés de Pitt dans le poste de pilotage, visa soigneusement et commença à tirer à la Remington par-dessus le pont arrière, sur Ketou. Le temps parut ralentir tandis que les balles explosaient autour du canon et déchiquetaient le corps du capitaine africain. Ils étaient trop loin pour discerner la haine et la frustration sur son visage noir. Ils ne virent pas non plus qu'en s'effondrant, sa main sans vie avait déclenché la mise à feu.

Un éclat de feu poursuivit le *Calliope*. Pitt réagit immédiatement en donnant une forte impulsion sur tribord mais l'ironie de la bataille n'avait pas encore montré toute sa force. Ironie, parce qu'un homme mort avait répliqué, malgré la défaite catastrophique, avec une précision dont il n'aurait jamais connaissance. Des gerbes d'eau blanche jaillirent et enjambèrent le bateau américain tandis que des obus emportaient, au-dessus du cockpit et derrière, la plaque qui maintenait l'antenne parabolique de communication et le transpondeur dont les débris s'éparpillèrent dans le fleuve.

La vitre avant du poste de pilotage éclata et disparut, emportée par le vent et la vitesse. Gunn se jeta à plat ventre mais Pitt ne put que s'aplatir sur la barre pour se garer de l'orage mortel. Les turbos Diesel tournant au maximum les empêchèrent d'entendre le fracas des obus. Mais ils virent voler partout des éclats et des morceaux de toutes sortes d'objets.

Puis Giordino tira son dernier missile. L'arrière déjà presque enfoncé de la canonnière disparut soudain dans un déluge de flammes et de fumée. Il n'y eut bientôt plus qu'une large flaque de bulles et d'huile, s'élargissant à la surface du fleuve. Du commandant en chef de la Marine du Bénin et de sa flotte fluviale, il ne resta plus rien.

Pitt s'obligea à tourner le dos au fleuve rempli d'épaves pour s'occuper de son bateau et de ses amis. Gunn se relevait, assez secoué. Il portait au travers de son crâne presque chauve une blessure qui saignait. Giordino émergea de la salle des machines comme un joueur de handball après un match, suant et fatigué mais prêt à disputer une nouvelle partie.

Il montra la rivière.

— Ça va barder, maintenant, cria-t-il dans l'oreille de Pitt.

— Pas forcément, répondit Pitt en criant aussi. A cette vitesse, on sera au Niger dans vingt minutes.

— J'espère que nous n'avons pas laissé de témoins.

— Ne compte pas là-dessus ! Même s'il n'y a pas de survivants, quelqu'un peut avoir vu la bagarre de la rive.

Giordino saisit le bras de Pitt et cria :

— Dès que nous serons au Niger, tu vires et tu reprends les recherches.

— Affirmatif ! dit Pitt.

Il jeta un rapide coup d'œil à l'antenne de communication par satellite. Il se rendit compte seulement alors que tout était parti avec les supports.

— Plus question de contacter l'amiral pour lui faire un rapport.

— Et c'est fichu aussi pour envoyer à la NUMA les données que j'ai relevées, ajouta tristement Gunn.

— Dommage qu'on ne puisse lui raconter que sa

croisière de luxe a viré au cauchemar sanglant, beugla Giordino.

— On est cuits si on ne trouve pas une autre façon de se sortir de là, conclut Pitt d'un ton amer.

— Je voudrais bien voir la tête de l'amiral quand il apprendra qu'on a abîmé son beau bateau, fit Giordino en souriant à cette pensée.

— T'inquiète pas, tu la verras ! cria Gunn en mettant ses mains en porte-voix. Tu la verras, répéta-t-il avant de rentrer dans le compartiment laboratoire.

« Quel gâchis stupide ! » pensa Pitt. Ils n'avaient commencé leur mission que depuis un jour et demi et déjà ils avaient tué au moins trente hommes, abattu un hélicoptère et coulé deux navires. « Et tout ça au nom de la sauvegarde de l'humanité ! » rumina-t-il. Impossible de retourner en arrière, maintenant. Il fallait trouver l'agent contaminant avant que les Forces de sécurité nigériennes ou maliennes ne les arrêtent pour de bon. D'une façon ou d'une autre, leur peau ne valait pas un pet de lapin.

Il regarda la petite antenne parabolique du radar derrière le poste de pilotage. La chance est parfois bonne fille. La parabole n'était pas abîmée et tournait encore. Naviguer de nuit sur le fleuve sans le radar aurait vraiment été l'enfer, surtout dans le brouillard. La perte de l'unité de navigation par satellite signifiait qu'il leur faudrait noter les zones contaminées du fleuve en prenant des repères sur les rives. Enfin, personne n'était blessé et le yacht était en état de naviguer et même d'avaler la rivière à près de 70 nœuds. Tout ce que Pitt craignait maintenant, c'était de heurter un objet flottant ou un arbre immergé. A une telle vitesse, la moindre collision endommagerait le fond de la coque et enverrait le bateau par le fond en mille morceaux.

Heureusement, le fleuve charriait peu de débris et les craintes de Pitt n'étaient pas justifiées. Ils pénétrèrent en république du Niger en dix-huit minutes. Le ciel et le fleuve étaient vides de forces militaires. Quatre heures plus tard, ils étaient amarrés au dock de la capitale, Niamey, pour remplir les réservoirs. Après cette opération, ils durent passer par les traditionnelles tracasseries des officiers d'immigration d'Afrique occidentale, qui les autorisèrent finalement à poursuivre leur voyage.

Bientôt, les bâtiments de Niamey et le pont John F. Kennedy qui enjambe le Niger disparurent derrière la poupe du *Calliope*. Giordino paraissait alerte et de bonne humeur.

— Jusque-là, ça va, dit-il. De toute façon, ça ne peut pas être pire que ce qu'on a connu jusqu'à présent.

— Ça va, c'est vite dit, répondit Pitt à la barre. Et ça peut aller beaucoup plus mal encore.

— Pourquoi ce pessimisme ? s'étonna Giordino. Les gens du coin n'ont pas l'air d'en avoir après nous.

— Ça a été trop facile, dit pensivement Pitt. Ça ne se passe pas comme ça d'habitude dans cette partie du monde. En tout cas, pas en Afrique et pas après notre altercation avec les canonnières béninoises. As-tu remarqué que, pendant que nous montrions nos passeports et les papiers du yacht aux officiers d'immigration, il n'y avait pas un policier, pas un militaire armé ?

— Une coïncidence, rétorqua Giordino en haussant les épaules. Ou simplement une procédure laxiste.

— Ni l'un ni l'autre. J'ai le pressentiment que quelqu'un joue au chat et à la souris avec nous.

— Tu crois que les autorités du Niger étaient au courant de notre bagarre avec la Marine du Bénin ?

— Les nouvelles vont vite, ici, et je suis prêt à parier qu'elles sont arrivées avant nous. Les militaires du Bénin ont très probablement alerté le gouvernement du Niger.

Giordino ne paraissait pas convaincu.

— Alors, pourquoi les bureaucrates locaux ne nous ont-ils pas arrêtés ?

— Je n'en ai pas la moindre idée, dit pensivement Pitt.

— Sandecker ? proposa Giordino. Il est peut-être intervenu.

Pitt secoua la tête.

— L'amiral a peut-être le bras long à Washington, mais pas ici.

— Alors il y a quelqu'un qui veut quelque chose que nous possédons.

— Sans doute quelque chose comme ça.

— Mais quoi ? s'énerva Giordino. Nos données sur l'agent contaminant ?

— A part nous trois, Sandecker et Chapman, personne ne connaît la nature de nos recherches. A moins d'une fuite, ce doit être autre chose.

— Quoi, par exemple ?

— Tu ne crois pas que ça pourrait être le bateau ? suggéra Pitt en riant.

— Le *Calliope* ? Trouve autre chose, répondit Giordino, incrédule.

— Non, poursuivit Pitt. Réfléchis. Une construction hautement spécialisée, assemblée en secret, capable d'atteindre 70 nœuds et assez bien armée pour descendre un hélicoptère et deux canonnières en moins de trois minutes. N'importe quel chef militaire africain vendrait son âme pour mettre la main dessus.

— D'accord, ça je le comprends, admit Giordino à regret. Mais dis-moi un peu pourquoi, s'ils ont tellement envie du *Calliope*, ils ne l'ont pas confisqué pendant que nous refaisions du carburant à Niamey ?

— Alors, il y aurait quelqu'un derrière tout ça ? D'accord, quelqu'un a conclu un marché.

— Qui ?

— Je ne sais pas.

— Pourquoi ?

— Je ne saurais te le dire.

— Alors, quand est-ce que le couperet va tomber ?

— Ils nous ont laissés venir jusqu'ici, donc je suppose que la réponse est au Mali.

Giordino fixa Pitt.

— Ça signifie qu'on ne rentrera pas par le même chemin !

154

— Nous avons pris un aller simple lorsque nous avons coulé la Marine béninoise.

— Je crois bien que notre venue ici n'a été que la moitié de la partie de plaisir.

— Je crois que le plaisir est terminé, si tu as assez d'humour noir pour appeler ça comme ça.

Pitt regarda au-delà des rives du fleuve. L'épaisse végétation avait fait place à une étendue désolée de broussailles rabougries, de pierrailles et de poussière jaunâtre.

— Si j'en juge par le paysage, il nous faudra échanger le bateau contre des chameaux si nous voulons rentrer un jour à la maison.

— Oh ! Seigneur ! gémit Giordino. Tu me vois, moi, chevaucher ces fantaisies de la nature ? Moi qui pense déjà que Dieu n'a inventé le cheval que pour faire de la figuration dans les westerns.

— Nous survivrons, dit Pitt. L'amiral remuera ciel et terre pour nous tirer de là quand nous aurons trouvé la bestiole empoisonnée.

Giordino tourna vers le Niger un regard chagrin.

— Alors, c'est ça ? dit-il.

— Quoi ?

— Le fameux arbre sous l'écorce duquel il ne faut pas mettre le doigt.

Pitt eut un sourire amusé.

— Si c'est bien ce que tu dis, alors descends le pavillon français et par Dieu, nous naviguerons sous nos propres couleurs.

— Nous avons ordre de cacher notre nationalité ! protesta Giordino. On ne peut tout de même pas faire notre sale boulot sous la bannière étoilée !

— Qui te parle de la bannière étoilée ?

Giordino comprit qu'il allait se passer quelque chose d'important.

— D'accord. Oserai-je te demander quel drapeau tu as l'intention de hisser ?

— Celui-ci ! dit-il en tirant d'un placard un drapeau noir plié. Je l'ai emprunté au cours d'un bal costumé auquel j'ai été invité il y a environ deux mois.

Giordino regarda d'un air choqué le crâne au sourire cruel cousu au centre du tissu rectangulaire.

— Le drapeau des pirates ! Tu as l'intention de naviguer sous le pavillon noir ?

— Pourquoi pas ? dit Pitt, s'étonnant de l'angoisse que paraissait réellement éprouver Giordino. Je pense que cela convient parfaitement. Nous allons faire beaucoup d'éclaboussures et cette bannière est tout à fait appropriée.

14

— Vous parlez d'une équipe internationale de chercheurs de virus ! grommela Hopper en regardant le soleil se coucher sur les lacs et les marécages du haut Niger. Tout ce que nous avons réussi à trouver, c'est l'indifférence totale du monde envers l'hygiène.

Eva était assise sur un tabouret de camping devant un petit poêle à pétrole pour se protéger du froid de la soirée.

— J'ai fait des tests pour chercher la plupart des toxines connues mais je n'ai trouvé trace d'aucune. Quelle que soit notre maladie fantôme, on peut dire qu'elle est insaisissable.

Un homme d'un certain âge, grand, massif, avec des cheveux gris foncé et des yeux bleu clair, sagaces et pensifs, était assis près d'elle. C'était un Néo-Zélandais, le Dr Warren Grimes, chef de l'épidémiologie du projet. Il regardait le fond de son verre de soda.

— Rien de mon côté non plus, dit-il. Toutes les cultures que j'ai obtenues dans un rayon de 500 kilomètres sont exemptes de micro-organismes porteurs de maladie.

— Y a-t-il quelque chose qui aurait pu nous échapper ? demanda Hopper en se laissant tomber dans un fauteuil pliant garni de coussins.

Grimes haussa les épaules.

— Sans victimes, je ne peux faire ni interrogatoires, ni autopsies. Sans victimes, je ne peux pas prélever de tissus ni analyser des résultats. Il me faudrait des données observées pour comparer des symptômes ou faire l'étude d'un cas.

— S'il y a des morts par contamination toxique, dit Eva, ce n'est pas par ici qu'ils meurent.

Hopper détourna le regard de la lumière orangée disparaissant à l'horizon et prit la bouilloire sur le poêle pour se verser une tasse de thé.

— Est-ce que les preuves auraient pu être fausses ou exagérées ?

— Le quartier général de l'O.M.S. n'a reçu que des rapports vagues, rappela Grimes.

— Sans données sérieuses et sans délimitation de terrain, il semble que nous ne puissions pas grand-chose.

— Je pense que tout est occulté, dit soudain Eva.

Il y eut un silence. Hopper regarda Eva puis Grimes.

— Si ça l'est, c'est rudement bien fait ! murmura enfin Grimes.

— Je crois que je serais assez d'accord, dit Hopper, sa curiosité éveillée. Les équipes du Niger, du Tchad et du Soudan disent qu'elles sèchent également.

— Tout ceci laisse penser que la racine du mal est ici, au Mali, et pas dans les autres pays.

— On peut toujours enterrer les victimes, remarqua Grimes, mais on ne peut pas cacher les traces de l'épidémie. Si elles sont par ici, nous aurions dû les trouver. Mon opinion est que nous chassons le dahu.

Eva le regarda sans ciller, ses yeux bleu porcelaine comme élargis par la lueur du poêle.

— S'ils peuvent cacher les victimes, ils peuvent aussi modifier les rapports.

— Ah ! ah ! fit Hopper. Eva tient quelque chose ! Je n'ai aucune confiance en Kazim et sa troupe de faux jetons et ça, depuis le début. Supposons qu'ils aient bien altéré les rapports pour nous envoyer jouer ailleurs. Supposons que la source de l'épidémie ne soit pas là où on nous a fait croire qu'elle était.

— C'est une possibilité dont il faut tenir compte, admit Grimes. Nous avons concentré nos recherches sur les régions les plus humides et les plus désertes parce qu'il paraissait évident qu'elles auraient le plus de risques d'abriter des maladies et des épidémies.

— Et en partant de là, où allons-nous ? demanda Eva.

— On retourne à Tombouctou, dit fermement Hopper. Avez-vous remarqué l'attitude des gens que nous avons interrogés avant de partir vers le sud ? Ils étaient nerveux et inquiets. Ça se lisait sur leur figure. Il est très possible qu'on les ait menacés pour qu'ils gardent le silence.

— Surtout les Touaregs du désert, rappela Grimes.

— Tu veux dire surtout les femmes et les enfants, corrigea Eva. Ils ont refusé de se laisser examiner.

Hopper secoua la tête.

— C'est ma faute. C'est moi qui ai pris la décision de tourner le dos au désert. C'était une erreur. Je le comprends maintenant.

— Tu es un chercheur, pas un psychologue, le consola Grimes.

— Oui, admit volontiers Hopper. Je suis un chercheur. Mais j'ai horreur qu'on se fiche de moi.

— Le tuyau qu'on a tous omis de saisir, dit Eva, c'est l'attitude condescendante du capitaine Batutta.

Grimes la regarda.

— C'est exact ! Ho ! ho ! Tu as encore mis dans le mille, ma petite Eva. Maintenant que tu m'y fais penser, Batutta s'est montré presque servile à force de coopérer.

— C'est vrai, approuva Hopper. Il a dû bien rigoler en nous souhaitant bonne route, sachant que nous serions à des centaines de kilomètres de la piste.

— Il sera intéressant de voir sa tête quand nous lui dirons que nous allons vers le désert et que nous recommençons à zéro, dit Grimes en finissant son verre de soda.

158

— Il appellera le colonel Mansa par radio avant même que j'aie fini ma phrase.

— Nous pourrions mentir, dit Eva.

— Mentir ? Pour quelle raison ? s'étonna Hopper.

— Pour lui faire perdre notre trace.

— J'écoute.

— Dire à Batutta que la mission est achevée. Lui dire que nous n'avons trouvé aucune trace de contamination et que nous retournons à Tombouctou pour plier bagage et rentrer chez nous.

— J'ai dû sauter un épisode. Où tout cela nous mènera-t-il ?

— En apparence, l'équipe a laissé tomber, expliqua Eva. Batutta poussera un gros soupir de soulagement et nous souhaitera bon retour. Seulement notre avion, nous ne le prendrons pas pour Le Caire. Nous atterrirons dans le désert et nous rouvrirons la boutique sans notre chien de garde.

Les deux hommes mirent quelques secondes à comprendre le plan d'Eva. Hopper se pencha et l'examina en détail silencieusement. Quant à Grimes, il avait l'air d'un homme à qui on a demandé de prendre la prochaine fusée pour la lune.

— Ça ne sert à rien, dit enfin Grimes en s'excusant presque. On ne peut pas faire atterrir un avion au milieu du désert. Il faut une piste d'au moins mille mètres de long.

— Il y a pas mal d'endroits au Sahara où le sol est parfaitement plat sur des centaines de kilomètres, se défendit Eva.

— C'est trop risqué, fit Grimes, têtu. Et si Kazim en entendait parler ? Nous le paierions cher !

Eva jeta un regard acide à Grimes puis plus doux à Hopper.

— Je t'assure que c'est possible, dit-elle fermement.

— Tout est possible, mais souvent impraticable.

Hopper donna un coup sur l'accoudoir du fauteuil avec tant de force qu'il le cassa presque.

— Nom de Dieu ! Je crois que ça vaut d'être tenté.

Grimes lui jeta un regard effaré.

— Tu n'es pas sérieux ?

— Oh ! mais si ! La décision sera laissée à notre pilote et à son équipage, évidemment. Mais avec une bonne carotte, par exemple une bonne grosse prime, je pense pouvoir les persuader d'essayer.

— Tu oublies quelque chose, dit Grimes.

— Par exemple ?

— Avec quoi nous déplacerons-nous quand nous aurons atterri ?

Eva montra d'un mouvement de tête le combi 4 x 4 Mercedes que le colonel Mansa leur avait fourni à Tombouctou.

— Le petit combi rentrera juste dans la porte de la soute.

— Elle est à deux mètres du sol, objecta Grimes. Comment le feras-tu monter à bord ?

— En utilisant des rampes et en le conduisant jusque-là, dit joyeusement Hopper.

— Et tu feras ça sous le nez de Batutta ?

— Ce n'est pas un obstacle insurmontable.

— Ce véhicule appartient à l'armée malienne. Comment expliqueras-tu sa disparition ?

— Ça, ce n'est pas difficile ! fit Hopper. On dira au colonel Mansa que les nomades nous l'ont volé.

— C'est dingue ! marmonna Grimes.

Hopper se leva d'un coup.

— Bon, c'est réglé. Nous lancerons notre petite histoire demain matin. Eva, je te laisse expliquer notre plan à l'équipe. Moi, je discuterai avec Batutta et je le débarrasserai de ses éventuels soupçons en déplorant notre échec.

— A propos de notre chien de garde, dit Eva en jetant un coup d'œil autour d'elle. Où se cache-t-il ?

— Dans ce gros joujou de véhicule équipé pour les communications, informa Grimes. Il vit pratiquement dedans.

— C'est bizarre comme il disparaît de la circulation au bon moment, pour nous en tout cas, chaque fois que nous nous rassemblons pour discuter.

— C'est rudement courtois de sa part, je dois dire !

Grimes se leva et s'étira. Il jeta un coup d'œil au véhicule radio et, ne voyant pas Batutta, se rassit.

— Aucun signe de lui. Il doit être en train de regarder à la télé un programme de variétés européennes.

— Ou bien en discussion radio en train de raconter au colonel Mansa les derniers sketches de notre cirque scientifique, Eva.

— Alors, il ne doit pas avoir grand-chose à rapporter, dit Hopper en riant. Il ne reste jamais assez longtemps pour voir quelle sottise nous sommes en train de faire.

Le capitaine Batutta ne parlait pas avec son supérieur. Pas pour le moment. Il était assis dans le camion en train d'écouter sur un casque stéréo branché sur un système d'écoute électronique extrêmement sensible. L'ampli était monté sur le toit du camion et dirigé vers le poêle du camping, en plein milieu de la caravane. Il se pencha pour régler la batterie bionique, élargissant la surface réceptrice.

Chaque mot prononcé par Eva et ses amis, chaque murmure lui parvenait avec une très infime distorsion et il l'enregistrait. Batutta écouta jusqu'à la fin de la conversation, lorsque le trio se sépara. Eva alla avertir l'équipe du nouveau projet. Hopper et Grimes, eux, allèrent étudier les cartes du désert.

Batutta prit une ligne passant par un satellite de communication des Nations africaines et composa un numéro. Une voix un peu endormie lui répondit.

— Quartier général de la Sécurité, district de Gao.

— Le capitaine Batutta pour le colonel Mansa.

— Un instant, monsieur, dit la voix tout à fait éveillée maintenant.

Il fallut près de cinq minutes pour que la voix de Mansa arrive au récepteur.

— Oui, capitaine.

— Les chercheurs des Nations Unies préparent une diversion.

— Quelle sorte de diversion ?

— Ils vont faire savoir qu'ils n'ont trouvé aucune trace de l'épidémie ni aucune victime...

— Le plan brillant du général Kazim pour les écarter des zones contaminées a donc réussi, le coupa Mansa.

— Jusqu'à présent, dit Batutta. Mais ils ont commencé à deviner la petite blague du général. Le Dr Hopper a l'intention d'annoncer la fin des recherches puis de mener son équipe à Tombouctou où ils prendront l'avion pour Le Caire.

— Le général sera ravi.

— Pas quand il apprendra que Hopper n'a pas l'intention de quitter le Mali.

— Qu'est-ce que vous racontez ?

— Leur plan est de persuader les pilotes de poser l'avion dans le désert et de lancer de nouvelles recherches dans les villages nomades.

Mansa eut soudain l'impression que sa bouche était pleine de sable.

— Ça pourrait se révéler désastreux. Le général sera furieux quand il l'apprendra.

— Ce n'est pas notre faute, s'empressa de dire Batutta.

— Vous connaissez ses colères ! Elles tombent sur les innocents comme sur les coupables.

— Nous avons fait notre travail, répliqua résolument Batutta.

— Tenez-moi informé des mouvements de Hopper, ordonna Mansa. J'informerai le général de votre rapport.

— Il est à Tombouctou ?

— Non, à Gao. Et manque de chance, il est sur le yacht de Massarde, ancré sur la rivière juste en dehors de la ville. Je vais prendre une voiture militaire et j'y serai dans une demi-heure.

— Bonne chance, colonel.

— Surveillez Hopper sans le lâcher d'une semelle. Et tenez-moi au courant s'il change ses projets.

— A vos ordres.

Mansa raccrocha et contempla un moment le téléphone en faisant le point de toutes les complications révélées par Batutta. S'il ne l'avait pas espionné, Hopper les aurait tous roulés et aurait découvert les victimes de l'épidémie au Sahara, où personne n'avait songé à enquêter. Ça aurait été une véritable calamité. Le capitaine Batutta l'avait sauvé d'une situation catastrophique et même probablement du peloton d'exécution, car on n'aurait pas manqué de forger contre lui des preuves de prétendues trahisons. C'était la façon de faire de Kazim quand il désirait se débarrasser d'officiers qui lui déplaisaient. Il n'y avait échappé que d'un cheveu. Peut-être même, s'il arrivait à parler à Kazim pendant qu'il était de bonne humeur, pourrait-il poser les jalons d'une promotion au grade de général.

Mansa appela son aide de camp et lui demanda d'aller chercher son uniforme numéro un et de faire préparer un avion. Un sentiment d'euphorie le gagnait peu à peu. Cette catastrophe évitée de justesse allait leur donner l'occasion de se débarrasser des intrus étrangers.

Une vedette rapide attendait au quai, sous la mosquée, quand Mansa descendit du command-car qui l'avait amené de l'aéroport. Un marin en uniforme détacha les cordes à l'avant et à l'arrière de la vedette et sauta jusqu'à la barre. Il pressa le starter et le gros moteur marin V8 Citroën rugit aussitôt.

Le yacht de Massarde se balançait doucement au milieu du fleuve, ses lumières se reflétant dans les vaguelettes du courant. C'était un bateau aménagé en house-boat de plaisance, haut de trois étages, autopropulsé. Son fond plat lui permettait de croiser facilement sur le fleuve pendant la saison des crues.

Mansa n'avait jamais été invité à son bord mais avait entendu parler de son escalier en spirale surmonté d'un dôme de verre qui allait depuis la suite luxueuse de son propriétaire jusqu'à son héliport. Les dix somptueuses cabines décorées de meubles français anciens, la salle à manger au haut plafond et aux murs recouverts de boiseries Louis XIV empruntées à un château de la Loire, les saunas, les jacuzzis et le bar installé dans un salon pivotant, les systèmes électroniques de communication reliant Massarde à son immense empire, tout cela faisait que ce palais flottant ne ressemblait à rien de ce qu'on avait construit jusqu'alors.

Tout en descendant de la vedette pour grimper la passerelle de teck du yacht, le colonel se disait qu'il aimerait bien voir certaines pièces du luxueux navire mais son espoir fut déçu quand il aperçut Kazim qui l'attendait près du bastingage, un verre de champagne à demi plein à la main. Le général ne fit même pas un geste pour en offrir un à Mansa.

— J'espère que vous n'avez pas interrompu mon entretien avec M. Massarde sans une raison valable, comme le laissait entendre votre message, dit sèchement Kazim.

Mansa salua son supérieur et commença un compte rendu rapide mais précis, sans omettre cependant d'embellir les faits et d'amplifier les détails du rapport de Batutta sur l'équipe de l'O.M.S., sans mentionner une seule fois le nom du capitaine. Kazim écouta avec un intérêt curieux. Son regard sombre se fit plus profond, regardant sans les voir les lumières dansantes du yacht que reflétait le fleuve. Une ride inquiète se creusa sur son visage mais disparut bientôt tandis qu'un vague sourire étira ses lèvres lippues.

Quand Mansa cessa de parler, Kazim demanda :

— Quand Hopper et sa caravane sont-ils attendus à Tombouctou ?

— S'ils partent demain matin, ils devraient y arriver en fin d'après-midi.

— Ça nous laisse tout le temps nécessaire pour démolir les plans de ce bon docteur. Je compte sur vous pour paraître déçu et empressé quand il vous annoncera l'échec de ses recherches, acheva-t-il d'une voix glaciale.

— Je ferai appel à toute ma diplomatie, assura Mansa.

— Son avion et son équipage sont-ils toujours à Tombouctou ?

— Oui. Les pilotes sont logés à l'hôtel Azalaï.

— Vous dites que Hopper a l'intention de leur offrir une prime pour atterrir dans le désert, au nord d'ici ?

— Oui, c'est ce qu'il a dit aux autres.

— Nous devons prendre le contrôle de l'avion.

— Vous voulez que j'offre aux pilotes une prime plus forte que celle que leur offrira Hopper ?

— Ce serait perdre du bon argent, dit Kazim. Tuez-les.

Mansa s'était presque attendu à cette réponse et ne réagit pas.

— Oui, monsieur.

— Et remplacez-les par des pilotes de notre propre Force aérienne qui auront la même taille qu'eux et leur ressembleront.

— Un plan subtil, général !

— Informez également le Dr Hopper que j'exige que le capitaine Batutta les accompagne au Caire pour me représenter auprès de l'Organisation mondiale de la santé. Il surveillera l'opération.

— Quels ordres souhaitez-vous que je donne aux pilotes remplaçants ?

— Ordonnez-leur, dit Kazim avec une lueur diabolique dans le regard, de faire atterrir le Dr Hopper et son équipe à Asselar.

— Asselar ?

Le nom roula sur la langue de Mansa comme s'il était enveloppé d'acide.

— Hopper et les siens seront sûrement assassinés par les sauvages mutants d'Asselar, comme l'ont été les touristes du dernier safari.

— Et si, pour une raison inconnue, ils survivaient ? demanda Mansa avec toute la délicatesse dont il était capable.

L'expression cruelle de Kazim donna le frisson au colonel. Le général le regarda d'un air rusé, un amusement sinistre dans le regard.

— Alors, ils iront tous à Tebezza !

DEUXIÈME PARTIE

LA TERRE MORTE

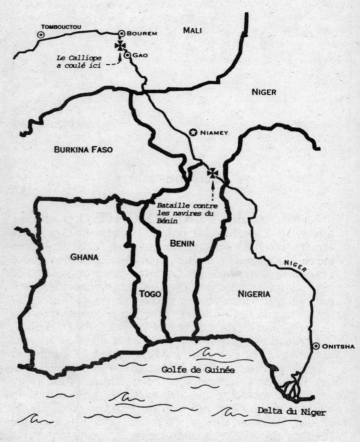

VOYAGE DU CALLIOPE VERS LA SOURCE DU NIGER

15

A Floyd Bennett Field, sur la rive de Jamaica Bay, à New York, un homme habillé comme un hippie des années 60 était appuyé contre une Jeep Wagoneer garée sur la partie droite de la piste goudronnée. Il observait, à travers ses lunettes de grand-mère, le petit avion turquoise qui roulait dans la brume matinale et qui s'immobilisa à dix mètres de lui. Il se redressa quand Sandecker et Chapman descendirent du jet de la NUMA et s'approcha pour les accueillir.

L'amiral remarqua la voiture et hocha la tête avec satisfaction. Il détestait les limousines officielles et exigeait toujours un 4 x 4 pour son transport personnel. Il adressa un bref sourire au directeur du vaste centre de stockage des données d'ordinateur de la NUMA, malgré son blouson de jeans et sa queue de cheval. Hiram Yaeger était le seul membre de l'équipe dirigeante de Sandecker ne respectant pas les habitudes vestimentaires et s'en tirait sans problème.

— Merci d'être venu nous attendre, Hiram. Je suis désolé de vous avoir fait quitter Washington en vous prévenant si tard.

Yaeger lui tendit la main.

— Pas de problème, amiral. J'ai besoin d'oublier mes machines de temps en temps. Darcy ! fit-il en se tournant vers Chapman. Comment s'est passé le vol depuis le Nigeria ?

— Le plafond de la cabine était trop bas et mon siège trop étroit, se plaignit le grand toxicologue. Et pour corser le tout, l'amiral m'a battu dix jeux à quatre au gin-rummy.

— Attendez, je vais vous aider à mettre vos bagages dans le coffre puis nous filerons à Manhattan.

— Avez-vous pris rendez-vous avec Hala Kamil ? demanda Sandecker.

Yaeger fit signe que oui.

— J'ai téléphoné au quartier général des Nations Unies dès que j'ai su l'heure de votre arrivée. Le secrétaire général Kamil a changé son emploi du temps pour vous recevoir. Son adjoint a eu l'air sidéré que cette femme fasse cela pour nous.

— On se connaît depuis une éternité, dit Sandecker en souriant.

— Elle nous recevra à dix heures trente.

L'amiral regarda sa montre.

— Dans une heure et demie. Ça nous laisse le temps de prendre une tasse de café et de manger quelque chose.

— Ça me va, dit Chapman en bâillant. Je meurs de faim.

Yaeger quitta l'aéroport et s'engagea dans Coney Island où il trouva un café. Ils s'installèrent dans un coin retiré et firent signe à une serveuse qui regarda la haute silhouette de Chapman d'un air étonné.

— Qu'est-ce que ce sera pour ces messieurs ?

— Un café glacé, un fromage à la crème et un *bagel*, commanda Sandecker.

Chapman opta pour une omelette au salami et une pâtisserie tandis que Yaeger prit seulement un sandwich. Ils demeurèrent silencieux, perdus dans leurs pensées jusqu'à ce que la serveuse leur apporte leurs cafés. Sandecker fit tourner son cube de glace pour refroidir le café puis s'appuya au dossier de son siège.

— Qu'est-ce que vos petits génies électroniques vous ont appris sur la marée rouge ? demanda-t-il à Yaeger.

— Les projections sont plutôt sombres, répondit l'expert de l'électronique en jouant avec une fourchette. J'ai fait une étude permanente de son avancée galopante à partir des photos satellites. Le taux d'augmentation est pour moi un mystère. C'est comme ce vieil adage qui dit qu'en commençant avec un sou et en doublant chaque jour la somme totale, on deviendrait milliardaire en un mois. La marée rouge au large des côtes d'Afrique occidentale s'étend et double de surface tous les quatre jours. A quatre heures ce matin, elle recouvrait un territoire de 240 000 kilomètres carrés.

— A cette vitesse, elle couvrira tout l'Atlantique Sud en trois ou quatre semaines, calcula Chapman.

— Avez-vous une idée de la cause ? demanda Yaeger.

— Seulement qu'il s'agit d'un organo-métal qui provoque la mutation des dinoflagellaires à la base de la marée rouge.

— Un organo-métal ?

— La combinaison d'un métal et d'une substance organique, expliqua Chapman.

— Est-ce qu'un composant particulier se dégage ?

— Pas encore. Nous avons identifié des douzaines de contaminants mais aucun ne paraît être responsable. Tout ce qu'on peut supposer pour l'instant, c'est qu'un élément métallique s'est associé d'une façon ou d'une autre avec des composants synthétiques ou des dérivés chimiques qui ont été déversés dans les eaux du Niger.

— Il pourrait même s'agir de déchets provenant d'une recherche biotechnique inhabituelle, suggéra Yaeger.

— Aucune expérience de ce type n'est en cours en Afrique occidentale, affirma Sandecker.

— En tout cas, ce machin non identifié agit comme un excitant, poursuivit Chapman, pratiquement comme une hormone puisqu'il crée une marée

171

rouge mutante à une vitesse renversante en même temps qu'un degré de toxicité à peine croyable.

La conversation s'arrêta lorsque la serveuse apporta le reste de leur commande. Elle revint encore une fois avec un pot de café et remplit leurs tasses.

— Y a-t-il une chance pour que nous ayons affaire à une réaction bactérienne à un déversement d'eaux d'égout non traitées ? demanda Yaeger en regardant son sandwich un peu trop gras à son gré.

— Les eaux d'égout servant de substance nutritive à l'algue comme l'engrais le fait pour la végétation agricole sur terre ? dit Chapman. Pas dans le cas qui nous occupe. Notre problème est un désastre écologique qui va bien plus loin que tous les déchets humains ne sauraient le faire.

Sandecker étala le fromage sur son *bagel* et y posa une tranche de saumon.

— Ainsi, pendant que nous nous remplissons l'estomac, il se forme une marée rouge qui fera paraître la guerre de 91 contre l'Irak comme une récréation d'école maternelle.

— Oui, et nous ne pouvons rien faire pour l'arrêter, admit Chapman. Sans une bonne analyse d'échantillon d'eau, je ne peux émettre que des théories sur le composé chimique. Jusqu'à ce que Rudi Gunn ait trouvé l'aiguille dans la meule de foin et aussi qui l'y a mise, nous avons les mains liées.

— Quelles sont les dernières nouvelles ? demanda Yaeger.

— Les nouvelles de quoi ? dit Sandecker, la bouche pleine.

— De nos trois amis sur le Niger, fit Yaeger, irrité de l'apparente indifférence de Sandecker. La transmission de leurs données par télémétrie s'est soudain arrêtée hier.

L'amiral jeta un regard circulaire dans le café pour s'assurer que personne ne pouvait l'entendre.

— Ils ont eu une petite altercation avec deux canonnières et un hélicoptère de la Marine du Bénin.

— Une petite altercation ? s'exclama Yaeger,

incrédule. Comment diable est-ce arrivé ? Sont-ils blessés ?

— Tout ce que je peux vous dire, c'est qu'ils sont en pleine forme, dit Sandecker avec discrétion. Ils ont failli subir un dommage. Pour garder la mission secrète, ils n'ont pas eu le choix, ils ont dû se défendre. Pendant la bagarre, leur équipement de communication a dû en prendre un coup.

— Ça explique pourquoi je ne reçois plus rien, dit Yaeger en se calmant.

— Les photos satellites de l'Agence nationale de sécurité, continua Sandecker, montrent qu'ils ont semé une sacrée pagaille en descendant les deux bateaux et l'hélicoptère mais qu'ils ont réussi à passer sans problème la frontière du Mali.

Yaeger s'agita sur son siège. Il n'avait plus faim tout d'un coup.

— Ils ne sortiront jamais du Mali ! Ils sont en plein dans une impasse. J'ai un tas d'informations sur le gouvernement malien. Leur chef militaire a le plus lourd record de violation des droits de l'homme de toute l'Afrique de l'Ouest. Pitt et les autres seront capturés et pendus au dattier le plus proche.

— C'est pour ça que nous avons rendez-vous avec le secrétaire des Nations Unies, dit Sandecker.

— Que pourra-t-elle faire ?

— Les Nations Unies sont notre seul espoir de faire sortir nos amis et les données qu'ils ont relevées sains et saufs de ce coup dur.

— Qui donc prétendait que nos recherches sur le Niger ne dérangeraient personne ? demanda Yaeger.

— Nous n'avons pas réussi à convaincre les politiciens de l'extrême urgence de la situation, dit Chapman d'un ton frustré. Ils n'ont rien voulu faire d'autre que de réunir un comité spécial pour étudier le sujet. Non, mais vous vous rendez compte ? Alors que le monde est au bord de l'extinction, nos illustres élus veulent se pavaner de leur importance, le cul sur leur chaise, comme un chœur de cathédrale !

— Ce que veut dire Darcy, traduisit Sandecker en souriant au choix des mots de Chapman, c'est que nous avons averti de l'urgence le président, le ministre des Affaires étrangères et pas mal de sénateurs. Ils ont tous refusé notre demande de forcer la main aux nations d'Afrique occidentale pour qu'elles nous autorisent à analyser l'eau du fleuve.

Yaeger le regarda avec effarement.

— Alors, pour commencer, vous avez envoyé Pitt, Giordino et Gunn pour faire le sale boulot !

— On ne pouvait rien faire d'autre ! L'heure tourne. Il fallait que nous passions au-dessus de la tête de notre propre gouvernement. Si jamais il y a des fuites, je ne vous dis pas ce que je vais prendre pour mon grade !

— C'est encore pire que ce que j'imaginais !

— C'est pourquoi nous avons besoin des Nations Unies, dit Chapman. Sans leur coopération, je crains fort que Pitt, Giordino et Gunn soient jetés dans une prison malienne dont ils ne sortiront jamais.

— Sans compter que les renseignements dont nous avons un besoin si désespéré disparaîtront avec eux, ajouta Sandecker.

Yaeger avait l'air triste et écœuré.

— Vous les avez sacrifiés, amiral. Vous avez volontairement sacrifié vos meilleurs amis !

Sandecker toisa Yaeger.

— Est-ce que vous croyez que cette décision ne m'a pas coûté ? Considérant ce qui était en jeu, à qui d'autre aurais-je pu faire confiance pour réussir un boulot pareil ? Qui donc auriez-vous envoyé au Niger, vous ?

Yaeger se massa un moment les tempes avant de répondre. Finalement, il hocha la tête.

— Vous avez raison, évidemment. Ils sont les meilleurs. Si quelqu'un peut réussir l'impossible, c'est bien Pitt.

— Je suis ravi que vous soyez d'accord ! dit ironiquement Sandecker. Bon. Il faudrait payer et nous dépêcher. Je ne veux pas faire attendre le secrétaire général Kamil. Pas le jour où j'ai l'intention de m'agenouiller devant elle et de supplier comme une âme perdue.

Hala Kamil, une Egyptienne secrétaire général des Nations Unies, avait la beauté et le mystère de Néfertiti. Quarante-sept ans, des yeux noirs inoubliables, de longs cheveux d'ébène lui tombant plus bas que les épaules, des traits délicats rehaussés par un teint sans défaut, elle semblait garder une jeunesse éternelle malgré le poids écrasant de ses fonctions. Elle était grande et son tailleur bon chic bon genre ne dissimulait pas sa silhouette ravissante.

Elle se leva à l'entrée de Sandecker et de ses amis et contourna son grand bureau au quartier général des Nations Unies pour venir les saluer.

— Amiral Sandecker, quelle joie de vous revoir !

— J'en suis très honoré, madame le secrétaire, dit Sandecker, toujours souriant en présence d'une jolie femme.

Il lui serra la main et fit une légère courbette.

— Merci d'avoir accepté de me recevoir.

— Vous êtes incroyable, amiral. Vous n'avez pas changé du tout !

— Vous-même paraissez plus jeune que jamais.

Elle lui adressa un sourire ravageur.

— Oublions les compliments. Nous avons tous les deux pris une ride ou deux. Il y a si longtemps !

— Presque cinq ans.

Puis il se tourna et présenta Chapman et Yaeger. Hala ne parut surprise ni de la haute taille de Chapman ni des vêtements bizarres de Yaeger. Elle avait trop l'habitude de rencontrer des gens de toutes tailles et de toutes sortes de costumes parmi les centaines de nations appartenant aux Nations Unies. Elle tendit une main délicate vers les sofas en face de son bureau.

— Je vous en prie, asseyez-vous.

— Je serai bref, commença Sandecker sans préambule. J'ai besoin de votre aide pour un sujet urgent concernant un désastre écologique en plein développement et qui menace l'existence même de l'humanité.

Elle le regarda avec un certain scepticisme.

— Voilà une déclaration bien grave, amiral. Si c'est là une autre terrible prédiction sur l'effet de serre, je suis immunisée.

— Il s'agit de quelque chose de bien pire, dit sérieusement Sandecker. A la fin de cette année, la plus grande partie de l'humanité ne sera plus qu'un souvenir.

Hala regarda l'un après l'autre les visages des hommes qui lui faisaient face. Tous étaient sérieux et sombres. Elle commença à croire Sandecker. Elle ne savait pas exactement pourquoi elle le croyait. Mais elle le connaissait suffisamment pour savoir qu'il n'était pas homme à raconter n'importe quoi et surtout pas que le ciel allait leur tomber sur la tête s'il n'était pas sûr de ce qu'il avançait, scientifiquement sûr.

— Continuez, je vous en prie, dit-elle brièvement.

Sandecker laissa la parole à Chapman et à Yaeger qui exposèrent le résultat de leur étude sur la marée rouge galopante. Vingt minutes plus tard, Hala s'excusa et alla appuyer sur le bouton de l'intercom, sur son bureau.

— Sarah, voulez-vous s'il vous plaît appeler l'ambassadeur du Pérou et lui dire qu'un fait important vient de se produire. Demandez-lui si ça ne le dérange pas de reporter notre rendez-vous jusqu'à demain à la même heure ?

— Nous apprécions profondément le temps et l'intérêt que vous voulez bien nous accorder, dit Sandecker avec sincérité.

— N'y a-t-il vraiment aucun doute sur cette horreur et cette menace ? demanda-t-elle à Chapman.

— Aucun. Si la marée rouge s'étend sans qu'on puisse la freiner dans les océans, elle détruira tout l'oxygène dont dépend la vie de la planète.

— Et ceci sans parler de la toxicité, ajouta Yaeger, qui causera, il n'y a aucun doute, la mort de toute la vie marine et celle de toute l'humanité.

Elle regarda Sandecker.

— Et que dit votre Congrès ? Que disent vos scientifiques ? Ne me dites pas que votre gouvernement

n'est pas inquiet, tout comme doit l'être la communauté mondiale de l'environnement.

— Oui, ils s'en préoccupent, répondit Sandecker.
Nous avons montré le résultat de nos recherches au
président et à des membres du Congrès, mais les
rouages de la bureaucratie tournent lentement. Des
comités étudient le problème, mais il n'en résulte
aucune décision. L'étendue de l'horreur les dépasse.
Ils ne peuvent concevoir l'élément temps qui diminue si rapidement.

— Nous avons évidemment communiqué nos premières constatations aux spécialistes des océans et
de la contamination, dit Chapman. Mais tant que
nous ne réussirons pas à isoler la cause exacte de
cette peste marine, nous ne pourrons pas faire
grand-chose pour trouver une solution.

Hala garda le silence. Il lui était difficile d'appré-
hender l'apocalypse, surtout à si court terme. D'une
certaine façon, elle était impuissante. Sa position de
secrétaire général des Nations Unies ne faisait d'elle
qu'une reine illusoire d'un royaume sans réalité. Sa
tâche était de veiller à tout ce qui pouvait promou-
voir la paix, le commerce et les programmes d'aide
humanitaire. Elle pouvait conseiller mais non ordonner.

Elle regarda Sandecker, assis de l'autre côté de la
table basse.

— En dehors de vous promettre la coopération de
l'Organisation des programmes de protection de
l'environnement des Nations Unies, je ne vois pas ce
que je peux faire.

Sandecker mit dans sa voix, basse et tendue, toute
la persuasion dont il était capable.

— J'ai envoyé un bateau avec une équipe d'hommes remonter le Niger pour analyser l'eau et tenter
de trouver la cause de cette explosion de marée
rouge.

Le regard d'Hala était calme et pénétrant.

— Est-ce votre bateau qui a coulé les canonnières
béninoises ? demanda-t-elle.

— Vous avez très vite compris.

— Je reçois des informations du monde entier.

— Oui, c'était un navire de la NUMA, admit Sandecker.

— Vous connaissez, je suppose, l'amiral qui commandait la Marine du Bénin ? Vous savez qu'il était le frère du président et qu'il a trouvé la mort au cours de cet affrontement ?

— Oui, je sais.

— J'ai cru comprendre que votre bateau naviguait sous pavillon français. Faire votre sale boulot en cachette sous un pavillon étranger pourrait faire fusiller votre équipage comme agents ennemis par les Africains.

— Mes hommes étaient conscients du danger, et volontaires. Ils savaient que chaque minute compte si nous voulons arrêter la marée rouge avant qu'elle n'atteigne une ampleur que notre technologie ne pourra plus enrayer.

— Sont-ils toujours vivants ?

Sandecker fit signe que oui.

— Il y a seulement quelques heures, ils ont découvert que la piste de la contamination passait par la frontière du Mali et sont arrivés à Gao sans rencontrer d'opposition.

— Qui d'autre est au courant dans votre gouvernement ?

Sandecker désigna de la tête Chapman et Yaeger.

— Rien que nous trois et les hommes sur le bateau. Personne en dehors de la NUMA et de vous-même.

— Le général Kazim, le chef de la sécurité du Mali, n'est pas un imbécile. Il va entendre parler de leur bataille contre la Marine du Bénin et ses agents l'informeront de l'entrée de votre équipage en territoire malien. Il les arrêtera dès qu'ils accosteront.

— C'est pour cela que nous sommes venus à vous, madame le secrétaire.

« Et voilà », pensa-t-elle.

— Qu'attendez-vous de moi, amiral ?

— Votre aide pour sauver mes hommes.

— Je pensais bien qu'on en arriverait à ça.

— Il est vital qu'on les sauve dès qu'ils auront découvert l'origine de la contamination.

— Nous avons désespérément besoin des résultats de leurs analyses, plaida Chapman.

— Si je comprends bien, c'est leurs découvertes que vous souhaitez sauver, dit-elle fraîchement.

— Je n'ai pas l'habitude d'abandonner des hommes braves, dit Sandecker, le menton en avant.

Hala secoua la tête.

— Je suis désolée, messieurs. Je comprends votre désespoir mais je ne peux pas mettre en péril l'honneur de ce bureau en faisant mauvais usage de mon pouvoir et en prenant part à une opération internationale illégitime, malgré l'urgence de la situation.

— Même pas si les hommes que vous sauveriez sont Dirk Pitt, Al Giordino et Rudi Gunn ?

Ses yeux parurent s'agrandir une seconde puis elle se laissa aller contre le dossier du fauteuil, le regard un bref instant perdu dans le passé.

— Je commence à voir le tableau, dit-elle d'une voix douce. Vous m'utilisez comme vous les avez utilisés.

— Je ne suis pas en train d'organiser un match de tennis entre des célébrités, dit sèchement Sandecker. J'essaie d'empêcher la perte d'un nombre incalculable de vies humaines.

— Vous visez toujours droit au cœur, n'est-ce pas ?

— Quand c'est nécessaire.

Chapman leva les sourcils.

— J'ai bien peur de ne rien comprendre à tout ceci.

Hala répondit, les yeux dans le vague.

— Il y a environ cinq ans, les trois hommes que vous avez envoyés au Niger m'ont sauvé la vie que des terroristes assassins voulaient prendre, et pas une fois mais deux. La première à la montagne, à Breckenridge, dans le Colorado, la seconde dans une mine abandonnée, près d'un glacier, dans le détroit de Magellan. L'amiral essaie de jouer avec ma conscience pour que je leur rende la pareille.

— Je crois que je m'en souviens, dit Yaeger. C'était

pendant qu'on recherchait les trésors de la bibliothèque d'Alexandrie.

Sandecker se leva et alla s'asseoir à côté d'elle.

— Allez-vous nous aider, madame le secrétaire ?

Hala resta aussi immobile qu'une statue qui cra-
que peu à peu. Sa respiration parut se ralentir. Finalement, elle se tourna légèrement et regarda Sandecker.

— Très bien, dit-elle doucement. Je vous promets
d'utiliser tout mon pouvoir pour sortir vos amis
d'Afrique. J'espère seulement qu'il n'est pas trop tard
et qu'ils sont encore en vie.

Sandecker détourna son regard pour qu'elle n'y
lise pas tout le soulagement qu'il ressentait.

— Merci, madame le secrétaire. Je vous en suis
reconnaissant. Extrêmement reconnaissant.

16

— Aucun signe de vie ! dit Grimes en regardant
avec étonnement le village en ruine d'Asselar. Même
pas un chien ou une chèvre.

— C'est vrai que ça a l'air mort, confirma Eva en
se protégeant les yeux du soleil.

— Plus mort qu'un crapaud écrasé sur une autoroute, ajouta Hopper en observant les lieux à la
jumelle.

Ils se tenaient sur un petit monticule du désert
rocailleux, au-dessus d'Asselar. Le seul signe d'une
présence humaine était une trace de pneus menant
au village et venant du nord-est. Curieusement, les
traces ne semblaient indiquer aucun retour. Eva eut
l'impression d'une cité antique abandonnée en
contemplant, à travers la brume de chaleur, les ruines entourant la partie centrale de la ville. Il régnait
un silence angoissant qui glaçait les os et rendait
tendu et mal à l'aise.

Hopper se tourna vers Batutta.

— C'est très aimable à vous de coopérer, capitaine, et de nous avoir permis d'atterrir ici mais il paraît évident que ce village est abandonné. C'est une ville fantôme.

Batutta était assis au volant du 4×4 Mercedes décapotable. Il haussa les épaules d'un air innocent.

— La caravane venant des mines de sel de Taoudenni a parlé d'une maladie frappant Asselar. Que voulez-vous que je vous dise de plus ?

— Ça ne nous fera pas de mal d'y jeter un coup d'œil, dit Grimes.

Eva fut tout à fait d'accord.

— Nous pourrions analyser l'eau du puits pour plus de sûreté.

— Si vous voulez bien y aller à pied, dit Batutta, moi je retourne à l'avion pour ramener le reste de votre équipe.

— C'est très aimable à vous, capitaine, répéta Hopper. Peut-être pourriez-vous rapporter l'équipement en même temps ?

Sans répondre, sans même un geste de la main, Batutta fit naître un nuage de poussière en se dirigeant vers la plaine broussailleuse où attendait l'avion qui s'était posé sur une longue langue de terrain plat.

— C'est foutrement étrange de sa part, cette soudaine amabilité, murmura Grimes.

— Oui, il est trop obligeant pour être honnête, confirma Eva.

— Enfin, moi, je m'en fiche, dit Grimes en contemplant le village silencieux. Si on était dans un western américain, je dirais que quelqu'un nous a tendu une embuscade et qu'on y va les yeux fermés.

— Embuscade ou pas, dit Hopper, peu impressionné, allons faire un tour pour découvrir les habitants.

Il descendit la pente légère en quelques enjambées, apparemment peu gêné par le fort soleil de midi et par la chaleur de fournaise que renvoyait le sol pierreux. Eva et Grimes hésitèrent un instant puis lui emboîtèrent le pas.

Dix minutes après, ils pénétraient dans les rues étroites d'Asselar. Le décor évoquait tout sauf la propreté. Ils durent enjamber des tas d'ordures qui encombraient chaque pouce de terrain. Soudain, une brise chaude se mit à souffler et une odeur de décomposition et de pourriture envahit leurs narines. L'odieuse odeur s'accentua à chaque pas qu'ils firent. Elle semblait émaner de l'intérieur des maisons.

Hopper évita d'entrer dans les habitations avant qu'ils n'aient atteint la place du marché. Là, leurs regards tombèrent sur une image incroyablement répugnante. Aucun d'eux, même dans leurs cauchemars les plus épouvantables, n'aurait jamais pu imaginer une telle horreur. Des restes humains éparpillés, des morceaux de squelettes, des crânes alignés comme pour une vente macabre, des morceaux de peau noircis et séchés pendant des arbres de cette place de marché qui paraissait vivante sous l'attaque d'innombrables essaims de mouches.

Eva pensa immédiatement qu'il s'agissait des débris humains d'un quelconque massacre dû à une armée. Mais elle rejeta cette théorie qui ne pouvait expliquer l'alignement des crânes ni les corps écorchés. Il s'était passé là quelque chose qui dépassait les pires atrocités jamais commises par des soldats assoiffés de sang ou des pillards du désert. Cette idée se confirma lorsqu'elle s'agenouilla pour ramasser un os. Elle reconnut un humérus, le long os d'un bras humain. Elle fut parcourue d'un frisson glacé en y découvrant des traces de morsures qu'elle identifia correctement comme provenant d'une mâchoire humaine.

— Du cannibalisme ! murmura-t-elle, choquée.

Curieusement, le bourdonnement des mouches et la révélation murmurée par Eva parurent souligner le silence mortel du village. Grimes lui ôta doucement l'os des mains et l'observa à son tour.

— Si j'en juge par la puanteur, dit Hopper en plissant le nez, il doit y avoir des corps qui ne sont pas encore réduits à l'état de squelette. Je vais jeter un coup d'œil dans les maisons pour voir s'il reste quelqu'un de vivant.

— Je n'ai pas l'impression qu'ils aiment beaucoup les étrangers, dit Grimes en essayant de le retenir. Je propose que nous retournions vite fait à l'avion avant de leur servir de déjeuner.

— C'est ridicule, se moqua Hopper. Nous avons ici un cas extrême de comportement anormal. Tout cela pourrait bien avoir pour origine le contaminant toxique que nous cherchons. Je n'ai pas l'intention de quitter les lieux avant d'avoir été au fond des choses.

— Je viens avec toi, décida résolument Eva.

Grimes haussa les épaules. Il était de la vieille école et n'avait pas l'intention de laisser une femme montrer plus de bravoure que lui.

— D'accord, allons fouiller ensemble.

Hopper lui tapa amicalement l'épaule.

— C'est bien, Grimes. Je serai honoré de faire partie avec toi du menu du jour.

La première maison dans laquelle ils entrèrent, aux murs faits de roches assemblées par de la boue séchée, contenait les corps d'un homme et d'une femme, morts depuis au moins une semaine. La chaleur avait déjà séché les tissus et rétréci la peau sur les os. Apparemment, la mort avait été lente et douloureuse comme en jugea Hopper après un rapide examen. Elle n'avait pas résulté d'un poison rapide. Ces gens avaient dû souffrir le martyre avant la délivrance finale.

— Je ne peux pas dire grand-chose sans examen pathologique, dit Hopper.

Grimes contempla les cadavres, le visage calme.

— Ces gens sont morts depuis un certain temps. Je pense qu'on aurait plus de chances de trouver une réponse en examinant des victimes plus récentes.

Eva le trouva froid et cynique. Elle frissonna, non pas à cause de ces deux corps mais en découvrant un tas d'os plus petits, mêlés de crânes empilés dans un coin de la pièce sombre. Elle se demanda si ces gens n'avaient pas tué et dévoré la chair de leurs propres enfants. Cette pensée lui parut trop insupportable et elle la chassa de son esprit. Puis elle sortit et pénétra dans la maison d'en face.

La porte lui parut plus élaborée que celle qu'elle venait de passer. Au-delà, il y avait une cour en angle, propre et balayée. C'était presque un blasphème aux autres, remplies d'ordures. La puanteur était ici particulièrement forte. Eva humecta son mouchoir avec l'eau de la gourde qu'elle portait à la ceinture et parcourut les pièces une à une avec précaution. Les murs étaient couverts de chaux et les plafonds, très hauts, traversés de poutres rondes posées sur des lattes. De nombreuses fenêtres laissaient entrer une vive lumière. Toutes donnaient sur la cour.

C'était l'une des plus belles maisons du village et elle appartenait probablement à un marchand. Eva regarda les chaises et les tables sculptées qui, contrairement aux meubles des autres maisons, étaient encore debout, posées normalement. Elle passa une autre porte et pénétra dans une grande pièce rectangulaire. Là, elle étouffa un cri et s'immobilisa, clouée au sol par un haut-le-cœur. Une macabre pile de membres humains en train de pourrir était proprement entassée là, dans ce qui devait être une cuisine.

Eva fit un gros effort pour retenir la nausée qu'elle sentait monter en elle. Elle se sentit soudain vidée et terrifiée. Elle quitta la pièce en courant et se retrouva dans une chambre. Le nouveau choc s'additionna au précédent. Glacée, elle regarda l'homme allongé qui paraissait dormir, les yeux grands ouverts. Un coussin soutenait sa tête et les bras étaient allongés le long de son corps, les paumes ouvertes. Il la contemplait de son regard sans vie qui aurait pu être celui d'un démon. En effet, le blanc de ses yeux était devenu rouge et brillant tandis que les iris étaient d'un rouge profond. Pendant un horrible instant, Eva pensa qu'il était vivant. Mais sa poitrine immobile ne se soulevait pas, ses yeux de braise brûlante ne cillaient pas.

Eva, immobile, le regarda pendant ce qui lui parut un très long moment. Finalement, rassemblant son courage, elle s'approcha du lit et toucha la carotide du bout des doigts. Elle ne sentit pas battre le pouls. Elle se pencha et souleva le bras. La raideur cadavérique avait à peine envahi le membre. Elle se redressa en entendant des pas derrière elle. Se retournant vivement, elle reconnut Hopper et Grimes.

A leur tour, ils regardèrent le cadavre. Puis soudain Hopper se mit à rire et le son de ce rire parut rebondir dans toute la maison.

— Bon Dieu, Grimes ! Tu voulais une victime récente pour l'autopsier ? Eh bien, la voilà !

Quand Batutta eut fait le dernier voyage jusqu'au village avec les membres de l'équipe de recherche et les équipements dont le laboratoire portable, il alla garer la voiture près de l'avion. La cabine de pilotage et celle des passagers étaient rapidement devenues des fournaises sous le soleil meurtrier et l'équipage s'était mis à l'ombre, sous une aile. Bien qu'apparemment indifférents à Batutta, en présence des scientifiques du moins, ils s'approchèrent de lui maintenant qu'il était seul et le saluèrent.

— Il reste quelqu'un dans l'avion ? demanda-t-il.

Le chef pilote fit un signe négatif.

— Vous avez emmené les derniers au village. L'avion est vide.

Batutta sourit au pilote dont l'uniforme s'ornait de galons sur les manches.

— Vous avez parfaitement joué votre rôle, lieutenant Djemaa. Le Dr Hopper a avalé l'hameçon. Vous l'avez parfaitement convaincu que vous êtes l'équipe de relève.

— Merci, capitaine. Je remercie aussi ma mère sud-africaine pour m'avoir appris l'anglais.

— Il faut que je me serve de la radio pour contacter le colonel Mansa.

— Si vous voulez bien me suivre dans la cabine de pilotage, je vais vous mettre la bonne fréquence.

Pénétrer dans la cabine de l'avion équivalait à se plonger dans un seau de plomb fondu. Bien que le lieutenant Djemaa eût laissé ouverts tous les orifices d'aération, la chaleur coupa le souffle à Batutta. Il s'assit et attendit en souffrant que le pilote malien déguisé ait établi le contact avec le quartier général du colonel Mansa. Djemaa passa le micro à Batutta et quitta avec soulagement le cockpit surchauffé.

— Ici Faucon Un. A vous.

— C'est moi, capitaine, fit la voix familière de Mansa. Vous pouvez vous dispenser du code. Je ne pense pas que des agents ennemis nous écoutent. Quelle est la situation ?

— Les habitants d'Asselar sont tous morts. Les Occidentaux opèrent librement dans le village. Je répète, tous les villageois sont morts.

— Alors, ces saletés de cannibales ont réussi à tous s'entre-dévorer, c'est ça ?

— Oui, colonel, jusqu'au dernier enfant. Le Dr Hopper et ses collègues pensent que tout le monde a été empoisonné.

— En ont-ils la preuve ?

— Pas encore. Ils analysent l'eau du puits et font des autopsies sur les victimes en ce moment même.

— Ça n'a pas d'importance. Continuez à les mener en bateau. Dès qu'ils auront fini leurs petites expériences, emmenez-les à Tebezza. Le général Kazim leur a fait préparer un comité d'accueil.

Batutta imagina très bien ce que le général avait pu préparer pour Hopper. Il détestait le grand Canadien, il les détestait tous !

— Je ferai en sorte qu'ils arrivent en grande forme.

— Accomplissez votre mission, capitaine, et je vous promets une belle promotion.

— Merci, colonel. Terminé.

Grimes s'installa dans la maison du mort qu'Eva avait découverte. C'était la maison la plus grande et la plus propre du village. Il examina le corps trouvé dans la chambre pendant qu'Eva analysait son sang. Hopper, pendant ce temps, menait à bien l'analyse chimique de divers puits qui alimentaient à peine le village. Les autres membres de l'équipe étudièrent des tissus et des échantillons d'os pris au hasard parmi les morts. Dans une sorte de grange derrière la place du marché, ils découvrirent ce qui restait des Land Rover du safari dont les participants avaient été massacrés. Ils utilisèrent les véhicules pour transporter de l'équipement entre le village et l'avion tandis que le capitaine Batutta se promenait çà et là, en prenant garde de se rendre utile.

La puanteur, trop forte, les empêcha de dormir de sorte qu'ils travaillèrent toute la nuit et jusqu'au soir suivant avant de s'accorder un peu de repos. Ils avaient installé le camp près de l'avion. Après un court temps de sommeil et un dîner de conserves, l'équipe de l'O.M.S. se regroupa autour d'un poêle pour se réchauffer car la température avait baissé de 40 degrés, après les 44 degrés du jour. Batutta joua les hôtes empressés et leur prépara un âcre thé africain en écoutant intensément les uns et les autres qui, détendus, échangeaient des remarques.

Hopper alluma sa pipe et fit signe à Warren Grimes.

— Que dirais-tu de commencer, Warren ? Raconte ce que tu as conclu de l'examen du seul cadavre en bon état que nous ayons trouvé ?

Grimes prit le bloc-notes de l'un de ses assistants et l'étudia un moment dans la lumière crue d'une lampe Coleman.

— Depuis que je fais ce métier, commença-t-il, je n'avais jamais rencontré autant de complications chez un être humain. La coloration rougeâtre des yeux, iris et cornée, les tissus extrêmement rougis, voire couleur bronze, la rate gonflée, des caillots de sang dans les vaisseaux principaux, le cerveau et les extrémités. Les reins abîmés, des marques profondes sur le foie et le pancréas ; un taux d'hémoglobine très élevé ; la dégénérescence des tissus graisseux... Pas étonnant que ces gens soient devenus fous et qu'ils se soient entre-dévorés. Mettez toutes ces maladies ensemble et je vous assure que vous pourrez provoquer facilement une psychose incontrôlée.

— Incontrôlée ? demanda Eva.

— Les victimes deviennent lentement folles à mesure que leurs maladies empirent, tout spécialement lorsque le cerveau est atteint. Cela peut aller jusqu'à la folie furieuse, ce qui est le cas ici, avec le cannibalisme.

— Quels sont tes conclusions et ton diagnostic ? demanda Hopper.

— Mort par érythrémie, une maladie d'origine inconnue dont les symptômes sont la multiplication aberrante des globules rouges et de l'hémoglobine dans le système circulatoire. Dans ce cas précis, une infusion massive de globules rouges qui ont causé des dommages irréparables aux systèmes internes des victimes. Et parce que les facteurs de coagulation n'ont pas fonctionné en quantité suffisante pour obstruer le cœur, il s'est produit des hémorragies dans tout le corps, visibles surtout dans la peau et dans les yeux. C'est comme si on avait injecté aux victimes des doses massives de vitamine B 12 qui, comme vous le savez, joue un rôle essentiel dans le développement des globules rouges.

Hopper se tourna vers Eva.

— C'est toi qui as fait les analyses de sang. Qu'as-tu vu sur les globules eux-mêmes ? Avaient-ils leur forme normale, plate, ronde, avec une légère dépression au centre ?

Eva fit signe que non.

— Pas du tout. Ils avaient une forme que je n'avais encore jamais vue. Presque triangulaire, avec des projections un peu comme des spores. Comme le disait Warren, leur nombre était incroyablement élevé. Il y a environ 5,2 millions de globules rouges par millimètre cube de sang chez un individu normal. Notre victime en comptait trois fois ce chiffre.

— Je pourrais ajouter, dit Grimes, que j'ai aussi découvert la preuve d'empoisonnement par l'arsenic, qui l'aurait aussi fait mourir tôt ou tard.

Eva hocha la tête.

— Je confirme le diagnostic de Warren. J'ai trouvé des concentrations d'arsenic bien au-dessus de la

normale dans les échantillons de sang que j'ai prélevés. Le taux de cobalt était également bien trop élevé.

— Cobalt ? releva Hopper en se redressant sur sa
chaise pliante.

— Ce n'est pas surprenant, dit Grimes. La vitamine B 12 contient presque 4,5 pour cent de cobalt.

— Vos deux rapports correspondent tout à fait aux
résultats de mon analyse de l'eau du puits de la
communauté, dit Hopper. Il y avait assez d'arsenic
et de cobalt dans un simple verre d'eau pour étouffer
un chameau.

— La nappe souterraine, dit Eva, les yeux perdus
dans le vague. L'eau a dû passer et repasser sur un
dépôt géologique de cobalt et d'arsenic.

— Si je me rappelle bien ce que j'ai appris en
classe de géologie, coupa Hopper, la nickéline est un
arséniure commun que l'on associe souvent au
cobalt.

— Nous n'avons encore qu'une toute petite partie
de l'iceberg, dit Grimes. Ces deux éléments combinés
ne suffisent pas à causer de pareils dégâts. Une autre
substance ou un autre composé a dû servir de cataly-
seur avec le cobalt et l'arsenic pour hausser le niveau
de toxicité hors des normes habituelles et déclencher
la multiplication des globules rouges, quelque chose
qui nous a échappé.

— Et qui les a fait muter aussi, n'oublie pas,
ajouta Eva.

— Ne rendons pas le mystère plus dense qu'il ne
l'est déjà, dit Hopper. Mais quelque chose d'autre
s'est révélé dans mes analyses. J'ai découvert des traces très importantes de radioactivité.

— Intéressant, dit Grimes sans enthousiasme.
Cependant, une longue exposition à des niveaux de
radioactivité au-dessus de la normale aurait dû au
contraire abaisser le nombre des globules rouges. Or,
je n'ai rien trouvé au cours de mon examen qui puisse
suggérer des effets chroniques de radioactivité.

— Suppose que les radiations n'aient pénétré l'eau
du puits que très récemment, suggéra Eva.

— C'est une possibilité, admit Grimes. Mais nous

n'avons toujours pas résolu l'énigme de la substance qui tue.

— Notre équipement est limité, fit Hopper. Si ce que nous cherchons est un nouveau type de bactérie ou une combinaison de produits chimiques inhabituels, il se peut que nous soyons incapables d'identifier les causes ici. Il nous faudra emporter des échantillons à notre laboratoire de Paris.

— Un dérivé synthétique, murmura pensivement Eva. Mais d'où diable pourrait-il venir ? Certainement pas d'ici, acheva-t-elle en montrant le désert autour d'eux.

— Est-ce que ça pourrait être de Fort-Foureau, l'usine de traitement des déchets toxiques ? suggéra Grimes.

Hopper étudia un moment le fond de sa pipe.

— Deux cents kilomètres au nord-ouest d'ici. C'est un peu loin pour qu'un agent contaminant, narguant les vents dominants, aille se déposer dans les puits des villages. Et cela n'expliquerait pas le haut niveau de radioactivité. Le complexe de Fort-Foureau n'est pas équipé pour traiter les déchets radioactifs. En plus, les matériaux dangereux sont brûlés. Ils ne peuvent donc pas pénétrer dans des nappes d'eaux souterraines et être transportés aussi loin sans que certaines substances chimiques mortelles ne soient absorbées par le sol.

— Très bien, dit Eva. Que faisons-nous maintenant ?

— On fait nos paquets et on retourne au Caire puis à Paris avec nos échantillons. On emmènera aussi notre principal spécimen. Enveloppez-le bien et gardez-le au frais pour qu'il reste en bon état jusqu'à ce que nous le mettions dans la glace au Caire.

— Je suis d'accord, dit Eva. Plus tôt nous pourrons faire nos recherches dans de bonnes conditions, mieux ça vaudra.

Hopper se retourna vers Batutta qui n'avait rien dit mais qui avait écouté attentivement tandis qu'un magnétophone caché sous sa chemise enregistrait tout ce qui se disait.

— Capitaine Batutta ?

— Docteur Hopper ?

— Nous avons décidé de repartir pour l'Egypte dès demain matin. Cela vous convient-il ?

Batutta lui adressa un large sourire et tortilla le bout de sa moustache.

— Je regrette, mais je dois rester ici pour rapporter à mes supérieurs la situation critique du village. Mais vous êtes libres de vous rendre au Caire.

— Nous ne pouvons pas vous laisser seul ici !

— Les véhicules sont pourvus de tout le carburant nécessaire. Je vais simplement prendre l'une des Land Rover et filer vers Tombouctou.

— Cela fait bien 400 kilomètres ! Vous connaissez le chemin ?

— Je suis né et j'ai été élevé dans le désert, dit Batutta. Je partirai à l'aurore et je serai à Tombouctou en fin de journée.

— Notre changement de programme ne va-t-il pas vous créer des ennuis avec le colonel Mansa ? demanda Grimes.

— Mes ordres sont de vous servir, dit Batutta d'un air supérieur. N'y pensez plus. Je suis seulement désolé de ne pas vous accompagner au Caire.

— Bon, alors c'est arrangé, dit Hopper en se levant. Nous chargerons les équipements demain à la première heure et nous partirons pour l'Egypte.

La réunion s'acheva et les scientifiques allèrent sous leurs tentes mais Batutta s'attarda près du poêle. Il éteignit le magnétophone puis prit une lampe de poche avec laquelle il envoya un signal à la fenêtre du cockpit. Une minute plus tard, le chef pilote s'approchait de lui.

— Vous m'avez appelé ? demanda-t-il à voix basse.

— Les cochons d'étrangers partent demain, répondit Batutta.

— Je dois appeler Tebezza pour signaler notre arrivée.

— Rappelez-leur que le Dr Hopper et ses gens doivent être accueillis comme ils savent le faire.

Le chef pilote eut un clin d'œil entendu.

— C'est un endroit répugnant, Tebezza. Quand j'y aurai déposé mes passagers, je n'ai pas l'intention d'y rester une seconde de trop.

— Vous avez ordre de retourner à Bamako, dit Batutta.

— Très volontiers, dit le chef pilote avec un léger salut. Bonne nuit, capitaine.

Eva avait fait une petite promenade pour s'éclaircir les idées et admirer le ciel plein d'étoiles au-dessus du désert. Elle revint au moment où le pilote se dirigeait vers son avion, laissant Batutta seul près du poêle.

« Trop serviable, trop anxieux de plaire, pensa-t-elle. Il va y avoir des ennuis. »

Elle secoua la tête comme pour chasser ces idées.

« Toi et tes soupçons », se dit-elle. Que pourrait-il faire pour les arrêter ? Une fois en l'air, impossible de les faire revenir. Ils seraient enfin libérés de l'horreur, enfin en route pour un monde plus amical, plus sain.

Eva se sentit heureuse à la pensée qu'elle ne remettrait jamais plus les pieds dans cet endroit. Et pourtant, tout au fond d'elle-même, son intuition peut-être lui conseilla de ne pas en être trop sûre.

17

— Depuis combien de temps sont-ils derrière nous ? demanda Giordino en se frottant les yeux que trois heures de sommeil seulement avaient rougis. Il étudiait l'image formée sur l'écran radar.

— Je les ai remarqués à 75 kilomètres d'ici, juste après que nous ayons passé la frontière du Mali, répondit Pitt, debout près de la barre qu'il manœuvrait, décontracté, de la main droite.

— Tu as jeté un œil à leur armement ?

— Non, le bateau était caché cent mètres derrière, dans un embranchement du fleuve. J'ai attrapé au radar une image qui m'a paru suspecte. Dès que nous avons dépassé une courbe, ils se sont précipités derrière nous et ont commencé à nous suivre.

— C'est peut-être juste une patrouille de routine.

— Les patrouilles de routine ne se cachent pas sous un filet de camouflage.

Giordino étudia sans répondre la distance qu'affichait le radar.

— Ils n'ont pas l'air d'essayer de se rapprocher.

— Ils prennent leur temps.

— Pauvre vieux patrouilleur de surveillance, fit Giordino, faussement inquiet. Il ne sait pas qu'il va aller visiter la casse du paradis.

— Désolé de te le dire, dit lentement Pitt, mais le patrouilleur n'est pas le seul chien de chasse que nous ayons sur les talons.

— Ils ont des copains ?

— L'armée malienne a envoyé un comité d'accueil en acier !

Il se tourna pour contempler le ciel bleu sans nuage de l'après-midi.

— Il y a là-haut les jets militaires maliens qui tournent au-dessus de nous vers l'est.

Giordino les aperçut immédiatement. Le soleil violent faisait luire les verrières de leurs cockpits.

— Des Mirages français, apparemment le dernier modèle modifié. Ils sont six — non, sept — à moins de six kilomètres de nous.

Pitt se tourna à nouveau et montra la rive opposée, vers l'ouest.

— Et ce nuage de poussière, au-delà des collines, là-bas, qui file le long du fleuve, c'est un convoi de véhicules blindés.

— Combien ? demanda Giordino en comptant mentalement les missiles qui lui restaient.

— J'en ai compté quatre quand ils ont traversé une zone découverte.

— Pas de chars ?

— Nous filons 30 nœuds. Les chars ne pourraient pas nous suivre.

— Nous ne surprendrons personne cette fois-ci,

dit Giordino d'une voix calme. Les nouvelles de notre échauffourée nous ont précédés.

— Je pense que ta déduction est exacte si j'en juge par leur répugnance à se mettre à portée de notre tir.

— La question qui vient à l'esprit est : quand est-ce que le vieux Machin... comment s'appelle-t-il, déjà ?

— Zateb Kazim ?

— Oui, ça m'est égal, dit Giordino avec indifférence. Quand va-t-il donner la charge ?

— S'il est plus malin que l'amiral d'opérette de la Marine du Bénin et s'il veut confisquer le *Calliope* pour son usage personnel, tout ce qu'il a à faire c'est de nous attendre. A un moment donné, nous serons bien obligés de quitter le fleuve.

— Et de faire remplir les réservoirs.

— Oui, ça aussi.

Pitt se tut et regarda le fleuve, large et paresseux, sinuant entre les plaines sablonneuses. Le soleil jaune d'or descendait lentement vers l'horizon tandis que des cigognes, bleu et blanc, volaient dans l'air chaud de l'après-midi ou parcouraient le bord peu profond sur leurs pattes longues et fines comme des baguettes. Un banc de perches du Nil bondissait en créant des feux d'artifice miniatures de gouttelettes irisées. Le *Calliope* paraissait les poursuivre sur les eaux calmes. Une pinasse glissa vers l'aval, sa coque tachée de noir et des dessins colorés peints sur sa proue, la voile à peine gonflée par un souffle de vent. Une partie de son équipage dormait sur son chargement de sacs de riz, sous une toile déchirée tandis que leurs camarades, s'aidant d'une perche, se laissaient guider par le courant. Tout était serein et pittoresque. Pitt avait du mal à croire que la mort et la destruction se frayaient un chemin, derrière, sur le fleuve.

Giordino interrompit la rêverie de son ami.

— Est-ce que tu ne m'as pas dit que cette femme que tu as rencontrée en Egypte allait au Mali ?

— En effet. Elle a rejoint une équipe des Nations Unies qui travaille pour l'O.M.S. Ils devaient se rendre au Mali pour étudier une épidémie bizarre qui s'est déclarée dans les villages du désert.

— Dommage que tu ne puisses pas lui donner rendez-vous, dit Giordino en souriant. Tu aurais pu t'asseoir près d'elle sous la lune du désert et lui murmurer, un bras autour de sa taille, la longue suite de tes exploits en faisant couler du sable entre tes doigts.

— Si c'est ta façon de faire aux filles une cour brûlante, je ne m'étonne pas de ta solitude !

— Que veux-tu faire d'autre pour séduire une géologue ?

— Une biochimiste, corrigea Pitt.

Giordino redevint soudain sérieux.

— Tu ne t'es jamais dit qu'elle et ses copains de l'O.M.S. recherchaient peut-être la même toxine que nous ?

— L'idée m'a effleuré, en effet.

Soudain, Rudi Gunn surgit en courant de son laboratoire, le visage hagard mais fendu d'un énorme sourire.

— Je l'ai ! annonça-t-il triomphalement.

— Tu as quoi ? demanda Giordino sans comprendre.

Gunn ne répondit pas. Il se contenta de sourire bêtement. Pitt, lui, saisit immédiatement.

— Tu l'as trouvé ?

— Le globule qui excite la marée rouge ! murmura Giordino.

Gunn fit un signe affirmatif. Pitt lui serra vigoureusement la main.

— Félicitations, Rudi !

— J'étais sur le point de laisser tomber, dit Gunn. Mais ma négligence m'a ouvert la voie. J'avais mis des centaines d'échantillons d'eau dans le chromographe à gaz et je n'avais pas suffisamment vérifié les résultats à l'intérieur. Quand je les ai enfin regardés, j'ai trouvé une couche de cobalt à l'intérieur de la colonne de test de l'instrument. J'ai été sidéré de voir qu'un métal avait pu s'extraire de polluants organiques synthétiques au point de se déposer à l'intérieur du chromographe. Après des heures d'expériences frénétiques, de modifications et d'essais, j'ai pu identifier un composé organo-métallique inhabituel qui est la combinaison d'un acide aminé synthétique et de cobalt.

— C'est de l'hébreu pour moi, dit Giordino. Qu'est-ce qu'un acide aminé ?

— Ce qui compose les protéines.

— Comment est-il entré dans le fleuve ? demanda Pitt.

— Je ne sais pas, admit Gunn. A mon avis, l'acide aminé synthétique vient d'un laboratoire de recherche de biotechnologie génétique qui a dû jeter ses déchets en même temps que des déchets chimiques et nucléaires pas loin de la zone où est apparu le problème. Et tout ça s'est naturellement mélangé pour créer le polluant mortel qui est à l'origine de la marée rouge. Mais je ne crois pas que le mélange se soit fait après que tout ça eut atteint la mer. Pour moi, ça s'est formé là où on l'a déversé.

— Est-ce que ça pourrait être une décharge où il y aurait aussi des déchets nucléaires ?

— Je le pense, dit Gunn. J'ai trouvé des taux élevés de radiations dans l'eau. Ce n'est qu'un élément de plus de la pollution totale et sans aucune relation avec les qualités de notre agent contaminant, mais il est sûr qu'il y a un lien.

Pitt ne répondit pas mais regarda à nouveau, sur l'écran radar, l'image du patrouilleur toujours loin derrière le *Calliope*. Peut-être même un peu plus loin qu'avant. Levant les yeux, il chercha les jets militaires. Ils étaient là mais tournaient paresseusement, économisant leur carburant sans perdre de vue le *Calliope*. Le fleuve avait maintenant plusieurs kilomètres de large et Pitt ne distinguait plus les véhicules blindés.

— Nous avons fait la moitié du boulot, dit-il. Maintenant, il faut trouver où les toxines entrent dans le Niger. Les Maliens n'ont pas l'air trop pressés de nous tomber dessus. Nous allons donc continuer notre inspection en remontant le fleuve et essayer d'avoir la réponse que nous cherchons avant qu'ils ne nous claquent la porte au nez.

— Avec le système de transmission des données dans les choux, comment allons-nous communiquer les résultats à Sandecker et à Chapman ?

— Je trouverai une solution.

Gunn fit confiance à Pitt sans hésiter. Il fit un signe de tête et, sans un mot, retourna à son laboratoire.

Pitt fut soulagé de passer la barre à Giordino et s'étira avant de s'étendre sur une chaise longue, sous la toile du poste de pilotage. Il avait bien l'intention de rattraper son manque de sommeil.

Quand il s'éveilla, la boule orange du soleil avait aux trois quarts plongé à l'horizon et pourtant, l'air était encore très chaud. Un rapide coup d'œil au radar lui montra que le patrouilleur les suivait toujours mais les avions de surveillance regagnaient leur base pour remplir leurs réservoirs.

— Ils sont un peu trop sûrs d'eux-mêmes, présuma Pitt. Les Maliens ont dû penser que l'affaire était dans le sac. Sinon, pourquoi auraient-ils fait demi-tour sans être relevés par une autre patrouille ?

Tandis qu'il se relevait et s'étirait, Giordino lui tendit une tasse de café.

— Tiens, ça devrait te réveiller. Du bon café égyptien avec tout le marc au fond.

— Combien de temps ai-je dormi ?

— Il y a bien deux heures que tu paraissais perdu pour le monde.

— Avons-nous passé Gao ?

— Oui, il y a environ 50 kilomètres. Tu as manqué ça, une véritable villa flottante avec des tas de beautés en bikini qui m'envoyaient des baisers depuis le bastingage.

— Tu te fiches de moi ?

Giordino leva trois doigts.

— Parole de scout. C'est le bateau le plus extraordinaire que j'aie jamais vu.

— Est-ce que les niveaux toxiques de Rudi sont toujours aussi élevés ?

— Oui. Il dit que la concentration augmente à chaque kilomètre.

— On doit être tout près.

— Lui pense que nous sommes pratiquement dessus.

Pendant un bref instant, quelque chose brilla dans les yeux de Pitt, comme une lueur soudaine, comme si quelque chose se créait, quelque chose qu'il imaginait et qui se reflétait à l'extérieur de son cerveau. Giordino savait toujours quand Pitt quittait la réalité et partait pour quelque destination inconnue. En un clin de son œil d'opale, il semblait avoir oublié tout ce qui l'entourait et ne plus voir qu'une autre scène. Giordino le regarda avec curiosité.

— Je n'aime pas ton air.

Pitt retomba sur terre.

— Je pensais seulement à un moyen d'empêcher ce despote noir et timbré qui veut le *Calliope* pour ses orgies personnelles de mettre la main dessus.

— Et comment penses-tu effacer le regard gourmand des yeux de Kazim ?

Pitt eut un sourire énigmatique.

— En mettant au point un plan diabolique qui détruira toutes ses espérances.

Un peu avant le crépuscule, Gunn appela d'en bas.

— Nous sommes passés dans des eaux propres. Le contaminant vient de disparaître de mes instruments.

Pitt et Giordino tournèrent immédiatement leurs regards vers les rives. A cet endroit, le fleuve faisait un léger coude, du nord-ouest au sud-est. Il n'y avait aucun village, aucune route en vue. Ils n'aperçurent que la désolation d'une terre plate et nue, sans rien qui puisse attirer l'œil jusqu'à l'horizon.

— C'est vide, murmura Giordino, vide comme une aisselle rasée.

Gunn apparut à l'écoutille et regarda vers l'arrière du bateau.

— Vous voyez quelque chose ?

— Regarde toi-même, dit Giordino en tournant les

bras comme un compas. Le placard est vide. Rien que du sable.

— Nous avons une cassure géologique à l'est, dit Pitt en montrant une large fracture coupant la côte. On dirait qu'il y coulait de l'eau autrefois.

— Pas depuis que nous sommes au monde, fit Giordino. Ça a dû être un affluent du canal principal au cours des siècles plus humides.

Giordino contempla l'ancien ravin solennellement.

— Rudi a dû mettre l'ordinateur sur un jeu vidéo. Il n'y a aucune contamination qui puisse entrer dans le fleuve.

— Fais demi-tour et avance un peu pour que je puisse vérifier mes données encore une fois.

Pitt s'exécuta et parcourut plusieurs fois cette partie du fleuve comme s'il cherchait à tondre une pelouse. Il commençait tout près de la rive et traversait jusqu'à la rive opposée, jusqu'à ce que les hélices touchent presque le fond de la pente. Le radar montra que le patrouilleur malien avait stoppé. Le capitaine et ses officiers devaient certainement se demander à quoi jouait l'équipage du *Calliope*.

La tête de Gunn reparut par l'écoutille après la dernière traversée.

— Je vous le jure sur ma tête, la plus forte concentration de toxines vient de l'embouchure de cette grande dépression, là, sur la rive est.

Ils regardèrent tous sans y croire l'ancien lit à sec. Le fond couvert de rochers s'inclinait vers le nord où quelques dunes basses ondulaient dans le paysage désertique. Personne ne dit mot lorsque Pitt mit les gaz au point mort et laissa le yacht dériver avec le courant.

— Et au-delà de ce point, il n'y a plus de trace de résidus toxiques ? questionna Pitt.

— Plus aucune, répondit simplement Gunn. Le taux de concentration redescend juste après l'ancien affluent puis disparaît complètement lorsqu'on remonte le fleuve.

— Il s'agit peut-être d'un sous-produit naturel du sol, proposa Giordino.

— Cette saloperie de composé n'est pas produit par la nature, marmonna Gunn. Ça, je vous le promets.

— Que dirais-tu d'un tuyau de drainage souterrain qui courrait depuis une usine chimique au-delà des dunes ? suggéra Pitt.

Gunn haussa les épaules.

— On ne peut pas répondre sans des recherches plus précises. Nous ne pouvons pas aller plus loin. Nous avons accompli notre tâche. Maintenant, c'est aux spécialistes de la contamination de terminer le puzzle.

Pitt regarda au-delà de la proue le patrouilleur maintenant visible.

— Notre chien de chasse devient curieux. C'est idiot de notre part de leur montrer à quoi nous jouons. Nous ferions mieux de nous remettre en route comme si nous admirions le paysage.

— Tu parles d'un paysage, grommela Giordino. La vallée de la Mort est un jardin de rêve en comparaison.

Pitt remit les gaz et le *Calliope*, proue soulevée, fonça en avant avec un ronronnement de gros chat. En moins de deux minutes, le patrouilleur malien était semé, loin derrière le sillage mousseux du yacht.

« Maintenant, se dit-il, que la fête commence ! »

18

Le général Kazim était assis dans un luxueux fauteuil de cuir, au bout de la table de conférence, flanqué de deux ministres du gouvernement malien et de son chef d'état-major. Au vu des peintures modernes sur les murs recouverts de soie et de l'épais tapis, on aurait pu prendre cette salle de réunions pour le bureau directorial d'un immeuble moderne. Seul le plafond incurvé et le ronronnement des moteurs à réaction permettaient de se rendre compte qu'il s'agissait d'un avion.

L'élégant Airbus A300 était l'un des nombreux cadeaux qu'Yves Massarde avait offerts à Kazim pour le remercier de l'autorisation qu'il avait donnée à l'industriel français de mener au Mali sa vaste opération sans perdre de temps pour des détails aussi insignifiants que les lois et les contrôles du gouvernement. Ce que Massarde voulait, Kazim le lui donnait, du moment que les comptes bancaires du général à l'étranger s'engraissent et qu'on lui donnât aussi pour le divertir des jouets extrêmement onéreux.

L'Airbus, non content de servir de transport personnel au général et à ses sbires, était également pourvu de l'électronique nécessaire qui en faisait un centre de communication de commandement militaire, ceci dans le seul but de détourner de lui les accusations de corruption que ne manquaient pas de clamer les membres de l'opposition au Parlement du président Tahir.

Kazim écouta en silence son chef d'état-major, le colonel Sghir Cheik, qui rapportait par le menu la destruction des canonnières et de l'hélicoptère béninois. Puis il montra à Kazim deux photographies du super-yacht au moment où il passait le delta du fleuve.

— Sur la première photo, montra Cheik, le yacht navigue sous pavillon français. Mais depuis son entrée au Mali, ils ont hissé le pavillon des pirates.

— Qu'est-ce que c'est que cette idiotie ? demanda Kazim.

— On ne sait pas, confessa Cheik. L'ambassadeur de France jure que le bateau est inconnu de son gouvernement et qu'il n'est pas inscrit au livre des propriétaires français. Etant donné qu'ils ont un drapeau pirate, c'est une énigme.

— Mais vous devez bien savoir d'où vient ce bateau ?

— Nos agents ont été incapables de trouver trace du fabricant, ni même du pays d'origine. Sa ligne et son style ne sont connus d'aucun chantier naval important, ni en Amérique ni en Europe.

— Il est peut-être japonais, ou chinois, suggéra le ministre des Affaires étrangères, Messaoud Djerma.

Cheik tripota les poils de sa barbe soignée et ajusta ses lunettes teintées d'une marque prestigieuse.

— Nos agents ont aussi passé au peigne fin les constructeurs du Japon, de Hong Kong et de Taiwan qui fabriquent les principaux yachts dont la vitesse dépasse les 50 kilomètres à l'heure. Aucun n'a la moindre idée de l'origine de ce bateau.

— Vous n'avez aucune information concernant leur intrusion ? insista Kazim, incrédule.

— Aucune, dit Cheik en levant les mains. C'est comme si Allah l'avait lâché du ciel.

— Un yacht à l'allure innocente, qui change de drapeau comme une femme change de robe, remonte le Niger, gronda Kazim d'une voix rogue, qui détruit la moitié de la Marine du Bénin et tue son amiral, qui pénètre tranquillement dans nos eaux territoriales sans prendre la peine de s'arrêter à la douane ni à l'Inspection de l'immigration, et vous restez là à me dire que mon réseau d'agents ne peut identifier ni sa nationalité ni son propriétaire ?

— Je suis désolé, général, dit nerveusement Cheik dont les yeux de myope évitèrent de croiser le regard glacé de Kazim. Peut-être que si vous nous aviez autorisés à envoyer un agent à bord pendant qu'ils étaient à Niamey...

— Ça me coûte assez cher en pots-de-vin pour que les officiels nigériens regardent ailleurs pendant qu'ils font le plein aux docks ! Je n'ai vraiment pas besoin qu'un agent trop zélé aille causer un incident !

— Ont-ils répondu aux contacts radio ? demanda Djerma.

— Aucune réponse, dit Cheik en secouant la tête. Ils ont ignoré tous nos appels.

— Mais, au nom d'Allah, que veulent-ils ? s'énerva Seyni Gashi, le chef du Conseil militaire de Kazim, qui ressemblait plus à un chamelier qu'à un soldat. Quelle est leur mission ?

— Il semble que ce mystère dépasse les capacités intellectuelles de mes agents ! grogna Kazim avec irritation.

— Maintenant qu'ils ont pénétré notre territoire, dit le ministre Djerma, pourquoi ne pas simplement monter à bord et confisquer le bateau ?

— L'amiral Matabu a essayé. Il gît maintenant au fond de l'eau.

— Le bateau est armé de lance-missiles, rappela Cheik. Et très efficaces, si l'on en juge par les résultats.

— Tout de même ! Nous avons assez de puissance de feu...

— Le bateau et l'équipage sont coincés sur le Niger et ne peuvent aller nulle part, interrompit Kazim. Ils ne peuvent pas faire demi-tour et parcourir les mille kilomètres qui les séparent de la mer. Ils ont sans doute compris qu'à la moindre tentative de fuite, notre aviation et notre artillerie les détruiraient. Alors attendons et observons. Quand ils n'auront plus de carburant, leur seul espoir de survie sera la reddition. Alors nous aurons les réponses à toutes nos questions.

— Pouvons-nous être sûrs de pouvoir persuader l'équipage de révéler sa mission ? demanda Djerma.

— Oh oui ! répondit immédiatement Cheik. Leur mission et tout ce que l'on voudra !

Le copilote sortit de la cabine et attira leur attention.

— Nous avons le yacht en vue directe, monsieur.

— Eh bien, nous allons enfin pouvoir observer l'énigme de nos propres yeux ! dit Kazim. Dites au pilote de s'arranger pour que nous voyions bien.

La fatigue des dernières heures et la déception de n'avoir pu définir avec certitude la source de la toxine avaient relâché la vigilance de Pitt. Sa puissance de perception, généralement très aiguë, s'était émoussée et il ne réalisa pas immédiatement la tenaille d'acier qui se refermait lentement sur le *Calliope*.

C'est Giordino qui entendit le premier le ronronnement distant des réacteurs. Il leva les yeux et le vit — un avion volant à moins de 200 mètres au-dessus du fleuve —, tous feux allumés clignotant dans le bleu sombre du crépuscule. En approchant, sa masse devint plus visible et Giordino aperçut sur le gros appareil les couleurs maliennes peintes sur les deux côtés de son fuselage.

Il aurait pu se contenter d'une escorte de deux ou trois chasseurs mais il y en avait une bonne vingtaine autour de lui.

Le pilote parut d'abord en train de descendre jusqu'au niveau de l'eau et de raser le *Calliope*. Mais à deux kilomètres de lui environ, il vira sur l'aile et commença à tourner en rond, s'approchant davantage à chaque tour. L'escorte de chasseurs se redressa et se lança dans une série de huit au-dessus.

Quand le jet — Pitt avait maintenant aperçu l'énorme dôme du radar sur le nez de l'avion et reconnu un appareil du centre de commandement — fut à peu près à cent mètres du *Calliope*, il distingua les visages de ses occupants, le nez collé aux hublots, étudiant en détail le super-yacht.

Pitt poussa un long soupir silencieux et fit un signe de la main suivi d'un salut très théâtral.

— Approchez, mes petits amis, approchez ! Venez voir le bateau pirate et sa joyeuse bande de rats d'égout. Profitez du spectacle mais n'abîmez pas la marchandise. Vous risqueriez de vous blesser !

— Tu ne crois pas si bien dire !

Accroché à l'échelle menant à la salle des machines, prêt à saisir le lance-missiles, Giordino suivait d'un œil inquiet les évolutions du jet.

— Qu'il agite seulement les ailes et je le coupe en deux ! Je le démolis, je le mets en pièces !

Gunn, assis tranquillement sur une chaise longue, agita sa casquette pour saluer les spectateurs aériens...

— A moins d'avoir un truc pour nous rendre invisibles, je suggère qu'on les ménage. Etre le perdant, c'est une chose, mais c'en est une autre d'être une proie facile.

— On est largement dépassés, dit Pitt, toute trace de fatigue envolée. Rien de ce que nous pourrions faire n'y changera quelque chose. Ils ont assez de puissance de feu pour réduire le *Calliope* en cure-dents.

Gunn regarda les rives du fleuve et les étendues désertiques jusqu'à l'horizon.

— Je suppose qu'il est inutile d'accoster et de se mettre à courir. Il n'y a pas un trou pour se cacher. On ne ferait pas cinquante mètres.

— Alors, qu'est-ce qu'on fait ? demanda Giordino.

— On se rend et on court le risque, suggéra Gunn sans conviction.

— Même les rats mordent avant de fuir, dit Pitt. Je suis d'avis qu'on les défie une dernière fois. Ce sera peut-être inutile, mais je m'en fiche. On leur fait un bras d'honneur, on pousse à fond les gaz et on file à toute vitesse. S'ils ont vraiment envie de se battre, on en réduit le maximum en chair à pâté.

— C'est plutôt eux qui nous réduiront en chair à pâté, se plaignit Giordino.

— Tu penses vraiment ce que tu dis ? demanda Gunn avec incrédulité.

— Tu parles ! Le fils de Mrs Pitt n'a aucune envie de mourir. Je mise sur le fait que Kazim veut absolument avoir le bateau. Il a payé un tas de fonctionnaires pour qu'ils nous laissent entrer au Mali afin de mettre la main dessus. Si j'ai raison, il va faire en sorte que le *Calliope* n'ait pas une égratignure, pas une bosse sur sa quille.

— Je crois que tu mets tous les œufs dans le mauvais panier, répliqua Gunn. Descends un de ces avions et tu verras l'essaim tout entier te tomber dessus. Kazim enverra à nos trousses tout ce dont il dispose.

— Mais j'espère bien !

— Tu es malade, ou quoi ? fit Giordino, soupçonneux.

— Les données du contaminant, expliqua patiemment Pitt.

— C'est pour ça que nous sommes là, si tu t'en souviens.

— Inutile de nous le rappeler, dit Gunn, qui commençait à voir où Pitt voulait en venir. Alors, quelle idée géniale vas-tu sortir de ce chaudron du diable qui te sert de cerveau ?

— Bien qu'il me soit extrêmement pénible d'abîmer un bateau si beau et si parfait, une diversion est sans doute la seule chose que nous puissions faire pour nous tirer d'ici en emportant les résultats de notre opération, les sortir d'Afrique et les remettre en main propre à Sandecker et à Chapman.

— Il y a de la méthode dans ta folie, après tout, admit Giordino. Continue.

— Ce n'est pas compliqué, expliqua Pitt. Dans une heure, il fera nuit. Nous changerons de direction et nous nous rapprocherons de Gao autant que nous le pourrons avant que Kazim en ait assez de jouer. Rudi plonge et nage jusqu'à la rive. Après quoi, toi et moi commençons le feu d'artifice et filons vers la mer comme une vierge poursuivie par une horde barbare.

— Le patrouilleur, là-bas, aura peut-être son mot à dire, tu ne crois pas ? rappela Gunn.

— C'est une bagatelle. Si nous calculons bien notre coup, on rattrapera la Marine malienne avant qu'elle réalise que nous sommes passés.

Giordino regarda par-dessus ses lunettes de soleil.

— Ça pourrait se faire. Quand on commencera à lâcher les pétards, l'attention des Maliens ne se concentrera pas sur un corps dans l'eau.

— Pourquoi moi ? demanda Gunn. Pourquoi pas l'un d'entre vous ?

— Parce que tu es le plus qualifié, expliqua Pitt. Tu es mince, malin et insaisissable. Si quelqu'un peut se faufiler jusqu'à l'aéroport de Gao et se planquer dans un avion pour ailleurs, c'est toi. Tu es en plus le seul chimiste de réputation de notre groupe. Rien que ça te désigne d'office pour expliquer ce qui compose la substance toxique et l'endroit où elle entre dans le fleuve.

— On pourrait se réfugier à notre ambassade de Bamako ?

— Aucune chance. Bamako est à 600 kilomètres d'ici.

— Dirk a raison, insista Giordino. Sa matière grise et la mienne ensemble, on ne serait même pas capables de donner la formule d'une savonnette.

— Je ne veux pas partir en vous laissant tous les deux vous sacrifier pour moi, insista Gunn.

— Ne dis pas de bêtises, coupa Giordino. Tu sais parfaitement que ni Dirk ni moi n'avons envie de nous suicider. Pas vrai, Dirk ?

— Dieu nous en garde ! confirma Dirk. Quand nous aurons couvert le départ de Rudi, nous arrangerons le *Calliope* de telle façon que Kazim ne profitera jamais de son luxe. Après ça, nous abandonnerons le navire à notre tour et nous organiserons un safari dans le désert pour découvrir la véritable source des toxines.

— On fait quoi ? s'étonna Giordino. Un safari ?

— Tu as vraiment un don pour la simplicité, dit Gunn.

— A travers le désert ? murmura Giordino.

— Un petit voyage n'a jamais fait de mal à personne, dit Pitt avec jovialité.

— J'avais tort, rouspéta Giordino. Il cherche bien à se suicider.

— Se suicider ? répéta Pitt. Mon vieux, tu viens de prononcer les mots magiques !

19

Pitt jeta un dernier regard aux appareils au-dessus de lui. Ils tournaient toujours en rond, sans but précis. Apparemment, ils n'avaient pas cherché à attaquer jusqu'alors et n'avaient probablement pas l'intention de le faire maintenant. Lorsque le *Calliope* aurait commencé sa fuite rapide vers la mer, Pitt ne pourrait plus se permettre de les observer. Filer sans couverture sur un fleuve inconnu, dans le noir, à 70 nœuds, requerrait toute sa concentration.

Son regard se tourna vers l'immense drapeau qu'il avait accroché au mât sur lequel avait été fixée l'antenne satellite. Il avait enlevé le petit drapeau des pirates de la poupe dès qu'il avait trouvé dans le placard approprié le drapeau des Etats-Unis. C'était un drapeau immense, qui faisait bien deux mètres de large mais il n'y avait pas de vent pour le gonfler dans l'air sec de la nuit et il pendait, flasque, au mât d'antenne.

Il se tourna ensuite vers le dôme à l'arrière. Les volets étaient fermés. Giordino n'était pas en train de préparer le lancement des six roquettes restantes. Il les attachait autour des réservoirs de carburant avant de les relier à un détonateur avec un minuteur. Pitt savait que Gunn était en bas, en train de rassembler les fiches de données et les résultats des analyses d'eau dans un sac en plastique soigneusement noué qu'il plaça dans un petit sac à dos, avec des provisions de bouche et du matériel de survie.

Pitt regarda ensuite le radar, fixant mentalement la position du patrouilleur malien. Curieusement, il lui parut facile de chasser les signes de fatigue. Son taux d'adrénaline était au maximum maintenant que leur plan était irrévocablement établi.

Il prit une profonde respiration puis ouvrit en grand les trois manettes des gaz en poussant de toutes ses forces la barre vers l'arrêt sur tribord.

Les hommes qui le regardaient depuis le jet eurent l'impression que le *Calliope* venait de sauter hors de l'eau et tournait en l'air. Le yacht fit un demi-tour serré au centre de la rivière et fila soudain à toute vitesse en direction de la mer, enveloppé d'un épais rideau d'écume et d'embruns. Sa proue sortit de l'eau comme un sabre de son fourreau tandis que l'arrière plongeait profondément sous une grande queue de coq explosant soudain derrière sa traverse.

La bannière étoilée se tendit d'un seul coup et flotta sous la charge puissante du vent. Pitt savait qu'il agissait contre toutes les consignes de son gouvernement en déployant par défi son drapeau national sur un sol étranger où il avait pénétré illégalement. Le ministère des Affaires étrangères allait crier au meurtre quand les représentants maliens, fous de rage, iraient déposer une protestation incendiaire en se frappant la poitrine. Dieu seul savait quel enfer il allait créer à la Maison-Blanche. Mais c'était le cadet de ses soucis.

Les dés étaient jetés. Le ruban d'eau noire lui faisait signe. Seule la lumière pâle des étoiles se reflétait dans l'eau et Pitt ne se fiait pas à sa seule vision de nuit pour rester dans la partie profonde du chenal. Si le bateau heurtait la rive à cette vitesse, il se désintégrerait. Aussi ne cessait-il de jeter des coups d'œil rapides de l'écran radar au sonar de profondeur pour revenir à l'obscurité liquide qui s'étirait devant lui.

Il ne perdit pas son temps à vérifier le compteur de vitesse dont l'aiguille marquait 70 nœuds et tremblait même un peu au-delà. Il ne s'occupa pas non plus des tachymètres qui avaient déjà dépassé les signes rouges. Le *Calliope* donnait tout ce qu'il avait pour son dernier voyage, comme un pur-sang qui fonce au-delà de ses limites. On aurait dit que le bateau savait qu'il ne rentrerait plus jamais au port.

Quand le patrouilleur malien fut presque au centre de l'écran radar, Pitt ouvrit grands les yeux dans l'obscurité. Il discerna à peine la silhouette basse du navire essayant de manœuvrer pour lui barrer le passage. Il naviguait sans lumière mais il ne douta pas un instant que chaque membre de l'équipage avait une arme pointée sur sa gorge.

Il décida de feinter sur tribord puis de balancer sur bâbord pour tromper les tireurs, avant de frôler les bas-fonds et de charger sous les flancs du patrouilleur. Les Maliens avaient l'initiative mais Pitt comptait sur la répugnance de Kazim à abîmer l'un des plus beaux yachts de course qui soit.

Le général n'était probablement pas pressé. Il disposait encore d'une marge confortable de plusieurs centaines de kilomètres de rivière pour arrêter le fuyard.

Pitt se cala fermement sur le pont et posa les mains sur la barre en prévision des tournants rapides. Dieu sait pourquoi, le bruit des turbos Diesel ronflant et le crescendo du vent hurlant à ses oreilles lui rappelaient le dernier acte du *Crépuscule des dieux*, de Wagner. Il ne manquait que le tonnerre et les éclairs.

Alors, ça éclata aussi.

Le patrouilleur lâcha sa charge et toute une masse de feu hurlant explosa dans la nuit, un bruit d'enfer, un chahut cauchemardesque d'obus crachèrent, trouvèrent et percutèrent le *Calliope*.

A bord du jet, Kazim assista, en état de choc, à l'attaque inattendue. Puis il entra dans une rage folle.

— Qui a donné l'ordre au capitaine du patrouilleur d'ouvrir le feu ? hurla-t-il.

Cheik paraissait abasourdi.

— Il a dû prendre ça sur lui.

— Ordonnez-lui de cesser le feu ! Immédiatement ! Je veux ce bateau intact, sans une égratignure !

— Oui, monsieur, acquiesça Cheik en se levant et en se précipitant vers la cabine de communications de l'appareil.

— Imbécile ! cria Kazim le visage tordu de colère. Mes ordres étaient pourtant clairs. Aucun engagement avant que je ne l'ordonne ! Je veux voir fusiller le capitaine et son équipage pour désobéissance !

Djerma, le ministre des Affaires étrangères, regarda Kazim avec désapprobation.

— C'est une sentence trop dure pour...

Kazim fit taire le ministre d'un regard glacé.

— Pas pour ceux qui désobéissent !

Djerma frissonna devant l'expression meurtrière de son supérieur. Aucun homme sensé et chargé de famille n'aurait été assez fou pour tenir tête à Kazim.

Ceux qui l'avaient osé avaient disparu comme s'ils n'avaient jamais existé.

Le regard de Kazim lâcha lentement Djerma pour se concentrer à nouveau sur l'action qui se déroulait sur le fleuve.

Les obus traçants, meurtriers, luisant bizarrement dans l'obscurité du désert, traversèrent le fleuve, oscillant follement jusqu'au flanc gauche du *Calliope*. Il sembla qu'une douzaine de canons tiraient en même temps. Des geysers d'eau déchirèrent la surface comme des étendards. Puis les tireurs assurèrent leurs tirs. Les obus implacables commencèrent à pleuvoir sur le bateau maintenant sans défense, presque à bout portant. Des trous apparurent dans les flancs et sur le pont avant. Les obus auraient pénétré à l'intérieur du yacht s'ils n'avaient été déviés par les rouleaux de cordage de nylon et la chaîne d'ancre sur le gaillard d'avant.

Il était trop tard pour éviter le premier barrage, c'est à peine si Pitt eut le temps de réagir. Pris totalement par surprise, il s'aplatit instinctivement tout en tournant la barre du même mouvement désespéré pour éviter le tir écrasant. Le *Calliope* répondit et fut quelques secondes à l'abri jusqu'à ce que les servants rectifient leur tir. Les éclairs orange, fulgurants, traversèrent à nouveau le fleuve et retrouvant leur cible, déchirèrent la quille d'acier et fracassèrent la superstructure en fibre de verre. Le bruit sourd des impacts ressemblait à celui que font les pneus d'une voiture quand ils heurtent à grande vitesse le rail de sécurité d'une autoroute.

Des flammes et de la fumée jaillirent des trous arrachés au gaillard d'avant où les obus avaient mis le feu aux cordages de nylon. Le tableau de bord explosa et s'éparpilla autour de Pitt. Miraculeusement, aucun éclat ne le blessa, il sentit seulement un peu de liquide couler sur sa joue. Il se maudit d'avoir stupidement pensé que les Maliens ne détruiraient pas le *Calliope*. Il regretta amèrement d'avoir dit à Giordino d'enlever les missiles de leurs lanceurs

pour les attacher au réservoir. Qu'un seul obus atteigne la salle des machines et ils sauteraient tous,
déchiquetés, pour aller nourrir les poissons.

Ils étaient maintenant si près du patrouilleur qu'il
aurait pu, s'il avait voulu, lire l'heure à sa vieille montre de plongée Doxa rien qu'à la lueur des éclairs
s'échappant des canons.

Il tourna sauvagement la barre, obligeant le yacht
criblé de balles à une embardée autour de l'avant du
patrouilleur, à moins de deux mètres de sa proue. Il
était passé ! Les gerbes d'eau créées par le *Calliope*
firent tanguer le patrouilleur. Les tireurs perdirent
leur cible et leurs obus allèrent se perdre dans la
nuit.

Alors, tout à coup, les aboiements continus des
armes cessèrent sur le patrouilleur. Pitt ne chercha
pas la raison de ce silence. Il maintint sa course en
zigzag jusqu'à ce que le patrouilleur soit loin derrière
lui, dans l'obscurité. Quand il fut sûr d'être enfin à
l'abri de ses armes et que le radar, heureusement
encore en état, l'assura qu'aucun avion ne se préparait à l'attaquer, alors seulement il se détendit, respirant profondément pour jouir de ce répit bienvenu.

Giordino apparut près de lui, le visage inquiet.

— Tu vas bien ?

— Je suis furieux contre moi d'avoir été un pareil
idiot. Et toi, et Rudi, ça va ?

— Quelques bleus quand tu t'es amusé à nous
jeter contre les parois. Rudi a pris un sale coup sur
la tête, qui l'a presque mis K.O. Mais ça ne l'a pas
empêché de combattre le feu à l'avant.

— C'est un dur à cuire, ce type !

Giordino éclaira de sa lampe de poche le visage de
son ami.

— Tu sais que tu as un morceau de verre planté
dans ta vilaine théière ?

Pitt leva une main et toucha doucement un petit
morceau de verre qui s'était planté dans sa joue
quand le tableau de bord avait éclaté.

— Tu y vois mieux que moi. Enlève-le.

Giordino mit la torche entre ses dents, la lumière

dirigée vers la blessure de Pitt. Il prit le morceau de verre entre le pouce et l'index et le tira d'un coup sec.

— Il est plus gros que je ne le pensais, commenta-t-il d'un air dégagé, jetant le morceau de verre par-dessus bord. Il prit la trousse de soins d'urgence dans le placard du cockpit. Trois points et un bandage plus tard, tandis que Pitt surveillait les instruments et le fleuve, Giordino recula et admira son œuvre.

— Voilà. Encore une brillante opération à mettre au crédit de l'admirable docteur Albert Giordino, chirurgien du désert.

— Et quel sera ton prochain acte médical, grand docteur ? demanda Pitt, venant d'apercevoir la lueur jaunâtre d'une lanterne. Il fit tracer une large courbe au *Calliope*, évitant de justesse une pinasse naviguant dans l'obscurité.

— Ben tiens ! Je te présente la facture, évidemment.

— Je t'enverrai un chèque.

Gunn apparut à l'écoutille, un cube de glace appuyé sur une bosse monumentale derrière sa tête.

— L'amiral aura le cœur brisé quand il apprendra ce qu'on a fait à son bateau.

— Je crois que, tout au fond de lui, il n'a jamais pensé le revoir un jour, prophétisa Giordino.

— L'incendie est éteint ? demanda Pitt à Gunn.

— Ça va. La plupart des impacts sont arrivés en hauteur. Aucun en dessous de la ligne de flottaison. Le fond de cale est sec.

— Est-ce que les avions sont toujours dans le coin ? Le radar n'en montre qu'un.

Giordino regarda le ciel.

— Le gros nous observe toujours, confirma-t-il. Il fait trop sombre pour voir où sont les chasseurs et je ne les entends pas, mais mes vieux os sentent bien qu'ils ne sont pas très loin.

— A quelle distance sommes-nous de Gao ? demanda Gunn.

— 75 à 80 kilomètres, estima Pitt. Même à cette vitesse, on ne verra les lumières de la ville que dans une heure ou deux.

— A condition que ces types nous laissent tranquilles, dit Giordino en haussant la voix de deux octaves pour compenser le bruit du vent et des moteurs.

Gunn montra la radio portable posée sur une planche.

— Il faudrait peut-être qu'on les appelle ?

Pitt sourit dans le noir.

— Oui, je pense qu'il serait temps que nous répondions au téléphone.

— Pourquoi pas ? dit Giordino. Je serais curieux de savoir ce qu'ils ont à dire.

— Leur parler nous ferait peut-être gagner le temps dont nous avons besoin pour atteindre Gao ? conseilla Gunn. Il reste une trotte à parcourir.

Pitt confia la barre à Giordino et augmenta le volume de la radio pour que ses amis entendent malgré le bruit et parla dans le combiné.

— Bonsoir, dit-il aimablement. En quoi puis-je vous aider ?

Il y eut un instant de silence, puis une voix répondit en français.

— Ça m'énerve ! murmura Giordino.

Pitt regarda l'avion en parlant.

— *Non parley vous français*.

Gunn fronça les sourcils.

— Est-ce que tu sais ce que tu dis ?

— Je l'informe de ce que je ne parle pas français, dit Pitt, ingénument.

— *Vous* signifie toi, l'informa Gunn. Tu viens de lui dire qu'il ne parlait pas français.

— T'inquiète pas, il comprendra.

La voix nasilla dans le récepteur.

— Je comprends l'anglais.

— Ça va aider, répondit Pitt. Allez-y.

— Identifiez-vous.

— Vous d'abord.

— Très bien, je suis le général Zateb Kazim, chef du Conseil militaire suprême du Mali.

Pitt se tourna pour regarder Giordino et Gunn.

— Le Grand Homme en personne !

— J'ai toujours rêvé qu'une célébrité me reconnaisse, fit Giordino lourdement sarcastique. J'aurais jamais cru que ça arriverait à Pétaouchnok !

— Identifiez-vous, répéta Kazim. Etes-vous le commandant d'un navire américain ?

— Edward Teach, capitaine de la *Queen Anne's Revenge*.

— J'ai fait mes études à l'université de Princeton, répondit sèchement Kazim. Je connais très bien Barbe-Noire le Pirate. Cessez de faire de l'esprit et rendez-vous avec votre bateau

— Et si j'ai d'autres projets ?

— Les bombardiers de l'armée de l'air malienne vous détruiront, vous et votre équipage.

— S'ils ne tirent pas mieux que les patrouilleurs de votre Marine, dit Pitt pour aiguillonner Kazim, on n'a pas trop de souci à se faire.

— Ne jouez pas avec moi, fit Kazim d'une voix soudain sifflante. Qui êtes-vous et que faites-vous dans mon pays ?

— Disons que nous sommes une bande de copains faisant une petite croisière de pêche.

— Taisez-vous et stoppez immédiatement votre bateau, cracha Kazim.

— Non, je ne crois pas que vous m'arrêterez, répondit cavalièrement Pitt.

— Vous et votre équipage mourrez sûrement si vous ne vous exécutez pas.

— Dans ce cas, vous perdrez le plus beau bateau du monde. Une pièce unique. Je présume que vous avez une idée de ses capacités, maintenant.

Il y eut un long silence et Pitt comprit qu'il venait de faire mouche.

— J'ai lu les rapports de votre petite altercation avec mon regretté ami, l'amiral Matabu. Je sais donc très bien de quelle puissance de feu votre bateau est équipé.

— Dans ce cas, vous savez que nous aurions pu faire sauter votre patrouilleur et l'envoyer au fond du fleuve ?

— Je regrette qu'ils aient tiré sur vous contre mes ordres.

— Nous pouvons aussi débarrasser le ciel de votre pesant appareil, bluffa Pitt.

Kazim n'était pas un arriéré mental. Il avait déjà envisagé cette éventualité.

— Si je meurs, vous mourrez. Quel poids cet argument a-t-il dans votre décision ?

— Donnez-moi un peu de temps pour y réfléchir, disons jusqu'à ce que nous atteignions Gao.

— Je suis un homme généreux, dit Kazim avec une patience inhabituelle. Mais à Gao, vous devrez vous arrêter et aller amarrer votre bateau aux quais de la ville. Si vous persistez stupidement à fuir, mon aviation vous fera connaître l'enfer.

— Je comprends, général. Vous rendez notre choix extrêmement clair.

Pitt abaissa l'interrupteur et coupa la transmission puis sourit jusqu'aux oreilles.

— J'adore faire de bonnes affaires.

Les lumières de Gao apparurent dans l'obscurité, à moins de 5 kilomètres devant eux. Pitt reprit la barre et fit signe à Gunn.

— Prépare-toi à plonger, Rudi.

Gunn eut un regard hésitant pour l'eau blanche qui tourbillonnait sous la quille, à presque 75 nœuds.

— Pas à cette vitesse ! Il n'en est pas question !

— Ne t'inquiète pas, le rassura Pitt. Je vais réduire la vitesse à 10 nœuds. Plonge du côté opposé à l'avion. Dès que tu seras éloigné, je remettrai les gaz.

Il se tourna vers Giordino.

— Fais-leur un brin de conversation, pour détourner leur attention.

Giordino prit la radio et parla d'une voix étouffée.

— Voudriez-vous répéter vos conditions, général, s'il vous plaît ?

— Cessez votre stupide tentative de fuite, mettez votre navire à quai à Gao et vous aurez la vie sauve. Mes conditions, c'est ça !

Pendant que Kazim parlait, Pitt rapprocha le *Cal-*

liope de la rive au bord de laquelle était Gao. La tension et l'anxiété montèrent dans le cockpit, celle de Pitt se communiquant à ses amis. Pitt savait que Gunn devait plonger avant que les lumières de Gao ne révèlent sa présence dans l'eau. Et il avait de bonnes raisons de se sentir anxieux. L'idée générale, c'était d'empêcher les Maliens de soupçonner une manœuvre quelconque de sa part. Le sonar indiquait que le fond grimpait rapidement. Il repoussa les gaz d'un coup sec et la proue du *Calliope* s'enfonça profondément dans l'eau. La vitesse retomba si brusquement qu'il fut projeté contre la table du cockpit.

— Maintenant ! cria-t-il à Gunn. Vas-y, et bonne chance !

Sans un mot d'adieu, le petit scientifique de la NUMA, serrant les bretelles de son sac à dos, roula par-dessus le bastingage et disparut. Presque immédiatement, Pitt remit les gaz au maximum.

Giordino fouilla des yeux le fleuve à l'arrière du yacht mais Gunn était totalement invisible, perdu dans l'obscurité de l'eau. Tranquillisé, sachant que son ami parcourait sans danger les 50 mètres qui séparaient le yacht de la rive, il tourna le dos et continua sa conversation avec le général Kazim.

— Si vous nous promettez de nous faire sortir sains et saufs du pays, le bateau est à vous, enfin, ce qu'il en reste après ce qu'en a démoli votre patrouilleur.

Kazim ne parut avoir aucun soupçon, pour autant qu'il ait remarqué le bref ralentissement du *Calliope*.

— J'accepte, ronronna-t-il sans tromper personne.

— Nous n'avons aucune envie de mourir sous les balles de vos mitrailleuses au fond d'un fleuve pollué.

— C'est un choix raisonnable, répondit Kazim.

Sa voix paraissait calme et polie mais ne masquait pas, cependant, l'hostilité et le triomphe.

— De toute façon, vous n'avez pas d'alternative.

Pitt eut l'impression désagréable d'avoir mal joué son atout. Il se doutait bien, comme Giordino, d'ailleurs, que Kazim avait l'intention de les tuer tous les deux et de jeter leurs corps aux vautours. Ils avaient encore deux manches à jouer, l'une pour détourner de Gunn l'attention des Maliens, l'autre pour rester vivants, mais les chances n'étaient pas épaisses. Elles l'étaient du reste si peu qu'aucun parieur digne de ce nom n'aurait misé un clou sur elles.

Son plan, si cela pouvait s'appeler un plan, leur accorderait à peine quelques heures et rien de plus. Il commença à maudire sa folie d'avoir cru qu'ils pourraient s'en sortir.

Mais quelques minutes plus tard, le salut, inattendu, inimaginable, apparut dans la nuit.

20

Giordino tapa sur l'épaule de Pitt et lui montra quelque chose en aval.

— Ce bouquet de lumières, là-bas sur tribord, c'est ce bateau extraordinaire dont je t'ai parlé. Nous sommes déjà passés devant. Il est équipé comme un yacht de milliardaire, avec hélicoptère et tout. Il y a même un essaim de dames très amicales.

— Tu crois qu'il pourrait avoir un système de communication par satellite que nous pourrions emprunter pour contacter Washington ?

— Je ne serais pas étonné qu'il y ait même un télex.

Pitt se tourna vers Giordino et lui sourit.

— Puisque nous n'avons aucun rendez-vous pressant, que dirais-tu de leur rendre une petite visite ?

Giordino sourit à son tour et lui tapa sur l'épaule.

— Je vais mettre le détonateur en route.

— Trente secondes devraient suffire.

— D'accord.

Giordino rendit la radio à Pitt et descendit l'échelle jusqu'à la salle des machines. Il reparut bientôt tandis que Pitt programmait un ordinateur et engageait le pilote automatique. Heureusement, le fleuve, à cet endroit, était large et sans méandre, ce qui permettrait au *Calliope* de naviguer tout seul sur une distance considérable après qu'ils l'auraient abandonné.

— Prêt ? demanda Pitt à Giordino.

— Tu n'as qu'à dire le mot magique.

— A propos de mots...

Pitt rapprocha de sa bouche le micro de la radio.

— Général Kazim ?

— Oui ?

— J'ai changé d'avis. Tout compte fait, vous n'aurez pas le yacht. Bonne journée.

Giordino sourit.

— J'admire ton style !

Pitt jeta d'un geste désinvolte la radio par-dessus bord et attendit calmement que le *Calliope* arrive à hauteur du grand yacht. Alors il arrêta les gaz.

Dès que la vitesse tomba à 20 nœuds, il cria :

— Maintenant !

Giordino n'eut pas besoin d'encouragement. Il parcourut en courant le pont arrière et se lança par-dessus la poupe. Il tomba juste au centre du sillage bouillonnant, son plongeon se perdant dans une gerbe d'écume. Pitt hésita juste le temps de pousser la manette des gaz avant de sauter par-dessus bord, enroulé sur lui-même comme une balle. L'impact soudain lui fit presque perdre le souffle. Grâce au ciel, l'eau était tiède et l'enveloppa comme une épaisse couverture. Il fit bien attention de ne rien avaler de ce fleuve contaminé. Leur situation était déjà assez difficile sans qu'il l'aggrave en attrapant une maladie mortelle.

Il se mit sur le dos le temps d'apercevoir une dernière fois le *Calliope* fonçant dans l'obscurité à la vitesse et avec le bruit d'un train express, pauvre bateau sans vie et abandonné avec seulement quelques instants à vivre. Pitt flotta, regarda et attendit que les missiles et le réservoir explosent. Il n'attendit pas longtemps. Même à plus d'un kilomètre, l'explosion fut assourdissante et l'onde de choc traversant l'eau le frappa comme un poing invisible. Des flammes déchirèrent l'obscurité en un immense ballon orange tandis que le fidèle *Calliope* éclatait en mille morceaux.

En une demi-minute à peine, la nuit avala les flammes, effaçant toute trace du merveilleux yacht de course disparu.

Il y eut aussi un étrange silence, maintenant que le bruit des machines et le rugissement de l'explosion allaient mourir dans le désert, au-delà du rivage.

Les seuls sons audibles étaient le bourdonnement de l'avion de Kazim et l'écho d'un piano dont quelqu'un jouait dans la villa flottante.

Giordino nagea près de lui.

— Tu nages ? Je pensais que tu marcherais ?

— Je ne le fais que pour des occasions très spéciales.

— Tu crois qu'on l'a bluffé ? fit Giordino en montrant le ciel.

— Pour un moment, mais il ne tardera pas à comprendre.

— On va se faire offrir une tasse de café ?

Pitt roula sur lui-même et commença à nager sans effort.

— Et comment !

Tout en nageant, il observa le house-boat. C'était idéal pour naviguer en rivière. Le tirant d'eau ne dépassait probablement pas quatre pieds. La forme et la ligne générale rappelaient à Pitt ces vieux bateaux à aubes du Mississippi, comme le célèbre *Robert E. Lee*, sauf que là, il n'y avait pas de roues et que la superstructure était beaucoup plus moderne. En revanche, le poste de pilotage était perché sur la partie avant du pont supérieur, comme sur les *show-boats*. Si ce bateau avait été construit pour la haute mer, avec une quille appropriée, on aurait pu le classer parmi les élégants méga-yachts. Pitt étudia l'hélicoptère, fin et luisant, perché au milieu du pont arrière, l'atrium à trois niveaux, entouré d'une verrière et plein de plantes tropicales, l'électronique futuriste qui émergeait derrière le poste du pilote. Ce bateau incroyable, c'était un rêve réalisé.

Ils étaient à 20 mètres du bastingage du house-boat quand le patrouilleur malien se mit à descendre le fleuve à toute vitesse. Pitt aperçut les ombres mouvantes de ses officiers sur le pont. Ils regardaient tous intensément l'endroit où s'était produit l'explosion et ne faisaient pas du tout attention à l'eau, au-delà de leur coque. Il aperçut également un groupe de marins à l'avant. Il n'eut pas besoin qu'on lui explique qu'ils scrutaient le fleuve sombre à la recherche de survivants, en tenant à la main des gaffes munies de pinces de sécurité en position fermée.

En un bref coup d'œil avant de plonger sous la vague creusée par la double hélice du patrouilleur, Pitt vit qu'une foule de passagers s'était soudain rassemblée sur le pont promenade de la villa flottante. Ils parlaient entre eux avec agitation et gesticulaient en montrant le lieu où le *Calliope* avait sombré. Le bateau tout entier et l'eau qui l'entourait étaient brillamment illuminés par des projecteurs montés sur le pont supérieur. Pitt refit surface et s'arrêta un moment, aussi silencieusement que possible, dans l'obscurité en dehors du périmètre illuminé.

— On ne peut pas aller plus loin sans se faire repérer, dit-il doucement à Giordino qui faisait la planche à un mètre de lui.

— Pas d'entrée théâtrale ?

— La discrétion, mon vieux, je pense qu'il vaudrait mieux prévenir l'amiral Sandecker de notre situation *avant* de nous imposer à tous ces braves gens.

— Tu as raison comme d'habitude, ô grand homme ! acquiesça Giordino. Le propriétaire pourrait nous prendre pour des voleurs dans la nuit, ce que nous sommes, d'ailleurs, et nous jeter aux fers, ce qu'il fera de toute façon.

— Au jugé, il y a vingt mètres. Comment va ton souffle ?

— Je peux retenir mon souffle aussi longtemps que toi !

Pitt prit plusieurs respirations profondes, s'hyperventilant pour chasser tout l'oxyde de carbone de ses poumons, inhala jusqu'à ce que chaque millimètre cube soit rempli d'oxygène avant de replonger sous l'eau.

Sachant que Giordino suivait son exemple, il plongea profond et vira contre le courant qu'il ne voyait pas. Il resta à près de trois mètres, nageant vers le flanc du yacht de rivière. Il sut qu'il s'en approchait par la lumière qui augmentait à la surface. Lorsque l'ombre le recouvrit, il sut qu'il était passé sous la courbe de la coque. Une main tendue au-dessus de sa tête pour ne pas se cogner, il remonta doucement jusqu'à ce que ses doigts touchent le limon qui s'était formé sur le fond du bateau. Puis il vira un peu pour ressortir la tête le long du flanc d'aluminium.

Il avala une grande goulée d'air et regarda au-dessus de lui. A part quelques marins accrochés au bastingage, à seulement deux mètres au-dessus de sa tête, il ne vit aucun passager mais, par voie de conséquence, aucun passager ne pouvait le voir à moins de se pencher et de regarder attentivement. Il était impossible de monter sur le bateau par la passerelle sans être vu. Giordino fit surface à son tour et confirma immédiatement la difficulté de leur situation.

Silencieusement, Pitt fit signe qu'ils allaient passer sous la quille. Tenant les mains écartées, il indiqua la profondeur du tirant d'eau. Giordino montra qu'il avait compris et tous deux emplirent à nouveau leurs poumons. Puis ils disparurent et se mirent au même niveau pour nager sous le fond de la quille. Le travers était si large qu'il leur fallut presque une minute avant de refaire surface de l'autre côté.

Les ponts bâbord étaient vides et sans vie. Tout le monde était passé à tribord au moment de la destruction du *Calliope*. Un butoir de caoutchouc pendait le long de la quille. Pitt et Giordino s'en servirent pour se hisser à bord. Pitt hésita quelques secondes sur la disposition générale du bateau. Il se tenait sur le pont où les invités avaient leurs suites. Ils allaient donc devoir monter. Précédé par Giordino, il se dirigea avec précaution vers un escalier menant au pont du dessus. Un rapide coup d'œil par un large hublot donnant sur une salle à manger aussi vaste et luxueuse que celle d'un hôtel quatre étoiles, et ils continuèrent leur ascension jusqu'au pont juste en dessous du poste de pilotage.

Il entrouvrit une porte et regarda discrètement. Elle donnait sur un salon meublé avec prodigalité : du verre, du métal délicatement forgé et du cuir jaune et or. Un bar très orné et bien garni décorait l'un des murs.

Le barman avait disparu, probablement pour aller faire, lui aussi, le badaud avec les autres, mais une jeune femme blonde, avec de longues jambes nues, la taille fine et la peau bronzée, était assise devant un piano crapaud décoré de cuivre luisant. Elle portait une robe noire très courte, parsemée de sequins. Elle jouait assez mal une version triste de « The last time I saw Paris », dont elle fredonnait les paroles d'une voix éraillée. Quatre verres de Martini vides s'alignaient au-dessus du clavier. Elle semblait avoir passé la journée à boire du gin, ce qui expliquait peut-être sa performance assez médiocre. Elle s'arrêta au milieu du refrain pour regarder curieusement Pitt et Giordino, ses yeux de velours vert vagues et à peine ouverts.

— Quel chat perdu vous a amenés jusqu'ici, mes cocos ? bredouilla-t-elle.

Pitt aperçut son reflet et celui de Giordino dans le miroir derrière le bar. En T-shirt et en short trempés, les cheveux collés, une barbe qu'ils n'avaient pas pris la peine de raser depuis une semaine, ils ne pouvaient certes pas blâmer la jeune femme de les prendre pour des rats noyés. Il mit un doigt sur sa bouche pour demander le silence, prit une des mains de la dame et la porta à ses lèvres puis se hâta de passer la porte, se retrouvant dans un vestibule. Giordino s'arrêta devant la blonde, lui lança un regard langoureux et cligna de l'œil.

— Je m'appelle Al, lui murmura-t-il à l'oreille. Je vous aime et je reviendrai.

Puis il disparut lui aussi.

Le vestibule était immense. Des corridors s'en

échappaient dans toutes les directions, labyrinthes inquiétants pour qui était lâché en plein milieu. Si le navire paraissait grand de l'extérieur, il semblait énorme de l'intérieur.

— Faudrait une moto et une carte routière, grommela Giordino.

— Si j'avais un bateau pareil, dit Pitt, je mettrais mon bureau et mon centre de communications tout à l'avant pour jouir de la vue par la proue.

— Je crois que je veux épouser la pianiste.

— Pas maintenant, fit Pitt d'un ton fatigué. Allons vers l'avant et vérifions les portes en chemin.

Il fut, tout compte fait, facile d'identifier les cabines qui portaient toutes des portes de cuivre libellées. Comme l'avait deviné Pitt, celle du bout portait la mention « Bureau privé de M. MASSARDE ».

— Ça doit être le nom du proprio de ce palais flottant, dit Giordino.

Pitt ne répondit pas mais entrouvrit la porte. Le patron le plus riche de la société la plus riche du monde occidental aurait pâli d'envie en voyant l'immense bureau de ce house-boat de rêve ancré au milieu de l'immense désert.

Au centre se tenait une table de conférence de style vieil espagnol, entourée de dix chaises recouvertes de tissu de laine teint et tissé par les plus habiles artisans de la réserve Navajo. Etonnamment, les murs étaient décorés en style du Sud-Ouest américain. Des statues de Hopi Kachina grandeur nature, sculptées dans d'immenses racines de cotonnier, occupaient de grandes niches dans les cloisons. Les plafonds étaient couverts de *latillas*, de petites branches placées en travers de *vigas*, des poteaux supportant le toit. Des stores en lattes de saule couvraient les fenêtres. Pendant un instant, Pitt eut du mal à croire qu'il était sur un bateau.

Sur de longs rayonnages, derrière un immense bureau de bois blond, étaient exposées des poteries de cérémonie et des paniers tressés. Un système de communications complet était inséré dans un cabinet du XIXe siècle, appelé un *trastero*.

La pièce était vide et Pitt ne perdit pas de temps. Il s'approcha très vite de la console du téléphone, s'assit et étudia quelques minutes l'ensemble complexe de boutons et de cadrans. Puis il composa un numéro, les codes du pays et de la ville, et enfin le numéro personnel de Sandecker. Le haut-parleur de la console émit une série de clics et de clacs puis le silence, pendant dix longues secondes. Enfin la sonnerie très particulière d'un téléphone américain s'échappa du haut-parleur.

Une dizaine de sonneries et pas de réponse.

— Pour l'amour du ciel, pourquoi ne répond-il pas ? s'énerva Pitt.

— Washington a cinq heures de retard sur le Mali. Là-bas, il est minuit, il est probablement couché.

— Non, dit Pitt, il ne dort jamais quand quelque chose tourne mal au cours d'un projet.

— Il ferait bien de répondre en vitesse, pria Giordino. La troupe suit nos marques de pas dans le couloir.

— Tiens-les éloignés, dit Pitt.

— Et s'ils ont des armes ?

— Tu t'en inquiéteras au moment voulu.

Giordino examina la décoration indienne de la pièce.

— Tiens-les éloignés, qu'il dit, grogna-t-il. Voilà que je joue Custer en train de s'amuser au Montana !

Finalement, une voix féminine résonna au téléphone.

— Bureau de l'amiral Sandecker.

Pitt décrocha le récepteur.

— Julie ?

La secrétaire particulière de Sandecker, Julie Wolff, émit un petit cri de surprise.

— Oh ! monsieur Pitt ! C'est vous ?

— Oui. Je ne pensais pas vous trouver au bureau à cette heure-ci.

— Personne n'a dormi ici depuis qu'on a perdu le contact radio avec vous. Grâce à Dieu, vous êtes vivant ! Tout le monde, à la NUMA, était malade d'anxiété. Est-ce que M. Giordino et M. Gunn vont bien ?

— Ils vont bien. Est-ce que l'amiral est dans le coin ?

— Il est à une réunion avec l'équipe tactique des Nations Unies pour trouver un moyen de vous faire sortir discrètement du Mali. Je vous le passe tout de suite.

Moins d'une minute plus tard, la voix de Sandecker résonna, en même temps que des coups frappèrent la porte.

— Dirk ?

— Je n'ai pas le temps de vous faire un long rapport, amiral. S'il vous plaît, mettez le magnétophone en marche.

— C'est fait.

— Rudi a isolé le produit chimique en cause. Il a les données enregistrées et il est en route pour l'aéroport de Gao où il espère monter en douce dans un avion pour sortir du pays. Nous avons trouvé l'endroit où le produit est déversé dans le Niger. Rudi a la position exacte dans ses données. L'ennui, c'est que la vraie source est située dans un lieu inconnu, dans le désert, vers le nord. Al et moi restons en arrière pour essayer de la trouver. A propos, on a détruit le *Calliope*...

— Ils s'énervent, là-derrière, cria Giordino qui pesait de tout son poids contre la porte que quelqu'un essayait d'enfoncer de l'autre côté.

— Où êtes-vous ? demanda Sandecker.

— Vous avez entendu parler d'un type riche du nom de Massarde ?

— Yves Massarde, le riche industriel français ? Oui, j'en ai entendu parler.

Avant que Pitt puisse répondre, la porte éclata littéralement autour de Giordino et six marins baraqués se précipitèrent en l'entraînant avec eux comme un pack avant de rugby.

Giordino mit les trois premiers par terre avant d'être lui-même enterré sous une pile de corps qui tapaient comme des fous.

— Nous sommes les hôtes de M. Massarde, mais il avait oublié de nous inviter sur son magnifique bateau, dit Pitt à toute vitesse. Désolé, amiral, mais je dois raccrocher !

Pitt reposa tranquillement le récepteur, fit pivoter la chaise et regarda s'approcher un homme qui entra derrière la mêlée.

Yves Massarde était élégamment vêtu d'un smoking blanc au revers orné d'une rose jaune. Une main glissée avec style dans la poche de sa veste, le coude écarté, il fit le tour des marins blessés et contusionnés qui tentaient de maintenir Giordino, comme des voyous se battant dans la rue. Il s'arrêta et considéra Pitt à travers la fumée de la Gauloise bleue fichée au coin de ses lèvres. Il croisa le regard froid de l'individu assis à son propre bureau, les bras croisés, indifférent et glacial, et qui lui adressa soudain un sourire désarmant, vaguement étonné et très intéressé.

Massarde savait juger les hommes. Il sentit immédiatement que celui qui lui faisait face était rusé et dangereux.

— Bonsoir, dit poliment Pitt.

— Anglais ou Américain ? demanda Massarde.

— Américain.

— Que faites-vous sur mon bateau ?

Les lèvres fermes s'étirèrent en un léger sourire.

— Eh bien, j'avais un urgent besoin d'utiliser votre téléphone. J'espère que mon ami et moi-même ne vous avons pas dérangé. Bien entendu, je me ferai un devoir de vous rembourser le prix de la communication et les dommages causés à votre porte.

— Vous auriez pu demander de monter à bord et de téléphoner, comme un gentleman, dit Massarde dont le ton indiquait clairement que, pour lui, les Américains n'étaient que des cow-boys primitifs.

— Dans l'état où nous sommes, auriez-vous invité deux parfaits inconnus sortis de nulle part sur votre yacht personnel ?

Massarde réfléchit un instant puis sourit pensivement.

— Non, probablement pas. Vous avez raison.

Pitt prit un stylo posé sur un encrier ancien et griffonna quelque chose sur un bloc. Puis il détacha la page et, quittant le bureau, la tendit à Massarde.

— Vous pouvez envoyer la facture à cette adresse. J'ai été heureux de bavarder avec vous, mais nous avons à faire.

Massarde sortit la main de sa poche, tenant un petit pistolet automatique dont il dirigea le canon vers le front de Pitt.

— Je me permets d'insister pour vous offrir l'hospitalité jusqu'à ce que je vous remette aux autorités maliennes.

Giordino avait été remis debout sans douceur. L'un de ses yeux commençait à enfler et un peu de sang coulait d'une de ses narines.

— Allez-vous nous mettre aux fers ? demanda-t-il à Massarde.

Le Français considéra Giordino comme s'il avait été un ours au zoo.

— Disons que je vous arrête.

Giordino se tourna vers Pitt.

— Tu vois, marmonna-t-il d'une voix boudeuse. Qu'est-ce que je t'avais dit ?

21

Sandecker regagna la salle de conférences du quartier général de la NUMA. Il s'assit, le visage exprimant plus d'optimisme qu'il n'en avait montré en sortant.

— Ils sont vivants, dit-il seulement.

Deux hommes étaient assis en face de lui, autour de la table recouverte d'une grand carte de l'Afrique occidentale et des copies des rapports de l'armée et de la police secrète au Mali. Ils regardèrent Sandecker et firent un signe de satisfaction.

— Dans ce cas, continuons l'étude de l'opération de sauvetage comme prévu, dit le plus âgé des deux.

Il avait des cheveux gris rejetés en arrière et des yeux perçants avec une lueur topaze dans un visage rond et large.

Le général Hugo Bock voyait loin et faisait des plans en conséquence. C'était un soldat d'une très grande compétence et entre autres, de celle, innée, de tuer. Bock était commandant en chef d'une petite force de sécurité très peu connue appelée l'UNI-CRATT, qui pouvait se traduire par Equipe tactique de réponse aux situations de crise des Nations Unies. L'équipe, extrêmement entraînée, était composée de combattants très spécialisés, venus de neuf pays différents. Ils accomplissaient pour les Nations Unies des missions très discrètes dont personne ne parlait jamais. Bock avait mené une carrière tout à fait remarquable au sein de l'armée allemande, toujours sur les dents, en tant que conseiller des pays du tiers monde dont les gouvernements avaient besoin d'aide lors de guerres révolutionnaires ou de conflits de frontières.

Son second était le colonel Marcel Levant, vétéran de la Légion étrangère française, décoré. Il possédait les qualités d'un vieil aristocrate. Ancien élève de Saint-Cyr, la prestigieuse école militaire française, il avait servi dans le monde entier et s'était particulièrement distingué, en 1991, au cours de la courte guerre contre l'Irak. Bien qu'il eût près de trente-six ans, il était mince, avec des cheveux bruns, une moustache large mais nettement taillée et de grands yeux gris qui lui donnaient l'air de sortir tout juste de l'université.

— Savez-vous où ils sont ? demanda Levant à Sandecker.

— En effet. L'un d'eux essaie en ce moment de se faufiler dans un avion à Gao. Les deux autres sont sur le Niger, sur un yacht appartenant à Yves Massarde.

Levant écarquilla les yeux en entendant le nom.

— Ah oui ! le Scorpion !

— Vous le connaissez ? demanda Bock.

— Seulement de réputation. Yves Massarde est un entrepreneur international qui a amassé une fortune estimée à environ deux milliards de dollars américains. On l'appelle le Scorpion parce que plusieurs de ses concurrents, comme, du reste, de ses partenaires, ont mystérieusement disparu en le laissant seul propriétaire d'affaires énormes et très profitables. Il est sans scrupule, et inutile d'ajouter qu'il embarrasse considérablement le gouvernement français.

— A-t-il des activités criminelles ? demanda Sandecker.

— Très certainement mais il ne laisse jamais aucune preuve qui pourrait le mener devant les tribunaux. J'ai des amis à Interpol qui m'ont dit que son dossier a au moins un mètre d'épaisseur.

— Sur tous les gens qui vivent au Sahara, comment vos gars ont-ils fait pour tomber justement sur lui ?

— Si vous connaissiez Pitt et Giordino, soupira Sandecker, vous ne poseriez pas la question.

— Je ne comprends toujours pas pourquoi le secrétaire général Kamil a approuvé l'opération consistant à faire entrer les agents de la NUMA en douce au Mali, dit Bock. Les missions de notre Équipe tactique de réponse aux crises des Nations Unies sont généralement entreprises dans le plus grand secret et uniquement en cas de crise internationale. Je ne comprends pas ce qu'il peut y avoir de crucial à sauver la vie de trois chercheurs de la NUMA.

Sandecker regarda Bock droit dans les yeux.

— Croyez-moi, général, vous n'aurez jamais de mission plus importante que celle-ci. Les données scientifiques que ces hommes ont rassemblées en Afrique occidentale doivent arriver dans nos laboratoires de Washington le plus vite possible. Notre gouvernement, Dieu seul sait pour quelles raisons idiotes, refuse de se mouiller. Hala Kamil, heureusement, a compris l'urgence de la situation et patronne notre mission.

— Puis-je vous demander de quelles données il s'agit ? demanda Levant.

— Je ne peux pas vous le dire, répondit Sandecker.

— S'agit-il d'un secret ne concernant que les Etats-Unis ?

— Non, il concerne chaque individu, homme, femme et enfant vivant sur cette planète.

Bock et Levant échangèrent un regard d'incompréhension. Après un bref silence, Bock se tourna vers Sandecker.

— Vous avez laissé entendre que vos hommes ont dû se séparer. Cela rend très problématiques les chances de succès de l'opération. Nous pourrions courir un grand risque en divisant nos forces.

— Essayez-vous de me dire que vous ne pouvez pas faire sortir tous mes hommes ? demanda Sandecker, incrédule.

— Ce que veut dire le général Bock, coupa Levant, c'est que nous multiplions les risques par deux en lançant deux missions simultanément. L'élément de surprise est divisé par deux. Par exemple, nos chances de succès seraient bien plus fortes si nous concentrions nos forces pour tirer vos deux hommes du bateau de Massarde parce que nous ne pensons pas qu'il soit gardé par des militaires très armés. De plus, nous pourrions déterminer sa position avec exactitude. L'aéroport de Gao, c'est une autre histoire. Nous n'avons aucune idée de l'endroit où est ce type...

— Rudi Gunn, lâcha Sandecker. Il s'appelle Rudi Gunn.

— ... où se cache Rudi Gunn, poursuivit Levant. Notre équipe devrait perdre un temps précieux à le chercher. De plus, l'aéroport est utilisé par l'aviation militaire malienne, en plus des lignes commerciales. La sécurité militaire est partout. Quiconque essaie de s'échapper du pays par l'aéroport de Gao doit avoir une chance insolente s'il le fait en un seul morceau.

— Et vous souhaitez que je choisisse ?

— Pour étudier les difficultés imprévues, dit

Levant, nous devons savoir laquelle des deux missions a la priorité et laquelle est, disons, secondaire.

Bock regarda Sandecker.

— C'est à vous, amiral.

Sandecker regarda la carte du Mali étalée sur la table, concentrant son attention sur la ligne rouge du fleuve qui marquait le trajet du *Calliope*. Mentalement, il savait déjà quelle décision il allait prendre. L'analyse du produit mortel était ce qui comptait le plus. Les dernières paroles de Pitt disant qu'ils restaient pour continuer les recherches sur l'origine de la contamination le hantaient. Il prit l'un de ses habituels cigares et l'alluma lentement. Il fixa longuement le point indiquant Gao avant de lever les yeux et de regarder Bock et Levant.

— Gunn doit être la priorité, dit-il enfin d'un ton las.

— Il le sera, affirma Bock.

— Maintenant, comment pouvons-nous être sûrs que Gunn ne s'est pas déjà débrouillé pour prendre un avion quittant le pays ?

Levant haussa les épaules.

— Mon équipe a déjà étudié tous les horaires de vols. Le prochain départ d'un avion d'Air Mali — ou de n'importe quelle autre ligne, d'ailleurs — prévu au départ de Gao pour une destination à l'extérieur du Mali n'aura lieu que dans quatre jours, à condition qu'il ne soit pas annulé, ce qui n'est pas rare dans ce pays.

— Quatre jours ! répéta Sandecker, déçu. Gunn ne pourra jamais se cacher pendant quatre jours ! Vingt-quatre heures, peut-être, oui, mais après, les forces de sécurité le découvriront à tous les coups.

— A moins qu'il ne parle arabe ou français et qu'il ait l'air d'un indigène, dit Levant.

— Ce qui n'est pas le cas, répondit Sandecker.

Bock tapa du doigt la carte du Mali.

— Le colonel Levant et une équipe tactique de quarante hommes peuvent être sur le terrain de Gao dans douze heures.

— Nous pourrions, mais ça ne sera pas le cas, prévint Levant. Dans douze heures à partir de maintenant, ce sera l'aube au Mali.

— Excusez-moi, corrigea Bock. Il est évident que je ne peux mettre mon équipe en danger en plein jour.

— Plus nous attendons, dit Sandecker sèchement, plus Gunn risque de se faire prendre et fusiller.

— Je vous promets que mes hommes et moi-même ferons de notre mieux pour tirer votre homme de là. Mais pas au point de mettre les autres en danger.

— Ne ratez pas votre coup, conseilla Sandecker en soutenant le regard de Levant. Les informations qu'il transporte concernent notre survie à tous.

Bock eut un air sceptique en soupesant les propos de Sandecker. Puis son regard se durcit.

— Je vous préviens aimablement, amiral, qu'avec ou sans la bénédiction du secrétaire général des Nations Unies, si mes hommes meurent dans cette chasse au dahu pour sauver un seul homme de votre équipe, vous aurez intérêt à avoir une explication valable. Sinon, je vous jure que quelqu'un aura affaire à moi personnellement !

Le signification de ce *quelqu'un* était parfaitement claire. Sandecker ne cilla pas. Il avait rappelé une dette à un vieil ami travaillant pour un service secret qui lui avait communiqué des copies de dossiers concernant l'UNICRATT. Les autres services considéraient ces gens comme des fous, de rudes bonshommes se battant sur le fil du rasoir. Ils n'avaient peur ni de la mort ni du combat. Incapables de pitié, nul n'était meilleur qu'eux dans l'art de tuer. Chaque membre servait d'agent à son propre pays, passant des renseignements sur l'activité des Nations Unies sans se poser de questions. Il avait eu un profil psychologique du général Bock et savait exactement à quoi s'en tenir.

Sandecker se pencha sur la table et lança à Bock un regard qui paraissait fait d'étincelles de silex dans une meule.

— Ecoutez-moi bien, espèce de gros flingueur. Je

me fiche de savoir combien d'hommes vous perdrez en sortant Gunn du Mali. Contentez-vous de l'en sortir. Ratez votre coup et j'aurai votre peau !

Bock ne le frappa pas. Il resta calmement assis, fixant Sandecker sous la masse épaisse de ses sourcils gris, l'air satisfait d'un grizzly mettant sa serviette avant de dévorer le veau du fermier. L'amiral faisait à peine la moitié de sa taille et une bataille entre eux eût été achevée en un clin d'œil. Enfin, le grand Allemand se détendit et éclata de rire.

— Maintenant que nous nous comprenons bien tous les deux, enterrons la hache de guerre et mettons sur pied un plan à toute épreuve.

Sandecker sourit et se détendit à son tour. Il offrit à Bock l'un de ses énormes cigares.

— C'est un plaisir de travailler avec vous, général. Souhaitons que notre association soit fructueuse.

Hala Kamil attendait sa voiture sur les marches de l'hôtel Waldorf Astoria après un dîner officiel donné en son honneur par l'ambassadeur de l'Inde auprès des Nations Unies. Une pluie fine tombait sur la ville dont les lumières se reflétaient sur les trottoirs mouillés. Lorsque sa longue Lincoln noire s'arrêta au bas des marches, elle quitta l'abri du parapluie que tenait le portier, rassembla les plis de sa robe longue et se glissa gracieusement sur la banquette arrière.

Ismail Yerli était déjà assis à l'intérieur. Il lui prit la main et l'embrassa.

— Je suis désolé de vous rencontrer comme cela, s'excusa-t-il, mais il est trop dangereux pour nous d'être vus ensemble.

— Ça fait bien longtemps, Ismail, dit Hala dont les grands yeux furent soudain brillants et pleins de douceur. Vous m'évitez !

Il jeta un coup d'œil au compartiment du chauffeur pour s'assurer que la vitre qui le séparait d'eux était bien tirée.

— J'ai pensé qu'il valait mieux pour vous que je disparaisse discrètement. Nous sommes allés trop loin et nous avons travaillé trop dur pour risquer de tout gâcher par un scandale.

— Nous aurions pu être discrets, dit Hala à voix basse.

— Les histoires d'amour des hommes en vue ne portent pas à conséquence. Mais une femme ayant votre position... Les médias et les journaux à scandales vous hacheraient menu dans tous les pays du monde.

— J'ai toujours beaucoup d'affection pour vous, Ismail.

Il lui prit les mains dans les siennes.

— Et moi pour vous, mais vous êtes la plus grande chance qui soit jamais arrivée aux Nations Unies. Je ne voudrais pas être la cause de votre chute.

— Alors, vous avez disparu, dit-elle avec un regard triste. Quelle noblesse de votre part !

— Oui, dit-il sans hésiter. Pour éviter les gros titres du genre : « Le secrétaire général des Nations Unies était la maîtresse d'un agent des services français travaillant sous le couvert de l'Organisation mondiale de la santé. » Mes supérieurs du Deuxième Bureau, à la Défense nationale, ne seraient pas fous de joie non plus.

— Nous avons réussi à garder nos relations secrètes jusqu'à présent, protesta-t-elle. Pourquoi ne pas continuer ?

— C'est impossible.

— Tout le monde pense que vous êtes turc. Qui donc pourrait découvrir que les Français vous ont recruté lorsque vous faisiez vos études à l'université d'Istanbul ?

— Qui veut fouiller assez profondément trouve toujours les secrets enfouis. Le premier devoir d'un agent est d'opérer dans l'ombre, sans être ni trop furtif ni trop visible. J'ai failli compromettre ma couverture aux Nations Unies quand je suis tombé amoureux de vous. Que les agents anglais, soviétiques ou américains aient le moindre soupçon sur nos relations, et leurs équipes de recherche n'auront de cesse de constituer un dossier plein de détails sordides qu'ils utiliseraient pour obtenir des faveurs de votre haute position.

— Ils ne l'ont pas encore fait, dit-elle en souriant.

— Non, et ils ne le feront pas, répondit-il fermement. C'est pour cela que nous ne devons plus nous rencontrer en dehors du bâtiment des Nations Unies.

Hala détourna la tête et regarda par la fenêtre rayée de pluie.

— Alors, que faites-vous ici ?

Yerli respira profondément.

— J'ai besoin d'une faveur.

— Est-ce que ça concerne les Nations Unies ou vos patrons français ?

— Les deux.

Elle se sentit retournée.

— Vous vous servez seulement de moi, Ismail. Vous jouez de mes émotions pour accomplir votre sale petit boulot d'espion. Vous êtes un rat sans scrupule.

Il ne répondit pas. Elle céda, comme elle savait qu'elle le ferait.

— Que voulez-vous que je fasse ?

— Il y a une équipe d'épidémiologistes de l'O.M.S., commença-t-il d'un ton professionnel, qui étudie des rapports sur une étrange épidémie, quelque part dans le désert du Mali.

— Je connais ce projet. On m'en a parlé il y a quelques jours. Le Dr Frank Hopper dirige les recherches.

— C'est exact.

— Hopper est un chercheur réputé. Qu'avez-vous à voir avec sa mission ?

— Mon travail est de coordonner leurs voyages et de m'occuper de la logistique, nourriture, transport, équipement labo, tout ça.

— Vous n'avez pas expliqué encore ce que vous voulez de moi.

— J'aimerais que vous fassiez rentrer immédiatement le Dr Hopper et ses chercheurs.

Elle le considéra avec surprise.

— Pourquoi me demandez-vous cela ?

— Parce qu'ils courent un grand danger. J'ai appris de source sûre qu'on projette de les faire assassiner par des terroristes d'Afrique occidentale.

— Je ne vous crois pas.

— C'est vrai, dit-il sérieusement. On doit mettre une bombe dans leur avion, réglée pour exploser dans le désert.

— Pour quelle sorte de monstres travaillez-vous ? demanda-t-elle d'une voix brusque et très choquée. Pourquoi vous adresser à moi ? Pourquoi ne pas avoir prévenu le Dr Hopper ?

— J'ai essayé d'alerter Hopper mais il a choisi d'ignorer toute communication.

— Ne pouvez-vous persuader les autorités maliennes de leur faire connaître la menace et d'offrir leur protection ?

Yerli haussa les épaules.

— Le général Kazim les considère comme des intrus et se fiche pas mal de leur sécurité.

— Je ne suis pas assez sotte pour penser qu'il ne s'agit pas là d'une intrigue beaucoup plus compliquée qu'une simple menace de bombe.

Il la regarda dans les yeux.

— Faites-moi confiance, Hala. Mon seul désir est de sauver le Dr Hopper et ses camarades.

Hala souhaitait désespérément le croire mais elle savait, au plus profond d'elle-même, qu'il mentait.

— J'ai l'impression que tout le monde cherche au Mali des produits contaminés ! Et tous ont le plus urgent besoin d'être sauvés et évacués.

Yerli parut surpris mais ne dit rien, attendant qu'elle s'explique.

— L'amiral Sandecker, de l'Agence nationale marine et sous-marine, est venu demander mon accord pour envoyer une équipe tactique pour sauver trois hommes à lui des griffes des forces de sécurité du Mali.

— Les Américains cherchent la contamination au Mali ?

— Oui, apparemment. C'était une opération secrète mais l'armée malienne les a interceptés.

— Ils ont été pris ?

— Ils ne l'étaient pas il y a une heure.

— Où cherchent-ils exactement ?

Yerli paraissait inquiet et Hala sentit une certaine urgence dans sa voix.

— Sur le Niger.

Yerli lui serra le bras, le regard mortellement inquiet.

— Je veux en savoir davantage !

Pour la première fois, elle sentit un frisson de peur la parcourir.

— Ils cherchaient la source d'un produit chimique responsable de la marée rouge géante au large des côtes d'Afrique.

— J'ai lu quelque chose comme ça dans les journaux. Continuez.

— On m'a dit qu'ils utilisaient un bateau équipé d'un laboratoire pour remonter jusqu'à l'endroit où le produit se déverse dans le fleuve.

— L'ont-ils trouvé ? demanda-t-il anxieusement.

— Selon l'amiral Sandecker, ils l'ont suivi jusqu'à Gao, au Mali.

Yerli ne semblait pas convaincu.

— De la désinformation, c'est la réponse. C'est une couverture pour quelque chose d'autre.

— Contrairement à vous, dit-elle en secouant la tête, l'amiral ne ment pas comme il respire.

— Vous dites que la NUMA est derrière toute l'opération ?

Hala fit un signe affirmatif.

— Et pas la C.I.A. ou une autre agence américaine de renseignements ?

Elle dégagea son bras de l'étreinte de Yerli et eut un sourire moqueur.

— Voulez-vous dire que vos sources tortueuses d'espionnage en Afrique de l'Ouest ignoraient que les Américains travaillaient sous leur nez ?

— Ne soyez pas sotte. Quels secrets spectaculaires une nation pauvre comme le Mali pourrait-elle avoir pour attirer les Américains ?

— Il doit y avoir quelque chose. Pourquoi ne me dites-vous pas de quoi il s'agit ?

Yerli semblait inquiet et ne répondit pas immédiatement.

— Rien... rien, évidemment !

Il tapa sur la vitre pour attirer l'attention du chauffeur et lui montra le trottoir. Le chauffeur braqua et se rangea devant un grand immeuble de bureaux.

— Vous vous arrachez de mes bras ? dit-elle avec un mépris tangible.

Il tourna la tête et la regarda.

— Je suis vraiment désolé. Pourrez-vous me pardonner ?

— Non, Ismail, je ne vous pardonnerai pas. Nous ne nous rencontrerons plus. J'attends votre lettre de démission sur mon bureau demain matin. Si elle n'y est pas, je vous ferai expulser des Nations Unies.

— N'êtes-vous pas un peu dure ?

Hala était décidée.

— Vos préoccupations ne concernent pas l'Organisation mondiale de la santé. Vous n'êtes pas non plus, si seulement ils le savaient, cinquante pour cent loyal envers les Français. En tout état de cause, vous ne travaillez que pour vos intérêts financiers.

Elle se pencha et ouvrit la portière.

— Et maintenant, dehors !

Yerli sortit sans rien dire de la voiture et se tint immobile sur le trottoir. Hala, sentant les larmes lui monter aux yeux, ferma la portière et ne jeta pas un regard en arrière lorsque le chauffeur engagea une vitesse et se mêla au trafic de la rue.

Yerli aurait aimé ressentir du remords ou du chagrin mais il était trop professionnel. Elle avait raison, il s'était servi d'elle. Son affection pour elle n'était qu'un rôle qu'il avait joué. Ce qui l'attirait en elle n'était que sexuel. Elle n'avait été qu'une de ses missions. Mais comme trop de femmes attirées par les hommes distants, qui les traitent avec indifférence, elle n'avait pu s'empêcher de tomber amoureuse de lui. Elle allait commencer à se rendre compte du prix à payer.

Il entra dans le bar de l'hôtel Algonquin, commanda un verre et alla téléphoner. Il composa un numéro et attendit qu'on lui réponde.

— Oui ?

Il baissa la voix et parla d'un ton confidentiel.

— J'ai une information vitale pour M. Massarde.

— D'où venez-vous ?

— Des ruines de Pergamon.

— En Turquie ?

— Oui, dit rapidement Yerli.

Il n'avait jamais fait confiance au téléphone et détestait ce qu'il considérait comme des codes enfantins.

— Je suis au bar de l'hôtel Algonquin. Quand pouvez-vous me rejoindre ?

— Une heure du matin, ce n'est pas trop tard ?

— Non, je vais grignoter quelque chose.

Yerli raccrocha rapidement. Que savaient les Américains des opérations de Massarde à Fort-Foureau ? Leurs services secrets avaient-ils eu vent des véritables activités de l'usine d'incinération et étaient-ils en train de tourner autour ? Si oui, les conséquences pourraient être désastreuses et la chute de l'actuel gouvernement français ne serait que l'un des retours de manivelle.

22

Derrière lui, il n'y avait que l'obscurité, devant lui les rares lumières des rues de Gao. Gunn n'avait plus que dix mètres à nager lorsqu'un de ses pieds s'enfonça dans la terre molle de la rive. Lentement, avec précaution, il se baissa et prit une poignée de boue dans sa main puis marcha avec difficulté dans ce limon jusqu'à ce qu'il puisse enfin s'étendre sur la terre ferme. Il attendit, écoutant et tentant de percer l'obscurité lourde comme une couverture humide sur les rives du fleuve.

Le terrain descendait lentement sur un angle d'une dizaine de degrés et se terminait par un mur bas de rocher, au bord d'une dune. Il rampa sur le sable dont la chaleur sur la peau nue de ses bras et de ses jambes lui fit du bien. Il s'arrêta et roula sur le flanc, se reposant un instant, raisonnablement sûr de n'être qu'une tache indistincte dans la nuit. Une crampe lui mordit la jambe droite et ses bras lui parurent lourds et engourdis.

Tâtant ses épaules, il sentit le sac à dos et fut rassuré. Il avait craint un instant, quand il avait frappé l'eau mouvante comme un boulet de canon, que le sac ait été arraché de son dos. Grâce au ciel, les brides en étaient toujours solidement attachées à ses épaules.

Il se mit sur ses pieds et se hâta de s'accroupir près du mur, les genoux sur le sable. Il jeta un coup d'œil prudent vers la route. Elle était déserte. Mais une route mal pavée qui en partait en diagonale vers la ville paraissait parcourue par un bon nombre de piétons. Du coin de l'œil, il aperçut une vague lumière. Sur le toit d'une maison proche, un homme allumait une cigarette. Et il y en avait d'autres. Des silhouettes vagues, certaines éclairées par des lanternes, bavardant joyeusement avec leurs voisins perchés sur d'autres toits. Gunn pensa qu'ils sortaient le soir comme des taupes pour profiter de la fraîcheur de la nuit.

Il étudia le flot des promeneurs dans la rue, essayant de s'imprégner du rythme de leurs mouvements. Ils semblaient monter et descendre la voie en glissant, leurs vêtements flottant au-dessus de leurs pieds silencieux, comme des fantômes. Gunn décrocha son sac à dos, l'ouvrit et en tira un sac de couchage bleu. Il en déchira un grand morceau et le drapa autour de lui dans le style des djellabas, ce long vêtement à manches avec une capuche. Bien sûr, il n'aurait pas remporté un concours d'élégance indigène mais il se sentit relativement satisfait car il pourrait ainsi parcourir les rues mal éclairées sans se faire remarquer. Il se demanda s'il ne devait pas enlever ses lunettes mais il y renonça et tira sa capuche pour en couvrir la monture. Gunn était myope et n'aurait pas vu un autobus à 20 mètres.

Il glissa le sac à dos sous sa robe et se l'attacha sur le ventre, ce qui lui donna l'allure d'un gros homme à l'estomac volumineux. Tranquillement, il traversa la route et remonta la rue étroite, se mêlant aux citoyens de Gao accomplissant leur rite vespéral de la promenade. Après quelques minutes, il atteignit une intersection importante. Les rares véhicules se traînant dans les rues étaient quelques vieux taxis en mauvais état, un ou deux autobus fatigués, quelques motos et un essaim de bicyclettes.

« Qu'il serait agréable, pensa Gunn, de héler un taxi et de se faire conduire à l'aéroport ! » Mais cela aurait attiré l'attention. Avant de quitter le bateau, il avait étudié la carte de la région et savait que l'aéroport se trouvait à quelques kilomètres au sud de la ville. Il songea à voler une bicyclette mais chassa vite cette idée. Le vol serait sûrement remarqué et dénoncé alors qu'il ne souhaitait laisser aucune trace de son passage. Moins les forces de police auraient de raison de penser qu'un étranger se promenait illégalement dans le coin, moins ils auraient de raison de le chercher.

Gunn traversa sans se presser le centre de la ville, passa la place du marché, longea l'hôtel Atlantide en pleine décrépitude et les marchands vantant leurs marchandises étalées sous les arches en face de l'hôtel. Les odeurs lui parurent bizarres. Gunn fut heureux de la brise qui dissipait la plupart des relents de la ville en les chassant vers le désert.

Il n'y avait aucune plaque, aucune indication mais il trouva son chemin le long des rues sablonneuses en regardant l'étoile Polaire.

Les habitants portaient des vêtements de bleus et de verts brillants, et de toute une gamme de jaunes. Les hommes étaient pour la plupart en djellaba ou en caftans. Certains préféraient les vêtements occidentaux ou les tuniques. La plupart avaient la tête couverte et emmaillotée dans une étoffe bleue. Certaines femmes étaient enveloppées de capes élégantes, d'autres préféraient de longues robes fleuries mais très peu portaient le voile.

Tous ces gens babillaient constamment de leur voix grave. Des enfants couraient partout, habillés tous différemment. Gunn eut du mal à imaginer une telle activité sociale et sympathique au milieu d'une si grande pauvreté. On aurait dit que personne n'avait pensé à avertir les Maliens de ce qu'ils étaient pauvres.

Le visage baissé et couvert par sa capuche pour ne pas trop montrer sa peau blanche, Gunn se mêla à la foule et traversa la partie la plus fréquentée de la ville. Personne ne l'arrêta, personne ne lui posa de questions gênantes. Si pour une raison inattendue cela devait se produire, il prétendrait être un touriste faisant du stop le long du Niger. Il ne s'attarda pas trop sur cette idée. Il y avait très peu de risque pour que quelqu'un soit précisément à la recherche d'un Américain en situation illégale.

Il vit enfin un panneau marqué d'une flèche et du dessin d'un avion. Il ne s'attendait pas à une telle facilité dans sa traversée de la cité. Sa chance, apparemment, ne l'avait pas encore abandonné.

Il traversa un faubourg plus commercial puis une zone de taudis. Depuis qu'il avait quitté le fleuve, Gao lui avait donné l'impression d'une ville où, lorsque tombait la nuit, une horreur invisible grouillait dans les rues pleines de sable. Une ville noyée depuis des siècles dans le sang et la violence. Son imagination se mit à courir tandis qu'il cheminait dans les rues maintenant presque désertes, découvrant pour la première fois les regards curieux et hostiles des gens assis devant leurs maisons en ruine.

Il se faufila dans une ruelle apparemment vide et s'arrêta pour sortir un revolver de son sac à dos. C'était un vieux Smith & Wesson calibre 38 qui avait appartenu à son père. Son instinct lui disait qu'il valait mieux ne pas se promener par ici si on voulait voir le soleil se lever le lendemain.

Un camion passa, bruyant et cahotant, faisant

voler le sable fin. Sa plate-forme était chargée de briques. Réalisant soudain qu'il allait dans sa direction, Gunn envoya toute prudence au vent du désert. Il sauta prestement et atterrit à l'arrière du camion. Il s'aplatit au-dessus des briques, le visage vers l'avant, dominant le toit de la cabine.

L'odeur du pot d'échappement du moteur Diesel fut presque un soulagement après les arômes de la ville. De son point d'observation au-dessus du chargement, Gunn aperçut deux lumières rouges clignotant à quelques kilomètres devant lui, sur sa gauche. Quand le camion eut péniblement parcouru un peu de route, il distingua quelques projecteurs montés sur un bâtiment et deux hangars au bord d'un terrain obscur.

— Tu parles d'un aéroport ! murmura-t-il. Ils allument tous les projecteurs alors qu'il n'est pas en activité.

Les phares du camion révélèrent une dépression de la route et le conducteur ralentit. Gunn en profita pour sauter à terre et courir. Le camion poursuivit sa route et disparut dans l'obscurité, laissant sur le sable deux traces jumelles. Le conducteur, insouciant, n'imagina pas qu'il avait eu un passager. Gunn suivit les feux arrière du camion et arriva enfin sur une sorte de route macadamisée au bord de laquelle un panneau de bois annonçait en trois langues l'aéroport international de Gao.

— International, dit Gunn à voix haute. J'espère, oh ! j'espère que c'est vrai !

Il marcha le long d'une route d'accès, un peu à l'extérieur au cas où un improbable véhicule aurait emprunté cette bretelle. Mais cette précaution n'était pas vraiment utile. L'aéroport était plongé dans l'obscurité et totalement dénué d'avions. Il avait vu des entrepôts condamnés en meilleur état que cette structure de bois au toit de métal rouillé. Il fallait être bien brave pour oser grimper et travailler dans cette minable tour de contrôle soutenue de façon précaire par des poutrelles presque pourries. Il contourna les bâtiments jusqu'au tarmac désert et obscur. De l'autre côté du terrain, illuminés par des projecteurs, étaient rangés huit chasseurs maliens et un avion civil.

Il resta immobile et observa les deux gardes armés assis en dehors de l'abri, dans l'obscurité. L'un somnolait sur une chaise, l'autre, adossé au mur de l'abri, fumait une cigarette.

— Génial, se dit Gunn. Vraiment génial ! Maintenant, il faut que je me batte aussi avec les militaires.

Il approcha de ses yeux sa montre de plongée Chronosport et vit qu'il était onze heures vingt. Il se sentit fatigué, soudain. Avoir fait tout ce qu'il avait fait pour trouver un aéroport désert où apparemment aucun trafic dans un sens ou dans l'autre n'avait dû se produire depuis des semaines ! Et comme si cela ne suffisait pas, voilà que des soldats maliens gardaient le terrain. Impossible de prévoir combien de temps il pourrait rester là sans être découvert ni combien de temps il lui faudrait pour mourir d'inanition et de soif.

Il se résigna donc à une longue attente. Inutile de traîner par ici en plein jour. Il parcourut une centaine de mètres dans le désert et tomba sur une sorte de petit puits rempli de débris de ce qui avait dû être une cabane. Il creusa dans le sable sec, s'abrita dans le trou ainsi évidé et tira au-dessus quelques planches à demi pourries. Le trou cachait peut-être des fourmis ou des scorpions mais il était trop fatigué pour en avoir cure.

Trente secondes plus tard, il s'était endormi.

* *
*

Poussés sans ménagements par les marins de Massarde, Pitt et Giordino, menottes aux poignets, se retrouvaient agenouillés et maintenus dans cette inconfortable position par de courtes chaînes reliées à un tuyau de vapeur. Ils étaient enfermés, sans pouvoir bouger, au fond de la cale, sous la lourde plaque d'accès servant de pont pour la salle des machines et des génératrices, au-dessus. Là-haut, un garde armé d'une mitraillette faisait lentement les cent pas et ses chaussures résonnaient sur le sol d'acier. Agenouillés dans la cale humide, les poignets sciés par les étroites menottes, la peau des genoux à quelques degrés d'être brûlée par le métal bouillant du plancher. Impossible de s'évader. Dans peu de temps, on allait les remettre entre les mains des policiers du général Kazim. Alors, leur existence ne vaudrait pas cher, avec une condamnation à mort pratiquement inévitable.

L'atmosphère de la cale était étouffante et pratiquement irrespirable. Le front ruisselant de sueur à cause de la chaleur humide des tuyaux, leurs tourments augmentaient à chaque instant. Giordino se sentait très affaibli, le moral presque totalement sapé après deux heures de détention dans ce trou infernal. L'humidité était pire que tous les saunas qu'il ait jamais fréquentés. La perte de liquide le rendait presque fou de soif.

Giordino regarda Pitt pour voir comment son ami, toujours si maître de soi, supportait ce pénible emprisonnement. Apparemment, il n'avait aucune réaction. Son visage, baigné de sueur, paraissait pensif mais sans inquiétude. Il contemplait une rangée de clefs anglaises soigneusement accrochées sur la cloison arrière. Bien sûr, il n'arrivait pas à les atteindre parce que la chaîne de ses menottes ne pouvait glisser le long du tuyau car une chaîne perpendiculaire l'en empêchait. Il mesurait pensivement la distance qui le séparait des outils. De temps à autre, il reportait son attention à la grille et au garde, puis revenait aux clefs.

— Tu nous as encore fourrés dans un joli guêpier, Stanley, dit Giordino en citant une réplique de Laurel et Hardy.

— Désolé, Olly, c'est au nom de l'humanité, renvoya Pitt avec un sourire.

— Tu crois que Rudi a réussi ?

— S'il reste bien à l'ombre et qu'il garde son sang-froid, il n'y a aucune raison pour qu'il se retrouve dans notre situation.

— Qu'est-ce que ce gros plein de fric français espère gagner, à ton avis, en nous faisant suer comme ça ? réfléchit Giordino en essuyant de son bras la sueur de son visage.

— Je n'en ai pas la moindre idée, répondit Pitt. Mais je suppose que nous saurons bientôt pourquoi il nous a enfermés dans cette cocotte-minute au lieu de nous remettre aux pandores.

— Faut-il qu'il soit méchant pour se fâcher comme ça parce que nous avons utilisé son téléphone !

— C'est ma faute, dit Pitt avec un regard amusé. J'aurais dû appeler en P.C.V.

— Bah ! tu ne pouvais pas savoir que ce type était si radin !

Pitt enveloppa Giordino d'un long regard plein d'admiration. Il s'étonnait que le petit Italien râblé pût faire preuve d'un tel sens de l'humour dans la situation pénible où ils se trouvaient.

Au cours des longues minutes torturantes qui suivirent, dans cette cellule surchauffée de la cale, leur situation étant plus que précaire, Pitt oublia tout pour ne plus penser qu'à un moyen d'évasion. Il eût été stupide de faire preuve d'optimisme. A eux deux, ils n'avaient pas assez de force pour briser leurs chaînes et ni lui ni Giordino n'avait le moyen de forcer les serrures de leurs menottes.

Il envisagea une douzaine de solutions, chacune immédiatement remplacée par une autre. Aucune, cependant, n'était applicable à moins que certains éléments ne se mettent en place. Les chaînes représentaient le problème numéro un. D'une façon ou d'une autre, il fallait qu'ils s'éloignent des tuyaux de vapeur, autrement les plans les plus élaborés de Pitt s'envoleraient avant même de toucher le sol.

Il cessa sa gymnastique mentale lorsque le garde retira une des plaques de métal et la remit en place. Prenant une clef à sa ceinture, il ouvrit les menottes attachées à leurs chaînes. Quatre marins se tenaient dans la salle des machines. Ils se penchèrent pour aider Pitt et Giordino à se mettre debout, les tirèrent tout au long de la pièce jusqu'en haut d'un escalier puis dans une grande salle recouverte d'une luxueuse moquette. L'un d'eux frappa à une porte de teck, l'ouvrit et poussa les deux prisonniers dans la pièce.

Yves Massarde était assis au centre d'un long canapé de cuir, fumant un cigare et tenant un verre de cognac. Un homme à la peau sombre, vêtu d'un uniforme militaire, était assis en face de lui sur une chaise et buvait du champagne. Ni l'un ni l'autre ne se leva lorsque Pitt et Giordino, pieds nus, en short et en T-shirt, se tinrent devant eux, couverts de sueur.

— Ce sont les pitoyables spécimens que vous avez pêchés dans la rivière ? demanda l'officier en les détaillant de ses yeux noirs, froids et cruels.

— En réalité, ils sont montés à bord sans invitation, répondit Massarde. Je les ai surpris en train d'utiliser mon équipement de communication.

— Pensez-vous qu'ils aient réussi à passer un message ?

— Oui, je suis arrivé trop tard pour les arrêter.

L'officier posa sa coupe au bout de la table, se leva et traversa la pièce pour venir se planter en face de Pitt.

Plus grand que Giordino, il avait dix bons centimètres de moins que Pitt.

— Lequel d'entre vous était en contact avec moi sur le fleuve ? demanda-t-il.

Pitt prit un air ravi.

— Vous devez être le général Kazim ?

— C'est exact.

— Ce qui prouve bien qu'on ne peut juger un homme à sa voix. Je m'étais imaginé que vous ressembliez davantage à Rudolf Valentino qu'à Willie la Belette...

Pitt se baissa et fit un bond de côté tandis que Kazim, le visage convulsé de haine, les dents serrées de rage soudaine, lança à Pitt un coup de son pied botté. Le coup était vicieux et portait presque tout le poids de Kazim. Son expression de colère fit soudain place à l'étonnement choqué lorsque Pitt, rapide comme l'éclair, lui attrapa le pied à deux mains avant qu'il n'ait le temps de le reposer et le tint solidement comme dans un étau.

Pitt ne bougea pas, ne tordit pas la jambe de Kazim. Il se contenta de la tenir entre ses mains, laissant le général en équilibre sur l'autre. Puis, très doucement, il poussa Kazim, fou de rage, en arrière jusqu'à ce qu'il tombe dans son fauteuil.

Un silence ahuri envahit la pièce. Kazim était en état de choc. Lui, le dictateur virtuel du pays depuis dix ans ! Son esprit refusait d'accepter l'insubordination et surtout ce traitement méprisant. Il était tellement habitué à voir les gens trembler devant lui qu'il ne savait pas comment réagir lorsqu'il n'avait pas le dessus physiquement. Sa respiration s'accéléra, ses lèvres n'étaient plus qu'une ligne blanche, tendue, son visage noir écarlate de colère. Seuls ses yeux restaient noirs, froids et vides.

Lentement, délibérément, il sortit un pistolet du holster qu'il portait sur le flanc. Pitt observa qu'il s'agissait d'un vieil automatique, un Beretta 9 mm NATO modèle 92SB. Sans se presser, Kazim abaissa le cran de sûreté et dirigea le canon de l'arme vers Pitt. Un sourire glacial se dessina sous son épaisse moustache.

Pitt lança un rapide coup d'œil du côté de Giordino et nota que son ami était tendu, prêt à sauter sur Kazim. Puis il se concentra sur la main de celui-ci, serrée sur l'automatique. Il guettait le moindre mouvement de ses doigts, la plus petite contraction de l'index sur la détente, préparant ses genoux pour sauter de côté. Cela aurait pu être une occasion pour tenter de s'échapper mais Pitt savait qu'il avait perdu l'avantage en allant trop loin dans la punition infligée à Kazim. Sa mort allait être lente et délibérée. Il était évident que Kazim était un bon tireur et qu'il ne manquerait pas sa cible à cette courte distance. Pitt savait qu'il pouvait éviter la première balle en sautant assez vite de côté mais Kazim ajusterait très vite son tir et tirerait pour l'estropier, d'abord dans un genou, puis dans l'autre.

Le regard mauvais du général indiquait clairement qu'il ne lui accorderait pas une mort rapide.

Puis soudain, un quart de seconde avant que, dans la pièce, ne résonne l'explosion et ne tombe le corps convulsé, Massarde fit un geste prétentieux de la main et parla d'un ton de commandement.

— Je vous en prie, général, allez faire vos exécutions ailleurs ! Certainement pas dans mon salon de réception !

— Celui-ci doit mourir ! siffla Kazim sans quitter Pitt des yeux.

— Chaque chose en son temps, mon bon ami, dit Massarde en se servant un nouveau verre de cognac. Faites-moi la grâce de ne pas tacher de sang mes rares et précieux tapis Navajo Nazlini.

— Je vous en achèterai d'autres, grogna Kazim.

— Ne voyez-vous pas qu'il souhaite certainement une mort rapide et facile ? Il est évident qu'il vous a provoqué, choisissant de mourir rapidement plutôt que de souffrir l'agonie d'une longue et interminable torture.

Très lentement, le pistolet s'abaissa et le sourire mortel de Kazim devint celui d'un loup.

— Vous l'avez démasqué ! Vous saviez exactement ce qu'il cherchait !

Massarde eut un haussement d'épaules très français.

— Les Américains appellent cela de la sagesse urbaine. Ces hommes ont quelque chose à cacher, quelque chose de vital. Nous pourrions tous deux tirer profit de ce qu'ils ont à dire, lorsque nous les persuaderons de le faire.

Kazim se leva, s'approcha de Giordino, leva à nouveau l'automatique qu'il appuya sur l'oreille droite de l'Italien.

— Voyons un peu si vous êtes plus bavard que lorsque vous étiez sur le bateau.

Giordino ne cilla pas.

— Quel bateau ? demanda-t-il d'une voix aussi innocente que celle d'un prêtre au confessionnal.

— Celui que vous avez abandonné quelques minutes avant qu'il n'explose.

— Oh ! ce bateau-là !

— Quelle était votre mission ? Pourquoi avez-vous remonté le Niger jusqu'au Mali ?

— Nous étudions les habitudes migratoires du poisson peluche en suivant un banc de ces petites bestioles gluantes en amont du fleuve jusqu'à leur terrain de frai.

— Et les armes à bord de votre bateau ?

— Des armes ? Quelles armes ? fit Giordino avec une grimace et un haussement d'épaules ignorant. On n'avait pas d'armes.

— Avez-vous oublié la façon dont vous avez anéanti la patrouille navale du Bénin ?

Giordino secoua la tête.

— Ça ne me rappelle rien !

— Quelques heures dans les salles d'interrogatoire de mon quartier général à Bamako pourraient vous rafraîchir la mémoire.

— Je vous assure que le climat n'est pas idéal, ici, pour les étrangers qui refusent de coopérer, dit Massarde.

— Arrête de mener ce type en bateau, dit Pitt à Giordino. Dis-lui la vérité.

Giordino lança à Pitt un regard ahuri.

— T'es malade ?

— Peut-être que toi, tu peux résister à la torture. Pas moi. La seule idée de souffrir me rend malade. Si tu ne dis pas au général Kazim ce qu'il veut savoir, moi je le lui dirai.

— Votre ami est un homme raisonnable, dit Kazim. Vous feriez bien d'écouter ses conseils.

Pendant une seconde, le regard déconcerté de Giordino disparut puis il revint mais, cette fois, plein de colère.

— Espèce de salaud ! Tu n'es qu'un sale traître...

Le déluge d'injures de Giordino fut arrêté brusquement par le pistolet que Kazim agita sous son nez avant de lui en assener un coup sur le menton où le sang se mit à couler. Giordino recula en trébuchant puis s'arrêta et fonça en avant comme un taureau fou. Kazim leva l'automatique et visa Giordino entre les yeux.

« Et voilà », pensa froidement Pitt, démonté par l'éclat de colère de Giordino.

Il se mit rapidement entre son ami et Kazim, saisit le bras de Giordino et le lui tint fermement dans le dos.

— Reste tranquille, pour l'amour du ciel !

Sans être vu, Massarde pressa un bouton sur une petite console près du divan. Avant que quiconque ait le temps de parler ou de bouger, une petite armée de marins surgit et, de leur masse, jetèrent Pitt et Giordino par terre. Pitt eut à peine le temps d'apercevoir l'avalanche avant de se raidir pour parer le choc. Il se laissa tomber sans se défendre, sachant que ce serait inutile, déterminé à garder ses forces. Mais pas Giordino, qui se démena comme un beau diable, remplissant la pièce de ses jurons.

— Ramenez celui-ci dans la cale, cria Massarde en se levant et en montrant Giordino.

Pitt sentit la pression s'alléger tandis que les gardes se concentraient sur Giordino qui luttait pour ne pas se soumettre. L'un des gardes sortit une courte matraque en forme de fouet, fait d'un poids au bout d'un câble flexible et en assomma Giordino en le frappant sur le cou, juste en dessous de l'oreille. Avec un grognement de douleur, Giordino cessa de se battre. Les gardes saisirent ses membres mous et le sortirent de la pièce en le portant.

Kazim pointa son automatique vers Pitt, toujours allongé sur le tapis.

— Bon, alors, puisque vous préférez une cordiale conversation à une longue agonie, si vous commenciez par nous dire quel est votre vrai nom ?

Pitt se roula sur le côté et s'assit.

— Pitt. Dirk Pitt.

— Dois-je le croire ?

— C'est un nom comme un autre.

Kazim se tourna vers Massarde.

— Les avez-vous fait fouiller ?

— Oui, dit Massarde. Mais ils n'avaient aucun papier.

Kazim revint à Pitt, le visage exprimant une immense répugnance.

— Peut-être pouvez-vous m'expliquer comment vous êtes entrés au Mali sans passeport ?

— Sans problème, général, dit Pitt. Mon collègue et moi sommes des archéologues. Une fondation française nous a engagés pour chercher au fond du Niger une très ancienne épave. Nous avons perdu nos passeports lorsque l'un de vos patrouilleurs a mis le feu à notre bateau. Ils ont brûlé.

— D'honnêtes archéologues auraient supplié comme des enfants maltraités après avoir été enchaînés des heures près des tuyaux de vapeur. Vous êtes trop endurcis, trop arrogants pour être autre chose que des agents ennemis...

— Quelle fondation ? interrompit Massarde.

— La Société française d'exploration historique, répondit Pitt.

— Je n'en ai jamais entendu parler.

Pitt fit un geste désolé.

— Que puis-je vous dire ?

— Depuis quand des archéologues cherchent-ils des épaves sur un super-yacht équipé de lance-roquettes et d'armes automatiques ? demanda Kazim d'un ton sarcastique.

— Ça ne fait pas de mal d'être prêt à combattre les pirates et les terroristes, dit Pitt avec un sourire bête.

A cet instant précis, on frappa à la porte. L'un des marins de Massarde entra et lui remit un message.

— Y a-t-il une réponse, monsieur ?

Massarde étudia le papier et hocha la tête.

— Faites-lui mes compliments et dites-lui de continuer ses recherches.

Quand le marin fut sorti, Kazim demanda :

— Bonnes nouvelles ?

— Excellentes, ronronna Massarde. Ça vient de mon agent auprès des Nations Unies. Il semble que ces hommes appartiennent à l'Agence nationale marine et sous-marine, à Washington. Leur mission est de rechercher la source d'une contamination chimique qui a son origine dans le Niger et cause un rapide développement de la marée rouge quand elle atteint la mer.

— C'est une façade, se moqua Kazim. Rien de plus. Ils sont sur la piste de quelque chose de bien plus important qu'une simple pollution. A mon avis, c'est le pétrole.

— C'est exactement l'avis de mon agent à New York. Il suggère aussi que c'est une couverture et cependant, ce n'est pas l'avis de son informateur.

Kazim jeta à Massarde un regard soupçonneux.

— Ce n'est pas une fuite à Fort-Foureau, j'espère ?

— Non, pas du tout, répondit Massarde sans hésitation. Non, ça ne peut être qu'une autre de vos manœuvres clandestines que vous n'avez pas jugé utile de me révéler.

Le visage de Kazim se figea.

— Si quelqu'un est responsable d'une contamination galopante, mon vieux, cela ne peut être que vous !

— Ce n'est pas possible, dit sèchement Massarde. Vous trouvez sans doute cette conversation passionnante, monsieur Pitt ? ajouta-t-il en se tournant vers celui-ci.

— J'ignore de quoi vous parlez.

— Vous et votre ami devez être des hommes de grande valeur !

— Pas vraiment. Pour l'instant, nous ne sommes que des prisonniers très ordinaires.

— Que voulez-vous dire par « grande valeur » ? demanda Kazim.

— Mes agents m'informent également que les Nations Unies envoient une équipe tactique spéciale pour les sauver.

Kazim parut un instant choqué. Puis il reprit son sang-froid.

— Une équipe spéciale vient ici ?

— Elle est probablement déjà en chemin, maintenant que M. Pitt a pu contacter son supérieur, fit Massarde en jetant un nouveau coup d'œil au message. Selon mon agent, son patron est l'amiral James Sandecker.

— On dirait qu'on ne peut pas vous la faire !

L'élégante pièce du house-boat était rafraîchie par l'air conditionné et Pitt ne put réprimer un frisson après la chaleur étouffante de la cale. Mais il savait que ce frisson n'était pas seulement dû au froid. C'était un rude coup d'apprendre que Massarde était au courant de toute la mission. Il essaya d'imaginer qui avait pu les trahir mais aucun nom ne lui vint à l'esprit.

— Bien, bien, bien ! On ne fait plus le malin indifférent, maintenant, n'est-ce pas, l'ami ?

Kazim se servit une nouvelle coupe de l'excellent champagne de Massarde. Puis il leva soudain les yeux de sa coupe.

— Où avez-vous l'intention de retrouver la Force des Nations Unies, monsieur Pitt ?

Pitt essaya d'avoir l'air d'un homme frappé d'amnésie. Mais cela ne servait à rien. Il était trop évident que le seul point de ralliement possible était l'aéroport de Gao. Il n'osait pas compromettre Gunn mais il misa sur l'espoir que Kazim était aussi idiot qu'il en avait l'air.

— L'aéroport de Gao. Ils doivent atterrir à l'aube. Nous devons les attendre sur la piste ouest.

Kazim considéra Pitt un bref instant puis soudain frappa celui-ci au front avec la crosse de son Beretta.

— Menteur ! aboya-t-il.

Pitt rentra la tête dans les épaules et se couvrit le visage de ses mains.

— C'est la vérité, je le jure !

— Menteur ! répéta Kazim. La piste de Gao va au nord et au sud. Il n'y a pas de piste ouest.

Pitt laissa échapper un long soupir silencieux et secoua lentement la tête.

— Je suppose qu'il est inutile de résister. Vous me tireriez les vers du nez tôt ou tard.

— Malheureusement pour vous, j'ai des méthodes pour ça.

— Très bien, dit Pitt. Les instructions de l'amiral

Sandecker, après que nous ayons détruit le bateau, étaient de nous diriger au sud de Gao, à 20 kilomètres, jusqu'à un large ravin peu profond. Un hélicoptère doit venir du Niger.

— Quel est le signal pour assurer la sécurité de la rencontre ?

— Il n'y a pas besoin de signal. Tous les alentours sont parfaitement déserts. On m'a dit que l'hélicoptère balaierait la zone de ses projecteurs jusqu'à ce qu'il nous repère.

— A quelle heure ?

— Quatre heures du matin.

Kazim le regarda longuement d'un air pensif puis dit avec cruauté :

— Si vous m'avez encore menti, je vous jure que vous le regretterez amèrement !

Il remit son Beretta dans son holster et se tourna vers Massarde.

— Pas de temps à perdre. Il faut que je prépare la cérémonie d'accueil.

— Je crois que vous feriez bien, Zateb, de tenir les Américains à distance. Je vous conseille vivement de ne pas interférer avec leur équipe tactique. S'ils ne trouvent ni Pitt ni son ami, ils repartiront tout simplement au Nigeria. Descendre l'hélicoptère et tirer sur tous ses occupants ne fera que vous fourrer dans un guêpier inutile.

— Ils envahissent mon pays !

— C'est sans importance, fit Massarde avec un geste de ses mains élégantes. L'orgueil national ne vous va pas du tout ! La satisfaction d'assouvir votre instinct sanguinaire ne vaut pas la perte de l'aide et des fonds que vous rapporte votre programme... disons scélérat. Laissez-les partir sans bagarre.

Kazim eut un sourire mauvais et un rire sec et sans joie.

— Yves, vous retirez tous les plaisirs de ma vie !

— Mais je mets des millions de francs dans vos poches.

— Et ça aussi, acquiesça Kazim.

Massarde désigna Pitt du menton.

— D'ailleurs, vous pouvez toujours vous amuser avec celui-ci et son ami. Je suis sûr qu'ils vous diront tout ce que vous souhaitez savoir.

— Ils parleront avant midi.

— J'en suis persuadé !

— Merci de les avoir mis en condition dans le hammam de la salle des machines.

— Je vous en prie, dit Massarde en se dirigeant vers une porte latérale. Maintenant, si vous voulez bien m'excuser, je dois m'occuper de mes invités. Il y a trop longtemps que je les néglige.

— Juste une faveur ? dit Kazim.

— Dites.

— Gardez MM. Pitt et Giordino encore un petit moment dans la cale. Je voudrais qu'ils aient perdu toute agressivité et tout esprit de résistance quand je les transférerai à mon quartier général de Bamako.

— Comme vous voudrez, fit Massarde. Je vais dire à mes hommes de ramener M. Pitt en bas.

— Merci, Yves, mon ami, de les avoir capturés et de me les avoir remis. Je vous en suis reconnaissant.

Massarde fit un petit salut.

— Ce fut un plaisir !

Avant que la porte ne se soit refermée derrière Massarde, Kazim reporta son attention sur Pitt. Ses yeux noirs brillaient de haine. Pitt ne pouvait se souvenir que d'une fois où il avait rencontré une telle malveillance concrète sur un visage humain.

— Profitez bien de votre séjour dans la cale, monsieur Pitt. Après, vous allez souffrir, souffrir au-delà de ce que vous pourriez imaginer dans vos pires cauchemars.

Si Kazim s'était attendu à voir Pitt trembler, il en fut pour ses frais. Il était au contraire d'un calme surprenant avec, sur le visage, l'expression d'un homme qui vient de toucher le jackpot d'une machine à sous. En fait, il se réjouissait intérieurement de ce que le général avait involontairement résolu le point le plus délicat de son plan d'évasion. La grille venait de s'entrouvrir et Pitt avait bien l'intention d'en profiter.

Trop énervée pour dormir, Eva fut la première des scientifiques ensommeillés à remarquer que l'avion perdait de l'altitude. Bien que les pilotes aient manœuvré aussi doucement que possible, elle sentit la légère baisse de la puissance des moteurs et fut certaine qu'ils avaient perdu de l'altitude quand ses oreilles commencèrent à se boucher.

Elle regarda par le hublot mais ne vit que la totale obscurité. Aucune lumière ne brillait en bas, dans le désert. Un coup d'œil à sa montre lui indiqua qu'il était minuit dix, une heure et demie seulement après qu'ils eurent chargé les derniers équipements et les échantillons de produits contaminés puis décollé du cimetière d'Asselar.

Elle se détendit, pensant que les pilotes prenaient une nouvelle direction et changeaient d'altitude. Mais son estomac lui confirma que l'avion continuait à descendre.

Eva se leva et marcha jusqu'au bout de l'allée où Hopper s'était exilé afin de fumer sa pipe. Elle le secoua doucement pour l'éveiller.

— Frank ! Quelque chose ne va pas.

Hopper avait le sommeil léger. Il ouvrit immédiatement les yeux et la regarda d'un air interrogateur.

— Qu'est-ce que tu dis ?

— L'avion descend. Je crois qu'il atterrit.

— C'est idiot ! rouspéta-t-il. Le Caire est à cinq heures d'ici.

— Non, j'ai entendu les moteurs ralentir.

— Les pilotes ont probablement ralenti l'allure pour économiser le carburant.

— Nous perdons de l'altitude, j'en suis sûre.

Hopper réagit au sérieux de sa voix, se redressa et écouta à son tour. Puis, se penchant sur l'accoudoir, il regarda vers l'avant de l'appareil la cloison de la cabine des passagers.

— Je crois que tu as raison. L'avant a l'air de piquer légèrement.

Eva montra le cockpit d'un mouvement de tête.

— Les pilotes ont toujours laissé la porte ouverte pendant le vol. Maintenant, elle est fermée.

— Ça paraît bizarre, mais je suis sûr que tu exagères.

Il repoussa néanmoins la couverture qui protégeait sa grande carcasse et se leva, les articulations engourdies.

— Enfin, ça ne fera pas de mal d'aller y jeter un coup d'œil.

Eva le suivit jusqu'à la porte du cockpit. Hopper tourna la poignée, le visage soudain inquiet.

— Cette saleté est verrouillée !

Il appuya son poids contre la porte mais abandonna après un moment. Il constata que l'angle de descente s'était accentué.

— Il se passe quelque chose de franchement bizarre. Tu ferais bien de réveiller les autres.

Eva se hâta de tirer les autres membres de l'équipe de leur sommeil profond. Grimes fut le premier à rejoindre Hopper.

— Pourquoi est-ce qu'on atterrit ? demanda-t-il.

— Je n'en ai pas la moindre idée. Les pilotes n'ont pas l'air décidés à communiquer.

— Ils font peut-être un atterrissage d'urgence.

— Si c'est le cas, ils gardent l'information pour eux !

Eva se pencha sur un siège et scruta l'obscurité par un hublot. Un petit groupe de lumières pâles et jaunâtres perça la nuit, à quelques kilomètres du nez de l'appareil.

— Il y a des lumières devant, annonça-t-elle.

— On pourrait faire sauter la porte, proposa Grimes.

— Pour quoi faire ? demanda Hopper. Si les pilotes ont l'intention d'atterrir, on ne peut rien faire pour les en empêcher. Aucun d'entre nous n'est capable de prendre les commandes d'un jet.

— Alors, il ne nous reste qu'à nous rasseoir et à reboucler nos ceintures, dit Eva.

A peine eut-elle fini sa phrase que les lumières

d'une piste d'atterrissage illuminaient le désert sans visage. Le train descendit et le pilote prit un virage serré pour faire son approche sur la piste encore invisible. Ils avaient tous attaché leur ceinture lorsque le train frappa le sable dur. Les moteurs rugirent lorsque le pilote engagea les freins à air. La surface douce de la piste non cimentée offrit assez de résistance pour ralentir l'appareil sans que les pilotes aient besoin de freiner trop fort. L'avion roula jusqu'à une rangée de projecteurs le long de la piste et s'immobilisa.

— Je me demande bien où nous sommes ! murmura Eva.

— On le saura assez tôt, dit Hopper en s'approchant de la porte du cockpit, bien décidé à l'ouvrir d'une façon ou d'une autre. Mais elle s'ouvrit avant qu'il ne l'atteigne et les pilotes pénétrèrent dans la cabine.

— Que signifie cet atterrissage ? demanda Hopper. Y a-t-il un problème mécanique ?

— C'est ici que vous descendez, dit tranquillement le pilote.

— Qu'est-ce que vous racontez ? Vous êtes supposés nous emmener jusqu'au Caire !

— Mes ordres sont de vous faire descendre à Tebezza.

— Ceci est un appareil loué par les Nations Unies. Vous avez été engagés pour nous emmener partout où nous désirons aller et Tebezza, ou je ne sais comment vous l'appelez, n'est pas l'une de nos destinations.

— Considérez-la comme une destination imprévue, dit le chef pilote d'un air moqueur.

— Vous n'avez pas le droit de nous laisser au milieu du désert ! Comment allons-nous faire pour sortir d'ici et rejoindre Le Caire ?

— Des arrangements ont été pris.

— Et notre équipement ?

— Il restera sous bonne garde.

— Nos prélèvements doivent être remis au laboratoire de l'Organisation mondiale de la santé, à Paris, le plus vite possible.

— Ça ne me regarde pas. Maintenant, si vous voulez bien rassembler vos affaires personnelles, nous débarquons.

— Il n'en est pas question ! s'indigna Hopper.

Le pilote passa près de lui et se dirigea vers la sortie arrière. Là, il déverrouilla les gros loquets et poussa la large porte. Les pompes hydrauliques ronronnèrent et la passerelle se déplia. Après quoi le pilote leva un revolver de gros calibre et l'agita sous le nez des scientifiques éberlués.

— Maintenant, sortez de cet appareil, ordonna-t-il sèchement.

Hopper s'avança jusqu'à frôler le pilote, sans se préoccuper du canon qu'il lui enfonçait dans l'estomac.

— Qui êtes-vous ? Pourquoi faites-vous cela ?

— Je suis le lieutenant Abuhakar Babanandi, des Forces aériennes du Mali et j'agis sur les ordres de mes supérieurs.

— Et qui sont ces supérieurs ?

— Le Conseil militaire suprême du Mali.

— Vous voulez dire le général Kazim ? C'est lui qui tire les ficelles, par ici...

Hopper grogna de douleur lorsque le lieutenant Babanandi lui donna un coup violent du canon de son arme au-dessus de l'aine.

— Je vous en prie, ne faites pas d'histoires, docteur. Quittez cet avion ou je vous abats là où vous êtes !

Eva prit Hopper par le bras.

— Fais ce qu'il dit, Frank. Ne te fais pas tuer pour garder l'honneur.

Hopper vacilla un peu, les mains appuyées sur son ventre. Babanandi paraissait dur et froid mais Eva distingua dans son regard plus de peur que d'hostilité. Sans un mot, Babanandi poussa Hopper jusqu'à la première marche.

— Je vous ai prévenu. Ne traînez pas.

Vingt secondes plus tard, à demi porté par Eva, Hopper atteignit le sol et regarda autour de lui.

Une demi-douzaine d'hommes, la tête et le visage cachés par le voile indigo lourdement enroulé des Touaregs, s'approchèrent de Hopper et se tinrent en demi-cercle autour de lui. Ils étaient tous très grands et très menaçants. Vêtus de longues tuniques noires, ils étaient armés de longs sabres glissés dans des fourreaux pendus à leurs ceintures. Ils tenaient en outre des pistolets automatiques dont les canons étaient tous dirigés vers Hopper.

Deux autres silhouettes approchèrent. L'un était très grand, mince avec de longues mains blanches. C'était d'ailleurs tout ce que l'on voyait de lui en dehors des yeux par la fente de son litham. Sa robe était d'un rouge profond mais son voile était blanc. Hopper lui arrivait à peine à l'épaule.

Près de lui se tenait une femme, large comme un camion de gravier à la benne remplie. Elle portait une robe informe et sale qui lui arrivait aux genoux, révélant des jambes épaisses comme des poteaux télégraphiques. Contrairement à son compagnon, elle était nu-tête. Bien qu'aussi sombre de peau que les Africains, les cheveux crépus, elle avait les pommettes hautes, un menton rond et un nez pointu. Ses yeux étaient petits et ronds et sa bouche paraissait occuper toute la largeur de son visage. Tout en elle était froid et méchant, et son nez cassé et son front plein de cicatrices ne faisaient rien pour lui donner un air jovial. De toute évidence, elle avait dû être rudement brutalisée. Elle tenait à la main un long fouet de cuir terminé par un nœud. Elle regardait Hopper comme un bourreau de l'Inquisition mesurant sa prochaine victime en calculant la force qu'il faudrait à sa hache pour lui trancher le cou.

— Comment s'appelle cet endroit ? demanda Hopper sans préambule.

— Tebezza, répondit le géant.

— On m'a déjà dit ça. Mais où se trouve Tebezza ?

La réponse lui fut donnée dans un anglais teinté

de ce que Hopper pensa être un accent d'Irlande du Nord.

— Tebezza est là où finit le désert et où commence l'enfer. Ici, l'or est extrait par des prisonniers et par des esclaves.

— Quelque chose dans le genre des mines de sel de Taoudenni, dit Hopper en considérant les armes pointées vers lui. Ça vous ennuierait de diriger ces armes ailleurs que vers mon visage ?

— Elles sont une nécessité, docteur Hopper.

— Ne vous inquiétez pas. Nous ne sommes pas ici pour voler votre...

Hopper s'arrêta au milieu de sa phrase. Ses yeux s'agrandirent et toute couleur quitta son visage. Il reprit dans un murmure :

— Vous connaissez mon nom ?

— Bien sûr. Nous vous attendions.

— Qui êtes-vous ?

— Mon nom est Selig O'Bannion. Je suis l'ingénieur en chef de la mine.

O'Bannion se tourna et fit un signe à la grosse femme.

— Ma contremaîtresse s'appelle Melika, ce qui signifie « reine ». Vous et vos gens prendront vos ordres d'elle.

Une dizaine de secondes s'écoulèrent dans un silence de plomb que ne brisait que le bruit des turbines de l'avion. Puis Hopper lâcha :

— Des ordres ? De quoi parlez-vous, nom de Dieu ?

— Vous avez été envoyés ici par la courtoisie du général Zateb Kazim. C'est sur son ordre exprès que vous travaillerez dans les mines.

— C'est un enlèvement ! cria Hopper.

O'Bannion hocha patiemment la tête.

— Ce n'est pas vraiment un enlèvement, docteur Hopper, puisqu'on ne demandera pas de rançon pour vous ni pour votre équipe de scientifiques des Nations Unies. Vous avez été condamnés aux travaux forcés dans les mines de Tebezza où vous extrairez de l'or pour le Trésor national du Mali.

— Vous êtes plus dingue qu'un cafard... commença Hopper.

Il recula contre la passerelle de l'avion lorsque Melika le frappa en plein visage de son fouet de cuir. Il se raidit sous le choc et toucha la balafre qui s'était ouverte dans sa joue.

— C'est ta première leçon d'esclave, espèce de porc immonde ! cracha l'énorme femme. A partir de maintenant, tu ne parles que si on te le demande.

Elle leva à nouveau le fouet pour frapper Hopper mais O'Bannion lui saisit le bras.

— Du calme, femme ! Laisse-lui le temps de s'habituer à cette idée.

Il regarda les autres scientifiques qui s'étaient pressés autour de Hopper, le visage choqué et un début de terreur dans les yeux.

— Je tiens à ce qu'ils soient en forme pour leur premier jour de travail.

A contrecœur, Melika baissa le fouet.

— Je crois que tu es en train de perdre ta carapace, Selig. Ils ne sont pas en sucre.

— Etes-vous américaine ? demanda Eva.

— Tout juste, chérie. Dix ans comme chef maton à l'institution pour femmes de Corona, en Californie. Crois-en mon expérience, on n'en trouve pas de plus dures que là-bas !

— Melika s'occupe tout particulièrement des travailleuses, fit O'Bannion. Je suis sûr qu'elle fera de son mieux pour que vous soyez vite de le famille.

— Vous faites travailler des femmes dans les mines ? dit Hopper, incrédule.

— Ouais, un certain nombre. Et leurs enfants aussi, répondit négligemment O'Bannion.

— C'est une violation flagrante des droits de l'homme ! dit Eva avec colère.

Melika lança à O'Bannion un regard plein de méchanceté.

— Je peux ?

— Tu peux, lâcha-t-il.

La grosse femme lança le nœud du fouet dans l'estomac d'Eva qui se plia en deux. Puis elle l'abattit sur le cou de la jeune femme qui s'écroula comme une couverture mouillée. Elle l'aurait frappée à nouveau à terre si Hopper ne lui avait saisi le bras, qu'il lui tordit autour de la taille.

— Vous apprendrez vite que, même verbale, la résistance est inutile, dit O'Bannion. Mieux vous coopérerez, plus supportable sera le temps qui vous reste à vivre.

Le visage de Hopper ne fut plus qu'incrédulité.

— Nous sommes des scientifiques respectés de l'Organisation mondiale de la santé. Vous ne pouvez pas nous exécuter comme ça vous chante !

— Vous exécuter, mon bon docteur ? se moqua calmement O'Bannion. Pas du tout. Ce que je veux, c'est vous tuer au travail.

24

Tout se passa exactement comme Pitt l'avait espéré. Après que les gardes l'eurent ramené dans la cale infernale avec Giordino, il parut soumis et coopératif en levant les mains pour que le garde puisse fermer ses menottes autour du tuyau de vapeur. Sauf que, cette fois, Pitt tint les mains du côté opposé au support du tuyau. Satisfait, il fut à nouveau solidement enchaîné, après quoi, le garde laissa retomber la porte d'acier avec un bruit sourd sur les prisonniers, dans l'atmosphère humide et bouillante de ce compartiment étouffant.

Giordino, assis dans une flaque humide sans en paraître gêné, massa le dos de sa tête.

Dans l'air lourd d'humidité, Pitt le distinguait à peine.

— Comment ça s'est passé ?

— Massarde et Kazim sont mouillés jusqu'au cou. Ils sont associés dans une sorte d'opération louche. Massarde paie grassement le général pour son aide.

Ça, c'est évident. Mais c'est tout ce que j'ai pu comprendre.

— Quelle est la prochaine étape ?

— Le peloton.

— Comment est-ce qu'on sort de ce merdier ?

Pitt leva les mains et sourit.

— D'un simple mouvement de poignet.

Maintenant attaché de l'autre côté du support du tuyau, il fit glisser la chaîne le long de celui-ci jusqu'à ce qu'il atteigne la cloison arrière où se trouvaient les diverses clefs. Il en prit une et essaya de la faire tourner autour de l'appareillage monté sur la cloison pour supporter le passage du tuyau de vapeur. Elle était trop grosse. La suivante fut juste de la bonne taille. Il ajusta sa prise et tira. Le joint, complètement rouillé, refusa de bouger. Pitt se reposa un instant puis, les pieds contre le tuyau d'acier, saisit la clef à deux mains et tira de toutes ses forces. Le joint céda avec difficulté mais il céda. Le premier quart de tour demanda à Pitt toute la force de ses bras mais, à chaque tour, le joint tourna plus facilement. Quand il ne fut plus attaché que par quelques fils seulement, Pitt s'arrêta et se tourna vers Giordino.

— Voilà, il est prêt à être détaché. Nous avons de la chance, la pression de la vapeur est basse. Elle sert à chauffer les cabines au-dessus. Nous allons bientôt savoir comment se sent le pauvre homard quand on le lâche dans la marmite. Quant à nous, nous allons être plongés dans la vapeur et si nous ne voulons pas étouffer, nous avons intérêt à filer d'ici vite fait !

Giordino se mit debout, les genoux pliés, la tête baissée mais ses cheveux noirs trempés touchaient la plaque métallique servant de plafond.

— Arrange-toi pour que le garde soit à ma portée et je m'occupe du reste.

Pitt acquiesça sans rien dire et donna rapidement les derniers tours de clef jusqu'à ce que le joint soit libre. Puis il se servit de la chaîne de ses menottes pour se pendre au tuyau, utilisant son poids pour le tirer. Un nuage de vapeur sortit comme de la lave d'un volcan et envahit jusqu'aux moindres recoins du petit compartiment de la cale. En quelques secondes, Pitt et Giordino ne virent plus rien. D'un mouvement rapide, Pitt libéra sa chaîne en la faisant glisser au bord libre du tuyau et se brûla le dos des mains.

Comme un seul homme, Giordino et lui commencèrent à crier et à taper sur les plaques d'acier du pont. Surpris par le sifflement soudain de la vapeur qui commençait à traverser les joints des plaques du pont, le garde réagit comme Pitt l'avait prévu et ouvrit la trappe. Un jet de vapeur le couvrit aussitôt tandis que Pitt, dont il ne voyait pas les mains, s'agrippait à lui et, d'un coup sec, le tirait au fond de la cale envahie de brume brûlante. Le garde tomba la tête la première. Sa mâchoire heurta un tuyau d'acier et il perdit connaissance.

Une seconde après, Pitt avait saisi le pistolet automatique du garde. Giordino, quant à lui, fouilla les poches de l'homme et en tira les clefs des menottes. Tandis qu'il se libérait les poignets, Pitt sauta comme un chat sur le pont et s'accroupit, balayant devant lui le canon de l'arme automatique. La salle des machines était vide. Aucun marin n'était de service en dehors du garde.

Pitt se retourna et s'agenouilla, essuyant la sueur de son front.

— Tu viens ?

— Attrape le garde, cria Giordino, invisible dans le brouillard de vapeur. Il n'y a pas de raison de laisser ce pauvre type mourir là-dedans.

Pitt se pencha, sentit les bras de l'homme et les saisit. Il tira le garde inconscient jusqu'à la salle des machines et l'étendit sur le sol. Puis il attrapa Giordino par le poignet et le sortit de ce trou d'enfer, grimaçant sous la douleur qui éclata soudain dans ses mains brûlées.

— Tes mains ressemblent à des crevettes cuites, remarqua Giordino.

— Je dois les avoir rôties quand j'ai retiré ma chaîne du tuyau.

— Il faudrait les bander avec quelque chose.

— Pas le temps. Ça ne t'ennuie pas de me faire cet honneur ? ajouta-t-il en montrant les menottes.

Giordino libéra rapidement Pitt de sa chaîne et des menottes. Il tint un moment la clef en l'air avant de la glisser dans sa poche.

— Ça peut toujours servir. On ne sait jamais, quand on nous arrêtera de nouveau !

— Si j'en juge par le merdier dans lequel nous sommes, murmura Pitt, ça ne saurait tarder. Les passagers de Massarde vont bientôt se plaindre du froid, surtout les femmes en robes du soir et aux épaules nues. Il enverra un marin arranger ça et découvrira que nous avons filé.

— Alors, il est temps de sortir côté jardin avec style et discrétion.

— Avec discrétion surtout.

Pitt s'approcha d'une écoutille, l'entrouvrit et jeta un coup d'œil au pont extérieur qui courait d'un bout à l'autre du yacht. Il alla jusqu'au bastingage et leva les yeux. On voyait des gens par les larges fenêtres du salon, buvant et bavardant, en tenue de soirée, ignorant les mauvais traitements qu'avaient endurés Pitt et Giordino presque sous leurs pieds.

Il fit signe à Giordino de le suivre et ils s'avancèrent prudemment sur le pont, s'accroupissant en passant les hublots donnant sur les cabines de l'équipage. Enfin, ils atteignirent un escalier. Ils se dissimulèrent dans l'ombre des marches et regardèrent par l'ouverture du haut. Bien découpé sous la lumière des lustres comme en plein jour, se détachant en rouge et blanc sous le ciel sombre, ils virent clairement l'hélicoptère personnel de Massarde rangé sur le pont au-dessus du salon principal. Il n'était pas gardé.

— Notre char nous attend, dit Pitt.

— C'est mieux que la nage, approuva Giordino. Si le mangeur de grenouilles avait su qu'il abritait deux anciens pilotes, il ne l'aurait jamais laissé sans surveillance.

— Sa légèreté fait notre chance, dit Pitt.

Il grimpa l'escalier et inspecta le pont, cherchant

par les hublots le moindre signe de vie. Les quelques têtes qu'il aperçut dans les cabines semblaient se désintéresser des événements extérieurs et regardaient ailleurs. Il traversa silencieusement le pont, ouvrit la porte de l'hélicoptère et y pénétra. Giordino retira les cales des roues et les filins avant de rejoindre Pitt. Il ferma la porte et s'installa dans le siège de droite.

— Voyons... Qu'est-ce que nous avons là ? murmura Giordino en inspectant le tableau de bord.

— Un des derniers modèles, construit en France, double turbine Ecureuil, d'après ce que je vois, répondit Pitt. Je ne peux pas te dire quel modèle et nous n'avons pas le temps de traduire tout ce baratin. Il va falloir nous passer de la check-list, le mettre en l'air et filer.

Ils perdirent deux précieuses minutes à mettre l'appareil en marche mais aucune alarme n'avait encore été donnée lorsque Pitt relâcha le frein et que les rotors commencèrent à tourner, accélérant jusqu'à atteindre la vitesse nécessaire à l'envol. La force centrifuge fit osciller l'appareil sur ses roues. Comme la plupart des pilotes, Pitt n'avait pas besoin de traduire les instructions en français sur les cadrans, les instruments et les interrupteurs disposés le long du tableau de bord. Il savait ce qu'ils indiquaient. Les commandes étaient universelles et ne lui posèrent aucun problème.

Un marin apparut et regarda avec curiosité par le vaste pare-brise. Giordino lui adressa un petit signe amical et un large sourire. Le marin, sidéré et indécis, ne bougea pas.

— Ce type se demande qui nous sommes, dit Giordino.

— Est-il armé ?

— Non, mais ses copains qui sont en train de monter à toute vitesse n'ont pas l'air très amicaux !

— Il est temps de filer.

— Tous les voyants sont au vert, nota Giordino, rassuré.

Pitt n'hésita plus. Il respira profondément et éleva

l'hélicoptère dans une large glissade au-dessus du pont avant de piquer du nez et de mettre les gaz, forçant la machine à bondir en avant. Le house-boat s'éloigna, bouquet de lumières contre le noir de l'eau. Une fois au large, Pitt maintint une hauteur de dix mètres environ et suivit le fleuve vers la mer.

— Où allons-nous ? demanda Giordino.

— Là où Rudi a trouvé que les saloperies se déversaient dans le fleuve.

— N'est-ce pas la mauvaise direction ? Nous avons trouvé les toxines à au moins 100 kilomètres d'ici, dans la direction opposée.

— C'est une feinte pour semer la meute. Dès que nous serons assez loin de Gao, je tournerai vers le sud et nous suivrons le désert pour reprendre le fleuve 30 kilomètres vers l'amont.

— Pourquoi ne pas aller jusqu'à l'aéroport prendre Rudi et quitter ce sale bled ?

— Pour tout un tas de raisons, dit Pitt en montrant les jauges de carburant. D'abord, on n'a pas assez de jus pour faire plus de 200 kilomètres. Ensuite, dès que Massarde et son copain Kazim auront donné l'alarme, les chasseurs maliens nous suivront au radar et nous obligeront à nous poser ou bien nous canarderont en plein ciel. Et ce petit scénario commencera dans moins d'un quart d'heure. Tertio, Kazim pense que nous ne sommes que deux. Plus nous mettrons de distance entre Rudi et nous, plus il aura de chances de filer avec les échantillons.

— Est-ce que tout ça te vient comme ça d'un coup, se plaignit Giordino, ou bien est-ce que tu descends d'une longue lignée d'extralucides ?

— Considère-moi comme ton devin amical, démanteleur de complots, dit Pitt avec une feinte hauteur.

— Tu devrais te présenter au Festival de la voyance, conseilla sèchement Giordino.

— Je nous ai tout de même sortis du bain de vapeur et du bateau, non ?

— Et maintenant, on va survoler le désert du

Sahara jusqu'à ce qu'on n'ait plus de carburant !
Après ça, on traversera à pied le plus grand désert du
monde pour chercher un je-ne-sais-même-pas-quoi
toxique, jusqu'à ce qu'on meure ou qu'on soit capturés par l'armée malienne pour aller nourrir les rats
de leurs oubliettes.

— On peut dire que tu as du talent pour peindre
des tableaux encourageants ! dit Pitt.

— Alors, mets-moi au parfum.

— D'accord. Dès que nous atteindrons le lieu où
le produit toxique arrive dans le fleuve, nous enterrerons l'hélicoptère.

— Dans la rivière ? demanda Giordino, surpris.

— Tu commences à piger.

— On ne va pas encore nager dans cette rivière
puante ! Pas encore ! fit Giordino en secouant la tête
avec découragement. Tu es plus dingue que Woody
Woodpecker !

— Chaque mot est une vertu, chaque mouvement
sublime, dit Pitt qui, redevenant soudain sérieux,
ajouta :

— Tous les avions que les Maliens peuvent mettre
en l'air vont chercher ce coucou. Quand il sera au
fond de l'eau, ils ne sauront pas à partir d'où nous
donner la chasse. D'ailleurs, le dernier endroit où
Kazim nous imagine, c'est bien le nord, vers les
dépôts du désert, à la recherche des toxines empoisonnées.

— Sournois ! fit Giordino. Voilà ce que tu es. Un
sournois !

Pitt se pencha et prit une carte dans un étui attaché à son siège.

— Prends les commandes pendant que je prépare
la route.

— Ça va, dit Giordino en prenant le levier de
commande à côté de son siège et la commande de
direction.

— Monte à 100 mètres, maintiens la course au-
dessus du fleuve pendant cinq minutes puis amène-
nous à deux-six-zéro degrés.

Giordino suivit les instructions de Pitt et monta

l'appareil à 100 mètres avant de regarder le sol. Il distinguait à peine la surface du fleuve.

— Heureusement que les étoiles se reflètent dans l'eau, sinon je ne verrais pas où je vais.

— Surveille l'horizon pour voir si tu aperçois des ombres noires après avoir viré. Il ne faudrait pas qu'on se crache sur une formation rocheuse.

Vingt minutes seulement après leur large virage autour de Gao, avant qu'ils n'approchent de leur destination, le rapide hélicoptère de Massarde filait dans le ciel nocturne comme un fantôme invisible sans ses feux de navigation, habilement manœuvré par Giordino tandis que Pitt assurait la navigation. Le désert, en bas, était mat et sans visage, seulement ombré de quelques rochers et de quelques dunes. Ce fut presque avec soulagement qu'ils aperçurent à nouveau les eaux sombres du Niger.

— Qu'est-ce que c'est que ces lumières, là-bas, à droite ? demanda Giordino.

Pitt ne leva pas les yeux de sa carte.

— De quel côté du fleuve ?

— Au nord.

— Ça devrait être Bourem, une petite bourgade que nous avons passée en bateau, juste après avoir quitté les eaux polluées. Passe bien au large.

— Où veux-tu noyer l'appareil ?

— Plus haut, là où aucun résident à l'oreille fine ne pourra nous entendre.

— As-tu une raison quelconque pour choisir cet endroit ? demanda Giordino, soupçonneux.

— C'est samedi soir. Pourquoi ne pas aller en ville voir un peu ce qui s'y passe ?

Giordino ouvrit la bouche pour répondre, y renonça et se concentra à nouveau sur le pilotage. Il se raidit en regardant les voyants de vol et de moteur sur le tableau de bord. En approchant du centre du fleuve, il lâcha un peu les gaz en poussant délicatement le manche et, appuyant le gouvernail à droite, il tourna le nez vers l'amont du fleuve en se laissant porter.

— Tu as ton gilet de sauvetage ? plaisanta Giordino.

— Je ne m'en sépare jamais, dit Pitt. Plus loin et plus bas.

Deux mètres au-dessus de l'eau, Giordino éteignit les moteurs tandis que Pitt fermait tous les interrupteurs et les arrivées d'essence et de courant. Le magnifique oiseau d'Yves Massarde s'agita comme un papillon blessé puis tomba dans l'eau avec un bruit discret. Il flotta assez longtemps pour que Pitt et Giordino aient le temps d'ouvrir les portes, de sauter aussi loin que possible et de plonger dans l'eau où ils nagèrent de toutes leurs forces pour échapper aux lames du rotor, déjà mourantes mais encore dangereuses. Quand l'eau atteignit les portes ouvertes et s'engouffra à l'intérieur, l'appareil s'enfonça dans l'eau noire avec un grand soupir, comme si l'air était expulsé de la cabine des passagers.

Personne ne l'entendit s'enfoncer, personne, sur la rive, ne le vit plonger. Il était parti rejoindre le *Calliope*, s'installant dans la vase molle du fleuve qui, peu à peu, allait l'ensevelir tout entier et lui servirait à jamais de linceul.

25

Ce n'était peut-être pas le Polo Lounge de l'hôtel Beverly Hills, mais pour quelqu'un qui avait été deux fois jeté dans une rivière, à demi bouilli dans un bain de vapeur et qui avait les pieds douloureux d'avoir marché deux heures dans le désert en pleine nuit, aucun point d'eau n'aurait pu offrir un meilleur sanctuaire. Pitt songea qu'il n'avait jamais vu de puits crasseux plus sympathique.

Ils eurent l'impression de pénétrer dans une caverne. Les murs étaient de boue rugueuse et le sol de terre battue, une longue planche appuyée sur des briques de béton servait de bar en plein milieu, mais il semblait que les verres posés dessus glisseraient immédiatement vers le centre. Derrière ce bar décrépit, une étagère apparemment fixée au mur de boue sèche supportait un assortiment hétéroclite de pots et de boîtes dans lesquels se faisaient le thé et le café. A côté, cinq bouteilles aux étiquettes indéfinissables contenaient de la liqueur à divers niveaux de consommation. On avait dû les laisser là pour le cas où d'improbables touristes s'aventureraient dans le coin, pensa Pitt, puisque les musulmans n'étaient pas supposés y toucher.

Contre un mur, un petit poêle dispensait une chaleur agréable en même temps qu'une odeur âcre que ni Pitt ni Giordino n'auraient pu identifier. C'était des étrons de chameau. Les chaises semblaient provenir de rebuts de Goodwill et de l'Armée du Salut. Elles étaient toutes dépareillées. Les tables ne valaient guère mieux, noircies par la fumée, brûlées par d'innombrables cigarettes et tatouées de graffiti remontant à la colonisation française. Le peu de lumière qui pénétrait cette pièce grande comme un cagibi venait de deux ampoules nues au bout d'un fil suspendu par un clou à une poutre du toit. Elles ne donnaient qu'une lumière parcimonieuse, leur puissance très limitée émanant du générateur Diesel poussif et insuffisant de la ville.

Imité par Giordino, Pitt s'assit devant une table vide et porta son attention de l'agencement à la clientèle. Il fut soulagé de ne voir personne porter d'uniforme. Elle comportait un étrange mélange de gens du coin, des pêcheurs du Niger, des villageois et quelques hommes que Pitt prit pour des fermiers. Aucune femme. Certains buvaient de la bière mais la plupart sirotaient du thé ou du café. Après un regard peu amène aux nouveaux venus, tous reprirent leurs conversations ou se remirent à leur jeu qui ressemblait aux dominos.

Giordino se pencha vers Pitt et murmura :

— C'est ça que tu appelles une virée en ville ?

— Tous les ports sont bons dans la tempête, dit Pitt.

Celui qui paraissait le patron, un homme basané avec une masse de cheveux noirs et une immense moustache, fit le tour de son bar et s'approcha de leur table. Il se tint près d'eux et les regarda sans mot dire, attendant qu'ils parlent les premiers.

Pitt leva deux doigts et dit :

— Bière.

Le patron fit signe qu'il avait compris et retourna au bar. Giordino le regarda sortir deux bouteilles de bière allemande d'une glacière en très mauvais état puis se tourner et regarder Pitt d'un air soupçonneux.

— Ça t'ennuierait de me dire comment tu vas payer ? demanda Giordino.

Pitt sourit, se pencha sous la table, défit son tennis gauche et sortit quelque chose de sous la semelle, puis son regard tranquille et observateur fit le tour de la pièce. Personne ne paraissait s'intéresser à eux. Il ouvrit les mains avec précaution pour que seul Giordino puisse voir ce qu'il y cachait. Entre ses paumes reposait un beau paquet de billets de banque maliens.

— Francs de la Confédération franco-africaine, lut-il calmement.

— L'amiral a pensé à tout.

— D'accord, l'amiral à pensé à tout, admit Giordino. Mais comment se fait-il qu'il t'ait remis les billets, à toi et pas à moi ?

— J'ai les pieds plus longs.

Le patron revint et posa sans douceur les bouteilles de bière sur la table.

— Dix francs, grogna-t-il.

Pitt lui tendit un billet. Le patron le regarda dans la lumière des ampoules puis passa un doigt graisseux dessus. Ne sentant rien d'anormal, il hocha la tête et s'éloigna.

— Il a dit dix francs, remarqua Giordino. Tu lui en as donné vingt. S'il pense que tu dépenses sans compter, on aura arrosé toute la ville en partant d'ici.

— C'est ce que je cherche, dit Pitt. C'est une question de temps avant que le village ne sente qu'il y a du fric et s'empresse autour de nous.

— Est-ce qu'on vend ou est-ce qu'on achète ?

— On achète. On a besoin d'un moyen de transport.

— D'un bon repas aussi, en priorité. J'ai aussi faim qu'un ours après son hibernation.

— Tu peux essayer de voir ce qu'on mange ici, si tu veux, dit Pitt. Moi je préfère jeûner.

Ils en étaient à leur troisième bière quand un jeune d'environ dix-huit ans entra, grand, mince, les épaules un peu voûtées. Il avait un beau visage ovale et de grands yeux tristes. Sa peau était presque noire et ses cheveux épais et crépus. Il portait un T-shirt jaune et un pantalon kaki sous une veste ouverte de coton. Son regard fit le tour des consommateurs et s'arrêta sur Pitt et Giordino.

— La patience est la vertu du mendiant, murmura Pitt. Je crois que notre salut est en route.

Le jeune homme s'arrêta près de la table et fit un signe de tête.

— Bonsoir.

— Bonsoir, répondit Pitt en anglais.

Les yeux mélancoliques s'élargirent légèrement.

— Vous êtes anglais ?

— Néo-zélandais, mentit Pitt.

— Je m'appelle Mohammed Digna. Peut-être puis-je vous aider à changer de l'argent.

— Nous avons des devises de ce pays, dit Pitt en haussant les épaules.

— Avez-vous besoin d'un guide, de quelqu'un pour vous aider en cas de problème avec la douane, la police ou les officiers du gouvernement ?

— Non, je ne crois pas, dit Pitt en lui montrant une chaise vide. Voulez-vous boire quelque chose avec nous ?

— Oui, merci.

Digna dit quelques mots en français au patron et s'assit.

— Vous parlez très bien anglais, dit Giordino.

— Je suis allé à l'école primaire à Gao puis au collège dans la capitale, Bamako, où j'ai fini premier de ma classe, dit-il fièrement. Je parle quatre langues y compris ma langue maternelle, le bambara, le français, l'anglais et l'allemand.

— Vous êtes plus fort que moi, dit Giordino. Je ne connais que l'anglais et encore !

— Quelles sont vos occupations ? demanda Pitt.

— Mon père est le chef d'un village voisin. Je m'occupe de ses affaires, de ses biens et de son affaire d'exportation.

— Et malgré cela, vous fréquentez les bars et vous offrez vos services aux touristes ? dit Giordino soupçonneux.

— J'aime rencontrer des étrangers pour parler les langues que j'ai apprises, répondit Digna sans hésiter.

Le patron vint poser une petite tasse de thé devant Digna.

— Comment votre père transporte-t-il ses marchandises ? demanda Pitt.

— Il a une petite flotte de camions Renault.

— Aucune chance d'en louer un ?

— Vous souhaitez transporter des marchandises ?

— Non, mais mon ami et moi voudrions faire un court voyage dans le Nord et voir le grand désert avant de rentrer en Nouvelle-Zélande.

Digna eut un bref hochement de tête.

— Ce n'est pas possible. Les camions de mon père sont partis pour Mopti cet après-midi, chargés de textiles et de divers produits. De plus, aucun étranger ne peut voyager dans le désert sans un permis spécial.

Pitt regarda Giordino, une expression de tristesse et de désappointement sur le visage.

— Quel dommage ! Penser que nous avons fait la moitié du monde pour voir les nomades du désert sur leurs chameaux !

— Je ne pourrai plus regarder en face ma vieille maman aux cheveux blancs, se plaignit Giordino. Elle m'a donné ce qu'elle avait économisé sa vie durant pour que je puisse connaître la vie du Sahara !

Pitt tapa la table du plat de la main et se leva.

— Bon, eh bien nous retournons à notre hôtel de Tombouctou.

— Avez-vous une voiture, messieurs ? demanda Digna.

— Non.

— Comment êtes-vous venus ici depuis Tombouctou ?

— Par l'autobus, répondit Giordino en hésitant, presque comme s'il posait une question.

— Voulez-vous dire un camion transportant des passagers ?

— Oui, c'est ça, dit Giordino, soulagé.

— Vous ne trouverez aucun transport pour Tombouctou avant demain midi, fit Digna.

— Il doit bien y avoir un bon véhicule quelconque à Bourem, que nous pourrions louer ? dit Pitt.

— Bourem est une ville pauvre. La plupart des gens, ici, vont à pied ou à mobylette. Rares sont les familles qui peuvent s'offrir une voiture qui n'aurait pas besoin sans cesse d'être réparée. Le seul véhicule en bon état mécanique, à Bourem, est la voiture personnelle du général Kazim.

Digna aurait pu tout aussi bien aiguillonner une paire de taureaux avec une fourchette. Mentalement, Pitt et Giordino étaient déjà sur la même longueur d'onde. Ils se crispèrent puis se détendirent immédiatement. Leurs regards se croisèrent et ils échangèrent un sourire discret.

— Que fait donc sa voiture par ici ? demanda innocemment Giordino. Nous l'avons vu hier à Gao.

— Le général va presque partout en hélicoptère militaire, répondit Digna. Mais il aime que son chauffeur et sa voiture soient là pour le transporter dans les villes et les bourgades. Son chauffeur transportait la voiture sur la nouvelle autoroute de Bamako à Gao quand il est tombé en panne à quelques kilomètres de Bourem. On l'a donc amenée ici pour la réparer.

278

— Et elle l'est ? demanda Pitt en avalant une gorgée de bière pour paraître indifférent.

— Oui, le mécanicien de la ville a fini tard ce soir. Une pierre aurait percé le radiateur.

— Le chauffeur est-il reparti pour Gao ? demanda Giordino, comme par politesse.

— Non, fit Digna. La route d'ici à Gao est encore en travaux. Il peut être dangereux de conduire de nuit. Il n'a pas voulu risquer d'abîmer de nouveau la voiture du général. Il a l'intention de repartir de bonne heure demain.

Pitt le regarda.

— Comment savez-vous tout cela ?

Digna eut un grand sourire.

— Mon père est le propriétaire du garage et de l'atelier de réparations et je supervise son travail. Le chauffeur et moi avons dîné ensemble.

— Et où est le chauffeur, maintenant ?

— Il est invité chez mon père.

Pitt changea de sujet et passa à l'industrie locale.

— Y a-t-il des usines de produits chimiques, par ici ? demanda-t-il.

— Bourem est trop pauvre pour fabriquer autre chose que des souvenirs pour touristes et des objets de bois, répondit Digna en souriant.

— N'y a-t-il pas une usine de traitement de produits toxiques ?

— Fort-Foureau, mais c'est à des centaines de kilomètres au nord.

Il y eut un court silence dans la conversation puis Digna demanda soudain :

— Combien d'argent transportez-vous ?

— Je ne sais pas, dit honnêtement Pitt. Je n'ai pas compté.

Pitt vit que Giordino le regardait bizarrement et montrait discrètement du regard quatre hommes assis à une table dans le coin. Il les vit se retourner prestement.

« Un coupe-gorge se prépare », pensa Pitt. Il regarda le patron penché sur le bar en train de lire un journal et le jugea hors de cause. Les autres clients ne s'intéressaient qu'à leur conversation. On allait donc jouer cinq à deux. « Pas mal du tout », pensa Pitt.

***

Pitt finit sa bière et se leva.

— Bon ! Il est temps de partir.

— Mes respects au chef, dit Giordino en serrant la main de Digna.

Le jeune Malien ne cessa pas de sourire mais son regard se durcit.

— Vous ne pouvez pas partir.

— Ne vous inquiétez pas pour nous, dit Giordino en saluant de la main. Nous dormirons en route.

— Donnez-moi votre argent, dit doucement Digna.

— Le fils d'un chef qui mendie ! fit sèchement Pitt. Vous devez être une source d'embarras pour votre père.

— Ne m'offensez pas ! dit froidement Digna. Donnez-moi tout votre argent ou votre sang coulera sur ce plancher.

Giordino fit comme s'il ignorait l'altercation et se dirigea vers l'un des coins du bar. Les quatre hommes s'étaient levés et paraissaient attendre le signal de Digna. Mais le signal ne vint pas. Les Maliens parurent troublés par le sang-froid de leurs victimes potentielles.

Pitt se pencha au-dessus de la table jusqu'à ce que son visage soit au niveau de celui de Digna.

— Savez-vous, mon cher, ce que mon ami et moi faisons pour nous débarrasser de la vermine de votre espèce ?

— Vous ne pouvez insulter Mohammed Digna et rester en vie ! répondit l'autre avec hauteur.

— Ce que nous faisons, disais-je. Nous l'enterrons avec une tranche de porc dans la bouche.

La dernière des horreurs pour un musulman croyant est précisément le contact avec un cochon. Il considère cet animal comme la plus impure des créatures et la seule idée de passer l'éternité dans sa tombe avec ne serait-ce qu'une miette de jambon suffit à lui causer les cauchemars les plus horribles. Pitt savait que cette menace ferait plus d'effet à Digna qu'une gousse d'ail sur un vampire.

Pendant près de cinq secondes, Digna resta immobile, émettant des bruits de gorge comme si on l'étranglait. Les muscles de son visage se raidirent et ses dents se serrèrent en une rage incontrôlée. Puis il sauta sur ses pieds et tira un long poignard de dessous sa veste.

Il fut deux secondes trop lent et une seconde trop en retard.

Pitt assena son poing sur la mâchoire de Digna comme une masse. Le Malien tomba à la renverse, s'écroulant sur une table où des hommes jouaient aux dominos. Bien entendu, les pièces volèrent tandis que Digna s'écroulait, K.O. pour le compte.

Les complices de Digna se précipitèrent sur Pitt, l'encerclant d'un air menaçant. Trois d'entre eux tirèrent un très vilain poignard à lame recourbée tandis que le quatrième brandissait une hache.

Pitt saisit sa chaise et la balança sur la tête de son premier attaquant, lui cassant le bras droit et l'épaule. Un hurlement de douleur s'éleva et la confusion envahit la pièce. Les clients médusés se précipitèrent les uns sur les autres, paniqués, pour s'enfuir par la porte étroite. Un autre cri d'agonie retentit lorsque celui qui portait la hache reçut en plein visage la bouteille de whisky que Giordino, visant soigneusement, lui avait lancée.

Pitt leva la table au-dessus de sa tête en la tenant par deux pieds. Au même instant, dans un bruit de verre brisé, Giordino fut près de lui, agitant sa main armée du tesson de la bouteille.

Les attaquants s'arrêtèrent net, les chances ne leur paraissant plus tout à fait égales. Ils regardèrent avec effarement leurs deux amis, l'un oscillant sur ses genoux en gémissant, tenant son bras qui avait pris un angle bizarre, l'autre assis, les jambes croisées, les mains couvrant son visage et du sang coulant entre ses doigts. Un autre regard à leur chef inconscient et ils commencèrent à reculer vers la porte. En un clin d'œil, ils disparurent.

— C'est à peine un peu d'exercice, rouspéta Giordino. Ces types ne tiendraient pas cinq minutes dans les rues de New York.

— Surveille la porte, dit Pitt.

Il se tourna vers le patron qui, complètement détaché et inintéressé, continuait à feuilleter son journal comme s'il considérait les bagarres chez lui comme un amusement régulier.

— Le garage ? demanda Pitt en français.

Le patron releva la tête, tripota sa moustache et, sans un mot, fit signe du pouce dans une vague direction au-delà du mur sud du bar.

Pitt lança quelques billets sur le bar minable pour les dégâts et dit :

— Merci.

— L'endroit est très plaisant, dit Giordino. Je regrette presque de le quitter.

— Tâche de le garder en mémoire. Il ne reste que quatre heures avant l'aurore, dit Pitt en regardant sa montre. Dépêchons-nous avant qu'on donne l'alarme.

Ils sortirent du bar et contournèrent le bâtiment, restant dans l'ombre et surveillant chaque angle avant de s'engager. Leurs précautions étaient un peu exagérées, pensait Pitt. Les rues sans aucune lumière et les maisons obscures, avec leurs habitants endormis, ne valaient pas tant de soupçons.

Ils arrivèrent devant une des plus grandes maisons en brique de boue de la ville. Ça ressemblait à un entrepôt, avec de larges grilles de métal devant et des doubles portes derrière. La cour, de l'autre côté, entourée de chaînes, ressemblait bien à un atelier de réparation automobile. Près de trente vieilles voitures étaient garées sur plusieurs rangées, toutes désossées, ne gardant plus que le châssis et la carrosserie. Des roues et des moteurs hors d'usage s'entassaient dans un coin du chantier, près de plusieurs bidons d'essence. Des transmissions et des différentiels étaient appuyés contre un des murs du bâtiment et le sol, tout autour, était couvert d'huile de vidange.

Ils trouvèrent une porte dans la grille tenue fermée par une corde. Giordino prit une pierre tranchante et coupa la corde, ce qui eut pour effet d'ouvrir la grille.

Ils se dirigèrent silencieusement vers les portes, écoutant attentivement, redoutant un chien de garde et fouillant l'obscurité pour découvrir un éventuel système d'alarme. Pitt se dit que de telles précautions étaient probablement inutiles ici. Avec si peu de voitures en ville, quiconque volerait une pièce pour réparer un véhicule privé serait immédiatement suspecté.

Les doubles portes étaient fermées et maintenues par un cadenas rouillé. Giordino le prit dans ses énormes mains et le serra très fort. L'anse sauta. Il regarda Pitt et sourit.

— Ce n'était rien, vraiment. Ce truc est vieux et rouillé.

— Si je pensais que nous avions la moindre chance de sortir de cet endroit, fit Pitt, je te ferais donner une médaille.

Il ouvrit doucement la porte, juste assez pour entrer. A l'une des extrémités du garage, il y avait une fosse permettant au mécanicien de travailler sous une voiture. Plus loin, un petit bureau et une salle remplie d'outils et de machines. Le reste du sol était occupé par trois voitures et deux camions, à divers stades de démontage. Mais ce qui attira Pitt, ce fut la voiture garée au centre du garage. Par l'une des fenêtres du camion, il alluma les phares qui éclairaient une vieille automobile d'avant la Seconde Guerre mondiale, aux lignes élégantes, peinte en rose magenta.

— Mon Dieu ! murmura Pitt. Une Avions Voisin !

— Une quoi ?

— Une Voisin, construite entre 1919 et 1939 en France par Gabriel Voisin. C'est une voiture très rare.

Giordino l'observa d'un pare-chocs à l'autre, étudiant le style de cette automobile presque unique. Il nota les poignées de porte inhabituelles, les trois essuie-glaces montés sur la vitre du pare-brise, les traverses de chrome s'étirant entre le pare-chocs avant et le radiateur, et la longue silhouette ailée au-dessus de la grille du radiateur.

— Elle me paraît étrange.

— Ne l'abîme pas. Cette petite merveille ancienne est notre ticket pour sortir d'ici.

Pitt s'installa derrière le volant, installé à droite sur la garniture Art déco du siège avant. Une seule clef était insérée dans le démarreur. Il la tourna et regarda l'aiguille de la jauge d'essence se caler sur le plein. Puis il pressa le bouton qui mettait en route le moteur électrique passant sous le radiateur et qui servait à la fois de démarreur et de générateur. Le moteur ne fit pratiquement pas de bruit en démarrant. La seule indication de son activité était une sorte de toux quasiment inaudible et une bouffée de vapeur au tuyau d'échappement.

— Un vieil oiseau bien sage, observa Giordino, impressionné.

— Contrairement à la plupart des moteurs modernes, avec leurs distributeurs à soupapes, dit Pitt, celle-ci est pourvue d'un moteur sans soupape Knight qui était très prisé à l'époque parce que silencieux.

Giordino considérait la vieille limousine avec scepticisme.

— Tu as vraiment l'intention de traverser le désert du Sahara en conduisant cette vieille relique ?

— Le réservoir est plein et c'est mieux que de le faire à dos de chameau. Trouve des conteneurs propres, remplis-les d'eau et vois si tu trouves quelque chose à grignoter.

— Je doute fort, dit Giordino en regardant d'un air morose le garage en désordre, que cet établissement dispose d'un distributeur de boissons et de bonbons.

— Fais de ton mieux.

Pitt ouvrit les portes arrière du bâtiment et écarta les grilles suffisamment pour y faire passer la voiture. Puis il vérifia que les réservoirs d'huile et d'eau étaient au maximum, que les pneus étaient bien gonflés, surtout la roue de secours.

Giordino revint avec une demi-caisse de boisson indigène et plusieurs bouteilles de plastique remplies d'eau.

— On n'aura pas soif pendant quelques jours, mais ce que j'ai trouvé de mieux côté cuisine, c'est deux boîtes de sardines dans le bureau et une sorte de mélasse qui ressemble à du sucre bouilli.

— Bon, nous n'avons pas intérêt à nous attarder. Mets les vivres sur le siège arrière et en route.

Giordino s'exécuta et s'installa sur le siège du passager. Pitt poussa le levier du changement de vitesse Cotal, en fait un interrupteur sur le bras, sortant de la colonne de direction, en vitesse basse. Il appuya sur l'accélérateur et relâcha l'embrayage. La Voisin, malgré ses soixante ans, avança gentiment et sans bruit.

Pitt se fraya doucement un chemin parmi les voitures démontées, passa la grille, conduisant très lentement le long de l'allée jusqu'à ce qu'il parvienne à une étroite route de terre battue partant vers l'ouest, parallèlement au fleuve. Il tourna et suivit les faibles traces, ne roulant pas à plus de 25 kilomètres à l'heure tant que la ville n'eut pas disparu derrière lui. Alors seulement il alluma les phares et prit de la vitesse.

— Il serait utile d'avoir une carte routière, dit Giordino.

— Une carte des postes chameliers serait plus pratique. On ne peut pas se risquer sur l'autoroute.

— Tant que ce chemin à vaches suit le fleuve, nous sommes tranquilles.

— Nous allons bientôt arriver au ravin où les instruments de Gunn ont détecté la contamination. Dès que nous y serons, nous le suivrons vers le nord.

— Je n'aimerais pas être dans les parages quand le chauffeur de Kazim lui apprendra qu'on a volé l'objet de son orgueil et de sa joie !

— Le général et Massarde penseront que nous nous dirigeons vers la frontière la plus proche, qui est celle du Niger, dit Pitt avec assurance. Le dernier endroit où ils penseront nous chercher, c'est bien au milieu du désert.

— Je dois dire, grommela Giordino, que je ne suis pas très chaud pour ce voyage.

Pitt ne l'était pas non plus. C'était une tentative démente avec peu de chances d'atteindre un jour la vieillesse tranquille.

Les phares éclairaient un passage plat avec, de-ci de-là, la silhouette de petits rochers tachés de brun. Parfois, l'ombre fantomatique d'un *manne* aux maigres branches traversait leur champ de vision et disparaissait dans la nuit.

Pitt pensa que c'était un endroit bien solitaire pour mourir.

26

Le soleil brûlait dès son apparition et, à dix heures, il faisait déjà 32 degrés. Le vent du sud se leva et offrit à Rudi Gunn une petite bénédiction. La brise rafraîchit sa peau moite mais en même temps faisait voler du sable dans son nez et ses oreilles. Il s'enveloppa mieux dans sa capuche et pressa ses lunettes sombres contre son visage pour protéger ses yeux. Il prit une petite bouteille d'eau dans son sac à dos et en vida la moitié. « Inutile de se rationner », pensait-il, puisqu'il avait aperçu un robinet gouttant à côté du terminal.

L'aéroport semblait aussi mort que la nuit précédente. Côté militaire, on avait changé la garde mais les hangars et la ligne de vol étaient toujours totalement inactifs. Au terminal commercial, il aperçut un homme à mobylette monter à la tour de contrôle. Gunn considéra le fait comme un bon signe. Aucune personne sensée n'irait se rôtir dans une serre de verre en plein soleil si aucun avion ne devait arriver.

Un faucon tournoya au-dessus du nid que s'était

creusé Gunn dans le sable. Il l'observa un moment avant de tirer soigneusement sur sa tête quelques vieilles planches pour se faire un peu d'ombre. Puis il reprit sa surveillance de l'aéroport. Un camion venait d'arriver sur le tarmac, en face du terminal. Deux hommes en descendaient et déchargeaient un lot de cales de bois qu'ils disposèrent sur la piste, pour bloquer les roues de l'appareil à venir après son atterrissage. Gunn se tendit et prépara mentalement la meilleure approche stratégique de l'endroit où se poserait l'appareil. Il fixa la route dans son esprit, suivant les dépressions et la maigre végétation pour se couvrir.

Puis il s'allongea et, malgré la chaleur étouffante, se mit à observer le ciel. Le faucon s'était installé sur un pluvier qui penchait vaguement vers le fleuve. Quelques petits nuages, légers comme des boules de coton, traversaient paresseusement l'immensité bleue. Il se demanda comment ils pouvaient survivre et même se former dans une atmosphère aussi asséchée. Il observait les nuages si intensément qu'il n'entendit pas tout de suite le ronronnement lointain signalant l'approche d'un jet. Puis son œil capta un reflet et il s'assit. Le soleil s'était accroché à un tout petit point brillant dans le ciel. Il attendit que le reflet se reproduise, sauf que, cette fois, il était plus bas sur l'horizon désertique. C'était bien un avion en approche pour atterrir mais trop loin encore pour qu'il puisse le reconnaître. Gunn se dit que ça ne pouvait être qu'un appareil commercial puisqu'on l'attendait sur le côté civil de l'aéroport.

Il repoussa les planches qui l'abritaient du soleil, tira son sac à dos et s'accroupit, prêt à s'approcher furtivement. Il fouilla le ciel éblouissant jusqu'à ce que l'avion ne soit plus qu'à un kilomètre, le cœur battant d'inquiétude. Les secondes s'étiraient lentement. Enfin, il put distinguer le type et les marques. C'était un Airbus français portant les rayures vert clair et vert foncé d'Air Afrique.

Le pilote coupa les gaz juste à l'extrémité de la piste, posa son train et freina. Puis il roula jusqu'au terminal et arrêta le gros appareil. Les moteurs tournaient encore au ralenti lorsque deux employés de l'aéroport calèrent les roues puis poussèrent la passerelle jusqu'à la sortie principale de l'appareil.

Ils restèrent là à attendre, au pied de la passerelle, que les passagers descendent mais la porte ne s'ouvrit pas immédiatement. Gunn commença son approche, courant vers le bord de la piste. Il parcourut une cinquantaine de mètres et s'arrêta derrière un petit acacia. Là, il étudia à nouveau l'appareil.

La porte avant s'ouvrait enfin et une hôtesse descendit. Elle passa devant les deux employés maliens sans les regarder et se dirigea vers la tour de contrôle. Les Maliens la suivirent des yeux avec une curiosité extasiée. Quand elle atteignit le pied de la tour, elle sortit du sac qu'elle portait en bandoulière une paire de pinces à fil électrique et coupa calmement les câbles de communication et d'électricité qui couraient le long du bâtiment de contrôle du terminal. Puis elle fit un grand signe du bras vers le cockpit de l'avion.

Une rampe tomba soudain de l'arrière du fuselage et en même temps retentit le bruit étouffé d'un moteur d'automobile. Gunn vit apparaître une sorte de buggy qui sortit des flancs sombres de l'appareil et descendit la rampe. Le conducteur lui fit exécuter un quart de tour et se dirigea vers la cahute abritant les militaires, de l'autre côté de l'aéroport.

Gunn avait autrefois fait partie de l'équipe d'entretien de Pitt et Giordino lorsqu'ils avaient participé à une course de cross-country en Arizona. Ce buggy n'avait ni carrosserie ni châssis de série. La construction était faite d'un assemblage compliqué de supports tubulaires soudés commandé par un moteur V8 Rodick de 541 centimètres cubes surpuissant, utilisé généralement par les amateurs américains de dragsters. Le conducteur s'asseyait dans un petit habitacle à l'avant, juste au-dessus du moteur monté au milieu. Un tireur s'installait un peu au-dessus du conducteur, avec sa mitrailleuse légère type Vulcain, une machine effrayante pourvue de six canons. Un autre mitrailleur prenait place au-dessus de l'essieu arrière avec une mitrailleuse Stoner 63 de 5,56 millimètres. Ce type de véhicule, se souvint Gunn, avait été très efficace pendant la guerre du désert quand les Forces spéciales américaines l'avaient utilisé derrière les lignes irakiennes.

Derrière le véhicule, une équipe d'hommes suivit, lourdement armés, portant un uniforme que Gunn ne reconnut pas. Ils entourèrent rapidement les Maliens ahuris et s'assurèrent du bâtiment du terminal.

Les deux gardes maliens chargés de la sécurité du côté militaire de l'aéroport regardaient, sidérés, l'étrange véhicule se précipiter vers eux. Ce n'est que lorsqu'il fut à 100 mètres d'eux qu'ils reprirent leurs esprits et réalisèrent la menace. Ils levèrent leurs fusils pour tirer mais furent fauchés par un tir rapide du mitrailleur avant et de son Vulcain.

Puis le conducteur fit un rapide demi-tour et les mitrailleurs commencèrent à concentrer leur tir sur les huit chasseurs à réaction maliens rangés sur la piste. En l'absence de menace de guerre, les avions n'étaient pas dispersés mais au contraire rangés en deux lignes bien nettes, comme dans l'attente d'une inspection. Le véhicule bien armé se mit à tirer, lâchant ses armes automatiques dévastatrices. L'un après l'autre, les chasseurs explosèrent, crachant des nuages noirs de fumée tandis qu'un flot d'obus frappaient comme des enclumes leurs réservoirs de carburant. Les jets disparaissaient l'un après l'autre, en une masse de feu et de métal tordu.

Gunn observa la scène, totalement sidéré. Il se fit tout petit derrière l'acacia, comme si le tronc maigre eût été un large abri de béton. Toute l'opération n'avait pas duré plus de dix minutes. Le véhicule tout terrain se hâta de retourner vers l'Airbus, prenant position à l'entrée du terminal. Puis un homme en uniforme d'officier descendit la passerelle, tenant à la main ce que Gunn crut être un porte-voix.

L'officier leva le porte-voix jusqu'à sa bouche et parla. Sa voix porta, au-delà de la zone détruite et enflammée, jusqu'à l'autre bout de l'aéroport.

— Monsieur Gunn, voulez-vous avancer, s'il vous plaît. Nous ne disposons que de très peu de temps.

Gunn fut abasourdi. Il hésita, se demandant s'il ne s'agissait pas d'un piège complexe. Il repoussa vite cette idée comme stupide. Le général Kazim ne détruirait pas ses Forces aériennes juste pour capturer un homme. Cependant, il hésitait encore à se précipiter au milieu d'une telle puissance de feu.

— Monsieur Gunn, cria à nouveau l'officier, si vous m'entendez, je vous supplie de vous dépêcher ou je serai obligé de repartir sans vous.

C'était l'incitation dont Gunn avait besoin. Il sauta de derrière l'acacia et courut sur le sol inégal vers le jet, agitant les bras et criant comme un fou.

— Attendez ! J'arrive !

L'officier inconnu qui l'avait appelé marchait impatiemment sur la piste, comme un passager irrité par le retard du vol. Quand Gunn arriva près de lui, il regarda le scientifique de la NUMA comme s'il n'était qu'un mendiant des rues.

— Bonjour. Etes-vous Rudi Gunn ?

— Oui, fit Gunn essoufflé par sa course sous le soleil. Qui êtes-vous ?

— Le colonel Marcel Levant.

Gunn regarda avec admiration la force d'élite efficacement alignée autour du périmètre de l'aéroport. Un groupe d'hommes rudes, capables de tuer sans état d'âme.

— Qu'est-ce que c'est que ce groupe ?

— Une équipe tactique des Nations Unies, répondit Levant.

— Comment saviez-vous mon nom et où je me cachais ?

— L'amiral James Sandecker a reçu un appel de quelqu'un qui s'appelle Dirk Pitt, disant que vous vous cachiez près de l'aéroport et qu'il était urgent qu'on vous évacue.

— C'est l'amiral qui vous envoie ?

— Avec l'approbation du secrétaire général, répondit Levant. Comment puis-je être sûr que vous êtes Rudi Gunn ?

Gunn montra la désolation du paysage environnant.

— Croyez-vous que beaucoup de Rudi Gunn se baladeraient dans cet enfer en attendant que vous daigniez les appeler ?

— Vous n'avez aucun papier, aucune preuve de votre identité ?

— Mes documents personnels sont probablement au fond du Niger. Il va falloir me faire confiance.

Levant passa le porte-voix à un soldat et montra l'avion.

— Rassemblez les hommes et montez à bord, ordonna-t-il sèchement. Puis, se tournant vers Gunn, il le considéra sans cordialité.

— Montez aussi, monsieur Gunn. Nous n'avons pas de temps à perdre en conversation futile.

— Où m'emmenez-vous ?

Levant lança vers le ciel un regard irrité.

— A Paris. De là, vous rejoindrez Washington en Concorde. Là, un certain nombre de gens très importants vous attendent impatiemment pour vous débriefer. C'est tout ce que vous avez besoin de savoir. Maintenant, dépêchez-vous, s'il vous plaît. Le temps est crucial.

— Qu'y a-t-il de si urgent ? demanda Gunn. Vous avez détruit leur Force aérienne.

— Une escadrille seulement, j'en ai peur. Il y en a trois autres basées autour de Bamako. Une fois alertées, elles peuvent nous intercepter avant que nous ne sortions de l'espace aérien du Mali.

Le buggy armé avait déjà repris sa place à bord et les Forces terrestres le suivaient au pas de charge. La fausse hôtesse qui avait bravement coupé les câbles de la tour de contrôle prit Gunn par le bras et le poussa vers la passerelle d'embarquement.

— Nous n'avons pas de cabine de première classe ni de repas gourmet ni de champagne, monsieur Gunn, dit-elle avec un sourire. Mais nous avons de la bière fraîche et des sandwiches.

— Vous ne pouvez pas savoir ce que c'est agréable à entendre ! dit Gunn en souriant à son tour.

Il aurait dû se sentir tout à fait soulagé en grimpant la passerelle mais soudain, il ressentit une grande vague d'inquiétude. Grâce à Pitt et à Giordino, il allait recouvrer la liberté. Ils s'étaient sacrifiés pour le sauver. Comment diable avaient-ils fait pour trouver une radio et contacter Sandecker ?

Ils étaient fous de rester dans ce pays désolé et brûlant, pensait-il. C'était de la démence de tenter de retrouver la source de la contamination. Kazim allait lâcher contre eux toutes ses forces armées. Si le désert ne les tuait pas, les Maliens s'en chargeraient.

Il hésita avant de franchir la porte, se retourna et contempla l'immensité affreuse de sable et de rochers. De cette position élevée, il voyait clairement le fleuve, à un kilomètre plus à l'ouest.

Où étaient-ils, maintenant, et dans quelle situation ? Il s'arracha à sa contemplation et pénétra dans la cabine où l'air conditionné agit sur son corps comme un baume. Ses yeux le brûlaient tandis que l'appareil décollait, laissant derrière lui les chasseurs en flammes.

Le colonel Levant s'assit près de Gunn et remarqua son expression peinée. Perplexe, il tenta de comprendre la raison de cette tristesse.

— Vous n'avez pas l'air content de sortir de ce merdier ? dit-il.

Gunn regardait par le hublot.

— Je pense seulement aux hommes que j'ai laissés derrière moi.

— Pitt et Giordino ? Ce sont de bons amis ?

— Oui, depuis des années.

— Pourquoi ne sont-ils pas venus avec vous ? demanda Levant.

— Ils avaient un travail à terminer.

Levant hocha la tête sans comprendre.

— Ou ils sont très braves, ou ils sont très stupides.

— Non, pas stupides, fit Gunn. Pas stupides du tout !

— Ils finiront probablement en enfer.

— Vous ne les connaissez pas, dit Gunn en se forçant à sourire. Si quelqu'un peut entrer en enfer et

en ressortir en tenant à la main un verre de tequila
bien fraîche, ajouta-t-il avec un regard de confiance
retrouvée, c'est bien Dirk Pitt.

27

Six soldats d'élite de la garde personnelle du général Kazim se tenaient au garde-à-vous quand Massarde descendit de sa vedette. Un lieutenant-colonel
fit un pas en avant et salua.

— Monsieur Massarde ?

— Qu'y a-t-il ?

— Le général Kazim m'a demandé de vous escorter jusqu'à lui immédiatement.

— Savait-il que ma présence est demandée à Fort-
Foureau et que je n'ai aucune envie de bouleverser
mon emploi du temps.

Le lieutenant-colonel s'inclina poliment.

— Je crois que sa demande est extrêmement
urgente.

Massarde haussa les épaules avec impatience et fit
signe à l'officier d'avancer.

— Je vous suis.

L'officier lança un ordre bref à un sergent. Puis il
traversa le quai de bois usé et décoloré par le soleil
vers un vaste entrepôt qui bordait le quai. Massarde
le suivit, entouré d'une escorte de sécurité.

— Par ici, s'il vous plaît, dit l'officier en montrant
le coin du bâtiment d'où partait une petite allée.

Là, sous escorte armée jusqu'aux dents, se tenaient
un camion Mercedes Benz et une remorque dont le
général Kazim avait fait son poste de commandement mobile et ses quartiers d'habitation. On intro-
duisit Massarde et la porte se referma immédiatement derrière lui.

— Le général Kazim est dans son bureau, dit
l'officier en ouvrant une autre porte et en s'écartant
pour le laisser entrer.

L'intérieur du bureau donnait l'impression d'un iceberg après la chaleur extérieure. « Kazim a dû laisser l'air conditionné à fond », pensa Massarde. Les rideaux étaient tirés sur des fenêtres blindées. Massarde resta un instant immobile, attendant que sa vision s'adapte à la semi-obscurité, après l'extrême luminosité de l'extérieur.

— Entrez, asseyez-vous, Yves, dit Kazim depuis son bureau en reposant le combiné d'un de ses quatre téléphones.

Massarde sourit mais resta debout.

— Pourquoi tous ces gardes ? Craignez-vous d'être assassiné ?

— A la lumière des événements de ces dernières heures, répondit Kazim en lui rendant son sourire, il paraît nécessaire de prendre des précautions supplémentaires.

— Avez-vous trouvé mon hélicoptère ? demanda Massarde sans préambule.

— Pas encore.

— Comment peut-on perdre un hélicoptère dans le désert ? Il y avait juste assez d'essence pour une demi-heure de vol !

— Il semble que les deux Américains que vous avez laissé s'échapper...

— Mon yacht n'est pas équipé pour garder des prisonniers ! coupa sèchement Massarde. Vous auriez dû les emmener quand vous en avez eu l'occasion.

Kazim le regarda droit dans les yeux.

— D'une façon ou d'une autre, mon ami, l'erreur a été commise. Il semble qu'après que les agents de la NUMA eurent volé votre hélicoptère, ils se sont dirigés vers Bourem, où j'ai des raisons de penser qu'ils l'ont laissé dans le fleuve. Après quoi ils ont marché jusqu'à la ville et là, ils ont volé ma voiture !

— Votre vieille Voisin ? dit Massarde en prononçant *Vahsann*.

— Oui, admit Kazim les lèvres serrées. Ces salauds d'Américains ont volé ma précieuse voiture de collection !

— Et vous ne l'avez pas retrouvée. Vous ne les avez pas rattrapés ?

— Non.

Massarde s'assit en fin de compte, sa colère d'avoir perdu son hélicoptère vaguement adoucie de savoir que Kazim avait été délesté de sa précieuse automobile.

— Et leur rendez-vous avec un hélicoptère au sud de Gao ?

— A mon grand regret, j'ai gobé leur mensonge. Le peloton que j'ai mis en embuscade à 20 kilomètres au sud a attendu en vain et mon unité de radars n'a signalé aucun appareil. Mais ils sont venus, en fait, à l'aéroport de Gao dans un appareil commercial.

— Pourquoi ne vous a-t-on pas prévenu ?

— On n'a pas pensé que la Sécurité était en cause, répondit Kazim. Une heure seulement après le lever du soleil, on a averti les autorités d'Air Afrique à Gao qu'un de leurs avions devait faire une escale imprévue afin qu'un groupe de touristes visitent la ville et fassent une petite croisière sur le fleuve.

— Et les officiels ont avalé ça ? demanda Massarde, incrédule.

— Et pourquoi pas ? Ils ont demandé confirmation selon la routine au quartier général de la compagnie à Alger et ça leur a été confirmé.

— Et qu'est-il arrivé ensuite ?

— Selon le contrôleur de l'aéroport et les employés au sol, l'avion, aux couleurs d'Air Afrique, a donné son identification lors de l'approche. Mais après qu'il se fut posé et rangé près du terminal, un détachement armé et un véhicule muni d'obus ont tiré depuis l'intérieur de l'appareil et tué les gardes de sécurité de la zone militaire avant même qu'ils puissent résister. Puis le véhicule armé a détruit toute l'escadrille de mes huit chasseurs à réaction.

— Oui, l'explosion a réveillé tout le monde à bord de mon yacht, dit Massarde. Nous avons vu la fumée du côté de l'aéroport et nous avons pensé qu'un avion s'était écrasé.

— Hélas, rien d'aussi ordinaire, grogna Kazim.

— Est-ce que l'équipe au sol ou le contrôleur ont pu identifier les assaillants ?

— Ils portaient des uniformes inconnus, sans insignes ni badges.

— Combien avez-vous eu de tués ?

— Heureusement, seulement deux gardes de sécurité. Le reste du personnel de la base, l'équipe de maintenance et les pilotes étaient en permission à cause d'une fête religieuse.

Massarde prit une expression sérieuse.

— Ce n'est pas une simple intrusion pour trouver l'origine de la contamination. Cela ressemble plutôt à un raid de votre opposition rebelle. Ils sont plus forts et plus puissants que vous n'avez voulu le croire.

Kazim fit un geste de déni.

— Quelques Touaregs dissidents qui se battent au sabre à dos de chameau. Ce n'est pas ce que vous appelez une force entraînée avec des moyens et une puissance de feu modernes.

— Ils ont peut-être engagé des mercenaires ?

— Avec quel argent ? Non, poursuivit Kazim en hochant la tête, ce plan a été parfaitement mis au point par des professionnels. La destruction des chasseurs a été faite pour éliminer tout risque de contre-attaque ou d'interception pendant leur fuite après avoir embarqué l'un des agents de la NUMA.

Massarde lança à Kazim un regard amer.

— Vous aviez oublié de m'informer de ce petit détail, non ?

— Le personnel au sol prétend que le chef des attaquants a appelé un homme du nom de Gunn qui est sorti du désert où il se cachait. Après que ce Gunn eut embarqué, l'appareil a pris la direction nord-ouest et volé vers l'Algérie.

— Ça ressemble au scénario d'un film de série B.

— Ne plaisantez pas, Yves, dit Kazim d'un ton aimable mais assez sec. Ça ressemble bien à une conspiration qui va bien plus loin que la recherche de pétrole. Je crois fermement que nos intérêts sont menacés par une puissance étrangère.

Massarde hésitait à adhérer à la théorie de Kazim. Leur confiance minimale reposait sur le respect de leurs esprits acérés et une saine crainte de leurs pouvoirs respectifs. Massarde était très soupçonneux à propos du jeu que jouait Kazim. Un jeu où seul le général devait tirer des bénéfices. Il regarda les yeux de chacal du Malien et Kazim ceux du renard français.

— Qu'est-ce qui vous a amené à cette conclusion ? demanda Massarde d'un ton sarcastique.

— Nous savons maintenant qu'il y avait trois hommes sur le bateau qui a sauté sur le fleuve. Je les soupçonne d'avoir installé les explosifs pour faire diversion. Deux hommes sont venus sur votre yacht tandis que le troisième, qui devait être ce fameux Gunn, a nagé jusqu'à la rive et s'est caché près de l'aéroport.

— Le raid et l'évacuation paraissent remarquablement conçus et minutés pour coïncider avec l'embarquement de ce Gunn.

— Ça s'est fait vite parce que ça a été mis au point et exécuté par des professionnels de premier ordre, répondit Kazim. La force d'assaut a été prévenue de l'heure et du lieu où se trouverait Gunn, très probablement par cet agent qui dit s'appeler Dirk Pitt.

— Comment pouvez-vous savoir cela ?

— Il suffit de réfléchir. Oubliez-vous que ce Pitt a utilisé votre système de communication par satellite pour contacter son supérieur, l'amiral James Sandecker ? C'est pour ça que Giordino et lui sont montés sur votre bateau.

— Mais ça n'explique pas pourquoi Pitt et Giordino n'ont pas essayé de fuir avec Gunn.

— Il est évident que vous les avez attrapés avant qu'ils ne puissent traverser le fleuve à la nage et rejoindre leur ami à l'aéroport.

— Alors, pourquoi n'ont-ils pas fui après avoir volé l'hélicoptère ? La frontière du Nigeria n'est qu'à 150 kilomètres d'ici. Ils auraient pu le faire avec le carburant qu'il y avait dans le réservoir de l'appareil. Ça paraît insensé de voler vers l'intérieur du pays, de noyer l'appareil et de voler une vieille voiture ! Il n'y a pas de pont sur le fleuve dans ce coin-là, donc ils ne peuvent pas aller vers le sud jusqu'à la frontière. Alors où peuvent-ils aller ?

Les yeux d'acier de Kazim soutinrent son regard.

— Peut-être là où personne ne les attend !

Massarde fronça les sourcils.

— Au nord ? Dans le désert ?

— Sinon, où ?

— C'est absurde !

— Vous avez une meilleure théorie ?

Massarde secoua la tête, sceptique.

— Pour quelle raison deux hommes voleraient-ils une voiture vieille de soixante ans et parcourraient-ils le désert le plus désolé du monde ? Ce serait un suicide.

— Jusqu'à présent, leurs actes ont défié toutes les explications, reconnut Kazim. Ils étaient en quelque sorte en mission de couverture. Ça, c'est sûr. Et nous ne sommes pas encore certains de ce qu'ils cherchent.

— Des secrets ? proposa Massarde.

— Tout ce qui est classé secret dans mon programme militaire est sans aucun doute dans les dossiers de la C.I.A., fit Kazim. Le Mali n'a aucun projet secret capable d'intéresser une nation étrangère, même pas une nation voisine de ses frontières.

— Il y en a deux que vous semblez oublier !

— Que voulez-vous dire ? demanda Kazim, curieux.

— Fort-Foureau et Tebezza.

Kazim se demanda si le projet de décontamination et les mines d'or pouvaient avoir un rapport avec les intrus. Il se creusa la cervelle pour trouver une réponse, mais en vain.

— Si c'était là leurs objectifs, pourquoi se baladent-ils à 3 000 kilomètres au sud ?

— Je ne sais quoi répondre. Mais mon agent aux Nations Unies a assuré qu'ils cherchaient la source d'une contamination chimique originaire du Niger qui cause une marée rouge s'étendant rapidement en touchant la mer.

— Je trouve ça complètement idiot. C'est sans doute un écran de fumée pour cacher leur véritable mission.

— Qui pourrait être de pénétrer à Fort-Foureau et de faire un grand exposé sur les droits de l'homme à Tebezza, lança sérieusement Massarde.

Kazim garda le silence. Son visage exprimait le doute. Massarde poursuivit.

— Supposez que Gunn ait déjà recueilli des informations vitales et les ait eues sur lui quand on l'a évacué. Pour quelle autre raison aurait-on monté une opération aussi complexe tandis que Pitt et Giordino remontaient vers le nord, vers nos projets conjoints ?

— Nous aurons la réponse quand nous les capturerons, dit Kazim d'une voix que la colère faisait trembler. Tous les soldats disponibles, tous les policiers ont déjà barré les routes et les pistes sortant du pays. J'ai aussi ordonné à ma Force aérienne de mener des actions de reconnaissance dans tout le nord du désert. J'ai bien l'intention de couvrir toutes les possibilités.

— Une sage décision, dit Massarde.

— Sans approvisionnement, ils ne tiendront pas deux jours dans la chaleur du désert.

— Je fais confiance à vos méthodes, Zateb. Je ne doute pas que Pitt et Giordino se retrouveront dans une de vos cellules d'interrogatoire demain à cette heure-ci.

— Plus tôt, je pense.

— C'est très rassurant, dit Massarde en souriant.

Mais il savait, au fond, que Pitt et Giordino ne seraient pas si faciles à attraper.

Le capitaine Batutta, au garde-à-vous, salua le colonel Mansa qui lui rendit un vague salut indifférent.

— Les scientifiques des Nations Unies sont prisonniers à Tebezza, dit le capitaine.

Un léger sourire toucha les lèvres de Mansa.

— J'imagine qu'O'Bannion et Melika sont ravis d'avoir une main-d'œuvre supplémentaire à la mine.

Batutta eut une expression de dégoût.

— Cette Melika n'est qu'une sorcière cruelle ! Je n'envie pas l'homme sur qui s'abat son fouet !

— Ou la femme, ajouta Mansa. Elle ne fait pas de distinction quand il s'agit de punir. Mais je ne donne pas plus de quatre mois au Dr Hopper et à son équipe avant que le dernier d'entre eux soit enterré dans le sable.

— Le général Kazim sera le dernier à verser une larme sur leur sort.

La porte s'ouvrit et le lieutenant Djemaa, le pilote malien qui avait piloté l'avion des scientifiques, entra et salua. Mansa le regarda.

— Tout s'est bien passé ?

— Oui, monsieur, dit Djemaa avec un sourire. Nous sommes retournés à Asselar, nous avons déterré le nombre requis de cadavres et nous les avons mis dans l'avion. Puis nous avons regagné le nord où mon copilote et moi avons déposé l'avion dans la zone désignée du désert du Tanezrouft, à 100 bons kilomètres de la piste la plus proche.

— L'avion a bien brûlé après s'être écrasé ?

— Oui, monsieur.

— Avez-vous inspecté l'épave ?

— Oui. Après que le conducteur du véhicule que vous nous avez envoyé fut arrivé, nous avons été jusqu'au lieu du crash. J'avais disposé les commandes pour qu'il plonge verticalement. A part les moteurs, il ne reste rien de plus grand qu'une boîte à chaussures.

Le visage de Mansa s'éclaira d'un sourire satisfait.

— Le général Kazim sera content. Vous pouvez tous les deux compter sur une promotion. Et vous, lieutenant, poursuivit-il en s'adressant à Djemaa, vous ferez partie de l'expédition de recherche de l'avion de Hopper.

— Mais pourquoi dois-je diriger les recherches, dit Djemaa sans comprendre, puisque je sais déjà où il est ?

— Pourquoi donc l'auriez-vous chargé de cadavres ?

— Le capitaine Batutta ne m'a pas informé du plan.

— Nous jouons notre rôle bienveillant en découvrant l'épave, expliqua Mansa. Ensuite, nous remettons le tout entre les mains des enquêteurs internationaux qui n'auront pas assez de restes humains pour identifier ou prouver la cause de l'accident. A condition que le lieutenant ait bien fait son travail, acheva-t-il avec un regard sévère pour Djemaa.

— J'ai personnellement retiré la boîte noire, assura Djemaa.

— Bien, maintenant nous pouvons commencer à faire savoir l'inquiétude de notre pays dans cette disparition aux médias internationaux et exprimer nos profonds regrets de leur perte.

28

La chaleur de l'après-midi se reflétant dans la surface noyée de soleil était suffocante. Sans une bonne paire de lunettes noires, l'immense plaine de roche et de sable, renvoyant l'éclat du soleil, aveuglait Pitt assis sur le fond rocailleux de l'étroite gorge à l'ombre de l'Avions Voisin. En dehors des provisions qu'ils avaient prises au garage de Bourem, ils ne possédaient que ce qu'ils avaient sur le dos.

Giordino était occupé, avec les outils trouvés dans le coffre de la voiture, à enlever le pot d'échappement et le silencieux pour donner à la voiture une plus grande garde au sol. Ils avaient déjà abaissé la pression des pneus pour une meilleure traction sur le sable. Jusqu'à présent, la vieille Voisin s'était comportée, dans ce paysage inhospitalier, comme une reine de beauté vieillissante parcourant le Bronx, à New York, pleine de style mais tristement étrangère.

Ils roulaient pendant la fraîcheur nocturne, à la lueur des étoiles, ne dépassant pas les 10 kilomètres-heure, s'arrêtant toutes les heures pour lever le capot et laisser refroidir le moteur. Il n'était pas question d'allumer les phares. Leurs lumières risquaient d'être vues par un observateur dont l'avion pourrait être trop loin pour qu'ils l'entendent. Bien souvent, le passager devait marcher devant pour examiner le sol. Une fois, ils avaient failli tomber dans un ravin profond et deux fois, ils durent creuser devant les pneus des plaques de sable trop mou.

Sans boussole et sans carte, ils se fiaient à la navigation céleste pour se situer et pour déterminer la piste, tout en suivant l'ancien lit du Niger vers le nord, toujours plus profondément enfoncé dans le Sahara.

Le jour, ils se cachaient dans des goulets et des ravins où ils couvraient la voiture d'une fine couche de sable et de broussailles pour qu'elle se confonde avec le sol désertique et qu'on la prenne, d'avion, pour une petite dune à peine couverte d'une maigre végétation.

— Que dirais-tu d'un petit verre d'eau de source bien fraîche ? Ou bien préfères-tu le pétillement rafraîchissant d'une boisson sucrée malienne ? demanda Giordino en tenant la bouteille de boisson gazeuse indigène et une tasse de l'eau chaude et sulfurée qu'il avait prise au garage de Bourem.

— Je n'en supporte pas le goût, dit Pitt en prenant la tasse d'eau et en faisant une grimace. Mais il faut s'obliger à en boire au moins trois tasses toutes les vingt-quatre heures.

— Tu ne crois pas qu'il faudrait se rationner ?

— Pas tant qu'il nous en reste beaucoup. La déshydratation viendrait plus vite si nous n'en buvions qu'un peu à la fois. Il vaut mieux boire autant qu'il le faut pour étancher notre soif. Il sera toujours temps de nous faire du souci.

— Puis-je t'offrir une bonne petite sardine pour dîner ?

— Ça m'a l'air exquis !

— Il ne manque qu'une salade César.

— Toi, tu penses aux anchois ?

— Je n'ai jamais pu faire la différence.

Après avoir savouré sa sardine, Giordino se lécha les doigts.

— J'ai l'impression d'être un imbécile, assis là, au milieu du désert en train de manger du poisson.

— Remercie le ciel d'en avoir ! dit Pitt en souriant.

Il pencha la tête comme pour écouter un bruit.

— Tu as entendu quelque chose ? demanda Giordino.

— Un avion. Un avion à réaction volant bas, si j'en juge par le son, ajouta-t-il en mettant les mains en coupe derrière ses oreilles.

Il rampa vers le bord du ravin et se cacha derrière un petit buisson de tamaris afin que sa tête et ses épaules restent dans l'ombre inégale de l'arbuste. Là, il se mit à regarder le ciel lentement et méthodiquement.

Le ronronnement rauque des réacteurs était très clair, maintenant, et il regarda dans la direction d'où venaient les vagues de son. Il cilla tout en perçant le ciel d'un bleu éclatant mais ne vit rien. Il abaissa le regard et découvrit un mouvement soudain à trois kilomètres environ, dans le vide du désert. Pitt reconnut un vieux Phantom, de construction américaine, portant les insignes de l'aviation malienne, à environ 6 kilomètres au sud. L'avion volait à 100 mètres d'altitude. On aurait dit un grand vautour, camouflé en brun sur le jaune sombre du paysage, volant en grands cercles paresseux comme si un sixième sens lui disait que sa proie était dans le voisinage.

— Tu l'as vu ? dit Giordino.

— Oui, un Phantom F4, répondit Pitt.

— Quelle direction ?

— Il fait des cercles depuis le sud.

— Tu crois qu'il est après nous ?

Pitt se retourna et regarda les branches de palmier attachées au pare-chocs derrière les roues et balayant les traces des pneus. Les marques parallèles dans le sable, courant jusqu'au milieu du ravin, étaient presque entièrement oblitérées.

— Une équipe de recherche en hélicoptères pourrait apercevoir nos traces mais pas le pilote d'un jet. Il ne peut pas voir juste au-dessous de sa carlingue et doit s'incliner s'il veut distinguer quelque chose. Et puis, il vole trop vite, trop près du sol pour détecter une vague trace de pneus.

Le jet s'approcha du ravin, assez près maintenant pour que ses marques de camouflage tachent le bleu pur du ciel. Giordino se glissa sous la voiture tandis que Pitt tira les branches de tamaris sur ses épaules et sur sa tête. Il surveilla le pilote du Phantom qui prenait un large virage tout en surveillant le monde apparemment vide du Sahara en dessous de lui.

Pitt se raidit et retint son souffle. Le virage de l'appareil l'avait amené juste au-dessus d'eux. Mais il déchira l'air qui fila le long de ses ailes comme la vague que laboure la proue d'un navire. La poussée de ses turbines fit voler le sable. Pitt sentit la chaleur du gaz d'échappement l'envelopper tout entier. L'appareil semblait s'être matérialisé au-dessus du ravin, si bas que Pitt se dit qu'il aurait pu lancer une pierre dans ses tuyères. Puis il s'éloigna.

Il craignit le pire en le regardant disparaître. Mais l'avion continua sa recherche en cercles lents, comme si le pilote n'avait encore rien trouvé d'intéressant. Pitt suivit l'avion des yeux jusqu'à ce qu'il ait disparu au bout de l'horizon. Il regarda encore plusieurs minutes, inquiet que le pilote ait détecté quelque chose de suspect et ne soit en train de faire un long virage pour revenir sur le ravin et prendre sa proie par surprise.

Mais le bruit du moteur disparut complètement au loin, laissant le désert à nouveau mort et silencieux.

Pitt se laissa glisser et regagna l'ombre de la vieille voiture tandis que Giordino s'extirpait de sa cachette.

— Il n'est pas passé loin ! dit-il en chassant une petite escadrille de fourmis sur son bras.

Pitt joua sur le sable avec une brindille.

— Ou bien nous n'avons pas trompé Kazim en filant vers le nord, ou bien il a décidé de ne pas prendre de risques.

— Ça doit le rendre dingue qu'une voiture de couleur aussi vive que la sienne ne puisse être découverte dans un paysage aussi plat et décoloré.

— Il est probable qu'il ne saute pas de joie, acquiesça Pitt.

— Je suppose qu'il a avalé son dentier quand on lui a dit qu'elle avait été volée et qu'il a compris que les coupables, c'était nous ! dit Giordino en riant.

Pitt mit une main au-dessus de ses yeux et regarda le soleil qui baissait à l'ouest.

— Il fera nuit dans une heure. On va pouvoir partir.

— A quoi ressemble le sol autour ?

— Quand on sera sortis de cette gorge et qu'on retrouvera le lit du fleuve, c'est du sable et des graviers avec une roche de temps à autre. C'est bon pour la conduite à condition de garder les yeux ouverts et d'éviter les rochers pointus qui risquent de déchirer les pneus.

— A combien crois-tu que nous sommes de Bourem ?

— D'après le compteur, 116 kilomètres mais à vol d'oiseau, je dirais 90.

— Et toujours pas trace d'une usine de produits chimiques ni de traitement de déchets.

— Pas même une bonbonne vide !

— Je ne vois pas l'intérêt de continuer, dit Giordino. Il n'y a aucune raison qu'un produit chimique traverse 90 kilomètres de sable sec pour se déverser dans le Niger.

— C'est vrai que ça ressemble à une cause perdue, admit Pitt.

— On peut toujours essayer d'atteindre la frontière algérienne.

— Non, dit Pitt. On n'aura pas assez d'essence. Nous devrons parcourir à pied les 200 kilomètres qui

nous séparent de la piste automobile transsaharienne pour essayer de trouver quelqu'un qui nous
ramène à la civilisation. On mourrait avant d'en
avoir fait la moitié.

— Alors, qu'est-ce qu'on fait ?

— On continue.

— Jusqu'où ?

— Jusqu'à ce que nous trouvions ce que nous
cherchons, même si ça veut dire revenir sur nos pas.

— Et semer nos os sur le sable, dans un cas
comme dans l'autre ?

— On aura au moins accompli quelque chose en
éliminant cette partie du désert comme source de
contamination, dit Pitt sans émotion, les yeux sur le
sable à ses pieds comme pour y trouver une vision.

— On a passé de rudes moments ensemble, toutes
ces années, dit Giordino. Ce serait quand même
dommage de finir là, au bout du monde !

— La vieille dame à la faux n'a pas encore montré
le bout de son nez, répondit Pitt avec un sourire.

— Ce sera très embarrassant pour la rédaction de
nos rubriques nécrologiques, insista Giordino d'un
ton pessimiste.

— Quoi donc ?

— Deux directeurs de l'Agence nationale marine
et sous-marine perdus et présumés morts au milieu
du désert du Sahara ! Aucun être sensé ne voudra y
croire... Tu as entendu quelque chose ?

— J'ai entendu, dit Pitt en se levant.

— Une voix qui chantait en anglais ! Seigneur !
Nous sommes peut-être déjà morts !

Ils se dressèrent, côte à côte, tandis que le soleil
disparaissait à l'horizon. Ils écoutèrent la voix qui
chantait la vieille chanson des chercheurs d'or, *My
darling Clementine*. La voix devint plus distincte et
se rapprocha.

— *You are lost and gone for ever, dreadfull sorry,
Clementine*[1].

1. Tu es morte et perdue à jamais, j'en suis terriblement triste,
Clémentine.

— Ça vient vers le ravin, murmura Giordino en attrapant une clef de métal.

Pitt ramassa quelques pierres pour se défendre le cas échéant. Ils se postèrent silencieusement chacun à une extrémité de la voiture couverte de sable, accroupis, prêts à attaquer, attendant que l'inconnu apparaisse au coin du ravin.

— *In a cavern, in a canyon, excavating for a mine*[1]...

La silhouette d'un homme fit une ombre sur la paroi du ravin et apparut, conduisant un animal.

— *Lived a miner, forty-niner, and his daugther Clementine*[2].

La voix s'arrêta lorsque l'homme aperçut la voiture couverte de sable. Il se figea et la regarda, moins surpris que curieux. Il s'approcha, tirant l'animal rétif derrière lui par une bride. Puis il s'arrêta près de la voiture, tendit le bras et commença à enlever le sable.

Pitt et Giordino se levèrent doucement et s'approchèrent de lui, le regardant comme s'il arrivait d'une autre planète. Ce n'était pas un Touareg menant son chameau dans la solitude de sa terre natale. Cette apparition était totalement déplacée au Sahara, ne s'accordait ni au lieu ni à l'heure.

— Peut-être qu'elle ne porte plus de faux et que c'est un homme, murmura Giordino.

L'homme était vêtu comme un vieux prospecteur du désert de l'Ouest américain. Un vieux Stetson informe, des jeans attachés par des bretelles, aux jambes enfilées dans une paire de bottes au cuir passé et rayé. Il portait un bandana rouge autour du cou qui lui couvrait une partie du visage, ce qui lui donnait l'air d'un bandit de la vieille époque.

L'animal qu'il tirait n'était pas un chameau mais un bourricot chargé d'un ballot presque aussi large que lui et qui contenait toutes sortes d'objets et de nourriture ainsi que plusieurs gourdes d'eau, des

1. Dans une caverne, dans un canyon, creusant une mine,
2. Vivaient un mineur de '49 et sa fille Clémentine.

couvertures, des boîtes de conserve, un pic et une pelle plus une carabine Winchester.

— Je le savais ! murmura Giordino, terrifié. Nous sommes morts et ici, c'est Disney Land.

L'étranger abaissa son foulard, révélant une barbe et une moustache blanches. Il avait des yeux verts, presque aussi verts que ceux de Pitt. Ses sourcils étaient aussi blancs que sa barbe mais les cheveux dépassant du Stetson avaient encore quelques mèches brunes sur un fond grisonnant. Il était grand, à peu près de la taille de Pitt, mais beaucoup plus massif que lui.

Ses lèvres s'étirèrent en un sourire amical.

— Putain ! J'espère bien qu'vous parlez la même langue que moi, dit-il avec chaleur, parce que j'ai sacrement b'soin d'compagnie !

29

Pitt et Giordino échangèrent un regard ahuri puis se tournèrent vers ce vieux rat du désert, sûrs que leurs yeux et leur esprit leur jouaient un tour.

— Mais d'où est-ce que vous sortez ? réussit à dire Giordino.

— J'pourrais vous d'mander la même chose, répliqua l'étranger. C'est vous, les types que l'avion recherchait ? poursuivit-il en regardant le sable couvrant la Voisin.

— Pourquoi voulez-vous le savoir ? demanda Pitt.

— Si vous préférez jouer au jeu des questions, j'ferais mieux de poursuivre mon chemin.

Le vieil homme n'avait rien d'un nomade et puis il avait la même allure, le même langage qu'un concitoyen et Pitt décida soudain de lui faire confiance.

— Je m'appelle Dirk Pitt et mon ami, Al Giordino et oui, les Maliens nous recherchent.

— Ça m'surprend pas, dit l'homme en haussant les épaules. Y z'aiment pas beaucoup les étrangers, par ici. Comment diable avez-vous pu conduire une voiture si loin sans route ? poursuivit-il avec un regard admiratif pour la Voisin.

— Ça n'a pas été facile, monsieur... ?

L'étranger s'approcha et tendit une main calleuse.

— Tout l'monde m'appelle Kid. Seulement Kid.

Pitt sourit et lui serra la main.

— Comment un homme de votre âge peut-il porter un nom pareil ?

— Y a bien longtemps, après que j'revienne d'une tournée de prospection. J'allais toujours à mon point d'eau préféré à Jerome, en Arizona. Et quand j'allais me tremper le gosier au bar, mes vieux copains du saloon m'accueillaient toujours en disant « Hé ! le kid est d'retour en ville ! » Ça m'est resté.

Giordino ne pouvait détacher son regard du compagnon du Kid.

— Une mule paraît un peu déplacée, dans ce coin, non ? Est-ce qu'un chameau ne serait pas plus utile ?

— Pour commencer, dit le vieux avec indignation, M. Periwinckle n'est pas une mule, c'est un *burro*. Et un vrai, solide ! Les chameaux vont p't'être plus loin et plus longtemps sans eau, mais le *burro* a, lui aussi, été élevé pour le désert. J'ai trouvé M. Periwinckle qui s'baladait tout seul dans le Nevada, il y a huit ans. Je l'ai dressé et, quand j'suis venu au Sahara, j'l'ai emmené avec moi. Il est pas aussi pourri qu'un chameau, y mange moins et y porte tout autant de poids ! Et puis, vu qu'il est plus près du sol, il est vachement plus facile à seller !

— Un bel animal, s'excusa Giordino.

— On dirait qu'vous étiez sur le point de partir ? J'espérais qu'on pourrait s'asseoir un moment et tailler une petite bavette. J'ai pas rencontré âme qui vive sauf un Arabe qu'allait vendre deux trois chameaux à Tombouctou et encore, c'était y a trois semaines. J'aurais jamais imaginé que j'pourrais tomber sur d'autres Américains dans c'trou !

Giordino regarda Pitt.

— Ça pourrait être bien de rester un peu et de

demander quelques renseignements à quelqu'un qui connaît bien le territoire.

Pitt fit signe qu'il était d'accord, ouvrit la portière arrière de la Voisin et fit au vieux un geste poli.

— Voulez-vous entrer vous reposer les pieds ?

Le Kid ouvrit de grands yeux en voyant les banquettes de cuir comme si c'était de l'or.

— J'me rappelle pas la dernière fois que j'me suis assis dans un fauteuil moelleux. J'vous suis très reconnaissant !

Il monta dans la voiture, se laissa tomber sur le siège arrière et poussa un soupir d'aise.

— Nous n'avons qu'une boîte de sardines, mais nous serions heureux de la partager avec vous, dit Giordino avec une générosité soudaine que Pitt ne lui connaissait pas.

— Non, c'est moi qui offre le dîner. J'ai plein de concentrés là-dedans. Je s'rais trop heureux de partager avec vous. Qu'est-ce que vous diriez d'un ragoût de bœuf ?

— Vous n'imaginez pas à quel point nous sommes heureux d'être vos invités, dit Pitt en souriant. Les sardines ne sont pas exactement notre idée d'un dîner de fête dans le désert.

— On pourra arroser le ragoût avec nos boissons indigènes, suggéra Giordino.

— Vous avez du soda pétillant ? Où vous en êtes, avec l'eau ?

— On en a encore assez pour quelques jours, répondit Giordino.

— S'il vous en manque, j'peux vous indiquer un puits à 10 miles au nord.

— Merci de votre aide, dit Pitt.

— Et plus encore que vous ne l'imaginez, compléta Giordino.

Le soleil avait disparu à l'horizon et une vague lueur illuminait encore le ciel. A l'approche de la nuit, l'air était à nouveau respirable. Après avoir attaché M. Periwinckle, qui broutait joyeusement quelques brins d'herbes sèches poussant sur une petite dune, le Kid ajouta de l'eau à son concentré de ragoût de bœuf et, au grand soulagement de Pitt, le fit cuire sur un petit poêle Coleman, avec quelques biscuits. Si Kazim avait envoyé ses chasseurs les chercher de nuit, le petit feu, si bien caché soit-il par les murs du ravin, aurait sans aucun doute trahi leur présence.

Le vieux prospecteur sortit également des assiettes et des couverts.

Tandis que Pitt sauçait le reste de son ragoût avec un biscuit, il se dit que c'était le repas le plus magnifique qu'il eût jamais mangé. Incroyable ce qu'un peu de nourriture pouvait réparer son optimisme. Quand ils eurent fini, le Kid proposa une rasade de vieil Overhott, un whisky très fort qu'il passa de main en main.

— Bon, eh ben maintenant, si vous avez l'esprit à ça, pourquoi vous ne me raconteriez pas c'que vous faites dans la plus mauvaise zone du Sahara avec une voiture qu'a l'air au moins aussi vieille que moi ?

— Nous cherchons la source d'une contamination toxique qui pollue le Niger et qui va jusqu'à la mer, répondit franchement Pitt.

— Ça, c'est nouveau ! Et d'où est-ce qu'elle est supposée venir, cette saleté ?

— Soit d'une usine de produits chimiques, soit d'une usine de recyclage de déchets.

Le Kid secoua la tête.

— Y a rien d'semblable par là.

— Pas de grosse construction autour de ce coin du Sahara ? insista Giordino.

— J'vois pas, sauf peut-être Fort-Foureau, un bon bout d'chemin au nord-ouest.

— L'usine solaire de retraitement, dirigée par le Français ?

— Ouais, fit le vieux. Une sacrément grande usine. M. Periwinckle et moi on est passés à côté y a peut-être six mois. On s'est fait virer, d'ailleurs. A croire qu'y construisent en secret des bombes nucléaires, là-dedans !

Pitt prit une gorgée de whisky, suivant avec plaisir

sa brûlure dans la gorge et jusqu'à l'estomac. Il passa la bouteille à Giordino.

— Fort-Foureau est trop loin du Niger pour polluer l'eau.

Le Kid resta un moment silencieux. Puis il regarda Pitt avec un curieux clignement des yeux.

— Ça pourrait, si l'usine était installée sur l'oued Zarit.

Pitt se pencha et répéta :

— L'oued Zarit ?

— Une rivière légendaire qui traversait le Mali jusqu'à y a cent trente ans, quand elle a commencé à s'enfoncer dans le sable. Les nomades du coin et moi, on pense que l'oued Zarit coule toujours sous terre et qu'il se jette dans le Niger.

— Comme un aquifère...

— Un quoi ?

— Une couche géologique qui permet à l'eau de la pénétrer par des pores et des ouvertures, expliqua Pitt. En général, par des graviers poreux et des cavernes calcaires.

— Tout c'que j'sais, c'est qu'si vous creusez assez profond, vous tombez sur de l'eau dans un vieux lit de rivière.

— Je n'ai jamais entendu parler de rivières qui disparaissent et qui continuent à couler sous la terre, dit Giordino.

— Y a rien d'inhabituel à ça, expliqua le Kid. Presque toute l'eau de la rivière Mojave coule sous le désert de Mojave, en Californie, avant de se jeter dans un lac. Y a pas mal de prospecteurs qui racontent comment ils ont trouvé une caverne qui les a menés, sur des centaines de mètres, jusqu'à un fleuve souterrain. Et comme on m'a raconté, ils ont trouvé des tonnes de minerai d'or le long de l'eau.

Pitt regarda longuement Giordino.

— Qu'est-ce que tu en penses ?

— On dirait bien que Fort-Foureau est le gibier que nous cherchons, répondit sobrement Giordino.

— Un peu tiré par les cheveux. Mais un fleuve souterrain courant de l'usine de traitement jusqu'au

Niger pourrait bien être le moyen par lequel la toxine se déverse dans le Niger.

Le Kid montra le haut du ravin.

— Je suppose que vous savez que ce ravin court dans l'ancien lit de la rivière ?

— Nous le savons, assura Pitt. Nous l'avons suivi depuis la rive du Niger presque toute la nuit dernière. On s'est enterrés dans ce trou pendant la journée pour se protéger de la chaleur et pour ne pas être vus des avions maliens.

— On dirait bien que vous les avez roulés jusqu'à présent.

— Et vous, demanda Giordino au vieux en lui rendant la bouteille. Vous cherchez de l'or ?

Le Kid parut étudier un moment l'étiquette de la bouteille comme pour décider s'il devait ou non révéler la raison de sa présence. Puis il haussa les épaules.

— Je cherche de l'or, ouais. Mais je prospecte pas. Je pense que j'peux vous l'dire. En fait, je cherche une épave de bateau.

Pitt le regarda, soudain soupçonneux.

— Une épave de bateau ? ... Une épave de bateau en plein Sahara ?

— Un cuirassé confédéré, pour être exact.

Pitt et Giordino restèrent silencieux, en pleine incompréhension, souhaitant presque qu'il y ait une camisole de force dans la boîte à outils de la Voisin. Tous deux regardèrent le Kid avec un air inquiet. Il faisait presque nuit, maintenant, mais ils percevaient l'expression honnête des yeux du vieil homme.

— Je ne voudrais pas paraître stupide, dit Pitt avec scepticisme, mais pourriez-vous nous expliquer comment un navire de la guerre de Sécession a bien pu arriver ici ?

Le Kid but une longue rasade à la bouteille et s'essuya la bouche. Puis il déroula une couverture, l'étendit sur le sable et s'allongea dessus, la tête dans ses mains.

— Ça remonte au mois d'avril 1865, la semaine avant que Lee se rende à Grant. Quelques miles au nord de Richmond, en Virginie, le cuirassé confédéré *Texas* a été chargé des archives du gouvernement sudiste mourant. Enfin, ils ont *dit* que c'était des documents et des archives mais en réalité, c'était de l'or.

— Vous êtes sûr qu'il ne s'agit pas d'une légende, comme dans tant d'autres histoires de trésor ? demanda Pitt.

— Le président Jefferson Davis lui-même, avant de mourir, a affirmé que l'or des Etats confédérés avait été chargé en pleine nuit à bord du *Texas*. Lui et son gouvernement avaient espéré le faire passer en douce malgré le blocus de la Marine de l'Union, dans un autre pays où ils auraient formé un nouveau gouvernement en exil et continué la guerre.

— Mais Davis a été capturé et emprisonné, dit Pitt.

— Oui, dit le Kid. La Confédération est morte et n'a jamais revécu.

— Et le *Texas* ?

— Le navire a soutenu une foutue bataille en descendant la James River en passant à travers la moitié de la flotte du Nord, les forts de Hampton Roads et tout ça, avant d'atteindre Chesapeake Bay et de s'échapper dans l'Atlantique. La dernière personne qui ait vu le bateau et son équipage de ce côté de l'océan, ça a été quand il a disparu dans une nappe de brouillard.

— Et vous pensez que le *Texas* a traversé la mer et qu'il est entré sur le Niger ? risqua Pitt.

— En effet, répondit fermement le Kid. J'ai vu des rapports de colons français et d'indigènes qui disent avoir croisé le monstre sans voiles qui flottait le long de leur village, sur le fleuve. Les descriptions du cuirassé et les dates des observations ne laissent aucun doute. C'était bien le *Texas*.

— Comment un navire de guerre de la taille et du tonnage d'un cuirassé aurait-il pu arriver aussi loin dans le Sahara sans s'échouer ? demanda Giordino.

— C'était avant le siècle de la sécheresse. A l'époque, il y avait de la pluie dans ce fichu désert et le

Niger était bien plus profond que maintenant. L'un de ses affluents était l'oued Zarit. L'oued Zarit coulait alors depuis les montagnes du Hoggar, au nord d'ici, sur 600 miles jusqu'au Niger. Les journaux des explorateurs français et des expéditions militaires disent qu'il était assez profond pour laisser passer de gros navires. A mon avis, le *Texas* a remonté l'oued Zarit à partir du Niger puis s'est trouvé coincé quand le niveau des eaux a commencé à baisser à l'approche de la chaleur de l'été.

— Même avec une bonne, profondeur d'eau, il paraît impossible qu'un lourd vaisseau comme un cuirassé puisse naviguer aussi loin de la mer.

— Le *Texas* a été construit pour des opérations militaires sur la James River. Il avait un fond plat et peu de tirant d'eau. Naviguer sur les coudes difficiles et les profondeurs d'une rivière n'était pas un problème pour lui et son équipage. Le miracle, c'est qu'il ait pu traverser un océan sans couler par gros temps, comme le *Monitor*.

— Un navire aurait pu atteindre n'importe quelle région inhabitée depuis 1860, en Amérique du Nord ou sur les rives de l'Amérique centrale, dit Pitt. Pourquoi risquer de perdre son chargement d'or en traversant des mers dangereuses et en traversant un pays inexploré.

Le Kid sortit de sa poche un bout de cigare et l'alluma avec une allumette.

— Vous devez admettre que la Marine de l'Union n'aurait jamais pensé à chercher le *Texas* à mille miles en amont d'un fleuve d'Afrique !

— Sûrement pas, mais ça me paraît quand même un peu poussé.

— Je suis d'accord, dit Giordino. Pourquoi une telle outrance de désespoir ? Ils n'auraient pas pu restaurer leur gouvernement au milieu d'un désert !

Pitt lança au Kid un regard pensif.

— Il devait y avoir quelque chose de plus important que de passer de l'or, pour entreprendre un voyage aussi périlleux.

— Il y a eu une rumeur. (Le subtil changement de

ton ne passa pas inaperçu.) On dit que Lincoln était à bord quand le *Texas* a quitté Richmond.

— Pas Abraham Lincoln ! railla Giordino.

Le Kid fit oui de la tête, sans parler.

— Qui a imaginé une histoire pareille ? dit Pitt en refusant une nouvelle lampée de whisky.

— Un capitaine de cavalerie du nom de Neville Brown a fait une déclaration sur son lit de mort, à un docteur de Charleston, en Caroline du Sud, quand il est mort en 1908. Il a dit que ses troupes avaient capturé Lincoln et qu'ils l'avaient amené à bord du *Texas*.

— Des divagations de mourant, murmura Giordino qui n'en croyait pas un mot. Lincoln a dû prendre le Concorde pour arriver à temps pour se faire tirer dessus par John Wilkes Booth au théâtre Ford.

— Je ne connais pas toute l'histoire, admit le Kid.

— C'est un conte fantastique et intéressant, dit Pitt. Mais difficile à croire.

— Je ne garantis pas la légende de Lincoln, dit le vieux ardemment, mais je parierais bien M. Periwinckle et le reste de mes fouilles que le *Texas* et les os de son équipage, avec l'or, sont enterrés dans le sable, quelque part par ici. Ça fait cinq ans que je parcours le désert en cherchant ses restes et, nom de Dieu, je les trouverai ou j'y laisserai ma peau !

Pitt regarda la silhouette du vieux chercheur d'or avec sympathie et respect. Il avait rarement vu tant de détermination. Il y avait chez cet homme une confiance brûlante qui rappelait à Pitt le vieux mineur du *Trésor de la sierra Madre*.

— S'il est enterré sous une dune, comment ferez-vous pour le découvrir ? demanda Giordino.

— J'ai un bon détecteur de métaux, un Fisher 1265X.

Pitt ne trouva rien à répondre sauf :

— J'espère que la chance vous mènera au *Texas* et que vous y trouverez tout ce que vous imaginez.

Le Kid resta étendu sur sa couverture, sans parler, un long moment, apparemment perdu dans ses pensées. Finalement, Giordino brisa le silence.

— Il est temps de partir si nous voulons avoir parcouru une certaine distance avant l'aube.

Vingt minutes plus tard, le moteur de la Voisin ronronnait tranquillement. Pitt et Giordino dirent au revoir au Kid et à M. Periwinckle. Le vieux chercheur d'or avait insisté pour qu'ils acceptent des provisions en concentrés. Il leur avait aussi offert une carte grossière de l'ancien lit du fleuve, avec les points importants et le seul puits près de la piste menant à l'usine de transformation de Fort-Foureau.

— C'est à quelle distance ? demanda Pitt.

— Environ 110 miles, fit le vieux en haussant les épaules.

— 177 kilomètres au compteur, traduisit Giordino.

— J'espère que vous trouverez ce que vous cherchez, mes p'tits gars.

Pitt lui serra la main.

— Vous aussi.

Il monta dans la voiture, s'installa au volant, presque triste de quitter le vieil homme.

Giordino s'attarda un moment, en lui disant adieu.

— Merci pour votre hospitalité.

— J'ai été content de vous aider.

— Il y a un moment que je voulais vous dire ça, mais votre visage ne m'est pas inconnu.

— J'vois pas pourquoi ! J'me rappelle pas vous avoir déjà rencontré.

— Ça vous fâcherait de me donner votre vrai nom ?

— Pas du tout, j'me fâche pas facilement. C't'un drôle de nom. On l'utilise plus guère.

Giordino attendit patiemment, sans l'interrompre.

— J'm'appelle Clive Cussler.

— Vous avez raison, c'est un nom peu courant, dit Giordino en souriant.

Puis il se tourna et s'installa près de Pitt. Il se retourna pour faire un signe d'adieu tandis que Pitt engageait une vitesse. La Voisin commença à rouler sur le fond plat du ravin. Mais le vieil homme et son fidèle *burro* disparurent très vite dans l'obscurité de la nuit.

TROISIÈME PARTIE

LES SECRETS DU DÉSERT

30

Le Concorde d'Air France se posa au Dulles Airport et roula jusqu'à un hangar sans marque extérieure, appartenant au gouvernement des Etats-Unis, près du terminal du fret. Le ciel était couvert et la piste était sèche et ne montrait pas trace de pluie. Toujours serrant son sac à dos, comme s'il faisait partie de lui-même, Gunn sortit de l'appareil et descendit rapidement la passerelle mobile jusqu'à une conduite intérieure Ford noire pilotée par un policier en civil. Gyrophare et sirène en marche, on l'amena immédiatement au quartier général de la NUMA de la capitale.

Gunn se sentait comme un félon captif sur le siège arrière de la rapide voiture de police. Il remarqua que le Potomac était inhabituellement vert, un peu plombé, lorsqu'ils le traversèrent par le pont du Rochambeau Memorial. Les passants avaient trop l'habitude des gyrophares et des sirènes pour perdre leur temps à regarder la Ford qui filait à vive allure.

Le conducteur ne s'arrêta pas à l'entrée mais tourna autour du coin ouest de l'immeuble, les pneus hurlant, et descendit la rampe qui menait au garage, en sous-sol. La Ford s'arrêta brusquement devant l'ascenseur. Deux gardes de sécurité s'avancèrent, ouvrirent la portière et escortèrent Gunn dans l'ascenseur jusqu'au quatrième étage de l'Agence. A une courte distance, le long d'un couloir, les gardes ouvrirent la porte de la vaste salle de conférences de la NUMA, ornée de pièces exposées très sophistiquées.

Des hommes et des femmes étaient assis autour d'une longue table d'acajou, attentifs aux paroles du Dr Chapman qui faisait un exposé en face d'un écran montrant le centre de l'océan Atlantique, le long de l'Equateur, au large des côtes d'Afrique occidentale.

Le silence tomba brusquement sur la pièce quand Gunn entra. L'amiral Sandecker se leva et se précipita pour l'accueillir comme un frère qui aurait survécu à une greffe du foie.

— Grâce à Dieu, vous en êtes sorti ! dit-il avec une émotion inhabituelle. Comment s'est passé le vol depuis Paris ?

— Je me suis senti comme un paria, assis tout seul dans un Concorde.

— Il n'y avait aucun avion militaire disponible. Le seul moyen de vous faire venir très vite, c'était de louer un Concorde.

— C'est parfait, à condition que les contribuables ne le découvrent pas.

— S'ils savaient que leur existence même est en jeu, je ne crois pas qu'ils s'en plaindraient.

Sandecker présenta Gunn à tout le monde, autour de la table de conférence.

— A trois exceptions près, je pense que vous connaissez tout le monde, ici.

Le Dr Chapman et Hiram Yaeger s'approchèrent et lui serrèrent la main, montrant à quel point ils étaient heureux de le voir. Il fut présenté au Dr Muriel Hoag, directrice de biologie marine à la NUMA, et au Dr Evan Holland, l'expert de l'environnement de l'Agence.

Muriel Hoag était très grande et bâtie comme un mannequin affamé. Ses cheveux noir de jais étaient tirés en arrière en un chignon net et elle portait des lunettes rondes. Elle n'avait aucun maquillage, ce qui, de l'avis de Gunn, était aussi bien. Elle n'avait aucun besoin de passer entre les mains des esthéticiennes des salons de beauté de Beverly Hills.

Evan Holland était chimiste de l'environnement et ressemblait à un basset contemplant une grenouille dans sa gamelle. Ses oreilles étaient bien trop grandes pour sa tête et son long nez se terminait par une boule. Il regardait le monde avec des yeux noyés de mélancolie. Mais son apparence était trompeuse. Il était l'un des plus fins chercheurs de pollution de toute la profession.

Les deux autres hommes, Chip Webster, analyste de satellite de la NUMA, et Keith Hodge, l'océanographe en chef de l'Agence, Gunn les connaissait déjà. Il se tourna vers Sandecker.

— Il y a quelqu'un qui s'est donné beaucoup de mal pour me sortir du Mali.

— Hala Kamil m'a personnellement donné l'autorisation de faire appel à une équipe tactique des Nations Unies.

— L'officier chargé de l'opération, un certain colonel Levant, n'a pas eu l'air très heureux de m'accueillir.

— Le général Bock, son supérieur, et le colonel Levant ont été un peu difficiles à persuader, admit Sandecker. Mais quand ils ont réalisé à quel point il était urgent d'avoir ce que vous rapportez, ils ont coopéré sans hésitation.

— Ils ont opéré avec classe, dit Gunn. C'est incroyable qu'ils aient pu mettre tout ça au point et le réaliser en une seule nuit.

Si Gunn pensait que Sandecker allait lui donner des détails, il en fut pour ses frais. L'impatience se lisait sur tous les traits de l'amiral. Il y avait sur la table un plateau avec du café et des croissants mais il n'en offrit pas à Gunn. Il le prit par un bras et l'amena jusqu'à une chaise au bout de la longue table de conférence.

— Allons au vif du sujet, dit l'amiral avec brusquerie. Tout le monde est impatient de savoir ce que vous avez découvert à propos du composé qui cause l'expansion de la marée rouge.

Gunn s'assit, ouvrit son sac et commença à le vider. Très soigneusement, il déballa les tubes d'échantillons d'eau et les posa sur un chiffon. Puis il sortit ses disquettes de données et les posa à côté de lui. Enfin, il regarda tout le monde.

— Voici les échantillons d'eau et les résultats tels qu'interprétés par les instruments et l'ordinateur de bord. Par chance, j'ai pu identifier le stimulateur de la marée rouge. C'est un composé organo-métallique, la combinaison d'un acide aminé synthétique et de cobalt. J'ai aussi trouvé des traces de radiation dans l'eau mais je ne crois pas qu'il y ait là une relation directe avec l'impact du contaminant sur la marée rouge.

— Si l'on considère les difficultés et les obstacles que les Africains ont mis sur votre route, dit Chapman, c'est un miracle que vous ayez réussi à découvrir la cause.

— Heureusement, aucun de mes instruments n'a été abîmé après notre bataille contre la Marine du Bénin.

— J'ai reçu une demande de renseignements de la C.I.A., dit Sandecker avec une ombre de sourire. Ils nous demandaient si nous savions quelque chose à propos d'un navire sans pavillon, opérant au Mali, après avoir détruit la moitié de la Marine béninoise et un hélicoptère.

— Que leur avez-vous dit ?

— J'ai menti. Continuez, je vous en prie.

— Les obus du patrouilleur béninois ont cependant détruit notre système de transmissions, continua Gunn, de sorte qu'il m'a été impossible de télémesurer mes résultats sur le réseau d'ordinateurs d'Hiram Yaeger.

— J'aimerais tester à nouveau vos échantillons d'eau pendant qu'Hiram vérifiera vos données d'analyse, dit Chapman.

Yaeger s'approcha de Gunn et prit délicatement les disquettes.

— Comme je ne peux pas faire grand-chose à cette conférence, je préfère me mettre au travail.

Dès que le génie de l'ordinateur fut sorti, Gunn regarda Chapman.

— J'ai vérifié, revérifié et rerevérifié mes résultats. Je suis sûr que votre labo et Hiram confirmeront ce que j'ai trouvé.

Chapman sentit la tension dans la voix de Gunn.

— Croyez-moi, je ne mets nullement en doute vos procédés ni vos données. Vous, Pitt et Giordino avez fait un sacré travail. Grâce à vos efforts, nous savons à quoi nous avons affaire. Maintenant, le président va pouvoir utiliser ces preuves pour faire pression sur le Mali afin qu'on arrête le contaminant à sa source. Ça nous donnera du temps pour trouver des moyens d'en neutraliser les effets et de stopper d'éventuelles expansions ultérieures de marée rouge.

— Ne vendez pas la peau de l'ours pour le moment, prévint Gunn avec sérieux. Bien que nous ayons découvert le composé à son point d'entrée dans le fleuve et identifié ses propriétés, nous avons été incapables de localiser sa source.

Sandecker tapota la table du bout des doigts.

— Pitt m'a annoncé la mauvaise nouvelle avant que nous soyons coupés. Je suis désolé de ne pas vous avoir donné cette information mais je comptais sur le passage de surveillance du satellite pour me fournir le détail manquant.

Muriel Hoag regarda Gunn droit dans les yeux.

— Je ne comprends pas comment vous avez découvert le composé après l'avoir chassé sur plus de 1 000 kilomètres d'eau et que vous l'ayez perdu sur la terre.

— C'est facile, dit Gunn d'un ton las. Après avoir dépassé le point de plus haute contamination, nos lectures sont tombées et l'eau n'a plus montré que les polluants les plus connus. Nous avons fait plusieurs fois marche arrière et marche avant pour confirmer. Nous avons également fait des relevés visuels dans toutes les directions. Aucun dépôt de produit toxique, aucune usine chimique visibles le long du fleuve ni sur les rives. Aucun bâtiment, aucune construction, rien. Rien que le désert nu.

— Est-ce qu'un dépôt quelconque aurait pu être enterré quelque part par là dans le passé ? suggéra Holland.

— Nous n'avons trouvé aucun signe d'excavation, répondit Gunn.

— Aucune chance que la toxine soit produite par Mère Nature ? demanda Chip Webster.

Muriel Hoag sourit.

— Si l'on en croit les tests et les analyses de M. Gunn qui révèlent un acide aminé synthétique, il ne peut avoir été produit que par un laboratoire de biotechnique. Pas par Mère Nature. Et quelque part, d'une façon ou d'une autre, il a été jeté là avec d'autres produits chimiques contenant du cobalt. Ce n'est pas la première fois qu'un mélange accidentel de produits chimiques fabrique un composé inconnu et imprévisible.

— Mais au nom du ciel, comment un composé bizarre peut-il soudain apparaître au beau milieu du Sahara ? demanda Chip Webster.

— Et atteindre l'océan où il agit comme des stéroïdes sur les dinoflagellaires ? ajouta Holland.

Sandecker regarda Keith Hodge.

— Quel est le dernier rapport sur l'étendue de la marée rouge ?

L'océanographe avait environ soixante ans. Ses yeux sombres qui ne cillaient jamais luisaient, fixes, sur un visage aux pommettes hautes. Avec un costume d'époque, il aurait pu sortir sans retouche d'un portrait du XVIIIe siècle.

— Trente pour cent d'augmentation en quatre jours. J'ai peur que le taux de croissance ne dépasse nos prévisions les plus pessimistes.

— Mais si le Dr Chapman peut mettre au point quelque chose pour neutraliser l'agent contaminant, si nous trouvons la source et la neutralisons, ne pourrons-nous contrôler alors l'expansion de la marée ?

— Vaudrait mieux faire vite, répondit Hodge. Au

taux actuel de prolifération, un mois de plus et nous verrons qu'elle commencera à s'autonourrir sans stimulation venant du Niger.

— C'est trois mois de moins! dit sèchement Muriel Hoag.

Hodge haussa les épaules.

— Quand on a affaire à l'inconnu, la seule certitude, c'est l'incertitude.

Sandecker fit tourner sa chaise et regarda la photo satellite agrandie du Mali projetée sur un mur.

— Où est-ce que le composé entre dans le fleuve? demanda-t-il à Gunn.

Gunn se leva et s'approcha de l'agrandissement. Prenant un crayon gras, il dessina un cercle sur une petite zone du Niger, au-dessus de Gao, sur la toile blanche où se reflétait la photo.

— A peu près exactement ici, à la sortie de l'ancien lit d'un fleuve qui se jetait autrefois dans le Niger.

Chip Webster pressa les boutons d'une petite console posée sur la table et élargit la zone autour de la marque de Gunn.

— Aucune construction visible. Aucune indication de population. Je ne vois pas non plus de signe montrant la poussière d'une excavation ni de monticule qui pourraient indiquer qu'une sorte de tranchée aurait pu être creusée pour enterrer des produits dangereux.

— D'accord, c'est une énigme, murmura Chapman. Mais d'où diable peut venir cette saloperie de produit?

— Pitt et Giordino sont toujours là-bas pour chercher, rappela Gunn.

— A-t-on des nouvelles récentes de leur situation ou du lieu où ils se trouvent? demanda Hodge.

— Rien depuis que Pitt a appelé du bateau d'Yves Massarde, répondit Sandecker.

Hodge leva les yeux de son bloc.

— Yves Massarde? Bon Dieu! Pas ce salopard?

— Vous le connaissez?

— En effet. Nos chemins se sont croisés après qu'un produit chimique dangereux se fut déversé dans la Méditerranée, au large de l'Espagne, il y a quatre ans. Un de ses bateaux, qui contenait des rebuts de produits carcinogénétiques connus sous le nom de P.C.B, qu'il devait enterrer en Algérie. Son bateau, donc, s'est brisé et a coulé dans une tempête. A mon avis, il a volontairement coulé le bateau à la fois pour toucher l'assurance et pour cacher des déchets illégaux. Il s'est avéré que l'Algérie n'avait jamais eu l'intention d'accepter les déchets. Alors, Massarde a menti puis triché et utilisé toutes les ruses juridiques pour échapper à ses responsabilités et ne pas avoir à payer les dégâts. Si vous serrez la main de ce type, vous avez intérêt à compter vos doigts en vous en allant.

Gunn se tourna vers Webster.

— Les satellites qui rassemblent les renseignements peuvent lire des journaux depuis l'espace. Pourquoi ne pourrions-nous en diriger un sur le désert au nord de Gao pour chercher Pitt et Giordino ?

— Impossible, dit Webster en hochant la tête. Mes contacts à l'Agence nationale de sécurité gardent les yeux fixés au ciel, sur les nouveaux essais nucléaires chinois, la guerre civile en Ukraine et les incidents de frontière entre la Syrie et l'Irak. Ils ne sont pas prêts à accorder une seconde de leur précieux temps pour retrouver deux civils dans le désert du Sahara. Je peux essayer avec le dernier modèle de GeoSat. Mais je ne sais pas si je pourrai distinguer une forme humaine dans un désert au sol aussi inégal que le Sahara.

— Est-ce qu'on ne les distinguerait pas contre une dune de sable ? demanda Chapman.

— Aucun homme sensé se déplaçant au Sahara ne marcherait dans le sable mou des dunes. Même les nomades les contournent. Se promener dans une mer de dunes signifie une mort certaine. Pitt et Giordino sont assez malins pour les éviter comme la peste.

— Mais vous allez *vraiment* faire une recherche et un survol ? insista Sandecker.

328

Webster fit signe que oui. Il était tout à fait chauve et n'avait presque pas de cou. Un estomac rond rebondissait au-dessus de sa ceinture et il aurait pu poser pour la photo « avant » d'une cure d'amaigrissement.

— Un de mes bons amis est analyste en chef au Pentagone et un vrai expert de la reconnaissance du désert par satellite. Je pense que je peux lui faire du charme pour qu'il analyse nos photos par GeoSat avec ses ordinateurs dernier cri.

— Je vous remercie de votre aide, dit sincèrement Sandecker.

— S'ils sont là-bas, il est le seul à pouvoir les localiser, promit Webster.

— Est-ce qu'un de vos satellites a vu l'avion transportant cette équipe de recherche des maladies contagieuses ? demanda Muriel.

— Non, je crains que non. Il n'y avait rien lors de notre dernier passage au-dessus du Mali, sauf un petit nuage de fumée sur l'un des côtés du chemin de notre caméra. J'espère qu'à la prochaine orbite, nous aurons une image plus détaillée. Ça ne sera peut-être qu'un feu de camp nomade.

— Il n'y a pas assez de bois dans cette partie du Sahara pour faire un feu de camp, dit Sandecker.

Gunn semblait perdu.

— De quelle équipe de recherche parlez-vous ?

— D'un groupe de scientifiques de l'O.M.S. en mission au Mali, expliqua Muriel. Ils cherchent la cause d'étranges affections découvertes dans des villages de nomades du désert. Leur avion a disparu quelque part entre le Mali et Le Caire.

— Y avait-il une femme dans l'équipe ? Une biochimiste ?

— Une certaine Eva Rojas, oui, était la biochimiste de l'équipe, répondit Muriel. J'ai travaillé avec elle une fois sur un projet à Haïti.

— Vous la connaissiez ? demanda Sandecker à Gunn.

— Pas moi, mais Pitt. Il avait dîné avec elle au Caire.

— Peut-être est-ce aussi bien qu'il ne soit pas au courant, dit Sandecker. Il a assez de difficultés à rester en vie pour qu'on ne lui assène pas de mauvaises nouvelles qui lui troubleraient l'esprit.

— Il n'y a encore aucune confirmation d'un crash, dit Holland.

— Ils ont peut-être été obligés de se poser dans le désert et ils peuvent être vivants, ajouta Muriel.

— J'ai peur que ce ne soit une pieuse pensée, fit Webster. Je suis presque sûr que le général Zateb Kazim a les mains très sales dans cette affaire.

— Pitt et Giordino ont eu une conversation avec le général, se souvint Gunn. C'était à la radio de bord, juste avant que je saute dans l'eau. J'ai eu l'impression que c'était un salaud.

— Aussi cruel que tous les dictateurs du Moyen-Orient, dit Sandecker. Et deux fois plus dur en affaires. Il ne veut même pas parler ni rencontrer les diplomates de notre ministère des Affaires étrangères si on ne lui donne pas d'abord un gros chèque.

— Il se fiche des Nations Unies, ajouta Muriel, et refuse toute aide humanitaire pour son peuple.

— Tout défenseur des droits de l'homme assez fou pour entrer au Mali et protester disparaît purement et simplement, dit Webster.

— Lui et Massarde s'entendent comme larrons en foire, dit Hodge. A eux deux, ils ont écumé le pays et l'ont réduit à la misère.

Le visage de Sandecker se durcit.

— Ce n'est pas notre problème. Il n'y aura plus ni Mali ni Afrique occidentale ni aucun autre pays sur terre si nous n'arrêtons pas la marée rouge. Pour le moment, c'est tout ce qui compte.

— Maintenant que nous avons les données, dit Chapman, mettons-nous au travail. Nous allons unir nos compétences et travailler ensemble pour trouver une solution.

— Dépêchez-vous, dit Sandecker, les sourcils froncés. Si vous n'avez pas trouvé dans trente jours, nous n'aurons pas de seconde chance.

31

Une brise fraîche faisait frissonner les feuilles le long des *Palisades* au-dessus de l'Hudson River tandis qu'Ismail Yerli suivait à la jumelle un petit oiseau gris-bleu perché sur un tronc d'arbre, la tête en bas. Il faisait comme si toute son attention était concentrée sur l'oiseau, comme s'il n'avait pas remarqué l'homme qui venait d'apparaître derrière lui. En réalité, il y avait près de deux minutes qu'il avait conscience de l'intrus qui s'approchait.

— Un geai de montagne à poitrine blanche, dit l'étranger, grand et plutôt bel homme, vêtu d'une élégante et très onéreuse veste de cuir bordeaux. Il s'assit sur un rocher plat, près de Yerli. Ses cheveux blond sable étaient partagés par une raie à gauche, droite comme un coup de rasoir. Il regarda l'oiseau d'un air indifférent.

— Le noir plus terne du dessus de la tête suggère qu'il s'agit d'une femelle, dit Yerli sans baisser ses jumelles.

— Le mâle n'est probablement pas bien loin. Peut-être même prépare-t-il le nid.

— Bonne déduction, Bordeaux, dit Yerli en utilisant le nom de code de l'homme. Je ne vous savais pas amateur d'oiseaux.

— Je ne le suis pas. Que puis-je faire pour vous, Pergamon ?

— C'est vous qui avez sollicité ce rendez-vous.

— Mais pas dans la nature par un vent glacial !

— Les rencontres dans les restaurants de luxe, ce n'est pas l'idée que je me fais du travail d'un agent secret.

— Je trouve ridicule cette idée d'opérer dans l'ombre et de vivre dans des taudis, répondit sèchement Bordeaux.

— Il n'est pas très raisonnable de jouer au play-boy.

— Mon travail consiste à protéger les intérêts d'un homme qui, je dois le dire, me paie extrêmement bien. Les agents du F.B.I. ne sont pas près de me surveiller, sauf s'ils me suspectent d'espionnage. Et étant donné que notre travail — en tout cas mon travail — n'est pas de voler des secrets américains, je ne vois pas pourquoi je devrais me mêler aux masses puantes.

Le mépris qu'affichait Bordeaux pour les agents secrets ne plaisait guère à Yerli. Bien que se connaissant depuis des années et ayant souvent travaillé ensemble au profit d'Yves Massarde, aucun, bizarrement, ne connaissait le vrai nom de l'autre et n'avait, du reste, fait l'effort de l'apprendre. Bordeaux dirigeait les opérations d'espionnage commercial des Entreprises Massarde aux Etats-Unis et Yerli, que l'autre connaissait sous le pseudonyme de Pergamon, fournissait souvent des informations essentielles pour les projets internationaux de Massarde. Il était pour cela très royalement payé, bien mieux que pour ses activités d'agent au service de la France. Cette situation n'était tolérée par ses supérieurs que parce que Massarde avait de puissants liens avec de nombreux ministres français.

— Vous devenez imprudent, mon vieux.

— J'en ai par-dessus la tête de traiter avec des Américains grossiers, répondit Bordeaux en haussant les épaules. New York est un lac de merde. Ce pays est divisé par les haines raciales et les diversités ethniques, et il se désagrège. Un jour, les Etats-Unis répéteront les conneries qui se passent en Russie et dans les pays du Commonwealth aujourd'hui. J'ai hâte de rentrer en France, la seule vraie nation civilisée du monde.

— J'ai appris que l'un des types de l'équipe de la NUMA avait réussi à s'échapper du Mali, dit Yerli en changeant brusquement de sujet.

— Ce crétin de Kazim l'a laissé filer entre ses doigts, répondit Bordeaux.

— N'avez-vous pas informé M. Massarde de ma mise en garde ?

— Bien sûr que si ! Et il a, à son tour, prévenu le général Kazim. M. Massarde a attrapé deux autres types sur son yacht mais Kazim, toujours plus malin, a été trop stupide pour faire rechercher le troisième homme qui s'est échappé et qu'une unité tactique des Nations Unies est allée chercher.

— Que pense M. Massarde de la situation ?

— Il n'en est pas ravi, sachant qu'il y a un risque sérieux d'enquête internationale sur son projet de Fort Foureau.

— C'est mauvais, ça ! Toute menace risquant d'exposer et de fermer Fort-Foureau est une menace pour le programme nucléaire français.

— M. Massarde est parfaitement conscient du problème, dit Bordeaux d'un ton aigre.

— Et les chercheurs de l'O.M.S. ? Les journaux du matin disaient que leur avion avait disparu.

— C'est l'une des meilleures idées de Kazim, répondit Bordeaux. Il a simulé un accident d'avion dans une partie inhabitée du désert.

— Simulé ? J'avais prévenu Hala Kamil de ce que j'avais conçu comme un véritable complot pour détruire l'avion, Hopper et son équipe.

— Un léger changement à votre projet, pour décourager toute inspection future des enquêteurs de l'O.M.S., dit Bordeaux. L'avion s'est vraiment écrasé mais les corps ne sont pas ceux du Dr Hopper et de ses copains.

— Ils sont toujours vivants ?

— Ils sont pratiquement morts. Kazim les a envoyés à Tebezza.

Yerli fit un signe de connaisseur.

— Il vaudrait mieux pour eux une mort rapide que dans les mines de Tebezza, à vivre l'enfer des esclaves affamés et épuisés de travail. Je pense, dit-il après un instant de réflexion, que Kazim a fait une erreur.

— Le secret de leur situation est bien gardé, dit Bordeaux avec indifférence. Personne ne s'échappe de Tebezza. Quand on entre dans la mine, on n'en ressort jamais.

Yerli prit un kleenex dans sa poche et essuya les lentilles de ses jumelles.

— Hopper a-t-il découvert quelque chose qui puisse s'avérer dangereux pour Fort-Foureau ?

— Assez pour relancer l'intérêt et déclencher une enquête plus approfondie si jamais son rapport est rendu public.

— Que sait-on de l'agent de la NUMA qui s'est échappé ?

— Il s'appelle Gunn et c'est le vice-directeur de l'Agence nationale marine et sous-marine.

— Un type influent ?

— En effet.

— Où est-il, maintenant ?

— Nous avons pisté l'avion qui l'a amené à Paris où il a pris un Concorde pour Washington. De là, on l'a emmené directement au Q.G. de la NUMA. Mon informateur m'a dit qu'il y était encore il y a qua-rante minutes.

— Sait-on s'il a pu rapporter des renseignements importants du Mali ?

— Quelle que soit l'information rapportée, pour autant qu'il y en ait une, c'est pour nous un mystère. Mais M. Massarde est sûr que rien n'a été découvert qui puisse mettre en péril l'opération de Fort-Fou-reau.

— Kazim ne devrait pas avoir de mal à faire parler les deux autres Américains.

— J'ai appris, juste avant de partir pour vous ren-contrer, que malheureusement ils se sont échappés eux aussi.

Yerli jeta à Bordeaux un regard soudain irrité.

— Qui a fait une connerie ?

— Qui que ce soit, ça ne fait aucune différence, fit Bordeaux avec un haussement d'épaules. Franche-ment, ce n'est pas notre problème. Ce qui compte, c'est qu'ils sont toujours au Mali. Ils n'ont guère de chances de passer la frontière. C'est une question d'heures, Kazim a lancé des équipes de recherche à leurs trousses.

— Je devrais filer à Washington et infiltrer la NUMA. En m'y prenant bien, je pourrais apprendre ce qu'ils cachent derrière cette recherche de pollution.

— Laissez tomber pour l'instant, dit calmement Bordeaux. M. Massarde a un autre boulot pour vous.

— A-t-il pu arranger les choses avec mes supérieurs de la Défense nationale ?

— On vous signifiera dans moins d'une heure votre autorisation de congé pour mission à l'extérieur.

Yerli ne dit rien et reprit son observation du petit geai toujours perché sur l'arbre et qui picorait des brins d'écorce.

— Qu'est-ce que Massarde a derrière la tête ?

— Il veut que vous alliez au Mali pour servir de liaison avec le général Kazim.

Yerli ne montra aucune réaction. Il garda ses jumelles devant ses yeux en répondant :

— J'ai été envoyé huit mois au Soudan il y a quelques années. Un endroit épouvantable ! Les gens y étaient assez amicaux, malgré tout.

— L'un des jets des Entreprises Massarde vous attendra à l'aéroport de La Guardia. Vous décollerez à six heures ce soir.

— Alors, je vais aller servir de nounou à Kazim pour l'empêcher de faire de nouvelles bourdes ?

— Exact, fit Bordeaux. L'enjeu est trop grand pour que ce fou y mette le bazar.

Yerli rangea ses jumelles dans leur étui qu'il balança sur son épaule.

— J'ai rêvé, une fois, que je mourrais dans le désert, dit-il calmement. Je prie Allah que ce ne soit... qu'un rêve !

Dans une petite pièce typique, sans fenêtre et loin des couloirs fréquentés de l'immeuble du Pentagone, le major de l'Air Force, Tom Greenwald, reposa le téléphone après avoir averti sa femme qu'il rentrerait en retard pour dîner. Il se détendit un long moment et détourna ses pensées de l'analyse de la photo satellite des luttes opposant des unités de l'armée chinoise aux forces rebelles démocratiques pour s'intéresser au travail qui l'attendait maintenant. Le film des caméras du GeoSat que Chip Webster, de la NUMA, lui avait fait porter venait d'être chargé sur l'écran sophistiqué et l'équipement d'agrandissement de l'armée. Quand tout fut prêt, Greenwald s'installa sur son fauteuil confortable, une console sur l'un des bras. Il ouvrit une boîte de Pepsi allégé et commença à tourner les boutons gradués de la console en regardant un écran de télévision de la taille d'un petit écran de théâtre.

Les photos du GeoSat lui rappelaient les images, vieilles de trente ans, de l'ancien espion du ciel. Bien sûr, le GeoSat avait été construit purement pour la surveillance depuis l'espace de la géologie et des courants marins, mais cela ne s'approchait en rien de l'incroyable précision des détails reçus par les derniers-nés des satellites de renseignements. Cependant, c'était déjà bien plus performant que le vieux LandSat qui faisait depuis plus de vingt ans des cartes de la Terre. Les caméras du nouveau modèle pouvaient capter des images dans l'obscurité comme dans les nuages et même dans la fumée.

Greenwald fit les réglages et les corrections nécessaires sur chaque photo montrant diverses parties du nord du désert malien qui traversaient l'écran et qu'il précisait grâce à l'ordinateur.

Il commença bientôt à distinguer les petits flocons représentant des avions en l'air et un train de chameaux traversant le désert depuis les mines de sel de Taoudenni, au sud de Tombouctou.

A mesure que la série de photos remontait vers le nord du Niger, vers l'Azaouad, une région désertique de dunes et d'immensité comme il y en avait tant au Sahara, Greenwald voyait de moins en moins de signes de présence humaine. Il distingua des squelettes d'animaux, des chameaux pour la plupart. Mais un humain debout était très difficile à détecter, même avec ses systèmes électroniques perfectionnés.

Après une heure d'observation environ, Greenwald frotta ses yeux fatigués et se massa les tempes. Il n'avait rien trouvé qui indiquât la moindre trace des deux hommes qu'on lui avait demandé de chercher. Il examina sans succès les clichés de l'extrême Nord où Webster pensait qu'ils auraient pu être et les posa de côté.

Greenwald avait fait de son mieux pour la cause et était prêt à laisser tomber et à rejoindre sa femme mais décida de faire un dernier essai. Il choisit quelques photos montrant les régions les plus profondes de l'Azaouad inhospitalier et leur accorda un nouvel examen.

L'espace morne et désolé lui parut aussi vide que la mer Morte.

Il faillit passer à côté et il serait en fait passé à côté si un indéfinissable sentiment n'avait retenu son attention.

Il y avait, dans le paysage, un tout petit objet qui détonnait sur l'environnement. Il aurait pu le prendre pour un rocher ou une petite dune, mais sa forme n'était pas irrégulière, comme ce que produit la nature. Les lignes étaient droites et bien définies : sa main courut d'un bouton à l'autre, pour agrandir et mieux définir l'objet.

Greenwald était sûr de tenir quelque chose. Il était trop bon expert pour se tromper. Pendant la guerre contre l'Irak, il était presque devenu une légende grâce à son talent inégalable pour découvrir les bunkers cachés de l'armée irakienne, ainsi que les emplacements des chars et de l'artillerie.

— Une voiture ! se dit-il à voix haute. Une voiture couverte de sable pour dissimuler sa présence !

Après une étude plus approfondie, il put distinguer deux points près de la voiture. Comme Greenwald aurait aimé que ces images lui aient été envoyées par un satellite militaire. Il aurait pu voir l'heure au bracelet-montre de sa cible. Mais le GeoSat n'était pas fait pour donner des détails aussi précis. Même avec un réglage pointu, il put tout juste distinguer qu'il s'agissait là de deux êtres humains.

Greenwald s'accorda un moment de réflexion pour savourer sa découverte. Puis il se leva, s'approcha d'un téléphone et composa un numéro. Il attendit

337

patiemment, souhaitant qu'aucun répondeur ne lui demande de laisser un message. A la cinquième sonnerie, une voix d'homme, essoufflée, répondit :

— Allô ?

— Chip ?

— Oui. C'est toi, Tom ?

— Qu'est-ce que tu faisais ? De la course à pied ?

— Ma femme et moi étions dans la cour en train de parler avec nos voisins, expliqua Webster. J'ai couru comme un diable quand j'ai entendu sonner le téléphone.

— J'ai trouvé quelque chose qui va t'intéresser.

— Mes deux hommes ? Tu les as trouvés sur la photo du GeoSat ?

— Ils sont à plus de 1 000 kilomètres au nord de ce que tu pensais, dit Greenwald.

— Tu es sûr qu'il ne s'agit pas de deux nomades ? fit Webster, interloqué. Ils n'auraient jamais pu parcourir à pied une telle distance en quarante-huit heures.

— Pas à pied. En voiture.

— Une voiture ? répéta Webster, surpris.

— Difficile de te donner des détails. Il me semble qu'ils la couvrent de sable dans la journée pour la camoufler d'éventuelles recherches aériennes et qu'ils roulent la nuit. Ça ne peut être que tes deux gars. Qui d'autre jouerait ainsi à cache-cache dans le sable ?

— Tu crois qu'ils se dirigent vers la frontière ?

— Je ne crois pas, ou alors leur sens de l'orientation est bien mauvais. Ils sont juste au centre du Mali septentrional. La frontière la plus proche avec un autre pays est à au moins 350 kilomètres.

Webster prit un long moment avant de répondre.

— Ça doit être Pitt et Giordino. Mais où donc ont-ils trouvé une voiture ?

— J'ai l'impression qu'ils sont pleins de ressources.

— Ils auraient dû cesser depuis longtemps de chercher l'origine de la contamination. Qu'est-ce qui leur a pris ?

Greenwald ne pouvait évidemment répondre à cela.

— Peut-être qu'ils t'appelleront depuis Fort-Foureau, suggéra-t-il, mi-sérieux, mi-amusé.

— Ils se dirigent vers l'usine de transformation solaire française ?

— Ils n'en sont qu'à 50 kilomètres, et c'est le seul point de civilisation occidentale des environs.

— Merci, Tom, dit sincèrement Webster. A charge de revanche. Que dirais-tu de venir dîner avec nous avec ta femme ?

— Bonne idée. Choisis le resto, le jour et l'heure, et passe-moi un coup de fil.

Greenwald reposa le combiné et reporta son attention sur l'objet déconcertant et les deux minuscules silhouettes.

— Mes gaillards, dit-il, vous devez être complètement cinglés !

Puis il éteignit le système et rentra chez lui.

32

Le soleil se levait à peine et déjà sa chaleur était accablante. La fraîcheur de la nuit disparut aussi vite qu'un nuage traversant le ciel. Un couple de corbeaux traversa le ciel oppressant, regarda quelque chose qui lui parut inhabituel dans le paysage morne et commença à tourner en rond dans l'espoir d'y découvrir de quoi manger. Ayant vite compris que les deux humains vivants n'avaient rien à offrir, ils reprirent leur vol vers le nord.

Pitt était étendu sur la courbe d'une dune basse, presque enterré dans le sable. Il regarda un moment les oiseaux puis se remit à observer l'immense complexe de l'usine de décontamination solaire de Fort-Foureau. C'était un endroit irréel. Pas seulement un édifice humain à la gloire de la technologie mais une usine robuste, productive, au milieu d'un paysage depuis longtemps rongé par la sécheresse et la chaleur.

Pitt se tourna un peu en entendant le léger crissement dans le sable derrière lui. Il vit Giordino qui rampait vers lui en se tortillant comme un lézard.

— Tu admires le paysage ?

— Viens jeter un coup d'œil. Je te garantis que tu seras impressionné.

— La seule chose qui pourrait m'impressionner en ce moment, ce serait une plage avec des vagues bien fraîches.

— Cache tes jolies boucles brunes, dit Pitt. Ta tignasse noire sur le sable blanc doit ressortir comme le nez au milieu de la figure.

Giordino eut un sourire d'idiot de village et se mit une poignée de sable dans les cheveux. Il s'approcha de Pitt et regarda au-dessus de la dune.

— Mince, alors ! murmura-t-il, surpris. Si je ne savais pas ce que c'est, je parierais pour une ville sur la lune.

— Il y a bien le paysage désertique mais il manque le dôme de verre au-dessus.

— C'est presque aussi grand que Disney World !

— A mon avis, ça doit faire au moins vingt kilomètres carrés.

— Tiens, on leur livre du matériel, observa Giordino en montrant une procession de wagons tirée par quatre motrices Diesel. Le boulot a l'air de marcher.

— C'est le train de la sauce empoisonnée de Massarde, fit Pitt. Il y a bien là cent vingt conteneurs remplis de déchets toxiques.

Giordino montra la large zone semée de sortes de grandes bassines aux surfaces concaves qui attrapaient les rayons du soleil comme une mer de miroirs.

— On dirait des réflecteurs solaires.

— Des concentrateurs, corrigea Pitt. Ils recueillent les radiations solaires et les concentrent avec une intensité prodigieuse de chaleur et de protons. L'énergie radiante est alors dirigée dans un réacteur chimique qui détruit complètement les déchets dangereux.

— Qu'est-ce que tu es savant ! dit Giordino. Quand es-tu devenu un expert en lumière solaire ?

— J'avais une petite amie qui était ingénieur à l'Institut d'énergie solaire. Elle m'a fait visiter leurs usines expérimentales. C'était il y a plusieurs années, on n'en était alors qu'aux essais de développement de la technologie solaire pour détruire les déchets toxiques. Il semble que Massarde possède la technique à fond.

— Il y a quelque chose qui m'échappe, dit Giordino.

— Quoi ?

— Cette installation. Pourquoi tant de dépenses et d'efforts pour construire cette cathédrale de l'hygiène au milieu du plus grand bac à sable du monde ? Moi, je l'aurais érigée près d'un centre industriel important. Ça doit coûter un paquet rien que pour transporter les déchets sur la moitié de l'océan et 1 600 kilomètres de désert.

— C'est une considération très astucieuse, admit Pitt. Ça m'étonne aussi. Si Fort-Foureau est un tel chef-d'œuvre de la destruction des déchets toxiques et si les experts en déchets dangereux jugent que l'installation représente une opération sûre et supermoderne, c'est vrai que ça n'a pas de sens de l'avoir installée si loin des endroits appropriés.

— Tu crois toujours que ce truc est responsable des fuites contaminées dans le Niger ? demanda Giordino.

— Nous n'avons pas trouvé d'autres sources.

— L'histoire de ce vieux prospecteur à propos de la rivière souterraine pourrait bien être la solution.

— Sauf qu'il y a un os, dit Pitt.

— Tu n'as jamais été un type crédule, hein ? murmura Giordino.

— Ça n'est pas ça. Rien à dire sur la théorie de la rivière souterraine. Ce que je ne crois pas, c'est la fuite empoisonnée.

— Je suis d'accord, fit Giordino. Qu'est-ce qui

pourrait bien fuir s'ils sont supposés brûler cette merde ?

— Exactement.

— Ou alors, Fort-Foureau n'est pas ce que l'on dit qu'il est ?

— C'est mon avis.

Giordino lui jeta un regard soupçonneux.

— J'espère que tu n'as pas l'intention d'aller y faire un tour avec moi, comme si nous étions deux pompiers en visite ?

— Je pensais davantage à une expédition de cambrioleurs.

— Comment proposes-tu d'entrer là-dedans ? Par la grande porte, en demandant un ticket de visite ?

Pitt montra les véhicules de fret roulant sur une voie parallèle au quai de chargement à l'intérieur de l'implantation.

— On saute dans le train.

— Et pour ressortir ? demanda Giordino toujours soupçonneux.

— Etant donné que le réservoir de la Voisin est presque vide, je n'ai pas envie de repartir au volant en essuyant une larme d'adieu dans le soleil couchant. On attrapera le premier express pour la Mauritanie.

Giordino fit une grimace.

— Tu ne vas pas me faire monter dans des wagons qui ont transporté des tonnes de produits chimiques toxiques, tout de même ? Je suis trop jeune pour devenir un tas de boue fondue.

— Tu n'auras qu'à faire attention où tu mets les mains, dit Pitt en souriant.

Giordino, exaspéré, secoua la tête.

— Est-ce que tu as réfléchi un peu aux obstacles que nous allons rencontrer ?

— Les obstacles sont faits pour être contournés, répondit Pitt avec hauteur.

— C'est ça, comme les barrières électriques, les gardes avec des dobermans, les voitures de patrouille hérissées d'armes automatiques, les projecteurs qui illuminent les lieux comme pour une finale de base-ball ?

— Oui, maintenant que tu me le rappelles.

— C'est quand même bizarre, réfléchit Giordino, qu'un incinérateur de déchets toxiques soit gardé comme un arsenal militaire !

— Une raison de plus pour visiter les lieux, dit calmement Pitt.

— Tu n'as pas l'intention de changer d'avis et de rentrer chez nous pendant que nous sommes encore entiers ?

— Cherche et tu trouveras.

Giordino leva les yeux au ciel.

— Tu es encore plus cinglé que ce vieux prospecteur et son histoire de cuirassé avec Abe Lincoln à bord enterré dans les sables du désert.

— On a en effet beaucoup de choses en commun, approuva Pitt.

Il se tourna sur le flanc et montra un bâtiment à environ 6 kilomètres à l'est, non loin de la voie ferrée des conteneurs.

— Tu vois ce vieux fort abandonné ?

— Oui, on dirait qu'on y a tourné *Beau Geste*, avec Gary Cooper et la Légion étrangère française. Oui, je le vois.

— C'est de là que vient le nom de Fort-Foureau, dit Pitt. Il n'y a pas plus de 100 mètres entre ses murs et la voie ferrée. Dès qu'il fera nuit, on ira s'y cacher jusqu'à ce qu'on puisse sauter dans un des trains qui entrent.

— J'ai déjà remarqué qu'ils foncent trop pour que même un vagabond professionnel puisse y grimper.

— Prudence et patience, dit Pitt. Les motrices commencent à ralentir juste avant d'atteindre le fort. Ensuite, elles roulent au pas en atteignant ce qui ressemble à une station de sécurité.

Giordino observa la station par où devait passer le train avant de pénétrer au cœur de l'exploitation.

— Je te parie tout ce que tu veux qu'une armée de gardes vérifie tous les wagons qui entrent.

— Ils ne se tuent sûrement pas au travail. L'examen de plus de cent wagons remplis de bonbonnes de déchets toxiques n'est pas exactement un boulot suscitant l'enthousiasme. Du reste, qui serait assez stupide pour se cacher dedans ?

— Tu es le seul qui me vienne à l'esprit, dit sèchement Giordino.

— Si tu as une meilleure idée pour passer une barrière électrifiée, échapper aux dobermans, aux projecteurs et aux voitures de patrouille, je t'écoute.

Giordino allait exprimer à Pitt le fond de sa pensée quand il se raidit et tourna la tête vers l'origine du ronronnement indiquant l'approche d'un hélicoptère.

Pitt regarda à son tour. Cela venait du sud et se dirigeait vers eux. Ce n'était pas un appareil militaire mais une magnifique version civile. Le nom des Entreprises Massarde, peint sur son fuselage, en indiquait l'origine.

— Merde ! jura Giordino en se retournant vers la voiture couverte de sable. S'il vole assez bas, il va virer tout le sable mis en couverture !

— Seulement s'il passe juste au-dessus, le rassura Pitt. Baisse-toi et ne bouge pas.

Un œil exercé aurait pu les voir, remarquer la dune de sable suspecte et sa forme étrange, mais le pilote surveillait le terrain d'atterrissage à côté des bâtiments des bureaux de l'entreprise et ne regardait pas le sable qu'il déplaçait ni les formes qui semblaient embrasser la dune. Le seul passager de l'hélicoptère, lui, était plongé dans la lecture d'un rapport financier et ne regarda pas par le hublot.

L'appareil passa juste au-dessus d'eux, plongea vers la zone d'atterrissage, fit un instant du sur place puis se posa sur le béton. Même à un demi-kilomètre et sans jumelles, Pitt devina l'identité de la silhouette qui marchait vigoureusement vers les bâtiments de bureaux.

— Je crois que notre ami est revenu nous voir, dit-il.

Giordino, protégeant ses yeux du soleil, loucha vers le complexe.

— C'est trop loin pour en être sûr mais je crois bien que tu as raison. Quel dommage qu'il n'ait pas amené la pianiste qui était sur son bateau !

— Est-ce que tu ne vas pas l'oublier un peu ?

Giordino prit un air blessé.

— Pourquoi devrais-je l'oublier ?

— Tu ne connais même pas son nom !

— L'amour vaincra tout ! dit tristement Giordino.

— Alors, vaincs tes pensées amoureuses et reposons-nous jusqu'à ce que la nuit tombe. Nous avons un train à prendre.

Ils avaient dépassé le puits décrit par le vieux chercheur d'or lorsque l'ancien lit de l'oued Zarit tourna dans une autre direction. Ils avaient fini les boissons gazeuses et n'avaient plus que deux litres d'eau. Mais ils se la partagèrent pour éviter la déshydratation, espérant bien trouver une source près de l'implantation.

Ils garèrent la Voisin dans un petit ravin, un kilomètre au sud du fort abandonné qui s'élevait le long de la voie ferrée, puis s'enterrèrent dans le sable sous la voiture qui les abrita un peu de la chaleur étouffante. Giordino s'endormit rapidement mais Pitt réfléchissait trop pour en faire autant.

La nuit tombe rapidement sur le désert. Le crépuscule est court avant l'obscurité totale. Le silence était étrange, comme immobile. Le seul bruit venait du moteur de la Voisin qui refroidissait. L'air sec du désert se débarrassa de la chaleur et du sable toujours en mouvement dans la journée. Il semblait même agrandir comme une loupe les myriades d'étoiles qui brillaient dans le ciel d'obsidienne. On les voyait si bien et si distinctement que Pitt pouvait réellement distinguer les étoiles rouges des bleues et des vertes. Il n'avait jamais vu un étalage aussi cosmique, même pas en haute mer.

Ils couvrirent la voiture dans le goulet pour la dernière fois et marchèrent jusqu'au fort à la lumière des étoiles, attentifs à effacer la trace de leurs pas avec une branche de palmier. Ils dépassèrent l'ancien cimetière de la Légion et longèrent les murs de dix mètres de haut jusqu'à ce qu'ils trouvent l'entrée principale. Les portes gigantesques, massives et blanchies par le soleil, étaient légèrement entrouvertes. Ils entrèrent et se trouvèrent sur le carré sombre et abandonné qui servait autrefois de terrain de parade.

Ils ne durent pas beaucoup forcer leur imagination pour voir une formation fantôme de légionnaires au garde-à-vous, vêtus de leurs tuniques bleues, leurs pantalons blancs serrés aux chevilles et leurs képis blancs avant de s'élancer sur le sable brûlant à l'assaut d'une bande de Touaregs.

En fait, l'ancien fortin était petit comparé aux normes des bâtiments de la Légion étrangère. Les murs, de 30 mètres de long chacun, formaient un carré parfait. Ils avaient bien 3 mètres d'épaisseur à la base, avec des bastions en quinconce au-dessus, pour protéger les défenseurs. Le fort dans son ensemble aurait pu facilement être tenu par une cinquantaine d'hommes seulement.

L'intérieur présentait les signes habituels des bâtiments abandonnés. Des débris divers laissés par les troupes françaises lors de leur départ et d'autres laissés par divers vagabonds du désert qui s'y étaient abrités pendant les tempêtes de sable jonchaient le sol, dehors et dans les bâtiments déserts. Des matériaux de construction abandonnés par des ouvriers, lors de la mise en place du chemin de fer, étaient appuyés contre les murs : traverses de béton, outils, plusieurs bonbonnes de gas-oil vides et un chariot à fourches qui paraissait, curieusement, en bon état.

— Qu'est-ce que tu penserais si tu devais être cantonné ici toute une année ? demanda Giordino.

— Je ne tiendrais même pas une semaine, dit Pitt en regardant autour de lui.

Tandis qu'ils attendaient un train, le temps s'étira avec une lenteur désespérante. Il y avait tout à parier que le composé chimique que Gunn avait découvert émanait, d'une façon ou d'une autre, de l'usine de désintoxication solaire. Après leur rencontre fortuite

346

avec Massarde, Pitt avait compris qu'une demande d'inspection des lieux ne serait pas accueillie avec enthousiasme. Il fallait donc qu'ils s'introduisent sur les lieux et qu'ils découvrent enfin des preuves valables.

Il se passait quelque chose de bien plus sinistre, à Fort-Foureau. En apparence, on luttait là pour contribuer à la bataille que menait la planète pour se débarrasser de millions de tonnes de déchets toxiques. Mais Pitt pensait que si l'on grattait un peu cette belle surface, on allait voir ce qu'on allait voir !

Il calculait leurs chances de passer inaperçus à la station de sécurité et de ressortir aussi discrètement. Elles ne pesaient pas lourd. Soudain, il entendit un son au loin. Giordino, qui ne dormait en fait que d'un œil, l'entendit aussi. Ils se regardèrent sans rien dire et se mirent debout.

— Un train qui va vers le fort, constata Giordino.

Pitt regarda sa montre de plongée Doxa et étudia les aiguilles lumineuses.

— Onze heures vingt. Nous avons tout le temps nécessaire pour inspecter les lieux et ressortir avant le lever du jour.

— A condition qu'il y ait bien un train à cette heure-là pour ressortir, fit Giordino.

— Jusqu'à présent, ils ont roulé comme des horloges, toutes les trois heures. Comme Mussolini, Massarde aime que les trains soient à l'heure. Bon, allons-y ! Je ne tiens pas à rester sur une voie vide, acheva-t-il en brossant le sable de ses vêtements.

— Ça ne me gênerait pas.

— Baisse-toi, conseilla Pitt. Le désert reflète la lumière des étoiles et nous serons à découvert entre le fort et la voie ferrée.

— Je percerai la nuit comme une chauve-souris, le rassura Giordino. Mais que se passera-t-il si un chien baveux avec des dents énormes ou un garde aux yeux perçants avec une arme automatique ont d'autres projets pour nous ?

— Ça nous prouvera que Fort-Foureau n'est bien qu'une façade, dit fermement Pitt. L'un de nous devra s'échapper et prévenir Sandecker, même si ça signifie se sacrifier l'un pour l'autre.

Giordino, l'air pensif, regarda Pitt sans rien dire. Puis la motrice Diesel déchira l'air d'un long sifflement pour annoncer son arrivée imminente à la station de sécurité. Giordino montra la voie.

— On ferait bien de se dépêcher !

Pitt acquiesça en silence. Ils passèrent les grandes portes du fort et coururent vers la voie ferrée.

33

Un camion Renault abandonné se dressait, solitaire, à mi-chemin entre le fort et la voie de chemin de fer. Tout ce qui avait pu être arraché de sa carrosserie et de son châssis l'avait été : les pneus, les roues, la transmission et le différentiel, même le pare-brise et les portes avaient été enlevés et probablement vendus pour quelques sous ou emportés à dos de chameau jusqu'à Gao ou Tombouctou par quelque marchand entreprenant.

Pour Pitt et Giordino, qui se cachaient derrière sa carcasse pour éviter le phare puissant de la motrice Diesel, la tristesse d'un objet abandonné après avoir été fabriqué par l'homme était poignante. Mais celui-là fut pour eux une cachette parfaite tandis que le long train approchait doucement.

Le gyrophare au-dessus de la locomotive balaya le désert en éclairant le moindre rocher, le moindre brin d'herbe sur près d'un kilomètre. Ils s'accroupirent pour échapper à son rayon jusqu'à ce que les motrices passent dans un bruit de tonnerre à une vitesse que Pitt estima à 50 kilomètres-heure environ. Les conducteurs freinaient, maintenant, en se préparant à pénétrer dans la station de sécurité. Pitt attendit patiemment que la vitesse du train diminue. Il estima que lorsque les derniers wagons atteindraient le camion abandonné, la vitesse serait réduite à environ 25 kilomètres-heure, ce qui était assez lent pour qu'ils puissent courir le long du convoi et sauter dedans.

Ils abandonnèrent la sécurité du camion dépouillé et parcoururent les quelques mètres les séparant de la route, s'accroupissant et observant les plates-formes roulantes chargées des conteneurs destinés à Fort-Foureau. Le dernier wagon était maintenant en vue. Ce n'était pas un simple fourgon pour abriter le personnel du train mais une voiture blindée surmontée d'une tourelle abritant de lourdes mitrailleuses servies par des gardes de sécurité.

« Massarde ne prend pas de risques », pensa Pitt. L'escorte était probablement composée de mercenaires grassement payés.

Mais pourquoi une telle protection ? La plupart des gouvernements considèrent les déchets chimiques comme une nuisance. Un sabotage ou un déversement accidentel en plein désert passerait probablement inaperçu des médias internationaux et des cercles de défenseurs de l'environnement. De qui devait-on donc garder ces déchets ? Certainement pas d'éventuels bandits, d'improbables terroristes !

Si Pitt avait dû formuler une analyse du caractère de Massarde, il aurait probablement dit que le riche Français jouait sur deux tableaux, payant les rebelles maliens en même temps qu'il engraissait Kazim.

— On monte dans l'avant-dernier wagon avant le fourgon blindé, dit-il à Giordino. Si on prend le dernier, on risque des problèmes si jamais un garde trop malin regarde le long du convoi.

Giordino était d'accord.

— O.K., je te suis. Les wagons les plus proches du fourgon blindé seront moins surveillés que les autres.

Ils se levèrent rapidement et commencèrent à courir vers la voie. Mais Pitt avait mal calculé la vitesse : le train avançait presque deux fois plus vite qu'ils ne pouvaient courir. Impossible de s'arrêter maintenant ou de laisser tomber. S'ils reculaient, les gardes ne manqueraient pas de les voir dans la lumière du phare arrière du fourgon blindé qui se répandait en demi-cercle autour des roues et des rails.

Ils donnèrent tout ce dont ils étaient capables. Pitt était le plus grand et ses bras étaient plus longs. Il s'accrocha à une échelle, fut projeté en avant et, utilisant la vitesse, sauta à bord.

Giordino tendit le bras et manqua l'échelle arrière du wagon de quelques centimètres. La voie était couverte de cailloux sur lesquels il était difficile de courir. Il tourna la tête pour regarder derrière lui. Après avoir manqué le coup espéré, son seul espoir fut maintenant de se risquer à pénétrer dans le wagon précédant juste le fourgon blindé.

L'échelle allant de la plate-forme au haut du conteneur approchait à une vitesse que Giordino trouvait supersonique. Il jeta un coup d'œil aux roues d'acier sur les rails, dangereusement proches. C'était sa dernière chance. S'il manquait son coup, il tomberait sur les rails ou bien serait abattu par les gardes. Cette perspective ne l'enthousiasmait nullement.

Il attrapa le barreau de l'échelle à deux mains lorsqu'il passa devant lui et fut pratiquement arraché du sol par le mouvement du train. Il se tint désespérément, les jambes battant comme des fléaux, essayant de s'accrocher. Sa main gauche lâcha le barreau et alla attraper le barreau suivant. Puis il fit de même avec sa main droite. Il put enfin plier les genoux et lança ses pieds en l'air. Il réussit à les poser sur le dernier barreau.

Pitt s'était arrêté quelques secondes pour reprendre son souffle avant de grimper sur le dessus du conteneur. Ce n'est qu'en se retournant qu'il réalisa que Giordino n'était pas où il aurait dû être, c'est-à-dire en train de grimper à l'échelle du même wagon. Il se pencha, aperçut la forme sombre qui escaladait le wagon suivant et l'éclair blanc de la grimace de son ami sur son visage déterminé.

Pitt, frustré de ne pouvoir rien faire, regarda Giordino pendu là sans bouger plusieurs secondes, attaché à l'échelle du conteneur tandis que la plate-forme oscillait avec un bruit de ferraille. Il tourna la tête et observa toute la longueur du train. La motrice de tête n'était plus qu'à un kilomètre de la station de sécurité. Soudain, un sixième sens le poussa à regarder derrière lui et son sang se glaça.

Il y avait un garde debout sur une petite plateforme à l'arrière du fourgon blindé. Il se tenait là, les mains posées sur la balustrade et regardait le désert défiler sous ses pieds. Il avait l'air perdu dans ses pensées, peut-être dans le souvenir de quelque chose de lointain, ou d'une fille quelque part. Il suffirait qu'il tourne la tête et regarde le train et ce serait la fin de Giordino.

Le garde se redressa, puis tourna les talons et rentra dans le confort frais de son wagon.

Giordino ne perdit pas de temps et grimpa l'échelle jusqu'au toit du conteneur où il s'allongea en s'aplatissant contre la tôle. Il resta là, étendu, respirant profondément. L'air était encore chaud et mêlé à l'odeur du gas-oil des motrices. Il essuya la sueur de son front et chercha Pitt des yeux sur le wagon suivant.

— Viens jusqu'ici, cria Pitt en essayant de dominer le bruit du train en mouvement.

Prudemment, rampant sur les mains et les genoux, Giordino jeta un coup d'œil aux blocs de béton et aux rails qui défilaient à toute vitesse sous les wagons. Il attendit un instant, rassemblant son courage, puis se mit debout, parcourut en courant une courte distance et sauta en avant. Ses pieds touchèrent le toit à cinquante centimètres du bord. Quand il chercha autour de lui une main tendue pour l'aider, il n'en vit aucune.

Totalement confiant en l'habileté athlétique de son ami, Pitt était calmement en train d'étudier le conditionneur d'air installé sur le toit du wagon et qui servait à protéger les déchets chimiques hautement inflammables de l'extrême chaleur du voyage à travers le désert. C'était un modèle particulièrement performant, spécialement étudié pour combattre les températures tropicales, dont le compresseur était alimenté par un petit moteur à gaz d'où les fumées s'échappaient tranquillement par un silencieux.

Lorsque les lumières de la station de sécurité commencèrent à briller devant le train, Pitt concentra son attention sur les moyens d'éviter d'être découverts. Il ne pensait pas que les gardes parcourraient tout le train comme le font les policiers de la route, en portant des bâtons pour chasser les vagabonds cachés avec leurs baluchons, comme dans les années de la dépression de 1930. Il ne croyait pas non plus que les agents de sécurité de Massarde promenaient des chiens policiers. Aucun chien, même doué d'un flair puissant, ne pourrait distinguer quoi que ce soit dans la puanteur des produits chimiques et les fumées des diesels.

Mais des caméras de télévision, ça, oui, il devait y en avoir. Il suffisait que le train passe entre et en dessous d'une batterie de caméras commandées depuis l'intérieur du bâtiment. Yves Massarde ne pouvait que faire confiance à la technologie la plus moderne en matière de sécurité.

— As-tu quelque chose pour dévisser ? demandat-il à Giordino sans commenter son approche.

— Tu me demandes si j'ai un tournevis ? s'enquit Giordino, ahuri.

— Je veux retirer les vis de cette grande plaque sur le côté du conditionneur d'air.

Giordino chercha dans sa poche que les marins de Massarde avaient vidée lors de la fouille sur le bateau. Il y trouva deux pièces de monnaie qu'il tendit à Pitt.

— C'est ce que je peux trouver de mieux à l'improviste.

Passant rapidement les mains sur le large panneau, Pitt trouva les vis qui le tenaient en place. Il y en avait dix et, grâce au ciel, elles étaient à fente simple. Il n'était pas du tout certain de pouvoir toutes les dévisser à temps. L'une des pièces était trop large mais l'autre convenait parfaitement. Fiévreusement, il commença à les enlever, aussi vite que ses doigts pouvaient faire tourner la pièce.

— Tu choisis un drôle de moment pour réparer le conditionneur d'air ! s'étonna Giordino.

— Je mise sur le fait que les gardes utilisent des caméras de télé pour s'assurer qu'il n'y a pas de voyageurs clandestins comme nous sur le toit. Ils nous verront sans problème. Notre seule chance d'entrer sans nous faire remarquer est de nous cacher derrière ce panneau.

Le train avançait très lentement, maintenant, et la moitié des conteneurs était passée sur la voie menant à l'implantation, au-delà de la station de sécurité.

— Tu ferais bien de te dépêcher, dit anxieusement Giordino.

Des gouttes de sueur tombèrent dans les yeux de Pitt qui secoua la tête pour les chasser sans cesser de tourner la pièce. Leur wagon s'approchait des caméras de télévision. Trois quarts du train les avaient passées et Pitt avait encore trois vis à ôter. Puis deux. Puis une. Le wagon précédent entrait maintenant dans le champ. D'un geste désespéré, il tira à deux mains le grand panneau, l'arracha de sa fente, arrachant aussi la dernière vis de sa cheville.

— Vite ! Assieds-toi le dos contre le conditionneur, ordonna-t-il à Giordino.

Ils baissèrent le dos autant qu'ils le purent à l'intérieur du coffre de l'appareil et placèrent le panneau devant eux comme un bouclier.

— Tu crois que ça va tromper quelqu'un ? demanda Giordino.

— Les récepteurs de contrôle sont bidimensionnels. Tant que les caméras nous prendront par-dessous, nous ferons illusion au contrôleur.

Le wagon et son conteneur roulèrent lentement dans un tunnel blanc dans lequel étaient disposées les caméras pour filmer sous le train, sur les côtés et sur le toit. Pitt tint le panneau du bout des doigts pour éviter qu'un employé observateur ne les remarque. La façade manquait peut-être de finesse mais c'était ce qu'il pouvait espérer de mieux pour tromper un garde lassé de la monotonie des images apparemment sans fin de tous ces wagons sur son écran.

C'était comme si on l'obligeait à voir des centaines de fois la même séquence du même programme sur dix écrans. Son esprit ne pouvait qu'en être abruti et commencerait à vagabonder.

Ils se firent tout petits dans l'attente de sirènes et de sonneries mais personne ne donna l'alarme. Le conteneur sur son plateau retrouva l'obscurité du ciel nocturne et fut dirigé vers une voie de garage, le long d'un vaste dock de déchargement en béton, dominé par des grues à tour se déplaçant sur des rails parallèles.

— Oh ! Seigneur ! fit Giordino en s'épongeant à nouveau le front. J'espère qu'on ne refera pas une pareille équipée de sitôt !

Pitt sourit et donna à Giordino une amicale bourrade sur l'épaule puis se tourna vers l'arrière du train.

— Ne rêve pas, ce n'est pas le moment. Nos petits copains sont toujours dans le coin.

Ils demeurèrent immobiles sur le toit du conteneur, tenant toujours le panneau devant eux tandis que l'on détachait le fourgon blindé des gardes avec une petite machine électrique. Les quatre motrices Diesel furent également dégagées et menées sur une autre voie où un autre train de wagons vides attendait d'être ramené au port de Mauritanie.

Tranquilles pour un moment, Pitt et Giordino restèrent où ils étaient et attendirent calmement que quelque chose se passe. Le quai de déchargement était illuminé par de grosses lampes à arc mais semblait désert. Une longue file de véhicules s'alignait comme d'énormes insectes. Tous avaient des roues pleines, des plates-formes de déchargement et pratiquement rien d'autre qu'une sorte de grosse boîte qui s'étendait depuis l'avant du véhicule et contenait des phares et des sortes de lentilles, comme des yeux d'insectes, dirigées vers l'avant.

Pitt allait remettre en place le panneau du conditionneur quand il aperçut un mouvement au-dessus de sa tête. Heureusement, il vit la caméra de télévision montée sur un poteau près du quai avant qu'elle ait le temps de se déplacer sur un demi-cercle et de les découvrir. Un rapide regard au quai lui permit de localiser quatre autres caméras.

— Reste planqué, prévint-il Giordino. Il y a encore des équipements de surveillance partout.

Ils se refirent tout petits derrière le panneau en se demandant ce qu'ils allaient faire ensuite, quand les spots des grues à tour s'allumèrent et les moteurs électriques se mirent en marche. Aucune n'avait de cabine d'opérateur. Toutes étaient télécommandées depuis une salle de contrôle à l'intérieur de l'implantation. Elles bougèrent le long du train et laissèrent tomber de lourds poteaux de métal dans des glissières sur les bords supérieurs des conteneurs. Puis un coup de sirène déchira l'air et les grues saisirent les gros conteneurs, les tirant des plates-formes, les soulevant au-dessus du quai pour les poser sur des camions à plateau. Les poteaux de levage furent ensuite enlevés et les grues passèrent aux conteneurs suivants.

Pendant quelques minutes, ils restèrent à l'abri du panneau sans bouger tandis que la grue la plus proche arrivait juste au-dessus d'eux, posait les poteaux et emportait le conteneur.

Pitt était impressionné par l'efficacité de l'opération sans intervention humaine. Lorsque le conteneur fut solidement installé sur le plateau du camion, il y eut une sonnerie électrique et le camion commença à rouler silencieusement le long du quai, descendant une longue rampe conduisant à un fût ouvert qui se glissa comme un tire-bouchon sous le conteneur.

— Qui est-ce qui conduit ? murmura Giordino.

— Un transporteur robotisé, répondit Pitt. Contrôlé depuis une salle quelque part dans l'implantation.

Ils remirent rapidement le panneau en place, ne serrant que deux des vis. Puis ils rampèrent vers le bord du conteneur et étudièrent ce qui se passait autour d'eux.

— Je dois convenir, dit doucement Giordino, que j'ai rarement vu une pareille efficacité.

Pitt dut admettre que le spectacle était curieux. La rampe en courbe, une merveille de technique, s'enfonçait très profondément vers les entrailles du désert. Pitt calcula que le transporteur et sa charge avaient déjà parcouru plus de 100 mètres en profondeur en passant par quatre niveaux différents qui se perdaient hors de la vue, dans la terre. Il étudia les grands panneaux au-dessus des couloirs. Tous portaient des symboles et des termes en français. Le niveau supérieur servait aux déchets biologiques, les niveaux inférieurs pour les déchets chimiques. Il commença à se demander où devait être dirigé le conteneur qu'ils occupaient.

Le mystère semblait s'épaissir. Pourquoi un réacteur ne brûlant que des déchets était-il enterré si profondément dans le sol ? Pitt se dit qu'il aurait dû être, au contraire, près de la surface et des concentrateurs solaires.

Enfin, la rampe déboucha dans une immense caverne qui paraissait s'étendre à l'infini. Le plafond avait bien la hauteur de quatre étages et des tunnels taillés à même la roche s'égaillaient dans toutes les directions, comme les rayons d'une roue. Pitt pensa qu'il s'agissait d'une caverne naturelle transformée par un énorme travail d'excavation.

Les sens de Pitt étaient en éveil, comme des antennes. Il était toujours étonné de ne voir personne, ni ouvriers, ni conducteurs d'engins. Tout ce qui bougeait dans cette étrange caverne était télécommandé ou automatisé. Le transporteur alimenté électriquement, comme une fourmi téléguidée, suivait celui qui le précédait dans l'un des tunnels latéraux marqués d'un signe rouge barré de noir en diagonale pendant du plafond. Des sons divers et des échos arrivaient du fond.

— Ce sont des baraques de chantier, dit Giordino en montrant un certain nombre de transporteurs se dirigeant dans la direction opposée, les portes des conteneurs, ouvertes, montrant l'intérieur vide.

Après avoir parcouru un bon kilomètre, le camion commença à ralentir tandis que les bruits augmentaient. Après une courbe, il pénétra dans une vaste chambre remplie du sol au plafond de milliers de conteneurs en béton, en forme de boîtes, toutes peintes en jaune avec des inscriptions en noir. Un robot déchargeait les fûts des conteneurs et les empilait dans une mer d'autres conteneurs qui s'élevaient jusqu'au plafond de la caverne.

Pitt sentit ses dents grincer. Il regarda, surpris et choqué, et souhaita soudain être ailleurs, très loin de là, n'importe où pourvu que ce ne fût pas dans cette chambre souterraine remplie d'une horreur sans nom.

Les fûts portaient le symbole de la radioactivité. Giordino et lui étaient tombés du premier coup sur le secret de Fort-Foureau, une salle souterraine remplie de déchets nucléaires à une échelle colossale, inimaginable.

*
* *

Massarde regarda longuement l'écran de télévision et secoua la tête comme pour se persuader de ce qu'il voyait. Puis il se tourna vers son secrétaire, Félix Verenne.

— Ces hommes sont incroyables ! murmura-t-il.

— Comment sont-ils passés à travers les mailles de la sécurité ? s'étonna Verenne.

— De la même façon qu'ils se sont échappés de mon yacht, qu'ils ont volé la voiture du général Kazim, traversé la moitié du Sahara. Par la ruse et un entêtement tenace.

— Devons-nous les empêcher de sortir de cet entrepôt ? demanda Verenne. Les laisser là, prisonniers, jusqu'à ce qu'ils meurent des radiations ?

Massarde réfléchit un moment puis hocha la tête.

— Non. Envoyez les gardes les arrêter. Donnez-leur un bon bain et veillez à ce qu'ils ne présentent aucun risque de contamination, et puis amenez-lesmoi. J'aimerais bien parler un peu avec M. Pitt avant de le faire disparaître.

34

Les gardes de Massarde les cueillirent vingt minutes plus tard, après qu'ils eurent remonté à la surface dans un wagon vide. Ils avaient sauté du toit du conteneur dans l'espace vide à l'extérieur. Une caméra de télévision cachée les avait saisis, à un moment où ils n'étaient pas sur leurs gardes, avant qu'ils puissent se glisser à l'intérieur.

La porte avait été ouverte violemment avant que le conteneur soit soulevé et posé sur la plate-forme du wagon. Ils n'avaient eu aucune chance de combattre ou de tenter de s'évader. La surprise avait été bien préparée et complète.

Pitt compta dix hommes, dix hommes menaçants, pointant des mitraillettes sur les deux hommes désarmés à l'intérieur du conteneur. Il sentit l'amertume de l'échec. Etre une fois attrapé et enfermé par Massarde, c'était un mauvais calcul. Etre deux fois attrapé par lui, c'était de la stupidité. Il regarda les gardes, sans la moindre peur mais avec un immense sentiment de colère. Il s'était fait avoir. Il se maudit de n'avoir pas été plus prudent.

Ils ne pouvaient rien faire d'autre que de ronger leur frein et espérer ne pas être exécutés avant d'avoir pu trouver une autre chance d'évasion, même la plus infime. Pitt et Giordino levèrent les mains et les joignirent derrière leur tête.

— J'espère que vous nous pardonnerez cette intrusion, dit calmement Pitt. A vrai dire, nous cherchions une salle de bains.

— Vous ne voudriez pas que nous ayons un accident ? ajouta Giordino.

— Taisez-vous, tous les deux !

La voix claqua. Elle émanait d'un officier de sécurité vêtu d'un uniforme impeccable, portant un képi rouge de l'armée française perché sur sa tête. Le ton était dur et froid et l'anglais de ses paroles n'avait presque pas de trace d'accent français.

— On m'a dit que vous étiez des hommes dangereux. Abandonnez toute idée d'évasion. Mes hommes ne sont pas entraînés à blesser les captifs qui résistent.

— Mais qu'est-ce que c'est que cette histoire ? demanda Giordino d'un air innocent. Vous agissez comme si nous avions volé un fût de dioxine !

L'officier ignora la remarque de Giordino.

— Identifiez-vous !

— Moi, c'est Rocky, dit Pitt en le fixant dans les yeux. Et mon ami...

— Bullwinkle, termina Giordino.

L'officier eut un léger sourire.

— Je pense qu'il est plus approprié de dire Dirk Pitt et Albert Giordino.

— Si vous le savez, pourquoi le demander ? dit Pitt.

— M. Massarde vous attendait.

— Le dernier endroit où ils nous chercheront, c'est au milieu du désert ! fit Giordino en citant les paroles que Pitt avait dites à Bourem. On s'est un peu plantés, non ?

— J'ai dû me tromper de scénario, répondit Pitt en haussant les épaules.

— Comment avez-vous fait pour tromper la sécurité ? demanda l'officier.

— On a pris le train, dit Pitt sans chercher à mentir.

— Les portes des conteneurs sont verrouillées après le chargement. Vous n'avez pas pu les forcer pendant que le train roulait.

— Vous devriez dire aux gens qui surveillent les écrans de télé de mieux surveiller les conditionneurs d'air sur les toits. Il est très facile d'enlever un panneau et de l'utiliser comme un écran.

— Sans blague ? dit le capitaine Brunone, très

intéressé. C'est très ingénieux. Je veillerai à ce que votre petite astuce figure au manuel de sécurité.

— J'en suis très flatté, dit Pitt avec un sourire aimable.

— Vous ne le serez pas longtemps, je vous assure, dit l'officier en fronçant les sourcils.

Puis il appela sur sa radio portable.

— Monsieur Massarde ?

— Je vous écoute, dit la voix de Massarde dans le haut-parleur.

— Ici le capitaine Brunone, monsieur, chef de la Sécurité.

— Pitt et Giordino ?

— Entre mes mains.

— Ont-ils résisté ?

— Non, monsieur, ils se sont rendus gentiment.

— Veuillez les amener à mon bureau, capitaine.

— Oui, monsieur, dès qu'on les aura décontaminés.

— Est-ce que ça arrangerait les choses si nous disions que nous sommes désolés ? demanda Pitt à Brunone.

— Je vois que l'humour américain est infini, répondit fraîchement Brunone. Vous pourrez présenter vos excuses à M. Massarde en personne mais étant donné que vous avez détruit son hélicoptère, je n'attendrais aucune pitié de sa part, si j'étais vous.

Massarde ne souriait pas souvent mais pourtant, il souriait quand les gardes escortèrent Pitt et Giordino dans son vaste bureau. Appuyé au dossier de son luxueux fauteuil de cuir, les coudes sur les accoudoirs, les mains croisées sous le menton, il eut le sourire hypocrite d'un entrepreneur de pompes funèbres après une épidémie de typhoïde.

Félix Verenne se tenait devant la fenêtre, regardant l'usine. Ses yeux étaient inexpressifs, comme des objectifs d'appareil de photo, des rides sévères entourant une bouche serrée et méprisante. Il offrait un contraste étonnant avec son supérieur.

— Excellent travail, capitaine Brunone, ronronna

Massarde. Vous les avez amenés sains et saufs, sans une égratignure.

Il regarda pensivement les deux hommes devant lui, vêtus de combinaisons blanches et propres, le visage bronzé, en parfaite condition physique. Il nota leur expression indifférente, se rappela qu'ils avaient eu la même attitude sur son bateau.

— Ainsi, ils se sont montrés coopératifs ?

— Comme des enfants entrant en classe, dit Brunone. Ils ont fait ce qu'on leur a dit de faire.

— C'est très sage de leur part, murmura Massarde.

Il repoussa son fauteuil, fit le tour du bureau et vint se planter devant Pitt.

— Mes compliments pour votre traversée du désert. Le général Kazim pensait que vous ne tiendriez pas deux jours. C'est remarquable d'avoir couvert si vite une région aussi hostile.

— Le général Kazim est la dernière personne dont j'écouterais les prédictions, dit aimablement Pitt.

— Vous avez volé mon hélicoptère et vous l'avez immergé dans le fleuve, monsieur Pitt. Ça va vous coûter cher.

— Vous nous avez si mal traités sur votre yacht que nous vous avons rendu la monnaie de votre pièce.

— Et la superbe voiture ancienne du général Kazim ?

— Le moteur s'est serré, alors nous l'avons brûlée, mentit Pitt.

— Il semble que vous ayez la fâcheuse habitude de mettre à mal les possessions les plus chères des gens qui vous entourent !

— Je cassais déjà tous mes jouets quand j'étais petit, dit Pitt. Mon père était fou furieux.

— Je peux toujours acheter un autre hélicoptère mais le général Kazim ne pourra pas remplacer son Avions Voisin. Profitez du temps qui vous reste avant que ses sadiques s'occupent de vous dans sa salle de torture.

— Grâce au ciel, je ne suis pas masochiste, dit Giordino, stoïque.

Pendant un court instant, Massarde parut amusé puis son regard se fit curieux.

— Qu'avez-vous trouvé de si intéressant pour parcourir la moitié du Sahara jusqu'à Fort-Foureau ? demanda-t-il.

— Nous avons tellement apprécié votre compagnie, sur votre yacht, que nous avons eu envie de vous rendre une petite visite de courtoisie...

La main de Massarde gifla Pitt à la volée, le gros diamant de sa bague coupant un long sillon sur sa joue droite. La tête de Pitt se tourna sous le coup mais ses pieds restèrent solidement plantés sur le tapis.

— Cela veut-il dire que vous me provoquez en duel ? murmura-t-il avec un sourire insolent.

— Non, ça veut dire que je vais vous faire enfoncer lentement dans un fût d'acide nitrique jusqu'à ce que vous parliez.

Pitt regarda Giordino puis à nouveau Massarde et haussa les épaules.

— Très bien, monsieur Massarde. Il y a une fuite.

— Soyez plus explicite, dit Massarde en fronçant les sourcils.

— Vos déchets toxiques, les produits chimiques que vous êtes supposé brûler, pénètrent dans une nappe d'eau souterraine qui coule sous le lit d'un ancien fleuve et va polluer tous les puits entre ici et le Niger. De là, ça file jusqu'à l'Atlantique où ça cause un désastre catastrophique qui finira par détruire toute vie marine. Et ceci n'est que le début. Nous avons suivi le lit du fleuve et avons découvert qu'il passait directement sous Fort-Foureau.

— Nous sommes à près de 400 kilomètres du Niger, dit Verenne. Il est impossible que de l'eau coule si loin sous la surface du désert.

— Comment le savez-vous ? demanda Pitt. Fort-Foureau est le seul complexe au Mali qui reçoive des déchets chimiques et biologiques. Le composé responsable du problème ne peut venir que d'ici, c'est la seule source possible. Il n'y a aucun doute dans mon esprit, vous cachez les déchets au lieu de les brûler.

L'expression de Massarde montrait une immense colère.

— Vous n'avez pas tout à fait raison, monsieur Pitt. Nous brûlons bien des déchets à Fort-Foureau. Une quantité considérable, en fait. Venez dans la pièce à côté, je vais vous montrer.

Le capitaine Brunone recula et fit signe à Pitt et à Giordino de suivre Massarde.

Il les conduisit, après avoir traversé un vestibule, dans une pièce dont le centre était occupé par une maquette représentant Fort-Foureau en trois dimensions et le complexe de destruction des déchets dangereux. C'était une maquette très travaillée, très détaillée, qui donnait l'impression de survoler le site réel en hélicoptère.

— C'est une maquette exacte ou est-ce une fantaisie pour les visiteurs ? demanda Pitt.

— Ce que vous voyez là est une représentation exacte, assura Massarde.

— Et vous allez me donner une explication sans mensonge, avec des faits réels de la façon dont ça fonctionne ?

— Une explication que vous pourrez emporter dans la tombe, dit Massarde d'une voix pleine de reproches.

Il saisit un long bâton d'ivoire qu'il pointa vers un grand champ, sur la partie sud de la maquette. On y voyait d'énormes modules plats tournés vers le soleil.

— Nous produisons toute notre propre énergie, commença Massarde. Nous faisons notre électricité par ce système de grille photovoltaïque, de modules de cellules solaires en plaques plates. Elles sont faites de silicone polycristallin et couvrent quatre kilomètres carrés. Vous connaissez le principe photovoltaïque ?

— Je sais que c'est en train de devenir la source d'énergie la plus économique du monde, répondit Pitt. Si je comprends bien, la technologie photovoltaïque est une technologie qui transforme la puissance solaire en énergie électrique directe.

— C'est exact, dit Massarde. Quand la lumière solaire, ou ce que les scientifiques appellent l'énergie photon-solaire, frappe la surface de ces cellules après les 115 millions de kilomètres qu'elle a parcourus depuis le soleil, il se produit un flux d'électricité suffisant pour alimenter une usine trois fois plus grande que la nôtre, pour le cas où nous souhaiterions nous agrandir.

Il fit une pause et montra de son bâton d'ivoire une structure proche d'un ensemble de modules.

— Ce bâtiment abrite les générateurs alimentés par l'énergie convertie depuis le champ de modules et le sous-système de batteries, où l'énergie est stockée pour le travail de nuit ou pour les jours où le soleil ne brille pas, ce qui est assez rare, ici, au Sahara.

— C'est très efficace, dit Pitt. Un système d'énergie très efficace. Mais votre ensemble de concentrateurs solaires, eux, ne travaillent pas avec le même degré d'efficacité.

Massarde considéra pensivement Pitt. Il se demanda pourquoi cet homme avait toujours l'air de le précéder. Il dirigea le bâton d'ivoire vers un champ voisin des cellules solaires qui contenait l'ensemble de collecteurs paraboliques en auge que Pitt avait observés la veille.

— Mais si, répondit-il d'une voix glaciale. Ma technologie thermique solaire pour la destruction des déchets dangereux représente le programme le plus avancé de toutes les nations industrielles. Ce champ de surconcentrateurs fournit des concentrations solaires plus importantes que la lumière normale de quatre-vingt mille soleils. La lumière solaire de haute intensité, ou photo-énergie, est ensuite reconcentrée sur le premier des deux réacteurs à quartz.

Massarde s'arrêta pour diriger le bâton vers un bâtiment en miniature.

— Le premier brise les déchets toxiques et les transforme en produits chimiques innocents, à une température de 950 degrés Celsius. Le second réacteur, à des températures de 1 200 degrés Celsius, incinère jusqu'au moindre résidu restant. La destruction de tous les produits chimiques toxiques inventés par les hommes est totale et complète.

Pitt jeta à Massarde un regard où l'admiration se mêlait au doute.

— Tout ça paraît correct et exhaustif. Cependant, si votre opération de décontamination est la petite merveille dans les règles de l'art que vous prétendez, pourquoi cachez-vous des millions de tonnes de déchets dans vos caves ?

— Bien peu de gens sont conscients du nombre surprenant de produits chimiques répandus dans le monde. Il existe plus de sept millions de composés chimiques fabriqués par l'homme. Et chaque semaine, des chimistes en créent dix mille nouveaux. En gros, plus de deux milliards de tonnes de déchets s'accumulent dans le monde chaque année. Trois cents millions rien que pour les Etats-Unis. Deux fois plus en Europe et en Russie. Plus du double encore si vous ajoutez l'Amérique du Sud, l'Afrique, le Japon et la Chine. Certains sont brûlés dans des incinérateurs. La plupart sont illégalement entassés dans des décharges ou même dans l'eau. Il n'y a aucun endroit où les mettre. Ici, au Sahara, loin des villes surpeuplées et des terres agricoles, j'ai offert un endroit sans danger où les industries internationales peuvent envoyer leurs déchets toxiques. Pour le moment, Fort-Foureau peut détruire plus de quatre cents millions de tonnes de déchets toxiques par an. Mais je ne peux pas tout détruire. En tout cas, pas avant que mes usines de décontamination thermique solaires du désert de Gobi et d'Australie soient terminées et aptes à traiter les déchets venant de Chine et des nations d'Extrême-Orient. Pour votre gouverne, dans près de deux semaines, une de mes usines va s'ouvrir aux Etats-Unis.

— C'est très bien, mais ça n'excuse pas le fait que vous enterriez ce que vous ne pouvez pas brûler —

mais que vous faites néanmoins payer au même tarif !

— L'efficacité des coûts, monsieur Pitt, acquiesça Massarde. Ça coûte moins cher de cacher les déchets toxiques que de les brûler.

— Et vous appliquez la même logique aux déchets nucléaires, accusa Pitt.

— Les déchets sont des déchets. En ce qui concerne les humains, la seule véritable différence entre nucléaires et toxiques, c'est que les premiers tuent par radioactivité et les autres par empoisonnement.

— C'est ça, on décharge et on oublie, et au diable les conséquences !

Massarde eut un haussement d'épaules indifférent.

— Il faut bien que ça aille quelque part. Mon pays a le plus grand programme d'énergie nucléaire du monde, enfin, le second derrière les Etats-Unis, en nombre de réacteurs en opération pour générer de l'électricité. Deux dépôts de déchets radioactifs sont déjà en service, l'un à Soulaines, l'autre à La Manche. Malheureusement, aucun des deux n'a été prévu pour détruire les déchets nucléaires de haute teneur et à longue toxicité. Le plutonium 239, par exemple, a une demi-vie de vingt-cinq mille ans. D'autres produits ne seront inoffensifs que dans des périodes cinq fois supérieures. Aucun système de stockage ne dure plus de dix ou vingt ans. Comme vous l'avez découvert sans y être invités, dans notre cave de stockage nous recevons et nous traitons ici des déchets à haute teneur.

— Ainsi, malgré vos prêches sur la destruction des déchets toxiques, votre usine de décontamination solaire n'est qu'une façade !

— En un sens, oui, admit Massarde en souriant. Mais, comme je vous l'ai expliqué, nous détruisons réellement une grande quantité de déchets.

— Surtout pour sauver les apparences, dit Pitt d'une voix calme et accusatrice. Vous avez été très fort, Massarde, en construisant cette usine bidon sans qu'aucun service international de renseignements n'en ait eu vent. Comment avez-vous réussi à tromper les satellites espions lorsque vous avez creusé ces caves de stockage ?

— Rien de bien difficile, dit Massarde avec arrogance. Après la construction du chemin de fer pour amener la main-d'œuvre et le matériel de construction, les excavations ont commencé en même temps que le premier bâtiment était monté. On enlevait discrètement la terre et on la chargeait dans les conteneurs vides retournant en Mauritanie, où on l'utilisait pour édifier la cité portuaire, ce qui représentait un appréciable bénéfice, d'ailleurs.

— Très malin ! On vous payait pour les déchets qui entraient et pour le sable et les rochers qui sortaient !

— Je n'ai jamais mendié le moindre avantage, dit Massarde.

— Comme ça, personne n'est au courant et personne ne se plaint, dit Pitt. Pas d'agence de la protection de l'environnement menaçant de fermer votre complexe, pas de soulèvement international dénonçant la pollution des eaux souterraines. Personne ne remet en question vos méthodes de travail et surtout pas les sociétés qui produisent des déchets et qui sont trop heureuses de s'en débarrasser moyennant finance.

Le regard inexpressif de Verenne se posa sur Pitt.

— Peu de saints mettent ce qu'ils prêchent en pratique en ce qui concerne la sauvegarde de l'environnement, dit-il froidement. Tout le monde est coupable, monsieur Pitt. Tous ceux qui profitent des composés chimiques, du gasoil au plastique, de la purification de l'eau aux conserves alimentaires. Dans cette histoire, le jury est secrètement d'accord avec l'accusé. Aucun homme, aucun organisme ne peut juguler ou détruire le monstre. C'est un Frankenstein qui se reproduit tout seul et il est trop tard pour le tuer.

— Alors vous le rendez plus dangereux encore au nom du profit ! Au lieu de chercher une solution, vous créez une mystification.

— Une mystification ?

— Oui, en rognant sur les dépenses, au lieu de construire des conteneurs de déchets faits pour durer longtemps et de creuser des caves profondes de plusieurs kilomètres de long, sous terre, dans des formations géologiques rocheuses et stables bien en dessous des nappes phréatiques.

Pitt se tourna de Verenne vers Massarde.

— Vous n'êtes rien d'autre qu'un brasseur d'affaires véreuses qui fait payer des prix exorbitants pour des constructions de mauvaise qualité et qui met en danger la vie du monde.

Massarde rougit mais il était depuis longtemps passé maître dans l'art de se contenir.

— La menace de fuite de produits toxiques dans cinquante ou cent ans d'ici, qui mettrait en danger la vie de quelques bédouins mendiants, m'importe peu.

— Ça vous est facile de dire ça, dit Pitt d'un ton méprisant. Malheureusement, les fuites se produisent aujourd'hui et, pendant que nous parlons, il y a des nomades du désert qui meurent. Et de peur que nous n'oubliions cela, ce que vous avez causé ici pourrait affecter toutes les formes de vie de la planète.

La menace d'être accusé de tuer la vie du monde n'impressionna nullement Massarde. Mais la référence aux nomades atteints fit tilt dans l'esprit du Français.

— Est-ce que vous travaillez de conserve avec le Dr Frank Hopper et son équipe d'inspection de l'Organisation mondiale de la santé ?

— Non. Giordino et moi sommes ici pour notre compte.

— Vous les connaissez ?

— Oui, admit Pitt. Je connais leur biochimiste, si ça peut vous faire plaisir.

— Le Dr Eva Rojas, dit lentement Massarde en guettant la réaction de son interlocuteur.

Pitt vit le piège mais, n'ayant rien à perdre, décida de mordre à l'hameçon.

— C'est bien supposé.

Massarde n'avait pas atteint la brillante réussite qui était la sienne en gagnant à la loterie. Il était champion en tromperie et en intrigue mais son meilleur atout était la perspicacité.

— Je vais faire une autre supposition. C'est vous qui l'avez tirée des griffes des assassins du général Kazim, au Caire, n'est-ce pas ?

— J'ai eu la chance d'être dans le coin, oui. Mais vous vous êtes trompé de carrière, monsieur Massarde. Vous auriez fait fortune en devenant voyant !

La nouveauté de cette confrontation commençait à s'émousser pour Massarde. Il n'avait pas l'habitude qu'on lui tienne tête. Pour un homme qui contrôlait un vaste empire financier au jour le jour, la perte de temps que lui causaient ces deux intrus l'ennuyait maintenant. Il était temps de les remettre entre les mains de ses employés. Il fit un signe à Verenne.

— Notre petite conversation est terminée. Veuillez faire le nécessaire pour que le général Kazim s'occupe de ces messieurs.

Le visage de statue de Verenne afficha enfin un sourire de loup.

— Avec plaisir !

Le capitaine Brunone n'était pas de la même trempe que Massarde et Verenne. Pur produit de la tradition militaire française, il avait certes accepté de quitter l'armée pour une solde trois fois plus importante, mais il avait encore le sens de l'honneur.

— Je vous demande pardon, monsieur Massarde, mais je ne confierais pas un chien enragé au général Kazim. Ces hommes sont entrés ici par ruse, certes, mais ils ne méritent pas la torture et la mort que ces barbares ignorants ne manqueront pas de leur donner.

Massarde parut réfléchir un instant au commentaire de Brunone.

— C'est juste, c'est très juste, dit-il enfin, étonnamment aimable. Nous n'allons pas nous abaisser au niveau du général et de ses bouchers. Amenez-les à Tebezza, poursuivit-il avec un éclair mauvais dans les yeux en regardant Pitt et Giordino. Emmenez-les aux mines d'or de Tebezza. Celui-ci et le Dr Rojas seront sans doute heureux de se retrouver tout en creusant dans les galeries.

— Que dira Kazim ? demanda Verenne. Ne se sentira-t-il pas frustré de ne pas pouvoir leur faire payer lui-même la destruction de sa voiture ?

— Aucune importance, dit Massarde avec une profonde indifférence. Quand il découvrira où ils se trouvent, ils seront déjà morts.

35

Le président, dans son bureau ovale, regarda Sandecker.

— Pourquoi ne m'a-t-on pas mis au courant plus tôt ?

— On m'a dit qu'il s'agissait d'une affaire non prioritaire qui ne justifiait pas une interruption de votre emploi du temps chargé.

Le regard du président se porta sur le chef de cabinet de la Maison-Blanche, Earl Willover.

— C'est vrai ?

L'homme, presque chauve, au nez chaussé de lunettes, avait une cinquantaine d'années. Il portait une épaisse moustache rousse.

Il se pencha et lança à Sandecker un regard furieux.

— J'ai parlé de cette histoire de marée rouge avec notre Département national des sciences. Ils ne sont pas d'accord pour affirmer qu'il s'agit d'une menace mondiale.

— Alors, comment expliquez-vous l'incroyable vitesse de son développement au milieu de l'océan Atlantique ?

Willover adressa au président un regard indifférent.

— Des spécialistes renommés du problème des océans pensent que ce développement est temporaire et que la marée ne tardera pas à se dissiper, comme souvent dans le passé.

Willover dirigeait le Bureau du Conseil comme Horace s'opposant à toute l'armée étrusque pour défendre les portes de Rome. Peu de gens étaient admis à pénétrer dans le bureau ovale et bien peu échappaient à la colère de Willover s'ils y restaient trop longtemps ou avaient l'audace de contredire le président ou de discuter sa politique. Il va sans dire que tous les membres du Congrès le détestaient cordialement.

Le président étudia les photos de l'Atlantique prises par le satellite et étalées sur son bureau.

— Il me semble évident, à moi, qu'il ne faut absolument pas ignorer ce phénomène.

— Si elle n'avait que ses seules ressources, la marée rouge se résorberait en effet, expliqua Sandecker. Mais au large des côtes occidentales d'Afrique, elle est nourrie pas un acide aminé de synthèse mélangé à du cobalt qui stimule la croissance de cette marée dans des proportions incroyables.

Le président, ancien sénateur du Montana, se sentait plus à l'aise sur un cheval que dans un bureau. Grand et mince, il parlait en traînant un peu la voix, en regardant le monde de ses yeux bleus brillants. Il disait « monsieur » à tous les hommes et « madame » à toutes les femmes. Quand il réussissait à s'échapper de Washington, il se réfugiait dans son ranch, non loin du lieu où Custer s'était battu, sur les rives de la Yellowstone.

— Si cette menace est aussi sérieuse que vous l'affirmez, le monde entier est en danger ?

— Je dirais même que nous avons sous-estimé le danger, dit Sandecker. Nos experts en informatique ont mis à jour son taux d'expansion. A moins que nous ne fassions cesser le mécanisme, toute vie sur terre s'éteindra par manque d'oxygène dans l'atmosphère vers la fin de l'année prochaine, et probablement plus tôt. Les océans, eux, seront morts avant le printemps.

— C'est ridicule, protesta Willover. Je suis désolé,

amiral, mais c'est le scénario classique de *Chicken Little* qui crie que le ciel est en train de tomber.

Le regard que lui lança Sandecker avait l'acuité d'une flèche.

— Je ne suis pas *Chicken Little* et la mort qui nous guette est réelle. Il ne s'agit pas des risques potentiels du percement de la couche d'ozone, ni de ses effets sur les cancers de la peau dans deux siècles d'ici.

Ni de bouleversements géologiques, d'épidémie inconnue ni d'Armaguédon nucléaire plongeant le monde dans l'obscurité. Je ne parle pas de météore sur le point de frapper la planète en un monstrueux cataclysme. Je dis que si le fléau de la marée rouge n'est pas arrêté, et arrêté rapidement, il va avaler tout l'oxygène de l'atmosphère et causer la destruction totale de tout ce qui vit sur la terre.

— Vous peignez un tableau bien sombre, monsieur, dit le président. Il m'est pratiquement impossible de visualiser tout cela.

— Je vais vous l'expliquer autrement, monsieur le président. Si vous êtes réélu, vous ne verrez pas la fin de votre mandat. Vous n'aurez pas non plus de successeur, parce qu'il n'y aura plus personne pour voter pour lui.

Willover refusait d'admettre cette théorie.

— Allons, amiral, pourquoi ne vous mettez-vous pas un drapeau sur la tête pour aller promener partout une pancarte annonçant que le monde mourra à minuit ? Racontez que l'humanité tout entière va disparaître avant l'année prochaine à cause de la conduite excitée de quelques micro-organismes microscopiques, c'est vraiment trop tiré par les cheveux.

— Les faits parlent d'eux-mêmes, dit patiemment Sandecker.

— Vos conclusions ne ressemblent qu'à une tactique pour effrayer les gens, rien de plus, répliqua Willover. Même si vous avez raison, nos scientifiques ont encore largement le temps d'inventer une solution.

— Le temps, c'est justement ce qui nous manque. Permettez-moi de vous donner une petite illustration de tout cela en termes clairs. Imaginez que la marée rouge puisse doubler de taille chaque semaine. Si vous lui permettez de s'étendre sans empêchement, elle couvrira chaque kilomètre carré de tous les océans du globe en cent semaines. Et si l'histoire se répète, les gouvernements du monde décideront de remettre le problème à plus tard jusqu'à ce que la moitié des océans soit couverte. C'est à ce moment-là seulement qu'ils décideront d'un programme d'urgence pour éliminer la marée rouge. Alors, je vous demande, monsieur le président, et je vous demande à vous, monsieur Willover, quelle semaine les océans seront recouverts par la marée et combien de temps il faudra au monde pour empêcher le désastre ?

Le président échangea avec Willover un regard inquiet.

— Je n'en ai aucune idée.

— La réponse est claire. Si les océans sont à demi recouverts au cours de quatre-vingt-dix-neuf semaines, vous n'aurez plus qu'une semaine pour agir.

Le président comprit l'horrible réalité avec un respect nouveau pour Sandecker.

— Je crois que nous avons tous les deux saisi, amiral.

— La marée rouge ne présente aucun signe de récession, poursuivit Sandecker. Nous en connaissons maintenant la cause. C'est déjà un pas dans la bonne direction. Le problème suivant consiste à éliminer la contamination à sa source puis à trouver un autre composé qui la fera cesser ou tout au moins l'empêchera de se répandre.

— Excusez-moi, monsieur le président, mais nous devons cesser cet entretien. Vous devez déjeuner avec les chefs de la majorité et de la minorité du Sénat.

— Qu'ils attendent, répondit le président avec irritation. Avez-vous une idée de l'endroit d'où vient ce produit, amiral ?

— Pas encore, dit Sandecker, mais nous le soupçonnons d'emprunter une rivière souterraine se jetant dans le Niger et de provenir de l'usine de décontamination solaire française au Sahara.

— Comment pouvons-nous en être sûrs ?

— Mon directeur des Projets spéciaux et son bras droit sont actuellement à l'intérieur de Fort-Foureau.

— Vous êtes en contact avec eux ?

— Non, pas exactement, répondit Sandecker après une hésitation.

— Alors, comment savez-vous tout cela ? le poussa Willover.

— Les photos des renseignements par satellite les montrent en train de pénétrer dans le complexe à bord d'un convoi transportant des matériaux toxiques.

— Votre directeur des Projets spéciaux ? répéta le président. Ça ne serait pas Dirk Pitt ?

— Oui, et Al Giordino.

Le président laissa son regard errer dans la pièce, en se plongeant dans ses souvenirs. Puis il sourit.

— Pitt, c'est l'homme qui nous a sauvés de la menace atomique du projet Kaiten, où des voitures contenaient des charges nucléaires, n'est-ce pas ?

— Oui, c'est bien lui.

— Ne serait-il pas, par hasard, le responsable de la débâcle de la Marine du Bénin sur le Niger ? demanda Willover.

— Si, mais c'est à moi que revient le blâme, dit Sandecker. Etant donné que personne n'a voulu écouter mes avertissements et que je n'ai pu obtenir aucune aide de vos hommes, j'ai envoyé Pitt et deux des meilleurs éléments de la NUMA chercher sur le Niger la source du composé chimique.

— Vous avez autorisé une opération non autorisée, sans permission, dans un pays étranger ! explosa Willover.

— J'ai également persuadé Hala Kamil de me prêter une équipe tactique de la Force des Nations Unies pour aller rechercher au Mali mon chimiste en chef et le rapatrier avec les précieuses données qu'il avait recueillies.

374

— Vous auriez pu mettre en l'air toute notre politique africaine !

— J'ignorais que vous en eussiez une ! répondit Sandecker avec hauteur, les yeux brillant de colère contre Willover qui ne lui faisait pas peur.

— Vous dépassez vos limites, amiral ! Cela pourrait avoir de graves répercussions sur votre carrière !

Sandecker n'était pas homme à éviter la lutte.

— Mon devoir est envers Dieu, mon pays et mon président, monsieur Willover. Vous-même et ma carrière figurez très loin sur ma liste.

— Messieurs, interrompit le président, messieurs !

Le froncement de ses sourcils tenait plus du théâtre que de la colère. Secrètement, il était ravi de voir ses conseillers et les membres de son cabinet croiser le fer.

— Je ne veux plus entendre parler de frictions entre vous. Je suis convaincu que nous devons faire face à une triste réalité et que nous ferions mieux de travailler ensemble pour trouver une solution.

Willover poussa un soupir exaspéré.

— Bien entendu, je suivrai vos instructions.

— Du moment que je ne dois plus hurler pour me faire entendre dans une mer d'indifférence, dit calmement Sandecker, et que je peux obtenir le soutien nécessaire pour arrêter le désastre, vous n'aurez aucun problème avec moi.

— Que nous conseillez-vous de faire ? demanda le président.

— Mes chercheurs, à la NUMA, travaillent sans relâche pour trouver un produit chimique contre-réactif qui pourra soit neutraliser, soit tuer la marée rouge sans détruire l'équilibre écologique marin. Si Pitt prouve que la contamination a vraiment pour origine Fort-Foureau, je vous laisse, monsieur le président, le choix des moyens en votre pouvoir pour faire fermer le site.

Il y eut un silence puis Willover parla calmement.

— En dépit des perspectives catastrophiques, en supposant un instant que l'amiral soit sur la bonne longueur d'onde, il ne sera pas facile de faire fermer unilatéralement une installation de plusieurs millions de dollars appartenant à des intérêts français, dans une nation souveraine comme le Mali.

— Nous aurions sans doute des explications pénibles à donner, acquiesça le président, surtout si j'ordonnais à nos troupes aériennes de raser l'endroit.

— Allez-y doucement, monsieur le président, dit Willover. Je ne vois que des sables mouvants dans cette histoire pour votre administration.

Le président se tourna vers Sandecker.

— Que disent les scientifiques des autres pays ? Sont-ils au courant du problème ?

— Pas dans sa totalité, répondit l'amiral. Pas encore.

— Qu'est-ce qui vous a mis la puce à l'oreille ?

— Il y a deux semaines, l'un de nos experts des courants océaniques a noté des zones de marée rouge d'une taille inhabituelle sur des photos prises par nos caméras SeaSat et a commencé à surveiller sa croissance. Etonné par la vitesse incroyable avec laquelle elle se multipliait, il m'a rapidement mis au courant. Après une étude approfondie, j'ai pris la décision de ne pas rendre le fait public avant que nous puissions avoir le contrôle du phénomène.

— Vous n'aviez aucun droit de prendre les choses en main, aboya Willover.

Sandecker haussa les épaules avec insouciance.

— Les officiels de Washington sont restés sourds à mes avertissements. J'ai senti que je n'avais plus qu'à agir de mon propre chef.

— Quelles démarches proposez-vous dans l'immédiat ? demanda le président.

— Pour l'instant, nous ne pouvons pas faire beaucoup plus que de rassembler des données. Le secrétaire général Hala Kamil a consenti à une réunion à huis clos des principaux océanographes spécialisés du monde, au quartier général des Nations Unies à New York. Elle m'a invité à exposer la situation et à constituer un comité international de savants pour coordonner nos efforts et mettre nos données en commun pour rechercher une solution.

— Je vous donne carte blanche, amiral. Tenez-moi au courant de tout, à n'importe quelle heure du jour ou de la nuit.

Puis le président porta son attention sur Willover.

— Vous feriez bien d'alerter Doug Oates, au Département d'Etat, ainsi que le Conseil national de sécurité. S'il est prouvé que le coupable est Fort-Foureau, et si les nations concernées ne coopèrent pas, il faudra que nous relevions nos manches et que nous investissions la place nous-mêmes.

Willover se leva.

— Monsieur le président, je ne saurais trop vous conseiller la patience. Je suis convaincu que cette peste marine, ou je ne sais comment l'appeler, cessera d'elle-même, comme le pensent des scientifiques dont je respecte les opinions.

— J'ai toute confiance dans les conseils de l'amiral Sandecker, dit le président en regardant Willover dans les yeux. Depuis toutes ces années à Washington, je ne l'ai jamais vu se tromper.

— Merci, monsieur le président, dit Sandecker. Il y a un autre sujet qui demande notre attention.

— Oui ?

— Comme je vous l'ai dit, Pitt et son bras droit Giordino ont pénétré dans Fort-Foureau. Si jamais ils sont pris par la sécurité malienne ou française, il sera essentiel qu'on les rapatrie à cause de tous les renseignements qu'ils auront pu recueillir.

— Je vous en prie, monsieur le président, persista Willover, on peut créer une situation politique très dangereuse en envoyant des Forces armées spéciales ou une équipe Delta dans le désert en mission de sauvetage, surtout si ça rate et que les médias en entendent parler.

Le président hocha pensivement la tête.

— Je suis d'accord avec Earl sur ce point. Je suis désolé, amiral, mais il faudra trouver autre chose pour sauver vos hommes.

— Vous avez bien dit qu'une équipe des Nations

Unies a rapatrié celui de vos hommes qui avait rassemblé les données sur la contamination du Niger ? demanda Willover.

— Hala Kamil a été d'une grande aide en ordonnant à une équipe tactique de réponse aux situations de crise d'accomplir cette mission.

— Alors, il faudra lui demander d'avoir à nouveau recours à ces gens, si Pitt et Giordino se font prendre.

— Dieu sait si je me sentirai crucifié, dit le président, si je dois envoyer des Américains joncher le désert avec des soldats français.

Le visage de Sandecker refléta son désappointement.

— Je ne pense pas pouvoir la convaincre de les envoyer une seconde fois.

— Je le lui demanderai moi-même, promit le président.

Willover se fit sec.

— Vous ne pouvez pas toujours avoir tout ce que vous demandez, amiral.

Sandecker soupira. Les terribles conséquences de la marée rouge envahissante ne les avaient pas totalement convaincus. Sa mission se faisait sans cesse plus épuisante, plus oppressante, plus frustrante d'heure en heure. Il se leva et regarda le président et Willover. Sa voix était glaciale.

— Préparez-vous au pire, messieurs, parce que, si je ne peux pas arrêter la marée rouge avant qu'elle atteigne l'Atlantique Nord et ensuite, le Pacifique et l'océan Indien, notre extinction suivra bientôt.

Sur quoi, il quitta la place calmement.

Tom Greenwald, à son bureau, agrandit les images reçues par le satellite-espion Pyramider. Par une commande au sol, il avait légèrement déplacé son orbite pour qu'il passe au-dessus du Sahara, là où il avait discerné la voiture et les silhouettes de Pitt et de Giordino sur les photos du vieux GeoSat. Aucun supérieur ne l'y avait autorisé mais du moment qu'il pouvait renvoyer le satellite surveiller la guerre civile ukrainienne dans un ou deux passages, personne ne serait au courant. D'ailleurs, la bataille se réduisait à quelques embuscades rebelles et seul le vice-président semblait s'intéresser aux images les concernant. Le Conseil national de sécurité du président avait d'autres chats à fouetter, comme par exemple les armes nucléaires secrètes du Japon.

Si Greenwald passait outre les ordres, c'était surtout par curiosité. Il voulait examiner des photos plus précises des deux hommes qu'il avait découverts plus tôt tandis qu'il se cachait sur le train entrant dans le complexe. En utilisant Pyramider, il pourrait les identifier positivement. Mais maintenant, son analyse révélait un tour plus tragique des événements.

Les images des deux hommes conduits par des gardes vers un hélicoptère étaient bouleversantes. Greenwald pouvait aisément les comparer aux photos d'eux que Chip Webster lui avait données et qui venaient des dossiers de la NUMA. Les images prises à des centaines de kilomètres dans l'espace montraient clairement la capture de Pitt et de Giordino.

Il laissa là l'écran, prit le téléphone et composa un numéro. Après deux sonneries, Chip Webster répondit de son bureau à la NUMA.

— Allô ?

— Chip ? C'est Tom Greenwald.

— Qu'est-ce que tu as pour moi, Tom ?

— De mauvaises nouvelles. Tes hommes ont été capturés.

— Ce n'est pas ce que je souhaitais entendre, dit Webster. Merde !

— J'ai des images très nettes d'eux qui montrent qu'on les fait monter dans un hélicoptère, enchaînés et entourés par une douzaine de gardes armés.

— Tu peux connaître la direction de l'hélico ? demanda Webster.

— Mon satellite a quitté le réseau une minute seulement après le décollage. A mon avis, il allait vers le nord-est.

— Dans le désert ?

— On dirait bien, répondit Greenwald. Mais le pilote a pu virer vers une autre direction. Je n'ai aucun moyen de le savoir.

— L'amiral Sandecker ne va pas apprécier.

— Je reste dessus, dit Greenwald. Si je trouve quelque chose, je t'appelle immédiatement.

— Merci, Tom. Je te revaudrai ça dans les grandes largeurs.

Greenwald raccrocha et contempla l'image sur l'écran.

— Pauvres types, murmura-t-il. Je ne voudrais pas être à leur place.

36

Apparemment, le comité d'accueil de Tebezza ne s'était pas dérangé. Pitt et Giordino ne semblaient pas dignes d'être salués par les dignitaires locaux. Deux Touaregs les reçurent en silence derrière leurs mitraillettes tandis qu'un troisième attacha des fers à leurs chevilles et à leurs poignets. Le mauvais état des chaînes et des menottes donnait l'impression qu'elles avaient servi à de nombreux prisonniers.

On les mena rudement à l'arrière d'une camionnette Renault. Un des Touaregs se mit au volant et les deux autres derrière, leurs mitraillettes entre les genoux. Ils gardèrent un œil fatigué sur les prisonniers, à travers la fente de leur turban bleu indigo.

Pitt ne s'occupa absolument pas des gardes. Le moteur mis en marche, la camionnette s'éloigna du terrain d'atterrissage. L'hélicoptère qui les avait amenés de Fort-Foureau reprit rapidement le chemin du retour dans la fournaise du désert. Déjà, Pitt évaluait leurs chances d'évasion. Il étudia d'un regard circulaire le paysage environnant. Il n'y avait aucune clôture, aucune maison de gardien au milieu du sable. Les 400 kilomètres au cœur du désert, à parcourir les fers aux pieds, rendaient inutiles les obstacles et les clôtures. Il paraissait impossible de réussir une évasion mais Pitt rejeta immédiatement ces pensées négatives. Il n'y avait pas beaucoup de chances d'évasion, préféra-t-il dire. Mais il y en avait.

Autour d'eux, c'était le vrai désert, sans l'ombre d'une végétation. Des dunes basses et brunes s'élevaient aussi loin que l'on portât les yeux avec, entre elles, de petites vallées de sable blanc. A l'ouest, cependant, un haut plateau de roche s'élevait, entouré de sable. Le pays était dangereux. Mais il dégageait une beauté difficile à exprimer. Il rappelait à Pitt le paysage d'un vieux film, *Le Chant du désert*.

Assis le dos contre la paroi de la camionnette, il y appuya la tête et regarda vers l'avant, par le pare-brise de la cabine. La route, si l'on pouvait parler de route, ne montrait que des traces de pneus conduisant au plateau. Aucune construction sur le sol nu, aucun équipement, aucun véhicule. Il commença à se demander si l'extraction minière de Tebezza n'était pas un mythe.

Une vingtaine de minutes plus tard, la camionnette ralentit puis emprunta un couloir étroit taillé dans le plateau. Le sable était si fin qu'il s'était infiltré dans les fissures profondes des murs et les prisonniers comme les gardes durent sortir et pousser le véhicule jusqu'à un sol plus solide. Après un kilomètre environ, le conducteur fit entrer le véhicule dans une caverne juste assez large pour lui. Il poursuivit ensuite le long d'une galerie creusée dans le rocher.

Le conducteur arrêta la camionnette devant un tunnel brillamment éclairé. Les gardes sautèrent au sol. Obéissant aux ordres silencieux des canons de leurs mitraillettes, Pitt et Giordino sautèrent à leur tour maladroitement à cause des chaînes qui les entravaient. Les gardes leur firent signe de pénétrer dans le tunnel, ce qu'ils firent, soulagés d'échapper à la brûlure du soleil dans l'atmosphère fraîche du souterrain.

La galerie devint corridor, avec des murs rainurés

et un sol recouvert de carrelage. Ils passèrent devant une série d'ouvertures en arc taillées à même la roche et fermées par d'antiques portes de caves. Les gardes s'arrêtèrent devant une porte double au bout du corridor, l'ouvrirent et les poussèrent à l'intérieur. Les deux hommes furent surpris de se trouver sur un épais tapis bleu dans une salle de réception aussi luxueuse qu'un bureau directorial de la Cinquième Avenue, à New York. Les murs, peints en bleu clair pour s'harmoniser au tapis, étaient décorés de photographies de levers et de couchers de soleil sur le désert à couper le souffle. La lumière provenait de hautes lampes de chrome avec des abat-jour gris tendre.

Le centre de la pièce était occupé par un bureau en acacia avec, autour, un sofa et des fauteuils de cuir gris. Dans les coins du fond, comme pour garder la porte du Saint des Saints, se dressaient deux sculptures de bronze représentant un homme et une femme touaregs fièrement plantés. L'air de la pièce était doux et sans odeur d'humidité. Pitt crut même y détecter une légère odeur de fleur d'oranger.

Une femme était assise au bureau, très belle avec des yeux gris aux reflets violets et de longs cheveux qui tombaient sur ses épaules et sur le dossier de sa chaise. Ses traits étaient méditerranéens mais Pitt n'aurait pu dire de quelle nationalité. Elle considéra les deux hommes d'un air aussi détaché que s'ils avaient été des représentants à qui elle devait fixer un rendez-vous. Elle finit par se lever, révélant un corps en forme de sablier enveloppé dans un vêtement ressemblant à un sari indien. Elle ouvrit la porte entre les statues et leur fit signe d'entrer après elle.

Ils pénétrèrent dans une vaste pièce au plafond en forme de dôme dont les quatre murs étaient couverts de rayonnages de livres nichés dans la roche massive. La pièce tout entière avait l'air d'une sculpture géante, ciselée comme si on l'avait creusée dans la roche. Un énorme bureau en forme de fer à cheval semblait émerger du rocher et faire corps avec le sol.

Sur le bureau, quantité de graphiques et de papiers. En face, deux longs bancs de pierre séparés par une table à café entièrement sculptée. En dehors des livres et du désordre du bureau, le seul objet qui ne parût pas taillé dans la pierre était une maquette en bois représentant une galerie de mine avec ses étais, qui décorait l'un des côtés de cette étrange pièce.

Un homme extrêmement grand se tenait dans le coin le plus éloigné, absorbé dans la lecture d'un livre. Il portait une robe pourpre de nomade mais son turban était blanc. De sa robe dépassait une paire de bottes de cow-boy en peau de serpent particulièrement incongrues. Pitt et Giordino restèrent debout plusieurs minutes avant qu'il daigne s'apercevoir de leur présence par un regard hautain. Puis il se replongea dans la lecture de son livre comme si les visiteurs étaient partis.

— C'est un bel endroit que vous avez là, dit Giordino d'une voix réverbérée par la pierre. Ça a dû coûter la peau des fesses !

— Moi, j'y aurais mis des fenêtres, dit Pitt en regardant les bibliothèques. Une ouverture sur le ciel ne ferait pas mal non plus, ajouta-t-il en regardant le plafond.

O'Bannion replaça tranquillement le livre dans un rayonnage et les regarda avec curiosité et étonnement.

— Il faudrait creuser 120 mètres de rocher massif avant d'atteindre la surface et la lumière du jour. Je ne crois pas que ça vaille la dépense. J'ai des projets plus terre à terre pour mes employés.

— Vous voulez sans doute dire vos esclaves, dit Pitt.

O'Bannion eut un geste indifférent.

— Esclaves, employés, prisonniers, c'est la même chose à Tebezza.

Il replaça le livre correctement et s'approcha d'eux. Pitt n'avait encore jamais approché un homme qui eût presque deux têtes de plus que lui. Il dut pencher la tête en arrière pour regarder son geôlier dans les yeux.

— Et nous sommes la toute dernière addition à votre armée de petites abeilles.

— Comme vous l'a sûrement expliqué M. Massarde, le travail de mineur est probablement moins douloureux que les tortures du général Kazim. Vous devriez en être reconnaissants.

— Je suppose que nous n'avons aucune chance de libération sur parole, monsieur... ?

— Mon nom est Selig O'Bannion. Je dirige cette mine. Et non, il n'y a pas de liberté sur parole. Une fois que vous êtes dans le puits, vous n'en sortez plus.

— Même pas pour être enterré ? demanda Giordino sans la moindre trace de peur.

— Nous avons un caveau souterrain pour ceux qui succombent, répondit O'Bannion.

— Vous êtes aussi meurtrier que Kazim, dit Pitt. Et probablement pire.

— J'ai lu le récit de vos exploits sous-marins, monsieur Pitt, dit O'Bannion sans relever l'insulte. Ça va être très agréable d'avoir affaire à quelqu'un d'aussi intelligent que moi. J'ai trouvé vos rapports sur les mines sous-marines particulièrement intéressants. Il faudra que nous dînions ensemble de temps en temps pour que vous me racontiez vos théories sous-marines.

Le visage de Pitt aurait pu être celui d'une statue de glace.

— Des privilèges sitôt après l'incarcération ? Non, merci, j'aimerais mieux dîner en face d'un chameau.

O'Bannion serra les lèvres, vexé.

— Comme vous voulez, monsieur Pitt. Vous changerez peut-être d'avis après quelques jours de travail sous les ordres de Melika.

— Qui ?

— Ma contremaîtresse. Elle est d'un naturel particulièrement cruel. Vous êtes tous deux en bon état physique. Mais je suis sûr que la prochaine fois que nous nous verrons, elle aura fait de vous deux vermines soumises.

— Une femme ? s'étonna Giordino.

— Une femme comme vous n'en verrez plus jamais !

Pitt ne dit rien. Tout le monde avait entendu parler des fameuses mines de sel du Sahara. Elles étaient une référence pour tous les travailleurs en col blanc du monde et les autres. Mais une mine d'or exploitée par des esclaves dont personne ne connaissait l'existence, ça, c'était autre chose. Le général Kazim avait probablement sa part du gâteau mais tout cela ressemblait davantage à une autre des Entreprises Massarde. Le prétendu complexe de décontamination solaire, la mine d'or et Dieu seul savait quoi encore. C'était un gros gibier, un gibier qui étendait dans toutes les directions des tentacules de pieuvre, un gibier international qui ne signifiait pas seulement de l'argent mais un inimaginable pouvoir.

O'Bannion s'approcha de son bureau et pressa un bouton sur une petite console. La porte s'ouvrit, deux gardes entrèrent et vinrent se placer derrière Pitt et Giordino.

Giordino jeta un coup d'œil à Pitt, attendant un signe, un hochement de tête ou un mouvement des yeux signifiant qu'ils pouvaient ensemble attaquer les gardes. Giordino aurait chargé un rhinocéros sans hésitation si Pitt lui avait fait signe. Mais Pitt resta immobile, comme si le poids de ses menottes et des entraves de ses pieds avait endormi son instinct de survie.

D'une façon ou d'une autre, par-dessus tout, il devait se concentrer pour faire passer le secret de Fort-Foureau entre les mains de Sandecker, même s'il devait mourir en essayant.

— J'aimerais savoir pour qui je travaille, dit-il.

— Vous ne savez pas ? demanda sèchement O'Bannion.

— Massarde et son copain Kazim ?

— Deux sur trois. Pas mal.

— Qui est le troisième ?

— Mais voyons, c'est moi, bien sûr, répondit patiemment O'Bannion. Un arrangement des plus satisfaisants. Les Entreprises Massarde fournissent l'équipement et s'arrangent pour vendre l'or. Kazim fournit la main-d'œuvre et moi, je dirige la mine, l'extraction du minerai, ce qui n'est que justice, d'ailleurs, puisque c'est moi qui ai découvert le filon.

— Et quel pourcentage reçoit le peuple malien ?

— Mais aucun ! dit O'Bannion, impassible. Que ferait de telles richesses un peuple de mendiants, si on les lui donnait ? Il les gaspillerait ou il se les ferait voler par des hommes d'affaires étrangers sans scrupule qui connaissent tous les trucs pour dépouiller les peuples pauvres. Non, monsieur Pitt, les pauvres sont mieux en restant pauvres.

— Leur avez-vous fait connaître votre philosophie ?

O'Bannion prit une expression d'ennui.

— Que le monde serait ennuyeux si nous étions tous riches !

Pitt osa aller plus loin.

— Combien d'hommes meurent ici par an ?

— Ça dépend. Quelquefois deux cents, quelquefois trois cents, selon les épidémies ou les accidents de la mine. A vrai dire, je n'en tiens pas la liste.

— C'est incroyable que les hommes ne se mettent pas en grève, dit Giordino.

— Pas de travail, pas de nourriture, fit O'Bannion. Et puis, généralement, Melika sait les remuer en abattant son fouet sur la peau des meneurs.

— Je suis très maladroit avec un pic et une pelle, prévint Giordino.

— Vous deviendrez très vite un expert. Sinon, ou si vous semez la pagaille, on vous transférera à l'extraction. Bon, vous avez encore le temps de faire une petite quinzaine d'heures aujourd'hui, ajouta-t-il en regardant sa montre.

— Nous n'avons pas mangé depuis hier, se plaignit Pitt.

— Et vous ne mangerez rien aujourd'hui. Emmenez-les, dit O'Bannion en faisant signe aux gardes.

Les gardes les poussèrent dehors. A part la réceptionniste et deux hommes en salopette et en casques durs munis de lampes de mineurs discutant en français d'un morceau de minerai qu'ils examinaient à la loupe, ils ne virent personne jusqu'à l'ascenseur aux parois chromées et au sol recouvert d'un tapis. Les portes s'ouvrirent, un Touareg chargé de la manœuvre leur fit signe d'entrer. Dans un bruit métallique, les portes se refermèrent et le ronronnement du moteur se propagea sur les parois pendant la descente.

L'ascenseur descendait vite et cependant semblait ne jamais vouloir s'arrêter. Des cavernes noires défilaient, leurs ouvertures circulaires indiquant l'entrée des galeries supérieures. Pitt jugea qu'ils avaient bien parcouru un kilomètre quand la cabine commença à ralentir et s'arrêta enfin. Le Touareg ouvrit la porte, révélant un couloir étroit et horizontal qui s'enfonçait dans la roche.

Deux gardes les escortèrent jusqu'à une lourde grille de fer. L'un d'eux sortit un trousseau de clefs de sa tunique, en choisit une et ouvrit la lourde serrure. Pitt et Giordino furent poussés contre la porte qui s'ouvrit sous leur poids. À l'intérieur, un couloir beaucoup plus large avec des rails étroits sur le sol. Les gardes refermèrent la grille et les laissèrent là.

Giordino, par pure routine, examina la porte. Elle avait bien cinq centimètres d'épaisseur et aucune poignée à l'intérieur, seulement le trou de la serrure.

— On ne se servira pas de cette sortie, sauf si on peut voler la clef.

— Elle ne sert pas au petit personnel, dit Pitt. C'est seulement pour O'Bannion et ses copains.

— Alors, il faudra trouver autre chose. Apparemment, ils enlèvent le minerai par un autre puits, vertical celui-là.

Pitt regarda pensivement la porte.

— Non. Je ne peux pas accepter ça. Ce sera l'ascenseur de la direction ou rien !

Avant que Giordino ait pu répondre, ils entendirent le bruit d'un moteur électrique et celui de roues d'acier sur les rails. Ça venait de l'autre extrémité du tunnel. Une petite motrice actionnée par une génératrice tirant une longue file de wagonnets vides apparut et s'arrêta près d'eux. Une femme noire en descendit et se planta devant les deux hommes.

Pitt n'avait encore jamais vu de femme aussi grosse, dont le corps était vraiment aussi large que haut. Il se dit que c'était sûrement la femme la plus laide qu'il lui eût été donné de voir. Elle aurait fait une parfaite gargouille sur les chéneaux d'une cathédrale médiévale. Elle tenait un long fouet de cuir qui paraissait le prolongement naturel de sa main. Sans un mot, elle s'avança vers Pitt.

— Je m'appelle Melika, contremaîtresse des mines. On doit m'obéir sans poser de questions. Vous avez compris ?

Pitt sourit.

— C'est une expérience nouvelle pour moi de recevoir des ordres d'un crapaud obèse.

Il vit le fouet décrire un cercle en l'air mais trop tard pour s'écarter et éviter le coup. Il le reçut en plein visage. Il vit des étoiles et recula en titubant contre une poutre de bois. Le coup avait été donné avec tant de force qu'il fut à deux doigts de s'évanouir.

— On dirait que tout le monde veut me battre, aujourd'hui, dit-il d'une voix empreinte de douleur.

— Une simple petite leçon de discipline, aboya-t-elle.

Puis, avec une agilité incroyable pour une femme de sa corpulence, elle fit claquer le fouet vers la tête de Giordino. Mais elle ne fut pas assez rapide. Contrairement à Pitt, il avait vu venir le coup. Il lui attrapa le poignet d'une main de fer, arrêtant le fouet dans sa course. Lentement, comme dans une épreuve de volonté, les deux bras tremblèrent tandis que les muscles des deux opposants exerçaient toute la pression dont ils étaient capables.

Melika était forte comme un bœuf. Elle n'aurait jamais imaginé qu'un homme pût la tenir si fort. Ses yeux s'agrandirent de surprise, puis d'incrédulité, enfin de colère. De son autre main, Giordino lui arracha le fouet comme il aurait arraché un bâton de la gueule d'un chien enragé et le jeta dans un wagonnet.

— Espèce de sale vermine, siffla-t-elle. Tu vas le payer cher.

Giordino, des lèvres, lui envoya un baiser.

— Les relations d'amour et de haine sont les meilleures !

Son insolence lui coûta cher, en effet. Il ne vit pas l'éclair de ses yeux ni le pied qui se levait tandis que le genou venait heurter ses parties. Giordino relâcha la pression sur le poignet de la femme, tomba à genoux en hurlant de douleur.

Melika eut un sourire démoniaque.

— Espèces d'imbéciles, vous venez de vous condamner à un enfer que vous ne pouvez même pas imaginer.

Elle ne perdit pas plus de temps à parler. Elle alla chercher son fouet, en frappa un wagonnet vide et cria :

— Là-dedans !

Cinq minutes plus tard, le train de wagonnets s'arrêta et recula dans un puits. Des lumières pendaient le long des étais jusqu'au fond invisible du boyau. Ce devait être une nouvelle veine exploitée. Des voix d'hommes résonnaient malgré le bruit du train et bientôt, on aperçut les lumières de leurs lampes après un coude du boyau. Ils étaient menés comme du bétail par deux gardes touaregs munis de fouets et de revolvers. Ils psalmodiaient de leurs voix éraillées et fatiguées. Tous étaient africains, probablement issus des tribus du Sud, des gens du désert. Les zombis des films d'horreur semblaient en meilleure santé que ces pauvres hères. Ils avançaient lentement, en traînant les pieds. La plupart n'avait sur le dos que des haillons. La sueur coulait sur leur peau brune que recouvrait une carapace de poussière de roche. L'œil éteint, les côtes saillantes montraient assez qu'ils ne mangeaient pas à leur faim. Tous avaient la peau lacérée de coups de fouet et certains avaient perdu des doigts. Quelques-uns avaient autour de moignons encore de vieux bandages autrefois attachés à leurs mains.

Leur faible chant se perdit en même temps que la

lumière de leurs lampes lorsqu'ils passèrent le tournant suivant.

Les rails s'arrêtaient devant une pile de rochers qu'avait fait sauter l'équipe d'artificiers qu'ils venaient de croiser dans le tunnel.

Melika arrêta sa motrice.

— Dehors ! ordonna-t-elle.

Pitt aida Giordino à sortir du wagonnet et le porta presque tandis qu'ils se tenaient devant l'esclavagiste à forme de barrique, qu'ils regardaient avec toute la haine qu'ils ressentaient.

Ses énormes lèvres s'étirèrent sur ce qui voulait être un sourire.

— Avant peu, vous ressemblerez vous aussi à ces vermines.

— Vous feriez bien de prendre des vitamines et d'enfiler des gants de fer, dit Giordino, soudain redressé, le visage pâle de souffrance.

Melika leva son fouet et l'assena sur la poitrine de Giordino. Celui-ci ne cilla pas, ne bougea pas. Elle pensa que ces hommes n'étaient pas encore brisés mais que ce n'était qu'une question de jours. Elle en ferait des animaux craintifs.

— Il y a eu des accidents dans l'équipe d'artificiers, dit-elle sur le ton de la conversation. Quelques membres sont partis avec la roche.

— Rappelle-moi de ne pas me porter volontaire, murmura Pitt.

— Chargez ces rochers dans les wagons. Quand vous aurez fini, vous pourrez manger et dormir. Un garde fait des rondes à tout moment. S'il vous trouve en train de dormir, vous ferez des heures supplémentaires.

Pitt hésita. Il avait une question sur le bout de la langue. Mais il évita de la poser. Pour l'instant, il valait mieux faire le mort. Giordino et lui regardèrent les tonnes de minerai entassées au bout du boyau puis échangèrent un regard. C'était sans espoir, un travail à se briser les reins qu'ils devaient accomplir à deux en moins de quarante-huit heures, sans qu'on leur enlève leurs entraves.

Melika remonta sur la motrice électrique et fit un signe vers la caméra de télévision montée sur une poutre.

— Ne perdez pas votre temps à réfléchir au moyen de vous évader. Vous êtes surveillés en permanence. Deux hommes seulement ont réussi à sortir de la mine. Leurs os ont été retrouvés par des nomades.

Elle eut un petit rire de sorcière et quitta le boyau. Ils la regardèrent disparaître et avec elle, tous les bruits s'évanouirent. Giordino leva les bras et les laissa retomber.

— Je crois qu'on a été fous, murmura-t-il en comptant tristement les trente-cinq wagonnets à remplir.

Pitt leva la chaîne reliant sa main et sa cheville, et grimpa en boitillant sur un gros tas de poutres destinées à étayer le tunnel à mesure qu'on le creusait. Il parut mesurer la longueur d'une poutre et fit de même avec un wagonnet. Puis il hocha la tête.

— On devrait être capables de remplir tout ça en six heures.

Giordino lui adressa un regard très amer.

— Si tu crois ça, tu ferais bien de repasser tes cours de physique élémentaire.

— C'est un petit truc que j'ai appris en ramassant des framboises, un été, pendant que j'étais au collège, dit-il.

— J'espère que ça pourra rouler les caméras de surveillance.

— Regarde bien et instruis-toi, dit Pitt avec un sourire.

37

Les gardes vinrent irrégulièrement, comme Melika l'avait promis. Ils restaient rarement plus d'une minute, s'assurant que les deux prisonniers chargeaient fiévreusement les wagonnets comme s'ils cherchaient à établir une sorte de record. En six heures et demie, les trente-cinq wagonnets débordaient de minerai.

Giordino s'assit pour se reposer le dos contre une poutre.

— « Tu charges seize tonnes et qu'est-ce que tu gagnes ? » dit-il en citant la chanson.

— « Un jour de plus et davantage de dettes », acheva Pitt.

— Alors, c'est comme ça que tu ramassais les framboises ?

Pitt s'assit près de Giordino et sourit.

— Un jour, au cours d'un voyage d'été avec un copain d'école, on s'est arrêtés dans une ferme en Oregon où l'on demandait des gens pour cueillir des framboises. Nous avons pensé que ce serait un bon moyen pour gagner l'argent de notre essence et on s'est présentés. Ils payaient cinquante *cents* du cageot, ce qui représentait, si je me rappelle bien, huit petites boîtes. Ce que nous ignorions, c'est que les framboises sont beaucoup plus petites et plus fragiles que les fraises. On avait beau cueillir aussi vite que possible, il fallait un temps fou pour remplir un cageot.

— Alors, vous avez rempli le fond de poussière et mis les framboises par-dessus.

— Oui, dit Pitt en riant, mais on n'a pas pu dépasser trente-cinq *cents* de l'heure.

— Que crois-tu qu'il se passera quand la vieille sorcière se rendra compte qu'on a mis des poutres au fond des wagonnets et seulement quelques rochers par-dessus pour faire croire que les wagonnets sont pleins ?

— Elle ne va pas être contente !

— C'était une bonne idée de lancer de la poussière sur ces caméras de télé pour brouiller notre image. Les gardes ne s'en sont même pas rendu compte.

— Au moins, notre petite astuce nous aura permis de ne pas utiliser toutes nos réserves d'énergie.

— J'ai tellement soif que je pourrais boire de la poussière !

— Si on ne nous donne pas bientôt de l'eau, on ne sera pas en forme pour faire une bonne pause.

Giordino regarda les chaînes de ses menottes puis les rails sous les wagonnets.

— Je me demande si on pourrait couper nos chaînes en les posant sur les rails et en faisant passer un wagon dessus.

— J'y pense depuis près de cinq heures, dit Pitt. Les chaînes sont trop grosses. Il faudrait au moins une locomotive Diesel de l'Union Pacific pour démolir ces maillons.

— J'aime pas les rabat-joie, grogna Giordino.

Pitt prit un morceau de minerai et l'étudia dans la lumière.

— Je ne suis pas géologue, mais je dirais que ceci est du quartz aurifère. Si j'en juge par les grains et les paillettes de la roche, ça vient d'une veine relativement riche.

— La part de Massarde doit servir à agrandir son sordide empire.

Pitt hocha la tête.

— Non, je ne pense pas qu'il le mette sur le marché, ça lui poserait des problèmes d'impôts. Je pense qu'il en fait plutôt des lingots qu'il planque quelque part. Et puisqu'il est français, je parierais pour les Îles.

— Tahiti ?

— Ou Bora Bora, ou Moorea. Seul Massarde ou son associé Verenne doivent le savoir.

— Peut-être que, quand on sortira d'ici, on pourra s'offrir une chasse au trésor dans les mers du Sud...

Soudain, Pitt se redressa et mit un doigt devant sa bouche pour faire taire son ami.

— Il vient un autre garde, annonça-t-il.

Giordino écouta et regarda le bout du boyau. Mais le garde était encore loin.

— Tu as eu une bonne idée de mettre du gravier de l'autre côté du tournant. Comme ça, on les entend marcher dessus avant qu'ils n'arrivent.

— Ayons l'air occupés.

Ils se mirent debout et firent semblant d'ajouter

des blocs de minerai sur les wagonnets déjà pleins. Le garde touareg apparut et les regarda faire une minute. Lorsqu'il se retourna pour continuer sa ronde, Pitt l'appela.

— Hé ! vieux ! On a fini. Tu vois, tout est plein. Il est temps de s'arrêter.

— Apportez-nous à manger et à boire, ajouta Giordino.

Le regard du garde alla de Pitt au train de wagonnets. L'air soupçonneux, il arpenta toute la longueur du train et revint sur ses pas. Il regarda le gros tas de minerai qui restait par terre et se gratta la tête à travers son turban. Puis il haussa les épaules et fit un geste de sa main armée ordonnant à Pitt et à Giordino de s'avancer vers l'entrée du boyau.

— Ils ne sont pas très forts pour la conversation, par ici, grogna Giordino.

— Ça les rend difficiles à acheter.

Une fois dans le tunnel principal, ils suivirent les rails qui grimpaient dans les entrailles du plateau. Ils croisèrent un train de wagonnets chargés conduit par un garde, dans un bruit de ferraille, et durent se coller au mur pour le laisser passer. Un peu plus loin, ils atteignirent une sorte de caverne où les rails d'autres tunnels se croisaient jusqu'à un large ascenseur où l'on pouvait faire entrer quatre wagonnets d'un coup.

— Où emportent-ils le minerai ? demanda Giordino.

— Sans doute à un niveau plus élevé où on le broie pour en faire de la poudre et où l'or est séparé et raffiné.

Des gardes les conduisirent jusqu'à une grille massive attachée à des gonds également massifs. La grille devait bien peser une demi-tonne. Les poulets étaient bien gardés. Deux autres Touaregs attendaient de l'autre côté. Ils durent employer toutes leurs forces pour ouvrir la grille puis firent signe à Pitt et à Giordino, sans un mot, de passer de leur côté. Un garde leur remit des quarts d'étain sales, à moitié remplis d'une eau brunâtre.

Pitt regarda la tasse puis le garde.

— C'est original, ça, de l'eau et du vomi de chauve-souris.

Le garde ne comprit pas les mots mais saisit parfaitement le regard furieux de Pitt. Il reprit vivement la tasse, jeta l'eau par terre et, d'un coup de pied, fit entrer Pitt dans la pièce.

— Ça t'apprendra à regarder les dents d'un cheval donné ! dit Giordino en souriant tandis qu'il jetait à son tour le contenu de sa tasse dans la poussière.

Leur nouvelle demeure mesurait dix mètres sur trente et était éclairée par quatre ampoules. Quatre étages de châlits de bois étaient attachés sur la longueur de chacun des murs. Le donjon, car ce n'était pas autre chose, n'avait aucune ventilation et la puanteur de cette pièce communautaire était épouvantable. Les sanitaires n'étaient que des trous creusés dans la roche, sur le mur du fond. Il y avait au centre deux longues tables pour manger et des bancs de bois brut. Pitt calcula qu'il devait y avoir plus de trois cents êtres humains entassés dans cette zone nauséabonde.

Les corps étalés sur les couchettes les plus proches paraissaient comateux. Leurs visages n'avaient pas plus d'expression que des légumes. Vingt hommes, autour de la table, mangeaient avec leurs doigts plongeant dans une marmite commune, comme des asticots affamés. Leurs visages n'étaient ni inquiets ni effrayés. Ils étaient au-delà de toute émotion ordinaire, les traits tirés et hagards de fatigue et de faim. Ils se mouvaient machinalement, comme des morts vivants, regardant de leurs yeux éteints pleins de défaite et de soumission. Aucun ne jeta le moindre regard à Pitt ou à Giordino lorsqu'ils se frayèrent un chemin dans cette mer de misère humaine.

— Ce n'est pas exactement une atmosphère de carnaval, murmura Giordino.

— Les principes humanitaires n'ont pas l'air de compter beaucoup par ici, dit Pitt avec dégoût. C'est pire que tout ce que j'ai pu imaginer.

— Bien pire, approuva Giordino en mettant la

main sur son nez en un effort inutile pour se garder de l'odeur. Le Trou Noir de Calcutta n'est rien à côté de ce trou !

— Tu as le courage de manger ?

Giordino fit une grimace en regardant les restes du brouet attachés aux parois du pot.

— Mon bel appétit s'est fait la malle !

L'air presque irrespirable et le manque de ventilation dans ce cul-de-basse-fosse augmentaient la chaleur et l'humidité des corps entassés à un niveau presque insupportable. Mais Pitt se sentit soudain aussi glacé que s'il avait marché sur un iceberg. Pendant un moment, toute sa hargne et sa colère l'abandonnèrent et l'horreur et la souffrance semblèrent se dissoudre lorsqu'il reconnut une silhouette penchée sur une couchette basse, contre le mur de droite de la pièce. Il se précipita et s'agenouilla près d'une femme qui tentait de soigner un enfant malade.

— Eva ? dit-il doucement.

Elle était devenue osseuse à force de travail et de manque de nourriture. Son visage était pâle et marqué de bleus et de blessures mais quand elle tourna la tête pour le regarder, ses yeux bleus brillaient de courage.

— Que voulez-vous ?

— Eva, c'est Dirk.

Elle ne comprit pas.

— Laissez-moi tranquille, murmura-t-elle. Cette petite fille est très malade.

Il lui prit la main et se pencha davantage.

— Eva, regardez-moi. Je suis Dirk Pitt.

Alors seulement elle le reconnut.

— Oh ! Dirk ! Est-ce bien vous ?

Il l'embrassa et passa un doigt sur les blessures de son visage.

— Si je ne le suis pas, quelqu'un joue avec nous un jeu bien cruel !

Giordino apparut derrière Pitt.

— C'est une de tes amies ?

— Le Dr Eva Rojas, dit Pitt, la dame que j'ai rencontrée au Caire.

— Comment est-elle arrivée ici ? s'étonna Giordino.

— Oui, comment ? lui demanda Pitt.

— Le général Kazim a détourné notre avion et nous a envoyés travailler dans la mine.

— Mais pourquoi ? demanda Pitt. Quelle menace représentiez-vous pour lui ?

— Notre équipe de l'O.M.S., sous la direction du Dr Frank Hopper, était sur le point d'identifier le produit toxique qui tue les habitants des villages du désert. On allait rentrer au Caire avec des échantillons biologiques à faire analyser.

Pitt leva les yeux sur Giordino.

— Massarde nous a demandé si nous travaillions avec le Dr Hopper et son groupe.

— Je me souviens. Il devait savoir que Kazim les avait déjà emprisonnés ici.

Elle passa un mouchoir humide sur le front de la petite fille et soudain, appuyant sa tête contre l'épaule de Pitt, éclata en sanglots.

— Pourquoi êtes-vous venu au Mali ? Maintenant, vous allez mourir comme nous tous !

— Nous avons un rendez-vous, vous vous souvenez ?

Pitt concentrait son attention sur Eva et ne vit pas les trois hommes qui s'avançaient avec précaution entre les couchettes et les entourèrent. Le chef était un homme grand avec un visage rougeaud et une barbe broussailleuse. Les deux autres semblaient hagards et épuisés. Tous portaient des marques de fouet sur leurs dos et leurs poitrines nus. L'expression menaçante de leurs visages fit sourire Giordino qui leur fit face. Leur état physique était si pathétique qu'il savait pouvoir les renverser rien qu'en leur soufflant dessus.

— Est-ce que ces hommes t'ennuient ? demanda l'homme rougeaud à Eva d'un ton protecteur.

— Non, non, pas du tout ! murmura Eva. C'est Dirk Pitt, l'homme qui m'a sauvé la vie en Egypte !

— L'homme de la NUMA ?

— Lui-même, dit Pitt. Et voici mon ami Al Giordino.

— Seigneur ! C'est un vrai plaisir de vous rencontrer. Je suis Frank Hopper et ce fantôme à ma gauche est Warren Grimes.

— Eva m'a beaucoup parlé de vous, au Caire.

— Je suis vraiment navré de vous rencontrer en des circonstances aussi désastreuses.

Hopper regarda les profondes coupures sur les deux joues de Pitt et toucha la longue croûte qui barrait son visage.

— Il semble que nous ayons tous les deux irrité Melika.

— Seulement du côté gauche. Le côté droit vient d'ailleurs.

Le troisième homme fit un pas en avant et tendit la main.

— Major Ian Fairweather, se présenta-t-il.

Pitt lui serra la main.

— Vous êtes anglais ?

— De Liverpool, acquiesça Fairweather.

— Pourquoi vous a-t-on amené ici ?

— Je conduisais des touristes en safari dans le Sahara jusqu'à ce qu'un des groupes soit massacré par des villageois que la maladie avait rendus fous. J'ai réussi à m'échapper et, après avoir marché des jours et des jours dans le désert, j'ai été soigné et hospitalisé à Gao. Mais le général Kazim m'a fait arrêter pour que je ne révèle pas ce que j'avais vu et il m'a envoyé ici, à Tebezza.

— Nous avons fait des études sur la pathologie des villageois dont parle le major Fairweather, expliqua Hopper. Ils sont tous morts à cause d'un mystérieux composé chimique.

— Acide aminé de synthèse et cobalt, dit Pitt.

Hopper et Grimes le regardèrent, sidérés.

— Quoi ? Qu'avez-vous dit ? demanda Grimes.

— Le produit toxique qui cause la mort et la maladie dans tout le Mali est un composé organo-métallique qui est une combinaison d'acide aminé de synthèse altéré et de cobalt.

— Comment pouvez-vous le savoir ? demanda Hopper.

— Pendant que votre équipe cherchait dans le désert, la mienne traquait le virus le long du Niger.

— Et vous l'avez identifié ? dit Hopper avec une lueur nouvelle d'optimisme dans le regard.

Pitt leur expliqua rapidement le problème de l'expansion de la marée rouge, son expédition sur le Niger et le retour présumé de Rudi Gunn avec leurs données.

— Dieu merci, vous avez pu faire sortir vos résultats, murmura Hopper.

— Mais la source ? le pressa Grimes. Où est la source ?

— A Fort-Foureau, répondit Giordino.

— Aucune chance, dit Grimes en le regardant d'un air hébété. Fort-Foureau et les sites contaminés sont séparés par des centaines de kilomètres !

— Le poison est transporté par un mouvement d'eau souterrain, expliqua Pitt. Al et moi avons jeté un coup d'œil à l'intérieur du complexe avant de nous faire prendre. Des déchets à haute teneur nucléaire et au moins dix fois plus de déchets toxiques que ce qu'ils brûlent sont enterrés dans des cavernes souterraines où tout ça fuit dans les eaux souterraines.

— Il faut en informer les organismes internationaux de protection de l'environnement ! s'exclama Grimes. Les dommages qu'un pareil entassement de produits toxiques peut produire sont incalculables !

— Assez parlé, dit Hopper. Le temps est précieux. Nous devons mettre au point un plan d'évasion pour ces hommes.

— Et vous tous ?

— Nous ne sommes pas en assez bon état pour traverser le désert. On a sapé nos forces, on a démoli nos corps en nous faisant travailler comme des esclaves dans la mine, en nous accordant trop peu de sommeil et presque pas de nourriture ni de boisson. Nous n'avons aucune chance de réussir. Alors, nous avons fait ce que nous pouvions faire de mieux, à défaut de nous évader. Nous avons mis de côté de la nourriture en priant le ciel que quelqu'un comme vous arrive en bonne condition physique.

Pitt regarda Eva.

— Je ne peux pas la laisser ici.

— Alors, restez et mourez avec nous tous, dit sèchement Grimes. Vous êtes le seul espoir de tous ceux qui sont dans ce trou de l'enfer.

Eva serra la main de Pitt.

— Vous devez y aller et y aller vite ! plaida-t-elle. Avant qu'il ne soit trop tard.

— Elle a raison, vous savez, ajouta Fairweather. Quarante-huit heures dans le fond et ils vous brisent. Aucun d'entre nous ne pourrait parcourir cinq kilomètres dans le désert sans s'effondrer.

Pitt regarda le sol de poussière battue.

— Jusqu'où croyez-vous qu'Al et moi pourrions aller sans eau ? Vingt, peut-être trente kilomètres plus loin que vous ?

— Nous n'avons de réserves que pour un seul homme, dit Hopper. Nous vous laisserons décider qui tente le coup et qui reste ici.

Pitt secoua la tête.

— Al et moi irons ensemble.

— A deux, vous n'irez pas assez loin pour trouver du secours.

— De quelle sorte de distance parlez-vous ? demanda Giordino.

— La piste motorisée transsaharienne est à près de 400 kilomètres plein est d'ici, au-delà de la frontière algérienne, répondit Fairweather. Après 300 kilomètres, il faudra faire confiance à la chance pour le reste du chemin. Quand vous aurez atteint la piste, vous pourrez peut-être faire du stop.

Pitt secoua la tête comme s'il n'avait pas bien entendu ce que Fairweather avait dit.

— J'ai dû manquer un épisode. Vous n'avez pas dit comment on se débrouille pour les 300 premiers kilomètres.

— Vous volez un des camions d'O'Bannion dès que

vous atteignez la surface. Ça devrait vous mener à peu près à cette distance.

— Vous êtes un peu optimiste, non ? dit Pitt. Qu'est-ce qu'on fait si le réservoir est vide ?

— Personne ne laisse un réservoir vide dans le désert, dit fermement Fairweather.

— Tu sors d'ici en sifflotant, tu appuies sur le bouton du haut de l'ascenseur, tu montes à la surface, tu voles un camion et tu te tires gentiment jusqu'au bout, gronda Giordino. C'est ce qu'on va faire, pour sûr !

— Avez-vous un meilleur plan ? dit Hopper en souriant.

— Pour être honnête, fit Pitt en riant, nous n'en avons même pas les grandes lignes.

— Je vous conseille de vous dépêcher, prévint Fairweather. Melika va renvoyer tout le monde au fond dans moins d'une heure.

Pitt regarda autour de lui la cave qui servait de dortoir.

— Est-ce que vous faites tous sauter le minerai pour le charger ?

— Les prisonniers politiques, ce qui nous inclut, répondit Grimes, creusent et chargent le minerai après qu'on l'a fait sauter à la dynamite. Les droits communs travaillent au broyeur et à la récupération, à un autre niveau. On prend parmi eux les artificiers. Les pauvres diables, ils ne vivent pas longtemps. S'ils ne sautent pas avec la charge, ils meurent du mercure et du cyanure utilisés pour amalgamer et raffiner l'or.

— Combien êtes-vous d'étrangers au Mali ?

— Nous ne sommes plus que cinq sur une équipe de six. Melika en a tué une en la battant à mort.

— Une femme ?

— Oui, fit Hopper. Le Dr Marie Victor, une femme pleine de vivacité et l'une des meilleures physiologistes d'Europe. C'était la troisième depuis notre arrivée, poursuivit-il d'une voix cassée. Deux des épouses d'ingénieurs français de Fort-Foureau ont aussi été tuées par Melika.

Il s'arrêta un instant pour regarder tristement la petite fille malade sur la couchette.

— Leurs enfants souffrent le martyre et il n'y a rien que nous puissions faire, acheva-t-il.

Fairweather montra un groupe de gens rassemblés autour d'une des couchettes. Parmi eux, il y avait quatre femmes et huit hommes. L'une des femmes tenait contre elle un petit garçon de trois ans environ.

— Mon Dieu ! murmura Pitt. Bien sûr ! Bien sûr, Massarde ne pouvait autoriser les ingénieurs qui ont construit son complexe à rentrer en France et à raconter la vérité.

— Combien y a-t-il de femmes et d'enfants en tout, ici ? demanda Giordino, livide de colère.

— En gros, on compte neuf femmes et quatre enfants en bas âge, répondit Fairweather.

— Ne voyez-vous pas, dit doucement Eva, que plus tôt vous serez libres et plus vite vous pourrez ramener de l'aide et plus de gens vous pourrez sauver ?

Pitt n'eut pas besoin d'arguments supplémentaires. Il se tourna vers Hopper et Fairweather.

— D'accord. Expliquez-moi votre plan.

38

C'était un plan plein de lacunes, le plan d'hommes désespérés ne possédant que peu de ressources, incroyablement simplifié mais juste assez fou pour réussir.

Une heure après, Melika et ses gardes pénétraient dans le cul-de-basse-fosse et forçaient les esclaves à se rassembler dans la salle où elle forma des équipes qu'elle envoya dans les diverses sections de la mine. Il sembla à Pitt qu'elle tirait une jouissance particulière de son fouet qu'elle lançait à droite et à gauche sur les chairs sans protection, jurant et battant les hommes comme les femmes, comme s'ils étaient déjà presque dans leurs cercueils.

— La brute n'est jamais fatiguée d'ajouter des blessures sur le dos des plus faibles, dit Hopper entre ses dents.

— Melika veut dire « reine », c'est le nom qu'elle s'est donné, expliqua Grimes à Pitt et à Giordino. Mais nous l'appelons la « méchante sorcière de l'Ouest » parce qu'elle a été maton dans une prison pour femmes aux Etats-Unis.

— Vous la croyez pourrie maintenant, murmura Pitt, mais attendez qu'elle découvre les wagonnets de minerai qu'Al et moi avons fait semblant de remplir !

Giordino et Hopper entourèrent Pitt tandis que, protégeant Eva de ses bras, il la guidait vers l'extérieur. Melika aperçut Pitt, s'approcha de lui, s'arrêta et regarda Eva d'un air menaçant. Elle sourit méchamment, sachant qu'elle pouvait mettre Pitt en rage en ne le frappant pas lui mais en lançant son fouet sur Eva.

Elle se préparait à le faire quand Giordino se dressa entre elles et le fouet fit un bruit écœurant en déchirant les chairs de son biceps tendu.

A part un vilain sillon rouge qui commença à saigner, Giordino ne montra aucune réaction au coup qui aurait fait hurler n'importe qui en se tenant le bras. Sans même une grimace, il lui lança un regard glacial et dit :

— C'est ce que vous pouvez faire de mieux ?

La foule autour observa un silence de mort. Tous s'étaient arrêtés net, retenant leur souffle avant l'orage qui n'allait pas manquer d'éclater. Cinq secondes s'écoulèrent comme si le temps, lui aussi, s'était arrêté. Melika était muette de stupeur devant cette réaction inattendue de crânerie mais elle vira très vite au rouge brique sous l'effet d'une colère sans nom. Elle réagit comme si elle ne pouvait se mesurer au ridicule, grognant comme un ours blessé et lançant son fouet sur Giordino.

— Retenez-vous ! dit une voix sévère depuis la porte.

Melika bondit et se retourna. Selig O'Bannion se tenait à la porte du donjon, tel un géant au milieu de nains. Elle retint le fouet qui resta en l'air un moment avant de retomber. Elle jeta un regard noir à O'Bannion, les yeux brûlant de fureur amère, comme un coq de village châtré devant ses victimes par le flic qui l'aurait pris sur le fait.

— Ne blessez pas Pitt et Giordino, ordonna O'Bannion. Je veux qu'ils vivent le plus longtemps possible pour qu'ils puissent eux-mêmes enterrer tous leurs compagnons.

— Qu'est-ce qu'il y a de drôle à ça ? demanda Pitt.

O'Bannion rit doucement et fit signe à Melika.

— Ça ne m'amuse pas du tout que l'on brise physiquement Pitt, poursuivit-il. Mais qu'on brise son esprit jusqu'à en faire une bouillie tremblante, ça, ce sera une heureuse expérience pour nous deux. Veillez à ce qu'ils aient un travail facile pour les dix prochaines périodes de travail.

Melika fit signe qu'elle avait compris et O'Bannion remonta dans sa motrice et disparut dans un des boyaux où il alla faire une tournée d'inspection.

— Dehors, vermines puantes, grogna-t-elle en agitant son fouet taché de sang au-dessus de sa tête grotesque et de son corps énorme.

Eva trébucha, à peine capable de se tenir debout tandis que Pitt l'aidait à rejoindre les travailleurs assemblés.

— Al et moi réussirons, promit-il. Mais il faut que vous teniez le coup jusqu'à ce que nous revenions avec une armée pour vous sauver, vous et tous ces pauvres diables.

— Maintenant, j'ai une raison de vivre, dit-elle. Je vais vous attendre.

Il embrassa doucement ses lèvres et les blessures de son visage. Puis il se tourna vers Hopper, Grimes et Fairweather qui les entouraient pour les protéger.

— Prenez soin d'elle.

— D'accord, dit Hopper avec un geste pour le rassurer.

— J'aimerais que vous suiviez sans dévier notre

plan d'origine, dit Fairweather. Cachez-vous dans l'un des wagonnets de minerai qui remonte, c'est plus facile que votre idée.

Pitt secoua la tête.

— Il faudrait tout de même passer le niveau du concassage, puis du raffinage avant d'atteindre la surface.

— Je n'aime pas la part de hasard que ça implique. La route directe par l'ascenseur de la direction et le bureau des ingénieurs me plaît davantage.

— S'il a le choix entre filer en douce par la porte de derrière ou sortir en se pavanant par la grande porte, dit plaintivement Giordino, faites-lui confiance pour choisir le grand style.

— Avez-vous une idée du nombre de gardes armés ? demanda Pitt à Fairweather, parce que le guide de safaris était depuis plus longtemps que les autres prisonniers dans la mine.

— En gros, dit Fairweather en réfléchissant, je dirais entre vingt et vingt-cinq. Les ingénieurs aussi sont armés. J'en ai compté six en plus d'O'Bannion.

Grimes fit passer deux petites gourdes à Giordino qui les cacha sous sa chemise déchirée.

— C'est toute l'eau que nous avons pu économiser. Tout le monde y a contribué sur sa propre ration. Il y a un peu moins de deux litres, c'est tout ce que nous avons pu sauver. Je suis désolé qu'il n'y en ait pas davantage.

Giordino mit ses mains sur les épaules de Grimes, plus touché par ce sacrifice qu'il n'aurait pu l'exprimer.

— Je suis conscient du sacrifice que cela représente, merci.

— La dynamite ? demanda Pitt à Fairweather.

— Je l'ai, répondit Hopper en passant à Pitt un petit bâton d'explosif avec le détonateur. Un membre de l'équipe d'artificiers l'a fait sortir dans sa chaussure.

— Deux derniers points, dit Fairweather. Une lime pour couper vos chaînes, volée par Grimes dans la boîte à outils d'une motrice. Et un plan des puits qui montre aussi les caméras de surveillance. Derrière, j'ai dessiné un plan sommaire du pays que vous devrez traverser pour atteindre la transsaharienne.

— Si quelqu'un connaît le désert, c'est bien lui, affirma Hopper.

— Je vous suis très reconnaissant, dit Pitt qui, chose extraordinaire chez lui, sentit les larmes lui monter aux yeux. Nous ferons tout ce que nous pourrons pour revenir vous aider.

Hopper enveloppa les épaules de Pitt de sa grosse patte d'ours.

— Nos prières et nos cœurs seront avec vous.

Fairweather lui serra la main.

— N'oubliez pas de contourner les dunes. N'essayez pas de les traverser. Vous vous feriez avaler par le sable et ce serait la mort certaine.

— Bonne chance, dit simplement Grimes.

Un garde s'approcha et sépara Pitt et Giordino des autres avec le canon de sa mitraillette. Pitt, sans se préoccuper de lui, se pencha et donna un dernier baiser à Eva.

— N'oubliez pas, dit-il. Vous, moi et la baie de Monterey.

— Je porterai ma plus jolie robe, dit-elle en souriant bravement.

Avant qu'il puisse répondre, le garde le fit avancer. Lorsqu'il atteignit la sortie du tunnel, il se retourna pour leur faire un signe mais Eva et les autres étaient perdus au milieu de la foule des travailleurs et des gardes.

Le garde mena Pitt et Giordino dans le boyau où ils avaient chargé le minerai quelques heures plus tôt et les laissa là. Un nouveau train de wagonnets vides attendait près d'un autre tas de rochers.

— Je vais faire comme si je voulais décrocher le titre de meilleur mineur du mois pendant que tu travailleras ta chaîne hors de la vue de la caméra, dit Pitt.

Il commença à lancer des fragments de minerai

dans les wagonnets tandis que Giordino attaquait ses entraves avec la lime fournie par Grimes.

Heureusement, le fer était vieux et de mauvaise qualité. La lime mordit vite le métal et Giordino put tirer la chaîne cassée des anneaux de ses menottes, libérant ses mains et ses pieds de ce qui gênait leurs mouvements.

— A ton tour, dit-il.

Pitt coinça sa chaîne sur le bord d'un wagonnet et réussit à la limer en moins de dix minutes.

— On enlèvera les menottes plus tard, mais au moins, nous pouvons danser et donner des coups de pied.

Giordino fit tournoyer sa chaîne comme une hélice.

— Qui s'occupe du garde ? Toi ou moi ?

— Toi, répondit Pitt en remettant la chaîne cassée dans ses menottes. Moi, je lui jouerai la comédie.

Une demi-heure plus tard, comme le bruit des graviers annonçait l'approche du garde, Pitt tira sur le cordon d'alimentation de la caméra de télévision. Cette fois, deux gardes apparurent au tournant du boyau. Deux Touaregs marchant chacun d'un côté des rails, la mitraillette levée, prêts à tirer. Leurs yeux immobiles, à peine visibles à travers les plis de leurs turbans, semblaient gelés, froids et implacables.

— Deux visiteurs, murmura Giordino. Et ils n'ont pas l'air disposés à nous rendre une visite de politesse.

Le garde de droite approcha et tapa du canon de son arme les côtes de Pitt pour le blesser et l'énerver. Un sourcil légèrement rehaussé fut son seul mouvement de surprise. Pitt recula et lui adressa un sourire désarmant.

— C'est gentil de passer nous voir.

Il était essentiel d'agir comme l'éclair avant que les gardes réalisent qu'ils allaient attaquer. Les mots avaient à peine passé ses lèvres que Pitt lui arracha l'arme de la main gauche, la lança loin de lui et lui lança un morceau de rocher en visant parfaitement.

Le coup porta et frappa le garde au front. Celui-ci se renversa en arrière comme une corde d'arc tendue et tomba en travers des rails.

Pendant deux secondes, qui lui parurent bien plus longues, le second garde regarda, incrédule, son compagnon à terre. Aucun garde, à Tebezza, n'avait jamais été attaqué par un esclave et la réalisation que ça venait d'arriver le frappa de stupeur. Puis il comprit qu'il risquait de mourir, ce qui le réveilla soudain. Il leva son arme pour tirer. Pitt bondit pour sortir du champ, se jeta sur le côté et saisit désespérément l'arme du garde abattu. Il eut la rapide vision d'une chaîne lancée à la tête du Touareg comme une corde à sauter puis aperçut Giordino qui la tirait et en entortillait les extrémités comme un garrot. La force incroyable de Giordino lui permit de soulever le garde dont les pieds battirent follement l'air. La mitraillette tomba sur les rails quand les mains du garde relâchèrent leur pression pour tirer frénétiquement sur la chaîne qui lui entaillait la gorge.

Quand le Touareg ne fit plus que de faibles mouvements, Giordino relâcha la chaîne et laissa le garde tomber par terre près de son camarade inconscient, à deux doigts de mourir. Puis il ramassa l'arme, la coinça sous son bras, le canon dirigé vers le boyau de la mine.

— Comme nous sommes gentils de ne pas les tuer, murmura Giordino.

— Ce n'est qu'un répit, dit Pitt. Quand Melika en aura fini avec eux pour les punir de nous avoir laissés échapper, ils se trouveront au milieu des gens qu'ils ont battus et torturés, obligés de travailler avec eux.

— On ne peut pas laisser ces types ici où on va les trouver.

— Mets-les dans un des wagonnets et couvre-les de minerai. Ils ne se réveilleront pas avant au moins deux heures. C'est plus de temps qu'il nous en faut pour être déjà loin dans le désert.

— A condition qu'on n'envoie pas quelqu'un réparer la caméra.

Tandis que Giordino installait les gardes dans le

wagonnet, Pitt consulta le plan de la mine donné par Fairweather. Il n'y avait aucun moyen de retrouver de mémoire le chemin jusqu'à l'ascenseur privé de l'ingénieur. Trop de boyaux et de galeries s'entrecroisaient dans toutes les directions et, sans boussole, il était presque impossible de suivre la bonne direction.

Giordino, ayant achevé sa tâche, saisit l'arme automatique et l'étudia.

— Tout plastique et fibre de verre, 5,56 millimètres. Fabrication militaire française. Un beau petit engin.

— On ne tire que si on y est obligés, dit Pitt. Il faut être discret avant que Melika ne s'aperçoive que nous avons disparu.

Dès qu'ils furent sortis du boyau qui leur avait été assigné, ils traversèrent directement le tunnel principal et s'engagèrent dans l'ouverture juste en face. Cinquante mètres plus loin, ils atteignirent une autre caverne sans avoir rencontré personne. Personne ne les défia, personne ne les attaqua. Ils étaient seuls pour la première étape de leur évasion. Ils suivirent les rails qui les avaient amenés de l'ascenseur à la mine, s'arrêtant à chaque croisement pour que Pitt vérifie le plan. Ces précieuses secondes gâchées leur parurent des années.

— Tu as une idée de l'endroit où nous sommes ? demanda calmement Giordino.

— Je voudrais bien avoir semé des miettes de pain quand nous sommes passés ici pour la première fois, dit Pitt en tenant la carte dans la lumière d'une ampoule crasseuse.

Soudain, le bruit métallique d'un train de wagonnets approchant se répercuta à quelque distance derrière, dans le tunnel.

— Du fret qui arrive, dit Giordino.

Pitt montra une fissure naturelle dans le rocher, dix mètres plus loin.

— Là-dedans jusqu'à ce qu'il soit passé.

Ils se précipitèrent dans la fissure et s'arrêtèrent

soudain. Une odeur épouvantable émanait du trou dans le rocher. Une odeur putride, nauséabonde, insoutenable. Soigneusement, pleins d'appréhension, ils avancèrent dans la fissure qui s'élargit en une vaste chambre. Pitt eut l'impression d'entrer dans une catacombe humide. Il régnait une totale obscurité mais, en tâtant le mur, il finit par trouver un commutateur électrique. Il appuya et la caverne s'emplit d'une fantomatique lumière.

C'était bien une catacombe, un cimetière souterrain pour les morts. Ils étaient tombés sur la cave où O'Bannion et Melika entassaient les corps des malheureux qu'ils avaient battus et affamés jusqu'à ce que la mort les soulage. Les cadavres n'étaient presque pas décomposés dans l'atmosphère sèche. Aucune cérémonie, ici. Les corps étaient entassés comme des bûches, par piles de trente. C'était horrible, une vue d'un autre monde, d'une infinie tristesse.

— Mon Dieu ! fit Giordino horrifié. Il y en a au moins mille là-dedans !

— C'est bien pratique, dit Pitt, une flamme de colère s'allumant en lui. O'Bannion et Melika n'ont pas à se fatiguer à faire creuser des tombes.

Pitt eut une vision glaciale, une vision d'Eva, du Dr Hopper et des autres, entassés comme tous ces cadavres, leurs yeux morts regardant à jamais le plafond de rocher. Il ferma les yeux mais la vision ne disparut pas.

Ce ne fut que lorsque le train passa devant l'entrée de la crypte qu'il réussit à chasser cette terrible image de son esprit. Quand il parla, sa voix avait un tranchant qu'il eut du mal à reconnaître.

— Allons à la surface.

Le bruit du train de minerai disparaissait dans le lointain. Ils s'arrêtèrent au bord de la fissure menant aux catacombes, vérifièrent qu'aucun garde n'apparaissait aux alentours. Le tunnel était vide et ils coururent jusqu'à une galerie latérale qui, sur la carte de Fairweather, servait de raccourci pour atteindre l'ascenseur de l'ingénieur. Puis, ils eurent une chance incroyable.

Cette galerie était humide, de l'eau coulait le long des murs et le plancher était en caillebotis.

Pitt arracha l'un des caillebotis et regarda joyeusement les grandes flaques d'eau en dessous.

— Une vraie chance, dit-il. Bois tout ton soûl pour économiser les gourdes que Hopper nous a données.

— Tu n'as pas besoin de me le dire, dit Giordino en s'agenouillant et en buvant l'eau fraîche dans ses mains en coupe.

Ils venaient de se rassasier et remettaient en place les caillebotis quand ils entendirent des voix au fond du tunnel, suivies aussitôt du cliquettement des chaînes.

— Une équipe de travail arrive derrière nous, murmura Giordino.

Ils se hâtèrent, rafraîchis et pleins d'un nouvel optimisme. En une minute, ils eurent atteint la porte de fer menant à l'ascenseur. Ils s'arrêtèrent tandis que Giordino introduisait la petite charge de dynamite dans la serrure et connectait le détonateur. Puis il recula, tandis que Pitt, ramassant un morceau de rocher, le lança sur le détonateur. Il manqua sa cible.

— Fais comme si tu voulais faire tomber une jolie fille dans une piscine, au cours d'un carnaval, suggéra Giordino.

— Espérons que le bruit ne fera pas venir les gardes et n'alertera pas le Touareg de l'ascenseur, dit Pitt en ramassant une autre pierre.

— Ils penseront que ce n'est que l'écho d'une équipe d'artificiers.

Cette fois, Pitt visa bien et le détonateur explosa, faisant sauter la dynamite. Il y eut un bruit sourd et la serrure éclata. Ils se précipitèrent, ouvrirent la porte de métal et entrèrent dans le petit passage menant à l'ascenseur.

Il s'approcha de l'ascenseur et pressa le bouton près de la porte une fois, deux fois puis trois fois, fit une pause puis le pressa encore deux fois.

A travers les portes, ils entendirent les boutons cliqueter et le moteur démarrer tandis que la cabine se mettait en mouvement depuis un niveau supérieur.

— Tu as dû tomber juste, dit Giordino en souriant.

— J'ai fait confiance à la chance. J'ai pensé que n'importe quelle combinaison pourrait marcher du moment que ce ne serait pas un long bourdonnement unique.

Près d'une demi-minute après, le ronronnement cessa et les portes s'ouvrirent. Le Touareg de service regarda à l'extérieur et ne vit personne. Curieux, il sortit de la cabine et reçut sur la nuque un coup violent que Pitt lui assena avec la crosse de son arme. Giordino tira rapidement l'homme à l'intérieur de la cabine tandis que Pitt fermait les portes.

— Tout le monde à bord pour une course non-stop jusqu'aux bureaux de la direction, dit Pitt en appuyant sur le bouton du haut.

— Pas de petite visite aux étages de concassage et de raffinement ?

— Seulement si tu insistes.

— Je passe, grogna Giordino tandis que l'ascenseur commençait à monter.

Ils restèrent côte à côte dans la petite cabine, surveillant les lumières clignotant sur l'indicateur au-dessus du panneau des boutons, se demandant s'ils seraient accueillis par une armée de gardes touaregs prêts à les cribler de balles. Le ronronnement cessa et la cabine s'arrêta si doucement qu'ils s'en rendirent à peine compte.

Pitt prépara son arme et fit signe à Giordino.

— Tiens-toi prêt !

La porte s'ouvrit et personne ne les cribla de balles. Il y avait un ingénieur et un garde marchant l'un à côté de l'autre dans le couloir, c'est vrai, mais ils étaient absorbés dans leur conversation et s'éloignaient, leur tournant le dos.

— On dirait presque qu'ils souhaitent que nous partions, murmura Giordino.

— Ne tente pas les Dieux ! dit sèchement Pitt. On n'est pas encore dehors.

Il n'y avait aucun endroit où cacher le Touareg assommé, aussi Pitt appuya-t-il sur le bouton du bas et l'envoya se balader par là. Ils se faufilèrent derrière le garde et l'ingénieur, en restant bien hors de vue jusqu'à ce que les hommes d'O'Bannion se retournent et entrent dans un bureau, derrière l'une des vieilles portes sculptées.

Le corridor aux murs rainurés était aussi désert que lorsque les gardes les y avaient accompagnés, moins de vingt-quatre heures plus tôt. Les armes prêtes et visant devant eux, ils marchèrent chacun le long d'un mur du corridor jusqu'à ce qu'ils arrivent au tunnel conduisant à la galerie où étaient garés les camions. Un Touareg, assis sur une chaise pliante, en gardait l'entrée. N'attendant aucun grabuge des bureaux ni des locaux d'habitation derrière lui, il fumait tranquillement sa pipe en lisant le Coran.

Ils s'arrêtèrent pour respirer et regardèrent derrière eux, par où ils étaient venus. Personne ne parut. Ils portèrent leur attention sur le dernier obstacle. Le terrain était découvert sur 50 mètres au moins et il n'y avait aucun signe de caméras de surveillance.

— Je cours plus vite que toi, chuchota Pitt en tendant son arme à Giordino. S'il arrive sur moi avant que je ne l'atteigne, descends-le rapidement.

— Ne te mets pas sur ma ligne de tir, recommanda Giordino.

Pitt enleva ses chaussures puis prit la position du sprinter au départ, les pieds fermement appuyés sur le sol rocheux, tendu. Puis il bondit en avant, accélérant l'allure. Il savait, au fond de lui-même, qu'il était terriblement exposé. Bien que ses chaussettes étouffent le bruit de ses pieds, l'acoustique de ce tunnel creusé dans le rocher était trop fine. Il avait couvert près de 40 mètres quand le garde, se demandant d'où venait le bruit étouffé derrière lui, se retourna et regarda, étonné, l'esclave qui se précipitait vers lui. Mais Pitt fut sauvé par le temps de réaction du garde. A peine avait-il levé le canon de sa mitraillette que Pitt était sur lui, lui rentrant littéralement dedans.

Le choc put se lire dans les yeux du garde, puis l'éclair aigu de la douleur quand sa tête heurta le mur de roc. Ses yeux roulèrent et il devint mou sous le poids de Pitt. Celui-ci roula par-dessus l'homme, respirant pour reprendre son souffle. Il resta sur le dos, haletant, et Giordino s'approcha de lui.

— Pas mal, la vitesse, pour un vieux presque quadragénaire, dit-il en tendant la main pour aider Pitt à se relever.

— Je ne recommencerai pas. Jamais plus ! affirma Pitt.

A nouveau debout, il étudia la longue galerie souterraine. Deux camions Renault étaient garés côte à côte près de l'étroit tunnel menant à l'extérieur, dans le ravin. Puis il regarda le paquet ramassé que formait le corps du Touareg.

— Tu es un grand garçon costaud, dit-il à Giordino. Porte-le dans le camion le plus proche et cache-le dans la cabine. Nous l'emmènerons avec nous. Si quelqu'un se demande où il est, on pensera qu'il s'ennuyait, qu'il a quitté son poste et qu'il est allé faire une petite promenade de santé.

Giordino mit facilement le garde sur son épaule et le balança à l'arrière du camion tandis que Pitt se mettait au volant et étudiait le tableau de bord. Il n'y avait pas de clef de contact mais un bouton qui mettait automatiquement le moteur en marche. Comme l'avait assuré Fairweather, la jauge d'essence indiquait le plein. Pitt pressa le bouton du starter. Le moteur répondit immédiatement.

— Y a-t-il une horloge sur le tableau de bord ? demanda Giordino.

Un rapide coup d'œil et Pitt fit non de la tête.

— C'est un modèle bas de gamme, sans options. Pourquoi veux-tu le savoir ?

— Ces cochons de Touaregs m'ont piqué ma montre. J'ai perdu toute notion du temps.

Pitt enleva une de ses bottes et en sortit sa montre de plongée Doxa qu'il avait cachée sous la semelle. Il la remit à son poignet et la tint devant Giordino.

— Une heure vingt du matin.

— Il n'y a rien de tel que de partir tôt.

Pitt engagea la première, relâcha l'embrayage, menant le camion vers la sortie du tunnel, à peine plus vite qu'au point mort pour que le bruit ne résonne pas jusqu'à des oreilles soupçonneuses.

Les murs étaient si rapprochés qu'ils touchaient presque les flancs du camion. Mais Pitt se fichait bien d'abîmer la peinture. Son seul souci était d'éviter les bruits de frottement qui auraient attiré l'attention. Mais dès qu'ils furent à l'air libre, qu'ils entrèrent dans l'étroit ravin, il passa une vitesse supérieure, écrasa l'accélérateur au plancher et alluma les phares. Le Renault plongea dans l'étroit ravin, rebondissant follement sur le sol inégal et créant un mouvant nuage de poussière.

Pitt se repassa en mémoire les endroits où il avait noté que le sable était mou pendant le voyage dans le canyon. Il avait surveillé toutes les marques lorsqu'on lui avait ordonné de pousser le véhicule jusqu'à un sol plus ferme. Maintenant, il lança le véhicule à travers les fissures étroites du plateau sableux sans se soucier de rien, traversant les plaques de sable qui se collait aux pneus mais qui ne réussissait pas à l'enliser grâce à la grande vitesse de l'engin.

Il ne prit pas le temps de jouir de l'odeur de la liberté, de l'air frais de la nuit du désert. Il ne jeta même pas un regard aux étoiles qui luisaient au-dessus de lui. Chaque kilomètre entre eux et les poursuivants éventuels était essentiel, chaque minute précieuse. Il conduisait comme un démon, poussant le camion jusqu'à ses limites extrêmes.

Giordino ne se plaignit pas, ne lui demanda pas de ralentir. Il avait totalement foi en Pitt. Il appuya ses pieds au tableau de bord, les dents serrées, les yeux fixés sur la piste à peine visible qui se détachait faiblement dans l'obscurité sous les murs abrupts du canyon.

Soudain, les phares montrèrent une étendue vide de terrain plat. Ils débouchèrent sur le vaste désert. Alors seulement Pitt regarda le ciel, repéra l'étoile Polaire et dirigea le véhicule vers l'est.

Ils avaient passé le point de non-retour, dans une tentative suicidaire, dont les chances étaient si minces que l'échec semblait inévitable. Mais Pitt n'aurait pas souhaité que ça se passe autrement. Rien ne pourrait les arrêter avant qu'ils atteignent l'eau ou des secours.

Devant eux, il y avait 400 kilomètres de désert, attirant, dangereux, mortel peut-être. La course pour la survie venait de commencer

39

Pendant les cinq heures d'obscurité restantes, Pitt poussa les roues du camion dans l'effrayante immensité de sable où le temps n'avait presque pas de sens. Cette terre n'avait pas de compromis. Elle vous gelait le matin, vous étouffait de son sable fin, vous brûlait de soleil que l'atmosphère cristalline magnifiait encore. Il sentait qu'il était entré dans un monde qui n'était pas le sien.

Ils parcouraient une zone du Sahara appelée Tanezrouft, une immense étendue de mauvaise terre d'au moins 200 000 kilomètres carrés de désert exposé au vent, grotesque, brisée seulement par quelques escarpements rocheux et, de temps en temps, une mer de dunes de sable qui se mouvaient sans cesse sur l'étendue immense comme une armée de fantômes voilés.

C'était le désert des premiers âges du monde, sans une herbe en vue. Et pourtant, il y avait une vie. Des moucherons voletaient devant les phares. Un couple de corbeaux, les éboueurs du désert, le service de nettoyage, dérangés par l'approche du camion, prirent leur envol en croassant de rage. De gros scarabées noirs se glissaient dans le sable pour échapper aux pneus, comme le faisaient quelques scorpions et un minuscule lézard vert.

Pitt se sentait un peu intimidé par le vide environnant, par les centaines de kilomètres qu'ils devaient encore parcourir, par la faim, la soif et les privations qu'ils allaient devoir endurer. Sa consolation était le ronronnement du moteur du camion. Il n'avait pas eu un seul raté depuis qu'ils avaient quitté la mine et le 4 x 4 tournait comme une horloge, volant au-dessus du sable mou où Pitt était sûr qu'ils auraient dû s'enliser. En quatre occasions, ils avaient dû traverser des lits de fleuves asséchés, profonds, avec des rives de gravillons qu'ils n'avaient pu passer qu'en ralentissant. Souvent, ils n'avaient pu échapper à des dépressions inattendues ou à des blocs de pierre, ils étaient confrontés à des barrières naturelles apparemment infranchissables. Mais le Renault, têtu, était toujours passé.

Ils ne prirent pas le temps de s'arrêter pour se dégourdir les jambes. Ils auraient tout le temps de marcher, plus tard, quand il faudrait abandonner le camion. Ils se soulagèrent même en route, sans ralentir.

— Combien de kilomètres avons-nous parcourus ? demanda Giordino.

Pitt jeta un coup d'œil au compteur.

— Cent deux.

— Tu as dû prendre le mauvais raccourci ou alors on tourne en rond. On aurait dû en couvrir au moins deux cents. Est-ce que nous sommes perdus ?

— Non, on est sur le bon chemin, dit Pitt avec confiance. Prends-t'en aux directives de Fairweather. Il a donné les distances à vol d'oiseau. Mais aucun oiseau ayant toute sa tête ne volerait dans le désert s'il pouvait attaquer un épouvantail dans un champ de blé de l'Iowa. Impossible de maintenir une ligne droite quand on a déjà dû faire un détour de 40 kilomètres pour éviter deux ravins profonds et une quantité de dunes.

Giordino bougea inconfortablement.

— Pourquoi ai-je la désagréable impression que nous devrons faire du stop sur plus de 100 kilomètres à travers ce *no man's land* ?

— Ce n'est pas vraiment une pensée bien gaie, répondit Pitt.

— Il va bientôt faire jour. Nous n'aurons plus les étoiles pour nous aider.

— Je n'en ai pas besoin. Je me rappelle très bien comment fabriquer une boussole selon les instructions du Manuel de l'artilleur.

— Je suis content de l'apprendre, bâilla Giordino. Que dit la jauge d'essence ?

— Un petit peu plus de la moitié.

Giordino se retourna pour regarder le Touareg qu'ils avaient attaché dans l'arrière du camion.

— Notre copain a l'air aussi heureux qu'un marin embarqué de force.

— Il ne le sait pas encore, mais il est notre garant pour éviter les poursuites, fit Pitt.

— Encore ton esprit tordu ! Il n'arrête jamais de gamberger !

Pitt regarda le croissant de lune. Il aurait préféré qu'elle fût pleine mais il lui était reconnaissant tout de même de la pâle clarté qu'elle dispensait tandis qu'il roulait dans un terrain semblable à un paysage lunaire. Il changea de vitesse et tenta de distinguer le sol inégal que révélaient les phares. Puis soudain, le désert parut s'effacer et commença à briller comme un feu d'artifice.

*
* *

Le Renault roulait sur un immense lac asséché, couvert de cristaux qui reflétaient à la fois les rayons des phares et ceux de la lune, comme des prismes irisés. Pitt passa la vitesse supérieure, ravi de rouler sur une surface plate, solide, à près de 90 kilomètres-heure.

Le sol du désert semblait s'étendre à l'infini, les étoiles de l'aurore tombaient à l'horizon comme un grand morceau de monde plat dégringolant tout à coup dans l'espace. Le ciel paraissait se refermer autour d'eux comme les quatre murs et le plafond d'une petite chambre. Pitt se sentit soudain désorienté. Pourtant, il roulait sur le même parallèle que celui qui traversait La Havane, Cuba, et la Grande Ourse était toujours au-dessus de l'horizon. Il utilisait toujours l'étoile Polaire comme point de repère pour trouver l'étoile qui le menait vers l'est.

Une heure après l'autre, monotone, s'écoulait tandis que le lac de cristal cédait la place à des collines basses et rocheuses. Pitt ne se rappelait pas avoir ressenti une aussi profonde mélancolie. Il n'avait, pour se reposer la vue, qu'un petit pic sur sa gauche, vers le nord, s'élevant comme une île dans une mer vaste et stérile.

Giordino le remplaça au volant quand le soleil apparut à l'horizon comme un boulet de canon. Il sembla se tenir là sans bouger tout au long du jour avant de retomber comme une pierre, peu avant le crépuscule. Les ombres s'étendaient au loin ou bien cessaient d'exister. Il n'y avait pas de milieu.

Une heure après le lever du jour, Pitt arrêta le camion et fouilla l'intérieur jusqu'à ce qu'il trouve un tuyau d'environ un mètre de long. Il descendit, enfonça le tuyau dans le sable jusqu'à ce qu'il soit vertical et que son ombre se dessine. Ramassant deux petites pierres, il en mit une au bout de l'ombre.

— C'est ta boussole du pauvre ? plaisanta Giordino en regardant faire Pitt, assis à l'ombre du camion.

— Regarde le maître au travail.

Il vint s'asseoir près de Giordino et attendit environ douze minutes avant de marquer la distance parcourue par l'ombre avec une autre pierre. Il dessina ensuite une ligne droite entre la première et la seconde pierre, et l'étendit d'environ un mètre audelà. Puis il s'installa, l'orteil de son pied gauche sur la première pierre et celui de son pied droit là où la ligne s'arrêtait. Levant les deux bras et montrant la direction devant lui, il dit :

— Le nord est là.

Puis il étendit son bras droit sur le côté.

— L'est et la piste transsaharienne sont par là.

Giordino suivit des yeux la direction indiquée par le bras droit de Pitt.

— Je vois une dune, par là, qui pourra nous servir de point de repère.

Ils repartirent, recommençant la manœuvre toutes les heures. A neuf heures environ, le vent commença à souffler du sud-est, lançant le sable en nuage épais qui abaissa la visibilité à moins de 200 mètres. Vers dix heures, le vent chaud avait augmenté et pénétrait dans la cabine malgré les vitres fermées. Balayé par de courtes rafales, le sable tourbillonnait comme un derviche.

Le mercure montait brutalement et retombait comme un yoyo. Ce jour-là, la température passa de 15 degrés Celsius à 35 degrés Celsius en trois heures, atteignant, aux heures les plus chaudes de l'après-midi, 46 degrés Celsius. Pitt et Giordino avaient l'impression de conduire dans un four. L'air chaud et sec leur brûlait les narines à chaque respiration. Heureusement, il y avait la brise générée par la vitesse sur le sol désertique et dépouillé.

L'aiguille de la jauge de température oscillait à un millimètre de la zone dangereuse mais le radiateur ne montrait pas de signe de fuite de vapeur. Ils s'arrêtaient toutes les demi-heures maintenant et Pitt cherchait la direction grâce au peu de soleil qui voulait bien traverser le nuage de poussière et tracer une ombre pâle au tuyau enfoncé dans le sable.

Il ouvrit l'une des gourdes d'eau et la proposa à Giordino.

— C'est l'heure des rafraîchissements.

— Combien ?

— On va partager. Ça nous donne un demi-litre chacun et il en restera un pour demain.

Giordino guida le volant avec son genou tout en mesurant l'eau qui lui revenait puis la but. Il passa la gourde à Pitt.

— O'Bannion a dû mettre sa meute à nos trousses, maintenant.

— Etant donné qu'ils ont le même camion que nous, ils ne sont pas près de nous rattraper, sauf s'ils trouvent une Formule Un et un coureur de grand prix pour la conduire. Leur seul avantage, c'est qu'ils auront plus d'essence que nous pour continuer la chasse quand nous, nous serons à sec.

— Pourquoi n'avons-nous pas pensé à prendre des réserves ?

— Il n'y en avait pas dans la zone où était garé le camion. Ils ont dû les ranger ailleurs et nous n'avions pas de temps à perdre pour chercher.

— O'Bannion a peut-être demandé un hélico, dit Giordino en ralentissant pour passer une dune basse.

— Fort-Foureau et l'armée malienne sont les deux seules sources d'hélicoptères. A mon avis, les dernières personnes à qui il demandera de l'aide sont Kazim et Massarde. Il sait bien qu'ils ne lui pardonneraient pas d'avoir perdu les ennemis publics numéros un et deux, quelques heures seulement après qu'on les aurait remis à ses soins attentifs.

— Tu ne crois pas que la meute d'O'Bannion puisse nous rattraper avant que nous entrions en Algérie ?

— Ils ne peuvent pas nous suivre dans une tempête de sable comme celle-ci. C'est comme si un policier à cheval tentait de rattraper un fuyard dans le blizzard. Et puis, aucune trace, ajouta-t-il en montrant du doigt l'arrière du véhicule.

Giordino regarda dans le rétroviseur le vent balayer les traces de pneus comme si le camion était un petit bateau sur la vaste mer dont le sillage mourait derrière lui. Il se détendit et s'installa plus confortablement sur son siège.

— Tu ne peux pas savoir quel plaisir c'est de voyager avec un Pollyanna.

— Ne compte pas encore O'Bannion pour du beurre. S'ils atteignent la transsaharienne avant nous et qu'ils patrouillent dans les deux sens jusqu'à ce que nous arrivions, la pièce est finie.

Pitt vida la gourde d'eau et la jeta derrière où le Touareg avait repris ses esprits et s'était assis, le dos à la porte arrière.

— Où en est l'essence ? demanda Pitt.

— Presque finie.

— Il est temps de lancer notre leurre. Mets le camion en sens inverse, l'avant vers l'ouest. Puis arrête-toi.

Giordino obéit, tourna les roues et arrêta.

— Et maintenant, on marche ?

— Maintenant, on marche. Mais d'abord, amène le garde devant et cherche dans le camion tout ce qui pourrait nous servir, comme du tissu pour nous envelopper la tête et éviter les coups de soleil.

Dans les yeux du garde se mêlaient la peur et la menace, lorsqu'ils le poussèrent jusqu'au siège avant. Ils coupèrent des bandes de sa tunique et de son turban pour lui attacher les pieds et les mains afin qu'il ne puisse toucher ni au volant ni aux pédales.

Ils fouillèrent le camion, trouvèrent quelques toiles huileuses et deux serviettes de toilette dont ils se firent des turbans. Ils laissèrent leurs armes enterrées dans le sable. Puis Pitt attacha le volant afin qu'il ne puisse pas tourner, enclencha la seconde et sauta de la cabine. Le fidèle Renault bondit en avant, emportant son passager saucissonné et fonça en direction de Tebezza, se perdant dans le vent et le sable mêlés.

— Tu lui donnes plus de chances de survivre qu'ils ne nous en ont laissé, protesta Giordino.

— Peut-être que oui, peut-être que non, dit Pitt.

— A ton avis, quelle distance devons-nous parcourir ?

— Environ 180 kilomètres, répondit Pitt comme s'il s'agissait d'un court trajet.

— Ça fait environ 112 miles avec un seul litre d'eau qui ne suffirait pas à faire pousser un cactus, se plaignit Giordino.

Il regarda avec angoisse le turbulent vent de sable.

— Tout ce que je sais, c'est que mes pauvres os fatigués vont blanchir dans le sable.

— Regarde le bon côté, dit Pitt en ajustant son espèce de turban. Tu respires de l'air pur, tu jouis d'un silence merveilleux, tu communies avec la nature. Pas de brouillard, pas de circulation, pas de foule. Que veux-tu de plus pour revigorer ton âme ?

— Une bonne bouteille de bière fraîche et un bain, soupira Giordino.

Pitt leva quatre doigts.

— Quatre jours et ton vœu sera exaucé.

— Comment résistes-tu au désert ? demanda Giordino.

— J'ai passé des week-ends à camper avec les scouts dans le désert de Mojave, quand j'avais douze ans.

Giordino secoua tristement la tête.

— Ça fait du bien aux pensées anxieuses, pour sûr, dit-il.

Pitt étudia à nouveau la direction à prendre. Puis, utilisant son tuyau comme canne, il baissa la tête pour se protéger du vent et commença à marcher vers ce qu'il pensait être l'est. Giordino passa une main dans la ceinture de Pitt pour ne pas risquer de le perdre, au cas où le sable deviendrait aveuglant, et marcha derrière lui.

40

La réunion à huis clos au quartier général des Nations Unies commença à dix heures du matin et dura jusqu'à plus de minuit. Vingt-cinq des plus grands spécialistes mondiaux des océans et de l'atmosphère, trente biologistes, toxicologues et experts en épidémiologie écoutèrent avec une extrême attention Hala Kamil qui fit un court discours d'ouverture et passa la parole à l'amiral Sandecker. Celui-ci jeta aux orties toutes les procédures officielles et révéla immédiatement l'étendue du désastre écologique en préparation.

Sandecker présenta ensuite le Dr Darcy Chapman qui informa l'assemblée du processus chimique des marées rouges prolifiques. Il fut suivi par Rudi Gunn qui exposa les dernières données de l'épidémie. Hiram Yaeger donna une idée plus précise du problème en projetant à l'assemblée des photos de satellite montrant la marée et son développement prodigieux, et les statistiques correspondantes.

La session d'information dura jusqu'à deux heures de l'après-midi. Quand Yaeger se rassit, Sandecker reprit la parole dans un étrange silence alors que, d'habitude, on se serait heurté à des protestations de scientifiques peu enclins à admettre les théories et les révélations de leurs collègues. Heureusement, douze des experts présents étaient déjà au courant de l'extraordinaire expansion des marées et avaient entrepris des recherches personnelles. Ils élirent un rapporteur qui annonça que des découvertes confirmaient les résultats accumulés par les hommes de la NUMA. Les quelques personnalités qui avaient refusé d'accepter un désastre catastrophique en préparation changèrent d'avis et adhérèrent aux avertissements sévères de Sandecker.

Le programme final de la conférence consista à former des comités et des équipes de recherche pour mettre en commun les ressources et les informations en vue de trouver le moyen d'arrêter puis de dissiper la menace d'extinction de l'humanité.

Bien que sachant que ce serait une demande inutile, Hala Kamil remonta à la tribune pour supplier les participants de ne pas souffler mot aux médias de la situation, au moins jusqu'à ce qu'on ait trouvé le moyen de contrôler la situation. La dernière chose dont le monde avait besoin, plaida-t-elle, c'était d'une panique à l'échelle de la planète.

Hala Kamil termina la réunion en annonçant la date de la prochaine conférence, destinée à confronter les nouvelles informations et les rapports sur les progrès accomplis en vue d'une solution. Il n'y eut pas d'applaudissements polis. Les scientifiques sortirent par petits groupes, parlant dans un calme inhabituel en échangeant leurs points de vue dans leurs domaines respectifs d'expertise.

Sandecker se laissa tomber sur une chaise, épuisé. Son visage était ridé et fatigué mais empreint d'une force de volonté et d'une détermination indomptables. Il sentait qu'il avait enfin engagé un processus positif et qu'il ne plaidait plus devant des gens sourds et hostiles.

— Ça a été une présentation magnifique, dit Hala Kamil.

Sandecker se leva à demi de sa chaise tandis qu'elle prenait place à côté de lui.

— J'espère les avoir convaincus.

Hala sourit en hochant la tête.

— Vous avez poussé les spécialistes les plus éminents de l'océanographie et des sciences de l'environnement à trouver une solution avant qu'il ne soit trop tard.

— Informé, peut-être, poussé, je ne crois pas.

— Vous avez tort, amiral. Ils ont tous saisi l'urgence. J'ai vu sur leurs visages leur enthousiasme à prendre la menace à bras-le-corps.

— Rien de tout cela n'aurait pu être réalisé sans votre aide. Il fallait l'instinct d'une femme pour comprendre le danger.

— Ce qui m'a paru évident a semblé absurde à d'autres, dit-elle simplement.

— Je me sens mieux maintenant que le débat et les controverses sont terminés. Nous allons pouvoir concentrer nos forces pour faire cesser cette horreur.

— Le problème, maintenant, va être de garder tout cela secret. Je suis sûre que le public saura tout avant quarante-huit heures.

— Nous n'éviterons pas l'invasion d'une armée de journalistes, acquiesça Sandecker. Les scientifiques n'ont pas la réputation de garder les secrets enfouis.

Hala promena un regard sur la salle maintenant déserte. L'esprit de coopération qu'elle y avait décelé dépassait tout ce qu'elle avait jamais vu lors d'une assemblée générale. Peut-être existait-il un espoir, après tout, dans ce monde divisé par tant d'ethnies, tant de cultures et tant de langues.

— Quels sont vos plans, maintenant ? demanda-t-elle.

— Sortir Pitt et Giordino du Mali.

— Depuis combien de temps ont-ils été arrêtés au complexe solaire ?

— Quatre jours.

— Aucune nouvelle d'eux ?

— Aucune hélas. Nos agents ne peuvent pas grand-chose dans cette partie du monde et nous ne savons pas où on les a emmenés.

— S'ils sont entre les mains de Kazim, je crains le pire.

Sandecker ne pouvait se résoudre à accepter la perte de Pitt et de Giordino. Il préféra changer de sujet.

— Est-ce que les enquêteurs ont trouvé des indices montrant que la mort de votre équipe de l'O.M.S. a été délibérément provoquée ?

Elle resta un moment silencieuse.

— Ils cherchent toujours en examinant l'épave de l'avion, dit-elle enfin. Mais les premiers rapports affirment qu'il n'y a aucune preuve qu'une bombe soit responsable du crash. Pour l'instant, le mystère demeure.

— Il n'y a aucun survivant ?

— Non. Le Dr Hopper et toute son équipe ont été tués en même temps que l'équipage.

— Difficile de croire que Kazim n'est pas derrière tout ça !

— C'est un mauvais homme, dit Hala, le visage sombre et pensif. Moi aussi, je le crois responsable. Le Dr Hopper a dû découvrir quelque chose sur l'épidémie qui met le Mali en cause, quelque chose que Kazim ne veut pas voir révéler, surtout auprès des gouvernements qui lui apportent leur aide.

— Souhaitons que Pitt et Giordino aient les réponses.

Elle regarda Sandecker avec infiniment de sympathie.

— Vous devez envisager la possibilité qu'ils soient déjà morts, exécutés sur ordre de Kazim.

La fatigue tomba des épaules de Sandecker comme un manteau qu'on rejette. Un sourire éclaira son visage.

— Non, dit-il lentement. Je n'accepterai jamais la mort de Pitt, pas tant que je ne l'aurai pas identifié moi-même. Il est revenu du royaume des morts en diverses occasions déjà avec une incroyable régularité.

Hala prit dans les siennes les mains de Sandecker.

— Prions pour qu'il le fasse une nouvelle fois.

Félix Verenne attendait à l'aéroport de Gao lorsque Ismail Yerli descendit la passerelle d'embarquement.

— Une nouvelle fois, bienvenue au Mali, dit-il en tendant la main. J'ai appris que vous étiez venu ici il y a quelques années.

Yerli ne sourit pas en acceptant la main tendue.

— Désolé d'être en retard mais l'avion des Entreprises Massarde que vous m'avez envoyé à Paris a eu des problèmes mécaniques.

— C'est ce qu'on m'a dit. J'aurais bien envoyé un autre appareil mais vous aviez déjà pris le vol d'Air Afrique.

— J'ai eu l'impression que M. Massarde souhaitait me voir le plus vite possible.

— Bordeaux vous a expliqué votre mission ?

— Je suis au courant, bien sûr, des malheureuses enquêtes des gens de l'Agence nationale marine et sous-marine mais Bordeaux a seulement insinué que mon travail ici consisterait à obtenir les bonnes grâces du général Kazim pour l'empêcher d'intervenir dans les affaires de M. Massarde.

— L'imbécile a, par sa bêtise, fait une boulette énorme avec toute cette histoire d'inspection sur l'épidémie. C'est un miracle que la presse du monde entier n'en ait pas entendu parler !

— Est-ce que Hopper et son équipe sont morts ?

— Ça vaudrait mieux pour eux. Ils travaillent comme esclaves dans une exploitation secrète de mines d'or appartenant à M. Massarde, au fin fond du Sahara.

— Et les intrus de la NUMA ?

— Eux aussi ont été capturés et envoyés à la mine.

— Alors, M. Massarde et vous avez le contrôle de la situation ?

— C'est pour cela que M. Massarde vous a fait

venir. Pour empêcher Kazim de faire de nouvelles âneries.

— Et où dois-je aller, maintenant ?

— A Fort-Foureau où M. Massarde vous donnera lui-même ses instructions. Il se débrouillera pour vous faire rencontrer Kazim. Il a déjà chanté vos louanges en tant qu'agent secret à cet horrible bonhomme. Kazim a un goût presque fétichiste pour les histoires d'espionnage. Il va sauter sur l'occasion pour utiliser vos services, sans savoir que vous informerez M. Massarde de tout ce qu'il fait et de tout ce qu'il dit.

— Et c'est loin, Fort-Foureau ?

— A deux heures d'ici par hélicoptère. Venez, nous allons prendre vos bagages et vous vous mettrez en route.

Comme les Japonais qui mènent leurs affaires sans acheter aucun produit aux nations qu'ils viennent presser, Massarde n'engageait que des ingénieurs français, des entreprises de construction françaises et du matériel de construction et de transport français. C'est donc un hélicoptère Ecureuil, de fabrication française, que Massarde avait choisi pour remplacer celui que Pitt avait coulé dans le Niger. Verenne fit porter les bagages de Yerli à bord.

Lorsque lui-même et l'impassible Turc furent installés dans les confortables fauteuils de cuir, un steward servit des hors-d'œuvre et du champagne.

— C'est bien luxueux, non ? fit Yerli. Est-ce que vous déroulez toujours le tapis rouge pour les visiteurs ordinaires ?

— Ce sont les ordres de M. Massarde, répondit Verenne, vexé. Il déteste la pratique américaine de boissons gazeuses, de bière et d'amuse-gueule. Il exige qu'en tant que Français, nous fassions preuve de goût raffiné en gardant notre culture française, quel que soit le statut du visiteur.

Yerli leva sa coupe de champagne.

— A M. Massarde, donc, et que jamais ne cesse sa générosité.

— A notre patron, dit Verenne. Que jamais ne cesse sa générosité envers ceux qui lui sont loyaux.

Yerli vida sa coupe avec un haussement d'épaules indifférent et la tendit pour qu'on la lui remplisse.

— Aucune retombée pour vos opérations de Fort-Foureau des groupes d'experts de l'environnement ?

— Pas vraiment. Ils sont dans une situation embarrassante. D'un côté, ils applaudissent à notre système d'énergie solaire, de l'autre, ils ont la frousse de ce que les déchets toxiques brûlés peuvent faire à l'air du désert.

Yerli observa les bulles de sa coupe de champagne.

— Vous êtes certain que le secret de Fort-Foureau est bien gardé ? Qu'arriverait-il si les gouvernements européens ou américain avaient vent de ce qui s'y passe vraiment ?

Verenne éclata de rire.

— Vous plaisantez ? La plupart des gouvernements du monde industriel sont trop heureux de se débarrasser secrètement de leurs déchets toxiques sans que le public le sache. En privé, les bureaucrates et les dirigeants d'usines nucléaires et chimiques du monde entier nous ont donné leur bénédiction.

— Ils sont au courant ? s'étonna Yerli.

Verenne lui adressa un sourire bienveillant.

— A votre avis, qui sont les clients de Massarde ?

41

Après avoir quitté le camion, Pitt et Giordino marchèrent, dans la chaleur de l'après-midi et dans le froid de la nuit, cherchant à avancer le plus possible tant qu'il faisait raisonnablement frais. Ils ne s'arrêtèrent enfin pour se reposer qu'à l'aube suivante. Ils s'enfoncèrent dans le sable en en recouvrant leur corps dans la journée, réussissant ainsi à peu près à se protéger de la chaleur du jour et à réduire leur perte en eau. La douce pression du sable apportait aussi un baume à leurs muscles fatigués.

A la fin de leur première étape, ils avaient parcouru 48 kilomètres. Et ils marchèrent encore davantage, en suivant les vallées de sable dur, entre les dunes. La seconde nuit, ils partirent avant que le soleil ne soit tout à fait couché, de sorte que Pitt put mettre son tuyau en position et fixer leur course jusqu'à ce que naissent les étoiles. A l'aube suivante, ils avaient raccourci de 42 kilomètres la distance qui les séparait encore de la piste transsaharienne. Avant de se coucher sous leur édredon de sable, ils burent les dernières gouttes d'eau de leur gourde. Maintenant, jusqu'à ce qu'ils trouvent une nouvelle source d'eau, leur corps allait commencer à se déshydrater et à mourir.

La troisième nuit, ils durent traverser une barrière de dunes qui s'étendait à perte de vue, à droite et à gauche. Les dunes, bien que menaçantes, étaient véritablement belles. Leur surface douce, délicate, était sculptée de rides minuscules toujours en mouvement sous l'effet du vent incessant. Pitt apprit bientôt leur secret. Après une pente douce, elles tombaient généralement de façon abrupte de l'autre côté. Ils voyagèrent, quand c'était possible, sur les crêtes fines comme des lames de rasoir pour éviter de marcher péniblement dans le sable mou et fuyant. Lorsque cela s'avérait difficile, ils suivaient les méandres entre les monticules, où le sable était plus ferme sous leurs pieds.

Le quatrième jour, les dunes devinrent plus basses et disparurent enfin en une vaste plaine sableuse, morne et sans eau. Pendant la période la plus chaude du jour, le soleil semblait chauffer cette immensité parcheminée comme le marteau d'un forgeron sur le fer rouge. Quoique heureux d'être à nouveau en terrain plat, ils trouvèrent la marche plus difficile. Deux sortes de vagues couvraient le sol de sable : les premières, petites, peu profondes, ne posaient pas de problème. Mais les autres, larges et écartées, formaient des crêtes exactement de la longueur de leurs pas, créant un effet de fatigue, un peu comme lorsqu'on marche sur les traverses d'une voie de chemin de fer.

Leurs marches se raccourcirent et ils durent s'arrêter plus longtemps, plus fréquemment, pour se reposer. Ils avançaient, tête basse, silencieux. Parler leur asséchait la bouche. Ils étaient prisonniers du sable, captifs d'une cage que ne mesurait que la distance. Ils rencontrèrent peu de marques distinctes, à part quelques pics déchiquetés d'une chaîne de rochers peu élevée qui rappelait à Pitt les vertèbres d'un monstre mort. Dans cette terre, chaque kilomètre ressemblait au précédent et le temps ne comptait plus, qui tournait comme le moulin d'une cage d'écureuil.

Après 20 kilomètres, la plaine rencontra un plateau. Avant que se lève un jour nouveau, ils décidèrent de grimper l'escarpement rocheux jusqu'en haut avant de se reposer pendant la journée. Quatre heures plus tard, quand ils eurent finalement atteint le sommet, le soleil était déjà haut sur l'horizon. L'effort avait épuisé les pauvres réserves qui leur restaient. Leur cœur battait follement après cette ascension épuisante, les muscles de leurs jambes brûlaient de douleur, leur poitrine était endolorie et leurs poumons demandaient sans cesse plus d'air.

Pitt était épuisé et avait peur de s'asseoir, craignant de ne jamais se relever. Il resta debout, faible, oscillant sur ses jambes. Il regarda autour de lui comme un capitaine sur le pont d'un navire. Si la plaine, en bas, était une étendue informe, la surface du plateau, battue de soleil, offrait un cauchemar inouï. Un océan d'éboulis confus, tordus, de rochers chauffés à blanc semés çà et là de sortes de pylônes rouillés, comme des obélisques de minerai de fer, qui se dressaient vers l'est, exactement sur leur chemin. Tout cela ressemblait à une cité détruite depuis des siècles par une explosion nucléaire.

— Dans quelle partie de l'Hadès sommes-nous arrivés ? parvint à murmurer Giordino.

Pitt sortit la carte de Fairweather, bien fripée

maintenant et qui commençait à se déchirer. Il l'aplatit sur son genou.

— Il l'indique sur la carte mais ne lui a pas donné de nom.

— Eh bien, à partir de maintenant, ça s'appellera la bosse de Giordino.

Les lèvres parcheminées de Pitt craquèrent lorsqu'il sourit.

— Si tu veux faire enregistrer le nom, tu n'as qu'à le soumettre à l'Institut géographique national.

Giordino se laissa tomber sur le sol rocheux et regarda le plateau d'un air absent.

— Quelle distance avons-nous parcourue ?

— Environ 120 kilomètres.

— Encore 60 pour atteindre la transsaharienne.

— Sauf qu'on se heurte à une manifestation de la loi de Pitt.

— Quelle loi ?

— Celui qui suit la piste d'un autre homme perd 20 kilomètres.

— Tu es sûr qu'on n'a pas pris un mauvais tournant quelque part ?

— Non, mais nous n'avons pas avancé en ligne droite.

— Alors, ça fait combien en plus ?

— Je pense qu'on a environ 80 kilomètres à faire.

Giordino regarda Pitt avec des yeux rouges de fatigue. Ses lèvres étaient craquelées et gonflées.

— Ça fait donc 50 miles. On en a déjà fait 70 sans une goutte d'eau.

— J'ai l'impression qu'on en a fait 1 000, dit Pitt d'une voix rauque.

— Bon, murmura Giordino. Je dois dire que l'issue est douteuse. Je ne pense pas que je puisse y arriver.

Pitt quitta la carte des yeux.

— Je n'aurais jamais cru t'entendre un jour dire ça !

— Je n'ai jamais eu une soif aussi totale, aussi affreuse de ma vie. Je me rappelle avoir eu soif une journée, oui, mais c'est devenu une obsession encore plus qu'une nécessité.

— Deux nuits encore et on dansera sur la piste.

Giordino secoua la tête.

— C'est un vœu pieux. Nous n'aurons jamais la force de faire encore 50 miles sans eau, dans cette chaleur, déshydratés comme nous le sommes.

Pitt était obsédé par l'image d'Eva travaillant comme une esclave dans la mine, battue par Melika.

— Ils mourront tous si nous n'y arrivons pas.

— Tu ne peux sortir du sang d'un navet, dit Giordino. C'est un miracle que nous soyons arrivés si loin...

Il s'assit et mit sa main au-dessus de ses yeux. Puis il montra d'un air excité une masse d'énormes rochers.

— Là, entre les rochers, est-ce qu'on ne dirait pas l'entrée d'une caverne ?

Pitt regarda dans la direction indiquée. Il y avait bien une ouverture sombre au milieu des rochers. Il prit la main de Giordino et l'aida à se mettre debout.

— Tu vois, la chance nous sourit déjà. Rien de tel qu'une bonne cave bien fraîche pour passer le temps chaud de la journée.

La chaleur était déjà suffocante et se reflétait sur les rochers rouges et les obélisques de fer. Ils eurent l'impression de marcher sur les cendres incandescentes d'un barbecue. Sans lunettes de soleil, ils plissaient les yeux et les couvraient des pans de leurs turbans de fantaisie, regardant à travers une mince ouverture et ne distinguant que la terre à quelques mètres devant eux.

Ils durent escalader une pile de rochers jusqu'à l'entrée de la caverne, attentifs à ne pas poser leurs mains nues sur les pierres qui les auraient cruellement brûlées. Un petit mur de sable s'était accumulé au travers de l'entrée et ils se mirent à genoux pour le déblayer à la main. Pitt dut s'accroupir sur un rocher suspendu pour entrer dans la caverne tandis que Giordino pataugeait dans le sable pour entrer debout.

Ils n'eurent pas besoin d'attendre que leurs yeux s'habituent à l'obscurité. Il n'y avait pas de zone d'ombre. La caverne n'avait pas été creusée par le vent ou érodée par l'eau dans le calcaire. Une énorme masse de rochers s'était empilée pendant un tremblement de terre paléozoïque et avait formé cette caverne. Le centre était éclairé par les rayons du soleil passant par les ouvertures, en haut, entre les rochers.

Pitt s'avança plus profondément vers l'intérieur. Soudain, deux grandes silhouettes humaines apparurent au-dessus de lui, dans l'ombre. Instinctivement, il recula et se heurta à Giordino.

— Tu m'as marché sur le pied ! grogna celui-ci.

— Excuse-moi.

Pitt montra un petit mur sur lequel une silhouette était sur le point de lancer une flèche à un buffle.

— Je ne m'attendais pas à trouver de la compagnie !

Giordino regarda par-dessus l'épaule de Pitt le lanceur de flèche, sidéré de découvrir des peintures rupestres dans la zone la plus désertique du monde. Il contempla, tout autour, une galerie massive couverte de dessins préhistoriques et d'autres, moins anciens, montrant des siècles de styles artistiques, de cultures successives.

— Est-ce que je rêve ? murmura-t-il.

Pitt s'approcha des mystérieuses peintures et examina un personnage de trois mètres de haut portant un masque orné de fleurs de la tête aux épaules. La soif et la fatigue étaient oubliées. Ils regardaient, fascinés.

— Ce sont bien des dessins d'origine. Je voudrais être archéologue pour déchiffrer tous ces styles, toutes ces cultures. Il semble que les plus anciennes soient là-bas, au fond de la caverne, et que le reste soit disposé chronologiquement, jusqu'à une période assez récente.

— Comment le sais-tu ?

— Il y a dix ou douze mille ans, le Sahara jouissait

434

d'un climat humide et tropical. La nature y fleurissait. C'était beaucoup plus vivable que maintenant.

Il montra un groupe de personnages entourant et perçant de lances un buffle géant, blessé, avec des cornes énormes.

— Ces peintures doivent être les plus anciennes parce que le buffle que tuent ces chasseurs a presque la taille d'un éléphant et que cette race a depuis longtemps disparu.

Pitt s'approcha d'une autre peinture rupestre qui couvrait plusieurs mètres carrés.

— Là, on voit des gardiens de troupeaux avec leur bétail, dit-il. L'ère pastorale a commencé environ 5 000 ans avant Jésus-Christ. Ici, le style est plus créatif et la composition est pleine de détails.

— Un hippopotame ! dit Giordino en regardant un dessin immense couvrant entièrement un côté du mur plat. On n'a pas dû en voir dans le coin depuis belle lurette ! Difficile d'imaginer cet endroit couvert d'herbe grasse dans laquelle folâtraient des autruches, des antilopes et des girafes.

A mesure qu'ils avançaient, le passage du temps au Sahara se déroulait sur les murs de rocher.

— A partir d'ici, on dirait que les artistes locaux ont cessé de peindre du bétail et de la végétation, observa Giordino.

— Peu à peu, les pluies ont disparu et la terre a commencé à sécher, expliqua Pitt, se rappelant ses lointains cours d'histoire ancienne. Après quatre mille ans de pâturage incontrôlé, la végétation a disparu et le désert s'est installé.

Giordino arriva vers l'entrée de la caverne et s'arrêta devant une autre peinture.

— Celle-ci montre une course de chars.

— Les peuples de la Méditerranée ont introduit les chevaux et les chars vers l'an 1000 avant Jésus-Christ, expliqua Pitt. Mais j'ignorais qu'ils avaient pénétré si profond dans le désert.

— Qu'est-ce qu'il y a après, professeur ?

— La période du chameau, répondit Pitt devant une longue représentation d'une caravane composée d'au moins soixante chameaux et se déployant en serpentant dans le désert. Ils ont été amenés en Egypte après la conquête perse, en 525 avant Jésus-Christ. En utilisant les chameaux, les caravanes romaines ont pu traverser le désert de la côte à Tombouctou. On a continué à utiliser les chameaux ici, à cause de leur incroyable endurance.

Dans les peintures plus récentes, les représentations devinrent plus rudimentaires, plus frustes que les anciennes. Pitt s'arrêta devant une autre série de peintures d'art ancien dans la roche, admirant une bataille finement reproduite gravée dans le rocher puis peinte d'une magnifique couleur d'ocre rouge. Des guerriers à la barbe carrée levaient des lances et des boucliers, conduisaient des chars à deux roues tirés par quatre chevaux et attaquaient une armée d'archers noirs dont les flèches semblaient pleuvoir du ciel.

— Viens voir, monsieur-je-sais-tout. Explique-moi celui-là.

Pitt fit quelques pas, suivant des yeux le regard de Giordino. Il regarda quelques secondes le dessin sur le rocher, mystifié. L'image était linéaire, comme dessinée par un enfant. On y voyait un bateau naviguant sur une rivière où bondissaient des poissons et des crocodiles. Il était difficile d'imaginer que l'enfer à l'extérieur de la caverne ait été autrefois une région fertile où les crocodiles nageaient dans ce qui n'était plus que des fleuves asséchés.

Il s'approcha davantage, n'en croyant pas ses yeux. Ce ne furent ni les poissons ni les crocodiles qui attirèrent son attention mais le vaisseau flottant sur des remous indiquant le courant d'une rivière. Le dessin aurait dû représenter un bateau de style égyptien, mais il était bien différent et bien plus moderne. La forme au-dessus de l'eau était celle d'une pyramide tronquée, d'une pyramide au toit coupé parallèlement à la base. Des tubes ronds sortaient des flancs. Un certain nombre de petites silhouettes, dans des positions diverses, se tenaient sur le pont de ce qui paraissait être un grand drapeau étendu dans le vent.

Le bateau occupait au moins quatre mètres sur la surface rugueuse du mur.

— Un cuirassé ! dit Pitt d'un ton incrédule. Un cuirassé de la Marine des Etats confédérés !

— C'est impossible, pas ici ! dit Giordino, complètement désarçonné.

— Ça peut et ça l'est, dit Pitt. Ce doit être celui dont nous a parlé le vieux chercheur d'or.

— Alors, ce n'était pas un mythe !

— Les artistes locaux n'auraient pas peint ce qu'ils n'avaient jamais vu. Même le drapeau confédéré est exact. C'est celui qui a été adopté vers la fin de la guerre de Sécession.

— Ça a peut-être été peint par un des officiers rebelles perdu dans le désert ?

— Il n'aurait pas copié l'art local, dit pensivement Pitt. Rien dans ce dessin ne reflète l'influence occidentale.

— Qu'est-ce que tu penses des deux silhouettes debout sur la passerelle du commandant ?

— L'un d'eux est sûrement l'officier en chef. Probablement le capitaine.

— Et l'autre ? murmura Giordino dont le visage n'était qu'incrédulité.

Pitt examina la silhouette qui se tenait près du commandant des pieds à la tête.

— Qui crois-tu reconnaître ?

— Je ne fais pas confiance à mes yeux brûlés de soleil. J'espérais que tu me le dirais.

L'esprit de Pitt se rebella avant de s'ajuster à une série de circonstances qui lui étaient totalement étrangères.

— Je ne sais pas qui est l'artiste, murmura-t-il, fasciné et sidéré à la fois. Mais ce qu'il a peint a une remarquable ressemblance avec Abraham Lincoln.

42

Le repos qu'ils prirent dans la fraîcheur de la caverne restaura les forces de Pitt et de Giordino au point qu'ils se sentirent capables d'essayer de franchir en une seule étape le chemin hostile et désert qui les séparait encore de la piste transsaharienne. Ils rejetèrent pour un moment toutes les conjectures concernant le cuirassé légendaire et se préparèrent mentalement pour cette épreuve quasi impossible.

En fin d'après-midi, Pitt sortit de la caverne dans la fournaise du soleil pour planter le tuyau et déterminer une fois encore la direction à suivre. Quelques minutes seulement dans cette accablante chaleur, et il eut l'impression de fondre comme une chandelle de cire.

Il prit pour repère un gros rocher qui dominait l'horizon à près de 5 kilomètres à l'est pour leur première heure de marche.

Quand il rentra dans la confortable fraîcheur de la caverne peinte, il n'eut pas besoin d'exprimer sa fatigue ni sa souffrance, ni la faiblesse qu'il ressentait. Toute sa misère se lisait également dans les yeux creux de Giordino, dans ses vêtements dégoûtants, dans la broussaille de ses cheveux mais surtout dans le regard, celui d'un homme arrivé au bout du rouleau.

Ils avaient surmonté ensemble d'innombrables dangers mais Pitt n'avait encore jamais vu à Giordino un pareil air de défaite. La misère psychologique prenait le pas sur la résistance physique. Giordino était pragmatique dans l'âme. Il supportait les échecs et les coups durs avec un entêtement caractéristique, les accueillait tête baissée. Mais, contrairement à Pitt, il ne savait pas utiliser la puissance de son imagination pour écarter la torture de la soif ou la douleur intolérable de son corps au bord de l'abandon par manque de nourriture et de boisson. Il ne savait pas se perdre dans le monde du rêve où le tourment et le désespoir s'oublient dans des visions de piscines, de grands verres de boissons fraîches, de tables chargées de friandises et de mets appétissants.

Pitt comprit que cette nuit devait être la dernière. S'ils devaient battre le désert à son jeu mortel, ils allaient devoir redoubler de détermination pour survivre. Vingt-quatre heures de plus sans eau les achèveraient. Ils n'auraient aucune force pour continuer. Il craignait fort que la transsaharienne ne soit 50 kilomètres trop loin.

Il accorda à Giordino encore une heure de repos avant de le tirer de son profond sommeil.

— Nous devons partir maintenant si nous voulons parcourir une bonne distance avant la prochaine aurore.

Giordino ouvrit les yeux qui n'étaient en fait que deux étroites fentes et fit un effort pour s'asseoir.

— Pourquoi ne pas rester ici encore une journée et se la couler douce ?

— Trop d'hommes, de femmes et d'enfants comptent sur nous. Nous devons nous sauver pour revenir les sauver eux-mêmes. Chaque heure compte.

La pensée des femmes souffrantes et des enfants effrayés là-bas, dans les mines d'or de Tebezza, suffit à tirer Giordino du brouillard épais du sommeil et à le faire lever. Puis, sous la pression de Pitt, ils firent quelques minutes de gymnastique pour détendre leurs muscles douloureux et leurs articulations ankylosées. Un dernier regard aux surprenantes peintures rupestres, à l'image du cuirassé rebelle, et ils sortirent pour traverser le grand plateau en pente, Pitt menant la marche vers le rocher qu'il avait reconnu, à l'est. Ils étaient partis. A part quelques courts arrêts pour se reposer, ils devraient poursuivre leur route jusqu'à la piste et trouver un automobiliste avec, ils l'espéraient, quelque réserve d'eau. Quoi qu'il arrive, malgré la chaleur suffocante, malgré les piqûres du sable que le vent leur jetait à la tête, malgré le terrain difficile, ils devaient continuer jusqu'à l'épuisement ou jusqu'à ce qu'on les sauve.

Après ses dommages quotidiens, le soleil disparut enfin et fut remplacé par une demi-lune gonflée. Il n'y avait pas un souffle d'air et le désert se fit profondément immobile et silencieux. Le paysage désolé semblait s'étendre à l'infini et les rochers émergeant du plateau avaient l'air de squelettes de dinosaures encore tremblants de la chaleur du jour. Rien d'autre ne bougeait que les ombres qui rampaient et s'allongeaient derrière les rochers comme des fantômes revenus à la vie dans la lumière déclinante du soir.

Ils marchèrent pendant sept heures. Le rocher qui leur avait servi de repère allait et venait à mesure que la nuit s'étirait et devenait plus froide. Terriblement faibles et épuisés, ils commencèrent à frissonner sans pouvoir se contrôler. Les hauts et bas extrêmes de la température donnaient à Pitt l'impression que son corps suivait le rythme de saisons rapprochées, la chaleur du jour étant comme l'été, le soir comme l'automne, minuit comme l'hiver et le matin comme le printemps.

Le terrain changea si graduellement qu'il ne réalisa pas tout de suite que les rochers et les pointes de fer s'amenuisaient pour disparaître complètement. Ce n'est que lorsqu'il s'arrêta pour regarder les étoiles afin de trouver sa route puis qu'il regarda devant lui, qu'il réalisa qu'ils avaient dépassé la pente douce du plateau et que la plaine plate devant eux n'était plus coupée que par quelques oueds, ces fleuves à sec, taillés autrefois par des eaux mortes depuis longtemps ou par des inondations oubliées.

La fatigue ralentissait leur progression qui n'était plus qu'un long et pénible trébuchement. L'épuisement pesait sur leurs épaules comme un fardeau qu'ils devaient porter en permanence. Ils marchaient, ils continuaient à marcher et leurs souffrances grandissaient. Et pourtant ils progressaient, doucement mais régulièrement vers l'est, grâce au peu de forces qu'ils pouvaient encore tirer d'eux-mêmes.

Ils étaient si faibles qu'après chaque étape, c'est à peine s'ils pouvaient se remettre debout et reprendre la lutte.

Pitt s'accrochait à l'image de ce qu'O'Bannion et Melika faisaient aux femmes et aux enfants dans ce puits infernal de la mine. Il voyait le fouet de Melika s'abattre méchamment sur les victimes sans défense, sur les esclaves, malades de privations et de travail forcé. Combien étaient morts depuis leur évasion ? Avait-on transporté le corps d'Eva dans la chambre des morts ? Il aurait pu repousser des pensées aussi horribles mais il les laissait flotter en lui et s'en servait comme d'un aiguillon pour l'aider à surmonter l'épreuve, à ignorer les souffrances et à continuer avec la froide détermination d'une machine.

Pitt pensa avec surprise qu'il eût été incapable de dire quand il avait craché pour la dernière fois. Il avait sucé des petits cailloux pour dissiper une soif incessante, mais il ne se souvenait pas à quoi ressemblait la salive dans sa bouche. Sa langue était gonflée comme une éponge sèche et il avait l'impression qu'elle était couverte d'alun. Et cependant, il était encore capable d'avaler.

Ils avaient diminué la perte de leur transpiration en marchant dans la fraîcheur de la nuit et en gardant leur chemise pendant le jour afin de contrôler l'évaporation de leur sueur tout en profitant de son effet vaguement rafraîchissant. Mais ils savaient bien que leurs corps étaient gravement déshydratés, ce qui contribuait à leur affaiblissement.

Pitt essaya de se rappeler tout ce qu'il avait appris autrefois sur la survie dans le désert, y compris la respiration par le nez pour éviter de perdre de l'eau. Il parlait peu et seulement lorsqu'ils prenaient un peu de repos.

Ils arrivèrent à une étroite rivière de sable qui traversait une vallée de collines rocheuses.

Ils suivirent son lit jusqu'à ce qu'il tourne vers le nord puis escaladèrent sa rive et continuèrent leur route. Un autre jour allait naître et Pitt s'arrêta pour vérifier la carte de Fairweather, tenant le papier presque en loques à l'abri du brillant soleil, à l'est. Le plan sommaire indiquait un vaste lac asséché qui s'étendait presque sans obstacle jusqu'à la piste transsaharienne. Bien que le sol plat fût plus facile à arpenter, Pitt y vit un environnement meurtrier, un holocauste ouvert à tous les vents où l'ombre n'existait pas.

Ils ne pourraient pas s'y reposer pendant l'insupportable chaleur du jour. Le sol était trop ferme et rocailleux pour qu'ils puissent y creuser un abri. Ils devraient continuer, endurer la chaleur, féroce comme une flamme ardente. Déjà le soleil envahissait le ciel et annonçait un autre jour de terrible torture.

La douleur continua et quelques nuages apparurent, cachant le soleil, accordant aux deux hommes presque deux heures de soulagement béni. Puis les nuages se dissipèrent et le soleil reparut, plus chaud que jamais. A midi, Pitt et Giordino pouvaient à peine rester accrochés à la vie. Si la chaleur du jour n'avait pas raison de leurs corps agonisants, la longue nuit de froid intense s'en chargerait.

Soudain, ils arrivèrent devant un ravin profond dont les pentes descendaient presque à pic à sept mètres de la surface du lac asséché, qu'il traversait presque comme un canal creusé par l'homme. En regardant le fond, Pitt manqua de culbuter par-dessus bord. Il trébucha, s'arrêta, regardant avec désespoir cette barrière inattendue. Il n'aurait jamais l'énergie de descendre jusqu'au fond du ravin et encore moins de remonter à la force des bras de l'autre côté. Giordino s'arrêta près de lui et s'écroula, son corps épuisé s'enfonçant presque dans le sol, les bras et les jambes pendant au bord du ravin.

Pitt, regardant de l'autre côté de la fissure l'infini du lac asséché, sut que leur lutte épique, leur lutte pour survivre, était arrivée à son terme. Ils n'avaient couvert que 30 kilomètres et il en restait 50 à parcourir.

Giordino se tourna lentement vers Pitt qui était toujours debout mais qui oscillait sur ses jambes, regardant à l'est l'horizon comme un but attirant mais impossible à atteindre.

Pitt, pour épuisé qu'il fût, paraissait magnifique. Son visage sévère, creusé, sa stature, le vert opalin, incisif, de ses yeux, son nez lancé en avant comme le bec d'un oiseau de proie, la tête enveloppée d'une serviette sale d'où s'échappaient les boucles noires de ses cheveux, rien ne lui donnait l'apparence d'un homme défait face à une mort certaine.

Son regard erra au fond du ravin puis, soudain, s'arrêta, une expression de surprise à peine visible par la fente étroite de son turban improvisé.

— Je crois que je deviens fou, murmura-t-il.

Giordino releva la tête.

— Moi, j'ai laissé ma raison en route à 20 kilomètres d'ici.

— Je jurerais que je vois... Non, ce doit être un mirage, acheva-t-il en secouant la tête et en se frottant les yeux.

Giordino regarda à son tour la grande surface vide de la fournaise. Il vit des nappes d'eau flotter à la surface, de grandes vagues de chaleur. La vue imaginaire de ce qu'il souhaitait si désespérément fut plus qu'il n'en put supporter.

Il tourna la tête.

— Est-ce que tu le vois ? demanda Pitt.

— Les yeux fermés, dit faiblement Giordino. Je vois un bar et des filles qui dansent en portant d'énormes verres de bière glacée.

— Je parle sérieusement.

— Moi aussi, mais si tu parles de ce mirage de lac, là-bas dans la plaine, oublie-le.

— Non, dit Pitt, je parle de l'avion qui est là, dans le ravin.

D'abord, Giordino pensa que son ami avait perdu l'esprit mais il roula sur le ventre et regarda le fond, là où regardait Pitt.

Rien de ce que l'homme fabrique ne se désintègre ni ne pourrit dans le désert. Ce qui peut arriver de pire, c'est que le sable en mouvement pique le métal. Là, appuyé à l'une des pentes du lit d'un ancien fleuve, comme une aberration folle, propre et sans rouille, à peine érodée et quasiment sans sable, il y avait l'épave d'un avion. Ça ressemblait à un vieux monoplan à ailes hautes, qui gisait, blessé et solitaire, depuis plusieurs décennies.

— Tu le vois ? répéta Pitt, ou est-ce que je deviens fou ?

— Si c'est le cas, je le deviens aussi, dit Giordino au comble de l'étonnement. On dirait bien un avion.

— Alors, ça doit être vrai !

Pitt aida Giordino à se mettre debout et ils descendirent la pente du ravin jusqu'à l'épave. Curieusement, le tissu du fuselage et des ailes était intact et les lettres et les chiffres d'immatriculation parfaitement lisibles. L'hélice d'aluminium s'était cassée en heurtant le sol et le moteur radial, avec ses cylindres visibles, avait reculé dans le cockpit puis avait remonté vers les montants cassés. A part ça et le train d'atterrissage effondré, l'avion paraissait peu abîmé. Ils virent aussi les marques faites sur le sol lorsque l'appareil était entré en contact avec le bord du ravin avant de rouler jusqu'au fond du lit asséché.

— Depuis combien de temps est-il là, à ton avis ? articula Giordino d'une voix rauque.

— Au moins cinquante, peut-être soixante ans, répondit Pitt.

— Le pilote a dû survivre et partir.

— Il n'a pas survécu, dit Pitt. Regarde sous l'aile gauche. On voit des jambes qui dépassent.

Giordino suivit le regard de Pitt. Une botte lacée, démodée, et un morceau de pantalon kaki en lambeaux dépassaient, en effet, sous l'ombre de l'aile.

— Tu crois que ça le gênerait si on se mettait près de lui ? Il a le seul coin d'ombre de la ville.

— C'est exactement ce que je me disais, fit Pitt en se laissant glisser sur le dos le long de la pente raide, levant les genoux et freinant avec les talons.

Giordino fut bientôt près de lui et ils se glissèrent ensemble dans le lit asséché de l'ancien fleuve, dans un nuage de gravillons et de poussière. Comme lors de leur stupeur initiale lorsqu'ils avaient découvert les peintures rupestres de la caverne, ils oublièrent un moment leur soif en se remettant debout et en s'approchant du pilote mort depuis si longtemps.

Du sable s'était accumulé sur la partie inférieure du cadavre, étendu le dos appuyé au fuselage de l'avion. Une béquille sommaire arrachée à un montant de l'aile reposait près du corps à côté du pied déchaussé. La boussole de l'avion, un peu plus loin, était presque enterrée dans le sable.

Le pilote était étonnamment bien conservé. La chaleur ardente et le froid extrême avaient tous deux concouru à momifier le corps de sorte que la peau visible était noircie et douce comme du cuir tanné. On lisait une expression de tranquillité et de contentement sur le visage. Les mains, malgré plus de soixante ans de rigidité, étaient paisiblement croisées sur l'estomac. Un casque de cuir comme en portaient les pilotes du temps passé avec ses lunettes rondes était posé sur une jambe. Des cheveux noirs, nattés, raides et pleins de poussière après avoir subi si longtemps les éléments, tombaient au-dessous des épaules.

— Mon Dieu ! murmura Giordino. C'est une femme !

— Elle avait à peine trente ans, observa Pitt. Elle a dû être très jolie.

— Je me demande qui elle était, haleta Giordino.

Pitt fit le tour du corps et prit un paquet recouvert de toile cirée, attaché à la poignée de porte du cockpit. Il le défit soigneusement et découvrit le livre de bord. Soulevant la couverture, il lut la première page.

— Kitty Mannock, lut-il à haute voix.

— Kitty comment ?

— Mannock, l'une des pionnières de l'aviation australienne, si je me souviens bien. Sa disparition fut l'un des grands mystères de l'aviation, à l'époque, juste après celle d'Amelia Earhart.

— Comment est-elle arrivée ici ? demanda Giordino, incapable de détacher ses yeux de la morte.

— Elle tentait de battre le record entre Londres et Cape Town. Après sa disparition, les troupes françaises du Sahara ont effectué des recherches systématiques mais n'ont trouvé trace ni d'elle ni de son avion.

— Dommage qu'elle soit tombée dans le seul ravin

à 100 kilomètres à la ronde. On l'aurait découverte d'avion si elle était tombée à la surface du lac séché.

Pitt feuilleta les pages du livre de bord jusqu'à la dernière.

— Elle s'est écrasée le 10 octobre 1931. La dernière page écrite porte la date du 20 octobre.

— Elle a survécu dix jours, murmura Giordino, admiratif.

— Kitty Mannock a dû être une sacrée bonne femme !

Il s'étendit sous l'ombre de l'aile et soupira d'épuisement, les lèvres craquelées et enflées.

— Après tout ce temps, elle va enfin avoir de la compagnie.

Pitt n'écoutait pas. Une idée folle l'avait saisi. Il glissa le carnet dans la poche de son pantalon et se mit à examiner les restes de l'avion. Il ne fit pas attention au moteur mais étudia le train d'atterrissage. Bien que les traverses aient été aplaties sous le choc, les roues n'étaient pas abîmées et les pneus ne montraient aucun signe de putréfaction. La petite roue de queue était aussi en bon état.

Ensuite, il étudia les ailes. Celle de gauche avait peu souffert mais Kitty y avait prélevé un grand morceau de toile. La droite était étonnamment en bon état. La toile couvrant les entretoises et le nervurage était dure et cassante avec certaines petites fissures, mais elle ne s'était pas déchirée sous l'effet de la chaleur et du froid extrêmes. Perdu dans ses pensées, il posa la main sur un panneau de métal à l'avant du cockpit et la retira vivement, cruellement brûlée. Le métal était chaud comme une poêle au feu. A l'intérieur du fuselage, il trouva une boîte à outils dans laquelle il vit une petite scie à métaux et un ensemble de pièces pour réparer les pneus, dont une pompe manuelle.

Il contempla tout cela, apparemment inconscient de la cruelle morsure du soleil. Le visage tendu, le corps parcheminé, il était épuisé. Il aurait dû être à l'hôpital avec des tuyaux partout pour réhydrater son corps asséché. La vieille avec sa faux et sa capuche n'était qu'à quelque cent mètres de lui et n'allait pas tarder à poser son doigt osseux sur son épaule. Mais l'esprit de Pitt tournait bien, pesant le pour et le contre.

Et il décida, là, à cet instant, qu'il n'allait pas mourir.

Il contourna l'aile droite et s'approcha de Giordino.

— As-tu lu le livre *Le Vol du Phénix*, d'Elleston Trevor ? demanda-t-il.

Giordino se tourna péniblement vers lui.

— Non, mais j'ai vu le film, avec James Stewart. Pourquoi ? Tes plombs ont besoin d'être changés si tu penses pouvoir faire revoler cette épave.

— Pas voler, dit tranquillement Pitt. J'ai vérifié tout l'avion. Je crois qu'on peut y prélever assez de pièces pour faire un char à voile.

— Construire un char à voile ? répéta Giordino exaspéré. T'as raison ! Et on y mettra un bar et une salle à manger...

— Comme un bateau glisseur sur un glacier, sauf qu'on y mettra des roues, continua Pitt sourd aux sarcasmes de Giordino.

— Et qu'est-ce que tu mettras comme voile ?

— L'une des ailes de l'avion. En gros, c'est une aile en ellipse. Tu la poses sur une extrémité, debout, et tu as une voile.

— On n'aura jamais la force de faire ça, protesta Giordino. Un appareil comme celui que tu suggères prendrait des jours et des jours.

— Non, des heures. L'aile droite est en bon état, la toile est intacte. Nous pouvons utiliser la partie centrale du fuselage entre le cockpit et la queue comme structure. En utilisant les entretoises et les traverses, on peut faire des essieux larges. Avec les deux roues du train d'atterrissage et la roulette arrière, on peut faire un train roulant à trois roues. Et nous avons plus de câble qu'il ne nous en faut pour les étais et un système de gouvernail.

— Et les outils ?

— Il y a une boîte à outils dans le cockpit. Pas ce qu'il y a de mieux, mais on s'en contentera.

Giordino hocha lentement la tête, réfléchissant, pesant à son tour le pour et le contre. Ça aurait été la chose la plus simple du monde de repousser l'idée de Pitt comme une hallucination, de se coucher par terre et d'attendre paisiblement la mort et l'oubli éternel. La tentation était énorme. Mais tout au fond de lui battait un cœur qui ne voulait pas vraiment abandonner, qui ne voulait pas mourir sans combattre. Avec l'effort d'un homme malade levant un lourd fardeau, il se mit debout et parla, à mots hachés par la fatigue et l'étouffante chaleur.

— C'est idiot de rester là à nous lamenter. Enlève les ailes pendant que je démonte les roues.

43

A l'ombre d'une des ailes, Pitt expliqua sa conception du char à voile, en utilisant les dernières pièces du vieil avion. Incroyablement simple, c'était un projet né dans une crevasse en plein désert, imaginé par des hommes morts qui refusaient de l'accepter. Pour construire ce char, ils allaient devoir chercher au tréfonds d'eux-mêmes une force qu'ils croyaient perdue depuis longtemps.

Le char à voile n'était pas une idée neuve. Les Chinois s'en servaient déjà depuis deux mille ans. Les Hollandais aussi, qui montaient des voiles sur des wagonnets de bois pour déplacer des bataillons. Les Américains, eux, construisaient souvent de petits chariots avec des voiles pour leurs balades sur les pistes à travers les prairies. Les Européens en avaient fait un sport qu'ils pratiquaient sur les plages dès le début du siècle et, un peu plus tard, au sud de la Californie, l'idée fut reprise par de vrais fanatiques qui traversaient les lacs asséchés du désert de Mojave et organisaient de véritables événements sportifs attirant des participants venant du monde entier. Les véhicules pouvaient atteindre jusqu'à 145 kilomètres à l'heure.

En utilisant les outils trouvés par Pitt, les deux hommes accomplirent les travaux les plus faciles l'après-midi, en pleine chaleur, et gardèrent pour la soirée, plus fraîche, les plus difficiles. Pour des gens dont le passe-temps favori consistait à restaurer des voitures anciennes et des avions d'autrefois, la tâche était aisée et ils ne firent aucun geste inutile afin de conserver le peu d'énergie qui leur restait.

Ils ne pensèrent guère à leurs efforts, travaillant avec ferveur, s'adonnant à la tâche sans repos, parlant peu à cause de leur langue enflée et de leur bouche sèche. La lune éclaira leur activité, faisant danser leurs ombres contre les flancs du ravin.

Ils ne touchèrent pas au corps de Kitty Mannock, travaillant près d'elle sans montrer d'émotion, lui parlant parfois comme si elle était vivante, tant leurs esprits, rendus fous par la soif, battaient par moments la campagne.

Giordino enleva les deux grosses roues du train d'atterrissage et la roulette arrière, nettoya le sable des roulements et les regraissa avec le cambouis restant dans le filtre à huile du moteur. Les vieux pneus étaient craquelés et durcis par le soleil. Ils avaient gardé leur forme mais ils ne pourraient rester en pression, aussi Giordino enleva-t-il leurs chambres à air et remplit-il les pneus de sable. Puis il les remonta sur les jantes.

Il fabriqua ensuite des prolongements d'essieux pour les roues, à partir de couples pris sur l'aile endommagée. Quand il eut fini, il coupa les poutrelles fixant la cloison arrière du cockpit au fuselage avec la scie à métaux. Il fit la même chose avec la partie arrière. Lorsque la partie centrale de la poutrelle fut détachée, il commença à fixer le morceau le plus large du cockpit au panneau extérieur de l'aile pour soutenir les deux roues principales. Les roues étaient maintenant éloignées de 2,50 mètres du côté le plus large du fuselage. La partie opposée, qui était autrefois prolongée par la queue de l'avion, formait maintenant l'avant du char, lui donnant une apparence aérodynamique approximative.

La dernière touche à ce qui était devenu la carrosserie du char à voile fut l'adjonction d'une commande vissée à la roulette arrière qui se trouvait placée 3 mètres à l'avant. L'engin une fois terminé ressemblait, pour ceux qui seraient assez âgés pour se rappeler des comédies telles que *Our Gang* et *Little Rascals*, à une des boîtes à savon utilisées par les gamins, en 1930, pour faire des courses dans les cours arrière des maisons.

Tandis que Giordino assemblait la structure, Pitt s'occupait de la voile. Une fois l'aile détachée du fuselage, il immobilisa les ailerons et les volets et dressa les longerons les plus lourds vers le bord d'attaque, pour former un mât. Puis Giordino et lui mirent l'aile en position verticale, insérèrent le mât au centre de la coque et le calèrent, ce qui ne fut pas trop difficile car les poutrelles de bois, séchées par le vent du désert, s'étaient allégées, de même que la toile couvrant l'ancienne surface de vol.

Ils avaient ainsi créé une voile pivotante. Ensuite, Pitt utilisa les câbles de commande de l'avion pour attacher les câbles de renfort extérieurs et l'avant au mât pour l'étayer. Puis il fabriqua un système de commande permettant de diriger la roulette avant depuis l'intérieur de la coque. Enfin, il installa à l'extérieur un système d'écoutes pour manœuvrer la voile.

Ils placèrent les sièges des pilotes de l'appareil dans l'habitacle du char à voile, l'un derrière l'autre. Pitt monta enfin la boussole de l'avion à côté du gouvernail. Quant au tube qu'il avait utilisé pour guider leurs pas jusqu'ici, il l'attacha au mât, comme porte-bonheur.

Quand ils eurent fini l'engin, il était trois heures du matin. Ils se laissèrent alors tomber dans le sable, morts de fatigue. Ils restèrent là, tremblant de froid, à admirer leur chef-d'œuvre.

— Ça ne volera jamais, murmura Giordino, abruti d'épuisement.

— On ne lui demande que d'avancer sur terrain plat.

— Tu as pensé à la façon dont nous allons le sortir du ravin ?

— A 50 mètres vers le sud, la pente est moins abrupte et nous pourrons le hisser jusqu'à la surface.

— On aura déjà de la chance si l'on peut marcher jusque-là, alors tu penses, tirer ce machin jusqu'en haut de la pente ! Et d'ailleurs, on ne sait même pas si ça fonctionne !

— On n'a besoin que d'une très légère brise, murmura Pitt d'une voix à peine audible. Et si l'on considère les six derniers jours, on n'a pas à s'en faire pour le vent.

— Rien de tel que de poursuivre un impossible rêve.

— Ça marchera, dit résolument Pitt.

— Combien crois-tu que ça pèse ?

— Dans les 160 kilos.

— Et comment allons-nous l'appeler ?

— L'appeler ?

— Oui, il lui faut un nom.

Pitt montra Kitty de la tête.

— Si on se tire de cette cocotte-minute, ce sera grâce à elle. Que dirais-tu de *Kitty Mannock* ?

— C'est une bonne idée.

Ils bavardèrent encore un peu, par à-coups, murmures dans le grand vide mort, et tombèrent enfin dans un sommeil bienvenu.

Le soleil vif atteignit juste le fond du ravin quand ils s'éveillèrent enfin. Le seul fait de se mettre debout représenta un immense effort de volonté. Ils dirent silencieusement adieu à Kitty et, chancelant, tirèrent la machine improvisée qui était leur dernier espoir de survivre. Pitt attacha deux longueurs de câble à l'avant du char à voile et en tendit une à Giordino.

— Tu t'en sens la force ?

— Seigneur, non ! dit Giordino, la bouche enflée.

Pitt sourit malgré la douleur de ses lèvres fendues et en sang. Son regard chercha celui de son ami pour y trouver l'éclair qui les ferait aller jusqu'au bout. Il le vit, mais Dieu, qu'il était faible !

— Je parie que j'arrive en haut avant toi !

Giordino tituba comme un homme ivre mais répondit par un clin d'œil.

— Tu vas mordre la poussière, mon vieux !

Puis il mit le câble sur son épaule, se pencha pour accompagner l'effort et tomba à plat ventre.

Le char à voile roulait aussi facilement qu'un caddie sur le carrelage d'un supermarché et manqua lui passer sur le corps.

Il leva vers Pitt ses yeux rougis, son visage brûlé de soleil exprimant la surprise.

— Mais c'est vrai que ça bouge comme une plume !

— Bien sûr ! Ne sommes-nous pas deux mécaniciens hors pair ?

Sans plus parler, ils tirèrent leur char à voile jusqu'au milieu du ravin, jusqu'à l'endroit où la pente n'avait plus qu'un angle de 30 degrés jusqu'à la surface du lac asséché.

Il n'y avait que 7 mètres à parcourir, mais pour des hommes qui, dix-huit heures plus tôt, étaient au bord de la tombe, le sommet de la pente leur paraissait aussi haut que le mont Everest. Ils ne s'étaient pas crus capables de vivre une nuit de plus et pourtant, ils entreprenaient ce qu'ils espéraient bien être le dernier obstacle avant d'être sauvés ou de mourir.

Pitt essaya d'abord tandis que Giordino se reposait. Il attacha l'un des câbles autour de sa taille et commença à ramper vers le haut, comme une fourmi ivre, quelques centimètres à la fois. Son corps n'était plus qu'une machine usée, répondant aux injonctions de son esprit qui n'avait plus, lui, qu'une très vague prise sur la réalité. Ses muscles douloureux protestaient de toutes leurs forces. Ses bras et ses jambes abandonnèrent dès le début de la montée, mais il les obligea à continuer. Ses yeux rougis étaient presque fermés par la fatigue, son visage por-

tait les stigmates de la souffrance, ses poumons aspi-
raient l'air en le brûlant, son cœur battait la chamade
sous cet effort inhumain.

Mais Pitt ne pouvait pas abandonner. Si Giordino
et lui mouraient, tous les pauvres diables menant
cette vie d'esclaves à Tebezza mourraient aussi sans
que le monde apprenne jamais le sort horrible qui
leur avait été réservé. Il ne pouvait pas abandonner,
s'effondrer ou mourir, pas maintenant, pas aussi
près de battre la vieille femme à la faux. Il grinça des
dents de rage et continua à grimper.

Giordino tenta de l'encourager de la voix mais ne
put émettre qu'un murmure inaudible.

Enfin, grâce au ciel, les mains de Pitt atteignirent
le bord et il rassembla toute sa volonté pour tirer son
corps meurtri jusqu'à la surface du lac sec.

Il resta étendu, même pas inconscient, ne sentant
que son besoin d'air, ses poumons brûlants et son
cœur qui battait si fort qu'il semblait vouloir s'échapper de sa poitrine.

Il ne sut pas combien de temps il resta là, exposé
au soleil brûlant, jusqu'à ce que sa respiration et son
cœur reprennent un rythme vaguement régulier.
Finalement, sur les mains et les genoux, il s'approcha
de la pente et regarda dans le ravin. Giordino était
assis confortablement à l'ombre de la voile et lui fit
un petit signe de la main.

— Tu es prêt à monter ? demanda Pitt.

Giordino eut un geste fatigué mais prit le câble et
pressa son corps contre la pente, se frayant faiblement un chemin vers le haut. Pitt cala son propre
câble sur son épaule et utilisa son poids en se penchant en avant sans dépenser d'énergie. Quatre
minutes plus tard, moitié rampant, moitié tiré par
Pitt, Giordino roula sur le sol plat comme un poisson
amené sur la rive après une longue lutte contre
l'hameçon et la ligne.

— C'est maintenant qu'on s'amuse, dit faiblement Pitt.

— J'en suis incapable, dit Giordino, le souffle
court.

Pitt le regarda. Giordino semblait déjà mort. Ses yeux étaient fermés, son visage et une barbe de dix jours poudrés de poussière blanche. S'il ne pouvait pas aider Pitt à sortir le char du ravin, ils mourraient tous les deux le jour même.

Pitt s'agenouilla et le gifla vivement.

— Tu ne me laisses pas tomber maintenant ! murmura-t-il durement. Comment veux-tu réussir avec la superbe pianiste de Massarde si tu ne lèves pas ton cul d'ici ?

Giordino ouvrit les yeux, cilla un peu et passa la main sur sa joue poussiéreuse. Avec un suprême effort de volonté, il se remit sur ses pieds en titubant. Il regarda Pitt sans rancune et, malgré sa souffrance, réussit à sourire.

— Je me déteste d'être aussi facile à deviner !

— C'est une qualité.

Comme deux mules émaciées sous le harnais, ils prirent chacun un câble et tirèrent, leurs corps trop faibles ne leur permettant que quelques pas à la fois. Ils combinèrent leurs poids et, lentement mais efficacement, tirèrent le char le long de la pente, têtes baissées, dos courbés, l'esprit perdu dans un délire de soif. Leurs progrès étaient tristement lents.

Bientôt, ils tombèrent à genoux et rampèrent pitoyablement en avant. Giordino remarqua que du sang coulait des mains de Pitt là où le câble lui brisait les paumes, mais il ne semblait pas en avoir conscience.

Puis soudain, les câbles devinrent mous et le char à voile improvisé passa le bord de la pente et vint les heurter tous les deux. Pitt avait heureusement pensé à attacher la tringlerie de la voile de façon à ce qu'elle ne prenne pas directement le vent et ne génère pas une force conductrice.

Ayant lâché les câbles, Pitt aida Giordino à s'installer dans le fuselage et tomba lui-même comme un sac de pommes de terre dans le siège avant. Puis il regarda la mince bande de toile qu'il avait attachée au hauban et lança en l'air une poignée de sable pour voir d'où venait le vent. Il soufflait du nord-ouest.

L'instant de vérité était arrivé. Il regarda Giordino qui fit un faible geste en avant et parut murmurer :

— Allez ! Bouge de là !

Pitt se pencha vers l'arrière du fuselage et poussa l'appareil qui commença à avancer doucement sur le sable. Après quelques pas chancelants, il retomba sur son siège. Le vent poussait derrière son épaule gauche et il choqua la voile, agit sur le gouvernail jusqu'à ce que le vent la fasse louvoyer. Il tira un peu l'écoute lorsque le vent commença à la pousser et le *Kitty Mannock* se mit à avancer tout seul. Sa vitesse s'accrut rapidement et Pitt choqua à nouveau légèrement.

Il jeta un œil à la boussole de l'avion, fit un relevé et dirigea sa route, la fatigue et l'excitation faisant battre ses artères poussiéreuses en même temps. Il ajusta un peu la voile qui travaillait trop sous le vent et bientôt, le char à voile traversait comme une flèche le lac asséché, ses roues soulevant deux longues lignes de poussière, dans un fabuleux silence, à près de 60 kilomètres à l'heure. La joie se changea bientôt en panique lorsque Pitt corrigea trop. La roue du côté du vent se souleva. Elle se leva plus haut, prenant ce que les habitués de ce sport appellent du *hiking*.

Il avait trop bordé la voile, augmentant la vitesse. Il fallait maintenant corriger, pour éviter que le chariot ne chavire, ce qui serait un désastre car ni lui ni Giordino n'auraient la force de le redresser.

Il était presque arrivé au point de non-retour quand il choqua l'écoute et poussa doucement le gouvernail, amenant le char au lof face au vent. Il tint son cap et le char se redressa jusqu'à ce que la roue retrouve le contact avec le sol.

Pitt avait fait un peu de char à voile quand, petit garçon, il vivait à Newport Beach, en Californie, mais jamais à une vitesse pareille. Comme il prenait le vent sous un angle de 45 degrés, il commença à mieux régler sa voile avec l'écoute et à lui apporter les corrections nécessaires. Un rapide coup d'œil à la boussole lui indiqua qu'il était temps de louvoyer en une nouvelle course en zigzag vers l'est.

Maintenant qu'il se sentait plus confiant, il dut se retenir de pousser la vitesse, de jouer avec cette ligne étroite qui sépare la vitesse de l'accident. Bien sûr, il n'allait pas se dégonfler, maintenant, mais sa raison lui dit que le *Kitty Mannock* n'était pas le plus stable des chars à voile, qu'il ne tenait que par quelques câbles vieux de soixante ans et quelques morceaux de bois du même âge. Il s'installa plus confortablement, gardant l'œil sur les tourbillons de sable qui volaient partout sur ce lac désolé. Un coup de vent soudain venu de nulle part et ils chavireraient. Et ce serait la fin. Pitt savait bien aussi qu'ils marchaient au hasard. Un autre ravin trop tard aperçu, un rocher qui casserait un palan, n'importe quelle catastrophe pouvait leur tomber dessus dans ce désert impitoyable.

Glissant, faisant des embardées, le *Kitty Mannock* avançait à travers le lac asséché à une vitesse dont Pitt ne l'aurait pas cru capable. Lorsque le vent venait de face, il lui envoyait dans la figure des milliers de piqûres d'épingles. En vent arrière, ils atteignaient presque, selon ses déductions, 85 kilomètres à l'heure. Après avoir titubé pendant des jours dans l'immensité, il avait l'impression de courir le monde dans un avion à réaction. Il espéra, contre toute logique, que le *Kitty Mannock* resterait en un seul morceau.

Après une demi-heure, ses yeux brûlants cherchèrent dans le morne paysage un objet pour se reposer. La nouvelle inquiétude de Pitt, c'était de dépasser la piste transsaharienne sans s'en rendre compte. Ce serait facile car il ne s'agissait que d'une vague piste dans le sable, traversant le désert du nord au sud. S'ils la manquaient, ils s'enfonceraient dans une autre immensité désertique et, au-delà, jusqu'à ce qu'il soit trop tard pour revenir.

Il ne voyait aucun signe de véhicules et le terrain se couvrait à nouveau de dunes mouvantes. Avaient-ils passé la frontière algérienne ? Il n'avait aucun moyen de le savoir.

Les grandes caravanes qui avaient autrefois traversé le désert, des luxuriantes vallées du Niger jusqu'à la Méditerranée avec leurs chargements d'or, d'ivoire et d'esclaves, n'étaient plus qu'un souvenir et il n'y avait plus aucune trace de leurs passages. A leur place, quelques voitures de touristes, des camions chargés de pièces et de nourriture, quelques véhicules militaires en patrouille, c'était tout ce qui roulait dans cette immensité nue oubliée de Dieu.

Si Pitt avait su qu'en réalité, la ligne nette et rouge indiquant la piste sur les cartes n'existait pas en tant que telle, qu'elle n'était que le résultat de l'imagination des cartographes, il se serait senti terriblement frustré. Les seules véritables indications, quand on avait la chance de tomber dessus, c'était les os éparpillés des animaux, un véhicule solitaire complètement dépouillé, des traces de pneus généralement recouvertes de sable et une ligne de vieilles bonbonnes d'essence, tous les quatre ou cinq kilomètres, à condition encore que des nomades ne les aient pas subtilisées pour s'en servir ou pour les revendre à Gao.

Enfin, près de l'horizon, à sa droite, il aperçut un objet fabriqué, grand et sombre dans la lueur mouvante de la vague de chaleur. Giordino le vit aussi et le montra du doigt. C'était le premier signe de vie depuis qu'ils roulaient dans le char à voile. L'air était clair et transparent comme du cristal. Ils avaient dépassé le lac séché et aucune poussière ne tourbillonnait plus au sol ni dans l'air. Ils distinguaient mieux l'objet, maintenant. C'était le reste abandonné d'un vieux car Volkswagen auquel on avait enlevé tout ce qui n'était pas le châssis et la carrosserie. Il n'en restait que la carcasse. Ironiquement, quelqu'un avait écrit à la peinture rouge et en anglais : « Où est donc Lawrence d'Arabie quand on a besoin de lui ? »

Sûr d'avoir atteint la piste, Pitt prit un virage et fila vers le nord. Le terrain était devenu sableux avec des plaques de graviers. De temps en temps, ils roulaient sur un sol plus mou mais le char à voile était trop léger pour s'y enfoncer et le traversait gracieusement, avec juste une petite diminution de sa vitesse.

Après dix minutes, Pitt aperçut un bidon d'essence planté droit à l'horizon. Il était certain, maintenant, d'être bien sur la piste. Il commença une série de zigzags de deux kilomètres vers le nord, vers l'Algérie.

Giordino ne bougeait pas. Pitt tendit la main et lui secoua l'épaule mais la tête de Giordino ballotta sur le côté et retomba en avant, le menton sur la poitrine. Giordino avait finalement perdu conscience. Pitt essaya de crier, de secouer violemment son ami, mais lui-même n'en avait pas la force. Il voyait l'obscurité grandir autour de son champ de vision et comprit que dans quelques minutes au plus, lui aussi allait s'évanouir.

Il entendit ce qu'il crut être un bruit de moteur dans le lointain mais ne vit rien devant lui et se dit qu'il avait dû rêver. Mais le bruit enfla et Pitt reconnut vaguement un moteur Diesel avec le fort grondement d'un pot d'échappement. Mais il ne voyait toujours pas d'où il venait. Il était certain, maintenant, qu'il allait s'évanouir.

Soudain éclata un grand coup de klaxon et Pitt tourna faiblement la tête sur le côté. Un gros camion anglais Bedford avec une remorque roulait à côté de lui. Le conducteur arabe regardait avec curiosité les deux silhouettes, avec un grand sourire plein de dents éclatantes. Sans que Pitt en eût conscience, le camion les avait doublés.

Le conducteur se pencha, mit une main autour de sa bouche et cria :

— Vous avez besoin d'aide ?

Pitt ne put que hocher faiblement la tête.

Il n'avait rien prévu pour arrêter le char. Il essaya vaguement de tirer sur le câble et d'amener la voile contre le vent, mais il ne réussit qu'à virer d'un demi-tour. Ses sens ne fonctionnaient plus et il ne vit pas arriver une rafale de vent soudaine. Il lâcha le câble, trop tard. Le vent et la gravité lui enlevèrent le contrôle et il chavira, cassant les palans et l'aile qui lui servait de voile. Pitt et Giordino furent projetés sur le sable comme des pantins désarticulés, dans un nuage de poussière et de débris.

Le conducteur arabe s'approcha d'eux et freina. Sautant à bas de sa cabine, il se précipita vers ce qui restait de l'épave et se pencha sur les hommes inconscients. Il reconnut immédiatement les signes de la déshydratation, courut vers son camion et revint avec quatre bouteilles d'eau.

Pitt émergea de son trou noir dès qu'il sentit le liquide lancé sur son visage glisser dans sa bouche entrouverte. La transformation se fit miraculeusement. Il était mourant et, une minute après avoir bu presque trois litres d'eau, il se sentait presque bien, comme un être humain en état de fonctionner.

Le corps desséché de Giordino revint lui aussi à la vie. Il paraissait incroyable qu'ils puissent récupérer si vite rien qu'en avalant une bonne quantité de liquide.

Le chauffeur arabe leur offrit quelques cachets de sel et des dattes séchées. Il avait un visage sombre et intelligent et portait une casquette de base-ball sans inscription. Il s'assit sur ses talons et contempla avec intérêt leur retour à la vie.

— Vous avez fait rouler un char depuis Gao ? demanda-t-il.

Pitt secoua la tête.

— Depuis Fort-Foureau, mentit-il.

Il n'était pas sûr d'être déjà en Algérie. Il ne savait pas non plus si le chauffeur du camion n'allait pas les livrer au premier poste de police en apprenant qu'ils s'étaient échappés de Tebezza.

— Où sommes-nous exactement ?

— En plein milieu du désert du Tanezrouft.

— Dans quel pays ?

— Ben, en Algérie, bien sûr ! Où pensiez-vous être ?

— N'importe où pourvu que ce ne soit pas le Mali.

L'Arabe eut une expression amère.

— Les gens du Mali sont mauvais. Mauvais gouvernement. Ils tuent beaucoup de gens.

— A quelle distance est le téléphone le plus proche ? demanda Pitt.

— A Adrar, à 35 kilomètres au nord. Ils ont des communications.

— Est-ce un petit village ?

— Non, Adrar est une grande ville. Beaucoup de progrès. Ils ont un aéroport avec un service régulier avec Alger.

— Et vous allez dans cette direction ?

— Oui, j'ai livré des conserves à Gao et maintenant, je retourne à Alger.

— Vous pouvez nous conduire jusqu'à Adrar ?

— J'en serais honoré.

Pitt regarda le chauffeur et sourit.

— Comment vous appelez-vous, l'ami ?

— Ben Hadi.

Pitt lui serra chaleureusement la main.

— Ben Hadi, dit-il doucement, vous ne le savez pas, mais en nous sauvant la vie, vous en sauvez aussi des centaines d'autres.

QUATRIÈME PARTIE

LES ÉCHOS DE FORT ALAMO

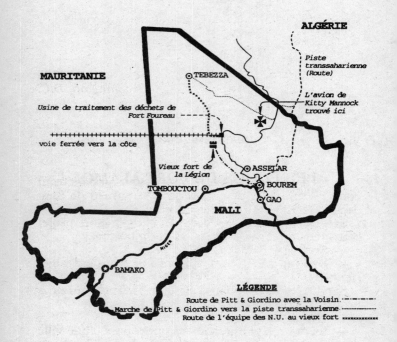

ALGÉRIE

Piste transsaharienne (Route)

⊙ TEBEZZA

L'avion de Kitty Mannock trouvé ici

MAURITANIE

Usine de traitement des déchets de Fort Foureau

+++++++++++++++++++++++++++++
voie ferrée vers la côte

Vieux fort de la Légion

⊙ ASSELAR

⊙ BOUREM

TOMBOUCTOU ⊙

⊙ GAO

MALI

Niger

✳ BAMAKO

LÉGENDE

Route de Pitt & Giordino avec la Voisin. —·—·—
Marche de Pitt & Giordino vers la piste transsaharienne. ·········
Route de l'équipe des N.U. au vieux fort ××××××××××××

LE SAHARA MALIEN

44

— Ils sont sortis ! cria Hiram Yaeger en pénétrant comme un boulet de canon dans le bureau de Sandecker, Rudi Gunn sur ses talons.

Sandecker, immergé dans le budget d'un projet sous-marin, releva la tête sans comprendre.

— Sortis ?

— Dirk et Al, ils ont traversé la frontière algérienne !

Sandecker eut soudain l'air d'un enfant à qui on a promis que le Père Noël allait arriver.

— Comment le savez-vous ?

— Ils ont téléphoné d'un aéroport près d'une ville du désert appelée Adrar, répondit Gunn. La ligne était mauvaise mais nous avons compris qu'ils allaient prendre un vol commercial pour Alger. Ils rétabliront le contact depuis notre ambassade.

— Ont-ils dit autre chose ?

Gunn regarda Yaeger et hocha la tête.

— Vas-y. Tu étais en ligne avec Dirk avant que j'arrive.

— La voix de Pitt disparaissait sans arrêt, dit Yaeger. Le système téléphonique dans le désert en Algérie est à peine meilleur que ce qu'on obtient avec des boîtes de conserve reliées par un fil ciré. Si j'ai bien entendu, il a insisté pour que vous demandiez à l'équipe des Forces spéciales de retourner avec lui au Mali.

— A-t-il expliqué pourquoi ? s'étonna Sandecker.

— Sa voix était trop indistincte. Il y avait sans cesse des interférences. Le peu que j'ai compris me paraît incroyable.

— Incroyable ? Pourquoi ?

— Il a parlé de sauver des femmes et des enfants dans une mine d'or. D'après sa voix, ça paraissait vraiment urgent.

— Ça n'a pas de sens, dit Gunn.

— Est-ce que Dirk a expliqué comment ils se sont échappés du Mali ? demanda Sandecker à Yaeger.

Celui-ci semblait perdu en conjectures.

— Ne dites pas que c'est moi qui l'ai dit, amiral, mais je vous jure qu'il a parlé d'un char à voile pour traverser le désert avec une femme du nom de Kitty Manning, ou Mannock.

Sandecker se cala dans son fauteuil et sourit d'un air résigné.

— Connaissant Pitt et Giordino comme je les connais, je les crois capables de tout.

Puis, d'un seul coup, il fronça les sourcils et prit un air interrogatif.

— Est-ce que le nom pourrait être Kitty Mannock ?

— J'ai mal entendu mais... oui, je crois que c'est ça.

— Kitty Mannock était une aviatrice des années 20, expliqua Sandecker. Elle a battu des records de distance dans le monde entier avant de disparaître en plein Sahara. Je crois que ça remonte à 1931.

— Mais quel rapport entre elle et Pitt et Giordino ? s'étonna Yaeger.

— Je n'en ai pas la moindre idée, dit Sandecker.

Gunn regarda sa montre.

— J'ai calculé la distance entre Adrar et Alger. Ça fait un peu plus de 120 kilomètres. S'ils sont en l'air en ce moment, on devrait les avoir en ligne dans une heure et demie environ.

— Donnez l'ordre à notre service de communications d'ouvrir une ligne directe avec notre ambassade à Alger, ordonna l'amiral. Et dites-leur de s'assurer que la ligne est sûre. Si Pitt et Giordino sont tombés sur une donnée essentielle concernant les marées rouges, je ne veux pas que les médias l'apprennent.

Quand Pitt atteignit le réseau mondial de communications de la NUMA, Sandecker et les autres, y compris le Dr Chapman, étaient réunis autour du téléphone. La conversation fut enregistrée et la voix de Pitt amplifiée afin que tous puissent converser avec lui sans micros et sans récepteurs.

Pitt, pour répondre à la plupart des questions qui lui furent posées pendant les quatre-vingt-dix minutes précédentes, fit un rapport précis qui dura bien une heure. Ses interlocuteurs écoutèrent attentivement et prirent des notes tandis qu'il racontait les événements harassants et la lutte épique que Giordino et lui avaient dû mener après s'être séparés de Gunn sur le Niger. Il décrivit en détail leur découverte de l'opération frauduleuse de Fort-Foureau. Il les surprit en révélant que le Dr Hopper et les scientifiques de l'O.M.S. étaient vivants et travaillaient comme esclaves dans les mines de Tebezza, en même temps que les ingénieurs français des Entreprises Massarde, leurs femmes et leurs enfants, plus un certain nombre d'étrangers kidnappés et de prisonniers politiques du général Kazim. Il termina son rapport par le récit de leur découverte accidentelle mais bien utile de Kitty Mannock et de son avion disparu, pendant leur longue marche dans le désert. Ses auditeurs ne purent s'empêcher de sourire lorsqu'il raconta la construction du char à voile.

Les hommes assemblés autour de la table comprenaient, maintenant, pourquoi Pitt demandait de retourner au Mali avec une force armée. Son récit sur les mines d'or de Tebezza et les conditions horribles, inhumaines qui y régnaient leur fit horreur.

Mais ils furent encore plus étonnés de savoir comment on stockait sous terre à Fort-Foureau des déchets toxiques et nucléaires. Savoir que le complexe dernier cri de décontamination solaire n'était qu'un trompe-l'œil amena sur leurs visages une expression inquiète et chacun se demanda combien parmi les autres usines de décontamination des Entreprises Massarde dans le monde n'étaient, elles aussi, que des couvertures.

Pitt les informa également des relations criminelles entre Yves Massarde et Zateb Kazim. Il répéta en détail ce qu'il avait entendu lors de sa conversation avec Massarde et O'Bannion.

Puis vinrent les questions. Chapman lança la première.

— Vous avez conclu que Fort-Foureau est la source de l'épidémie à l'origine de la marée rouge ? demanda-t-il.

— Giordino et moi ne sommes pas des experts en hydrologie souterraine, répondit Pitt, mais nous sommes à peu près certains que les déchets toxiques qui ne sont pas brûlés mais cachés sous la surface du désert fuient et passent directement dans le réseau d'eau souterraine. De là, ça passe sous le lit d'un fleuve asséché en surface et ça va se jeter au sud, dans le Niger.

— Comment peut-on creuser aussi largement sous terre sans que les inspecteurs internationaux de l'environnement s'en rendent compte ? demanda Yaeger.

— On ne le découvre pas sur les photos prises par satellite, ajouta Gunn.

— La clef du mystère, c'est le chemin de fer et les conteneurs sur wagons, répondit Pitt. Ils n'ont pas commencé à creuser pendant la construction du réacteur solaire, ni des installations photovoltaïques et des concentrateurs. Seulement, plus tard, on a construit un grand bâtiment et, pour couvrir le tout, les trains qui apportaient les déchets toxiques et nucléaires de Mauritanie commencèrent à repartir chargés de rochers et de la terre de l'excavation. Tout ça était revendu aux Mauritaniens pour faire des terrassements. D'après ce qu'Al et moi avons vu, Massarde a tiré profit des cavernes calcaires déjà existantes.

Tous gardèrent un moment le silence. Puis Chapman reprit la parole.

— Quand tout ça va être connu, il y aura un scandale et des enquêtes sans fin !

— As-tu des preuves matérielles ? demanda Gunn.

— Nous ne pouvons raconter que ce que nous avons vu sur le site et entendu de la bouche même de Massarde. Je suis désolé de ne rien avoir d'autre.

— Vous avez fait un boulot incroyable, dit Chapman. Grâce à vous, on sait où se trouve la source de la contamination et l'on peut commencer à faire des projets pour arrêter les fuites dans les eaux souterraines.

— C'est plus facile à dire qu'à faire, rappela Sandecker. Dirk et Al ont mis les pieds dans une énorme fourmilière.

— L'amiral a raison, dit Gunn. On ne peut pas entrer comme ça à Fort-Foureau et fermer l'installation. Yves Massarde est riche et puissant, en étroite collaboration avec le général Kazim et les membres les plus éminents du gouvernement français...

— Et avec un tas d'autres hommes très puissants des affaires et du gouvernement, ajouta Gunn.

— Massarde n'est que mon problème numéro deux, coupa Pitt. Notre priorité des priorités, c'est de sauver ces pauvres gens à Tebezza avant qu'ils ne meurent tous.

— Y a-t-il des Américains parmi eux ? demanda Sandecker.

— Le Dr Eva Rojas est citoyenne des Etats-Unis.

— C'est la seule ?

— Pour autant que je sache.

— Si les présidents passés n'ont pas levé le petit doigt au Liban pour sauver nos otages, je ne vois pas le président actuel envoyer une équipe de Forces spéciales pour sauver une seule Américaine.

— On peut toujours lui demander, proposa Pitt.

— Il m'a déjà envoyé paître quand je le lui ai demandé pour vous secourir, Al et vous.

— Hala Kamil a déjà offert une fois l'Equipe tactique d'intervention des Nations Unies, dit Gunn. Elle autorisera bien encore une intervention pour sauver ses propres chercheurs !

— Hala Kamil est une dame à principes, dit Sandecker avec conviction. Plus idéaliste que bien des hommes de ma connaissance. Je pense que nous pourrons compter sur elle pour que le général Bock renvoie le colonel Levant et ses hommes au Mali.

— Des gens meurent comme des rats dans les mines, dit Pitt d'un ton amer que ses auditeurs sentirent très bien. Dieu sait combien on en a tués depuis qu'Al et moi nous sommes échappés. Chaque minute compte !

— Je vais contacter le secrétaire général et lui expliquer, promit Sandecker. Si Levant bouge aussi vite qu'il l'a fait pour sauver Rudi, je pense que vous pourriez lui expliquer la situation demain matin au petit déjeuner, heure d'Alger.

Quatre-vingt-dix minutes après que Sandecker eut appelé Hala Kamil et le général Bock, le colonel Levant, ses hommes et tout l'équipement étaient en l'air au-dessus de l'Atlantique, en route vers une base des Forces aériennes françaises dans la banlieue d'Alger.

Le général Hugo Bock disposa les cartes et les photos de satellite sur son bureau, et prit une très ancienne loupe que lui avait donnée son grand-père lorsqu'il était enfant et collectionnait les timbres. La loupe était extrêmement bien polie, sans un défaut et permettait d'agrandir une image sans la moindre distorsion sur sa périphérie. Bock l'avait emportée partout pendant sa carrière militaire et la considérait comme une sorte de porte-bonheur.

Il but une gorgée de café et se mit à examiner la zone entourée de petits cercles qu'il avait dessinés sur les cartes et sur les photos et qui indiquaient l'endroit probable où se trouvait Tebezza. Bien que la description que Pitt avait faite du site minier, que Sandecker lui avait fait parvenir, fût une estimation très approximative, le général eut bientôt découvert le terrain d'atterrissage et la route vague qui en partait, en passant par le canyon barrant le haut plateau rocheux.

« Ce Pitt, pensa-t-il, a un sens de l'observation remarquable ! Il a dû mémoriser les quelques particularités du terrain qu'il avait vues au cours de sa traversée épique du désert jusqu'en Algérie et les associer mentalement à la route de la mine. »

Bock commença à étudier le terrain du désert environnant et ce qu'il vit ne lui plut pas du tout. La mission de sauvetage de Gunn à l'aéroport de Gao avait été relativement simple. Partie d'une base militaire égyptienne près du Caire, la Force des Nations Unies n'avait eu qu'à s'emparer de l'aéroport de Gao, prendre Gunn et repartir. Tebezza, c'était une tout autre affaire !

L'équipe de Levant devrait atterrir sur l'aérodrome du désert, parcourir près de 20 kilomètres jusqu'à l'entrée de la mine, donner l'assaut et s'assurer un réseau immense de tunnels et de cavernes, transporter Dieu sait combien de prisonniers jusqu'à l'aérodrome, installer tout le monde à bord et décoller.

Le point le plus critique, c'était qu'ils devraient passer trop de temps au sol. Le transport posait problème et était une invitation ouverte à une attaque des troupes aériennes de Kazim. Le temps nécessaire à l'aller et retour de 40 kilomètres sur une route désertique et primitive augmentait considérablement les risques d'échec.

L'attaque ne pouvait reposer simplement sur un horaire bien réglé. Il y avait trop de paramètres inconnus. Il fallait impérativement empêcher toute communication avec l'extérieur. Bock ne voyait pas comment l'opération pouvait se dérouler en moins d'une heure et demie. Deux heures, ça pouvait signifier un désastre.

Il tapa du poing sur le bureau.

— Merde ! murmura-t-il pour lui-même. Pas le

temps de préparer, pas le temps de planifier. Une mission d'urgence pour sauver des vies. Nom de Dieu ! On en perdra peut-être plus qu'on en sauvera !

Après avoir considéré l'opération sous tous les angles, Bock soupira et composa un numéro de téléphone. Le secrétaire d'Hala Kamil lui passa le secrétaire général.

— Oui, général ? dit-elle. Je ne m'attendais pas à vous entendre si vite. Y a-t-il un problème pour la mission de sauvetage ?

— Il y en a un certain nombre, je le crains, madame le secrétaire. On travaille sur le fil du rasoir, cette fois-ci. Le colonel Levant aura besoin de renforts.

— J'autoriserai toutes les forces des Nations Unies que vous demanderez.

— Nous n'en disposons d'aucune, expliqua Bock. Les forces qui me restent sont en mission de surveillance à la frontière israélo-syrienne ou mènent des opérations de sauvetage civil en Inde où, comme vous le savez, il y a des troubles et des émeutes. Les renforts du colonel Levant devront venir de l'extérieur des Nations Unies.

Il y eut un silence pendant qu'Hala Kamil réfléchissait.

— C'est extrêmement difficile, dit-elle enfin. Je ne sais trop vers qui me tourner.

— Que diriez-vous des Américains ?

— Contrairement à ses prédécesseurs, le président répugne à se mêler des problèmes de pays du tiers monde. D'ailleurs, c'est lui qui m'a priée de vous autoriser à sauver les deux hommes de la NUMA.

— Pourquoi n'en ai-je pas été informé ? demanda Bock.

— L'amiral Sandecker n'a pu nous donner aucune indication de leur position. Pendant que nous en attendions, ils se sont échappés tout seuls et une opération de sauvetage n'était donc plus nécessaire.

— L'opération Tebezza ne sera ni facile ni certaine, prévint Bock.

470

— Pouvez-vous m'en garantir le succès? demanda Hala.

— J'ai confiance en l'habileté de mes hommes, madame le secrétaire, mais je ne peux rien garantir. Tout ce que je peux dire, c'est que je crains un nombre élevé de blessés.

— On ne peut pas rester là sans rien faire, dit Hala. Le Dr Hopper et son équipe sont membres des Nations Unies. Il est de notre devoir de sauver les nôtres.

— Je suis bien d'accord, dit Bock. Mais je me sentirais plus rassuré si nous pouvions compter sur des renforts, au cas où le colonel Levant se ferait coincer par l'armée malienne.

— Peut-être que les Anglais ou les Français seraient plus susceptibles de...

— Les Américains peuvent monter une force de réponse plus rapide, interrompit Bock. Si je pouvais avoir mon mot à dire, je demanderais leur Force Delta.

Hala resta silencieuse, hésitant à faire une concession, sachant trop que le chef de l'éxécutif des Etats-Unis allait se montrer entêté et refuserait de s'engager.

— J'en parlerai au président et je plaiderai votre cause, se résigna-t-elle à dire. Je ne peux rien faire de plus.

— Dans ce cas, j'informerai le colonel Levant qu'il n'a pas le droit à l'erreur et que nous n'aurons aucune aide à attendre de quiconque.

— Peut-être la chance sera-t-elle de notre côté...

Bock respira profondément. Il sentit un frisson glacé d'appréhension lui parcourir le dos.

— Chaque fois que j'ai misé sur la chance, madame le secrétaire, quelque chose est allé de travers. Et gravement!

St Julien Perlmutter était assis dans son immense bibliothèque contenant des milliers de livres dont la plupart étaient alignés sur des étagères d'acajou verni. Deux cents volumes au moins étaient posés n'importe où et étalés ou empilés sur le tapis persan ou sur un vieux bureau à rouleau. Ses chaussons dépassaient sous son bureau désordonné où il lisait un manuscrit du XVIIᵉ siècle. Il était vêtu, comme d'habitude, d'un pyjama de soie et d'une robe de chambre indienne.

Perlmutter était un expert légendaire de l'histoire maritime. Sa collection de récits historiques et littéraires sur les bateaux et la mer passait pour la meilleure du monde. Les responsables des musées de tous les Etats-Unis auraient donné n'importe quoi, même un chèque en blanc, pour posséder son immense bibliothèque. Mais l'argent comptait peu pour cet homme qui avait hérité de 50 millions de dollars, sauf l'achat de quelques livres rares sur la mer qui manquaient encore à sa collection.

L'amour des femmes venait loin derrière son amour de la recherche. Il était capable de parler pendant des heures de n'importe quel naufrage connu. Tous les chercheurs d'épaves ou de trésors d'Europe et d'Amérique venaient un jour ou l'autre frapper à sa porte pour lui demander son aide.

C'était un homme monstrueux, pesant près de 181 kilos, résultat d'un amour immodéré de la bonne chère et du bon vin et d'un manque total d'exercice, autre que tourner des pages ou ouvrir un livre.

Il avait des yeux bleu clair et un visage rougeaud caché derrière une énorme barbe grise.

Son téléphone sonna et il repoussa plusieurs livres ouverts pour l'atteindre.

— Ici Perlmutter.

— Julien ? C'est Dirk Pitt.

— Dirk, mon garçon, s'exclama-t-il, il y a longtemps que je n'ai entendu ta voix !

— Sûrement pas plus de trois semaines.

— Est-ce qu'on compte les heures quand on est sur la trace d'une épave ? dit-il en riant.

— Ni vous, ni moi, en tout cas.

— Que dirais-tu de venir manger une de mes fameuses crêpes Perlmutter ?

— Je crains qu'elle ne soit froide avant que j'arrive, dit Pitt.

— Où es-tu ?

— A Alger.

— Que fais-tu dans cet horrible endroit ?

— Entre autres choses, je m'intéresse à une épave.

— En Méditerranée, au large des côtes d'Afrique du Nord ?

— Non, en plein désert du Sahara.

Perlmutter connaissait trop Pitt pour penser qu'il plaisantait.

— Je connais une légende concernant un bateau dans le désert de Californie, au-dessus de-la mer de Cortez, mais je n'ai jamais entendu parler d'un bateau en plein Sahara.

— Je suis tombé sur trois références différentes à son propos, expliqua Pitt. L'une émanait d'un vieux rat du désert, un Américain qui cherchait un cuirassé confédéré nommé le *Texas*. Il jurait qu'il avait remonté un fleuve maintenant tari et qu'il s'était perdu dans le sable. Il disait qu'il transportait probablement l'or des Confédérés.

— Où est-ce que tu les pêches ? dit Perlmutter en riant. Quelle herbe du désert fumait ce malheureux ?

— Il disait aussi que Lincoln était à bord.

— Là, tu passes du ridicule au complètement cinglé !

— Aussi étrange que cela paraisse, je l'ai cru. Et puis j'ai trouvé deux autres sources à la légende. L'une était une vieille peinture rupestre dans une caverne, représentant ce qui ressemblait bien à un bateau de guerre confédéré. L'autre se réfère à la même histoire. Il s'agit du journal de bord que j'ai trouvé dans l'avion de Kitty Mannock. Elle prétend avoir vu le cuirassé.

— Attends une minute ! demanda Perlmutter, incrédule. L'avion de qui ?

— Kitty Mannock.

— Tu l'as trouvé ? Mon Dieu, elle a disparu depuis plus de soixante ans ! Tu as vraiment découvert le lieu de l'accident ?

— Al Giordino et moi sommes tombés sur son cadavre et les restes de son avion, dans un ravin caché, pendant que nous traversions le désert.

— Félicitations, fit Perlmutter. Tu viens de résoudre un des mystères les plus célèbres de l'histoire de l'aviation.

— Nous avons juste eu de la chance, admit modestement Pitt.

— Qui paie la communication ?

— L'ambassade des Etats-Unis à Alger.

— Dans ce cas, ne quitte pas, je reviens tout de suite.

Perlmutter souleva son gros corps du fauteuil, chercha un livre sur un rayon, le trouva et, revenant s'asseoir, le feuilleta quelques secondes. Puis il reprit le combiné.

— Tu as bien dit que le cuirassé s'appelait le *Texas* ?

— Oui, c'est ça.

— Un cuirassé, récita Perlmutter, construit aux chantiers navals Rocketts de Richmond et lancé en mars 1865, juste un mois avant la fin de la guerre : 190 pieds de long, 40 pieds de large, deux moteurs, deux hélices, tirant 11 pieds d'eau, blindage de 6 pouces. Il était armé de deux Blakely de 100 livres, deux de 9 pouces, tirant du 64 livres. Vitesse 14 nœuds. Tu savais tout ça ?

— Il devait être très puissant pour son époque.

— En effet et aussi deux fois plus rapide que tous les autres bateaux blindés, que ce soit dans l'Union ou chez les Confédérés.

— Quelle est son histoire ?

— Assez courte, répondit Perlmutter. Sa seule et unique apparition en combat fut une descente épique de la James River entre tout ce que l'Union comptait de navires puis entre les forts de Hampton Roads. Très abîmé, il s'échappa dans l'Atlantique et on n'entendit plus jamais parler de lui.

— Alors, il a bien disparu ? dit Pitt.

— Oui, mais c'est assez normal étant donné qu'aucun cuirassé confédéré n'était fait pour naviguer en mer mais sur rivière ou dans les ports. On a pensé qu'il avait rencontré une mer trop grosse et qu'il avait coulé.

— Pensez-vous qu'il puisse avoir traversé l'Atlantique jusqu'en Afrique occidentale et remonté le Niger ?

— L'*Atlanta* est le seul autre cuirassé confédéré que je connaisse qui se soit aventuré en haute mer. Il a été capturé pendant une bataille contre deux Monitors de l'Union à Wassaw Sound, en Georgie. Un an après la guerre, il a été vendu au roi d'Haïti pour sa Marine. Il a quitté Chesapeake Bay pour les Caraïbes et disparu. Des marins ayant servi à son bord prétendent qu'il prenait l'eau même par beau temps.

— Et pourtant, le vieux chercheur d'or jure que les colons français et les indigènes parlaient d'un monstre de fer ayant remonté le Niger.

— Veux-tu que je fasse des recherches ?

— C'est possible ?

— Je suis déjà curieux, dit Perlmutter. Je vois une autre petite énigme qui rend le *Texas* encore plus intéressant.

— Qu'est-ce que c'est ? demanda Pitt.

— Je suis en train de regarder la bible des bateaux de la guerre de Sécession, murmura lentement Perlmutter. Il y a une liste de références pour des recherches complémentaires. On dirait que quelqu'un a souhaité qu'il soit totalement oublié.

45

Pitt et Giordino quittèrent discrètement l'ambassade américaine par le vestibule du service des passeports et, sitôt dans la rue, hélèrent un taxi. Pitt donna au chauffeur des instructions écrites en français par l'attaché d'ambassade et s'installa confortablement tandis que le taxi traversait la place principale et longeait les pittoresques mosquées de la ville avec leurs hauts minarets. Ils eurent la chance d'être tombés sur un chauffeur rapide qui ne cessait de klaxonner et d'injurier les passants traversant au feu rouge, l'énorme circulation et les policiers montrant peu d'intérêt pour contrôler un bazar auquel ils ne pouvaient rien.

Sur l'avenue principale, parallèle au front de mer grouillant, le chauffeur tourna vers le sud, traversa les faubourgs de la ville et s'arrêta dans une allée sinueuse, comme on le lui avait demandé. Pitt régla le montant de la course et attendit que le taxi ait disparu. Moins d'une minute plus tard, une voiture de l'armée française s'arrêta près d'eux. C'était une Peugeot 605 Diesel, à conduite intérieure. Ils s'installèrent sur le siège arrière sans que le conducteur leur dise un mot... La voiture démarra avant même que Giordino ait le temps de fermer la portière.

Dix kilomètres plus loin, la voiture s'arrêta devant l'entrée principale d'un aérodrome militaire. Un drapeau tricolore flottait au-dessus de la guérite de la sentinelle. Le garde considéra la Peugeot, fit signe qu'elle pouvait passer et leur adressa le salut vif des soldats français, la paume à l'extérieur.

A l'entrée de la piste, le chauffeur s'arrêta et inséra un petit drapeau à carreaux dans un soc à l'avant gauche de la calandre.

— Ne me dis rien, fit Giordino. J'adore deviner. Nous sommes les grands maréchaux en inspection.

— As-tu oublié ton service dans l'Air Force ? dit Pitt en riant. Tout véhicule traversant la ligne de vol doit porter un drapeau l'y autorisant.

La Peugeot roula devant une longue ligne de Mirages 2000 à ailes delta, au sol pour entretien. A l'extrémité de la ligne se trouvait une escadrille d'hélicoptères Super Puma AS-332 qui semblaient avoir été dessinés par un Buck Rogers myope. Conçus pour transporter des missiles air-sol, ils n'avaient pas cet air de tueurs qu'ont presque tous les autres hélicoptères d'attaque.

Le chauffeur continua jusqu'à la zone déserte

d'une piste secondaire et gara la voiture. Ils restèrent là, à attendre. Giordino ne tarda pas à s'assoupir dans le confort de l'air conditionné tandis que Pitt parcourait distraitement la copie de l'ambassade du *Wall Street Journal*.

Quinze minutes plus tard, un gros Airbus se posa silencieusement, venant de l'ouest. Ni Pitt ni Giordino ne l'entendirent approcher jusqu'à ce que le crissement des pneus ne leur fasse tourner la tête. Giordino s'éveilla immédiatement et Pitt replia le journal tandis que l'avion freinait et tournait lentement sur une roue, de 180 degrés. Dès que les immenses pneus furent arrêtés, le chauffeur de la Peugeot engagea une vitesse et s'approcha jusqu'à 5 mètres de l'arrière de l'appareil.

Pitt nota que l'Airbus tout entier était d'une couleur sable et que les marques d'identification se voyaient à peine sur les surfaces repeintes. Une femme en uniforme de combat avec, sur la manche, un écusson aux couleurs des Nations Unies autour d'un sabre brodé, fit descendre une passerelle du ventre de l'avion, au milieu de l'énorme train d'atterrissage. Puis elle courut vers la voiture dont elle ouvrit la portière arrière.

— Veuillez me suivre, s'il vous plaît, dit-elle en anglais teinté d'accent espagnol.

La voiture partit et la jeune femme de l'équipe tactique des Nations Unies les conduisit jusqu'au gros fuselage et leur fit signe de monter. Ils pénétrèrent dans la partie de l'Airbus réservée au fret et marchèrent jusqu'à une étroite échelle menant à la cabine principale.

Giordino s'arrêta pour admirer trois véhicules de transport de troupes bien alignés, ramassés et longs, dont le toit ne faisait pas deux mètres de haut. Puis il regarda, fasciné, le buggy des sables lourdement armé qui avait servi lors du sauvetage de Gunn à Gao.

— Dis donc, faire une course tout terrain avec ce truc ! dit-il avec admiration. Pas un concurrent n'oserait te dépasser.

— C'est vrai que ça a l'air intimidant, admit Pitt.

Un officier les attendait lorsqu'ils arrivèrent à la cabine principale.

— Capitaine Pembroke-Smythe, se présenta-t-il. C'est rudement sympa à vous de venir. Le colonel Levant vous attend dans la salle de planning.

— Vous êtes sans doute anglais ? dit Giordino.

— Oui. Vous verrez d'ailleurs que nous sommes assez mélangés, dit gaiement Pembroke-Smythe en montrant du bout de son stick la cabine où trois douzaines d'hommes et de femmes étaient en train de nettoyer et de remonter des armes et divers équipements. Une bonne âme avec beaucoup d'imagination a pensé que les Nations Unies se devaient d'avoir une équipe tactique pouvant aller partout où des gouvernements ont peur de mettre les pieds, si j'ose dire. Chacun de nous est super-entraîné au sein des Forces spéciales de son propre pays. Et tous volontaires ! Certains sont permanents, quelques-uns attachés pour un an seulement à l'équipe.

C'était un groupe rude et solide comme Pitt en avait rarement vu. Le corps durci par l'exercice et l'entraînement brutal, l'esprit tranquille, parfaitement professionnel avec les dons et l'intelligence exigés par des actions secrètes. Il n'y en avait pas un que Pitt aurait souhaité rencontrer au coin d'un bois, même parmi les femmes.

Pembroke-Smythe les fit entrer dans un compartiment qui tenait lieu de centre de commandement de l'appareil. La pièce était vaste et bourrée de systèmes électroniques. Un opérateur s'occupait de l'équipement de communication tandis qu'un autre était en train de programmer les données d'approche de Tebezza sur ordinateur.

Le colonel Levant quitta aimablement son bureau pour accueillir les deux hommes à leur entrée. Il ne savait pas trop à quoi s'attendre. Il avait lu leurs dossiers complets fournis par le Bureau de renseignements internationaux des Nations Unies et ne pouvait s'empêcher d'être impressionné par tout ce qu'ils avaient réalisé. Il avait également lu un bref rapport

sur leurs souffrances dans le désert après leur évasion de Tebezza et admirait leur ténacité.

Levant avait émis des réserves importantes concernant le fait que Pitt et Giordino allaient l'accompagner mais il avait dû admettre que, sans eux pour les
guider dans la mine, l'opération risquait de capoter.
Ils lui parurent amaigris et marqués par une trop
longue exposition au soleil mais aussi, curieusement,
en excellente condition physique quand il leur serra
la main.

— Après avoir pris connaissance de vos exploits,
messieurs, j'étais impatient de vous connaître. Je
suis le colonel Marcel Levant.

— Dirk Pitt, et ce vilain petit monsieur, là, est Al
Giordino.

— Après avoir lu ce que vous veniez d'endurer, je
m'attendais à ce qu'on vous amène ici sur des civiè-
res. Je suis content de voir que vous semblez en
forme.

— Du liquide, des vitamines et beaucoup d'exercice, dit Pitt en souriant. C'est tout à fait bénéfique.

— Et n'oubliez pas comme on s'amuse au soleil,
ajouta Giordino.

Levant ne répondit pas à ce trait d'humour mais
se tourna vers Pembroke-Smythe.

— Capitaine, veuillez alerter les hommes et ordonner au chef pilote de se préparer à un décollage
immédiat. Si ce que vous dites est exact, dit-il en
revenant vers Pitt et Giordino, nos vies dépendront
du temps dont nous disposerons. Nous pourrons étudier les détails de la mission pendant le vol.

Pitt fit signe qu'il était parfaitement d'accord.

— J'applaudis à votre efficacité.

Levant regarda sa montre.

— Nous avons à peine plus de quatre heures de
vol. La fourchette dont nous disposons est très
étroite. Nous ne pouvons nous permettre de traîner
si nous voulons lancer l'assaut pendant la période de
repos des prisonniers. Plus tôt ou plus tard et ils
seraient éparpillés dans toute la mine, nous aurions

du mal à les trouver et à les rassembler avant l'heure imposée de notre retraite.

— Quatre heures, cela veut dire que nous serons à Tebezza de nuit.

— A deux heures, plus ou moins cinq minutes.

— Vous allez atterrir avec les phares ? demanda Pitt, incrédule. Vous pourriez aussi bien ajouter un feu d'artifice pour les prévenir que nous sommes là !

Levant tortilla la pointe de sa moustache, un geste que Pitt devait souvent lui voir faire au cours des dix heures à venir.

— Nous atterrirons dans le noir. Mais avant que je vous explique, asseyez-vous et attachez vos ceintures.

Ses paroles furent soulignées par le bruit étrangement étouffé des moteurs tandis que le pilote mettait les gaz. Le gros Airbus commença à accélérer sur la piste avec juste le très léger ronflement de la poussée de ses moteurs.

Giordino trouvait Levant un peu trop raide et arrogant pour son goût, et agit avec une indifférence polie. Pitt, au contraire, savait reconnaître la jugeote et l'efficacité quand il les rencontrait. Il sentit aussi un subtil courant de respect de la part du colonel, que Giordino n'avait pas remarqué.

Pendant le décollage, Pitt remarqua le silence inhabituel des moteurs. Ce ronflement particulier n'était pas évident pour un appareil à pleine puissance.

— Nous avons installé des silencieux spécialement modifiés sur l'échappement des turbines, expliqua Levant.

— Ça marche bien, dit Pitt avec admiration. Quand vous avez atterri tout à l'heure, je ne vous ai entendu que lorsque les roues ont touché le sol.

— Appelons ça une façon d'atterrir en tapinois pour les endroits où nous ne sommes pas les bienvenus.

— Est-ce que vous vous introduisez aussi sans lumières ?

— Oui, sans lumières, dit Levant.

480

— Votre pilote est sans doute muni d'un de ces équipements de luxe, à haute technicité ?

— Non, monsieur Pitt, rien de luxueux. Quatre de mes hommes vont sauter en parachute sur l'aérodrome de Tebezza, le prendre puis placer une série de lumières infrarouges pour guider le pilote jusqu'à la piste.

— Une fois en bas, dit Pitt, ce ne sera pas une petite affaire de couvrir la distance de l'aérodrome à l'entrée de la mine en pleine nuit.

— Ça, dit Levant, c'est le cadet de mes soucis.

L'avion grimpait graduellement et prenait la direction du sud lorsqu'il détacha sa ceinture et s'approcha d'une table où se trouvait une photo de satellite agrandie du plateau dominant la mine. Il prit un crayon et tapota l'image.

— Faire atterrir des hélicoptères sur le plateau et descendre les murs du canyon jusqu'à l'entrée de la mine aurait grandement simplifié les choses et nous aurait permis un plus grand effet de surprise. Malheureusement, il y avait d'autres considérations.

— Je comprends votre dilemme, dit Pitt. Un aller et retour à Tebezza dépasse les possibilités d'un hélico. Il aurait fallu installer des dépôts de carburant dans le désert, ce qui vous aurait fait perdre du temps.

— Trente-deux heures selon nos estimations. Nous avions envisagé de faire descendre notre petite escadrille d'hélicos, l'un transportant le carburant, les autres les hommes et l'équipement, mais nous avons rencontré des complications avec ce projet-là aussi.

— Trop compliqué et trop lent, commenta Giordino.

— Le facteur vitesse a aussi joué en faveur de cet avion, dit Levant. Un des avantages de l'avion sur la flotte d'hélicoptères, c'est que nous pouvons emporter nos propres moyens de transport à terre. Et puis, il y a de la place pour l'équipement médical, ce qui nous permettra de soigner un grand nombre de gens qui, selon votre rapport, ont bien besoin de soins.

— Combien de membres compte votre groupe d'assaut ? demanda Pitt.

— Trente-huit combattants et deux médecins. Après l'atterrissage, quatre resteront pour garder l'avion. L'équipe médicale accompagnera la force d'intervention pour soigner les captifs.

— Ça ne laisse pas beaucoup de place dans vos véhicules de transport pour tout le monde.

— Si certains de nos hommes font le trajet sur le toit et d'autres accrochés sur les côtés, nous pourrons évacuer quarante prisonniers.

— Il n'y en aura peut-être pas autant encore vivants, soupira Pitt.

— Nous ferons de notre mieux pour ceux qui le sont, assura Levant.

— Et les Maliens ? demanda Pitt. Les dissidents politiques et les ennemis du général Kazim ? Que leur arrivera-t-il ?

— Ils devront rester là, dit Levant avec un haussement d'épaules. On leur ouvrira tous les magasins d'alimentation de la mine et ils disposeront des armes des gardiens. En dehors de ça, nous ne pouvons pas faire grand-chose pour eux. Ils devront se débrouiller tout seuls.

— Kazim est assez sadique pour exiger leur exécution massive quand il apprendra que ses précieux prisonniers ont pris la fuite.

— J'ai mes ordres, dit simplement Levant. Et ils ne m'imposent pas de sauver les criminels locaux.

Pitt regarda sur la photo l'immensité du désert autour du plateau entourant Tebezza.

— Ainsi, vous avez l'intention de poser l'Airbus en pleine nuit sur un aérodrome au milieu du désert, de rouler ensuite sur une route difficile même en plein jour, d'investir la mine, de transporter les prisonniers puis de revenir en vitesse à l'avion et de filer jusqu'à Alger. Est-ce que nous n'avons pas les yeux plus grands que le ventre avec les ressources dont vous disposez ?

Levant comprit qu'il n'y avait aucune désapprobation dans le propos de Pitt, ni aucune critique sarcastique.

— Comme on dit là d'où vous venez, monsieur Pitt, prenez les choses comme elles se présentent.

— Je ne doute pas une seconde des qualités de combat de votre équipe, colonel, mais je m'attendais à une force plus nombreuse et mieux équipée.

— Je regrette que les Nations Unies ne soient pas plus généreuses de leur argent pour l'Equipe tactique d'intervention, qu'on ne lui accorde pas plus de main-d'œuvre ou d'équipement ultra-sophistiqué, comme c'est le cas pour la plupart des Forces d'intervention spéciales. Mais notre budget est réduit et nous devons travailler dans les limites dont nous disposons.

— Pourquoi une équipe UNICRATT ? demanda Pitt, curieux. Pourquoi pas un commando anglais ou la Légion étrangère française ? Ou encore une des Forces spéciales américaines ?

— Parce qu'aucune nation, pas plus la vôtre qu'une autre, n'a voulu se salir les mains dans cette mission, expliqua Levant d'un ton las. Alors le secrétaire général Kamil nous a désignés comme volontaires.

Le nom ramena à l'esprit de Pitt le souvenir d'un moment passé avec Hala Kamil à bord d'un bateau dans le détroit de Magellan. Il y avait deux ans, se souvint-il, pendant les recherches des trésors de la bibliothèque d'Alexandrie.

Levant remarqua son regard lointain et Giordino sourit. Pitt vit leur expression et reporta son attention à la carte établie par le satellite.

— Il y a un problème.

— Il y en a plusieurs, admit Levant. Mais tous peuvent être surmontés.

— Sauf deux.

— Lesquels ?

— Nous ignorons où sont situés le centre de communications d'O'Bannion et les pièces de surveillance par ordinateur. S'il alerte les Forces de sécurité de Kazim avant que vous ne puissiez l'en empêcher, nous n'aurons aucune chance de regagner cet avion et de filer sur l'Algérie avant qu'une de ses escadrilles de chasseurs ne vienne nous clouer sur la porte de la grange la plus proche.

— Dans ce cas, il ne doit pas se passer plus de quarante minutes entre notre entrée et notre sortie de la mine, dit Levant. Ce n'est pas impossible si la plupart des captifs peuvent sortir sans aide. Mais s'il faut en porter plusieurs, nous perdrons un temps dont nous ne disposons pas.

Le capitaine Pembroke-Smythe apparut avec un plateau chargé de café et de sandwiches.

— Il y a la quantité sinon la qualité, dit-il en riant. Vous avez le choix entre salade au poulet ou salade au thon.

Pitt regarda Levant en souriant.

— Vous ne plaisantiez pas, alors, en prétendant que votre budget était serré ?

Tandis que l'Airbus volait au-dessus du désert plus sombre que la mer, Pitt et Giordino dessinèrent les plans des niveaux de la mine tels qu'ils se les rappelaient. Levant fut sidéré de leur mémoire. Ni l'un ni l'autre ne professait une mémoire photographique mais ils se souvenaient d'un nombre étonnant de détails pour le peu de temps où ils avaient été prisonniers là-bas.

Levant et deux autres officiers interrogèrent les hommes de la NUMA en profondeur, répétant souvent les questions deux ou trois fois, dans l'espoir d'obtenir des détails observés mais oubliés. La piste jusqu'au canyon, la disposition de la mine, les armes des gardiens, tout fut couvert encore et encore.

Les données furent enregistrées oralement sur un ordinateur et les plans de la mine programmés en trois dimensions. Rien ne fut oublié. La météo pour les quelques heures à venir, le temps de vol depuis Gao des chasseurs de Kazim, les plans d'évasion alternatifs au cas où l'Airbus serait détruit au sol. On planifia toutes les possibilités envisageables.

Une heure avant d'atterrir à Tebezza, Levant rassembla son petit groupe d'hommes et de femmes dans la cabine principale. Pitt parla le premier, décrivant les gardes, leur nombre et leurs armes et ce qu'il avait noté de leur attitude indolente, due à l'habitude de vivre et de travailler sous terre dans le désert.

Giordino lui succéda, leur expliquant les divers niveaux de la mine avec les plans agrandis épinglés sur un tableau. Pembroke-Smythe divisa l'équipe tactique qui devait exécuter l'assaut en quatre groupes et distribua à chacun des copies des plans des tunnels souterrains imprimés par l'ordinateur. Levant acheva la réunion en donnant à chaque équipe le détail de sa mission.

— Je suis désolé de notre manque de renseignements, commença-t-il. Nous n'avons jamais entrepris une mission aussi dangereuse avec si peu de données. Les cartes de la mine qu'on vous a remises ne représentent sans doute que vingt pour cent des tunnels et des puits existants. Nous devons frapper vite et fort en nous emparant des bureaux de la direction et du quartier des gardiens. Une fois que nous aurons éliminé la résistance, nous irons délivrer les prisonniers et commencerons notre retraite. Le rendez-vous final sera à l'entrée de la caverne, exactement quarante minutes après l'heure de notre entrée. Y a-t-il des questions ?

Une main se leva et un homme à l'accent slave demanda :

— Pourquoi quarante minutes, colonel ?

— Quelques-unes de plus, caporal Wadilinski, et un pilote de chasse malien peut décoller de la base la plus proche et nous descendre avant que nous n'ayons le temps de nous mettre à l'abri en Algérie. J'espère que la plupart des captifs pourront rejoindre nos transports sans aide. Si nous devons en porter beaucoup, nous serons retardés.

Une autre main.

— Que se passera-t-il si nous nous perdons dans la mine et que nous ne retrouvions pas notre chemin à temps pour le rendez-vous et la retraite ?

— On vous laissera derrière, dit Levant sur le ton de la conversation. Quelqu'un d'autre ?

— Est-ce qu'on peut garder l'or si on en trouve ?

La question émanait d'un personnage musclé au fond de la salle et déclencha des rires.

— Vous serez fouillés de près à la fin de la mission, répondit en riant Pembroke-Smythe. Tout or trouvé ira grossir mon compte personnel en Suisse.

— Même les femmes ?

La question venait d'une femme. Il lui adressa un sourire égrillard.

— Surtout les femmes !

Bien que gardant son expression sérieuse, Levant fut heureux de cet échange de plaisanteries qui avait détendu l'atmosphère.

— Maintenant que nous savons ce qui nous attend, dit-il, mettez-vous ça dans la tête. Je mènerai le premier groupe avec M. Pitt qui nous guidera. Nous nettoierons les bureaux du niveau supérieur avant de descendre dans la mine pour relâcher les prisonniers. Le groupe deux, sous les ordres du capitaine Pembroke-Smythe et conduit par M. Giordino, descendra par l'ascenseur et s'assurera du quartier des gardiens. Le lieutenant Steinholm aura la charge du troisième groupe de trois, suivra pour couvrir les autres et prendra position en défense sur les tunnels latéraux pour éviter les attaques par les flancs. Le lieutenant Morrison s'occupera du niveau de récupération de l'or. En dehors de l'équipe médicale, le reste montera la garde autour de l'aérodrome. Si vous avez d'autres questions, adressez-les à vos chefs de groupe.

Levant se tut et son regard fit le tour de la cabine, se posant sur chacun de ses hommes.

— Je regrette que nous ayons eu si peu de temps pour préparer cette opération, mais elle n'est pas au-delà des capacités d'une équipe qui a déjà accompli avec succès les six dernières missions sans perdre un seul homme ou une seule femme. Si vous êtes confrontés à l'inattendu, improvisez. Nous devons entrer, libérer les captifs et sortir avant d'être poursuivis par les Forces aériennes maliennes. Fin du discours. Bonne chance à tous.

Levant se retourna et rentra dans la cabine de commandement.

46

Les données du système de positionnement par satellite étaient reliées à l'ordinateur de navigation qui, à son tour, dirigeait le pilote automatique. Cela permit à l'Airbus des Nations Unies de se trouver exactement au-dessus du plateau de Tebezza. Une légère correction vers une nouvelle coordonnée de quadrillage et le pilote put bientôt tourner au-dessus du terrain qui se dessinait comme une bande désertique sur l'écran du système sonar-radar.

Les portes arrière du compartiment de fret s'ouvrirent et quatre hommes du commando de Levant s'alignèrent au bord du vide obscur. Vingt secondes plus tard, une sonnerie se fit entendre et ils sautèrent en avant et se perdirent rapidement dans la nuit. Les portes se refermèrent et le pilote tourna au nord douze minutes avant de commencer son approche.

Le pilote regarda, à travers ses lunettes de vision nocturne, son copilote qui essayait de percer l'obscurité du désert à travers des verres bifocaux spécialement teintés. Ils lui permettaient de distinguer les lumières infrarouges installées par les parachutistes tout en surveillant ses instruments.

— Clair au sol, annonça le pilote.

Le copilote secoua la tête en détectant quatre lumières qui clignotaient à l'unisson sur sa gauche.

— Tu regardes le petit aérodrome destiné aux avions légers. Le nôtre est un demi-kilomètre plus loin à gauche.

— Oui, je le vois. Sors le train.

Le copilote tira le levier et les roues se mirent en place.

— Train sorti et verrouillé.

— Comment diable ces pilotes d'hélicoptères Apache font-ils pour se poser ? rouspéta le pilote. Tout ça ressemble à des rouleaux de papier toilette avec du brouillard vert à l'intérieur.

Le copilote n'eut le temps ni de sourire ni de répondre. Il était trop occupé à contrôler la vitesse, l'altitude et les corrections à apporter à sa route.

Les grosses roues touchèrent le sable et le gravier, faisant voler un nuage de sable qui oblitéra jusqu'aux étoiles à l'arrière de l'appareil. Le freinage fut étonnamment silencieux lorsque l'avion roula sur la piste. L'Airbus s'arrêta à moins de cent mètres du bout de la piste.

La poussière volait encore dans le sillage de l'appareil lorsque la rampe arrière fut descendue. Les véhicules sortirent pour se ranger l'un derrière l'autre, le buggy d'attaque en avant de la colonne. Les hommes chargés de la sécurité qui devaient rester sur place se dispersèrent autour de l'avion. La force principale suivit et grimpa rapidement dans les véhicules de transport. Le chef de l'équipe parachutée courut vers le colonel Levant lorsqu'il descendit à son tour et le salua.

— La zone est déserte, monsieur. Aucun signe de garde ni de sécurité électronique.

— Des bâtiments ?

— Seulement un petit bâtiment de brique contenant des outils, des bidons de gasoil et de carburant aérien. Devons-nous le détruire ?

— Attendez que nous ressortions de la mine.

Monsieur Pitt ? appela-t-il en se tournant vers la silhouette vague près de lui.

— Colonel ?

— M. Giordino m'a dit que vous faisiez des courses tout terrain ?

— C'est exact.

Levant montra le siège du conducteur du véhicule d'attaque et lui donna une paire de lunettes pour vision nocturne.

— Vous connaissez le chemin jusqu'à la mine. Prenez le volant, s'il vous plaît et conduisez-nous.

Il se tourna vers une autre silhouette qui venait d'apparaître dans le noir.

— Capitaine Pembroke-Smythe ?

— Monsieur ?

— On s'en va. Montez dans la dernière voiture et surveillez nos arrières, surtout le ciel. Je n'aimerais pas qu'un avion vienne rôder au-dessus de la colonne.

— Je garderai les yeux ouverts, assura Pembroke-Smythe.

S'il était vrai que l'UNICRATT travaillait avec des moyens réduits, Pitt ne pouvait s'empêcher de se demander de quel équipement hyper-spécialisé devaient disposer les autres Forces spéciales américaines dont les fonds étaient illimités. Tous les hommes et les femmes de Levant — et Pitt et Giordino comme les autres — portaient une tenue de camouflage de nuit, gris et noir, ignifugée, avec des vestes d'assaut pare-balles, des lunettes de protection et des casques munis d'une radio miniaturisée ainsi que des armes automatiques MP5 Heckler et Koch.

Pitt fit un signe de la main à Giordino qui montait à côté du chauffeur du dernier véhicule de transport de troupes et s'installait dans son siège étroit, la tête coincée sous la mitrailleuse Vulcain à six canons. Il mit les lunettes protectrices et attendit que ses yeux s'habituent à la lumière soudain modifiée qui faisait du désert, 200 mètres devant le buggy, une grande surface verte comme celle d'une planète inconnue. Il montra la direction du nord-ouest.

— La piste de la mine commence à environ 30 mètres d'ici, devant et à droite.

Levant fit signe qu'il avait compris et confirma que son équipe tactique était installée et prête à partir. Il fit un geste de la main puis tapa sur l'épaule de Pitt.

— Le temps passe. Allez-y, monsieur Pitt.

Pitt accéléra rapidement en passant l'une des cinq vitesses du buggy. Le véhicule bondit, suivi par les trois véhicules de transport. Le sol se brouilla bientôt sous les roues à larges pneus. De fines particules de sable parurent exploser sur la piste, obligeant les véhicules suivants à rouler en quinconce pour échapper aux nuages de poussière. Il ne fallut pas longtemps pour que les camions et leurs passagers soient recouverts d'une couche de poussière gris-brun.

— Jusqu'à combien peut-on le pousser ? demanda Pitt.

— En plat, 210 kilomètres.

— Ça fait 130 miles à l'heure, dit Pitt. Pas mal si l'on considère le manque d'aérodynamisme et le poids.

— Vos SEAL de la Marine les ont trouvés si bien qu'ils s'en sont servi dans le désert pendant la guerre contre l'Irak.

— Dites à vos chauffeurs que nous allons pousser 30 degrés à gauche puis continuer tout droit sur environ 8 kilomètres.

Levant passa l'information par radio et quelques minutes après, les camions de transport tournèrent en formation et suivirent le buggy.

Il y avait peu de points de repère sur la piste mal tracée depuis le terrain d'atterrissage jusqu'au canyon ouvert dans le plateau. Pitt se fia un peu à sa mémoire et un peu à ce qu'il voyait. Plonger dans le désert en pleine nuit était relativement dur pour les nerfs, même avec des lunettes spéciales. Il n'y avait aucun moyen de savoir avec certitude ce qui se cachait derrière les bosses de la route, ni s'il était sur la bonne piste ou s'il ne menait pas le convoi vers un précipice invisible. De temps en temps seulement, une vague marque de pneus à demi couverte de sable indiquait qu'il était bien sur la bonne voie.

Il jeta un rapide coup d'œil à Levant. Le colonel paraissait détendu et incroyablement calme. La conduite de Pitt ne l'effrayait apparemment pas malgré la route obscure et, en tout cas, s'il avait peur, il ne le montrait pas. Son seul souci, lorsqu'il se retournait, était de savoir si les trois camions de transport de troupes suivaient bien.

Le plateau se découpait devant eux, comme une

masse sinistre cachant à l'ouest les étoiles les plus basses. Quatre minutes plus tard une vague de soulagement enveloppa Pitt. Il était arrivé en plein dans le mille. L'ouverture du canyon sinueux se découpait sur les murs sombres du plateau, comme taillé à la hache. Il ralentit et s'arrêta.

— L'entrée de la caverne qui mène au parking est à un kilomètre d'ici seulement, dit-il à Levant. Voulez-vous envoyer des éclaireurs à pied ?

— Non, dit le colonel. Continuez doucement, s'il vous plaît, monsieur Pitt. Au risque de faire découvrir notre approche, nous entrerons avec les véhicules pour gagner du temps. Ça vous paraît raisonnable ?

— Pourquoi pas ? Personne ne nous attend. Si les gardes d'O'Bannion détectent notre approche, ils penseront que nous amenons un nouveau lot de prisonniers envoyés par Kazim ou Massarde.

Pitt fit redémarrer le buggy que les camions suivirent en colonne. Il appuya tout doucement sur l'accélérateur lorsqu'il commença à perdre de la traction sur le sable. Il était en troisième, le moteur presque au ralenti. La colonne rampa autour de la base des murs escarpés qui se détachaient en ombres noires et raides. Les silencieux spéciaux des véhicules n'étouffaient pas complètement le bruit de l'échappement et le battement des moteurs résonnait doucement sur la surface dure des roches comme le bourdonnement distant d'un piston de moteur d'avion. L'air de la nuit était frais, il n'y avait qu'un souffle de vent, mais le canyon renvoyait encore le souvenir de la chaleur du jour.

L'entrée de la caverne s'ouvrit soudain dans la nuit et Pitt engagea le buggy dans l'étroite ouverture taillée à même le roc et pénétra dans la galerie principale comme si c'était la chose la plus naturelle du monde. L'intérieur n'était éclairé que par la lumière venant du tunnel des bureaux. Il était presque vide, à l'exception d'un camion Renault et du garde qu'ils s'attendaient à voir.

Le Touareg en burnous et enturbanné regarda les

véhicules s'approcher, plus curieux que surpris. Ce n'est que lorsque le buggy fut à quelques mètres de lui que son regard se fit soupçonneux. Il détacha de son épaule sa mitraillette et la levait déjà lorsque Levant l'abattit d'une balle entre les yeux avec son Beretta automatique à silencieux.

— Joli coup ! commenta Pitt en stoppant le buggy.

Levant regarda sa montre.

— Compliments, monsieur Pitt. Nous avons douze minutes d'avance sur l'horaire.

— Ravi de vous être agréable.

Le colonel sauta du buggy et fit de la main une série de signaux. Rapidement et en silence, l'équipe tactique sauta à son tour sur le sol, se déploya pour former les groupes prévus et commença à entrer dans le tunnel. Une fois dans le corridor aux murs rainurés et au sol carrelé, les troupes de Levant entrèrent tranquillement dans les salles à portes arquées et entourèrent les ingénieurs d'O'Bannion stupéfaits. Giordino conduisit les trois autres groupes vers l'ascenseur principal de service indiqué sur le plan de Fairweather, qui menait aux niveaux inférieurs.

Quatre des ingénieurs d'O'Bannion furent arrêtés alors qu'assis autour d'une table ils jouaient au poker. Avant qu'ils aient le temps de réagir à l'irruption des hommes en tenue camouflée, qui dirigèrent le canon de leurs armes vers leurs têtes, ils furent attachés, bâillonnés et jetés dans un cagibi.

Silencieux, à peine tendu, Levant ouvrit doucement la porte marquée comme étant le centre des gardes de sécurité. La pièce n'était éclairée que par la lumière de plusieurs écrans de télévision montrant les points stratégiques de la mine. Un Européen était assis sur une chaise pivotante, le dos à la porte.

Il portait une chemise à fleurs et un bermuda. Décontracté, il fumait un petit cigare en regardant les écrans de contrôle, dont les caméras dispersées dans les tunnels de la mine lui envoyaient les images.

Ce fut le reflet sur un écran éteint qui les trahit. Alerté par l'image des hommes entrant derrière lui, l'homme se tourna doucement sur sa gauche et ses doigts se dirigèrent sans en avoir l'air vers une petite console pleine de boutons rouges. Trop tard, Levant sauta sur lui, lui assenant de son Heckler et Koch un coup violent sur la tête. Le garde s'affaissa sur sa chaise puis, inconscient, sur la console. Mais le système d'alarme commença à hurler comme une sirène d'ambulance dans toute la mine.

— Merde ! s'écria amèrement Levant. C'est fichu pour la surprise !

Il poussa le garde de côté et tira sur la console une dizaine de balles. Des étincelles et de la fumée sortirent du clavier écrasé et le hurlement cessa.

Pitt courut dans le couloir, ouvrant des portes à la volée jusqu'à ce qu'il trouve la salle des communications. L'opératrice, une jolie Maure, ne parut pas intimidée par son irruption et ne leva même pas les yeux de l'équipement radio lorsque Pitt s'approcha. Alertée par la sirène, elle criait en français dans un micro attaché au casque qui surmontait ses abondants cheveux noirs. Il se précipita et la frappa du poing sur la nuque. Mais, comme pour Levant avec l'écran de sécurité, il arriva trop tard. Avant qu'il ne lui coupe la parole et ne la jette par terre, l'alarme avait été donnée aux Forces de sécurité du général Kazim.

— Raté, dit Pitt à Levant qui entrait. Elle a fait passer un message avant que je puisse l'en empêcher.

Levant évalua la situation d'un coup d'œil rapide. Puis il se tourna et appela :

— Sergent Chauvel ?

— Monsieur ?

Il était presque impossible de deviner que le sergent était une femme sous son lourd vêtement de combat.

— Allez à la radio, ordonna Levant en français, et dites aux Maliens que l'alarme a eu un court-circuit. Niez toute idée d'urgence. Et pour l'amour du ciel, ôtez-leur toute envie de réponse armée.

— Oui, monsieur.

Le sergent Chauvel ôta de son chemin l'opératrice évanouie et s'assit à sa place.

— Le bureau d'O'Bannion est au fond du couloir, dit Pitt en passant près de Levant en courant.

Il ne s'arrêta que pour ouvrir la porte d'un coup d'épaule. Elle n'était pas fermée à clef et il entra comme un boulet de canon dans la pièce de réception.

La réceptionniste aux yeux gris-violet et aux cheveux jusqu'à la taille était calmement assise à son bureau, tenant un pistolet automatique peu engageant à deux mains. La vitesse de Pitt l'envoya au milieu de la pièce et sur le bureau où il se cogna contre la jeune femme. Ils tombèrent tous les deux sur le tapis bleu en une masse emmêlée. La fille tira deux coups dans la veste pare-balles de Pitt. Il eut l'impression de recevoir deux coups de marteau. Pendant un instant, il manqua d'air mais cela ne le ralentit pas. La réceptionniste tenta de se dégager en criant ce que Pitt prit pour des obscénités dans une langue inconnue. Elle tira un autre coup de feu qui passa au-dessus de l'épaule de Pitt, ricocha sur le plafond de pierre et entra dans une peinture avant que Pitt lui arrache l'arme des mains. Puis il la remit debout et la jeta sur un divan.

Il lui tourna le dos, passa entre les deux statues de bronze représentant le couple de Touaregs et tenta d'ouvrir la porte du bureau d'O'Bannion. Elle était fermée à clef. Il leva le pistolet pris à la réceptionniste, le plaça contre la serrure et appuya trois fois sur la détente. Le bruit fut assourdissant dans le mur de rocher mais il n'était plus question de discrétion. Il s'adossa au mur et ouvrit la porte d'un coup de pied.

O'Bannion était penché, le dos contre son bureau, les mains étalées sur le plateau. Il avait l'air d'attendre le grand patron d'une société concurrente. Le regard qui coulait par la fente de son turban était hautain, sans trace de peur. Mais l'étonnement s'y inscrivit lorsque Pitt entra dans la pièce et retira son casque.

— J'espère que je ne suis pas en retard pour dîner,

O'Bannion. Si je me rappelle bien, vous souhaitiez dîner avec moi ?

— Vous ! siffla O'Bannion, toute couleur abandonnant la peau autour de ses yeux.

— Je suis revenu vous hanter ! dit Pitt avec un demi-sourire. Et j'ai amené quelques amis qui n'aiment pas beaucoup les sadiques qui traitent en esclaves et assassinent des femmes et des enfants.

— Vous devriez être mort ! Personne ne peut survivre à la traversée du désert sans eau !

— Ni Giordino ni moi ne sommes morts.

— Un avion du général Kazim a trouvé le camion renversé dans un oued à l'ouest de la piste transsaharienne. Vous n'avez pas pu rejoindre la piste à pied !

— Et le garde que nous avions attaché au volant ?

— Vivant, mais on l'a vite fusillé pour vous avoir laissés échapper.

— La vie est bien incertaine, dans le coin !

Le choc disparut bientôt des yeux d'O'Bannion mais on n'y lisait toujours aucune trace de peur.

— Etes-vous venu libérer vos amis ou voler de l'or ?

Pitt le regarda droit dans les yeux.

— Oui à la première proposition, non à la seconde. Nous avons également l'intention de vous mettre hors d'état de nuire, vous et vos sales petits copains, de façon permanente.

— Votre force armée a envahi une nation souveraine. Vous n'avez aucun droit au Mali, aucun droit juridique sur moi ni sur la mine !

— Mon Dieu ! Ecoutez qui parle de droit ! Que faites-vous du droit de tuer les gens que vous avez réduits en esclavage et que vous assassinez ?

O'Bannion haussa les épaules.

— Kazim en aurait de toute façon fusillé la plupart.

— Et qu'est-ce qui vous a empêché de les traiter avec humanité ? demanda Pitt.

— Tebezza n'est ni une colonie de vacances ni une association de bienfaisance. Nous sommes dans une mine d'or, ici !

— Pour votre profit, celui de Massarde et celui de Kazim.

— Oui, admit O'Bannion. Nos buts sont mercenaires. Et alors ?

La froideur et la cruauté d'O'Bannion firent monter la colère de Pitt. Il revit l'image des souffrances endurées par tant d'hommes, de femmes et d'enfants, l'image des cadavres entassés dans la crypte souterraine, il revit Melika battant des travailleurs sans défense de son fouet taché de sang. Il eut la conviction que les trois hommes, ivres de rapacité, étaient les seuls responsables de ce massacre indicible. Il s'approcha d'O'Bannion et lui assena de toutes ses forces un coup à la mâchoire avec la crosse de sa mitraillette.

Pendant de longues secondes, il regarda l'Irlandais vêtu en nomade étendu maintenant sur le tapis, le sang de sa bouche tachant l'étoffe de son turban. Il jura, fou de rage, ramassa l'homme inconscient, le jeta sur son épaule et rejoignit Levant dans le couloir.

— O'Bannion ? demanda le colonel.

— Oui, dit Pitt. Il a eu un accident.

— On dirait bien !

— Où en sommes-nous ?

— Le groupe quatre tient les niveaux de récupération de l'or. Les groupes deux et trois rencontrent peu de résistance de la part des gardes. Ils ont l'air plus doués pour battre les gens sans défense que pour se battre contre des professionnels aguerris.

— L'ascenseur de la direction jusqu'au niveau de la mine est par ici, dit Pitt en se dirigeant vers un couloir latéral.

L'ascenseur chromé au beau tapis bleu avait été abandonné par le Touareg préposé à son fonctionnement. Pitt, Levant et les membres du premier groupe qui ne gardaient pas les ingénieurs d'O'Bannion ou les employés des bureaux descendirent jusqu'au niveau principal. En sortant, ils s'approchèrent de la porte de fer, toujours de travers sur ses gonds et dont la serrure, explosée à la dynamite, n'avait pas été réparée.

— Quelqu'un nous a pris de vitesse, remarqua Levant.

— Non, c'est Giordino et moi qui l'avons fait sauter quand nous nous sommes échappés, expliqua Pitt.

— On dirait qu'ils n'ont pas réussi à la réparer.

Le puits résonna d'une série de coups de feu, quelque part dans les entrailles de la mine. Pitt leva O'Bannion dont le corps ne réagissait plus et le mit sur l'épaule musclée d'un des membres du commando. Puis il courut en direction de la cave où étaient retenus les prisonniers.

Ils arrivèrent à la salle centrale sans rencontrer de résistance et croisèrent les membres du deuxième groupe en train de désarmer quelques gardes, craintivement immobiles, les mains sur la nuque. Giordino et deux membres de l'équipe tactique avaient fait sauter la serrure et poussaient la lourde grille de fer qui fermait le cul-de-basse-fosse où les esclaves étaient entassés. Pembroke-Smythe aperçut Levant et se hâta de lui faire son rapport.

— Seize gardes ont été arrêtés, colonel. Un ou deux se sont réfugiés dans les galeries. Sept ont eu la bêtise de résister. Ils sont morts. Nous n'avons que deux blessés, aucun sérieusement.

— Il faut presser le mouvement, dit Levant. J'ai peur qu'ils n'aient donné l'alarme avant que nous n'ayons coupé les communications.

Pitt s'approcha de Giordino et aida à pousser la grille. Giordino se tourna vers lui.

— Eh bien, il était temps que tu fasses une apparition !

— Je me suis arrêté un moment chez O'Bannion pour bavarder.

— Qu'est-ce qu'il lui faut ? Un médecin ou un entrepreneur des pompes funèbres ?

— Pour le moment, un dentiste, dit Pitt.

— Tu as vu Melika ?

— Aucun signe d'elle dans les bureaux.

— Je la trouverai, jura Giordino d'une voix féroce. Elle est à moi !

La grille fut enfin ouverte et l'équipe tactique entra dans la caverne. Pitt et Giordino seuls savaient à quoi s'attendre, ce qui ne les empêcha pas d'avoir le cœur soulevé par ce qu'ils virent. Les membres du commando s'arrêtèrent, glacés d'horreur, pâles, devant l'innommable odeur et l'incroyable degré de souffrance qui accueillirent leur entrée. Même Levant et Pembroke-Smythe s'immobilisèrent, épouvantés, avant de se forcer à entrer.

— Seigneur ! murmura Smythe, c'est pire qu'Auschwitz et Dachau !

Pitt fendit la masse des captifs entassés, abrutis de désespoir, rendus à l'état de squelettes à peine capables de marcher par la faim et la soif. Il trouva le Dr Hopper, assis sur une couchette, les yeux dans le vague, ses vêtements dégoûtants pendant lamentablement autour de son corps amaigri. Il eut un sourire éclatant, se mit faiblement debout et embrassa Pitt.

— Dieu merci, Al et vous avez réussi ! C'est un miracle !

— Désolé d'avoir été si long, dit Pitt.

— Eva n'a jamais désespéré de vous, dit Hopper, la voix tremblante. Elle savait que vous reviendriez.

— Où est-elle ? demanda Pitt en la cherchant des yeux.

Hopper montra une couchette.

— Vous arrivez juste à temps. Elle ne va pas bien du tout.

Pitt s'avança et s'agenouilla devant la forme immobile sur la couchette inférieure. Son visage prit une expression de profonde tristesse. Il n'arrivait pas à croire que son état ait pu empirer à ce point en une semaine. Il la prit doucement par les épaules et la secoua légèrement.

— Eva, je suis revenu pour vous.

Lentement, elle bougea un peu, ses yeux cillèrent, s'ouvrirent et elle le regarda sans le voir.

— Je vous en prie, laissez-moi dormir encore un petit peu, murmura-t-elle.

— Vous êtes sauvée, maintenant. Je vais vous faire sortir d'ici.

Elle le reconnut enfin et des larmes brouillèrent sa vision.

— Je savais, je savais que vous reviendriez pour moi... pour nous tous !

— On a bien failli ne pas réussir.

Elle le regarda dans les yeux et sourit bravement.

— Je n'ai jamais douté, pas un instant.

Il l'embrassa longuement, doucement, tendrement.

L'équipe médicale de Levant se mit immédiatement au travail, soignant les captifs, pendant que les groupes de combat évacuaient ceux qui pouvaient marcher jusqu'au niveau supérieur où on les installait dans les camions des transports de troupes. Les craintes initiales s'avérèrent. Les opérations étaient ralenties par le nombre de malades qui, trop faibles pour marcher, devaient être portés.

Après avoir vérifié qu'Eva, les autres femmes et les enfants étaient bien en route pour la surface, Pitt emprunta un sac d'explosifs aux experts en démolition de Levant puis retourna près d'O'Bannion qui avait repris connaissance. Assis près d'un wagonnet, il était étroitement surveillé par une des femmes inflexibles du commando.

— Par ici, O'Bannion, ordonna Pitt. Nous allons faire une petite promenade.

Le turban de l'Irlandais s'était défait et révélait son visage mutilé, défiguré par une explosion de dynamite pendant une précédente expérience minière au Brésil. Sa laideur était encore amplifiée par sa bouche ensanglantée où deux dents manquaient sur le devant depuis le coup de crosse de Pitt.

— Où ? demanda-t-il, les lèvres tuméfiées.

— Offrir nos respects aux morts.

La gardienne recula tandis que Pitt mettait rudement O'Bannion debout et le poussait le long des rails vers la crypte funéraire. Ils n'échangèrent pas un mot en chemin. De temps en temps, ils devaient enjamber le cadavre d'un Touareg qui avait été assez stupide pour résister aux forces d'assaut de Levant. Quand ils arrivèrent à la caverne des morts, O'Bannion eut une hésitation mais Pitt le poussa froidement à l'intérieur.

O'Bannion se tourna pour faire face à Pitt, le regard méprisant.

— Pourquoi m'avoir amené ici ? Pour me faire un sermon sur ma cruauté envers mes semblables avant de m'exécuter ?

— Pas du tout, dit tranquillement Pitt. La leçon est évidente même sans le sermon. Et non, je ne vais pas vous exécuter. Ce serait trop rapide, trop propre. Un éclair de douleur et puis plus rien. Non, je pense que vous méritez une fin plus appropriée.

Pour la première fois, un éclair de peur passa dans les yeux d'O'Bannion.

— Qu'est-ce que vous avez en tête ?

Pitt montra, du canon de son arme, les monceaux de cadavres.

— Je vais vous donner le temps de contempler votre brutalité et de méditer sur votre avidité.

O'Bannion n'eut pas l'air de comprendre.

— Pourquoi ? Vous vous fourrez le doigt dans l'œil si vous pensez que je vais pleurer pour implorer votre pardon et votre indulgence.

Pitt regarda, sur une pile de cadavres, celui d'une fillette morte de faim, les yeux ouverts. Elle n'avait pas plus de dix ans. La colère le reprit, l'envahit, et il dut se dominer pour retrouver le contrôle de ses émotions.

— Vous allez mourir, O'Bannion, mais très lentement, en souffrant l'agonie de la faim et de la soif que vous avez imposée à tous ces pauvres morts qui vous entourent. Avant que Kazim et Massarde vous trouvent, en supposant qu'ils prennent la peine de vous chercher, vous aurez rejoint le reste de vos victimes.

— Tirez ! Tuez-moi maintenant ! demanda sauvagement O'Bannion.

Pitt eut un sourire glacé et ne dit rien. Il dirigea son arme vers O'Bannion, l'obligeant à reculer jusqu'au fond de la caverne. Lui-même s'avança vers l'entrée du tunnel, plaça les charges de plastic à des intervalles différents et régla les minuteries. Il fit un dernier signe méprisant à O'Bannion et courut vers le puits, s'accroupissant derrière un train de wagonnets.

Quatre détonations assourdissantes se succédèrent, provoquant des tourbillons de poussière et de débris du bois qui avait soutenu l'entrée de la crypte. Le bruit se répercuta dans toute la mine quelques instants avant que ne retombe un silence de mort. Pitt se demanda, muet de colère, s'il n'avait pas mal placé ses explosifs. Mais bientôt, il entendit un faible cri vite noyé par le fracas du plafond du tunnel qui s'effondrait sous des centaines de tonnes de rocher. L'entrée de la chambre mortuaire était définitivement close.

Pitt attendit que la poussière commence à se dissiper. Il mit alors tranquillement son arme sur son épaule et rebroussa chemin vers la zone d'évacuation, le long des rails, en sifflant *I've been working on the railroad*[1].

* * *

Giordino entendit un bruit et perçut un mouvement à l'intersection de deux tunnels, sur sa gauche. Il avança le long des rails et arriva jusqu'à un wagonnet vide, abandonné. Se glissant silencieusement le dos au mur, attentif à ne pas heurter de ses bottes un caillou ou un morceau de roche, il s'approcha davantage. Rapide comme un chat, il sauta par-dessus les rails et enfonça le canon de son arme dans le wagonnet.

— Jette ton arme ! dit-il sèchement.

1. J'ai travaillé pour le chemin de fer.

Pris par surprise, le Touareg se leva lentement en tenant la mitraillette bien haut au-dessus de sa tête. Il ne parlait pas anglais et n'avait pas compris les termes de l'ordre de Giordino mais sut vite reconnaître que sa cause était perdue. Ses yeux comprirent l'ordre de l'homme qui s'agitait devant lui et lui désignait le côté du couloir. Il saisit le message et jeta son arme par-dessus le bord du wagonnet.

— Melika ? aboya Giordino.

Le garde secoua la tête mais Giordino reconnut l'expression de peur dans son regard. Il pressa le canon contre les lèvres du garde, le poussa dans sa bouche et commença à presser son doigt sur la détente.

— Melika ? marmonna le garde malgré le canon d'acier à demi enfoncé dans sa gorge, agitant frénétiquement la tête sous l'effet de la douleur.

Giordino retira l'arme.

— Où est Melika ? répéta-t-il d'un ton menaçant.

Le garde semblait avoir aussi peur de Melika que de Giordino. Les yeux agrandis, il montra silencieusement de la tête les profondeurs du tunnel. Giordino lui fit signe de sortir du croisement et de filer par le couloir central. Puis il visa.

— File jusqu'à la caverne principale. Tu as compris ?

Le Touareg salua, les mains au-dessus de la tête, et quitta le croisement, chancelant et tombant sur les rails dans sa hâte d'obéir. Giordino se retourna et continua en silence son chemin dans le tunnel sombre qui s'allongeait devant lui, s'attendant à chaque pas à un coup de feu.

Le silence était profond, à peine brisé par le bruit de ses bottes sur les traverses des rails. Deux fois, il s'arrêta, tous ses sens en éveil, sentant le danger. Il arriva à un tournant aigu et s'arrêta. Il y avait une vague lumière, de l'autre côté. Il aperçut aussi une ombre et le son de rochers heurtant d'autres rochers. Il sortit de l'une des nombreuses poches de sa tenue de combat un petit miroir qu'il cala doucement sur une poutre d'étai.

Melika travaillait fiévreusement à empiler des morceaux de minerai au bout du tunnel, élevant un faux mur derrière lequel elle entendait se cacher. Elle tournait le dos à Giordino mais elle était bien à dix mètres de lui et un fusil était appuyé contre le mur du tunnel, à portée de sa main. Elle ne prenait aucune précaution en travaillant, sûre que le garde qu'elle avait mis en sentinelle la préviendrait du moindre danger. Bien entendu, elle ignorait que Giordino l'eût déjà désarmé. Celui-ci aurait pu s'avancer au centre du boyau et lui tirer dessus avant même qu'elle sente sa présence. Mais il ne souhaitait pas pour elle une mort rapide.

Giordino contourna fermement le coude du boyau vers Melika, marchant sans bruit, bien que les sons qu'il aurait pu émettre eussent été couverts par ceux des rochers qu'elle se hâtait d'empiler. Quand il fut assez proche, il saisit vivement le fusil et le jeta derrière lui par-dessus son épaule.

Elle se retourna d'un bond, saisit la situation et se précipita sur Giordino, son fouet mortel sifflant déjà au-dessus de son épaule. Malheureusement pour elle, il n'y eut pas d'effet de surprise. Giordino ne broncha pas. Son visage était un masque d'impassibilité. Il appuya calmement sur la détente et lui brisa les genoux.

La revanche, c'était tout ce que Giordino cherchait. Aucun autre sentiment ne prévalait. Melika était aussi folle et vicieuse qu'un pitbull atteint de rage. Même maintenant, couchée en travers du rocher détaché, les jambes grotesquement tordues, elle le regardait les babines retroussées, la méchanceté la plus brutale brillant dans ses yeux. Son sadisme dément remontait du tréfonds d'elle-même et dominait la douleur de ses jambes. Elle gronda comme une bête blessée et fit des efforts pour lui lancer le fouet tout en hurlant d'abominables obscénités.

Giordino recula un peu et observa d'un air amusé ses efforts futiles pour l'attaquer.

— Ce monde est bien violent et impitoyable, dit-il

calmement, mais il le sera bientôt moins puisque vous allez le quitter.

— Sale petite vermine de bâtard ! hurla-t-elle. Qu'est-ce que tu connais de la violence du monde ? Tu n'as jamais vécu dans la merde, tu n'as jamais souffert des tourments et de la pourriture que j'ai connus.

L'expression de Giordino était aussi dure que la roche qui l'entourait.

— Ça ne vous donnait pas le droit d'infliger tant de souffrance aux autres. En tant que juge et bourreau, je me fiche des problèmes de votre vie. Peut-être aviez-vous vos raisons pour devenir ce que vous êtes. Si vous voulez mon avis, vous êtes née comme ça. Vous laissez une longue route jonchée de victimes innocentes. Il n'y a aucune excuse ni aucune raison pour que vous restiez en vie.

Melika ne supplia pas. La haine la plus sombre et la plus venimeuse s'écoula de sa bouche en un flot de jurons. Avec une efficacité calculée, Giordino lui tira deux balles dans l'estomac. Les yeux brillants jetèrent leurs dernières flammes mais ne rencontrèrent que l'expression indifférente de Giordino. Ils s'éteignirent et le corps énorme parut s'effondrer dans le sol rocheux du tunnel.

Giordino la regarda un moment avant de s'adresser à son cadavre.

— Ding dong ! murmura-t-il, la sorcière est morte.

47

— Le compte est de vingt-cinq, dit Pembroke-Smythe à Levant. Quatorze hommes, huit femmes et trois enfants. Tous à moitié morts de faim.

— Ça fait une femme et un enfant de moins que lorsque nous sommes partis, observa Pitt avec colère.

Levant regarda les camions où l'on faisait monter les captifs libérés puis consulta sa montre.

— Nous avons seize minutes de retard sur nos plans, dit-il impatiemment. Hâtez les choses, capitaine. Nous devons repartir.

— On sera prêts dans une minute, dit jovialement Pembroke-Smythe en se hâtant vers les véhicules et en pressant les membres de l'équipe tactique d'achever au plus vite le chargement des passagers.

— Où est votre ami Giordino ? demanda Levant à Pitt. S'il ne se dépêche pas, nous devrons le laisser là.

— Il avait une tâche spéciale à accomplir.

— Il aura de la chance s'il échappe à la foule des gens libérés aux niveaux inférieurs. Après que les prisonniers eurent investi les magasins d'alimentation et les réserves d'eau, ils ont commencé à exercer leur vengeance sur les gardiens. La dernière équipe remontée du sous-sol a dit qu'un massacre avait commencé.

— On ne peut pas les blâmer après l'enfer qu'ils ont enduré, dit pensivement Pitt.

— Je me sens coupable de devoir les abandonner, admit Levant. Mais si nous ne partons pas très vite, ils vont surgir des ascenseurs et nous passerons un mauvais quart d'heure pour les éloigner des véhicules.

Giordino sortit en courant du corridor des bureaux, passa un commando de six hommes qui gardait l'entrée de la cave des équipements. Son visage exprimait une sorte de satisfaction. Il sourit à Pitt et à Levant.

— Content de voir que vous n'avez pas baissé le rideau avant que j'arrive.

Levant ne trouva pas ça drôle.

— Ce n'est pas vraiment à cause de vous que nous sommes en retard.

— Melika ? demanda Pitt.

Giordino montra le fouet qu'il avait emporté en souvenir.

— Elle est en train de signer le registre d'entrée en enfer. Et O'Bannion ?

— Il s'occupe du funérarium.

— Prêts à lever le camp ? cria Smythe depuis un véhicule de transport.

Levant lui fit signe.

— Monsieur Pitt, si vous voulez bien nous ramener au terrain d'aviation ?

Pitt se hâta de vérifier qu'Eva était bien installée, sidéré de constater à quelle vitesse elle reprenait des forces. Elle avait bu presque deux litres d'eau et dévoré un repas rapide fourni par l'équipe médicale. Hopper, Grimes et Fairweather eux aussi semblaient ressuscités. Puis il courut vers le buggy armé et sauta derrière le volant.

Ne disposant que de quelques secondes, le dernier gardien de l'équipe courut vers le dernier véhicule qui roulait déjà. Il fut hissé à bord tandis que les prisonniers débordaient des couloirs de la mine et se précipitaient dans les bureaux, puis dans la caverne des équipements. Ils arrivèrent trop tard et virent, avec un désappointement cruel, l'équipe des Forces spéciales qui les avait sauvés d'une mort lente disparaître dans la nuit, les laissant à leur sort incertain.

Pitt ne vit aucune raison d'être prudent et accéléra dans le canyon. Il tourna, fonça, le pied au plancher. A la demande du colonel Levant, il laissa les véhicules de transport loin derrière lui. Ils devaient se dépêcher pour surveiller les préparatifs d'un embarquement hâtif et d'un décollage rapide. Giordino conduisait le véhicule de tête et suivit facilement les traces des pneus quand le nuage de poussière soulevé par le buggy retomba un peu.

Levant se montra inquiet au cours du voyage de retour. Il regardait sa montre toutes les deux minutes avec une extrême anxiété, perturbé par les vingt-deux minutes de retard sur leur programme. Lorsqu'il n'y eut plus que cinq kilomètres à parcourir, il commença à se détendre. Le ciel était clair et l'on n'y voyait aucun signe d'avion. Il sentit même un petit frisson d'optimisme. Peut-être les Forces de sécurité de Kazim s'étaient-elles laissé prendre au petit discours du sergent Chauvel à propos du signal d'alarme.

La désillusion ne fut pas longue à venir.

Au-dessus du ronronnement étouffé du moteur du buggy, ils entendirent soudain le son caractéristique des moteurs de jet et aperçurent les feux de navigation d'un avion traversant l'obscurité du ciel. Levant donna immédiatement l'ordre, par radio, au personnel navigant et à l'unité de sécurité de s'éloigner en vitesse de l'Airbus et de se mettre à l'abri. Pitt écrasa le frein et fit faire au véhicule d'assaut une embardée de côté des quatre roues. Ce fut aussi automatique qu'efficace. Le véhicule s'arrêta dans un nuage de poussière derrière une petite dune de sable. Il détendit sa main crispée sur le volant et regarda l'intrus dans le ciel.

— Je crains que nous n'ayons attiré tout un tas d'attentions fort peu souhaitées.

— Kazim a dû envoyer un seul avion de reconnaissance pour vérifier si l'alerte correspondait à une attaque réelle.

La voix de Levant était dure mais son visage exprimait une profonde appréhension.

— Peut-être le pilote n'a-t-il rien vu de suspect, sinon il ne se pavanerait pas là, toutes lumières clignotantes.

Levant observa d'un air sombre le chasseur à réaction tournant au-dessus de l'Airbus au bout du terrain.

— Je crains qu'il ne soit en train de signaler un avion non identifié et de demander l'autorisation d'attaquer.

Le suspense ne dura pas longtemps. Le chasseur, que Levant reconnut comme un Mirage français, vira soudain sur l'aile et fonça vers le terrain, visant de ses lasers l'Airbus immobile et aussi impuissant qu'une vache dormant devant un canon.

— Il commence sa course, dit Pitt.

— Ouvrez le feu !

Levant cria l'ordre de tirer à l'homme assis devant

eux, penché sur la mitrailleuse Vulcain aux multiples canons.

— Abattez-le !

Le mitrailleur suivit visuellement le chasseur malien sur le viseur, calculant l'angle et, au moment où il établit l'angle d'avance et la distance, il actionna le système de mise à feu. Comme les canons Gatling du XIXe siècle, les six canons du Vulcain crachèrent en tournant des milliers de projectiles de 20 millimètres qui zébrèrent le ciel noir. Les obus atteignirent leur but et commencèrent à déchirer le Mirage au moment même où le pilote lâchait deux missiles sur l'Airbus impuissant au sol.

Le désert se transforma en un chaudron de bruit et de flammes tandis que l'Airbus et le Mirage explosaient en même temps. Le chasseur à réaction, comme une boule orange et brillante, continua son angle de descente en ligne droite, comme tiré au sol par une corde et plongea dans le sable, lançant une pluie de débris en un large éventail sur le désert indifférent.

L'Airbus, lui, n'avait plus rien d'un avion. Ce n'était plus qu'une énorme masse de flammes surmontée d'une colonne huileuse et noire de fumée qui obscurcit jusqu'aux étoiles.

Pétrifié, Pitt regardait ce qui, une seconde plus tôt, était deux avions solides, intacts. Il ne vit plus que feu et destruction. Levant et lui quittèrent le véhicule d'assaut et restèrent comme cloués au sol. Dans la lueur violente de cette dévastation, Pitt nota l'expression amère de la défaite sur le visage du colonel.

— Nom de Dieu ! jura Levant. C'est exactement ce que je craignais. Maintenant, nous sommes pris au piège sans espoir d'être sauvés.

— Kazim va se douter qu'une force étrangère a de nouveau envahi son territoire, ajouta Pitt. Il va faire venir toute son armée à Tebezza. Vos hélicoptères de soutien seront mis en pièces avant même d'atteindre le lieu du rendez-vous.

— Nous n'avons pas le choix, il faut filer jusqu'à la frontière, concéda Levant.

— Nous n'y arriverons jamais. Même si les avions de Kazim n'arrivent pas à nous prendre pour cible ou si ses Forces de sécurité ne réussissent pas à nous barrer la route et ne nous attaquent pas à chaque pas, vos véhicules manqueront d'essence avant que nous rencontrions un quelconque renfort. Certains de vos commandos les plus entraînés s'en tireront peut-être mais ces pauvres diables que vous avez sauvés de la mort dans la mine mourront sûrement dans le désert. Je sais de quoi je parle, je l'ai traversé.

— Vous étiez obligés d'aller à l'ouest, vers la piste transsaharienne, rappela Levant. Ça faisait près de 400 kilomètres. Si nous allons au nord, nous n'aurons que 240 kilomètres à parcourir avant d'atteindre la frontière algérienne et de trouver des renforts à Alger. Nous avons bien assez d'essence pour aller jusque-là.

— Vous oubliez que Kazim et Massarde ont gros à perdre dans cette histoire, dit Pitt en regardant Levant dans les yeux. Ils feront tout ce qui est en leur pouvoir pour empêcher le secret de leurs atrocités d'être découvert.

— Vous pensez qu'ils nous frapperaient même en Algérie ?

— Votre opération de sauvetage a fait d'eux des hommes traqués, dit Pitt. Une chose aussi peu importante qu'une frontière ne les arrêtera pas. Ils nous feront réduire en miettes par leur aviation, dans un coin désert d'Algérie. Une fois que vos forces seront affaiblies et que les renforts seront détruits ou renvoyés d'où ils viennent, ils nous suivront en lâchant sur nous leur armée d'élite pour s'assurer que nous sommes bien morts jusqu'au dernier. Ils ne peuvent pas se permettre un seul survivant. Si un seul s'échappe, leurs activités inhumaines seront dévoilées.

Levant tourna la tête, éclairé par la lueur orange de l'incendie, et regarda Pitt.

— Autrement dit, vous n'êtes pas d'accord avec mon plan.

— Je déteste faire ce qu'on s'attend à me voir faire.

— Etes-vous difficile à saisir, monsieur Pitt, ou simplement modeste ?

— Je suis pratique. J'ai toutes les raisons de penser que Kazim ne s'arrêtera pas à la frontière.

— Que proposez-vous, alors ? demanda patiemment Levant.

— Filer au sud jusqu'à ce qu'on croise le chemin de fer de Fort-Foureau, répondit brièvement Pitt. Puis aborder un train et nous faire conduire à Port Etienne et de là, filer par la mer.

— Nous mettre dans la gueule du loup ? murmura Levant, sceptique. A vous entendre, c'est follement simple.

— Entre ici et l'usine de produits toxiques de Fort-Foureau, c'est du désert et quelques dunes. En maintenant une moyenne de 50 kilomètres à l'heure, nous pouvons atteindre la voie de chemin de fer avant le lever du soleil et nous aurons du carburant en trop.

— Et alors ? Nous serons exposés de tous côtés.

— Nous nous cacherons dans le vieux fort de la Légion étrangère jusqu'à la nuit avant d'arrêter un des trains qui reviennent de l'usine et d'y cacher tout le monde.

— Le Fort-Foureau d'origine ? Il a été abandonné juste après la Seconde Guerre mondiale. Je l'ai visité une fois.

— C'est bien le même.

— Ce serait presque un suicide sans quelqu'un pour nous guider dans les dunes, contra Levant.

— L'un des prisonniers libérés est un guide professionnel de touristes. Il connaît le désert du Mali comme un nomade.

Levant regarda à nouveau longuement l'Airbus en flammes. Mentalement, il pesait le pour et le contre de la proposition de Pitt. S'il pouvait se mettre à la place du général Kazim, c'est vrai qu'il penserait que sa proie irait vers le nord, pour atteindre la frontière la plus proche. Et il enverrait aussi le gros de ses troupes pour essayer de les bloquer. Il conclut que Pitt avait raison. Il n'y avait aucune chance de s'échapper par le nord, par l'Algérie. Kazim n'abandonnerait les poursuites que lorsqu'ils seraient tous morts. Filer dans la direction opposée pourrait feinter le général et Massarde, et les amener à une chasse au fantôme assez longtemps pour que l'équipe tactique se mette à l'abri.

— Je ne vous ai pas dit, monsieur Pitt, que j'ai passé huit ans dans le désert quand j'appartenais à la Légion étrangère, n'est-ce pas ?

— Non, colonel, vous ne me l'aviez pas dit.

— Les nomades ont une fable à propos d'un lion percé de la lance d'un guerrier sur le flanc, qui marcha vers le nord depuis la jungle et traversa le Niger pour aller mourir dans le sable chaud du désert.

— Y a-t-il une morale à cette fable ?

— Pas vraiment.

— Alors, que signifie-t-elle ?

Levant se retourna tandis que les véhicules de transport approchaient et s'arrêtaient près du buggy. Puis il regarda à nouveau Pitt et sourit lentement.

— Ça veut dire que je vais faire confiance à votre jugement et pousser au sud jusqu'à la voie de chemin de fer.

48

Kazim entra dans le bureau de Massarde à onze heures du soir. Il se servit un gin « on the rocks » et s'assit avant que Massarde prenne la peine de lever les yeux et de prétendre s'apercevoir de la présence du général.

— On m'a informé de votre visite inattendue, Zateb, dit Massarde. Qu'est-ce qui vous amène à Fort-Foureau à cette heure de la nuit ?

Kazim contempla son verre et fit tourner les glaçons.

— J'ai pensé qu'il valait mieux que je vous le dise moi-même.

— Me dire quoi ? demanda impatiemment Massarde.

— Il y a eu un raid sur Tebezza.

— De quoi parlez-vous ? fit Massarde en fronçant les sourcils.

— A neuf heures environ, mon bureau a reçu un signal d'alerte du système de sécurité de la mine. Quelques minutes plus tard, l'opérateur radio de Tebezza annonçait que tout allait bien, que l'alarme était due à un court-circuit.

— Ça me paraît assez innocent.

— En apparence seulement. Je ne me fie pas aux événements qui ont l'air innocents. J'ai ordonné à l'un de mes chasseurs d'aller reconnaître les lieux par un petit vol dans le coin. Le pilote a annoncé par radio qu'un avion de transport à réaction, non identifié, était posé sur le terrain de Tebezza. Le même type d'Airbus français, du reste, que celui qui est venu chercher l'Américain à Gao.

Le visage de Massarde s'assombrit.

— Votre pilote est sûr de ça ?

— Oui, dit Kazim. Etant donné qu'aucun avion ne peut atterrir à Tebezza sans mon autorisation, j'ai ordonné au pilote de le détruire. Il a acquiescé et lancé l'attaque. Il a fait savoir qu'il avait touché la cible et presque au même moment, sa radio a cessé d'émettre.

— Mais enfin, bon Dieu, Zateb, il s'agissait peut-être d'un avion commercial ayant fait un atterrissage d'urgence !

— Les avions commerciaux ne volent pas sans marque d'identification.

— Je pense que vous exagérez.

— Alors, expliquez-moi pourquoi mon pilote n'est pas rentré à la base.

— Un problème mécanique ? dit Massarde. Il a pu avoir n'importe quelle panne.

— Je préfère croire qu'il a été abattu par le groupe qui a attaqué la mine.

— Mais vous n'en savez rien ?

— Malgré tout, j'ai fait décoller une escadrille de

chasseurs vers cette zone et envoyé un bataillon d'élite pour vérifier la situation.

— Et que dit O'Bannion ? Ne vous a-t-il pas contacté ?

— Aucune réponse, rien ! Quarante minutes après qu'on eut dit qu'il n'y avait aucune alerte, toute communication avec Tebezza s'est révélée impossible.

Massarde réfléchit au rapport de Kazim mais ne trouva pas de réponse.

— Pourquoi attaquer la mine ? demanda-t-il enfin. Dans quel but ?

— Sans doute pour l'or, répondit Kazim.

— Ce serait stupide de voler du minerai. Nous transportons l'or pur dans notre dépôt du Sud-Pacifique dès qu'il est raffiné. Le dernier convoi est parti il y a deux jours. Une bande de voleurs partageant un demi-gramme d'intelligence à eux tous aurait essayé d'attaquer pendant le transport.

— Je n'ai pas de théorie pour le moment, confessa Kazim en regardant sa montre. Les avions doivent atterrir sur le plateau en ce moment. Nous aurons une réponse dans moins d'une heure.

— Si ce que vous dites est vrai, il se passe quelque chose d'étrange, murmura Massarde.

— Nous devons prendre en compte le fait que le commando des Nations Unies qui a détruit mes avions à Gao est sans doute responsable du raid sur Tebezza.

— Gao était une opération différente. Pourquoi seraient-ils revenus frapper Tebezza ? Qui en aurait donné l'ordre ?

Kazim finit son gin et s'en versa un autre.

— Hala Kamil ? Peut-être y a-t-il eu des fuites concernant l'enlèvement du Dr Hopper et de son équipe. Elle aurait envoyé une unité tactique pour les ramener.

— Impossible, dit Massarde en secouant la tête. A moins que vos hommes n'aient parlé.

— Mes hommes savent qu'ils mourraient s'ils trahissaient ma confiance, dit froidement Kazim. S'il y a eu fuite, ça ne peut venir que de chez vous.

Massarde lança à Kazim un regard apaisant.

— C'est stupide de nous disputer. On ne peut pas changer le passé mais on peut contrôler le futur.

— De quelle façon ?

— Vous avez bien dit que le pilote a affirmé avoir touché le jet ?

— Ce furent ses dernières paroles.

— Nous pouvons donc en conclure que le seul moyen d'évasion du Mali des attaquants de la mine a été éliminé.

— A condition que les dommages aient été importants.

Massarde se leva et considéra une grande carte en relief du Sahara qui tenait toute la surface du mur derrière son bureau.

— Si vous commandiez cette unité d'attaque et que votre avion ait été détruit, comment verriez-vous la situation ?

— Assez désespérée.

— Quelles seraient vos options ?

Kazim s'approcha à son tour et frappa la carte de plâtre avec son verre.

— Il n'y a qu'une option. Filer directement vers la frontière algérienne.

— Peuvent-ils le faire ? demanda Massarde.

— Si leurs véhicules sont intacts et s'ils ont assez de carburant, oui. Ils devraient traverser la frontière à peu près à l'aube.

— Pouvez-vous les intercepter et les détruire avant qu'ils n'atteignent la frontière ?

— Notre système de recherche de nuit est limité. Je peux les asticoter un peu mais pour les détruire, j'ai besoin qu'il fasse jour.

— Alors, il sera trop tard.

Kazim prit un cigare dans un humidificateur de céramique. Il l'alluma et reprit une gorgée de gin.

— Soyons pratiques ! Ça, c'est le Tanezrouft, la partie la plus déserte et la plus isolée du Sahara. L'armée algérienne n'envoie que rarement des

patrouilles dans cette portion inhabitée de son territoire près de la frontière. Pourquoi le ferait-elle ? Ils
n'ont pas de querelle avec le Mali et nous n'en avons
pas avec eux. Mes Forces de sécurité peuvent facilement frapper à 100 kilomètres à l'intérieur de chez
notre voisin du nord sans qu'il le sache.

Massarde regarda Kazim dans les yeux.

— Si c'est vraiment une mission de sauvetage des
Nations Unies, nous ne pouvons laisser échapper ni
Hopper et sa bande ni mes ingénieurs et leurs familles. Si un seul d'entre eux s'en tire et raconte ce qu'il
sait sur Fort-Foureau et Tebezza, nous n'aurons plus
l'occasion de travailler ensemble, vous et moi.

Un début de sourire se dessina sur le visage du
général.

— Ne vous inquiétez pas, Yves, mon ami. Nos
affaires sont trop prospères pour que nous permet-
tions à quelques bons Samaritains curieux de nous
tirer le tapis de dessous les pieds. Je vous promets
que demain midi, ils ne seront plus que la proie des
vautours, tous jusqu'au dernier.

Quand Kazim fut parti, Massarde parla brièvement dans l'interphone. Quelques secondes après,
Ismail Yerli entra.

— Vous avez entendu et vu sur l'écran ? demanda
Massarde.

— Oui, fit Yerli. C'est étonnant qu'il puisse être à
la fois si rusé et si stupide.

— Je vois que vous l'avez bien analysé. Vous voyez
que ce ne sera pas facile de le tenir en laisse.

— Quand attend-il que je me joigne à lui ?

— Je vous présenterai ce soir. Je donne un grand
dîner en l'honneur du président Tahir.

— Avec la situation à Tebezza, Kazim ne sera-t-il
pas trop occupé pour y assister ?

Massarde eut un sourire.

— Le Grand Lion du Mali n'est jamais trop occupé
pour assister à un dîner de gala donné par un Français.

Assis dans le petit centre de commandement, dans l'immeuble des Nations Unies à New York, le général Bock lisait le rapport relayé par satellite que lui avait fait parvenir le colonel Levant. Son visage déjà vieux était grave. Il prit un téléphone protégé et appela le numéro personnel de l'amiral Sandecker. Il tomba sur un répondeur et laissa un message urgent. Sandecker le rappela huit minutes plus tard.

— Je viens de recevoir un rapport ennuyeux du colonel Levant, annonça Bock.

— Quelle est la situation ? demanda sèchement Sandecker.

— L'aviation malienne a anéanti leur transporteur au sol. Ils sont coupés de tout et coincés.

— Comment s'est passée l'opération de sauvetage à la mine ?

— Comme prévu. Tous les étrangers au Mali vivants ont été placés sous contrôle médical et évacués. Levant annonce quelques blessés légers seulement.

— Est-ce qu'ils sont attaqués en ce moment ?

— Pas encore. Mais c'est une question d'heures avant que les troupes du général Kazim les encerclent.

— Ont-ils une possibilité de s'échapper ?

— Le colonel Levant a clairement expliqué que leur seule chance était de gagner la frontière algérienne avant l'aube.

— Ce n'est pas un choix réjouissant, dit sombrement Sandecker.

— J'ai l'impression que c'est un leurre.

— Pourquoi dites-vous cela ?

— Il a envoyé son rapport sur une fréquence ouverte. Les opérateurs de Kazim l'ont probablement intercepté.

Sandecker prit le temps d'écrire quelque chose.

— Vous pensez que le colonel Levant ira ailleurs que là où il prétend aller ?

— J'espérais que vous me le diriez, dit Bock.

— La double vue n'est pas un de mes points forts.

— Il y avait un message pour vous, dans le rapport de Levant, de la part de votre ami Pitt.

— Dirk ? Quel est le message ? demanda Sandecker soudain plus aimable, avec même une touche de révérence.

— Il dit : « Dites à l'amiral que lorsque je rentrerai à Washington, je l'emmènerai voir la petite amie de Harvey, Judy, qui chante à l'AT&S Saloon. » C'est une blague ou quoi ?

— Dirk n'a pas la réputation de faire des blagues, dit Sandecker. Il essaie de nous dire quelque chose en utilisant une devinette.

— Vous connaissez ce Harvey ?

— Le nom ne me dit rien, murmura Sandecker. Je n'ai jamais entendu Dirk mentionner un Harvey.

— Y a-t-il en endroit à Washington appelé le AT&S Saloon où une chanteuse appelée Judy chanterait ? demanda Bock.

— Si c'est le cas, je n'y suis jamais allé, dit Sandecker, cherchant à trouver une clef dans le fond de sa mémoire. La seule chanteuse appelée Judy que je connaisse était...

La réponse frappa Sandecker comme un coup de poing au visage. La simplicité ingénieuse, le code élémentaire étaient évidents pour un vieil adepte du cinéma d'autrefois comme l'amiral. Il aurait dû savoir, il aurait dû deviner que Pitt aurait joué sur ses connaissances. Il se mit à rire.

— Je ne vois pas ce qu'il y a de drôle, dit sévèrement Bock.

— Ils ne vont pas vers la frontière algérienne, dit Sandecker d'un ton triomphant.

— Que dites-vous ?

— Les hommes du colonel Levant vont vers le sud, vers la voie ferrée reliant Fort-Foureau à la mer.

— Puis-je vous demander ce qui vous a amené à cette conclusion ? demanda Bock, soupçonneux.

— Dirk nous a lancé une devinette que Kazim est incapable de trouver. La chanteuse Judy, c'est Judy Garland, et Harvey représente un film où elle jouait, appelé *The Harvey Girls*.

517

— Et le AT&S Saloon ? Ça va avec le film ?

— Ce n'est pas un saloon mais une chanson. La chanson vedette du film. Ça s'appelait *The Archison, Topeka and The Santa Fe*, le nom d'une voie de chemin de fer.

— Ça explique pourquoi Levant a envoyé le rapport sur une ligne aisément interceptable, fit Bock. Il a voulu leur faire croire qu'ils se dirigeaient vers l'Algérie.

— Alors qu'en fait, ils vont dans la direction opposée, acheva Sandecker.

— Levant a pensé, à juste titre, que le fait de traverser la frontière entre l'Algérie et le Mali n'était pas une garantie de sécurité. Des hommes aussi gonflés que Kazim se fichent pas mal des lois internationales. Il poursuivra notre groupe jusqu'à ce qu'il ait massacré tout le monde.

— Il faudrait savoir ce qu'ils ont l'intention de faire après avoir atteint la voie ferrée.

— Voler le train, peut-être ? suggéra Bock.

— C'est possible, mais en plein jour ?

— Attendez, il y avait autre chose dans le message de Pitt.

— Continuez, je vous en prie.

— Il dit ensuite : « Informez aussi l'amiral que Gary, Ray et Bob iront chez Brian pour s'amuser et pour jouer aux cartes. » Vous pouvez traduire ça ?

Sandecker réfléchit un moment.

— Si Pitt mise toujours sur les films, Gary doit être Gary Cooper. Et je suppose qu'il parle de Ray Milland.

— Vous vous rappelez un film où ils ont joué ensemble ?

— En effet, dit Sandecker tout sourire. Dirk aurait aussi bien pu mettre une enseigne au néon. Ils ont joué avec Robert Preston et Brian Donlevy dans un film d'aventures de 1939 appelé *Beau Geste*.

— Je l'ai vu quand j'étais gamin, dit Bock. C'était l'histoire de trois frères servant dans la Légion étrangère française.

— La référence à la maison de Brian suggère un fort.

— Certainement pas Fort-Foureau qui est une usine de déchets toxiques. Ce serait le dernier endroit où irait Levant.

— Y a-t-il un autre fort dans le coin ?

Bock consulta ses cartes.

— Oui, il y a un vieux poste de la Légion, à quelques kilomètres à l'ouest de l'usine. Le vrai Fort-Foureau, en fait, dont Massarde a pris le nom pour son usine.

— On dirait qu'ils ont l'intention de se cacher là jusqu'à la nuit.

— Je ferais la même chose à la place du colonel Levant.

— Ils auront besoin d'aide, dit Sandecker.

— C'est précisément la raison de mon appel, dit Bock d'un ton professionnel. Vous devez persuader le président d'envoyer un groupe des Forces spéciales américaines pour aider Levant et les captifs libérés à sortir du territoire du général Kazim.

— Avez-vous parlé au secrétaire général Hala Kamil ? Elle a plus de poids que moi auprès du président.

— Malheureusement, elle a dû aller assister à une conférence urgente à Moscou. Vous êtes le seul vers qui je puisse me tourner en cas d'urgence.

— De combien de temps disposons-nous ?

— Virtuellement, aucun. Dans le désert, il fera jour dans deux heures.

— Je ferai tout ce que je pourrai, promit Sandecker. J'espère seulement que le président n'est pas déjà couché. Sinon, j'aurai un mal de chien à le faire réveiller par ses chefs de cabinet !

49

— Mais vous êtes fou de demander à voir le président à cette heure-ci ! dit Earl Willover avec colère.

Sandecker regarda le chef de cabinet du président, tiré à quatre épingles dans une veste croisée de lainage rayé et dont le pantalon était à peine froissé. Il se demanda si ce type quittait jamais son bureau et s'il dormait debout.

— Croyez-moi, Earl, je ne serais pas ici si ce n'était très urgent.

— Je ne réveillerais le président que s'il s'agissait d'une crise internationale mettant en danger la sécurité du pays.

Sandecker avait gardé son calme jusqu'ici mais il commençait à lui échapper.

— D'accord, dites-lui qu'il y a un contribuable devant la Maison-Blanche qui fait un foin d'enfer !

— Vous êtes fou, vraiment !

— Assez fou pour foncer jusqu'à sa chambre et le réveiller moi-même !

Willover semblait sur le point d'avoir une attaque.

— Essayez un peu et je vous fais mettre en tôle par les Services secrets !

— Un tas d'innocents, y compris des femmes et des enfants, vont mourir si le président n'agit pas.

— J'entends ça dix fois par semaine, grogna Willover.

— Et je suppose que les victimes, ça vous amuse !

Willover perdit son calme.

— Vous avez réponse à tout, hein ? Espèce de marin d'eau douce arrogant ! Je vous casserai quand je voudrai, vous comprenez ?

Sandecker s'approcha assez près de Willover pour sentir son haleine mentholée.

— Ecoute-moi bien, Earl. Un jour, le président terminera son mandat et toi, tu ne seras plus qu'un monsieur Tout-le-Monde comme les autres. Alors moi, je viendrai sonner à ta porte et je t'arracherai les yeux !

— Je suis sûr qu'il en serait capable, dit une voix familière.

Sandecker et Willover se tournèrent et virent le président, debout en pyjama et robe de chambre, en train de grignoter un petit sandwich dont il tenait une assiette à la main.

— Je suis allé me chercher discrètement quelque chose à grignoter dans la cuisine et j'ai entendu des voix échauffées. Si vous me disiez de quoi il s'agit, amiral ?

Willover s'interposa.

— Je vous en prie, monsieur. C'est un sujet sans importance !

— Pourquoi ne pas me laisser en juger moi-même, Earl ? Alors, amiral, faites-moi votre petit discours.

— Permettez-moi d'abord de vous demander, monsieur le président, si on vous a mis au courant de ce qui se passe à Fort-Foureau ?

Le président regarda Willover.

— On m'a dit que vos hommes, Pitt et Giordino, avaient réussi à se sauver en Algérie et qu'ils détenaient des informations vitales quant à la corruption et les opérations frauduleuses sur Massarde et son usine de produits toxiques.

— Puis-je vous demander quelle est votre réponse ?

— Nous réunirons un tribunal international sur l'environnement, composé de représentants européens et nord-africains pour discuter d'un plan d'action, répondit Willover.

— Alors, vous n'avez pas l'intention de... je croyais que vous aviez dit, monsieur le président... que nous irions enlever la place nous-mêmes.

— Les plus raisonnables ont eu le dernier mot, dit le président en désignant Willover des yeux.

— Même maintenant que nous avons la preuve que les produits chimiques de Fort-Foureau sont la cause des marées rouges, tout ce que l'on fait, c'est une bonne petite réunion et une bonne petite discussion, dit Sandecker, incapable de se maîtriser davantage.

— Nous en parlerons une autre fois, dit le président en se tournant pour sortir de la pièce et aller se recoucher au premier étage de la Maison-Blanche. Earl vous fixera un rendez-vous.

— Est-ce qu'Earl vous a aussi parlé des mines d'or de Tebezza ? demanda soudain Sandecker.

Le président hésita et secoua la tête.

— Non, ce nom ne me dit rien.

— Quand Pitt et Giordino ont été capturés à Fort-Foureau, continua l'amiral, on les a emmenés dans une autre des sinistres entreprises du général Kazim et d'Yves Massarde, une petite mine d'or peu connue où les dissidents et l'opposition sont réduits en esclavage et doivent travailler jusqu'à la mort dans les conditions les plus barbares et les plus inhumaines. Un certain nombre d'entre eux sont des ingénieurs français et leurs familles que Massarde a emprisonnés pour qu'ils ne puissent pas rentrer chez eux et raconter ce qu'est Fort-Foureau. Mes hommes y ont aussi trouvé les membres de l'équipe des chercheurs de l'O.M.S. qui avaient prétendument disparu dans un accident d'avion. Tous étaient horriblement sous-alimentés et épuisés par un travail harassant.

Le président jeta à Willover un regard glacé.

— Il semble que, sur certains sujets, on se garde de me tenir informé.

— J'ai essayé de faire mon travail en établissant des priorités, se défendit Willover.

— Et où cela nous mène-t-il ? demanda le président à Sandecker.

— Sachant qu'il était inutile de vous demander une force spéciale, Hala Kamil est encore venue à notre rescousse et a désigné une équipe d'intervention critique des Nations Unies. Avec Pitt et Giordino pour les guider, le colonel Levant et son équipe ont atterri dans le désert près de la mine, ont mené un raid réussi et sauvé vingt-cinq étrangers, hommes, femmes et enfants...

— Des enfants obligés de travailler dans la mine ? interrompit le président.

— Oui, dit Sandecker. Ce sont ceux des ingénieurs

français et de leurs femmes. Il y avait aussi une Américaine, le Dr Eva Rojas, qui appartient à l'équipe de l'O.M.S.

— Si le raid a réussi, quel est le problème si urgent ? demanda Willover.

— Leur transport, l'avion qui les a amenés d'Algérie, a été détruit au sol sur le terrain d'aviation de Tebezza par les chasseurs de la force malienne. Toute l'équipe de Levant et les captifs libérés sont pris au piège en plein milieu du Mali. Il ne reste que quelques heures avant que l'armée malienne les trouve et les anéantisse.

— Vous peignez une image bien sombre, dit sérieusement le président. N'ont-ils aucune possibilité de gagner la frontière algérienne sans danger ?

— S'ils le faisaient, ça ne changerait pas grand-chose, expliqua Sandecker. Kazim n'hésitera pas à courir le risque d'une confrontation avec le gouvernement algérien pour empêcher les captifs de raconter les atrocités de Tebezza et les dangers de Fort-Foureau. Il enverra ses soldats profondément en territoire algérien pour les détruire et garantir leur silence.

Le président resta silencieux, regardant les sandwiches sans y toucher. Les implications de ce que venait de dire Sandecker ne pouvaient être écartées par ce que Willover allait dire, il le devinait. Mais il ne pouvait rester là sans rien faire pendant qu'un despote à la petite semaine assassinait des citoyens étrangers innocents.

— Kazim est aussi abominable que Saddam Hussein, murmura le président.

Il se tourna vers Willover.

— Je ne me mettrai pas la tête dans le sable sur ce coup-là, Earl. Trop de vies sont en jeu, y compris celles de trois Américains. Il faut les aider.

— Mais monsieur le président... protesta Willover.

— Contactez le général Halverson, au commandement des Forces spéciales à Tampa. Ordonnez-lui de monter une opération immédiate. Qui proposez-vous, amiral ?

— Le général Bock, commandant de l'Equipe tactique d'intervention des Nations Unies. Il pourra donner au général Halverson des renseignements sur la situation d'heure en heure.

Le président posa l'assiette de sandwiches sur une crédence et mit les mains sur les épaules de Willover.

— J'apprécie votre conseil, Earl, mais il faut que j'agisse maintenant. Nous pouvons faire d'une pierre deux coups et prendre sur nous la moitié du blâme si l'opération rate. Je veux que nos Forces spéciales infiltrent secrètement le Mali et qu'elles sauvent l'équipe et les captifs. Puis qu'elles filent en vitesse avant que Kazim et Massarde sachent ce qui leur est tombé dessus. Après ça, nous trouverons peut-être le moyen de neutraliser Fort-Foureau.

— Je vous suis complètement, dit Sandecker, avec un large sourire.

— Je suppose que rien de ce que je pourrais dire ne vous fera changer d'avis ? dit Willover au président.

— Non, Earl, dit le président en reprenant l'assiette. Nous allons fermer les yeux et passer la monnaie discrètement.

— Et si nous perdons ?

— Nous ne pouvons pas perdre.

Willover le regarda avec curiosité.

— Pourquoi pas, monsieur ?

Le président rendit son sourire à Sandecker.

— Parce que c'est moi qui lance les dés et que j'ai la plus grande confiance en nos Forces d'opérations spéciales. Elles remettront ces salopards de Kazim et de Massarde dans la fange où est leur vraie place.

A plusieurs kilomètres de Washington, dans la campagne du Maryland, une haute colline s'élève au-dessus d'une vaste ferme. Les automobilistes qui passent et prennent la peine de la remarquer pensent qu'il s'agit seulement d'une anomalie géologique. Aucun ou presque ne sait que ce sont des hommes qui ont bâti cette colline, qu'ils y ont creusé ce qui devait être le centre de commandement et l'abri des chefs politiques et militaires de la capitale au cours de la Seconde Guerre mondiale.

Pendant la guerre froide, la construction ne s'arrêta pas et le souterrain fut élargi en un vaste entrepôt qui abrita toutes les archives et les souvenirs de la nation depuis l'époque des premiers pionniers débarqués sur les côtes orientales, au XVIIe siècle. L'espace y est si vaste qu'on ne le mesure pas en mètres carrés mais en kilomètres carrés. Pour les quelques initiés qui connaissent son existence, c'est l'A.S.D. (Archival Safekeeping Depository[1]).

Des milliers de secrets sont enterrés dans les caisses de protection d'archives apparemment innombrables. Pour une étrange raison, connue de quelques rares bureaucrates, des sections entières du dépôt contiennent des matériaux et des objets classés secrets, qui ne réapparaîtront plus jamais dans le domaine public. Les os d'Amelia Earhart, de Fred Nooman, et les dossiers des conspirations secrètes des deux assassinats des Kennedy, l'accident de Tchernobyl et ses conséquences, des films-espions de la mystification de l'atterrissage sur la lune d'*Apollo* et beaucoup, beaucoup d'autres choses, étaient classés et rangés là, et ne verraient plus jamais la lumière du jour.

Etant donné que St Julien Perlmutter ne conduisait pas, il prit un taxi jusqu'à la bourgade de Forestville, dans le Maryland. Il attendait l'autobus depuis plus d'une demi-heure quand une Dodge s'arrêta devant lui.

— Monsieur Perlmutter ? demanda le chauffeur, un agent de sécurité du gouvernement portant des lunettes de soleil au mercure.

— C'est moi.

— Veuillez monter, s'il vous plaît.

Perlmutter fit ce qu'on lui demandait, pensant que tout cela était bien enfantin.

— Voulez-vous voir mes papiers d'identité ? demanda-t-il d'un ton acerbe.

1. Dépôt de sauvegarde des Archives.

525

Le chauffeur, un grand Afro-Américain au teint sombre, secoua la tête.

— Inutile. Vous êtes le seul homme en ville correspondant à la description qu'on m'a donnée.

— Vous avez peut-être un nom ?

— Ernie Nelson.

— A quelle agence appartenez-vous ? La Sécurité nationale ? Le F.B.I. ? Les Services secrets ?

— Je n'ai pas le droit de le dire, répondit Nelson.

— Allez-vous me bander les yeux ?

Nelson fit signe que non.

— C'est inutile, répéta-t-il. Puisque le président a accédé à votre demande de recherches dans les dossiers historiques et qu'on vous a accordé un permis Beta-Q, je pense qu'on peut vous faire confiance pour ne pas révéler ce que vous verrez aujourd'hui.

— Si vous aviez mieux étudié mon dossier, vous sauriez que c'est la quatrième fois que je viens ici faire des recherches à l'A.S.D.

L'agent ne répondit pas et resta silencieux jusqu'au bout du voyage. Il quitta l'autoroute et roula sur une route pavée jusqu'à une grille où il montra sa carte et entra. Ils passèrent deux autres contrôles avant que la route les conduise vers un bâtiment ressemblant à une grange au milieu de la ferme où couraient des cochons et des poules. Du linge était étendu sur un fil. Dans la grange partait une large rampe de béton qui s'enfonçait profondément vers le sous-sol. Ils arrivèrent enfin à une station de sécurité où l'agent gara la voiture.

Perlmutter connaissait la routine. Il sortit de la voiture et s'approcha d'un véhicule électrique un peu semblable à un kart de golf. Un conservateur archiviste vêtu d'une blouse blanche lui serra la main.

— Frank Moore, se présenta-t-il. Ça fait plaisir de vous revoir, monsieur.

— Ça me fait plaisir aussi, Frank. Depuis combien de temps ne vous ai-je pas vu ?

— Trois ans depuis votre dernière visite. Vous faisiez des recherches sur le *Sakito Maeu*.

— Le paquebot coulé par le sous-marin américain *Trout*.

— Si je me rappelle bien, il transportait des V2 allemands au Japon.

— Vous avez bonne mémoire.

— Je l'ai rafraîchie en ressortant les dossiers de vos précédentes visites, avoua Moore. Que puis-je faire pour vous cette fois-ci ?

— La guerre de Sécession, dit Perlmutter. J'aimerais voir tout ce qui pourrait jeter un peu de lumière sur la disparition mystérieuse d'un cuirassé confédéré.

— Ça paraît intéressant.

Moore lui fit signe de prendre place dans le kart électrique.

— Nos archives et objets sur la guerre de Sécession sont à environ 2 kilomètres d'ici.

Après un dernier contrôle de sécurité et une brève conversation avec le conservateur en chef, Perlmutter signa un formulaire assurant qu'il ne publierait ni ne porterait à la connaissance du public aucune de ses découvertes sans autorisation gouvernementale. Puis Moore et lui s'éloignèrent dans l'auto électrique, passant près d'un groupe qui déchargeait des archives et des rapports dont des gens avaient fait don au Mémorial des vétérans du Vietnam. Des photographies, des vieux uniformes, des boutons, des montres et des alliances, des colliers de chien, des poupées, chaque objet dûment catalogué, marqué, étiqueté et enveloppé de plastique, puis placé sur d'innombrables étagères.

Le gouvernement ne jetait rien !

Bien qu'il ait vu une partie du vaste souterrain lors de ses précédentes visites, Perlmutter ne put s'empêcher d'être impressionné par l'incroyable taille de l'endroit et les étages de boîtes de rangement des archives et des vieux objets dont beaucoup venaient de pays étrangers. La section nazie occupait à elle seule l'équivalent de quatre terrains de football.

Les archives de la guerre de Sécession occupaient, elles, quatre immeubles de trois étages chacun, dont les plafonds de béton s'élevaient à 15 mètres. Rangés nettement devant les édifices, divers types de canons s'alignaient, aussi propres et bien entretenus que s'ils venaient d'arriver sur le champ de bataille. Ils étaient montés sur leurs affûts et attachés à leurs avant-trains chargés de boulets et d'obus. On pouvait aussi admirer l'immense canon naval qui avait équipé des navires aussi célèbres que le *Hartford*, le *Kearsage*, le *Carondelet* et le *Merrimack*.

— Les archives sont dans l'immeuble A, expliqua Moore. Dans les bâtiments B, C et D, vous trouverez les armes, les uniformes, les matériels médicaux et le mobilier ayant appartenu à Lincoln, Jefferson Davis, Lee, Grant et d'autres personnages célèbres de la guerre entre le Nord et le Sud.

Ils descendirent du véhicule et entrèrent dans l'immeuble A. Le rez-de-chaussée n'était qu'une vaste mer de classeurs.

— Tous les papiers se rapportant à la Confédération sont au rez-de-chaussée, dit Moore en montrant les pièces immenses. Tout ce qui concerne l'Union est répertorié au second et au troisième. Par quoi souhaitez-vous commencer ?

— Tout ce qui concerne le *Texas*.

Moore feuilleta un catalogue qu'il sortit du véhicule.

— Les archives navales de la Confédération sont dans les classeurs bleus le long du mur du fond.

Bien que personne n'ait consulté les dossiers depuis des années, et parfois même depuis leur installation ici, il y avait fort peu de poussière. Moore aida Perlmutter à localiser un paquet contenant l'histoire connue du malheureux cuirassé. Puis il montra une table et une chaise.

— Mettez-vous à l'aise. Vous connaissez le règlement concernant le soin requis par les archives et vous savez que je dois rester près de vous pour diriger vos recherches.

— Oui, je connais le règlement, dit Perlmutter.

Moore regarda sa montre.

— Votre permis de recherche à l'A.S.D. se termine

à huit heures. Nous retournerons alors au bureau du conservateur et on vous ramènera à Forestville. Vous avez compris ?

— Oui, et je ferais bien de me mettre au travail.

— Allez-y, dit Moore, et bonne chance !

Au cours de la première heure, il examina le contenu de deux classeurs de métal gris avant de tomber sur une vieille chemise jaune contenant des archives du cuirassé *Texas*. Les papiers ne donnaient guère d'informations historiques qui ne soient déjà connues et publiées. Des spécifications de construction, des témoignages oculaires sur son apparence, un dessin de son ingénieur en chef et une liste des officiers et membres d'équipage. Il y avait aussi plusieurs rapports de l'époque sur la bataille contre la Marine de guerre de l'Union pendant son échappée historique en haute mer. Sur l'un des articles, rédigé par un journaliste nordiste à bord d'un Monitor yankee qui avait été canonné par le *Texas*, deux lignes avaient été coupées. Perlmutter se demandait à quoi pouvait correspondre cette censure. C'était la première fois depuis qu'il recherchait les épaves de la guerre de Sécession qu'il tombait sur un coup de ciseaux de la censure.

Puis il trouva quelques papiers soigneusement pliés. Il les déplia avec soin et les posa sur la table. Il s'agissait d'une déclaration faite sur son lit de mort par un certain Clarence Beecher à un journaliste anglais dans un petit hôpital près de York. Beecher assurait être le dernier survivant de la mystérieuse disparition du C.S.S. *Texas*. Il décrivait le voyage à travers l'Atlantique et affirmait qu'ils avaient remonté un large fleuve africain. Le navire n'avait eu aucun problème pendant les centaines de miles le long des berges luxuriantes jusqu'à ce qu'il pénètre aux abords d'un grand désert. Parce que le pilote n'était pas familiarisé avec cette rivière, dont il n'avait pas la carte, il s'était trompé et s'était engagé dans un bras du fleuve principal. Ils avaient ainsi navigué deux jours et deux nuits avant que le capitaine se rende compte de l'erreur. Quand ils avaient voulu retourner sur le fleuve, le cuirassé s'était enlisé et malgré leurs efforts, ils n'avaient pas pu le dégager.

Les officiers avaient discuté et décidé d'attendre la fin de l'été et le retour des pluies qui feraient remonter le niveau d'eau de la rivière. Ils disposaient d'une quantité limitée de nourriture à bord mais la rivière leur fournissait l'eau nécessaire. Le capitaine avait également acheté des marchandises aux tribus touaregs qu'il avait payées avec de l'or. En deux occasions, des bandes importantes de bandits du désert avaient eu la mauvaise idée de tenter des attaques pour dépouiller le navire enlisé de sa provision apparemment inépuisable d'or.

En août, la typhoïde, la malaria et le manque de nourriture avaient fait des ravages dans l'équipage, le décimant jusqu'à ce qu'il n'y ait plus que deux officiers et dix marins capables de marcher.

Perlmutter arrêta sa lecture et rêva un moment, sa curiosité éveillée. Qui donc était le *président* auquel Beecher faisait allusion ? Il trouvait le fait très troublant.

Beecher continuait en disant que lui-même et quatre de ses camarades armés furent désignés pour descendre la rivière sur l'un des canots rescapés du cuirassé, pour essayer de trouver de l'aide auprès du monde extérieur. Seul Beecher avait réussi à atteindre l'embouchure du Niger. Soigné par des marchands d'un poste avancé anglais, il avait été ramené en Angleterre où il avait fini par se marier et devenir fermier dans le Yorkshire. Beecher n'était jamais retourné dans sa Géorgie natale parce qu'il était sûr qu'on l'y pendrait pour le crime terrible commis par le *Texas* et affirma qu'il avait eu trop peur pour parler avant ce jour.

Quand il eut rendu le dernier soupir, le médecin et l'épouse de Beecher oublièrent cette déclaration qu'ils considéraient comme la divagation d'un mourant. Il apparut que le reporter n'avait édité l'article que parce que, ce jour-là, l'actualité était plutôt avare en événements.

Perlmutter lut l'article une seconde fois. Il aurait aimé y croire en dépit du scepticisme de l'épouse et du médecin mais le problème, c'était que le nom de Clarence Beecher ne figurait pas sur la liste des membres de l'équipage engagé juste avant que le *Texas* ne quitte le chantier naval de Richmond, en Virginie. Il soupira et referma le dossier.

— Je crois que j'ai tout ce que je peux trouver ici, dit-il à Moore. Maintenant, j'aimerais fouiller dans les archives navales de l'Union.

Moore remit à leur place les dossiers consultés et le guida vers un escalier de métal menant au deuxième étage.

— Quel mois et quelle année souhaitez-vous consulter ? demanda-t-il.

— Avril 1865.

Ils se frayèrent un chemin dans les allées étroites menant au toit où des quantités de classeurs étaient encore entassés. Moore se procura une échelle pour le cas où Perlmutter souhaiterait fouiller les classeurs les plus élevés et l'emmena vers le classeur correspondant à sa demande.

Méthodiquement, Perlmutter commença ses recherches par le 2 avril 1865, date à laquelle le *Texas* quitta le quai de Richmond. Il avait une façon bien à lui de conduire ses recherches et il avait peu de rivaux dans l'art de relier deux fils apparemment sans rapport. Son obstination et son raisonnement instinctif lui avaient permis de résoudre des énigmes compliquées.

Il commença par les rapports officiels de la bataille. Quand il les eut tous lus, il passa aux témoignages oculaires des civils qui s'étaient assemblés sur les rives de la James River et des marins des bâtiments de l'Union. En deux heures, il avait parcouru le contenu pertinent de soixante lettres et de quinze récits. Il prit quantité de notes sur un large bloc sous le regard attentif de Frank Moore qui, tout en se fiant à Perlmutter, avait vu trop de chercheurs renommés essayer de voler des papiers historiques pour ne pas rester vigilant.

Quand Perlmutter trouva une piste, il la suivit, partant d'une description apparemment banale, d'une information sans importance qui le mena, révélation après révélation, à une histoire trop incroyable pour être crue. Finalement, ne pouvant aller plus loin, il fit signe à Moore.

— Combien de temps me reste-t-il ?

— Deux heures et dix minutes.

— Je suis prêt à continuer.

— Que voulez-vous consulter ?

— Toute correspondance privée ou tout document que vous pourriez avoir sur un certain Edwin McMaster Stanton.

Moore connaissait.

— Ce vieux croûton de ministre de la Guerre de Lincoln, oui. Je ne sais pas ce que nous avons sur lui. Ses papiers n'ont jamais été catalogués. En tout cas, ça doit être là-haut, avec les documents gouvernementaux américains.

Les dossiers concernant Stanton étaient volumineux et emplissaient dix classeurs métalliques. Perlmutter travailla avec acharnement, ne s'arrêtant qu'une fois pour aller aux cabinets les plus proches. Il lut les documents aussi vite qu'il put, surpris de ne pas trouver grand-chose sur les relations que Stanton entretenait avec Lincoln vers la fin de la guerre. Nul n'ignorait, en effet, que le ministre de la Guerre n'aimait pas son président et qu'il avait détruit un grand nombre de pages du journal de son assassin, John Wilkes Booth, y compris des papiers concernant ses complices. Pour la plus grande frustration des historiens, Stanton avait volontairement laissé sans réponses de nombreuses questions sur l'assassinat au théâtre Ford.

Puis, quarante minutes avant l'échéance de son autorisation, Perlmutter gagna le gros lot. Caché tout au fond d'un dossier, il trouva un paquet jauni par le temps dont le sceau de cire était encore intact. Il considéra l'encre un peu pâlie à la date du 9 juillet 1865, deux jours après la pendaison des complices de Booth, Mary Surratt, Lewis Paine, David Herold et George Atzerodt, dans la prison de l'Arsenal. Sous la date, il lut la mention : « A n'ouvrir que cent ans après ma mort. » C'était signé Edwin M. Stanton.

Perlmutter s'assit devant une table, brisa le sceau, ouvrit le paquet et commença à lire les papiers qu'il trouva à l'intérieur avec trente et un ans de retard sur les instructions de Stanton.

A mesure qu'il lisait, il avait l'impression de remonter dans le temps. Malgré la fraîcheur du lieu souterrain, des gouttes de sueur perlèrent à son front. Quand il eut fini, quarante minutes après, et posé le dernier papier, ses mains tremblaient. Il poussa un profond soupir silencieux et secoua lentement la tête.

— Mon Dieu ! murmura-t-il.

Moore le regarda.

— Vous avez trouvé quelque chose d'intéressant ?

Perlmutter ne répondit pas. Il se contenta de regarder la pile de vieux papiers en répétant :

— Mon Dieu ! Mon Dieu !

50

Ils étaient tous étendus derrière la crête d'une dune, regardant les rails vides qui s'allongeaient sur le sable comme un chemin fantôme vers l'oubli. Les seuls signes de vie parvenant de l'obscurité d'avant l'aurore étaient les lumières distantes du site de traitement des déchets toxiques de Fort-Foureau. Au loin, les rails à moins d'un kilomètre vers l'ouest, la silhouette sombre du fort abandonné de la Légion étrangère s'élevait sur l'ivoire sombre du ciel, comme un château sinistre dans un film d'horreur.

La course folle à travers le désert s'était bien passée, sans problèmes mécaniques. Les captifs avaient durement ressenti les chocs des ressorts mais ils étaient trop heureux d'être libres pour se plaindre. Fairweather les guida efficacement à travers l'ancienne piste chamelière venant des vieilles mines de Taoudenni, au sud de Tombouctou. Il avait mené le convoi jusqu'au chemin de fer non loin du fort, par sa seule connaissance du terrain et grâce à une boussole empruntée à l'équipe.

Une fois, pendant le trajet, Pitt et Levant s'étaient arrêtés, l'oreille tendue vers le bruit lointain d'un groupe d'hélicoptères escortant probablement les chasseurs à réaction. Les avions volaient vers le nord, vers Tebezza et la frontière algérienne. Comme l'avait prédit Pitt, l'aviation malienne survola le convoi, ignorant que leurs proies se cachaient juste au-dessous d'elle.

— Beau travail, monsieur Fairweather, complimenta Levant. C'est l'une des plus belles navigations qu'il m'ait été donné de voir. Vous nous avez amenés droit au but.

— C'est l'instinct, sourit Fairweather. L'instinct plus une petite part de chance.

— Mieux vaut sortir des rails et entrer dans le fort, dit Pitt. Il nous reste moins d'une heure avant le jour pour cacher les véhicules.

Comme d'étranges créatures de la nuit, le buggy et les transports de troupes suivirent les rails, rebondissant sur les traverses de béton jusqu'à la hauteur du fort. Pitt tourna dès qu'il aperçut la carcasse du camion Renault, celui-là même derrière lequel Giordino et lui s'étaient cachés avant de sauter dans le train vers Fort-Foureau. Il arrêta la colonne devant la grande porte de bois. Ils l'avaient laissée entrouverte la semaine passée et elle l'était encore. Levant la fit ouvrir en grand pour permettre au convoi d'entrer sur l'aire de rassemblement.

— Si je peux me permettre, colonel, dit Pitt avec tact, il nous reste juste assez de temps pour que quelqu'un aille effacer les traces de nos pneus entre le chemin de fer et ici. Si quelqu'un se pose des questions ensuite, on pourra penser qu'un convoi de véhicules militaires maliens a traversé le désert pour continuer le long des rails jusqu'à l'usine de produits toxiques.

534

— Bonne idée, dit Levant. Laissons-les croire qu'il s'agit de leurs propres patrouilles.

Pembroke-Smythe, suivi de Giordino et des autres officiers de Levant, se rassemblèrent autour de leur chef, attendant ses ordres.

— Notre priorité, c'est de camoufler les camions et de trouver un abri quelconque pour les femmes et les enfants, dit Levant. Ensuite, il faudra préparer le fort à une attaque au cas où les Maliens se rendraient compte qu'ils ont poursuivi des ombres et chercheraient des traces que le vent n'aurait pas couvertes.

— Quand sortirons-nous d'ici, monsieur ? demanda un officier à l'accent suédois.

Levant se tourna vers Pitt.

— A votre avis, monsieur Pitt ?

— Nous arrêterons un train sortant qui passe ici après la tombée du jour et nous l'emprunterons.

— Les trains ont des systèmes de communication, remarqua Pembroke-Smythe. Le chauffeur hurlera au meurtre si vous tentez de lui prendre son train.

— Et une fois alertés, les Maliens bloqueront les rails un peu plus loin, termina l'officier suédois.

— Ne vous occupez pas de ça, dit Pitt d'un ton de reproche. Laissez faire Jessie James Pitt et Butch Cassidy Giordino. Nous pratiquons l'art de subtiliser les trains depuis... depuis quand, Al ?

— Ça a fait une semaine jeudi dernier, répondit Giordino.

— Il serait peut-être bon d'augmenter nos primes d'assurance, dit Pembroke-Smythe d'un air sombre.

— C'est trop tard, dit Levant en regardant l'intérieur obscur du fort. Ces murs n'ont pas été prévus pour résister à des missiles air-sol ou à l'artillerie lourde. Les forces de Kazim peuvent réduire cet endroit en miettes en une demi-heure. Alors, pour éviter les problèmes, nous devons lui garder son air d'abandon.

— Les Maliens ne se battront pas contre des civils désarmés, cette fois, dit résolument Pembroke-Smythe. Le sol est plat comme un terrain de cricket sur deux kilomètres de tous les côtés. Aucune couverture pour des attaquants. Ceux d'entre nous qui survivront à une attaque aérienne le leur feront payer cher avant qu'ils ne prennent ce fort.

— Priez pour qu'ils n'aient pas de chars dans le coin, lui rappela Giordino.

— Postez des sentinelles sur les remparts, ordonna Levant. Cherchez ensuite s'il y a un moyen de descendre au sous-sol. Si je me rappelle bien ma dernière visite ici, il y avait un arsenal pour ranger des obus et des munitions.

Comme le suggérait Levant, il y avait bien un escalier menant au sous-sol dans les baraques. Deux petites pièces vides à part quelques boîtes métalliques ouvertes qui avaient contenu des cartouches de fusils. On fit rapidement descendre les captifs de Tebezza des camions et on les aida à s'installer en bas. Tous furent ravis de sortir des véhicules et de retrouver la terre ferme. L'équipe médicale les installa aussi confortablement que possible et soigna ceux qui en avaient besoin.

Les véhicules de l'équipe tactique furent bientôt cachés et recouverts pour ressembler à des piles de débris. Lorsque le soleil darda ses premiers rayons, le vieux fort de la Légion étrangère avait repris son apparence abandonnée. Les deux principales inquiétudes de Levant étaient d'être découverts avant la nuit et leur vulnérabilité à une attaque aérienne. Il ne se sentait pas à l'abri. S'ils étaient pris, il n'y avait aucun endroit pour s'enfuir. Déjà les gardes sur les remparts regardaient un train quitter le complexe pour les côtes de Mauritanie. Ils étaient impatients de le prendre.

Pitt étudia ce qui avait dû être une fosse d'entretien de moteurs, à moitié effondrée. Puis il inspecta une douzaine de bidons à gasoil à demi enterrés sous une pile d'ordures. Il tapa les bidons métalliques et en trouva six presque pleins. Il était sur le point de dévisser un des bouchons quand Giordino entra dans l'abri.

— Tu as l'intention de mettre le feu ? demanda-t-il.

— Ça ne serait peut-être pas une mauvaise idée si nous étions attaqués par des engins blindés, dit Pitt. Les troupes des Nations Unies ont perdu leur lance-missiles quand l'avion a sauté.

— Du gasoil, dit Giordino. Il a dû être stocké ici par les gars qui ont posé la voie ferrée.

Pitt mit un doigt dans la goulotte du bidon et le leva.

— En tout cas, il est aussi pur que lorsqu'il est sorti de la raffinerie.

— Et à quoi ça sert, sinon à faire des cocktails Molotov ? fit Giordino, intéressé. A moins que tu ne veuilles le faire bouillir pour jouer aux chevaliers de l'ancien temps en le jetant sur les ennemis quand ils grimperont aux échelles

— Tu brûles.

Giordino fit la grimace.

— Cinq hommes et un petit garçon ne pourraient pas soulever un de ces bidons ou le porter sur les murs, pas tant qu'ils sont pleins jusqu'à la gueule.

— As-tu déjà vu une catapulte ?

— Jamais de ma vie, grogna Giordino. Est-ce que j'aurais l'air idiot si je te demandais de me faire un dessin ?

A sa grande surprise, c'est précisément ce que fit Pitt. Il se pencha, sortit d'une gaine sur la jambe de son pantalon un couteau de commando à double tranchant et commença à dessiner sur la poussière du sol. Le dessin était sommaire mais Giordino comprit ce que Pitt essayait de lui montrer. Quand son ami eut fini, il le regarda.

— Tu crois qu'on peut en construire une ?

— Je ne vois pas pourquoi on ne pourrait pas, dit Giordino. Il y a des tas de poutres, dans ce fort et, dans les véhicules de transport, il y a des grandes longueurs de fil de nylon qu'ils utilisent pour grimper sur des rochers ou pour des remorquages d'urgence. Le problème, d'après moi, sera de trouver quelque chose pour fournir la tension.

— Les lames de ressort des essieux arrière ?

Giordino réfléchit un moment puis approuva.

— Ça peut marcher. Mais oui, nom d'un chien, ça peut marcher !

— C'est sans doute du temps perdu, dit Pitt en regardant son dessin. Il n'y a pas de raison pour qu'une des patrouilles de Kazim vienne nous tomber dessus et siffle avant l'heure du train.

— Onze heures à tuer avant la nuit. Ça nous donnera quelque chose à faire.

Pitt commença à se diriger vers la porte.

— Tu commences à assembler les pièces. Moi, j'ai une course à faire. Je te rattraperai plus tard.

Pitt passa près d'un groupe d'hommes qui renforçaient l'entrée principale, contourna les murs du fort en prenant soin d'effacer les traces de ses pas. Il sauta dans un étroit ravin et marcha jusqu'à un monticule près d'une pente escarpée.

L'Avions Voisin était toujours là, dans sa splendide solitude.

Presque tout le sable que Giordino et lui avaient jeté à la hâte sur le toit et le capot avait été soufflé par le vent mais il en restait suffisamment pour que les patrouilles aériennes de Kazim ne la remarquent pas. Il ouvrit la portière, se glissa derrière le volant et appuya sur le bouton du starter. Presque immédiatement, le moteur se mit à ronronner.

Pitt resta là quelques minutes, admirant la construction soignée de la vieille automobile. Puis il arrêta le moteur, sortit et recouvrit la carrosserie de sable.

Pitt descendit l'escalier jusqu'à l'arsenal. Il vit immédiatement qu'Eva allait beaucoup mieux. Bien qu'encore pâle et que ses traits fussent encore tirés, ses vêtements sales et déchirés, elle était en train d'aider à faire manger un tout jeune enfant dans les bras de sa mère. Elle leva les yeux et aperçut Pitt. Il y avait dans son regard une nouvelle force, une nouvelle détermination.

— Comment va-t-il ?

— Il jouera au *soccer* très bientôt, dès qu'il aura avalé quelque chose de solide et plein de vitamines.

538

— Moi, je joue au football, murmura le petit garçon.

— En France ? demanda Eva.

— Nous l'appelons le *soccer*, dit Pitt en souriant, mais dans tous les autres pays, ça s'appelle le football.

Le père de l'enfant, l'un des ingénieurs français qui avaient construit l'usine de Fort-Foureau, s'approcha et serra la main de Pitt. Il ressemblait à un épouvantail. Il portait des sandales de cuir brut, sa chemise était déchirée et tachée et son pantalon maintenu par une ficelle. Une barbe noire et hirsute lui cachait la moitié du visage et il portait un gros pansement sur la moitié de la tête.

— Je m'appelle Louis Monteux.

— Dirk Pitt.

— Au nom de ma femme et de mon fils, dit Monteux d'une voix faible, je ne pourrai jamais vous remercier assez de nous avoir sauvé la vie.

— Nous ne sommes pas encore sortis du Mali, dit Pitt.

— Mieux vaut une mort rapide que Tebezza.

— Demain à cette heure-ci, nous serons hors de portée du général Kazim, assura Pitt.

— De Kazim et de Massarde, cracha Monteux. Des criminels de première grandeur.

— Si Massarde vous a envoyé à Tebezza avec votre famille, demanda Pitt, c'était bien pour vous empêcher de révéler les opérations frauduleuses de Fort-Foureau, n'est-ce pas ?

— Oui. L'équipe de scientifiques et d'ingénieurs qui ont, à l'origine, étudié et construit le complexe a découvert, quand il a été achevé, que Massarde avait l'intention d'y faire entrer bien plus de déchets toxiques que l'usine n'était capable d'en détruire.

— Quelle était votre fonction ?

— D'étudier et de surveiller la construction des réacteurs thermiques pour la destruction des déchets.

— Et ça fonctionne ?

Monteux hocha fièrement la tête.

— Je pense bien ! Ça fonctionne même extrêmement bien ! C'est le système le plus grand et le plus efficace de décontamination du monde entier à ce jour. La technologie de l'énergie solaire de Fort-Foureau est la meilleure dans ce domaine.

— Alors, où Massarde a-t-il dérivé ? Pourquoi dépenser des centaines de millions de dollars pour un équipement de pointe, ne l'utiliser que comme une façade et enterrer secrètement des chargements entiers de déchets nucléaires et chimiques ?

— L'Allemagne, la Russie, la Chine, les Etats-Unis, la moitié du monde croule sous les déchets nucléaires de très haute toxicité, les déchets violemment radioactifs, qui restent lorsqu'on retraite les combustibles des réacteurs et le matériau fissile des bombes nucléaires. Bien que ça ne représente que moins de un pour cent de tous les déchets nucléaires, ça représente quand même des millions de litres dont on ne sait quoi faire. Massarde leur a proposé de les en débarrasser.

— Mais certains pays ont construit leurs propres usines de décontamination !

— Trop petites, trop tard, fit Monteux. Le nouveau site français de Soulaines est déjà trop petit avant même d'être achevé. Il y a aussi l'usine de traitement de Hanford Reservation, à Richland, dans l'Etat de Washington, chez vous. Là, les réservoirs prévus pour contenir des liquides hautement toxiques ont commencé à fuir après seulement vingt ans. Près de deux millions de litres de produits extrêmement radioactifs ont pénétré le sol et contaminé les eaux souterraines.

— Une bonne affaire, dit pensivement Pitt. Massarde reçoit des dessous-de-table de gouvernements et de sociétés cherchant désespérément à se débarrasser de leurs déchets toxiques. Et parce que Fort-Foureau est au Sahara occidental, parce que ça paraît être un lieu idéal pour un dépôt d'ordures, il s'est mis en cheville avec Zateb Kazim qui lui sert de bouc émissaire lors des protestations nationales et internationales. Et puis il facture des sommes colossales et fait entrer les déchets en douce au milieu du territoire le plus inutile du monde et les enterre, sous le fallacieux prétexte d'une décontamination thermique.

— C'est une bonne description, tout à fait exacte. Mais comment savez-vous tout cela ?

— Mon ami et moi avons pénétré dans les zones souterraines de stockage et nous avons vu les conteneurs de déchets nucléaires.

— Le Dr Hopper nous a dit que vous avez été capturés dans le complexe lui-même.

— A votre avis, monsieur Monteux, est-ce que Massarde aurait pu construire à Fort-Foureau un complexe bénéfique et fiable, capable de traiter tous les déchets qu'il reçoit ?

— Absolument, dit Monteux. Si Massarde avait creusé les salles de stockage des déchets à 2 kilomètres de profondeur dans des formations rocheuses stables, on l'aurait hissé à la sainteté. Mais ce n'est qu'un radin sans âme, un homme d'affaires véreux intéressé exclusivement par les gains et les bénéfices. Massarde est un malade, drogué de puissance et d'argent qu'il enterre soigneusement dans un endroit connu de lui seul.

— Saviez-vous que c'est un produit chimique toxique qui a fui dans les eaux souterraines ? demanda Pitt.

— Un produit chimique ?

— D'après ce que j'ai compris, le composant responsable de milliers de morts dans ce coin du Mali est une synthèse d'acide aminé et de cobalt.

— Nous n'avons entendu parler de rien, depuis que nous avons été enfermés à Tebezza, dit Monteux en frissonnant. Seigneur ! Tout cela est devenu encore plus horrible que je n'imaginais. Mais le pire reste encore à venir. Massarde a utilisé des conteneurs de mauvaise qualité pour les déchets chimiques et nucléaires. C'est seulement une question de temps. Toutes les chambres de stockage et la terre elle-même sur des kilomètres à la ronde nageront bientôt dans une mort liquide.

541

— Il y a encore quelque chose que vous ignorez, dit Pitt. Le produit chimique, après avoir atteint la nappe souterraine, va se jeter dans le Niger d'où il est conduit jusqu'à l'océan. Là, il cause une explosion de marée rouge qui consume, peu à peu toute la vie et tout l'oxygène de l'eau.

Monteux se frotta le visage, choqué par la nouvelle.

— Qu'avons-nous fait ! Si seulement nous avions su que Massarde avait l'intention de monter une opération bon marché et dangereuse, aucun de nous n'aurait accepté de travailler pour lui.

— Vous avez dû découvrir les intentions de Massarde assez vite pendant la construction, non ?

Monteux secoua la tête.

— Ceux d'entre nous qu'il a enfermés à Tebezza étaient tous des consultants et des entrepreneurs extérieurs. Nous n'étions là que pour étudier et construire l'ensemble photovoltaïque et le réacteur thermique. Nous n'avons pas fait très attention aux excavations. Il s'agissait d'un projet séparé des Entreprises Massarde.

— Quand avez-vous commencé à vous douter de quelque chose ?

— Pas au début. Quand on questionnait les ouvriers de Massarde, par simple curiosité, on nous disait que l'excavation n'était que pour stocker temporairement les déchets qui arrivaient, avant leur traitement. Personne n'était autorisé à s'approcher de la zone, sauf ceux qui y travaillaient. Ce n'est que lorsque la construction a été presque achevée que nous avons commencé à flairer un mensonge.

— Et qu'est-ce qui a finalement fait découvrir le pot aux roses ?

— Nous avons tous supposé que l'entrepôt souterrain de stockage était terminé au moment où le réacteur thermique a commencé à tourner avec succès. A ce moment-là, les matériaux toxiques arrivaient par le chemin de fer que Massarde avait fait construire par une main-d'œuvre peu payée et fournie par Kazim. Un soir, un des ingénieurs qui avaient assemblé les collecteurs solaires paraboliques s'est glissé dans l'entrepôt après avoir volé un badge. Il a découvert qu'on n'avait jamais cessé de creuser et que le projet continuait. Il a vu que la terre excavée était chargée en secret dans les conteneurs ayant apporté les produits toxiques. Il a aussi trouvé des cavernes pleines de bidons de déchets nucléaires.

— Je vois, fit Pitt. Mon ami et moi sommes tombés nous aussi sur ces secrets. Mais à ce moment-là, nous ignorions le système de sécurité vidéo de Massarde.

— L'ingénieur a réussi à regagner nos quartiers d'habitation et nous a tout raconté avant qu'on puisse l'en empêcher, expliqua Monteux. Peu après, tous ceux d'entre nous qui n'appartenaient pas aux Entreprises Massarde et nos familles furent arrêtés et envoyés à Tebezza pour empêcher le secret d'être connu en France.

— Comment a-t-il expliqué votre soudaine disparition ?

— Une histoire inventée d'un désastre sur le chantier, un incendie qui nous aurait tous tués. Le gouvernement français a insisté pour faire une enquête mais Kazim a refusé l'entrée au Mali à tous les enquêteurs étrangers en affirmant que son gouvernement mènerait l'enquête. Bien entendu, il n'y a pas eu d'enquête et nos corps prétendument brûlés ont été, selon ses dires, éparpillés dans le désert après une cérémonie appropriée.

Les yeux de Pitt se firent soudain plus foncés.

— Massarde est un homme minutieux. Mais il lui arrive de commettre des erreurs.

— Des erreurs ? s'étonna Monteux.

— Il laisse trop de gens en vie.

— Quand on vous a pris, l'avez-vous rencontré ?

Pitt toucha du doigt l'une des cicatrices qui lui barraient la joue.

— Il a aussi une nature vicieuse !

Monteux sourit.

— Vous avez de la chance que ce soit le seul cadeau qu'il vous ait fait. Quand on nous a rassemblés pour nous expliquer que nous étions condamnés à mort par esclavage dans les mines, une femme a résisté et lui a craché au visage. Il l'a tranquillement tuée d'une balle entre les deux yeux devant son mari et sa fille de dix ans.

— Plus j'entends parler de cet homme, dit Pitt d'un ton froid, et moins il me devient cher.

— Les commandos disent que nous allons essayer de prendre d'assaut un train et de fuir vers la Mauritanie ce soir ?

— Oui, c'est ce que nous ferons si les armées maliennes ne nous trouvent pas avant la nuit.

— Nous avons parlé entre nous, dit sombrement Monteux. Aucun d'entre nous ne retournera à Tebezza. Nous préférerions mourir. Nous nous sommes engagés à tuer nos femmes et nos enfants plutôt que de les laisser souffrir à nouveau dans les mines.

Pitt considéra Monteux, puis les femmes et les enfants étendus sur le sol de ciment de l'arsenal. Son visage aux traits tirés et brûlé de soleil prit une expression désolée mêlée de colère. Puis il dit doucement :

— Espérons que nous n'arriverons pas à cette extrémité.

Eva était trop fatiguée pour dormir. Elle regarda Pitt dans les yeux.

— Une petite promenade dans le soleil du matin avec moi ?

— Personne n'est autorisé à se promener à découvert. Le fort doit avoir l'air abandonné pour les trains qui passent ou les avions qui pourraient le survoler.

— On a roulé toute la nuit dernière et je suis enfermée dans une cave depuis deux semaines. N'y a-t-il pas un moyen pour moi de voir le soleil ? implora-t-elle.

Il ne dit rien mais lui adressa son plus beau sourire de pirate en la prenant dans ses bras. Il la porta en haut, jusqu'à l'aire de rassemblement. Sans s'arrêter, il grimpa jusqu'à la plate-forme qui s'étendait autour des remparts du fort avant de la reposer légèrement sur ses pieds.

Le soleil aveugla Eva un moment et elle ne vit pas s'approcher la jeune femme du commando chargée de la surveillance des lieux.

— Vous devez rester invisible du dehors, ordonna-t-elle. Ce sont les ordres du colonel Levant.

— Juste deux minutes, plaida Pitt. Cette dame n'a pas vu de ciel bleu depuis trop longtemps.

La combattante de l'équipe tactique avait l'air aussi rude que son uniforme bourré d'armes et de munitions, mais elle avait deux fois plus de compassion et de compréhension qu'un homme. Un regard à la femme amaigrie qui s'appuyait sur Pitt, et son expression s'adoucit.

— Deux minutes, dit-elle avec un très léger sourire. Puis il faudra vous remettre à l'abri.

— Merci, dit Eva, je vous suis très reconnaissante.

Il y avait encore une heure avant la température brûlante du jour. Pitt et Eva regardèrent, de leur point de vue dominant, les rails proches du train allant se perdre à l'infini dans l'immensité plate, vers le nord. Curieusement, c'était Pitt et non la jeune femme qui sentait la magnificence de ce paysage sec et hostile qui avait pourtant essayé de le tuer.

— Ce que j'ai hâte de revoir l'océan ! dit-elle.

— Vous plongez ?

— J'ai toujours adoré l'eau mais je n'ai jamais dépassé le stade du masque et des palmes.

— La vie sous-marine abonde en toutes sortes de variétés, autour de Monterey. Il y a des poissons superbes qui nagent dans des forêts de varech, des formations rocheuses incroyables, surtout au sud de la côte de Carmel, vers Big Sur. Quand nous irons, je vous donnerai des leçons de plongée sous-marine.

— Je suis impatiente d'y être !

Elle ferma les yeux, renversa la tête en arrière et se laissa baigner de soleil, les joues rosées par la chaleur naissante. Il la contempla, remarquant chaque adorable trait de son visage que n'avait pas affecté sa longue souffrance. Les sentinelles autour des remparts se fondirent dans la vive lumière du soleil. Il aurait voulu l'envelopper de ses bras, oublier tout ce qui n'était pas ce moment et l'embrasser.

C'est ce qu'il fit.

Pendant de longues secondes, elle se serra très fort contre lui et lui rendit ses baisers. Il la serra, la prit par la taille et la souleva. Combien de temps restèrent-ils ainsi, l'un contre l'autre, ni l'un ni l'autre n'aurait pu le dire.

Finalement, elle le repoussa et plongea son regard dans le vert opalin de ses yeux. Elle se sentait à la fois faible, excitée et folle d'amour. Elle murmura :

— Je savais, dès ce dîner au Caire, que je ne serais jamais capable de te résister.

— Et moi, je pensais que je ne te reverrais jamais, dit-il doucement.

— Tu retourneras à Washington, quand on sortira d'ici ?

Elle dit cela comme si elle était sûre de sortir du désert. Il haussa les épaules sans la lâcher.

— Je suis sûr qu'on souhaite que je revienne aider à stopper la marée rouge. Et toi, après un bon repos, où seras-tu ? Une autre mission humanitaire dans un autre pays sous-développé pour combattre une autre maladie ?

— C'est mon travail, murmura-t-elle. Aider à sauver des vies, c'est ce que j'ai toujours voulu faire, depuis que je suis toute petite.

— Ça ne laisse pas grand temps pour la romance, n'est-ce pas ?

— Nous sommes tous deux prisonniers de nos occupations.

La sentinelle revint.

— Il va falloir descendre vous cacher, maintenant, dit-elle d'un ton gêné. On n'est jamais trop prudent. Vous comprenez ?

Eva attira vers elle le visage mal rasé de Pitt et lui murmura à l'oreille :

— Me trouverais-tu impudente si je te disais que j'ai envie de toi ?

Il sourit.

— Je suis une proie facile pour les filles impudentes !

Elle fit un petit geste pour rejeter ses cheveux en arrière et remettre un peu d'ordre dans ses vêtements en lambeaux.

— Mais certainement pas pour une fille qui n'a pas pris un bain depuis deux semaines et qui est maigre comme un chat de gouttière ?

— Oh ! je ne sais pas ! Je crois que les femmes maigres et pas lavées réveillent la bête qui dort en moi.

Sans rien ajouter, Pitt la conduisit dans une petite pièce au-delà de ce qui avait dû être le mess et la cuisine du fort. Elle ne contenait qu'une caisse de barres de fer. Personne en vue. Il la quitta une minute et revint avec deux couvertures qu'il étala sur le sol poussiéreux puis il ferma la porte à clef.

Ils se distinguaient à peine dans le rai de lumière qui filtrait sous la porte. Il la serra à nouveau dans ses bras.

— Désolé de ne pouvoir t'offrir ni le champagne ni un lit géant.

Eva s'agenouilla sur les couvertures et contempla son visage buriné.

— Je fermerai les yeux et j'imaginerai que je suis avec mon bel amant dans la suite la plus luxueuse du plus bel hôtel de San Francisco.

Pitt l'embrassa en riant.

— Madame, vous avez une imagination fantastique !

51

Le bras droit de Massarde, Félix Verenne, entra dans le bureau de son patron.

— Un appel d'Ismail Yerli au quartier général de Kazim.

Massarde prit le combiné.

— Oui, Ismail, j'espère que vous avez de bonnes nouvelles.

— J'ai le regret de vous dire, monsieur Massarde, que les nouvelles sont loin d'être bonnes !

— Kazim a-t-il arrêté l'unité de combat des Nations Unies ?

— Non, et il ne l'a pas encore trouvée. Leur avion a bien été détruit comme nous le pensions mais ils ont disparu dans le désert.

— Pourquoi les patrouilles ne peuvent-elles suivre leurs traces ? demanda Massarde avec colère.

— Le vent du désert les a effacées, répondit calmement Yerli. Toutes les traces ont disparu.

— Quelle est la situation à la mine ?

— Les prisonniers se sont révoltés, ont tué les gardes, détruit les équipements et saccagé les bureaux. Vos ingénieurs aussi sont morts. Il faudra bien six mois pour remettre la mine en état de fonctionner.

— Et O'Bannion ?

— Disparu. Aucune trace de son corps. Mais mes hommes ont trouvé celui de sa contremaîtresse sadique.

— L'Américaine appelée Melika ?

— Les prisonniers ont mutilé son corps pour se venger. Elle est presque méconnaissable.

— Les assaillants ont dû prendre O'Bannion comme preuve contre nous, suggéra Massarde.

— Il est trop tôt pour le dire. Les officiers de Kazim viennent de commencer à interroger les prisonniers. Je peux aussi vous dire que les Américains, Pitt et Giordino, ont été reconnus par un des gardes survivants. Ils s'étaient échappés de la mine il y a une semaine. Ils ont filé vers l'Algérie et sont revenus avec l'unité américaine.

Massarde fut frappé de stupeur.

— Juste ciel ! Cela veut dire qu'ils ont atteint Alger et qu'ils ont pris contact avec l'extérieur !

— C'est ce que je crois.

— Pourquoi O'Bannion ne nous a-t-il pas parlé de leur fuite ?

— Il a dû craindre votre réaction et celle de

Kazim, c'est évident. Comment ils ont réussi à traverser 400 kilomètres de désert sans eau et sans nourriture, ça, c'est un mystère.

— S'ils ont raconté comment nous exploitons les mines et la main-d'œuvre prisonnière à leurs supérieurs de Washington, ils ont probablement aussi révélé le secret de Fort-Foureau.

— Ils n'ont aucune preuve matérielle, rappela Yerli. Deux étrangers ayant illégalement passé la frontière et commis des actes criminels contre le gouvernement du Mali ne seront pas pris au sérieux par une cour internationale, quelle qu'elle soit.

— Oui, mais mes usines seront assiégées par les journalistes du monde entier et par les enquêteurs de toutes les associations de sauvegarde de l'environnement de la planète.

— Ne vous inquiétez pas. Je vais dire à Kazim de fermer les frontières à tous les étrangers et de les faire expulser s'ils insistent.

— Vous oubliez, dit Massarde en essayant de garder son calme, les ingénieurs et les chercheurs français que j'ai engagés pour construire le complexe et que j'ai enfermés à Tebezza... Dès qu'ils seront en sécurité, ils raconteront tout, leur enlèvement, leur emprisonnement. Et pire encore, ils expliqueront notre opération illégale d'entassement des déchets. Les Entreprises Massarde seront attaquées sur tous les fronts et je devrai répondre à des accusations criminelles dans tous les pays où j'ai un bureau ou une société.

— Il n'en restera pas un vivant pour témoigner, affirma Yerli comme si sa conclusion était définitive.

— Qu'allez-vous faire maintenant ?

— Les appareils de reconnaissance aérienne et les patrouilles motorisées de Kazim n'ont trouvé aucune indication de leur passage en Algérie. Cela signifie qu'ils sont toujours au Mali, qu'ils se cachent et qu'ils attendent des renforts.

— Que les forces de Kazim arrêteront.

— Naturellement.

— Auraient-ils pu se diriger vers la Mauritanie ?

549

Yerli secoua la tête pour lui-même.

— Pas s'il y a 1 000 kilomètres entre eux et le premier village où trouver de l'eau. Et puis, il est impossible qu'ils aient assez d'essence pour parcourir une telle distance.

— Il faut les arrêter, Ismail, dit Massarde sans réussir à cacher son inquiétude. Il faut les exterminer.

— Ils le seront, affirma Yerli. Je vous le promets. Ils ne sortiront pas du Mali. Nous les trouverons jusqu'au dernier. Ils s'imaginent peut-être tromper Kazim, mais moi, ils ne me rouleront pas !

El Hadj Ali était assis sur le sable, à l'ombre de son chameau. Il attendait que passe le train. Il avait parcouru plus de 200 kilomètres depuis son village d'Araouane pour voir ce miracle, un train sur des rails. C'est un voyageur anglais menant un groupe de touristes dans le désert qui lui en avait parlé.

Pour son quatorzième anniversaire, son père l'avait autorisé à prendre l'un des deux chameaux de la famille, un animal blanc superbe, et à partir vers le nord, vers les rails brillants, pour contempler le gros monstre d'acier de ses propres yeux. Bien sûr, il avait vu des automobiles et même un avion, très haut dans le ciel. Et aussi d'autres merveilles comme des caméras, des radios et des appareils de télévision qui étaient pour lui un vrai mystère. Mais voir de ses yeux et peut-être toucher une locomotive, là, il allait être envié par tous les garçons et les filles de son village.

Il but du thé et suça des bonbons en attendant. Après trois heures, comme aucun train n'était passé, il enfourcha son chameau et suivit les rails vers les usines de Fort-Foureau. Il pourrait aussi raconter à sa famille qu'il avait vu les immenses bâtiments qui se dressaient en plein désert.

Comme il passait le fort, depuis longtemps abandonné, de la Légion étrangère, entouré de hauts murs, isolé et solitaire, il quitta les rails et se dirigea, par curiosité, vers l'énorme porte blanchie par le soleil. Elle était fermée. Il sauta à bas du chameau et fit le tour des murs pour chercher une autre entrée afin d'y pénétrer. Il ne vit que des murs de boue séchée et de pierre. Abandonnant, il revint vers la voie ferrée.

Il regarda vers l'ouest, intrigué par la façon dont les rails argentés semblaient se perdre dans le lointain en ondulant sous l'air surchauffé au-dessus du sable brûlant. Ses yeux perçurent quelque chose au loin. Une sorte de flocon apparaissait, flottant aussi dans la vague chaude. Le flocon grandit, se dirigeant vers lui. Il pensa, tout excité, que c'était le gros monstre d'acier.

Mais à mesure que cela s'approchait, il vit que c'était trop petit pour être une locomotive. Puis il discerna deux hommes qui conduisaient une automobile décapotable roulant sur les rails. Ali sortit des rails et se tint près de son chameau. La voiture, que conduisaient deux employés inspectant la voie ferrée, s'arrêta devant lui.

L'un était un étranger blanc, l'autre un Maure à la peau sombre. Ils le saluèrent.

— *Salam al laïkoum*.

— *Al laïkoum el salam*, répondit Ali.

— D'où viens-tu, mon garçon ? demanda le Maure dans la langue berbère des Touaregs.

— D'Araouane, pour voir le monstre d'acier.

— Tu as fait un long chemin !

— Le voyage a été facile, se vanta Ali.

— Tu as un magnifique chameau.

— Mon père m'a prêté le meilleur !

Le Maure regarda sa montre en or.

— Tu n'auras pas longtemps à attendre. Le train venant de Mauritanie sera là dans quarante-cinq minutes environ.

— Merci, je vais attendre, dit Ali.

— As-tu vu quelque chose d'intéressant dans le vieux fort ?

Ali secoua la tête.

— Je n'ai pas pu entrer. Les portes sont fermées à clef.

Les deux hommes échangèrent un regard étonné et parlèrent un moment en français. Puis le Maure demanda :

— Tu es sûr ? Le fort est toujours ouvert. C'est là que nous rangeons les pneus et les équipements pour réparer les traverses des rails.

— Je ne mens pas. Voyez vous-mêmes.

Le Maure descendit de la voiture et s'approcha de la porte du fort. Il revint quelques minutes après et parla au Blanc en français.

— Le garçon a raison. Les portes de l'entrée principale sont fermées de l'intérieur.

Le visage du Français s'assombrit.

— Nous devons filer à l'exploitation et faire un rapport.

Le Maure approuva et remonta dans le véhicule. Il salua Ali de la main.

— Ne reste pas trop près des rails quand le train viendra. Et garde ton chameau bien en main.

Il remit le moteur en marche et s'éloigna en direction du complexe tandis qu'Ali le suivait des yeux et que le chameau blanc contemplait stoïquement l'horizon après avoir craché sur les rails.

Le colonel Marcel Levant réalisa qu'il ne pouvait rien faire pour empêcher le jeune nomade et les inspecteurs de la voie ferrée d'observer l'extérieur du fort. Silencieusement, une douzaine de mitrailleuses invisibles et menaçantes s'étaient pointées vers les intrus. On aurait pu facilement les tuer pour les cacher dans le fort mais Levant n'avait pas eu le courage de tuer des civils innocents. Aussi furent-ils épargnés.

— Qu'est-ce que vous en pensez ? demanda Pembroke-Smythe quand la voiture repartit vers la sécurité de l'usine.

Levant considéra l'enfant et son chameau, les yeux plissés comme un tireur d'élite. Ils étaient toujours près des rails, attendant le passage du prochain train.

— Si les deux gars racontent aux gardes de Massarde que le fort est fermé, ils enverront sûrement une patrouille pour voir ce qui se passe.

Pembroke-Smythe vérifia l'heure.

— Il y a encore au moins sept heures avant la nuit. Espérons qu'ils seront longs à réagir.

— Des nouvelles du général Bock ? demanda Levant.

— On a perdu le contact. La radio est tombée pendant le voyage et les circuits ont été endommagés. Nous ne pouvons plus émettre et la réception est à peine audible. Le dernier message du général est trop mauvais pour être décodé. L'opérateur a seulement pu comprendre qu'une équipe des Forces spéciales américaines allait venir nous chercher en Mauritanie.

Levant regarda Pembroke-Smythe avec incrédulité.

— Les Américains viennent mais seulement jusqu'en Mauritanie ! Nom de Dieu ! C'est à plus de 300 kilomètres d'ici. Qu'est-ce que vous voulez que ça nous foute qu'ils soient en Mauritanie si nous sommes attaqués avant d'atteindre la frontière ?

— Le message n'était pas très clair, monsieur, dit Pembroke-Smythe, impuissant. Il a peut-être mal compris.

— Est-ce qu'il pourrait brancher la radio sur notre système de communications de combat ?

Pembroke-Smythe fit un signe négatif.

— Il a déjà essayé. Les systèmes ne sont pas compatibles.

— Nous ne savons même pas si l'amiral Sandecker a déchiffré le message de Pitt, dit Levant, découragé. Bock ne sait même pas si nous tournons en rond dans le désert ou si nous nous dirigeons vers l'Algérie.

— J'aime penser positif, monsieur.

Levant se laissa tomber lourdement contre un rempart.

— Aucune chance d'y arriver. Pas assez d'essence. On se ferait prendre en plein milieu par les Maliens.

Aucun contact avec le monde extérieur. Je crains que nombre d'entre nous ne trouvent la mort dans ce trou à rat, Pembroke-Smythe.

— Regardez le bon côté, colonel. Peut-être que les Américains vont venir charger ici comme le général Custer et sa Septième Cavalerie.

— Oh non ! grogna désespérément Levant. Vous avez vraiment besoin de le mentionner, *lui* ?

Giordino était étendu sur le dos sous un camion dont il enlevait les ressorts de suspension quand il aperçut les bottes de Pitt dans son angle de vision.

— Où étais-tu ? grogna-t-il en retirant un écrou.

— Je soignais les faibles et les infirmes, dit Pitt gaiement.

— Alors, soigne le châssis de ton étrange machine. Tu peux utiliser les poutres du plafond de la chambre des officiers. Elles sont sèches mais saines.

— Dis donc, tu as bien travaillé !

— Dommage que je ne puisse pas en dire autant de toi. Tu ferais bien de commencer à voir comment tu vas tout attacher ensemble.

Pitt posa un petit tonneau de bois dans la ligne de mire de Giordino.

— Problème résolu. J'ai trouvé un demi-tonneau de clous dans le mess.

— Le mess ?

— Dans un petit cagibi qui donne dans le mess, corrigea Pitt.

Giordino sortit en rampant de dessous la voiture et examina Pitt, de ses bottes délacées à sa veste de combat déboutonnée et ses cheveux emmêlés. Quand il parla, ce fut d'un ton plein de sarcasme.

— Je parie que le tonneau n'est pas la seule chose que tu aies trouvée dans le petit cagibi !

52

Quand le rapport des employés du chemin de fer arriva de Fort-Foureau au quartier général de la Sécurité de Kazim, l'officier de renseignements personnel du général, le major Sid Ahmed Gowan, le lut rapidement et le mit de côté. Il n'y trouva aucun intérêt et n'allait sûrement pas le faire passer à cet intrus turc, Ismail Yerli.

Gowan ne fit aucun rapport entre le vieux fort abandonné et la proie introuvable à 400 kilomètres au nord. Les employés du chemin de fer qui insistaient sur le fait que le fort était fermé de l'intérieur furent traités d'informateurs douteux essayant de se mettre dans les bonnes grâces de leurs supérieurs.

Mais à mesure que les heures passaient sans nouvelles des hommes des Nations Unies, le major Gowan regarda le rapport d'un autre œil et ses soupçons commencèrent à grandir.

C'était un homme pondéré, jeune et très intelligent, le seul des officiers du général Kazim à avoir étudié en France. Il était sorti de Saint-Cyr, la meilleure école militaire française. Il entrevit la possibilité de marquer un grand coup pour plaire à son chef. Et par la même occasion, de faire passer Yerli pour un amateur en matière de renseignements.

Il décrocha le téléphone et appela le commandant de l'aviation malienne, demandant une reconnaissance aérienne du désert au sud de Tebezza et particulièrement des traces de véhicules sur le sable. Pour plus de sûreté, il conseilla à Fort-Foureau de faire stopper tous les trains quittant le complexe ou y entrant. Si le commando des Nations Unies avait vraiment traversé le désert vers le sud sans être repéré, pensa Gowan, il s'était peut-être caché dans l'ancien fort de la Légion pendant le jour. Leurs véhicules devaient être à court de carburant et ils attendaient probablement la nuit pour prendre un train d'assaut et filer vers la frontière mauritanienne.

Tout ce dont Gowan avait besoin pour confirmer

ses soupçons, c'était des traces de pneus fraîches de
Tebezza à la voie ferrée.

Sûr d'être maintenant sur la bonne piste, il appela
Kazim et expliqua sa nouvelle analyse de l'opération
de recherche.

A l'intérieur du fort, le plus difficile à supporter,
c'était le temps. Chacun comptait les heures avant la
nuit et chaque heure passée sans attaque était considérée comme un cadeau du ciel. Mais vers quatre
heures de l'après-midi, Levant sentit que quelque
chose allait de travers.

Il se tenait sur un rempart et surveillait l'usine de
produits toxiques à la jumelle quand Pembroke-Smythe et Pitt s'approchèrent de lui.

— Vous m'avez appelé, colonel ? demanda Pitt.

Levant répondit sans baisser ses jumelles.

— Quand M. Giordino et vous êtes entrés dans le
complexe, avez-vous, par hasard, remarqué la fréquence des trains ?

— Oui, ils entrent et sortent alternativement à
trois heures d'intervalle.

Levant baissa ses jumelles et regarda Pitt.

— Alors, que dites-vous de cela : aucun train n'est
passé depuis quatre heures et demie.

— Peut-être un problème de voie, un déraillement,
une panne d'équipement ? Il peut y avoir un tas de
raisons à un changement d'horaire.

— C'est ce que vous croyez vraiment ?

— Pas une seconde.

— Alors, à quoi pensez-vous ? insista Levant.

— Si je devais parier un an de salaire, je dirais
qu'ils sont après nous, dit Pitt, le regard sur les rails
déserts.

— Vous pensez qu'on a arrêté les trains pour nous
empêcher de fuir ?

— Oui, dit Pitt. Il est probable que lorsque Kazim
ne nous a pas trouvés où il pensait et lorsque ses
patrouilles ont découvert que nos traces suivaient la
voie ferrée vers le sud, il a compris que nous avions
l'intention de faucher un train.

— Les Maliens sont plus fins que je ne le pensais, admit Levant. Maintenant, nous sommes pris au piège, sans moyen de communiquer notre situation au général Bock.

Pembroke-Smythe s'éclaircit la gorge.

— Si je puis me permettre, monsieur, j'aimerais me porter volontaire pour filer jusqu'à la frontière rencontrer l'équipe des Forces spéciales américaines et les ramener ici.

Levant le regarda sérieusement un instant.

— Au mieux, c'est une mission-suicide.

— Ça pourrait être notre seule chance de sortir d'ici. En prenant le véhicule d'attaque, je peux être à la frontière en six heures.

— Vous êtes optimiste, capitaine, corrigea Pitt. J'ai conduit dans cette partie du désert. Quand vous roulez à bonne vitesse dans ce qui ressemble à une plaine sèche, vous dégringolez vingt mètres plus bas au fond d'un ravin. Et il n'y a pas moyen de traverser les dunes de sable pour gagner du temps. Je dirais que vous aurez de la chance si vous atteignez la Mauritanie demain en fin de matinée.

— J'ai l'intention de rouler à vol d'oiseau en suivant la voie de chemin de fer.

— Idéal pour vous faire repérer. Les patrouilles de Kazim seront sur vous avant que vous n'ayez couvert 50 kilomètres, s'ils n'ont pas déjà bloqué toute la voie.

— Vous oubliez aussi qu'on manque de carburant, ajouta Levant. Il n'en reste pas assez pour faire le tiers du chemin.

— Nous pouvons drainer tout ce qui reste dans les réservoirs des camions de transport, répliqua Pembroke-Smythe sans en démordre.

— Ce serait tout de même juste, dit Pitt.

Pembroke-Smythe haussa les épaules.

— S'il n'y avait pas de risque, ce serait mortellement ennuyeux !

— Vous ne pouvez pas y aller tout seul, dit Levant.

— Traverser le désert de nuit à grande vitesse,

c'est risqué, prévint Pitt. Vous aurez besoin d'un copilote et d'un navigateur.

— Je n'ai pas l'intention d'y aller seul, assura Pembroke-Smythe.

— Qui avez-vous choisi ? demanda Levant.

Smythe regarda en souriant l'homme de la NUMA.

— Soit M. Pitt, soit son ami M. Giordino, puisqu'ils ont déjà l'expérience de la survie dans le désert.

— Un civil ne vous sera pas très utile en cas de rencontre avec les patrouilles de Kazim, fit Levant.

— J'ai l'intention d'alléger le véhicule d'assaut en enlevant ses armes et son blindage. Nous emporterons une roue de secours et des outils, assez d'eau pour les vingt-quatre heures à venir et des pistolets seulement.

Levant pensa que le plan de Pembroke-Smythe était assez fou mais bien étudié. Il approuva.

— D'accord, capitaine. Commencez à préparer le véhicule.

— Oui, monsieur.

— Il y a cependant autre chose.

— Oui ?

— Désolé de vous priver de votre escapade, mais comme vous êtes ici le second à commander, j'ai besoin de vous. Il faudra envoyer quelqu'un d'autre. Je suggère le lieutenant Steinholm. Si je me souviens bien, il a couru le rallye de Monte-Carlo.

Pembroke-Smythe n'essaya pas de cacher sa déception. Il fut sur le point de parler mais salua et descendit sans un mot de protestation l'échelle jusqu'à l'aire de rassemblement. Levant regarda Pitt.

— Vous allez devoir vous porter volontaire, monsieur Pitt. Je n'ai aucune autorité pour vous y obliger.

— Colonel, dit Pitt avec un vague sourire, j'ai été poursuivi dans tout le Sahara la semaine dernière, j'ai été à deux doigts de mourir de soif, d'être fusillé, de cuire comme un homard, j'ai rencontré un tas de vermines qui ne songeaient qu'à me mettre aux fers. C'est le dernier arrêt pour le fils de Mrs Pitt. Je descends du train et je dis pouce. Al Giordino accompagnera le lieutenant Steinholm.

— Vous êtes un menteur, monsieur Pitt, dit Levant en souriant. Vous êtes un sacré menteur ! Un menteur patenté ! Vous savez aussi bien que moi que nous risquons de mourir en restant ici. C'est très noble de votre part de donner à votre ami une chance de s'en sortir. Vous avez droit à mon profond respect.

— Les gestes nobles ne sont pas mon fort. Je déteste seulement laisser les choses sans les achever.

Levant regarda l'étrange machine qui prenait forme sous la protection d'un des murs.

— Vous voulez dire votre catapulte ?

— En effet, c'est une sorte de catapulte à ressorts.

— Et vous croyez vraiment que ça marchera contre un véhicule blindé ?

— Oh ! Pour ça, c'est sûr, dit Pitt avec confiance. L'inconnue, c'est jusqu'à quel point ?

Peu avant le coucher du soleil, les sacs de sable rapidement remplis et les obstacles accumulés furent retirés de derrière la porte d'entrée. On ouvrit les lourds battants ; le lieutenant Steinholm, un grand Autrichien blond, se mit au volant et reçut de Pembroke-Smythe les dernières instructions.

Giordino, debout près du véhicule allégé, faisait calmement ses adieux à Pitt et à Eva.

— A bientôt, vieux frère, dit-il à Pitt en se forçant à sourire. C'est pas juste de m'envoyer à ta place !

— Attention aux nids-de-poule, fit Pitt en embrassant Giordino comme un ours.

— Steinholm et moi reviendrons avec de la bière et des pizzas pour le déjeuner.

Les mots étaient vides de sens. Ni l'un ni l'autre ne doutait qu'avant midi, le lendemain, le fort et ses occupants pourraient bien n'être plus qu'un souvenir.

— Je laisserai une lumière allumée près de la fenêtre, dit Pitt.

Eva embrassa légèrement Giordino sur la joue et lui remit un petit paquet emballé de plastique.

— Un petit quelque chose à grignoter en route.

— Merci.

Giordino tourna le dos pour ne pas montrer les larmes qui lui montaient aux yeux et monta dans le véhicule d'attaque. Son sourire avait disparu, son visage n'exprimait plus que tension et tristesse.

— Appuyez sur le champignon, dit-il à Steinholm.

Le lieutenant passa la première et appuya à fond sur l'accélérateur. Le buggy bondit en avant et traversa comme une flèche la porte d'entrée, grondant dans la lumière orange déjà pâle à l'ouest. Ses roues arrière envoyèrent deux grands jets de sable.

Giordino se tourna sur son siège pour regarder derrière lui. Pitt était debout devant la porte, un bras enlaçant Eva. Il leva la main pour un dernier salut. Giordino voyait encore l'éclair de son sourire enjôleur lorsque la poussière soulevée par le buggy oblitéra sa vision.

Pendant une longue minute, tous les membres de l'unité de combat regardèrent le buggy foncer dans le désert. Les uns ressentaient une sorte de chagrin, les autres se résignaient. Puis le véhicule ne fut plus qu'une petite tache dans le crépuscule qui tombait. Giordino et Steinholm emportaient avec eux l'espoir de survie de tous ces gens.

Puis Levant donna un ordre et les membres du commando refermèrent les portes et les barricadèrent pour la dernière fois.

Le major Gowan reçut le rapport qu'il attendait. Un hélicoptère de patrouille avait vu et suivi les traces du convoi jusqu'à la voie ferrée où elles disparaissaient. L'obscurité empêcha une reconnaissance de plus. Les quelques unités de la Force aérienne malienne équipées de vision nocturne étaient au sol pour réparation. Mais Gowan n'avait pas besoin de recherches supplémentaires. Il savait où se cachait sa proie. Il contacta Kazim et confirma son point de vue. Son supérieur, ravi, le promut sur le champ colonel et lui promit une décoration pour action méritoire.

La tâche de Gowan était terminée. Il alluma un cigare, mit ses pieds sur son bureau et se versa un verre de cognac Remy Martin qu'il gardait dans son tiroir pour une occasion spéciale. Et celle-ci en était une.

Malheureusement pour son commandant en chef, le général Kazim, la perception intelligente et les pouvoirs de déduction de Gowan furent inutilisables pendant le reste de l'opération. Juste au moment où Kazim avait le plus grand besoin de son agent de renseignements, le nouveau colonel était rentré chez lui, dans sa belle villa sur les rives du Niger, passer quelques jours de repos avec sa maîtresse française, oublieux de l'orage qui s'amoncelait à l'ouest du désert.

Massarde était au téléphone, écoutant le rapport que lui faisait Yerli des derniers développements des recherches.

— Quelles sont les dernières nouvelles ? demanda-t-il anxieusement.

— Nous les tenons ! annonça triomphalement Yerli, prenant tout le crédit de l'intuition du major Gowan. Ils ont cru nous blouser en changeant la direction de leur fuite et en filant vers l'intérieur du Mali, mais je ne me suis pas laissé abuser. Ils sont coincés dans le vieux fort de la Légion, pas très loin de chez vous.

— Je suis heureux de l'apprendre, dit Massarde avec un soupir de soulagement. Quels sont les plans de Kazim ?

— Exiger qu'ils ouvrent et qu'ils se rendent.

— Et s'ils le font ?

— On enverra devant les juges les soldats et leurs chefs pour avoir envahi le pays. Après leur condamnation, on les gardera en otage pour les échanger contre des avantages économiques auprès des Nations Unies. Il fera faire un tour aux prisonniers de Tebezza dans ses salles d'interrogatoire où il s'occupera d'eux comme ils le méritent.

— Non, dit Massarde. Non, ce n'est pas ce que je veux. La seule solution est de les détruire tous, et vite ! Aucun ne doit rester vivant, aucun ne doit parler. Nous ne pouvons pas nous permettre de complications supplémentaires. J'insiste pour que vous persuadiez Kazim de terminer cette histoire immédiatement.

Ses exigences tombèrent avec tant de force, tant d'urgence, que Yerli en resta un instant muet de surprise.

— Très bien, dit-il enfin. Je ferai de mon mieux pour persuader Kazim de lancer l'attaque aux premières lueurs de l'aube avec ses chasseurs à réaction puis une vague d'assaut d'hélicoptères. Heureusement, il dispose de quatre chars lourds et de trois régiments d'infanterie en manœuvre non loin d'ici.

— Peut-il attaquer le fort ce soir ?

— Il lui faudra du temps pour rassembler ses troupes et coordonner une attaque. Rien ne peut se faire avant demain matin de bonne heure.

— Assurez-vous que Kazim fait bien tout ce qu'il faut pour empêcher Pitt et Giordino de s'enfuir à nouveau.

— C'est pour cela que j'ai pris la précaution de faire arrêter tous les trains à l'arrivée ou au départ vers la Mauritanie, mentit Yerli.

— Où êtes-vous, maintenant ?

— A Gao, sur le point d'embarquer à bord du jet de commandement que vous avez généreusement offert à Kazim. Il a l'intention de diriger l'assaut personnellement.

— Rappelez-vous, Yerli, dit Massarde aussi calmement qu'il put. Aucun prisonnier !

53

Ils arrivèrent juste après six heures du matin. Les membres de l'équipe tactique étaient épuisés après avoir creusé de profondes tranchées à la base des murs. Mais tous étaient vigilants et en éveil, prêts à résister. La plupart attendaient dans leurs trous, comme des taupes, l'attaque aérienne prévue. Tout en bas, dans l'arsenal souterrain, l'équipe médicale avait préparé un hôpital de campagne tandis que les ingénieurs français et leurs familles étaient allongés sur le sol, sous de vieilles tables de bois et quelques meubles censés les protéger des rochers et des débris de toutes sortes qui pourraient tomber du plafond. Seuls Levant et Pembroke-Smythe, avec les servants du Vulcain qu'on avait retiré du véhicule d'assaut, restèrent sur les murs du fort, protégés seulement par les parapets et les sacs de sable empilés.

On entendit les chasseurs à réaction bien avant de les voir. L'alerte fut immédiatement donnée.

Pitt ne chercha pas à se mettre à l'abri. Il s'occupait de la catapulte en faisant à la hâte des réglages de dernière minute. Les ressorts des camions, montés verticalement dans un dédale de poutres de bois, étaient pratiquement doublés par le vérin hydraulique d'un vieux treuil trouvé dans les pièces d'entretien de la voie ferrée. Attachée aux ressorts comprimés, une bonbonne d'essence à moitié pleine dont il avait légèrement perforé la partie supérieure était posée sur une planche rainurée, dirigée vers le ciel en un angle aigu. Après avoir aidé Pitt à assembler l'engin bizarre, les hommes de Levant s'en allèrent. Ils ne croyaient guère que la bonbonne d'essence puisse être lancée par-dessus le mur sans exploser dans le fort en brûlant tous ceux qui se trouveraient sur l'aire de rassemblement.

Levant s'agenouilla derrière le parapet, le dos protégé par une pile de sacs de sable. Il tenta de percer le ciel sans nuages. Il aperçut la patrouille aérienne et la regarda à la jumelle. Les avions commençaient à faire des cercles à 500 mètres à peine au-dessus du désert, à 3 kilomètres seulement du fort. Il nota que les pilotes ne paraissaient pas craindre de missiles sol-air. Pour eux, le fort n'avait rien à offrir en matière de défense aérienne.

Comme tous les chefs militaires du tiers monde qui préfèrent le panache au pratique, Kazim avait acheté aux Français de rapides Mirages, plus appropriés aux parades qu'aux vrais combats. Alors qu'il n'avait rien à craindre des forces militaires plutôt faibles des pays voisins, Kazim avait créé des unités de sécurité terrestres et aériennes dans le seul but d'inspirer le respect de sa personne et la crainte chez tous les révolutionnaires potentiels.

La force d'attaque malienne était soutenue par une petite flotte d'hélicoptères armés dont la seule mission consistait à conduire des patrouilles de recherche et à transporter les troupes d'assaut. Seuls les chasseurs pouvaient lâcher des missiles capables d'anéantir des blindés ou des fortifications. Mais au contraire des nouvelles bombes guidées par laser, les pilotes maliens devaient visualiser manuellement et guider leurs missiles tactiques jusqu'à leur cible.

Levant parla dans le micro de son casque.

— Capitaine Pembroke-Smythe, restez près des serveurs du Vulcain.

— Je reste près de Madeleine et je suis prêt à tirer, annonça Pembroke-Smythe du rempart opposé.

— Madeleine ?

— Les servants adorent leur canon, monsieur, et lui ont donné le prénom d'une des filles qui, en Algérie, leur accordait ses faveurs.

— Assurez-vous que Madeleine ne soit pas volage et ne fasse pas d'histoires.

— Bien, monsieur.

— Laissez le premier chasseur faire son petit feu d'artifice, ordonna Levant. Après ça, mitraillez-le par l'arrière quand il virera. Si vous avez bien calculé votre coup, vous devrez être prêt à tirer le second en ligne avant qu'il puisse lancer ses missiles.

— Très bien, monsieur.

Presque au moment même où Pembroke-Smythe répondait, le Mirage de tête quitta la formation et descendit à 75 mètres, s'approchant sans essayer de louvoyer pour échapper aux tirs lâchés du sol. Le pilote ne faisait sans doute pas partie de l'élite de sa profession. Il s'avança lentement et lâcha deux missiles, un poil trop tard.

Propulsé par un moteur mono-étage à combustible

solide, le premier missile s'élança au-dessus du fort mais son ogive explosa dans le sable, en dehors des murs, sans causer de dommages. Le second frappa le parapet nord et explosa, creusant un cratère de 2 mètres au-dessus du mur et envoyant une pluie de pierraille sur l'aire de rassemblement.

Les servants du Vulcain visèrent le chasseur. Il volait bas et, au moment où il passa au-dessus du fort, ils ouvrirent le feu... Les six canons tournants Gatling envoyèrent mille coups par minute au lieu des deux mille habituels, pour économiser les munitions. Ce furent quand même mille obus de 20 millimètres qui se dirigèrent vers l'avion, rendu vulnérable par sa position de virage. Une de ses ailes se cassa aussi nettement que si le scalpel d'un chirurgien l'avait coupée. Le Mirage se mit en vrille et s'écrasa sur le sol.

Une fraction de seconde avant l'impact, on tourna Madeleine de 180 degrés et elle se remit à cracher ses obus sur le second chasseur dont ils firent exploser le nez. Il y eut d'abord une bouffée noire puis l'appareil ne fut plus qu'une balle de feu qui se désintégra. Des morceaux de ferraille tordue se fichèrent même dans les murs extérieurs du fort.

Le chasseur suivant, paniqué, lança ses missiles beaucoup trop tôt et vira aussi vite qu'il put. Levant regarda, stupéfait, les explosions jumelles qui creusèrent des cratères de 200 mètres au moins juste devant le fort. Maintenant sans leader, l'escadrille abandonna l'attaque et se mit à fuir n'importe comment en décrivant de grands cercles.

— Joli tir ! dit Levant aux servants du Vulcain. Maintenant qu'ils savent que nous pouvons mordre, ils vont lancer leurs missiles de plus loin et avec moins de précision.

— Il ne nous reste que six cents salves, annonça Pembroke-Smythe.

— Conservez-les pour l'instant et faites mettre les hommes à l'abri. Nous allons les laisser nous arroser un peu. Tôt ou tard, ils manqueront de prudence et s'approcheront à nouveau.

Kazim avait écouté ses pilotes s'appeler les uns les autres à la radio, tout excités. Maintenant, il suivait leur débâcle par le système vidéo sur les écrans de son centre de commandement. Les pilotes avaient perdu confiance pendant leur premier vrai combat parce que l'ennemi les avait canardés. Leurs voix sur les ondes étaient celles de gamins effrayés qui suppliaient qu'on leur donnât des instructions.

Le visage rouge de colère, Kazim entra dans la cabine de communications et commença à hurler dans le micro.

— Lâches ! Ici le général Kazim. Vous, les aviateurs, vous êtes mon bras droit, mes vengeurs. Attaquez ! Si j'en vois un qui ne fait pas preuve de courage, je le fais fusiller dès qu'il se pose et j'envoie sa famille en prison !

Sous-entraînés, trop confiants jusqu'à ce jour, les pilotes maliens étaient plus doués pour parader dans les rues et courir les filles que pour se battre contre un opposant décidé à les abattre. Les Français avaient fait de leur mieux pour moderniser et éduquer les nomades du désert, leur apprendre les tactiques de combat aérien, mais les traditions et la culture étaient encore trop fortement ancrées en eux pour en faire des combattants efficaces.

Fouettés par les paroles de Kazim et plus effrayés par sa colère que par les balles et les obus qui avaient abattu leur leader et ses équipiers, ils n'étaient cependant pas chauds pour reprendre l'attaque et foncer en file indienne vers les murs encore solides de l'ancien fort de la Légion étrangère.

Comme s'il se croyait invulnérable, Levant resta sur les remparts pour surveiller l'attaque avec le calme d'un spectateur d'une finale de tennis. Les deux premiers chasseurs tirèrent leurs missiles et s'éloignèrent avant d'être à portée du fort. Tous leurs missiles manquèrent leur cible et explosèrent au-delà de la voie du chemin de fer.

Puis ils arrivèrent de tous les côtés, manœuvrant

sans qu'on puisse anticiper leur action. Leur assaut aurait dû être organisé, concentré sur un mur. Au contraire, ils attaquaient le fort n'importe où, selon leur inspiration. Ne recevant pas de réponse, leurs tirs se firent plus précis. De grands trous apparurent dans la vieille maçonnerie et les murs s'écroulèrent peu à peu.

Puis, comme Levant l'avait prévu, les pilotes maliens devinrent audacieux, s'approchant davantage avant de lâcher leurs missiles. Il se leva de derrière son petit poste de commandement et brossa la poussière recouvrant son uniforme de combat.

— Capitaine Pembroke-Smythe, des blessés ?

— Aucun, colonel.

— Il est temps que Madeleine et ses amis recommencent à gagner leur pain.

— On s'en occupe tout de suite, colonel.

— Si vous calculez bien, il vous restera assez de salves pour descendre encore au moins deux de ces démons.

La tâche fut des plus simples quand deux appareils maliens traversèrent le ciel du désert aile à aile. Le Vulcain vira pour engager et ouvrit le feu. Il sembla d'abord que les servants avaient manqué leur coup. Puis il y eut des flammes et de la fumée noire en plein milieu du Mirage de gauche. L'avion n'explosa pas et le pilote ne parut pas perdre le contrôle. Le nez prit rapidement un angle très incliné et l'appareil descendit jusqu'à s'écraser sur le sol.

On fit tourner rapidement Madeleine vers le chasseur de droite. Quelques secondes plus tard, les dernières salves quittèrent les canons tournants puis, soudain, ce fut le silence. Mais pas avant que la courte giclée d'obus qui avait frappé le deuxième appareil lui ait donné l'air d'être passé dans une moulinette. Tout l'avion explosa et retomba en pièces, même la verrière.

Curieusement, il n'y eut en l'air ni flammes ni fumée. Le premier Mirage tomba dans le désert, rebondit une fois puis s'écrasa dans le mur avec un bruit assourdissant d'explosion et une pluie de pierres et de débris enflammés qui traversèrent l'aire de rassemblement et firent s'écrouler le quartier des officiers. Ceux qui y étaient réfugiés eurent l'impression que le vieux fort fatigué avait été arraché de ses bases par une vague de détonations.

Pitt fut littéralement soufflé par l'explosion et violemment projeté sur le sol tandis que le ciel se déchirait. Il crut que la détonation avait eu lieu juste au-dessus de lui alors qu'en fait, tout s'était passé du côté opposé du fort. Il eut le souffle coupé, l'impression de respirer le vide et sentit tout autour de lui comme un tourbillon d'air comprimé.

Il se mit péniblement à genoux, toussant à cause de la poussière en suspension dans tout l'intérieur des bâtiments. Son premier souci fut pour la catapulte. Elle n'avait pas été touchée et il la vit au milieu du nuage de poussière, là où il l'avait laissée. Puis il remarqua un corps allongé près de lui.

— Mon Dieu ! fit l'homme d'une voix rauque.

C'est alors que Pitt reconnut Pembroke-Smythe, soufflé lui aussi des remparts par la force de l'explosion. Il rampa vers lui et vit ses yeux fermés. Seule une veine battant à son cou indiquait qu'il était vivant.

— Etes-vous gravement blessé ? demanda Pitt, ne trouvant rien d'autre à dire.

— Ces salauds m'ont coupé la respiration et m'ont sûrement cassé les reins ! dit Pembroke-Smythe entre ses dents serrées.

Pitt jeta un coup d'œil à la partie du parapet écroulée.

— Vous avez fait une sacrée chute. Pouvez-vous bouger les jambes ?

Pembroke-Smythe réussit à lever les genoux et à faire tourner ses pieds bottés.

— Au moins, ma colonne vertébrale est en un seul morceau.

Il leva la main et montra quelque chose derrière Pitt, de l'autre côté de l'aire de rassemblement. La poussière commençait à se dissiper et son visage eut une expression d'impuissance en regardant le gros tas d'éboulis sous lequel plusieurs de ses hommes étaient enfouis.

— Sortez ces pauvres diables de là ! plaida-t-il. Pour l'amour du ciel, sortez-les de là !

Pitt se retourna pour voir le mur écroulé. Ce qui avait été une construction de pierre et de ciment n'était plus qu'un grand tas de ruines. Ceux qui y étaient enfouis ne pouvaient avoir survécu. Tous ne pouvaient être qu'écrasés. Et ceux qui par miracle seraient encore en vie ne tarderaient pas à mourir suffoqués.

Pitt fut parcouru par un frisson d'horreur en réalisant que, sans un lourd engin de terrassement, on ne pourrait rien faire pour ces malheureux.

Avant qu'il ait le temps de réagir, une nouvelle salve de missiles se déversa sur le fort, éclatant dans la salle du mess et y semant la destruction. Les poutres soutenant le toit furent bientôt la proie des flammes et une colonne de fumée ne tarda pas à s'élever dans la chaleur déjà forte du matin. On aurait dit qu'un géant avait frappé les murs avec un marteau-piqueur. Le mur nord avait moins souffert que les autres et, curieusement, la grande porte d'entrée était intacte. Mais les trois autres murs étaient sévèrement endommagés avec de grands pans écroulés en plusieurs endroits.

Avec quatre appareils abattus, leurs missiles lâchés et presque plus de carburant, les derniers chasseurs se regroupèrent et commencèrent à rebrousser chemin vers leur base, au sud.

Les membres survivants du commando des Nations Unies sortirent de leurs abris souterrains comme des morts de leurs tombes et se mirent fébrilement à fouiller les ruines pour trouver leurs camarades. En dépit de tous leurs efforts, ils n'avaient aucune chance de les sortir de là à la seule force de leurs mains.

Levant descendit du parapet et donna des ordres. On envoya les blessés, en portant ceux qui ne pouvaient y aller seuls, jusqu'à la relative sécurité de l'arsenal où le personnel médical était prêt à les recevoir, aidé par Eva et d'autres femmes leur servant d'infirmières.

Tous avaient un visage grave et angoissé. Levant ordonna que l'on cesse de fouiller les ruines sous les murs et qu'on répare les brèches les plus importantes. Le colonel partageait leur inquiétude et leur peine mais sa responsabilité allait aux vivants. Pour les morts, on ne pouvait rien faire.

En souriant malgré la douleur qui se propageait dans tout son dos, Pembroke-Smythe parcourait le fort en boitillant, comptant les blessés et distribuant des encouragements. Malgré la mort et l'horreur qui les submergeaient, il essaya de les faire rire pour supporter leur supplice.

Il y avait six morts et trois blessés graves avec des fractures ouvertes. Sept autres blessés regagnèrent leurs postes après qu'on eut désinfecté leurs plaies et bandé ce qui devait l'être. Le colonel Levant se dit que ça aurait pu être pire. Il savait, cependant, que l'attaque aérienne ne constituait que le premier acte de la bataille. Après une trêve trop courte, le deuxième acte commença. Un missile éclata au pied du mur sud, lancé par un des quatre chars à 2 000 mètres au sud. Puis trois autres missiles téléguidés frappèrent le fort en une succession rapide.

Levant regrimpa sur le talus qui, quelques minutes plus tôt, était encore un mur et dirigea ses jumelles vers les tanks.

— Des AMX 30 français. Ils lancent des missiles SS 11, annonça-t-il calmement à Pitt et à Pembroke-Smythe. Ils sont chargés de nous amollir un peu avant que l'infanterie ne s'occupe de nous.

Pitt regarda autour de lui la forteresse martyrisée.

— Il ne reste pas grand-chose à amollir, murmura-t-il.

Levant abaissa ses jumelles et se tourna vers Pembroke-Smythe debout près d'eux comme un homme de quatre-vingt-quinze ans.

— Faites rentrer tout le monde dans l'arsenal. A part une sentinelle, nous nous abriterons de l'orage là-bas.

570

— Et quand ces chars viendront frapper à la porte ? demanda Pitt.

— Alors, votre catapulte les accueillera, n'est-ce pas ? dit Pembroke-Smythe d'un ton pessimiste. C'est tout ce que nous avons contre ces foutus chars !

Pitt sourit.

— Il va falloir que je vous convertisse, capitaine.

Pitt était fier de son attitude. Il réussissait parfaitement à cacher l'appréhension qui l'envahissait en grandes vagues tremblantes. Car il ne savait pas si son arme médiévale avait ou non une chance de fonctionner.

54

A 400 kilomètres à l'ouest, l'aube se leva dans le plus grand silence. Le premier son qui brisa ce grand vide fut le ronronnement étouffé du véhicule d'assaut filant à travers le désert comme une fourmi noire sur une plage.

Giordino étudia l'ordinateur de bord du véhicule qui soustrayait d'une ligne droite la vitesse parcourue et les déviations qu'ils avaient été contraints de faire pour éviter des ravins infranchissables et les grandes étendues de dunes. A deux reprises, ils durent reculer de 20 kilomètres avant de reprendre leur course.

D'après les chiffres qui s'affichaient sur le petit écran, il avait fallu près de douze heures à Giordino et à Steinholm pour parcourir les 400 kilomètres séparant Fort-Foureau de la frontière mauritanienne. Ils avaient surtout perdu du temps en s'obligeant à passer au large de la voie ferrée. Mais il y avait trop de vies en jeu pour qu'ils prennent le risque de rencontrer des patrouilles armées ou d'être découverts et mitraillés par les chasseurs à réaction de l'aviation malienne.

Pendant le dernier tiers du voyage, ils roulèrent

sur un sol durci semé de rochers polis par le vent et les tempêtes de sable. La taille de ces rochers allait de la bille au ballon de football, de sorte que la conduite fut une perpétuelle angoisse. Mais à aucun moment ils ne cherchèrent à réduire leur vitesse. Ils fonçaient sur le sol inégal à 90 kilomètres à l'heure de moyenne, supportant stoïquement les secousses et les cahots.

La fatigue et les souffrances comptaient peu lorsqu'ils pensaient à ce que subissaient probablement les hommes et les femmes qu'ils avaient laissés au fort. Giordino et Steinholm savaient bien que, pour qu'ils aient au moins une chance, ils devaient trouver les Forces américaines d'opérations spéciales et ils devaient les trouver très vite si les sauveteurs voulaient atteindre le fort avant que Kazim ait massacré tout le monde. Giordino était hanté par la promesse qu'il avait faite d'être de retour à midi. L'avenir était vraiment sombre.

— Combien jusqu'à la frontière ? demanda Steinholm avec l'accent d'Arnold Schwarzenegger.

— Je n'en sais fichtrement rien, répondit Giordino. Il est rare qu'on trouve des panneaux indicateurs en plein désert. Je ne sais même pas si nous ne l'avons pas déjà traversée, d'ailleurs !

— Enfin, maintenant, il fait assez clair pour voir où nous allons.

— Oui, et ce sera plus facile pour les Maliens aussi.

— Je propose qu'on pique vers le nord, vers la voie ferrée, dit Steinholm. La jauge à essence est presque à zéro. Dans 30 kilomètres, on devra y aller à pied.

— D'accord, ça marche pour moi.

Giordino étudia à nouveau l'ordinateur et montra la boussole sur le tableau de bord.

— Tournez de 50 degrés nord-ouest et roulez en diagonale jusqu'à ce que nous croisions la voie ferrée. Ça nous donnera quelques kilomètres de rab au cas où nous ne serions pas encore en Mauritanie.

— L'instant de vérité, dit Steinholm en souriant.

Il appuya à fond sur l'accélérateur, fendant le sable

et survolant les roches, aspergeant l'air d'un nuage de poussière. En même temps, il tourna le volant et lança la version militaire du buggy des sables vers la voie ferrée de Massarde.

Les chasseurs revinrent à onze heures et reprirent les tirs meurtriers sur le fort déjà délabré par leurs missiles. Quand ils eurent terminé leurs lâchers mortels, les quatre chars prirent le relais et le désert résonna du grondement constant des explosions.

Les malheureux enfermés dans l'arsenal avaient l'impression que le tonnerre et la dévastation ne finiraient jamais. Les forces de Kazim n'étaient plus qu'à 300 mètres maintenant et chaque tir de mortier et de *sniper* démolissait un peu plus les murs déjà en ruine.

La concentration des tirs n'avait rien de commun avec ce que la Légion étrangère française avait pu connaître pendant ses combats contre les Touaregs, au cours des cent ans de leur occupation de l'Afrique occidentale. Obus après obus, les détonations faisaient l'effet d'un orage ininterrompu. Ce qu'il restait des murs était pulvérisé par les explosions constantes, faisant jaillir les pierres, le ciment et le sable. Le vieux fort ne ressemblait plus qu'à une ruine antique.

L'appareil de commandement du général Kazim avait atterri sur un lac asséché des environs. Accompagné de son chef d'état-major, le colonel Sghir Cheik et d'Ismail Yerli, il fut accueilli par le capitaine Mohammed Batutta. Le capitaine les conduisit en 4 × 4 jusqu'au quartier général rapidement mis en place pour son commandant en chef, le colonel Nouhoum Mansa, qui s'avança pour les saluer.

— Vous les avez complètement encerclés ? demanda Kazim.

— Oui, général, répondit vivement Mansa. Mon plan consiste à faire avancer peu à peu nos lignes autour du fort jusqu'à l'assaut final.

— Avez-vous essayé de les persuader de se rendre ?

— A quatre reprises. Chaque fois, leur leader, un certain colonel Levant, a sèchement refusé.

Kazim eut un sourire cynique.

— Puisqu'ils insistent pour mourir, on va les y aider un peu.

— Ils ne doivent pas être bien nombreux, observa Yerli en regardant le fort par un télescope monté sur un trépied. Ça a l'air pulvérisé, là-dedans ! Ils doivent tous être enterrés sous les décombres des murs.

— Mes hommes sont impatients de combattre, dit Mansa. Ils souhaitent faire une belle performance pour leur chef bien-aimé.

Kazim parut ravi.

— Ils vont en avoir l'occasion. Donnez l'ordre de charger le fort dans une heure.

Le pilonnage était incessant. En bas, dans l'arsenal maintenant bondé de soixante membres du commando et des civils, les pierres supportant l'arche du toit commençaient à céder, le mortier tombant en morceaux sur la masse serrée des réfugiés.

Eva était accroupie près de l'escalier. Elle posait un bandage à une combattante dont l'épaule était blessée en plusieurs endroits par des éclats d'obus. Son corps protégeait celui de la femme qu'elle soignait lorsqu'un morceau de rocher vint la lacérer. Elle perdit conscience et, lorsqu'elle revint à elle, elle était étendue sur le sol au milieu des autres blessés.

L'un des médecins la soignait pendant que Pitt, assis près d'elle, lui tenait la main. Il avait les traits tirés, le visage ruisselant de sueur, et sa barbe plus que naissante paraissait blanche à cause de la poussière. Il lui adressa un sourire affectueux…

— Bienvenue parmi nous, dit-il. Tu nous as fait une sacrée peur quand l'escalier s'est effondré.

— Sommes-nous emmurés ? demanda-t-elle.

— Non, nous pourrons sortir quand le moment sera venu.

— Il fait si noir !

— Le capitaine Pembroke-Smythe et son équipe ont dégagé une sortie juste assez large pour nous permettre de respirer. Ça ne laisse pas passer beaucoup de lumière mais ça nous met à l'abri des obus.

— Je me sens tout engourdie. C'est curieux, mais je n'ai mal nulle part.

Le médecin, un jeune Écossais roux, lui sourit.

— Je vous ai donné beaucoup de calmants. Je ne tenais pas à ce que vous vous réveilliez pendant que je remettais en place vos jolis os.

— Je suis très abîmée ?

— A part une fracture du bras droit et de l'épaule et une ou deux côtes cassées — je ne peux pas préciser sans radio —, une fracture du tibia et de la cheville gauche, quelques bleus et peut-être quelques blessures internes, vous vous portez comme un charme.

— Vous êtes très franc, dit Eva en se forçant à sourire au médecin et à son humour de champ de bataille.

Le médecin lui tapota le bras gauche.

— Pardonnez mes manières un peu rudes mais je pense qu'il vaut mieux que vous connaissiez la vérité.

— J'apprécie, dit-elle faiblement.

— Deux mois de repos et vous serez capable de traverser la Manche à la nage.

Pembroke-Smythe, infatigable comme d'habitude, allait de l'un à l'autre dans l'arsenal bondé, en remontant le moral de chacun. Il vint s'agenouiller près d'Eva.

— Eh bien, cher docteur Rojas, on dirait bien que vous êtes une dame de fer !

— On m'a dit que je survivrai.

— Oui, mais elle ne se lancera pas avant un moment dans une brûlante aventure sexuelle, plaisanta Pitt.

Pembroke-Smythe eut un sourire égrillard.

— Que ne donnerais-je pour être là quand elle ira mieux !

Eva ne releva pas le côté gaulois du capitaine.

Avant la fin de sa plaisanterie, elle avait à nouveau perdu connaissance.

Pitt et le capitaine échangèrent un regard dont tout humour avait disparu. L'Anglais montra des yeux le pistolet automatique que Pitt portait sous le bras gauche.

— Lorsque la fin sera venue, dit-il calmement, lui ferez-vous l'honneur...

— Oui, dit Pitt. Je m'occuperai d'elle.

Levant arriva, pâle et fatigué. Il savait que ses troupes ne pourraient supporter plus longtemps cette punition. La douleur supplémentaire consistant à regarder souffrir les femmes et les enfants abattait son moral pourtant solide et professionnel. Il était malade de les voir, eux et ses chers équipiers, endurer des tourments aussi terribles. Sa plus grande crainte était d'être débordé par l'assaillant quand les bombardements s'arrêteraient et de voir sans pouvoir agir les Maliens assassiner et violer leurs victimes.

A son avis, l'ennemi devait représenter entre mille et quinze cents soldats. De leur côté, ils étaient vingt-neuf en état de se battre, y compris Pitt. Il ne savait combien de temps ils allaient pouvoir tenir avant d'être submergés. Ils allaient se défendre comme des diables, de cela, il était certain. Le bombardement, curieusement, avait joué en leur faveur. La plupart des murs bombardés s'étaient écroulés vers l'extérieur, ce qui rendrait la tâche difficile aux troupes d'assaut.

— Le caporal Wadilinski rapporte que les Maliens commencent à se mettre en formation et à avancer, dit-il à Pembroke-Smythe. L'assaut est imminent. Elargissez l'accès aux escaliers et faites préparer vos hommes à sortir dès que la fusillade s'arrêtera.

— Je m'en occupe, colonel.

Levant se tourna vers Pitt.

— Eh bien, monsieur Pitt, je pense qu'il est temps d'essayer votre invention.

Pitt se leva et s'étira.

— C'est un miracle qu'elle n'ait pas été mise en pièces.

— J'ai jeté un coup d'œil tout à l'heure et j'ai vu qu'elle était encore en un seul morceau sous un des rares pans de mur encore debout.

— Rien que ça devrait me faire arrêter la tequila !

— J'espère que vous ne ferez rien d'aussi radical !

Pitt regarda Levant dans les yeux.

— Puis-je vous demander ce que vous avez répondu à Kazim quand il a exigé notre reddition ?

— La même chose que ce que nous avons répondu à Waterloo et à Camerone. Merde.

— En d'autres termes, *crap*, traduisit Pembroke-Smythe.

Levant sourit.

— C'est une façon polie de dire les choses.

Pitt soupira.

— Je n'aurais jamais cru que le fils de Mrs Pitt finirait comme Davy Crockett et Jim Bowie à Alamo !

— Si l'on considère combien nous sommes et quelle est la puissance de feu de l'ennemi, dit Levant, je dirais que nos chances de survie ne sont pas meilleures. Elles sont même pires, sans doute.

Le silence tomba comme une chape sur l'arsenal souterrain. Chacun se raidit et regarda le plafond, comme si l'on pouvait voir ce qui se passait au-dessus des trois mètres de rocher et de sable.

Enfermés et pilonnés depuis six heures, les membres de l'équipe tactique encore capables de se tenir debout et de combattre enlevèrent les décombres qui bouchaient l'entrée, se précipitèrent dans la chaleur brûlante du soleil et se dispersèrent dans les ruines. Ils trouvèrent le fort presque méconnaissable. On aurait dit un entrepôt après le passage d'une équipe de démolisseurs. De la fumée noire s'élevait des camions de transport calcinés et tous les bâtiments avaient été pratiquement mis à bas. Des balles sifflaient et ricochaient sur les tas de pierres comme des bourdons fous.

L'équipe des Nations Unies, ruisselante de sueur, sale, affamée et morte de fatigue, n'éprouvait pas la moindre peur. Tous étaient furieux d'avoir encaissé sans riposter tout ce que les Maliens leur avaient envoyé. A court de tout sauf de courage, ils se mirent en position de défense, jurant froidement que les attaquants allaient payer le prix fort avant que ne tombe le dernier d'entre eux.

— A mon commandement, maintenez un tir clair et régulier, ordonna Levant dans la radio de son casque.

Le plan de bataille de Kazim était ridiculement simple. Les chars devaient entrer en force par la porte principale déjà bien abîmée, tandis que les troupes d'assaut chargeraient de tous les côtés. Tous les hommes dont il disposait devaient se jeter dans la bataille et ils étaient 1 470. Il n'en garderait aucun en réserve.

— Je veux une victoire totale et pas de quartiers, dit-il à ses officiers. Tirez sur tous les étrangers qui tenteront de s'échapper.

— Pas de prisonniers ? s'étonna le colonel Cheik. Pensez-vous que ce soit raisonnable, mon général ?

— Vous voyez un problème, mon vieil ami ?

— Quand la communauté internationale apprendra que nous avons exécuté toute une unité des Nations Unies, on pourrait prendre de sérieuses représailles contre nous.

Kazim prit un air grandiloquent.

— Je n'ai pas l'intention de laisser impunie une incursion hostile à nos frontières. Le monde apprendra bientôt qu'on ne traite pas le peuple du Mali comme une vermine du désert.

— Je suis d'accord avec le général, le soutint Yerli. Les ennemis de votre peuple doivent être détruits.

Kazim ressentait une excitation qu'il ne pouvait maîtriser. Il n'avait encore jamais mené de troupes à la bataille. Il ne devait son rapide avancement et sa puissance qu'à de sordides tripotages. Il ne savait que donner l'ordre à ses sbires de tuer quiconque représentait une opposition. Mais il se voyait maintenant comme le plus grand des guerriers, sur le point de charger des infidèles.

— Ordonnez l'assaut ! commanda-t-il. Nous vivons un moment historique ! Sus à l'ennemi !

Les troupes d'assaut coururent dans le désert comme l'indiquaient les manuels classiques de l'infanterie, se baissant pour couvrir de leur feu les membres les plus avancés puis se levant et avançant à leur tour. La première vague des troupes d'élite commença à hurler sauvagement en arrivant à 200 mètres du fort sans que l'ennemi ait ouvert le feu. Devant eux, les chars n'avaient pas réussi à se déployer en éventail correctement et s'avançaient en formation mal assurée.

Pitt décida de s'occuper de celui qui fermait la marche. Avec l'aide de cinq militaires, il dégagea sa catapulte des gravats qui la recouvraient et la tira à l'air libre. Sur les machines des temps anciens, il aurait fallu des treuils et des palans pour assurer la tension. Mais sur le modèle de Pitt, la fourche de levage était inversée de sorte que ses deux branches pouvaient tirer les ressorts de la catapulte jusqu'à une ligne horizontale.

On chargea sur la machine l'un des bidons de gas-oil tandis que les cinq autres, toutes ses munitions en fait, furent alignés à côté.

— Allez, mon bébé, murmura-t-il lorsque le starter frappa le moteur défaillant de la fourche de levage. Ce n'est pas le moment de faite la chochotte !

Alors le carburateur émit une sorte de toux, l'échappement bafouilla puis se mit à ronronner avec régularité.

Plus tôt, juste avant que le jour se lève, Levant avait quitté le fort et installé des pieux dans le sable tout autour, pour servir de repères de tir. Attendre de voir le blanc des yeux des attaquants aurait signifié une mort certaine. Leurs chances étaient trop minces pour risquer un combat au corps à corps. Levant pensa que 75 mètres étaient une bonne mesure.

Maintenant, tandis que l'équipe tactique attendait le début des hostilités, tous les regards étaient tournés vers Pitt. Si l'on n'arrivait pas à arrêter les chars, les troupes d'assaut maliennes n'auraient plus qu'à ramasser les cadavres.

Pitt prit un couteau et fit une marque à l'endroit où les extrémités des ressorts tendus touchaient la planche de lancement, ce qui permettrait de juger la tension nécessaire à la distance. Puis il grimpa sur l'une des poutres supports et regarda attentivement les chars.

— Lequel visez-vous ? demanda Levant.

Pitt montra un des tanks décalé au bout, à gauche de la ligne.

— J'ai l'intention de commencer tout au bout et de remonter vers l'avant.

— De sorte que les chars de l'avant ne sauront pas ce qui se passe derrière, conclut Levant. Espérons que ça marchera.

La chaleur brûlante du soleil se reflétait sur les flancs blindés des tanks. Sûrs de ne trouver à l'intérieur que des cadavres, les officiers et les conducteurs de chars roulaient, tourelles ouvertes, leurs armes crachant des obus sur les quelques remparts encore debout.

Lorsque Pitt put presque discerner les traits du servant du premier tank, il alluma une torche et l'approcha du carburant qui s'écoulait doucement par les petits trous percés en haut du bidon. Le feu prit immédiatement. Puis il lança la torche dans le sable et tira d'un coup sec le fil qui relâcha le déclencheur qu'il avait fabriqué avec la serrure d'une porte. Le fil de nylon tendu et le câble tenant les ressorts se libérèrent d'un coup et les ressorts à lames se redressèrent.

Le bidon d'essence enflammé s'envola par-dessus le mur ravagé comme un météore, passa au-dessus du char arrière et frappa le sol à une distance considérable de son arrière avant d'exploser.

Pitt eut l'air fort surpris.

— Ce truc fonctionne mieux que tout ce que j'avais imaginé ! murmura-t-il.

— 50 mètres plus bas et 10 mètres plus à droite, observa Pembroke-Smythe aussi tranquillement que s'il avait commenté un score de football.

Tandis que les hommes de Levant aidaient à mettre en place un nouveau baril, Pitt fit une nouvelle marque sur la planche de lancement pour régler la distance. Puis il remit en place les ressorts pour donner à la catapulte sa position inclinée vers l'arrière. A nouveau il enflamma l'essence, relâcha le mécanisme et le second baril partit à son tour.

Celui-ci frappa le sol quelques mètres devant le dernier char, rebondit puis roula sous le monstre d'acier entre ses chenilles avant d'exploser. Le tank fut instantanément enveloppé de flammes. L'équipage, dans sa hâte d'abandonner le véhicule, se battit, chacun voulant quitter le premier la tourelle. Deux hommes seulement sur quatre en sortirent vivants.

Pitt ne perdit pas une seconde et tendit sa catapulte. Un autre baril fut mis en place et lancé sur les chars qui avançaient toujours. Cette fois, il fit mouche. Le baril décrivit un arc au-dessus du mur et tomba pile sur la tourelle du tank suivant où il explosa, faisant du véhicule un véritable four crématoire.

— Ça marche ! Ça marche vraiment ! cria Pitt en préparant la catapulte pour le tir suivant.

— Belle démonstration, nom de Dieu ! s'écria Pembroke-Smythe. Vous avez touché ces salauds là où ça fait le plus mal !

Pitt et les soldats qui luttaient pour mettre en place le nouveau baril d'essence n'avaient pas besoin d'encouragements. Levant grimpa sur le seul pan de mur encore debout et regarda le champ de bataille. La destruction inattendue de deux des tanks de Kazim avait temporairement arrêté l'avance. Levant était ravi des premiers succès de la machine de Pitt mais il savait que si un seul char réussissait à atteindre le fort, ce serait un désastre pour les assiégés.

Pitt lança le quatrième baril. Il partit comme il fallait mais l'officier du char, conscient maintenant de la mortelle défense venant du fort, ordonna au conducteur de zigzaguer. Sa précaution fut payante car la trajectoire de la bonbonne enflammée l'amena quatre mètres derrière le dernier véhicule. Le baril explosa mais une partie seulement de son feu liquide éclaboussa l'arrière du blindé qui continua son avance imperturbable vers le fort.

Pour les combattants accroupis au milieu des ruines, la horde des Maliens qui s'avançaient vers eux ressemblait à une armée de fourmis migrantes. Ils étaient si nombreux, en rangs si serrés, qu'il semblait impossible qu'ils puissent manquer leur cible. Les Maliens, hurlant leurs cris de guerre, avançaient en tirant sans relâche.

La première vague n'était plus qu'à quelques mètres des marques posées par Levant, mais celui-ci attendit encore un peu avant d'ordonner le feu, espérant très fort que Pitt réussirait à anéantir les deux derniers chars. Son vœu fut exaucé car Pitt, anticipant le changement de direction du lourd véhicule, ajusta son tir en conséquence et lança son missile enflammé au beau milieu de la tourelle.

Un rideau de feu cacha l'avant du char. Puis, d'un coup, tout explosa. L'avance fut stoppée net, les Maliens considérant avec stupéfaction les débris de la tourelle s'élevant très haut dans le ciel du désert avant de retomber s'enterrer dans le sable comme un cerf-volant de plomb.

Il ne restait plus à Pitt qu'un seul baril. Il était si fatigué par l'effort qui lui faisait battre le cœur et trembler les muscles qu'il pouvait à peine se tenir debout. Son souffle court sortait par à-coups et son cœur paraissait vouloir éclater à force de lever les lourdes bonbonnes et de lutter de toutes ses forces pour mettre en place les ressorts de la catapulte et viser.

L'énorme char de 60 tonnes apparut dans la poussière et, tel un dragon fumant, pointa son immense gargouille qui paraissait chercher de nouvelles victimes à consumer. On distinguait nettement l'officier qui allait pouvoir tirer à vue.

Dans le fort, chacun retint son souffle lorsque Pitt régla le ressort de sa machine. Plusieurs pensèrent que la fin était venue. C'était le dernier tir, le dernier baril d'essence.

Aucun footballeur ayant au bout de son pied le ballon de la victoire ne tint jamais son public en haleine dans un plus grand suspense. Si Pitt ratait son coup, beaucoup allaient mourir, y compris lui-même et tous les enfants cachés dans l'arsenal.

Le char avança et son officier ne jugea pas utile de zigzaguer. Il s'approcha si près que Pitt dut élever l'arrière de la catapulte pour abaisser la planche de lancement. Il relâcha la clenche et pria de tout son cœur.

Le mitrailleur du char tira au même instant. Par une fantastique coïncidence, le lourd obus et le baril en flammes se percutèrent en vol.

Dans son excitation, le mitrailleur avait chargé un obus capable de percer un blindage qui pénétra aisément le baril. Une véritable pluie d'essence en flammes tomba sur le char. Le monstre d'acier ne fut bientôt plus qu'une boule de feu. Paniqué, le conducteur enclencha la marche arrière dans une vaine tentative d'échapper à l'holocauste, mais ne réussit qu'à emboutir le char en feu derrière lui. Accrochés l'un à l'autre, les gros blindés ne firent plus qu'une masse enflammée d'où explosaient les obus et les réservoirs.

Les soldats du fort hurlèrent de joie au milieu de ce tumulte, leurs pires craintes apaisées par la réussite de Pitt et de son engin. Le moral remonta au zénith. Tous ne souhaitaient plus que se battre à mort contre l'artillerie malienne. La peur avait disparu du vieux fort en ruine, ce jour-là.

— Choisissez vos cibles et ouvrez le feu ! ordonna Levant de sa voix la plus calme. Maintenant, à vous de les faire souffrir !

55

Pendant un instant, Giordino aperçut une ligne formée de quatre trains à l'arrêt sur les rails. Puis tout fut oblitéré par un nuage dû à une nouvelle tempête de sable. La visibilité tomba de 20 kilomètres à 50 mètres.

— A votre avis, demanda Steinholm en passant en troisième pour économiser les précieuses gouttes de carburant restant, sommes-nous en Mauritanie ?

— J'aimerais bien le savoir, dit Giordino. On dirait que Massarde a fait arrêter tous les trains mais je ne sais pas de quel côté de la frontière ils sont.

— Que dit l'ordinateur de navigation ?

— D'après lui, nous avons passé la frontière depuis 10 kilomètres.

— Dans ce cas, nous pourrions approcher la voie ferrée et tenter notre chance.

En parlant, Steinholm fit passer le véhicule entre deux gros rochers puis freina d'un seul coup. Les deux hommes entendirent la même chose au même moment. Malgré le vent, on ne pouvait pas se tromper sur le bruit ronronnant de façon très particulière. Plus évident à chaque seconde, soudain, il fut sur eux.

Steinholm tourna rapidement le volant, appuya à fond sur l'accélérateur et fit virer le buggy de 180 degrés. Et soudain, le moteur toussa et se tut, à sec. Les deux hommes, impuissants, s'arrêtèrent.

— Apparemment, on a gagné le gros lot, grogna Giordino.

— Ils ont dû nous voir sur leur radar et maintenant, ils foncent droit sur nous, se lamenta Steinholm en tapant rageusement sur le volant.

Lentement, à travers le rideau brun de sable et de poussière, comme un gros insecte issu d'une planète bizarre, un hélicoptère se matérialisa et fit du sur place à 2 mètres du sol. Avoir en face de soi un lance-roquettes Chain de 30 millimètres, capable de lancer deux missiles de 38, 2,75 pouces et huit missiles antichars guidés par laser est, en soi, une expérience peu agréable. Giordino et Steinholm, raides de peur dans le buggy des sables, se préparaient au pire.

Mais au lieu d'une rafale et d'une glissade vers le néant, une silhouette descendit du ventre de l'engin. Le soldat portait une tenue de combat chargée de tous les gadgets nés de la toute dernière technologie. Sa tête était couverte d'un casque de camouflage, le visage masqué portait des lunettes spéciales. La mitrailleuse qu'il tenait bien droite semblait le prolongement naturel de son bras. Il s'arrêta près du buggy et regarda un long moment sans rien dire Giordino et Steinholm. Puis il ôta son masque et dit :

— De quel coin de l'enfer sortez-vous tous les deux ?

Ne pouvant plus rien avec la catapulte, Pitt saisit deux mitraillettes qu'il prit à des combattants de l'équipe tactique trop gravement blessés pour s'en servir et se mit en position dans un renfoncement qu'il s'était aménagé avec des pierres tombées. Les nomades du désert en uniforme l'impressionnaient. Ils étaient grands et se déplaçaient en courant avec une agilité inattendue. Tous convergeaient vers le fort. Et moins ils rencontraient d'opposition, plus ils se montraient braves.

A un contre cinquante, l'équipe tactique ne pouvait espérer tenir assez longtemps pour que les renforts puissent être efficaces. Cette fois-ci, David ne tiendrait pas contre Goliath. Pitt comprit ce qu'avaient dû ressentir les défenseurs de Fort Alamo. Il regarda la horde mouvante et, lorsque Levant en donna l'ordre, appuya sur la détente.

La première vague des Forces maliennes fut accueillie par un feu nourri qui ralentit son avance. Ils étaient une cible facile, en plein milieu du terrain désertique et sans abri. Accroupis dans les décombres, les soldats des Nations Unies prenaient leur temps et faisaient mouche à tous les coups. Comme des herbes devant une faucille, les attaquants tombaient comme des mouches et leurs cadavres s'entassaient sans avoir eu le temps de comprendre ce qui leur arrivait. En vingt minutes, plus de 275 tués ou blessés tombèrent dans le périmètre du fort.

La seconde vague se heurta aux corps de ses camarades à terre, hésita à mesure que ses propres rangs étaient dévastés. Ils reculèrent. Personne, pas même leurs officiers, ne s'attendait à une résistance aussi rude. Les plans d'attaque hâtifs de Kazim tournèrent au chaos. Ses troupes commencèrent à paniquer et de nombreux hommes, à l'arrière, se mirent à tirer aveuglément sur leurs propres camarades à l'avant.

Les Maliens reculèrent, en pleine confusion, courant comme des animaux devant un feu de brousse. Quelques braves continuèrent d'avancer lentement et tirèrent sur tout ce qui pouvait ressembler à la silhouette d'un défenseur du fort. Une trentaine de Maliens tentèrent de s'abriter derrière les chars en feu mais Pembroke-Smythe, prévoyant ce réflexe, fit donner l'ordre de tirer et les anéantit.

Une heure seulement après le début de l'assaut, les claquements des balles se turent et les sables nus autour du fort retentirent des cris des blessés et des hurlements des mourants. L'équipe des Nations Unies était ébahie et sentait monter en elle la colère en constatant que les Maliens ne faisaient rien pour venir chercher leurs propres hommes. Ils ignoraient, bien sûr, que Kazim, fou de rage, avait ordonné qu'on laissât mourir les blessés dans la chaleur impitoyable du soleil saharien.

Emergeant des débris du fort, les membres des commandos se rassemblèrent et comptèrent les rescapés. Pembroke-Smythe fit son rapport à Levant.

— Un mort et trois blessés, dont deux sérieusement. Mais je dois dire qu'on leur a flanqué une sacrée raclée !

— Ils vont revenir, rappela Levant.

— En tout cas, on leur a montré que la chance n'était pas que de leur côté.

— Ils en ont fait autant, dit Pitt en offrant au colonel une gorgée de sa gourde d'eau. Il nous reste quatre hommes en assez mauvais état pour repousser la prochaine attaque tandis que Kazim rassemble des renforts.

— M. Pitt a raison, dit Levant. J'ai vu que les hélicoptères amenaient deux nouvelles compagnies.

— A votre avis, dans combien de temps vont-ils remettre ça ? demanda Pitt à Levant.

Le colonel se protégea les yeux d'une main et observa le soleil.

— Je dirais au moment le plus chaud de la journée. Ses hommes sont mieux acclimatés que nous à la chaleur. Kazim va nous laisser rissoler quelques heures avant d'ordonner un nouvel assaut.

— Ils ont eu de grosses pertes, maintenant, mais la prochaine fois, nous ne pourrons pas les arrêter.

— Non, dit Levant, les traits tirés de fatigue. Je ne crois pas que nous pourrons.

— Comment ça ? explosa Giordino, blanc de colère, comment ça vous refusez de rentrer au Mali et de les faire sortir ?

Le colonel Gus Hargrove n'avait pas l'habitude qu'on lui résiste, surtout quand il s'agissait d'un petit civil rogneux qui mesurait une bonne tête de moins que lui. Commandant une unité d'hélicoptères d'attaque indirecte des Army Rangers, Hargrove était un soldat professionnel endurci. Il avait mené ses hélicoptères au Vietnam, à Grenade, à Panama et en Irak. Il était rude et habile, respecté de ses subordonnés comme de ses supérieurs. Il baissa la tête et rencontra les yeux bleus de son interlocuteur, durs et tranchants comme de l'acier. Hargrove avait toujours un cigare aux lèvres et l'enlevait parfois pour cracher.

— Vous n'avez pas l'air de saisir, monsieur Giordano.

— Giordino.

— Je m'en fiche, murmura Hargrove avec indifférence. Il y a eu une fuite, probablement, aux Nations Unies. Les Maliens attendent seulement que nous traversions leur espace aérien. La moitié de leurs forces patrouille le long de la frontière pendant que nous parlons. Au cas où vous ne le sauriez pas, l'hélicoptère Apache est super pour lancer des missiles mais ne peut rien contre des Mirages à réaction. Et surtout en plein jour. Sans une escadrille de Stealth pour nous couvrir, on ne peut rien faire avant la nuit. Là seulement, on pourra tirer avantage du terrain plat et des dépressions du désert pour éviter leurs radars. Vous saisissez ?

— Des hommes, des femmes et des enfants vont mourir si vous n'arrivez pas à Fort-Foureau dans les quelques heures qui suivent.

— Précipiter mon unité ici alors que les autres sont au courant, sans soutien, en plein jour, c'était déjà un très mauvais calcul, dit sèchement Hargrove. Si nous essayons maintenant de rentrer au Mali, mes quatre hélicos seront mis en pièces à moins de 50 kilomètres après la frontière. Vous pouvez me dire, *monsieur*, quel avantage en tireraient les gens qui sont là-bas dans le fort ?

Coincé, Giordino haussa les épaules.

— Je comprends que vous deviez prendre des précautions. Toutes mes excuses, colonel. Je ne me rendais pas compte à quel point votre situation était dangereuse.

Hargrove s'adoucit.

— Je comprends votre angoisse mais maintenant que vous êtes dans cette mauvaise situation et que les Maliens vous tiennent en embuscade, je crains bien qu'il n'y ait rien que nous puissions faire pour sauver vos amis.

Giordino sentit son estomac se serrer. Il tourna la tête et regarda le désert. La tempête de sable s'était apaisée et il apercevait les trains immobiles, plus loin. Il revint vers Hargrove.

— Combien d'hommes avez-vous sous vos ordres ?

— Sans compter les équipages des hélicos, j'ai 80 combattants.

— 80 hommes pour combattre la moitié de l'armée malienne ? s'étonna-t-il.

588

— Oui, fit Hargrove en ôtant son cigare pour cracher. Mais nous avons une force de feu suffisante pour démolir la moitié de l'Afrique occidentale...

— Supposez que vous puissiez traverser le désert jusqu'à Fort Foureau sans qu'on vous remarque ?

— Je suis toujours ouvert à un bon plan.

— Ces trains en direction de Fort-Foureau et son usine de déchets toxiques, est-ce qu'on les laisse rouler ?

Hargrove fit signe que non.

— J'ai envoyé un chef de groupe voir un peu quelle était la situation. Il paraît qu'on a ordonné aux conducteurs de trains, par radio, de s'arrêter à la frontière entre le Mali et la Mauritanie. Le mécano du premier train prétend qu'on lui a dit de rester là sans rien faire jusqu'à ce que le chef du réseau de chemin de fer lui donne personnellement l'ordre de repartir.

— Qu'y a-t-il comme forces maliennes à la gare frontalière ?

— Dix gardes, peut-être douze.

— Pourriez-vous les prendre avant qu'ils ne donnent l'alarme ?

Machinalement, le regard de Hargrove alla des wagons chargés sur les cinq plates-formes roulantes et recouverts de toiles en attendant de repartir vers Fort-Foureau, jusqu'à la cahute abritant les gardes frontaliers, non loin de la voie ferrée, puis revint vers Giordino.

— Est-ce que John Wayne savait monter à cheval ?

— On pourrait être là-bas dans deux heures et demie, dit Giordino. Trois au maximum.

Hargrove retira le cigare de sa bouche et le contempla un instant.

— Je crois que je vois où vous voulez en venir. Le général Kazim n'imaginerait jamais que mon unité prendrait le train pour venir jouer dans sa cour !

— Chargez vos hommes à l'intérieur des wagons. Vos hélicos peuvent se poser sous les bâches des plates-formes. Atteignez l'objectif avant que Kazim ait compris ce qui se prépare et nous aurons une bonne chance d'évacuer les hommes du colonel Levant et les civils, puis de foncer en Mauritanie avant que les Maliens aient vu d'où venait le coup.

Le plan de Giordino plaisait bien à Hargrove mais celui-ci doutait encore.

— Supposez qu'un des petits génies de Kazim aperçoive de son avion un train ignorant les ordres et décide de le faire sauter ?

— Kazim lui-même n'oserait pas détruire un des trains de déchets toxiques de Massarde sans avoir la preuve absolue qu'il a été détourné.

Hargrove marcha un moment de long en large. Le culot du projet lui paraissait extraordinaire. La vitesse comptait plus que tout. Il décida de jouer sa carrière sur ce coup et d'assumer.

— D'accord, dit-il. Allons mettre en route le *Wabash Cannonball* !

Zateb Kazim bouillait de colère et de frustration de s'être montré incapable de déloger Levant et sa petite compagnie du fort de la Légion étrangère. Il maudit ses officiers, les insultant hystériquement, comme un enfant à qui on a pris ses jouets. Il en gifla deux et, comme un dément, ordonna qu'on les fusille tous avant que son chef d'état-major, le colonel Cheik, l'en dissuade par des paroles lénifiantes. Ayant à peine repris son sang-froid, Kazim regarda ses troupes faire retraite et exigea d'eux qu'ils reprennent le combat et lancent un deuxième assaut.

Désespéré de la colère de Kazim, le colonel Mansa circula parmi les soldats, hurlant et menaçant les officiers, les accusant de couardise : 1 600 hommes incapables de venir à bout d'une poignée d'hommes à bout de forces ! Il les persuada de se regrouper, de reformer leurs bataillons et d'essayer encore. Et pour être bien sûr que le message était compris, qu'il n'y aurait plus de ratage, Mansa fit fusiller devant les troupes six déserteurs rattrapés dans le désert.

Au lieu d'attaquer le fort en vagues successives et par encerclement, Kazim massa tous ses hommes en une seule énorme colonne. Des renforts furent laissés en arrière avec mission de tirer sur tous les fuyards en tête de la colonne. Il résuma sa pensée en quelques mots qui coururent de compagnie en compagnie : « Combattre ou mourir. »

A deux heures, ce même après-midi, les Forces maliennes reconstituées n'attendaient plus qu'un signal. A voir ses troupes moroses et craintives, n'importe quel commandant ordinaire aurait remis l'attaque à plus tard. Kazim n'était pas un chef bien-aimé pour lequel ses soldats se seraient fait tuer avec enthousiasme. Pourtant, en regardant le sol jonché des cadavres des leurs autour du fort, la colère remplaça la peur de mourir.

Cette fois, ils se jurèrent que les défenseurs de Fort-Foureau allaient payer ce massacre de leur vie.

56

Totalement indifférent aux balles qui sifflaient autour de lui, Pembroke-Smythe était assis dans la chaleur torride sur une canne dont le haut s'ouvrait en un siège rudimentaire. Il observait les formations maliennes s'alignant pour donner l'assaut.

— Je crois bien que ces chiens sont sur le point de remettre ça, dit-il à Levant et à Pitt.

Une série de coups de feu furent tirés en l'air pour signaler l'avance. Il n'y eut aucune tentative de tirs de couverture, comme pour le premier assaut. Les Forces maliennes s'élancèrent en courant sur le sol plat. Leurs cris s'élevèrent et envahirent le désert.

Pitt eut l'impression d'être un acteur sur la scène d'un théâtre en rond, entouré d'un auditoire hostile.

— Ce n'est pas ce que j'appellerais une tactique imaginative, dit-il à Levant et à Pembroke-Smythe en observant la colonne massive. Mais ça peut marcher.

Pembroke-Smythe partageait son avis.

— Kazim utilise ses hommes comme des rouleaux compresseurs.

— Bonne chance, messieurs, dit Levant avec un pâle sourire. Peut-être nous retrouverons-nous en enfer.

— Il n'y fera pas plus chaud qu'ici, dit Pitt en souriant à son tour.

Le colonel se tourna vers Pembroke-Smythe.

— Remettez nos unités en position pour résister à un unique assaut de front. Et dites-leur de tirer à volonté.

Pembroke-Smythe serra la main de Pitt et passa d'un homme à l'autre. Levant prit sa place en haut du pan de mur tandis que Pitt retourna à la casemate qu'il avait aménagée dans les ruines. Déjà des balles sifflaient au-dessus du fortin et ricochaient sur les pierres brisées.

Le mur avant des attaquants s'étirait sur 50 mètres. Avec les renforts, ils étaient environ 1 800. Kazim les lança sur le côté du fort qui avait le plus souffert pendant l'attaque aérienne et les bombardements au mortier. C'était le mur nord avec sa grande porte presque en ruine.

Les hommes des derniers rangs étaient soutenus par la certitude d'être vivants lorsqu'ils pénétreraient dans le fort. Mais les premiers n'avaient pas la même vision des choses. Aucun n'espérait franchir cet espace découvert et survivre. Ils savaient tous que les défenseurs n'auraient aucune pitié.

Des trous apparaissaient déjà dans le rang de tête des malheureux qui tombaient sous un feu nourri. Mais les Maliens avançaient vers ce massacre, enjambant les corps de ceux qui étaient tombés lors du premier assaut. Il n'était pas question de s'arrêter, cette fois-ci. Ils sentaient déjà l'odeur sanglante de la victoire.

Pitt visa et tira de courtes rafales sur la masse mouvante comme dans un rêve. Viser, tirer, viser, tirer puis éjecter et recharger. Cela lui parut une routine machinale se poursuivant sans fin alors qu'en réalité, il n'y avait que dix minutes que l'assaut avait commencé.

Un obus de mortier éclata quelque part derrière

lui. Kazim avait dirigé le bombardement qu'il avait gardé en réserve jusqu'à ce que ses premières lignes entrent dans le fort. Pitt sentit le vent de l'obus siffler à quelques centimètres de sa tête. Les Maliens étaient si près, maintenant, qu'ils emplissaient le viseur de son fusil automatique.

Une pluie d'obus de mortier tomba sur le fort en un maelström de feu. Puis le barrage cessa lorsque le premier rang des assaillants atteignit les murs écroulés et commença à les escalader. Là, ils étaient plus vulnérables. Les premiers rangs tombèrent sous le feu désespéré des défenseurs. Ils n'avaient aucun endroit où se mettre à l'abri et ne pouvaient à la fois escalader les pierres et tirer sur des cibles qui restaient invisibles.

De leur côté, les défenseurs ne pouvaient manquer leurs cibles. Les Maliens escaladaient gauchement les ruines, rampant sur la maçonnerie éboulée sous une pluie de balles. Le premier rang avait été abattu à cent mètres. Le second le fut au moment où il tentait d'entrer dans le fort. Puis le rang suivant. Tout le long du mur nord, les attaquants et leurs officiers criaient puis tombaient. Leur propre feu, cependant, pour aussi sauvage qu'il fût, ne pouvait manquer de frapper certains des défenseurs.

Ils étaient trop nombreux pour que l'équipe des Nations Unies puisse les arrêter et le tir de ceux-ci ralentit à mesure qu'un après l'autre était tué ou blessé.

Levant comprit que le désastre final était imminent.

— Tirez ! hurla-t-il dans la radio de son casque. Faites-les sauter loin de ce mur !

Cela paraissait impossible et pourtant le feu nourri de l'équipe des Nations Unies augmenta soudain. La tête de la colonne malienne fut anéantie. Pitt n'avait plus de munitions mais il lança des grenades aussi vite qu'il put les dégoupiller. Les explosions semèrent la panique dans la foule des assaillants. Les Maliens commencèrent à reculer. Ils étaient sidérés, incrédules qu'on pût se battre avec tant de fureur et de colère. Il leur fallut un courage particulier pour se regrouper et jaillir des débris de la grande porte enfin abattue.

Les soldats des Nations Unies sortirent de leurs abris, tirant au jugé, en reculant sur ce qui restait de l'aire de parade et en contournant les restes carbonisés des camions de transport, formant une nouvelle ligne de défense dans les ruines des anciens baraquements du fort et des quartiers des officiers. La poussière, les débris et la fumée réduisaient la visibilité à moins de cinq mètres. Les tirs constants des canons assourdissaient les combattants qui n'entendaient même plus crier les blessés.

Les blessures horribles infligées aux Maliens auraient suffi à briser le moral de n'importe quel attaquant mais ils continuaient à se déverser dans le fort comme une marée humaine. Exposés temporairement sur le terrain de parade, la première compagnie ayant franchi le mur fut décimée et se répandit en pleine confusion, cherchant des survivants à bout de forces et n'en trouvant aucun.

Pembroke-Smythe tenait mentalement le compte des hommes et des femmes à l'intérieur des baraquements effondrés tandis que les quelques blessés pouvant encore être sauvés étaient transportés jusqu'à l'arsenal. Le colonel Levant manquait à l'appel. La dernière fois qu'on l'avait vu, c'était sur le pan de mur d'où il tirait sur la horde des attaquants qui franchissaient ce qui restait de la porte nord. En reconnaissant Pitt, Pembroke-Smythe eut un sourire radieux.

— Vous avez vraiment une allure repoussante, mon vieux, dit-il en montrant les taches de sang couvrant la manche et l'épaule de sa veste de combat. Du sang coulait aussi le long de sa joue à cause d'une pierre qui lui avait entaillé la peau.

— Vous ne ressemblez pas non plus à une gravure de mode, répondit Pitt en montrant la vilaine blessure à la hanche du capitaine anglais.

— Vous avez encore des munitions ?

Pitt leva son fusil mitrailleur et le laissa tomber.

— Plus rien. Juste deux grenades.

Pembroke-Smythe lui tendit une mitraillette ennemie.

— Vous feriez bien de descendre à l'arsenal. Ici, on va essayer de les retenir jusqu'à ce que vous puissiez...

Il ne put se résoudre à achever et baissa les yeux.

— On les a bien touchés, dit Pitt sans trembler, en vérifiant le nombre de balles du chargeur. Ils sont comme des chiens enragés, désireux de se venger. Ils ne seront pas tendres avec ceux d'entre nous qu'ils prendront vivants.

— Il ne faut pas que les femmes et les enfants retombent entre les mains de Kazim.

— Ils ne souffriront pas, promit Pitt.

Pembroke-Smythe le regarda et lut une immense tristesse dans le regard de Pitt.

— Au revoir, monsieur Pitt. Ce fut un véritable honneur pour moi de vous avoir connu.

Pitt serra la main du capitaine tandis qu'un orage de balles grondait autour d'eux.

— Ce le fut pour moi aussi, capitaine.

Pitt tourna les talons et descendit l'escalier encombré de pierres menant à l'arsenal. Hopper et Fairweather l'aperçurent en même temps et s'approchèrent de lui.

— Qui gagne ? demanda Hopper.

— Pas nous, dit Pitt en hochant la tête.

— Inutile d'attendre la mort, dit Fairweather. Autant aller à sa rencontre en se battant. Vous n'auriez pas une arme à me prêter, par hasard ?

— J'aimerais en avoir une aussi, ajouta Hopper.

Pitt passa la mitraillette à Fairweather.

— Désolé, mais en dehors de mon automatique, c'est tout ce que j'ai. Il y a plein d'armes, là-haut. Vous n'aurez qu'à en prendre une sur un Malien mort.

— Ça marche, dit Hopper avec enthousiasme. Bonne chance, mon vieux, et prenez soin d'Eva, ajouta-t-il en donnant à Pitt une claque sur l'épaule.

— Je vous le promets.

Fairweather fit un signe de tête.

— Heureux de vous avoir connu, vieux frère !

Comme ils remontaient ensemble l'escalier vers l'enfer du dessus, une femme médecin se leva et fit un signe pour attirer l'attention de Pitt.

— Comment ça se passe ? demanda-t-elle.

— Préparez-vous au pire, dit-il calmement.

— Dans combien de temps ?

— Le capitaine Pembroke-Smythe et ce qui reste de votre équipe font un dernier baroud. Mais ils ne tiendront pas plus de dix ou quinze minutes.

— Et tous ces pauvres diables ? dit le médecin en montrant les blessés étendus à même le sol de l'arsenal.

— Les Maliens ne feront preuve d'aucune compassion, soupira Pitt.

— Comment ? Ils ne font pas de prisonniers ?

— Non, je ne crois pas.

— Et les femmes et les enfants ?

Il ne répondit pas mais la tristesse et le désespoir de son expression le firent pour lui.

Elle fit un bel effort pour sourire.

— Alors, je suppose que ceux d'entre nous qui peuvent encore appuyer sur une gâchette feront une belle sortie.

Pitt la prit un instant par les épaules puis la lâcha. Elle sourit bravement et se retourna pour aller expliquer la terrible réalité à ses collègues. Avant que Pitt ait pu s'approcher de l'endroit où gisait Eva, l'ingénieur français Louis Monteux s'approcha de lui.

— Monsieur Pitt ?

— Monsieur Monteux ?

— Le moment est venu ?

— Je crains que oui.

— Votre pistolet. Combien de balles avez-vous ?

— Dix, mais j'ai un autre chargeur qui en contient quatre.

— Nous n'avons besoin que de onze balles pour les femmes et les enfants, murmura Monteux en tendant la main pour prendre l'arme.

— Je vous la donnerai quand je me serai occupé du Dr Rojas, dit Pitt d'un ton grave.

Monteux leva les yeux vers les bruits de lutte de plus en plus proches dont l'écho parvenait jusqu'à l'arsenal.

— Ne soyez pas trop long.

Pitt le quitta pour aller s'asseoir sur le sol de ciment près d'Eva. Elle était éveillée et le regarda avec une expression d'affection mêlée d'inquiétude.

— Tu saignes, tu es blessé !

— J'ai oublié de reculer quand la grenade a explosé, dit-il en haussant les épaules.

— Je suis si heureuse que tu sois là ! Je commençais à me demander si je te reverrais jamais.

— J'espère que tu as une robe très spéciale pour notre rendez-vous, dit-il en lui entourant doucement les épaules de son bras et en posant la tête de la jeune femme sur ses genoux. Derrière elle, d'un mouvement qu'elle ne pouvait pas voir, il sortit l'automatique de sa ceinture et tint le canon à un centimètre de sa tempe droite.

— Il y a un restaurant que j'aime bien...

Elle se tut et pencha la tête comme pour écouter quelque chose.

— Tu as entendu ?

— Entendu quoi ?

— Je ne suis pas sûre, on dirait un sifflement.

Pitt pensa que les calmants la faisaient divaguer. Comment aurait-elle pu entendre un bruit incongru dans le tintamarre de la bataille ? Son doigt commença à se crisper sur la détente.

— Je n'entends rien, dit-il.

— Non... non, tiens, ça recommence !

Il hésita en voyant son regard s'allumer et refléter un immense espoir. Il se raidit pour accomplir ce qu'il avait résolu de faire. Il se pencha pour embrasser ses lèvres et détourner son attention pendant qu'il reprenait sa pression sur la détente de son pistolet.

Elle essaya de lever la tête.

— Ce n'est pas possible que tu n'entendes pas !

— Adieu, mon amour.

— Le sifflet d'un train ! dit-elle avec force. C'est Al ! Il est revenu !

Pitt relâcha la pression de son doigt et tendit l'oreille vers l'entrée de l'escalier. Puis il l'entendit aussi, au-dessus du vacarme et des tirs sporadiques. Pas un sifflement, non, mais le bruit strident d'une sirène de locomotive Diesel.

Giordino, debout près du conducteur, tirait la corde de la sirène comme un fou tandis que le train fonçait sur les rails vers les lieux du combat. Il regarda le fort de tous ses yeux sans reconnaître la structure ravagée qui grandissait dans le pare-brise de la locomotive. Une dévastation totale, une colonne de fumée noire s'élevant vers le ciel, lui firent tourner le cœur. Il eut terriblement peur que les renforts n'arrivent trop tard.

Hargrove regardait aussi, fasciné. Il avait du mal à croire que quiconque ait pu survivre à une pareille destruction. La plupart des murs étaient tombés, les remparts n'étaient plus que des tas de pierres informes. Le mur avant où s'était autrefois élevé la grande porte n'était qu'un petit tas de gravats mêlés. Il fut suffoqué par le nombre de cadavres amassés tout autour du périmètre du fort et par les quatre chars calcinés.

— Nom de Dieu, quel putain de combat ils ont dû mener ! murmura-t-il avec admiration.

Giordino appuya le canon de son arme vers la tempe du conducteur.

— Mets les freins et arrête ce truc tout de suite.

Le conducteur, un Français qui avait abandonné le rapide T.G.V. entre Paris et Lyon pour entrer aux Entreprises Massarde contre un salaire double, appuya sur les freins et arrêta le train entre le fort et le quartier général de Kazim.

Avec une précision d'horloge, les combattants de Hargrove, rompus aux opérations spéciales, jaillirent du train des deux côtés et se mirent à courir dès qu'ils touchèrent le sol. Une unité lança une attaque immédiate contre le quartier général malien, prenant Kazim et son état-major totalement par surprise. Le reste des renforts commença à attaquer les Forces maliennes par-derrière. Les couvertures cachant les hélicoptères Apache rapidement retirées, on libéra les appareils attachés sur les plates-formes du train. En moins de deux minutes, ils s'envolèrent et se mirent à lâcher leurs missiles mortels.

En pleine panique, dans la plus totale confusion, Kazim réalisa que les Forces spéciales américaines avaient réussi à passer la frontière sous le nez de sa protection aérienne. Abasourdi, il ne fit même pas l'effort d'organiser une défense ou de se mettre à couvert.

Les colonels Mansa et Cheik le saisirent chacun par un bras et le poussèrent dans le command-car où le capitaine Batutta prit rapidement le volant. Ismail Yerli, aussi soucieux qu'eux de sauver sa peau, grimpa sur le siège à côté de Batutta.

— Sortez-nous d'ici ! hurla Mansa à Batutta en montant avec Cheik sur le siège arrière. Au nom d'Allah, démarrez avant que nous soyons tous tués !

Batutta n'avait pas plus envie de mourir que ses supérieurs. Laissant les troupes se débrouiller du piège où elles étaient tombées, les officiers ne leur accordèrent même pas une pensée et quittèrent le champ de bataille aussi vite qu'ils le purent pour sauver leur vie. Paniqué au point de ne plus penser clairement, Batutta fit hurler le moteur et passa une vitesse. Bien que le véhicule eût quatre roues motrices, il enfonça profondément les roues dans le sable mou, coupant des tranchées jumelles sans réussir à avancer. Fou d'angoisse, Batutta garda le pied sur l'accélérateur. Le moteur protesta en hurlant contre le régime excessif qu'on lui appliquait et le Malien aggrava encore la situation en laissant les roues s'enfoncer jusqu'aux jantes.

Sans voix, Kazim marmonna quelque chose puis revint à la réalité, le visage tordu de terreur.

— Sauvez-moi ! hurla-t-il. Je vous ordonne de me sauver !

— Espèce d'idiot, cria Mansa à Batutta. Débraye ou nous ne sortirons jamais d'ici !

— J'essaie, rétorqua Batutta, le visage ruisselant de sueur.

Seul Yerli restait calme et acceptait son sort. Il regarda sans rien dire par la fenêtre du véhicule d'où il vit la mort s'approcher sous les traits d'un grand Américain décidé, en combinaison de combat.

Le sergent-chef Jason Rasmussen, de Paradise Valley, dans l'Arizona, avait fait descendre son équipe du train et l'avait lancée sur la tente servant de quartier général à Kazim. Il leur avait ordonné de s'emparer du système de communications pour empêcher les Maliens de donner l'alarme qui aurait déclenché une attaque aérienne. Il fallait faire plus vite qu'un vampire ne se soûle de sang, selon l'expression pittoresque du colonel Hargrove pendant le briefing, sous peine d'être réduits en bouillie si les chasseurs maliens les attrapaient avant que les hélicoptères aient pu repasser la frontière de Mauritanie.

Lorsque ses équipiers eurent balayé la faible résistance des soldats maliens sidérés et réussi à couper tous les réseaux de communication, Rasmussen remarqua le command-car du coin de l'œil et se mit à courir vers lui. De l'arrière, il aperçut trois têtes sur la banquette arrière et deux à l'avant. Sa première pensée, lorsqu'il vit que la voiture paraissait enlisée, fut de faire prisonniers les occupants. Mais lorsque le véhicule bondit en avant et regagna le sol plus dur, le conducteur augmenta la vitesse et commença à fuir.

Rasmussen ouvrit le feu à la mitraillette. Les balles s'égaillèrent dans les portes et les fenêtres. Le verre explosa, éblouissant en mille soleils lorsque les balles traversèrent les portières. Quand il eut vidé deux chargeurs, le command-car criblé ralentit puis s'arrêta tout à fait. Rasmussen s'approcha avec précaution et vit que le conducteur était affaissé, sans vie, sur le volant. Un officier de haut rang était à demi appuyé contre une fenêtre tandis qu'un autre était tombé par une portière ouverte et semblait regarder le ciel de ses yeux morts. Un troisième homme, au milieu de la banquette arrière, paraissait contempler sous hypnose un objet lointain. L'homme occupant la place avant à côté du chauffeur avait une expression étrangement paisible.

Rasmussen trouva que l'officier du milieu avait l'air d'un maréchal mexicain de dessins animés. La veste de son uniforme était couverte de rubans, tresses, galons et médailles. Rasmussen se refusa à croire que cette marionnette était le chef des forces armées du Mali. Il se pencha par la portière ouverte et donna un petit coup du bout de son canon à l'officier supérieur. Le corps bascula lentement sur le siège, découvrant deux trous bien nets à la base du cou.

Le sergent-chef Rasmussen vérifia que la médecine ne pouvait plus rien pour les autres passagers. Tous étaient mortellement blessés. Il ne savait pas qu'il venait d'accomplir une mission bien plus importante que tout ce qu'on aurait pu attendre de lui. Sans ordres directs de Kazim ou de son état-major, aucun officier subalterne ne souhaita faire appel à la Force aérienne. A lui tout seul, le sergent-chef d'Arizona venait de changer le destin d'une nation d'Afrique occidentale A la mort de Kazim, un nouveau parti politique en faveur des réformes démocratiques allait balayer ses vieux leaders maliens et mettre en place un nouveau gouvernement. Un gouvernement pas du tout favorable aux magouilles des truands de haut vol comme Yves Massarde.

Inconscient d'avoir changé le cours de l'Histoire, Rasmussen rechargea son arme, chassa de ses pensées le carnage qui venait d'avoir lieu et retourna près de ses hommes pour les aider à nettoyer la zone.

Près de dix jours allaient passer avant que le général Kazim soit enterré dans le désert, non loin du lieu de sa dernière défaite. Personne ne le pleura et aucune inscription ne marqua sa tombe.

57

Pitt remonta en courant les marches de l'arsenal et rejoignit les membres survivants de l'équipe tactique qui menaient un dernier baroud dans une petite poche autour de l'entrée du sous-sol. Ils avaient élevé à la hâte quelques barricades et arrosaient l'aire de parade d'un feu nourri. Dans la mer de dévastation et de mort, ils tenaient bon, se battant avec une folle férocité pour empêcher les ennemis d'investir l'arsenal et de massacrer les civils et les blessés, jusqu'à ce que Giordino et les Forces spéciales américaines puissent intervenir.

Sidérés par la défense têtue de ces gens qui refusaient de mourir, le flot décimé des attaquants maliens apparaissait et tentait de se faufiler. A leur grande surprise, Pitt, Pembroke-Smythe, Hopper, Fairweather et les douze combattants de l'équipe ne reculèrent pas mais au contraire bondirent en avant. Quatorze hommes chargeaient près de mille attaquants. Ils se précipitèrent vers la masse stupéfiée en hurlant comme des démons sortis de l'enfer, tirant sur tout ce qui bougeait devant eux.

Le mur des Maliens se partagea comme la mer Rouge devant Moïse et se dispersa devant l'horrible massacre qui commençait au milieu de leurs rangs. Ils se sauvèrent dans toutes les directions. Mais tous n'avaient pas été paralysés par la crainte. Certains braves s'agenouillèrent et tirèrent dans le coin où se trouvaient les derniers défenseurs. Quatre membres des Nations Unies tombèrent mais la vitesse de l'action porta les autres en avant et le combat tourna au corps à corps.

Le tir de l'automatique de Pitt le rendit presque sourd mais un groupe de cinq Maliens disparut devant lui. Il n'y eut ni retraite ni mise à l'abri tant que les soldats maliens tinrent le terrain.

Face à une muraille humaine, Pitt vida son chargeur puis le jeta avant d'être touché à la cuisse et de tomber sur le sol.

Au même moment, les Rangers du colonel Hargrove se déversèrent littéralement dans le fort, déclenchant un tir meurtrier qui prit totalement par surprise les malheureux soldats de feu le général Kazim. La résistance devant Pitt et les autres disparut comme par magie. Les Maliens, ne sachant plus ce qui leur arrivait, se rendirent compte de l'assaut lancé sur leurs arrières. Tout leur courage, toute leur rationalité disparurent. En plein désert, ils auraient fui dans tous les sens mais, dans le fort, ils ne pouvaient se sauver nulle part. Comme obéissant à un ordre muet, ils commencèrent à jeter leurs armes et à lever les mains derrière leurs nuques.

L'intense mitraillage devint sporadique puis mourut enfin. Un étrange silence tomba sur le fort tandis que les hommes de Hargrove entouraient les Maliens et les désarmaient. Tout paraissait se dérouler comme dans un rêve. C'était le moment curieusement inquiétant de la fin soudaine de la bataille.

— ... de Dieu ! murmura l'un des Rangers américains en voyant l'énormité du carnage.

Depuis le moment où ils avaient jailli du train et chargé dans le désert séparant le fort de la voie ferrée, ils s'étaient pratiquement frayé un chemin sur un vaste tapis de morts et de blessés, si nombreux parfois qu'ils n'avaient pu éviter de les piétiner. Et maintenant, à l'intérieur de la forteresse démolie, les corps étaient empilés sur trois et parfois quatre épaisseurs dans certaines zones près des ruines. Nul n'avait jamais vu tant de morts à la fois.

Pitt se leva avec difficulté et sautilla sur une jambe. Il déchira la manche de sa veste et en fit un garrot provisoire pour ralentir le flux de sang. Puis il regarda Pembroke-Smythe qui se tenait très raide, le visage gris, souffrant apparemment beaucoup de plusieurs blessures.

— Vous avez l'air encore plus mal en point que la dernière fois que je vous ai vu, dit Pitt.

Pembroke-Smythe promena son regard sur toute la personne de Pitt et brossa une épaisse couche de poussière qui cachait l'insigne de son épaule.

— On ne vous laissera jamais entrer au Savoy dans l'état où vous êtes, vous savez !

Comme ressuscité d'entre les morts, le colonel Levant apparut au milieu des décombres et boitilla vers Pitt et Pembroke-Smythe, un lance-grenades lui servant de béquille. Il avait perdu son casque, et son bras gauche pendait sans ressort à son côté. Du sang coulait d'une profonde blessure au cuir chevelu et une de ses chevilles paraissait gravement abîmée.

Ni Pitt ni le capitaine ne s'étaient attendus à le revoir vivant. Tous deux lui serrèrent gravement la main.

— Je suis heureux de vous revoir, colonel, dit Pembroke-Smythe chaleureusement. Je vous ai cru enterré sous le mur.

— Je l'ai été un moment, dit Levant. Je vois que vous êtes toujours avec nous, monsieur Pitt.

— Je suis comme la mauvaise herbe.

Le visage de Levant s'assombrit en voyant s'approcher les quelques membres en mauvais état de son équipe venus l'accueillir.

— Ils nous ont salement décimés, tout de même !

— On les a salement décimés nous aussi, assura Pitt.

Levant vit Hargrove et ses hommes s'approcher en compagnie de Giordino et de Steinholm. Il se raidit et se tourna vers Pembroke-Smythe.

— Formez les rangs, capitaine.

Pembroke-Smythe eut du mal à garder une voix ferme pour rassembler le reste de l'équipe tactique.

— D'accord, les gars... (il hésita, voyant une jeune combattante aider un grand sergent à se tenir debout), et mesdames, formez les rangs !

Hargrove s'arrêta devant Levant, et les deux colonels échangèrent un salut. L'Américain n'en revenait pas de voir le petit nombre qui avait tenu tête à tant de soldats. L'équipe internationale de combat se rangea fièrement, tous blessés et parfois se tenant à peine debout. Ils ressemblaient à des statues de pierre, couvertes de poussière. Les yeux rouges et cernés, le visage hagard après tant de souffrances, les hommes avaient des barbes drues et sales. Leurs uniformes en lambeaux étaient dégoûtants. Certains portaient des bandages grossiers maculés de sang. Et pourtant, ils avaient une allure de vainqueurs.

— Colonel Jason Hargrove, se présenta l'Américain, des Rangers de l'armée des Etats-Unis.

— Colonel Marcel Levant, de l'Equipe tactique d'intervention des Nations Unies.

— Je regrette vivement de n'avoir pu arriver plus tôt, dit Hargrove.

Levant haussa les épaules.

— C'est déjà miraculeux que vous soyez là.

— Une magnifique performance, colonel.

Hargrove laissa errer son regard sur les ruines du fort. Il aperçut derrière Levant les rescapés épuisés et une expression d'incrédulité passa sur son visage.

— C'est la totalité de vos hommes ?

— Oui, c'est tout ce qui reste de mon unité de combat.

— Combien étiez-vous ?

— Environ quarante au début.

Comme en transe, Hargrove salua à nouveau Levant.

— Mes compliments pour la défense la plus glorieuse qu'il m'ait été donné de voir dans toute ma carrière !

— Nous avons des blessés dans l'arsenal souterrain du fort, informa Levant.

— On m'a dit que vous aviez aussi convoyé des femmes et des enfants.

— Ils sont en bas avec les blessés.

Hargrove se tourna vers ses officiers.

— Amenez les médecins et allez prendre soin de ces gens. Remontez ceux d'en bas et évacuez-les sur les hélicos et en vitesse ! L'aviation malienne pourrait nous tomber dessus d'une minute à l'autre.

Giordino s'approcha de Pitt et le serra contre lui.

— J'ai bien cru que cette fois, on n'y arriverait pas, vieux frère.

Pitt réussit à sourire malgré les vagues de fatigue

et de douleur qui rayonnaient de sa blessure à la cuisse dans tout son bassin.

— Le diable et moi n'avons pas réussi à nous mettre d'accord sur les termes du contrat.

— Je suis désolé de n'avoir pu faire mon entrée deux heures plus tôt, se lamenta Giordino.

— Personne ne t'attendait par le train.

— Hargrove n'a pas voulu risquer de faire voler ses hélicos en plein jour à travers l'écran aérien de Kazim.

Pitt leva les yeux et vit un Apache voler en cercles au-dessus du fort, cherchant à détecter d'éventuels intrus sur ses appareils électroniques sophistiqués.

— Vous avez réussi sans vous faire détecter, dit-il. C'est le plus important.

Giordino regarda Pitt dans les yeux, timidement.

— Eva ?

— Vivante mais gravement blessée. Grâce à toi et au sifflet de ta locomotive, elle a échappé à la mort d'un cheveu.

— Elle était si près de se faire descendre par les hommes de Kazim ? demanda Giordino.

— Non, par moi.

Avant que Giordino puisse répondre, Pitt montra l'entrée de l'arsenal.

— Viens, dit-il. Elle sera heureuse de revoir ta face de Quasimodo.

Giordino cessa de sourire en voyant tous les blessés avec leurs bandages sanglants et leurs attelles, étendus sur le sol trop étroit pour les contenir tous. Il fut surpris par les dommages causés par les pierres tombées du plafond. Mais ce qui l'étonna le plus, ce fut l'incroyable silence. Pas une plainte n'échappait aux blessés, pas un gémissement. Personne ne parlait. Les enfants le regardèrent, sans réaction après ces heures de terreur.

Puis, comme à un signal, tous applaudirent et crièrent faiblement leur reconnaissance en voyant Giordino, celui qui avait ramené les renforts, celui qui leur avait sauvé la vie. Pitt s'amusait beaucoup. Il n'avait jamais vu Giordino faire preuve de tant de modestie et d'embarras tandis que les hommes essayaient de lui serrer la main et les femmes de l'embrasser comme un amant depuis longtemps perdu de vue.

Puis Giordino aperçut Eva qui lui faisait signe de la main avec un grand sourire.

— Al !... Oh ! Al ! Je savais que vous reviendriez.

Il s'accroupit près d'elle, attentif à ne pas toucher à ses blessures et lui tapota la main affectueusement.

— Vous ne pouvez pas savoir comme je suis content de voir que Dirk et vous êtes toujours vivants.

— On a eu une sacrée journée, dit-elle gravement. Dommage que vous ayez manqué ça.

— Ce n'est pas ma faute. On m'a envoyé chercher de la glace.

Elle regarda les blessés souffrants tout autour d'elle.

— Ne peut-on faire quelque chose pour eux ?

— Les médecins des Forces spéciales arrivent, dit Pitt. Tout le monde sera évacué le plus vite possible.

Ils bavardèrent un petit moment puis les solides Rangers apparurent et commencèrent à transporter les enfants, presque tendrement, aidant les mères à monter avec eux dans l'hélicoptère qui les attendait sur l'aire de parade. Les médecins des Rangers, aidés de ceux, épuisés, de l'équipe tactique, s'occupèrent ensuite de l'évacuation des blessés.

Giordino obtint une civière et, aidé d'un Pitt boitant bas, transporta doucement Eva dans le brillant soleil de l'après-midi.

— Je n'aurais jamais cru que je trouverais un jour le désert si agréable, murmura-t-elle.

Deux Rangers se penchèrent par la porte ouverte de l'hélicoptère.

— On va s'occuper d'elle, dit l'un.

— Mettez-la en première classe, plaisanta Pitt. C'est une dame très, très importante.

— Eva ! cria une voix à l'intérieur de l'appareil.

Le Dr Hopper s'assit sur sa civière, un bandage

recouvrant la moitié de sa poitrine et un autre cachant en partie son visage.

— Eva ! J'espère que ce voyage se terminera mieux que le précédent !

— Félicitations, doc, dit Pitt. Je suis heureux de voir que vous vous en êtes tiré.

— J'ai descendu quatre de ces chiens avant qu'un autre me lance une grenade à main.

— Fairweather ? demanda Pitt, ne voyant pas l'Anglais.

— Il ne s'en est pas tiré, dit Hopper tristement.

Pitt et Giordino aidèrent les Rangers à installer la civière d'Eva près de celle de Hopper. Puis Pitt lui caressa les cheveux.

— Tu es en bonne compagnie avec le toubib.

Elle regarda Pitt en souhaitant de tout son cœur qu'il puisse la prendre dans ses bras.

— Tu ne viens pas ?

— Pas cette fois.

— Mais tu as besoin de soins, protesta-t-elle.

— J'ai un travail à terminer.

— Tu ne peux pas rester au Mali, insista-t-elle. Il ne faut pas, après tout ce qui s'est passé.

— Al et moi sommes venus en Afrique occidentale pour une tâche précise. Elle n'est pas encore terminée.

— Alors, c'est la fin pour nous deux ? demanda-t-elle d'une toute petite voix.

— Non, bien sûr que non, rien d'aussi définitif !

— Quand te reverrai-je ?

— Bientôt, si tout va bien, assura-t-il.

Elle releva la tête, les yeux brillants de larmes que le soleil irisait. Puis elle lui embrassa doucement la bouche.

— Je t'en prie, fais vite !

Pitt et Giordino reculèrent quand le pilote mit les gaz et que l'appareil quitta le sol, soulevant un tourbillon de poussière à l'intérieur du fort. Ils le regardèrent s'élever au-dessus des murs déchiquetés et s'éloigner vers l'ouest.

Giordino se tourna vers Pitt et, montrant ses blessures, dit :

— On ferait bien d'aller te faire réparer un peu si on doit faire ce que je suppose que tu veux faire.

Pitt décida d'attendre que les plus graves blessés soient évacués avant de permettre au chirurgien d'enlever l'éclat d'obus de son bras gauche et de nettoyer et recoudre la plaie de sa hanche. On lui fit deux piqûres contre l'infection et une autre pour atténuer la douleur, puis il fut à moitié recouvert de bandages. Lorsque ce fut terminé, Giordino et lui allèrent saluer Levant et Pembroke-Smythe avant que les deux officiers et les membres survivants de l'équipe des Nations Unies soient à leur tout emmenés par la voie des airs.

— Vous ne vous joignez pas à nous ? demanda Levant.

— Celui qui reste ici bien à l'abri et qui est responsable de ce massacre insensé ne s'en tirera pas comme ça, répondit Pitt sans s'expliquer davantage.

— Yves Massarde ?

Pitt hocha la tête en silence.

— Je vous souhaite bonne chance, dit Levant en lui serrant la main. Messieurs, je ne sais quoi vous dire sinon que je vous remercie pour tout ce que vous avez fait.

— Ce fut un plaisir, colonel, dit Giordino avec un sourire gouailleur. Appelez-nous si vous avez besoin de nous.

— J'espère qu'on vous donnera une médaille, dit Pitt, et qu'on vous nommera général. Personne ne le mérite plus que vous.

Levant jeta un dernier regard vers le champ de ruines comme s'il cherchait quelque chose, peut-être le visage de ceux de ses hommes toujours ensevelis sous les pierres.

— J'espère que tant de sacrifices de part et d'autre vaudront le prix terrible qui a été payé.

Pitt haussa les épaules.

— Le prix de la vie n'est que la mort et ne se mesure que par la profondeur de la tombe.

Pembroke-Smythe, la tête haute, son beau visage plein de dédain, fut le dernier à parler.

— Une foutue belle prestation, dit-il. Il faudra qu'on recommence tout ça ensemble, un de ces jours.

— On pourra essayer au cours d'une réunion, dit Giordino, sarcastique.

— Si jamais nous nous rencontrons à Londres, ajouta, imperturbable, Pembroke-Smythe, c'est moi qui offre le Dom Pérignon. Je vous présenterai quelques filles superbes qui trouvent, Dieu sait pourquoi, que les Américains sont attirants.

— Et on fera un tour dans votre Bentley ? demanda Pitt.

— Comment savez-vous que je roule en Bentley ? fit le capitaine, un peu étonné.

— Disons que ça vous va assez bien, dit Pitt en souriant.

Puis, sans un regard en arrière, tous se dirigèrent vers l'hélicoptère emmenant les derniers membres de l'équipe tactique vers la Mauritanie et la sécurité. Un jeune lieutenant noir courut à leur rencontre et leur fit signe d'attendre.

— Excusez-moi, je cherche MM. Pitt et Giordino.

— C'est nous, dit Pitt.

— Le colonel Hargrove désire vous voir au quartier général malien, de l'autre côté de la ligne de chemin de fer.

Giordino ne se risqua pas à offrir son aide à Pitt qui marchait en boitant, les dents serrées, une terrible douleur irradiant dans toute sa hanche. Le vert opalin de ses yeux ne cessa de briller avec détermination dans son visage tendu, en partie recouvert d'un bandage.

Les tentes formant l'ancien quartier général de campagne de Kazim portaient encore leur camouflage mais ressemblaient assez au décor du film *Kismet*. Le colonel Hargrove était dans la plus vaste, appuyé sur une table où il étudiait les codes de communication militaires de Kazim quand ils y entrèrent. Il avait, bien sûr, un cigare aux lèvres.

Sans prendre la peine de les accueillir, il demanda :

— L'un d'entre vous sait-il par hasard à quoi ressemble Kazim ?

— Nous l'avons rencontré, répondit Pitt.

— Vous pourriez l'identifier ?

— Probablement.

Hargrove se redressa et s'approcha de l'ouverture de la tente.

— Là-bas.

Il les conduisit à travers une bande de sable dur jusqu'à une voiture criblée de balles. Retirant son cigare de sa bouche, il cracha par terre.

— Reconnaissez-vous l'un de ces clowns ?

Pitt se pencha à l'intérieur du véhicule. Déjà, des hordes de mouches se pressaient autour des corps ensanglantés. Il regarda Giordino penché à l'autre portière. Celui-ci fit un signe de tête. Pitt se tourna vers Hargrove.

— Celui du milieu est feu le général Zateb Kazim.

— Vous en êtes sûr ? insista Hargrove.

— Absolument, dit fermement Pitt.

— Et les autres doivent être des officiers supérieurs de son état-major.

— Félicitations, colonel. Maintenant, il ne vous reste plus qu'à informer les membres du gouvernement malien que le général est en votre pouvoir et qu'il vous servira d'otage afin d'assurer votre retour en Mauritanie en toute sécurité.

— Mais c'est un cadavre, dit Hargrove sans comprendre.

— Qui donc est au courant ? Certainement pas ses subordonnés militaires.

Hargrove laissa tomber son cigare dans le sable. Il regarda les centaines de survivants de l'armée de Kazim, parqués dans un vaste périmètre gardé par ses Rangers.

— Je ne vois pas pourquoi ça ne marcherait pas ! Je vais faire lancer un message par mon agent de liaison pendant que nous mettons au point l'évacuation.

— Puisque rien ne vous presse pour filer d'ici, il reste un petit détail.

— C'est-à-dire ? demanda Hargrove.

— Une faveur.

— Que puis-je faire pour vous ?

Pitt sourit à Hargrove qui avait presque une tête de moins que lui.

— Un de vos hélicoptères, colonel. J'aimerais vous l'emprunter avec quelques-uns de vos meilleurs hommes.

58

Après avoir communiqué avec les officiels maliens et leur avoir annoncé la fausse nouvelle de Kazim retenu en otage, Hargrove reçut l'assurance qu'aucune action militaire ne serait entreprise contre ses hommes pendant leur évacuation. Libéré de l'angoisse entourant la dernière phase de sa mission, Hargrove s'amusa bien lorsque le président fantoche du Mali lui demanda d'exécuter le général Kazim.

Mais Hargrove n'avait pas l'intention de prêter son Sikorsky 476 personnel, son équipage et six de ses Rangers à ces deux bureaucrates en col blanc, et sûrement pas en pleine zone de combat. La seule concession qu'il fit à Pitt fut d'en demander l'autorisation à son Centre de commandement des opérations spéciales en Floride par la voie de communication de Kazim, persuadé que ses supérieurs en riraient à gorge déployée.

Il fut frappé de stupeur lorsque la réponse lui parvint presque immédiatement. Non seulement la requête était acceptée, mais en plus, le président lui-même appuyait la demande.

D'une voix acide, il dit à Pitt :

— Vous devez avoir des amis joliment haut placés !

— Je ne vais pas faire une promenade d'agrément, répondit Pitt sans réussir à cacher sa satisfaction. On ne vous a pas tout raconté mais ce qui se passe ici dépasse de très loin une simple mission de sauvetage.

— Ça vaut probablement mieux, dit Hargrove avec un soupir. Combien de temps vous faut-il mes hommes et mon hélico ?

— Deux heures.

— Et ensuite ?

— Si tout se passe comme je l'espère, on vous rendra l'engin et les hommes en parfait état.

— Et vous et M. Giordino ?

— Nous resterons là.

— Je ne vous demanderai pas pourquoi, dit Hargrove en secouant la tête. Toute cette opération est un mystère pour moi.

— Jamais entendu parler d'une opération militaire qui ne soit pas un mystère, dit sérieusement Pitt. Ce que vous avez accompli aujourd'hui aura des conséquences qui dépasseront de très loin tout ce que vous pourriez imaginer.

Hargrove leva des sourcils étonnés.

— Pensez-vous que j'apprendrai un jour ce dont vous parlez ?

— Pour utiliser une périphrase chère à tous les gouvernements du monde, dit Pitt, vous lirez la suite demain dans votre journal habituel.

Après un détour de 20 kilomètres jusqu'à un village abandonné où ils prélevèrent des échantillons d'eau polluée dans les puits du centre du village, Pitt ordonna au pilote de l'Eagle de survoler sans se presser les alentours du complexe de décontamination des produits toxiques de Fort-Foureau.

— Débrouillez-vous pour que les gardes de sécurité voient bien vos armes, dit-il, mais évitez de vous faire tirer dessus.

— L'hélicoptère personnel de Massarde est sur

l'aire d'atterrissage avec les rotors en mouvement, observa Giordino. Il doit se préparer à filer en vitesse.

— Maintenant que Kazim est mort, personne ne peut lui dire comment s'est achevée la bataille, dit Pitt, mais il est assez malin pour sentir que quelque chose a mal tourné.

— Dommage pour lui que nous devions l'empêcher de décoller, dit Giordino d'un ton faussement navré.

— Aucun signe de tireurs au sol, dit le pilote.

— Très bien, alors posez-vous aussi sur l'aire d'atterrissage.

— Vous ne voulez pas qu'on vous accompagne ? demanda un sergent à l'allure martiale.

— Maintenant que vous avez bien impressionné les gardes, Al et moi pouvons prendre la suite. Restez dans le coin pour montrer votre force une petite demi-heure, pour intimider quiconque serait assez fou pour résister. Et arrêtez cet hélicoptère au sol s'il faisait mine de décoller. Puis, quand je vous ferai signe, vous pourrez retourner au centre de commandement du colonel Hargrove.

— Vous avez un comité d'accueil, dit le pilote en montrant le terrain.

— Dis donc ! fit Giordino en clignant des yeux dans la brillante lumière du soleil, on dirait notre vieux copain le capitaine Brunone.

— Avec un escadron de ses zombis, ajouta Pitt.

Il tapa sur l'épaule du pilote.

— Gardez vos armes pointées sur eux jusqu'à ce que je vous fasse signe de repartir.

Le pilote descendit jusqu'à 50 centimètres du sol, ses lance-roquettes et ses mitrailleuses Chain dirigés vers les gardes de sécurité. Giordino sauta légèrement sur le sol et aida Pitt à descendre sans trop s'appuyer sur sa jambe malade. Ils se dirigèrent vers Brunone qui se raidit en les reconnaissant et ouvrit de grands yeux étonnés...

— Je ne m'attendais pas à vous revoir, dit-il.

— On s'en doute, murmura rageusement Giordino.

Pitt lança un regard peu amène au capitaine et lut dans ses yeux quelque chose que Giordino n'avait pas vu, une expression de soulagement et non de cruauté.

— Vous semblez presque heureux de nous revoir !

— Je le suis. On m'avait dit que personne ne s'échappait jamais de Tebezza.

— C'est vous qui y avez envoyé les ingénieurs, leurs femmes et leurs enfants ?

Brunone secoua vigoureusement la tête.

— Non, ça s'est passé une semaine avant mon arrivée.

— Mais vous étiez au courant de leur emprisonnement ?

— J'ai entendu des rumeurs. J'ai essayé de me renseigner mais M. Massarde a élevé un mur de silence autour de cette affaire. Tous ceux qui y étaient liés de près ou de loin disparaissaient de la circulation.

— Il leur coupait probablement la gorge pour les faire taire, dit Giordino.

— Vous n'aimez pas beaucoup M. Massarde, n'est-ce pas ? demanda Pitt.

— Ce type est un porc et un voleur, cracha Brunone. Je pourrais vous en raconter sur le complexe !

— Nous savons déjà, interrompit Pitt. Pourquoi ne laissez-vous pas tomber tout simplement pour rentrer chez vous ?

Brunone regarda Pitt, les yeux exorbités.

— Ceux qui donnent leur démission aux Entreprises Massarde sont enterrés dans la même semaine. J'ai une femme et cinq enfants.

— Quand le vin est tiré, il faut le boire.

Pitt avait cependant l'impression qu'il pouvait faire confiance à Brunone. La coopération du capitaine pouvait se révéler utile.

— A partir de maintenant, vous n'êtes plus employé par Yves Massarde. Vous travaillerez pour les Industries Pitt et Giordino.

Brunone réfléchit un moment à la proposition de

Pitt, davantage comme à un état de fait. Il jeta un coup d'œil à l'hélicoptère qui avait assez de puissance de feu pour anéantir la moitié du complexe et considéra l'expression résolue et tout à fait confiante de Pitt et de Giordino. Puis il haussa les épaules.

— Considérez-moi comme engagé.

— Et votre unité de sécurité ?

Pour la première fois, Brunone sourit.

— Mes hommes me sont loyaux. Ils détestent M. Massarde autant que moi. Il n'y aura aucune protestation quant au changement d'employeur.

— Vous pouvez cimenter leur loyauté en les informant que leur salaire vient d'être doublé.

— Et moi ?

— Si vous jouez bien vos cartes, dit Pitt, vous serez le prochain directeur général de cet établissement.

— Ça, c'est un encouragement de première classe ! Soyez assuré de ma totale coopération. Que voulez-vous que je fasse ?

Pitt fit un signe de tête vers l'immeuble administratif du complexe.

— Vous pouvez commencer par nous conduire jusqu'à Massarde pour qu'on l'informe de son renvoi.

Brunone hésita soudain.

— Vous avez oublié le général Kazim, hein ? Massarde et lui sont associés. Il ne restera pas là à regarder sa part du gâteau filer sans se battre.

— Le général Kazim ne représente plus de problème, l'assura Pitt.

— Comment est-ce possible ? Quel est son statut actuel ?

— Statut, statut, dit Giordino d'un ton moqueur. La dernière fois que je l'ai vu, il attirait des tas et des tas de mouches.

Massarde était assis derrière son grand bureau, le regard assuré n'exprimant qu'un léger ennui, comme si l'apparition inattendue de Pitt et de Giordino n'était rien d'autre qu'un souci léger et passager.

Verenne se tenait derrière lui, en disciple loyal, une expression dégoûtée sur le visage.

— Comme les furies vengeresses de la mythologie grecque, vous ne cessez de m'importuner, dit philosophiquement Massarde. On dirait même que vous arrivez droit des Enfers !

Il y avait un très beau miroir ancien sur le mur derrière le bureau, dans un cadre doré orné d'angelots. Pitt y jeta un coup d'œil et vit que la description de Massarde était justifiée. Il présentait avec Giordino, relativement propre et sans blessure, un contraste saisissant. Son treillis de combat déchiré et maculé de fumée et de poussière, ses bandages tachés de sang sur le bras et sur l'épaule gauches, sa hanche raide, une cicatrice sanglante de la pommette au menton, son visage creusé et luisant de sueur, Pitt se dit que, couché sur un trottoir, on aurait pu le prendre pour un grave accidenté de la route.

— Les fantômes de ceux que vous avez assassinés et qui reviennent tourmenter les méchants, voilà ce que nous sommes, répondit Pitt. Et nous sommes revenus pour vous punir de vos méfaits.

— Epargnez-moi l'humour macabre, dit Massarde. Que voulez-vous ?

— Pour commencer, le complexe de décontamination de Fort-Foureau.

— Vous voulez le complexe ? dit Massarde sur le ton de la conversation banale. Je peux donc supposer que votre impudence signifie que le général Kazim a échoué dans sa tentative de reprendre les fuyards de Tebezza.

— Si vous faites allusion aux familles que vous avez jetées en esclavage, oui. Pendant que nous parlons, elles sont en route vers la sécurité grâce aux sacrifices de l'équipe tactique des Nations Unies et l'arrivée à point nommé d'une force d'opérations spéciales américaine. Dès qu'elles arriveront en France, elles se feront un plaisir d'expliquer vos actions criminelles. Les meurtres, les atrocités innombrables dans vos mines d'or, votre opération illégale de stockage de déchets hautement toxiques qui a causé la mort de milliers de gens dans le désert, bref, ce qu'il faut pour faire de vous le plus grand criminel du monde.

— J'ai des amis en France qui me protégeront, dit-il fermement.

— Ne comptez pas sur vos hautes relations au sein du gouvernement français. Quand les récriminations populaires atteindront vos petits copains politiques, ils nieront tous connaître votre nom. Après un procès très désagréable, vous serez bon pour l'île du Diable ou je ne sais où les Français envoient maintenant leurs criminels.

Verenne serrait le dossier de la chaise de Massarde, s'agitant en tous sens comme les singes volants de la Méchante Sorcière de l'Ouest.

— M. Massarde ne passera jamais en jugement et n'ira jamais en prison. Il est trop puissant. Bien trop de chefs d'Etat sont ses débiteurs.

— Sont dans sa poche, voulez-vous dire ! dit Giordino en se dirigeant vers le bar où il se servit un verre d'eau minérale.

— Je suis intouchable tant que je reste au Mali, dit Massarde. Je peux facilement continuer à faire tourner d'ici les Entreprises Massarde.

— Je crains que cela ne soit impossible, dit Pitt, préparant la mise à mort. Particulièrement à la lumière de la démission très involontaire mais très justifiée du général Kazim.

Massarde regarda Pitt, la bouche serrée.

— Kazim est mort ?

— Et tout son état-major avec lui, ainsi qu'une bonne moitié de son armée.

Il se tourna alors vers Brunone.

— Et vous, capitaine, est-ce que vos hommes et vous me soutenez toujours ?

Brunone secoua lentement la tête.

— Non, monsieur. A la lumière des récents événements, j'ai décidé d'accepter l'offre bien plus intéressante de M. Pitt.

Massarde émit un long soupir de défaite.

618

— Pourquoi diable voulez-vous le contrôle du complexe ? demanda-t-il à Pitt.

— Pour le rendre à sa vraie vocation et réparer les dommages que vous avez fait subir à l'environnement.

— Les Maliens ne laisseront jamais un étranger en prendre le contrôle.

— Oh ! je pense que les Maliens n'y verront aucun inconvénient quand ils sauront que tous les bénéfices de l'opération leur seront versés ! Si l'on considère que le Mali est la nation la plus pauvre parmi les plus pauvres, comment pourraient-ils refuser ?

— Vous laisseriez le projet de décontamination solaire le plus techniquement avancé du monde entre les mains de barbares ignorants ? demanda Massarde, surpris. Vous perdrez tout !

— Croyez-vous que j'aie remué toute cette boue dans l'intention de faire une bonne affaire ? Je suis désolé, Massarde, mais nous sommes quelques-uns dans le monde à ne pas nous laisser guider par l'appât du gain.

— Vous êtes un imbécile, Pitt, dit Massarde en se levant, fou de rage.

— Asseyez-vous ! Vous n'avez pas encore entendu le plus beau !

— Que pouvez-vous exiger de plus que le contrôle de Fort-Foureau ?

— La fortune que vous avez amassée et cachée dans l'archipel de la Société.

— De quoi parlez-vous ? demanda rageusement Massarde.

— Les millions, peut-être même les centaines de millions en liquide que vous avez accumulés au cours de vos magouilles sordides et de vos transactions véreuses. Tout le monde sait que vous ne faites pas confiance aux institutions financières et que vous ne suivez pas les pratiques habituelles d'investissement. Il est évident que vous n'avez pas caché votre argent à Grand Cayman ni dans les îles de la Manche. Vous auriez pu prendre votre retraite depuis longtemps et jouir de la vie, investir dans la peinture, les vieilles voitures ou les villas en Italie. Ou mieux encore, vous auriez pu devenir philanthrope et partager vos investissements avec des institutions charitables dans le besoin. Mais l'avidité engendre l'avidité. Vous ne pouvez pas dépenser vos bénéfices. Quelles que soient les sommes énormes que vous avez mises de côté, elles ne suffiront jamais. Vous êtes trop malade pour vivre comme les gens normaux. Ce que vous ne gardez pas aux Entreprises Massarde pour les faire tourner, vous le cachez quelque part dans les îles du Sud-Pacifique, Tahiti, Moorea ou Bora. A mon avis, c'est l'une des plus désertes de l'archipel. Suis-je près de la vérité, Massarde ?

Il n'avait aucune réponse à attendre à cette question.

— Voilà ce que je vous propose, continua Pitt. Vous me donnez le contrôle total du complexe et vous me révélez où vous avez caché votre pelote et, en échange, Verenne et vous partez librement pour aller où vous le désirez.

— Vous êtes un imbécile, aboya Verenne. Vous n'avez ni l'autorité ni la puissance nécessaires pour faire chanter M. Massarde.

Sans que personne l'ait remarqué, Giordino, derrière le bar, parla doucement dans un micro. La synchronisation était parfaite. Il y eut un instant de silence avant que l'hélicoptère Eagle apparaisse soudain devant la fenêtre du bureau, suspendu comme un monstre menaçant, ses armes mortelles prêtes à réduire le bureau de Massarde en poussière.

Pitt montra l'engin de la tête.

— L'autorité, non, mais la puissance, si !

Massarde sourit. Il n'était pas homme à se laisser réduire sans combattre. Il n'avait pas l'air effrayé du tout. Il se pencha sur son bureau et dit calmement :

— Prenez le complexe si vous voulez. Sans un despote comme Kazim pour vous épauler, ce gouvernement stupide le laissera se détériorer et ça ne sera bientôt plus qu'une idiotie inutile comme toutes les réalisations de la technologie occidentale instaurées dans ce coin du désert abandonné de Dieu. J'ai d'autres projets, d'autres entreprises pour remplacer celle-ci.

— On a fait la moitié du chemin, dit froidement Giordino.

— Mais pour mes biens, ne gâchez pas votre énergie. Ce qui est à moi est à moi. Vous avez raison en ce qui concerne les îles du Pacifique. Mais vous-même et des millions de gens pourront chercher pendant mille ans, vous ne les trouverez jamais.

Pitt se tourna vers Brunone.

— Capitaine, la chaleur étouffante de l'après-midi va durer encore quelques heures. Veuillez saisir M. Massarde et le dépouiller de ses vêtements. Puis bâillonnez-le, attachez-le en croix sur le sol et laissez-le là.

Cela fit bondir Massarde. Il ne comprenait pas qu'on puisse le traiter aussi brutalement qu'il avait traité les autres.

— Vous ne pouvez pas faire ça à Yves Massarde ! dit-il sauvagement. Nom de Dieu, vous ne pouvez pas !

Pitt arrêta le flot de paroles en le giflant de toutes ses forces.

— Œil pour œil, mon vieux. Sauf que vous avez de la chance, parce que moi, je ne porte pas de chevalière.

Massarde ne dit rien. Il resta un instant immobile, un masque de haine sur son visage où commençait à se lire le début de la peur. Il regarda Pitt et comprit qu'il n'avait aucune pitié à attendre de lui. Le visage de l'Américain n'était qu'impassibilité glaciale et rien n'aurait pu le faire revenir sur sa décision. Lentement, il ôta ses vêtements jusqu'à ce qu'il fût nu, montrant une peau très blanche.

— Capitaine Brunone, faites votre devoir.

— Avec plaisir, monsieur, dit Brunone, ravi.

Quand Massarde fut bâillonné et attaché solidement, les bras en croix sur le sol brûlant devant l'immeuble administratif, sous le soleil sans merci du Sahara, Pitt fit un signe à Giordino.

— Remercie pour moi les hommes de l'hélico et renvoie-les au colonel Hargrove.

Lorsqu'il reçut le message, le pilote de l'hélicoptère fit un signe de la main et dirigea son appareil vers le champ de bataille. Maintenant, ils étaient seuls avec leur imagination, se fiant au plus grand bluff jamais tenté.

Giordino regarda Massarde puis Pitt, une expression curieuse dans le regard.

— Pourquoi le bâillonner ? demanda-t-il.

Pitt sourit.

— Si tu étais là en train de rôtir au soleil, combien offrirais-tu à Brunone et à ses hommes pour qu'ils t'aident à fuir ?

— Quelques millions ou davantage, admit Giordino en admirant la finesse de Pitt.

— Probablement davantage.

— Tu crois vraiment qu'il va parler ?

— Non, dit Pitt. Massarde endurera toutes les tortures des damnés et ira en enfer plutôt que de révéler où il a caché son magot.

— Mais s'il ne te le dit pas, qui le fera ?

— Son plus cher ami, son confident, dit Pitt en montrant Verenne.

— Allez vous faire foutre ! Moi, je ne sais rien ! dit Verenne d'un ton désespéré.

— Oh ! moi je crois que si ! Peut-être pas le lieu exact mais je crois que vous pourriez nous donner une petite idée très utile.

Les yeux fuyants, l'expression craintive de Verenne montraient assez qu'il connaissait le secret.

— Je ne vous dirais rien même si je le pouvais.

— Al, pendant que je fais un tour dans le joli bureau de Massarde et que j'y mets un peu d'ordre, veux-tu escorter notre ami jusqu'à un bureau vide et le persuader de dresser une carte de la cachette où Massarde range ses économies ?

— Ça me paraît une bonne idée, dit Giordino sans passion. Il y a presque une semaine que je n'ai édenté personne.

59

Environ deux heures plus tard, après une douche et une petite sieste, Pitt se sentit redevenir humain. La douleur mordante de ses blessures s'était un peu calmée. Il était assis au bureau de Massarde et portait une robe de chambre de soie trop petite pour lui, qu'il avait trouvée dans un placard contenant assez de vêtements pour ouvrir un magasin. Il fouillait les tiroirs du bureau, étudiant les papiers de l'industriel et ses dossiers, quand Giordino entra en poussant devant lui un Verenne pâle comme un linge.

— Vous avez bavardé gentiment ? demanda Pitt.

— C'est fou ce qu'il peut être doué pour la conversation quand il est en bonne compagnie !

Verenne regarda autour de lui, les yeux hagards, paraissant avoir perdu tout contact avec la réalité. Il tourna la tête plusieurs fois d'un côté et de l'autre, comme pour se débarrasser d'un brouillard gênant. Il semblait au bord de la crise de nerfs.

Pitt étudia Verenne avec curiosité.

— Qu'est-ce que tu lui as fait ? demanda-t-il à Giordino. Il ne porte aucune marque.

— Comme je te le disais, nous avons bavardé gentiment. J'ai passé mon temps à lui décrire en détails très imagés comment j'allais le désosser millimètre par millimètre.

— C'est tout ?

— Il a beaucoup d'imagination. Je n'ai pas eu besoin de porter la main sur lui.

— A-t-il expliqué où est l'île où Massarde range sa tirelire ?

— Tu as raison sur le fait que c'est une île appartenant à la France mais elle est à 5 000 kilomètres au nord-est de Tahiti et à 2 000 au sud-ouest de Mexico. C'est vraiment au bout du monde !

— Je ne connais aucune île française dans le Pacifique au large de Mexico.

— En 1979, la France a assumé l'administration directe d'un atoll appelé l'île de Clipperton, du nom du pirate anglais John Clipperton qui s'en servait de repaire, en 1705. Selon Verenne, c'est une masse de terre d'environ 5 kilomètres carrés avec un promontoire de 21 mètres sur le point le plus haut.

— Des habitants ?

— Aucun, à part quelques cochons sauvages. Verenne dit que la seule trace d'activité humaine est un phare abandonné depuis le XVIIIe siècle.

— Un phare !

Pitt prononça le mot lentement, plusieurs fois.

— Il n'y a qu'un salaud de pirate comme cette ordure de Massarde pour penser à cacher son trésor près d'un phare abandonné, sur une île inhabitée, en plein milieu d'un océan.

— Verenne assure qu'il ne connaît pas l'endroit exact.

— Quand M. Massarde mouillait son yacht au large de l'île, murmura Verenne, il prenait toujours un canot et allait seul à terre et seulement de nuit afin que personne ne puisse observer ses mouvements.

Pitt regarda Giordino.

— Tu crois qu'il dit la vérité ?

— Je dis vrai, je le jure devant Dieu ! implora Verenne.

— Ne pourrait-il être un conteur-né ? dit Giordino.

— J'ai dit la vérité, fit Verenne d'une voix suppliante d'enfant. Oh ! mon Dieu ! Je ne veux pas être torturé ! Je ne le supporterais pas ! Je ne supporte pas la douleur.

Giordino regarda Verenne comme un renard une poule.

— Ou bien encore, c'est un acteur extrêmement doué.

Verenne semblait à bout.

— Que puis-je faire pour que vous me croyiez ?

— Je serai convaincu quand vous m'aurez tout dit sur votre patron. Donnez-moi des dossiers, des noms, des dates, ses victimes et toutes les saloperies

qu'il a pu faire, exposez-moi les tripes de cette saloperie d'organisation !

— Si je fais ça, il me fera tuer ! murmura Verenne
d'un ton cassé par la peur.

— Il ne vous touchera jamais.

— Oh si ! Il le fera. Vous ne connaissez pas la puissance de cet homme !

— Je crois que j'en ai une petite idée.

— De toute façon, il ne vous fera pas aussi mal
que moi je peux le faire, dit Giordino d'un ton menaçant.

Verenne s'effondra sur sa chaise, regarda Giordino, le visage couvert de sueur, les yeux agrandis
par la peur avec une toute petite lueur d'espérance
lorsqu'il se tourna vers Pitt. Ces deux hommes
avaient dépouillé son patron de toute dignité, de
toute arrogance. S'il avait une chance de sauver sa
peau, il allait devoir choisir et il le savait.

— Je ferai ce que vous demandez, dit-il dans un
souffle.

— Répétez-moi ça ? dit Pitt.

— Tous les dossiers et les renseignements sur les
Entreprises Massarde, je vous les donnerai pour que
vous les consultiez.

— Ça comprend les informations sans dossiers
ainsi que toutes les activités illégales et immorales,
n'est-ce pas ?

— Je vous donnerai ce qui n'est ni rédigé ni informatisé.

Il y eut un bref silence. Pitt regarda Massarde par
la fenêtre. Il voyait que sa peau blanche avait pris
une teinte rouge foncé. Il se leva avec peine du
bureau et mit une main sur l'épaule de Giordino.

— Al, c'est ton idée. Tire de lui toutes les preuves
que tu pourras.

Giordino mit le bras autour de Verenne qui se raidit.

— Nous allons avoir une petite discussion très
amicale, tous les deux.

— Note les noms de toutes les victimes de Massarde, y compris celles qu'il a tuées. Ceux-là en priorité, d'ailleurs.

— Tu as une raison spéciale ? s'étonna Giordino.

— Quand le temps sera venu de faire un petit voyage à l'île de Clipperton et si les recherches sont couronnées de succès, j'aimerais mettre sur pied une organisation qui utilisera les fonds sales de Massarde pour rembourser ceux qu'il a volés et tenter de dédommager les familles de ceux qu'il a tués.

— M. Massarde ne le permettra jamais ! murmura Verenne.

— A propos de notre salaud favori, je pense qu'il a assez cuit.

Le devant du corps de Massarde ressemblait à une langouste après son passage dans l'eau bouillante. Déjà il souffrait le martyre et sa peau était couverte de cloques. Le lendemain matin, il allait sérieusement peler. Il se tenait là, sans personne pour le soutenir, entre Brunone et deux gardiens impassibles, immobile, les lèvres tirées comme les babines d'un chien enragé, le visage déformé par la haine.

— Il est impossible que vous continuiez à vivre après m'avoir fait ça ! siffla-t-il. Même si vous me tuez, je saurai faire payer tous les responsables ! J'en ai les moyens !

— Une équipe de vengeurs ! dit sèchement Pitt. Comme c'est prudent de votre part ! Après avoir cuit au soleil, je suppose que vous êtes déshydraté et que vous mourez de soif. Asseyez-vous. Al, apporte à M. Massarde une bouteille de son eau minérale française préférée.

Massarde, avec beaucoup de précautions, se posa sur un fauteuil de cuir souple, le visage soudain tendu de douleur. Ayant enfin trouvé une position supportable, il respira profondément.

— Si vous pensez que vous allez vous en tirer comme ça, vous êtes inconscients ! Kazim a des officiers ambitieux qui ne tarderont pas à le remplacer, des hommes vicieux et cruels comme il l'était lui-même, qui enverront l'armée se saisir de vous et vous enterrer dans le désert avant même que le soleil se lève.

Il prit la bouteille d'eau que lui tendait Giordino et la vida en quelques secondes. Sans qu'on le lui demande, Giordino lui en tendit une autre.

Pitt ne pouvait s'empêcher d'admirer l'incroyable culot du Français. L'homme agissait comme s'il avait la situation en main.

Massarde vida la seconde bouteille et chercha des yeux son secrétaire privé.

— Où est Verenne ?

— Mort, dit sèchement Pitt.

Pour la première fois, Massarde eut vraiment l'air surpris.

— Vous l'avez tué ?

Pitt haussa les épaules avec indifférence.

— Il a essayé de poignarder Giordino ici même. C'était idiot de sa part d'attaquer un homme armé d'un pistolet avec un coupe-papier.

— Il a fait ça ? demanda Massarde, abasourdi.

— Je peux vous montrer son cadavre, si vous voulez.

— Ça ne ressemble pas à Verenne. C'était un lâche.

Pitt échangea un regard avec Giordino. Verenne était déjà au travail, sous bonne garde, deux étages plus bas.

— J'ai une proposition à vous faire, dit Pitt.

— Quel accord pensez-vous pouvoir passer avec moi ? ricana Massarde.

— J'ai eu une crise de conscience. Si vous promettez de vous amender, de cesser d'être un escroc, je vous laisse sortir de cette pièce, monter dans votre hélicoptère et quitter le Mali.

— C'est une plaisanterie ?

— Pas du tout. J'ai décidé que plus vite je cesserai de vous avoir sur le dos, mieux ça vaudra pour moi.

— Vous n'êtes pas sérieux ! dit Brunone. Ce type est une menace vivante ! Il vous poignardera dans le dos à la première occasion.

— Ah oui ! le Scorpion ! C'est bien comme ça qu'on vous appelle, Massarde ?

Le Français ne répondit pas, gardant un silence boudeur.

— Tu es sûr de savoir ce que tu fais ? demanda Giordino.

— Il n'y aura pas de discussion, dit sèchement Pitt. Je veux que cette vermine quitte les lieux et je veux qu'il les quitte maintenant. Capitaine Brunone, escortez M. Massarde jusqu'à son hélicoptère et assurez-vous qu'il sera bien dedans au moment du décollage.

Massarde se leva avec difficulté. Sa peau brûlée tirait et ce ne fut qu'au prix d'un effort considérable qu'il put se mettre debout. Malgré la douleur, il souriait. Son esprit tournait à fond.

— Il me faudra plusieurs heures pour rassembler mes affaires et mes dossiers personnels.

— Vous avez exactement une minute pour quitter le complexe.

Massarde jura, amèrement et grossièrement.

— Pas comme ça ! Pas sans mes vêtements, nom de Dieu ! Faites preuve d'un peu de décence, mon vieux !

— Que savez-vous de la décence ? dit sèchement Pitt. Capitaine Brunone, sortez-moi cet enfant de salaud d'ici avant que je le tue de mes propres mains.

Brunone n'eut pas besoin de transmettre l'ordre à ses deux gardes. Il se contenta d'un signe de tête et ils s'emparèrent de Massarde, jurant furieusement, et le poussèrent sans ménagements dans l'ascenseur. Pas un mot ne fut échangé entre les trois hommes demeurés dans le bureau qui regardèrent par la fenêtre le pantin nu et humilié que l'on poussait dans son hélicoptère de luxe. On en referma la porte et les rotors commencèrent à tourner dans l'air encore étouffant. En moins de quatre minutes, il eut disparu vers le nord du désert.

— Il se dirige au nord-est, observa Giordino.

— J'opterais pour la Libye, dit Brunone. Puis vers un exil caché avant d'aller récupérer mon butin.

— Sa destination finale est sans importance, dit Pitt en bâillant.

— Vous auriez dû le tuer, fit Brunone d'un ton désappointé.

— Inutile de vous faire du souci. Il ne vivra pas une semaine.

— Comment pouvez-vous dire ça ? demanda Brunone, ahuri. Vous l'avez laissé partir librement. Pourquoi ? Ce type est comme les chats, il a neuf vies. Ce n'est pas un coup de soleil qui le fera mourir.

— Non, mais je vous affirme qu'il va mourir.

Pitt fit un signe à Giordino.

— Tu as bien fait l'échange ?

— Aussi simplement que pour décanter du vin, fit Giordino en souriant.

Brunone ne comprenait rien.

— De quoi parlez-vous ?

— Si j'ai attaché Massarde en plein soleil, expliqua Pitt, c'est parce que je voulais qu'il ait soif.

— Soif ? Je ne comprends pas.

— Al a vidé les bouteilles de son eau minérale et l'a remplacée par de l'eau contaminée par les produits chimiques qui s'échappent de la cave de stockage.

— J'appelle ça de la justice poétique, dit Giordino en montrant les bouteilles vides. Il en a bu près de trois litres.

— Ses organes internes vont se désintégrer, son cerveau va se dissoudre et il deviendra fou.

Pitt prononça cela d'un ton glacial, le visage dur comme celui d'une statue.

— Il n'y a aucun espoir pour lui ? demanda Brunone sans trop y croire.

Pitt fit non de la tête.

— Yves Massarde mourra attaché à son lit, en hurlant pour échapper à la douleur. Tout ce que j'aurais souhaité, c'est que ses victimes puissent le voir.

CINQUIÈME PARTIE

LE TEXAS

60

Deux semaines après le siège de Fort-Foureau, l'amiral Sandecker était assis dans une des salles de conférences de l'immeuble de la NUMA, à Washington. Il présidait une longue table autour de laquelle le Dr Chapman, Hiram Yaeger et Rudi Gunn regardaient un large écran de télévision enserré dans un mur.

L'amiral fit un signe impatient vers l'écran blanc.

— Quand doivent-ils arriver ?

Yaeger tenait un combiné téléphonique à son oreille tout en regardant l'écran.

— Le satellite devrait transmettre leur signal du Mali d'une seconde à l'autre.

Presque aussitôt, une image sautilla puis se fixa sur l'écran. Pitt et Giordino, assis ensemble derrière un bureau encombré de dossiers et de papiers, regardaient la caméra.

— Comment nous recevez-vous de votre côté ? demanda Yaeger.

— Bonjour, Hiram, répondit Pitt. Ça fait plaisir de te voir et de t'entendre.

— Vus d'ici, vous avez l'air en forme. Tout le monde est très impatient de vous parler.

— Bonjour, Dirk, dit Sandecker. Comment vont vos blessures ?

— Elles s'arrangent gentiment, merci.

Après que Pitt eut échangé quelques mots avec Rudi Gunn et le Dr Chapman, Sandecker lança la discussion.

— Nous avons de bonnes nouvelles, dit-il avec enthousiasme. Une analyse des images satellites au-dessus de l'Atlantique Sud, prises il y a une heure, montre que le taux d'expansion de la marée rouge est en train de diminuer. Toutes les projections de Yaeger montrent que ça s'étale de plus en plus lentement pour arriver bientôt à un arrêt total.

— Et pas une semaine trop tôt, dit Gunn. Nous avons déjà détecté une chute de 5 pour 100 de la production mondiale d'oxygène. Il n'aurait pas fallu longtemps pour que les effets commencent à se faire sentir.

— On était à vingt-quatre heures d'interdire toute la circulation automobile dans les pays coopérant aux Nations Unies, expliqua Yaeger, d'empêcher tous les avions de décoller, toutes les usines industrielles de tourner. Le monde était à un cheveu de l'immobilité totale.

— Mais il semble que nos efforts aient été récompensés, ajouta Chapman. D'un côté, Al et toi qui avez trouvé et brûlé la source de l'acide aminé de synthèse qui stimulait la reproduction des dinoflagellaires et de l'autre, les chercheurs de la NUMA qui ont découvert que ces pauvres chéris refusaient de se reproduire si on leur donnait du cuivre à un pour un million.

— Avez-vous constaté un ralentissement significatif de la contamination du Niger depuis que nous avons arrêté le flux ? demanda Pitt.

— Presque 30 pour 100, dit Gunn. J'ai sous-estimé le taux de migration du courant souterrain depuis le complexe jusqu'au fleuve. Ça va beaucoup plus vite à travers le sable et les graviers du Sahara que je ne l'avais calculé à l'origine.

— Combien de temps faut-il avant que la pollution atteigne un niveau moins dangereux ?

— Le Dr Chapman et moi sommes d'accord pour dire qu'il faudra bien six mois avant que la plus grande partie du résidu soit entièrement passée dans l'océan.

— La suppression du polluant a été un premier pas décisif, dit Chapman. Ça nous donne un peu de temps pour envoyer par avion des particules de cuivre sur de vastes zones de marée. Je pense pouvoir affirmer qu'on a passé le tournant le plus dangereux du risque d'un désastre écologique aux conséquences absolument terrifiantes.

— Mais la bataille est loin d'être terminée, rappela Sandecker. Rien qu'aux Etats-Unis, on ne produit que 58 pour 100 de l'oxygène qu'on y consume, de l'oxygène créé pour sa plus grande part par le plancton de l'océan Pacifique. En d'autres termes, dans vingt ans, à cause de l'augmentation du trafic automobile et aérien, de la dévastation continuelle des forêts et des marécages, nous commencerons à consumer l'oxygène plus vite que la nature ne peut le remplacer.

— Et nous sommes toujours face au problème habituel des produits chimiques qui empoisonnent les océans, reprit Chapman. On vient d'avoir une belle trouille mais la tragédie que nous avons failli connaître avec la marée rouge a démontré à quel point l'humanité et la vie en général sont proches du manque d'oxygène.

— Peut-être que maintenant, dit Pitt, on cessera de prendre pour un dû l'air que l'on respire.

— Il n'y a que deux semaines que vous avez pris les choses en main à Fort-Foureau, dit Sandecker. Quelle est la situation là-bas ?

— Eh bien, ça va rudement bien, répondit Giordino. Après avoir stoppé les arrivées de déchets toxiques par train, nous avons fait fonctionner les réacteurs solaires jour et nuit. Dans trente-six heures environ, tous les produits que Massarde entassait dans le sous-sol seront détruits.

— Qu'avez-vous fait des déchets nucléaires emmagasinés ? demanda Chapman.

— Après leur avoir accordé un bref repos bien mérité après ce qu'ils avaient enduré à Tebezza, j'ai demandé aux ingénieurs français qui avaient étudié le projet tout au début de revenir. Ils ont accepté et rassemblé des équipes de Maliens pour continuer à creuser les chambres de stockage jusqu'à un kilomètre et demi.

— Est-ce que cette profondeur sera suffisante pour protéger les organismes terrestres des radiations à haut niveau ? Le plutonium 239, par exemple, a une vie active de vingt-quatre mille ans.

— Sans le savoir, dit Pitt en souriant, Massarde a choisi le meilleur endroit possible pour enterrer ce genre de déchets. La géologie est très stable dans cette partie du Sahara. Les lits de rochers n'ont pas bougé depuis des centaines de millions d'années. Il n'y a aucune roche cristalline dans le coin et nous sommes largement au-dessous des nappes d'eau souterraines. Personne n'aura plus à s'inquiéter des déchets qui y seront enterrés.

— Comment pensez-vous contenir les déchets après leur stockage souterrain ?

— Les critères de sécurité imposés par les experts français des stockages de déchets hautement toxiques sont tout à fait sévères. Avant d'être enterrés dans les roches profondes, ils seront coulés dans du béton puis mis dans des cylindres d'acier inoxydable. Tout ceci sera entouré d'une couche d'asphalte et d'une autre d'acier trempé. Finalement on coulera du béton autour des conteneurs avant de les enfermer dans cette roche.

Chapman eut un sourire d'une oreille à l'autre.

— Mes compliments, Dirk, vous avez créé un site de dépôt de déchets de première classe.

— Une autre nouvelle intéressante, dit Sandecker. Notre gouvernement et celui de Mongolie ont fait fermer les complexes de Massarde dans les déserts de Mojave et de Gobi, après des inspections-surprises d'une équipe internationale spécialisée qui les a jugés dangereux et non conformes.

— Les installations du désert australien ont aussi été fermées, ajouta Chapman.

Pitt se cala sur son siège et soupira d'aise.

— Je suis heureux d'apprendre que Massarde n'est plus dans le circuit de la désintoxication des déchets.

— A propos du Scorpion, dit Giordino, comment va-t-il ?

— On l'a enterré hier à Tripoli, répondit Sandecker. Les agents de la C.I.A. ont raconté que juste avant de mourir, il est devenu fou et qu'il a essayé de manger son médecin.

— C'est une fin parfaite, murmura Giordino.

— A propos, dit Sandecker, le président vous envoie ses meilleures amitiés et ses remerciements. Il dit qu'on va concocter une citation spéciale du mérite pour ce que vous avez accompli.

Pitt et Giordino se regardèrent et haussèrent les épaules avec indifférence. Sandecker préféra ignorer leur réaction.

— Vous serez peut-être heureux d'apprendre que pour la première fois depuis vingt ans, notre ministère des Affaires étrangères travaille en étroite collaboration avec le nouveau Parlement malien. Une part importante de ce succès vient du fait que vous avez remis tous les bénéfices du complexe au gouvernement pour aider leurs programmes sociaux.

— Ça nous a paru la seule chose à faire puisque nous ne pouvions en tirer profit, dit Pitt.

— Aucun risque de coup d'Etat du côté de l'armée ? demanda Gunn.

— Sans Kazim, le noyau dur de ses officiers s'est dissous. Comme un seul homme, ils se sont jetés à genoux et ont juré une indéfectible loyauté aux chefs du nouveau gouvernement.

— Il y a plus d'un mois que nous n'avons pas vu vos faces de rats en chair et en os, sourit Sandecker. Votre travail est fini au Sahara. Quand pourrons-nous vous voir à Washington ?

— Même la vie de fous et les embarras de la capitale nous paraîtront agréables après ce trou, dit Giordino.

— J'aimerais prendre une semaine de vacances, dit sérieusement Pitt. J'ai quelque chose à faire transporter chez moi et j'ai une affaire personnelle à régler. Et puis il y a un petit projet historique que j'aimerais achever ici, dans le désert.

— Le *Texas* ?

— Comment le savez-vous ?

— St Julien Perlmutter me l'a murmuré à l'oreille.

— Je vous serais reconnaissant de m'accorder une faveur, amiral.

Sandecker fit mine de hausser les épaules avec condescendance.

— Je pense que je vous dois bien quelques jours de liberté.

— Voulez-vous faire en sorte que Julien vienne au Mali le plus vite possible ?

— Je vous rappelle que Julien pèse 180 kilos, dit Sandecker avec un regard outré. Vous ne le ferez jamais monter sur un chameau !

— Et encore moins marcher sur le sable brûlant sous un soleil torride, acheva Gunn.

— Si j'ai raison, dit Pitt en regardant la caméra avec un sourire, tout ce qu'il me faut pour faire faire vingt pas dans le désert à Julien, c'est une bouteille de chardonnay bien fraîche.

— Avant que j'oublie, dit Sandecker, les Australiens étaient fous de joie en apprenant que vous aviez trouvé Kitty Mannock et son avion. D'après les journaux de Sydney, Giordino et vous êtes des héros nationaux là-bas.

— Ont-ils des projets pour le récupérer ?

— Un riche fermier de sa ville natale est d'accord pour financer l'opération. Il a l'intention de restaurer l'avion et de le mettre dans un musée à Melbourne. Une équipe doit arriver demain sur les lieux que vous avez indiqués.

— Et Kitty ?

— On a déclaré jour chômé celui où l'on ramènera son corps. L'ambassadeur d'Australie m'a dit qu'il arrive des fonds de tous les coins du pays pour édifier un monument à sa mémoire à l'endroit où elle sera enterrée.

— Notre pays devrait y contribuer aussi, surtout le Sud.

Curieux, Sandecker demanda :

— Quel rapport avec elle ?

— C'est elle qui va nous mener au *Texas*, répondit Pitt d'un air détaché.

Sandecker échangea un regard d'incompréhension avec les hommes de la NUMA autour de la table. Puis il regarda l'image de Pitt sur l'écran et dit :

— Nous aimerions tous savoir comment une femme morte depuis soixante-cinq ans pourra réaliser ce tour de magie.

— J'ai trouvé le carnet de bord de Kitty près de l'épave, dit lentement Pitt. Elle décrit comment elle a découvert un bateau de fer enterré dans le désert.

61

— Seigneur ! s'exclama Perlmutter en regardant par la vitre de l'hélicoptère le soleil illuminer la terre morte au-dessous d'eux. Vous avez vraiment traversé tout ça ?

— En fait, nous avons fait cette partie du désert en char à voile improvisé, répondit Pitt. En ce moment, nous faisons le parcours inverse.

Perlmutter était arrivé à Alger en appareil militaire puis un avion commercial l'avait amené dans la petite ville du désert d'Adrar, au sud de l'Algérie. Là, Pitt et Giordino l'avaient accueilli un peu après minuit et escorté, à bord d'un hélicoptère emprunté à une société française de construction.

Après avoir refait le plein, ils étaient partis vers le sud. Ils avaient retrouvé le char à voile juste après l'aurore, abandonné sur le bord de la piste où ils l'avaient laissé lorsque le chauffeur arabe les avait pris à son bord. Ils atterrirent et démontèrent la vieille aile, les câbles et les roues qui leur avaient sauvé la vie. Ils attachèrent ces pièces sur l'un des patins de l'hélicoptère. Puis ils redécollèrent, Pitt aux commandes, se dirigeant vers le ravin où gisait l'avion perdu de Kitty Mannock.

Pendant le vol, Perlmutter lut une copie que Pitt avait faite du livre de bord de l'aviatrice.

— Quelle fille courageuse ! dit-il, plein d'admiration. Avec seulement quelques gorgées d'eau, une cheville cassée, un genou abîmé, elle a couvert près de 16 kilomètres dans les pires conditions qui soient.

— Et ça, c'est seulement l'aller. Après avoir trouvé le cuirassé dans le désert, elle a refait tout ce chemin en sens inverse.

— Oui, c'est écrit là, dit Perlmutter en lisant à haute voix

« Mardi 14 octobre. Extrême chaleur. Je commence à aller mal. Suivi le ravin vers le sud jusqu'à trouver l'endroit où il s'élargit sur un lit de rivière à sec. J'ai dû faire 10 miles depuis l'avion. Ai du mal à dormir à cause des nuits très froides. Cet après-midi, ai trouvé quelque chose qui ressemble à un étrange bateau enterré dans le désert. Ai pensé avoir une hallucination mais après avoir touché la coque de fer, j'ai réalisé qu'il était vrai. Entrée autour d'un vieux canon qui dépasse d'une ouverture et y ai passé la nuit. Enfin un abri !

« Mardi 15 octobre. Fouillé l'intérieur du bateau. Trop sombre pour bien voir. Trouvé quelques restes de l'équipage. Très bien conservés. Doivent être morts depuis longtemps si j'en juge par leurs uniformes. Un avion a volé au-dessus mais n'a pas vu le bateau. N'ai pu monter à temps pour faire signe. Il se dirigeait vers mon avion cassé. On ne me trouvera jamais et j'ai décidé de retourner à mon avion pour le cas où on l'aurait découvert. Je sais maintenant que c'était une erreur d'essayer de le quitter. Si quelqu'un a trouvé mon avion, il se peut qu'on ne suive pas ma piste. Le vent a soufflé et a tout recouvert comme la neige dans le blizzard. Ce désert a ses règles et je ne pourrai jamais les battre. »

Perlmutter s'arrêta et leva les yeux.

— Ça explique pourquoi vous avez trouvé le journal de bord à l'endroit de l'accident. Elle est revenue dans le vain espoir qu'un avion de recherche l'avait trouvé.

— Quels sont ses derniers mots ? demanda Giordino.

Perlmutter tourna une page et refit la lecture.

« Dimanche 18 octobre. Retournée à l'avion mais aucun signe d'une expédition de recherche. Suis bien coincée ici. Si on me trouve après ma mort, pardonnez-moi la peine que je vous ai causée. Un baiser pour ma maman et mon papa. Dites-leur que j'ai essayé de mourir bravement. Je ne peux plus écrire. Mon esprit ne contrôle plus ma main. »

Quand Perlmutter acheva la lecture, chacun ressentit un profond sentiment de tristesse et de mélancolie. Ils étaient émus par la lutte épique que Kitty avait menée pour survivre. Solides dans l'âme tous les trois, ils firent un effort pour cacher les larmes qui leur montaient aux yeux.

— Elle aurait pu en remontrer à bien des hommes en matière de courage, dit Pitt.

Perlmutter opina.

— Grâce à sa persévérance, un autre grand mystère sera peut-être résolu.

— Elle nous a montré le départ de la piste, reconnut Pitt. Tout ce que nous avons à faire, c'est de suivre le ravin vers le sud jusqu'à ce qu'il donne sur le vieux lit asséché et chercher le cuirassé à partir de là.

Deux heures plus tard, l'équipe australienne faisait une pause dans son travail de récupération de l'épave du Fairchild de Kitty Mannock, qu'elle démontait soigneusement. Les hommes levèrent les yeux vers l'hélicoptère qui tournait au-dessus du ravin. Les Australiens, tout sourire, reconnurent l'aile manquante et le train d'atterrissage attachés au patin de l'appareil.

Pitt relâcha lentement les contrôles et posa doucement l'hélico sur le sol plat au-dessus du ravin pour éviter de couvrir les Australiens et leur équipement d'une tornade de sable. Il arrêta le moteur et consulta sa montre. Il était huit heures quarante du matin, quelques heures à peine avant l'heure la plus chaude de la journée.

St Julien Perlmutter bougea son énorme carcasse dans le siège du copilote, se préparant à sortir.

— Je ne suis pas fait pour ces contorsions, marmonna-t-il tandis qu'une bouffée d'air brûlant lui tombait sur les épaules après la douceur de l'air conditionné de l'appareil.

— C'est pire que l'enfer quand il faut marcher, dit Giordino en regardant le paysage familier. Croyezmoi, je sais de quoi je parle.

Un grand Australien bronzé au visage buriné grimpa la pente du goulet et s'approcha d'eux.

— Salut ! Vous devez être Dirk Pitt.

— Je suis Al Giordino. Dirk Pitt, c'est lui, dit Giordino en indiquant son ami d'un geste du pouce.

— Moi, c'est Ned Quinn. Je suis chargé de récupérer tout ça.

Pitt eut une grimace de douleur quand la large patte de Quinn serra la sienne. Massant ses phalanges, il dit :

— Nous avons rapporté les morceaux de l'avion de Kitty que nous avions empruntés il y a quelques semaines.

— J'apprécie, dit Quinn avec une voix rappelant le frottement d'un morceau de fer contre une roue de pierre. C'est dingue ce que vous avez fait pour fabriquer ce machin avec une aile pour traverser le désert.

— St Julien Perlmutter, se présenta celui-ci.

Quinn tapota l'énorme estomac du chercheur qui retombait sur son pantalon de travail.

— On dirait qu'on partage le même amour de la bonne chère et de la boisson, monsieur Perlmutter.

— Vous n'auriez pas, par hasard, une bouteille de cette fabuleuse bière australienne ?

— Vous aimez notre bière ?

— J'ai toujours une caisse de Castlemaine de Brisbane dans ma cave pour les grandes occasions.

— Nous n'avons pas de Castlemaine, dit Quinn très empressé, mais je peux vous offrir une bouteille de Fosters.

— Je vous en serais très reconnaissant, dit Perlmutter ravi, dont le front commençait à transpirer.

Quinn alla vers la cabine de son appareil et revint avec quatre bouteilles bien glacées qu'il offrit à la ronde.

— Combien de temps vous faut-il pour terminer ? demanda Pitt en abandonnant le sujet de la bière.

Quinn regarda la grue mobile qui se préparait à enlever le moteur du vieil avion.

— Trois ou quatre heures et il sera placé dans notre appareil ; ensuite nous retournerons à Alger.

Pitt sortit de sa poche le carnet de bord et le tendit à Quinn.

— Voilà le journal de Kitty. Je l'ai emprunté à cause de certaines références qu'elle y fait à quelque chose qu'elle a trouvé. J'espère que Kitty ne m'en aurait pas voulu.

— Je suis sûr que non, dit Quinn en regardant le cercueil de bois recouvert du drapeau australien portant la croix de Saint-Georges et les étoiles de la Croix du Sud.

— Nos compatriotes vous sont extrêmement reconnaissants, à vous et à M. Giordino, d'avoir éclairci le mystère de sa disparition et d'avoir permis qu'elle soit ramenée chez nous.

— Il y a trop longtemps qu'elle a quitté son pays, dit doucement Perlmutter.

— Oui, répondit Quinn, une sorte de révérence dans sa voix éraillée. C'est bien vrai !

Pour la plus grande joie de Perlmutter, Quinn insista pour leur offrir dix bouteilles de bière avant de leur dire adieu. Comme un seul homme, les Australiens grimpèrent la pente du goulet pour remercier les Américains et serrer la main de Pitt et de Giordino. Après avoir remis en l'air son hélicoptère, Pitt fit deux ou trois fois le tour de l'épave pour la saluer avant de suivre la direction indiquée par Kitty et tenter de retrouver le légendaire vaisseau échoué dans le désert.

Volant en ligne droite au-dessus des méandres du ravin qui avait demandé des heures et des heures de souffrance à Kitty à cause de sa jambe malade, l'hélicoptère atteignit le lit asséché de l'oued en moins de douze minutes. Ce qui avait été autrefois une rivière bordée de verdure n'était plus qu'une sorte de chemin désertique et sec entouré de sable instable.

— L'oued Zarit, annonça Perlmutter. Difficile de croire que ça a été une voie fluviale importante, n'est-ce pas ?

— L'oued Zarit, répéta Pitt, c'est bien comme ça que le vieux prospecteur américain l'a appelé. Il a dit qu'il avait commencé à s'assécher il y a environ cent trente ans.

— Il avait raison. J'ai fait quelques recherches dans des archives françaises de la zone. Il y a eu un port, autrefois, par ici et les caravanes venaient y commercer avec des marchands qui arrivaient avec de grandes flottes de bateaux. Il a été recouvert de sable peu après que la sécheresse définitive commence et que l'eau se mette à couler sous le sable.

— La légende veut que le *Texas* ait remonté la rivière et se soit enlisé quand la rivière s'est asséchée, dit Giordino.

— Ce n'est pas une légende, j'ai trouvé dans les archives un rapport fait sur son lit de mort par un homme d'équipage du nom de Beecher. Il jurait qu'il était le seul survivant de l'équipage du *Texas* et a fait une description détaillée du dernier voyage du cuirassé à travers l'Atlantique, de sa remontée d'un affluent du Niger où il s'est enlisé.

— Comment savez-vous que ce n'était pas une divagation de mourant ? demanda Giordino.

— Son histoire était trop incroyablement détaillée pour que je ne la croie pas, dit fermement Perlmutter.

Pitt abaissa la vitesse de l'hélicoptère en regardant le lit à sec.

— Le prospecteur a aussi raconté que le *Texas* transportait l'or de la Confédération agonisante.

— Beecher aussi a parlé de l'or, confirma Perlmutter. Il a également donné un détail intéressant qui m'a permis de remonter jusqu'au ministre de la Guerre, Edwin Stanton, son secret et ses papiers encore inconnus.

— Je crois que nous avons quelque chose, là, dit Giordino en montrant le sol. Sur la droite. Une grande dune qui s'élève au-dessus de la rive ouest.

— Celle qui a un rocher incrusté sur le dessus ? demanda Perlmutter, tout excité.

— Tout juste !

— Prends le gradiomètre Schonstedt que Julien a apporté de Washington, dit Pitt à Giordino. Dès que tu l'auras allumé, je passerai au-dessus de la dune.

Giordino déballa rapidement le détecteur de fer, vérifia ses batteries et régla le voyant de sensibilité.

— Prêt à lancer le capteur.

— D'accord, j'approche la dune à une vitesse de dix nœuds, répondit Pitt.

Giordino baissa le capteur sur un câble relié au gradiomètre jusqu'à ce que celui-ci se balance à 10 mètres sous le corps de l'hélicoptère. Puis Perlmutter et lui surveillèrent attentivement l'aiguille sur le cadran de fréquence. L'hélicoptère bougeait lentement au-dessus de la dune.

L'aiguille oscilla et l'amplificateur sonore commença à siffler. Soudain l'aiguille s'affola et fila jusqu'à l'autre côté du cadran tandis que le capteur passait sur une polarité magnétique du positif au négatif. En même temps, le sifflement de l'amplificateur se mit à hurler.

— On est en plein dessus, cria Giordino, tout

excité. Il doit y avoir une masse de fer gigantesque, là-dessous !

— Ça pourrait venir de ce rocher brun circulaire sur la droite, fit prudemment Perlmutter. Le désert déborde de minerai de fer, par ici.

— Ce n'est pas un rocher brun, exulta Pitt. Ce que vous voyez là, c'est le haut d'une cheminée couverte de rouille.

Comme Pitt passait au-dessus du monticule, personne ne trouva rien à dire. Jusqu'alors, tout au fond d'eux-mêmes, ils s'étaient demandé si le cuirassé existait vraiment. Mais il n'y avait plus de doute dans leur esprit, maintenant.

Le *Texas* venait d'être redécouvert.

62

Le premier élan de joie et d'excitation s'éteignit bientôt quand, ayant survolé le monticule, ils se rendirent compte qu'à l'exception des deux mètres de la cheminée, le bateau entier était couvert de sable. Il leur faudrait des jours pour en ôter à la pelle l'énorme quantité et pour arriver à l'intérieur.

— La dune a avancé au-dessus de la tourelle depuis que Kitty est venue ici, il y a soixante ans, murmura Perlmutter. L'épave est enterrée trop profondément pour que nous puissions y pénétrer. Il faudrait un équipement de forage considérable pour y creuser une entrée.

— Je crois qu'il y a un moyen, dit Pitt.

Perlmutter regarda l'énorme taille du monticule et secoua la tête.

— Ça me paraît sans espoir.

— Une drague, fit Giordino comme si une lumière venait de s'allumer dans sa tête. La méthode qu'utilisent les sauveteurs pour dégager le limon d'une épave !

— Tu lis en moi, dit Pitt en riant. Au lieu d'un

tuyau d'air à haute pression pour creuser, nous allons placer l'hélico au-dessus et l'air des rotors va souffler le sable.

— Ça me paraît assez idiot, grommela Perlmutter. Tu n'auras pas assez de pression descendante pour bouger le sable sans nous faire remonter très haut vers le ciel.

— Les pentes de la dune s'élèvent à un angle très aigu, comme un pic, expliqua Pitt. Si nous pouvons aplanir le sommet de 3 mètres, on devrait apercevoir le haut de la passerelle du cuirassé.

— On n'a rien à perdre à essayer, dit Giordino en haussant les épaules.

— C'est aussi mon avis.

Pitt plaça l'hélicoptère au-dessus du monticule et donna juste assez de puissance pour garder l'appareil immobile. La force de l'air dégagé par le rotor frappa le sable en un tourbillon frénétique. Dix, vingt minutes, il tint l'hélico stable, luttant contre les chocs du tirage inférieur. Il ne voyait rien. La tempête de sable qu'il avait créée cachait complètement la dune.

— Combien de temps encore ? demanda Giordino. Les turbines doivent en prendre un coup avec tout ce sable !

— Je ferais péter les moteurs si c'était nécessaire ! dit Pitt avec détermination.

Perlmutter commença à imaginer son gros corps transformé en dîner d'apparat pour les vautours du coin. Il était très pessimiste quant à l'idée folle de Pitt et de Giordino mais resta assis tranquillement sans rien dire.

Après une trentaine de minutes, Pitt laissa enfin l'hélicoptère prendre de la hauteur et passa au large d'un des côtés du monticule jusqu'à ce que le nuage de sable retombe au sol. Les trois hommes regardèrent de tous leurs yeux. Les minutes suivantes leur parurent éternelles. Soudain, Perlmutter poussa un hurlement qui domina le bruit des turbines.

— Il est dégagé !

Pitt était assis sur le côté de la cabine opposé à la dune.

— Que voyez-vous ? hurla-t-il à son tour.

— Des plaques de fer et des rivets de ce qui ressemble à la cabine de pilotage.

Pitt donna plus d'altitude à l'hélicoptère pour ne pas déranger davantage le sable. Le nuage avait fini par s'en aller et retomber, laissant voir la salle de pilotage du cuirassé et environ deux mètres carrés du pont au-dessous de la tourelle. Cela semblait si peu naturel qu'un bateau soit ainsi en plein milieu du désert que sa matérialisation faisait de lui une sorte de monstre de sable géant dans un film de science-fiction.

Moins de dix minutes après, alors que Pitt avait posé l'hélicoptère, Giordino et lui aidèrent Perlmutter à s'extraire de l'appareil et à grimper l'une des faces de la dune. Là, ils se trouvèrent pratiquement debout sur le *Texas*. La tourelle de pilotage s'élevait, dégagée, et ils s'attendirent presque à apercevoir des yeux suivant les intrus qu'ils étaient à travers les fentes d'observation.

Il n'y avait qu'une mince couche de rouille sur l'épaisse cuirasse de métal protégeant le bois de la tourelle. Les cicatrices laissées par les obus de la Marine yankee étaient encore visibles.

L'écoutille d'entrée, à l'arrière de la petite structure, était bloquée mais la force nerveuse de Pitt et les muscles de Giordino eurent vite fait d'en venir à bout. Les trois hommes regardèrent l'échelle qui s'enfonçait dans les profondeurs obscures puis se regardèrent, émus.

— A toi l'honneur, Dirk, dit Perlmutter. C'est toi qui nous as guidés jusqu'ici.

Giordino retira un câble qu'il avait passé autour de son épaule et envoya un flot de lumière assez fort pour illuminer un stade de basket-ball. L'intérieur parut s'approcher et Pitt, allumant sa torche, descendit l'échelle.

Le sable qui s'était glissé par les quelques interstices couvrait le pont presque jusqu'en haut de ses bottes. La barre était coincée par le temps, comme si elle attendait patiemment un timonier fantôme. Les seuls objets que Pitt put voir étaient un tube de communication et un haut tabouret couché par terre dans un coin plein de sable. Il hésita un instant devant une écoutille ouverte menant à la batterie. Puis il respira profondément et descendit dans l'obscurité.

Au moment où ses pieds touchèrent le pont de bois, il s'accroupit et fit un tour complet sur lui-même, dirigeant sa lampe tout autour de cette immense pièce. Les gros canons Blakely de 100 livres et les deux de 64 livres se tenaient là, immergés dans le sable qui était entré par les mantelets des sabords ouverts. Il se dirigea vers l'un des Blakely toujours solidement monté sur son immense plate-forme de bois. Il avait vu de vieilles photos de Mathew Brady sur les canons de la Marine du temps de la guerre de Sécession mais n'avait jamais réalisé à quel point ils étaient énormes. Il s'émerveilla de la force que devaient avoir eue leurs servants.

L'atmosphère de la batterie était oppressante mais étonnamment fraîche. Elle était aussi un peu irréelle, à cause sans doute de la présence des canons. Pas de seau à feu, pas d'écouvillon, aucune balle, aucun obus. Rien ne traînait par terre. On avait l'impression que tout avait été enlevé, nettoyé, comme si on allait mettre le bateau en cale pour une révision. Pitt se retourna lorsque Perlmutter descendit lourdement l'échelle, suivi de Giordino.

— Comme c'est bizarre ! dit Perlmutter en regardant autour de lui. Est-ce que mes yeux me trompent ou est-ce que le pont est aussi dépouillé qu'un mausolée ?

— Vos yeux vont bien, dit Pitt en souriant.

— J'aurais cru que l'équipage aurait tenu à donner l'impression que tout ça était habité, fit Giordino.

— Les hommes de ce pont et ces canons ont mis en pièces la moitié de la flotte de l'Union, s'exclama Perlmutter. Beaucoup sont morts ici. C'est incroyable qu'il n'y ait pas la moindre trace de leur existence !

— Kitty Mannock a écrit qu'elle avait vu des corps, lui rappela Giordino.

— Ils doivent être en bas, dit Pitt.

Il dirigea le rayon de sa torche vers un escalier qui semblait mener dans la coque du navire.

— Je propose que nous commencions par les quartiers de l'équipage puis ensuite que nous allions, par la salle des machines, vers l'arrière et les carrés des officiers.

— D'accord, approuva Giordino.

Ils se dirigèrent donc vers le bas de l'escalier, un peu anxieux de ce qu'ils allaient y trouver. Sachant que ce navire était le seul absolument intact de toute la guerre de Sécession et que les restes de son équipage étaient toujours à bord, ils éprouvaient tous les trois une sorte de révérence superstitieuse. Pitt avait l'impression d'arpenter une maison hantée.

Lentement, ils entrèrent dans le quartier de l'équipage et s'arrêtèrent brusquement. La pièce était en effet une tombe. Il y avait là plus de cinquante morts dans la posture où la faucheuse les avait saisis. La plupart étaient étendus sur leurs couchettes. Bien qu'ils aient eu de l'eau puisque, à cette époque, il y en avait encore dans l'oued, les estomacs contractés de leurs cadavres momifiés disaient la maladie et l'inanition qu'ils avaient subies lorsque la nourriture s'était épuisée. Certains étaient assis autour d'une table, d'autres effondrés sur le pont. Ils avaient presque tous été dépouillés de leurs vêtements. Il n'y avait aucune trace de chaussures, aucun coffre d'effets personnels, rien qui ait pu leur appartenir.

— On leur a tout volé ! murmura Giordino.

— Les Touaregs, conclut Perlmutter d'une voix triste. Beecher disait que les bandits du désert, comme il les appelait, avaient attaqué le vaisseau.

— Ils ont dû vouloir les tuer tous pour avoir attaqué un navire cuirassé avec de vieux mousquets et des lances, dit Giordino.

— Ils cherchaient l'or. Beecher a dit que le commandant s'était servi du trésor de la Confédération pour acheter de la nourriture aux tribus du désert. Quand la nouvelle a été connue, les Touaregs ont dû faire quelques raids avortés contre le navire avant de comprendre qu'il suffirait de les affamer. Alors l'équipage est mort de faim et sans doute de typhoïde et de malaria. Quand il n'y eut plus aucun signe de résistance, les Touaregs n'ont eu qu'à entrer et à piller le bateau, l'or et tout ce qu'ils ont pu emporter.

— Alors on peut oublier l'or, dit pensivement Pitt. Il y a longtemps qu'il n'y en a plus.

— Oui, dit Perlmutter. Ce n'est pas aujourd'hui que nous deviendrons riches !

Ils ne désirèrent pas s'attarder dans cette chambre funèbre et se dirigèrent vers la salle des machines. Ils trouvèrent du charbon empilé dans des coffres et les pelles pendues derrière les chaudières. Sans humidité, donc sans corrosion, le cuivre des jauges et des appareils brillait encore faiblement sous la lumière de la torche optique. Mis à part la poussière, les moteurs et les chaudières semblaient en excellent état et prêts à redémarrer.

Une des torches accrocha la silhouette d'un homme assis, penché sur un petit bureau. Il y avait un papier jauni sous sa main et un encrier qui s'était renversé quand l'homme s'était effondré dans la mort.

Pitt enleva doucement le papier et le lut à la lueur de sa torche.

> « J'ai fait mon devoir jusqu'à la limite de mes forces. Je laisse mes chers, mes doux moteurs en excellent état. Ils nous ont fidèlement portés à travers l'océan sans un raté et ils sont aussi bons que le jour où ils sont sortis de Richmond. Je les laisse au prochain officier mécanicien pour qu'il mène ce bon navire anéantir les chiens yankees. Que Dieu sauve la Confédération.
>
> Officier mécanicien sur le Texas
> Angus O'Hare. »

— Voilà un homme fidèle, commenta Pitt.

— On n'en fait plus de semblables de nos jours, dit Perlmutter.

Laissant l'officier mécanicien O'Hare, Pitt ouvrit la marche le long des deux moteurs et des chaudières. Un passage menait au carré des officiers où ils trouvèrent encore quatre corps dépouillés de leurs vêtements, tous allongés sur une couchette, chacun dans sa cabine. Pitt les regarda à peine. Il atteignit une porte d'acajou montée sur la cloison arrière.

— La cabine du commandant, dit-il sans hésiter.

— Le commandant Mason Tombs, précisa Perlmutter. D'après ce que j'ai lu de la fuite audacieuse du *Texas* de Richmond à l'Atlantique, Tombs était un rude gaillard.

Pitt réprima un vague sentiment de peur, tourna la poignée et ouvrit la porte. Soudain, Perlmutter s'avança et retint Pitt par le bras.

— Attends !

Pitt regarda le gros homme avec étonnement.

— Pourquoi ? De quoi avez-vous peur ?

— Je pense que nous devrions trouver là quelque chose qui devrait rester oublié.

— Ça ne peut pas être pire que ce que nous avons déjà vu, protesta Giordino.

— Je... je ne vous ai pas dit ce que j'ai trouvé dans les papiers secrets d'Edwin Stanton.

— Vous nous le direz plus tard, fit impatiemment Pitt.

Il tourna le dos à Perlmutter, dirigea sa lampe vers l'intérieur et entra dans la pièce.

La cabine aurait paru petite et encombrée, comparée aux normes des bateaux de guerre modernes mais les cuirassés n'étaient pas construits pour de longues semaines en mer. Pendant les batailles, ils restaient rarement éloignés des docks plus de deux jours d'affilée.

Comme dans le reste du navire, tous les objets, tous les meubles non scellés au bateau avaient été volés. Les Touaregs, peu habiles à manier des outils, avaient laissé tout ce qui était vissé. Ainsi il y avait, dans la cabine du commandant, une bibliothèque et un baromètre cassé. Mais pour une raison inconnue, comme pour le tabouret de la salle de pilotage, les Touaregs avaient laissé derrière eux une chaise à bascule.

La lumière de Pitt révéla deux corps, l'un sur la couchette, l'autre assis, comme assoupi, sur le rocking-chair. Le corps allongé sur la couchette était allongé sur le flanc contre la paroi nue, dans la position où les Touaregs l'avaient laissé après avoir volé ses vêtements, les couvertures et le matelas. Une touffe de cheveux roux couvrait encore sa tête et sa figure.

Giordino s'approcha de Pitt pour observer la silhouette assise. Sous la lumière crue de la lampe, la peau reflétait une teinte sombre, de la même texture de cuir qu'ils avaient observée sur le corps de Kitty Mannock. Là encore, le corps était momifié par la chaleur sèche du désert. Celui-là cependant était vêtu d'un sous-vêtement démodé en une seule pièce.

Même dans sa position assise, il était évident que cet homme était grand. Il portait une barbe et son visage était extrêmement maigre avec des oreilles décollées. Ses yeux étaient fermés comme s'il s'était juste laissé aller à un petit somme. Ses sourcils épais et étrangement courts paraissaient coupés aux ciseaux à la hauteur du coin des yeux. Les cheveux et la barbe, d'un noir de jais, montraient à peine quelques poils gris.

— Ce type est le portrait craché de Lincoln, remarqua Giordino sans émotion particulière.

— Ce type est en effet Abraham Lincoln, dit Perlmutter depuis le seuil.

Doucement, il s'appuya contre la cloison et se laissa glisser jusqu'au sol, comme une baleine s'installant dans un lit marin. Ses yeux ne quittaient pas le cadavre sur le rocking-chair, comme s'il l'hypnotisait.

Pitt regarda Perlmutter avec inquiétude et scepticisme.

— Pour un historien renommé, vous déraillez un peu, non ?

Giordino s'agenouilla près de Perlmutter et lui proposa un peu d'eau.

— Ce doit être la chaleur, mon vieux.

Perlmutter refusa l'eau.

— Seigneur ! Oh, Seigneur ! Je ne pouvais pas y croire. Mais le ministre de la Guerre de Lincoln, Edwin McMaster Stanton, a *vraiment* révélé la vérité dans ses notes secrètes.

— Quelle vérité ?

Il hésita puis commença à parler, dans un murmure.

— Ce n'est pas Lincoln qui a été tué par John Wilkes Booth au théâtre Ford. Le vrai Lincoln, c'est celui-ci, assis dans ce rocking-chair.

63

Pitt regarda Perlmutter, incapable d'assimiler ses paroles.

— L'assassinat de Lincoln est l'un des événements les plus connus et les plus détaillés de toute l'Histoire américaine. Comment pouvez-vous dire que ce n'est pas arrivé ?

Perlmutter haussa doucement les épaules.

— L'événement s'est passé comme on l'a raconté, sauf que c'était une comédie montée et orchestrée par Stanton qui a utilisé un acteur ressemblant assez à Lincoln et maquillé pour lui ressembler tout à fait. Deux jours avant cette mascarade d'assassinat, le vrai Lincoln était capturé par les Confédérés et emmené discrètement, en traversant les lignes de l'Union, jusqu'à Richmond où on l'a tenu en otage. Cette partie de l'histoire est confirmée par une autre déclaration faite sur son lit de mort par un capitaine de cavalerie confédéré qui a dirigé l'enlèvement.

Pitt avait l'air pensif. Il regarda Giordino puis revint à Perlmutter.

— Ce capitaine de cavalerie sudiste, est-ce que son nom n'était pas Neville Brown ?

Perlmutter eut l'air médusé.

— Comment le sais-tu ?

— Nous avons rencontré un vieux prospecteur américain qui cherchait le *Texas* et son or. Il nous a raconté l'histoire de Brown.

Giordino semblait s'éveiller d'un mauvais rêve.

— On a pensé que c'était un conte à dormir debout.

— Croyez-moi, assura Perlmutter, incapable de détacher son regard du cadavre, ce n'est pas un conte à dormir debout. Le complot d'enlèvement a été mis au point par un collaborateur du président confédéré Jefferson Davis qui espérait ainsi sauver ce qui restait du Sud. Alors que Grant resserrait le nœud coulant autour de Richmond et que Sherman remontait pour frapper par l'arrière l'armée du général Lee en Virginie, la guerre était perdue et tout le monde le savait. La haine du Congrès contre les Etats sécessionnistes n'était un secret pour personne. Davis et son gouvernement étaient certains que le Nord exercerait de terribles représailles quand la Confédération serait totalement vaincue. Un de ses secrétaires, dont le nom a été oublié depuis, est venu lui proposer ce scénario incroyable consistant à enlever Lincoln, à le garder en otage afin que le Sud puisse l'utiliser pour signer un acte de reddition dans des termes avantageux.

— En fait, ce n'était pas une mauvaise idée, dit Giordino en s'asseyant à son tour sur le sol.

— Sauf que cette ordure d'Edwin Stanton a fait échouer toute l'affaire.

— Il a refusé qu'on le fasse chanter ? dit Pitt.

— Ça et autre chose, répondit Perlmutter. C'est Lincoln qui a insisté pour que Stanton fasse partie de son gouvernement comme ministre de la Guerre. Il pensait que Stanton était le plus apte à occuper ce poste en dépit du fait que l'homme détestait intensément Lincoln, allant jusqu'à l'appeler « le gorille des gorilles ». Stanton considéra la capture du président comme une bonne affaire plutôt que comme un désastre.

— Comment Lincoln fut-il enlevé ? demanda Pitt.

— On savait que le président faisait chaque jour une promenade en voiture dans la campagne autour de Washington. Une troupe de cavaliers confédérés, en uniformes de cavaliers de l'Union, conduits par le capitaine Brown, a assailli l'escorte de Lincoln pendant une de ces promenades, lui a fait passer le Potomac et l'a conduit en territoire confédéré.

Pitt avait un peu de mal à mettre en place toutes les pièces du puzzle. Un événement historique auquel il avait cru aussi fort qu'à l'Evangile se révélait un mensonge. Il lui fallut toute sa volonté pour garder l'esprit ouvert.

— Quelle a été la réaction immédiate de Stanton en apprenant l'enlèvement de Lincoln ? demanda-t-il.

— Malheureusement pour Lincoln, Stanton fut le premier à qui les gardes du corps de Lincoln racontèrent l'événement. Il comprit immédiatement la panique et l'horreur qui éclateraient si le pays apprenait que leur président avait été capturé par l'ennemi. Il couvrit rapidement ce désastre sous un voile épais de secret et inventa une histoire. Il alla jusqu'à dire à Mary Todd Lincoln que son mari était en mission secrète au quartier général du général Grant et qu'il ne reviendrait que dans quelques jours.

— Il est difficile de croire qu'il n'y ait pas eu de fuite, dit Giordino d'un ton sceptique.

— Stanton était l'homme le plus craint de Washington. S'il vous faisait jurer le secret, vous mourriez silencieux ou il se débrouillait pour que ce soit le cas.

— La situation a dû être explosive quand Davis a fait savoir qu'il tenait Lincoln et exigeait des termes de reddition favorables.

— Stanton était rusé. Il devina le complot confédéré quelques heures après l'enlèvement. Il alerta le commandant en chef des défenses de l'Union à Washington et quand l'envoyé de Davis traversa les lignes sous la protection du drapeau blanc, il fut immédiatement conduit devant Stanton. Ni le vice-président Johnson ni le secrétaire d'Etat William Henry Seward, ni aucun autre membre du Conseil de Lincoln ne furent informés de ce qui arrivait. Stanton répondit secrètement aux termes de Davis et rejeta formellement toute négociation, allant jusqu'à dire que la Confédération ferait une fleur à tout le monde en noyant Lincoln dans la James River. Davis fut sidéré lorsqu'il reçut la réponse de Stanton. Vous pouvez imaginer son problème ! Le voilà au milieu de la Confédération en flammes autour de lui. Il détient le leader de toute l'Union. Un membre haut placé du gouvernement des Etats-Unis lui répond qu'il se fiche complètement de ce qu'il fera de Lincoln et qu'il peut bien le garder si ça lui fait plaisir. Alors Davis a dû se rendre compte qu'il risquait d'être pendu par les Yankees victorieux. Avec son joli plan pour sauver le Sud bon à jeter aux orties, refusant de se salir les mains du sang de Lincoln, il préféra se débarrasser de cette épée de Damoclès en le faisant mener à bord du *Texas* comme prisonnier. Davis espérait que le navire échapperait au blocus de la Marine du Nord, qu'il sauverait l'or de son trésor et qu'il garderait Lincoln hors des mains de l'Union pour d'éventuelles négociations quand des chefs plus calmes que Stanton prendraient les choses en main. Malheureusement, les événements se passèrent autrement.

— Stanton mit en scène l'assassinat et le *Texas* disparut avec tout son équipage et son hôte présumé, conclut Pitt.

— Exactement, poursuivit Perlmutter. Emprisonné deux ans, après la guerre, Jefferson Davis ne parla jamais de la capture de Lincoln par crainte des représailles que le Nord pourrait faire subir au Sud qui luttait pour sa reconstruction.

— Comment Stanton mit-il au point l'assassinat ? demanda Giordino.

— Il n'y a pas d'épisode plus étrange dans toute l'Histoire américaine, répondit Perlmutter, que ce complot pour tuer le prétendu Lincoln. L'étonnante réalité est que Stanton loua les services de John Wilkes Booth pour diriger et interpréter la mystification. Booth connaissait un acteur qui avait à peu près la taille et le corps mince de Lincoln. Stanton mit le général Grant dans la confidence et ensemble, ils racontèrent qu'ils avaient discuté avec Lincoln l'après-midi même et que Grant avait refusé l'invitation pour le théâtre Ford. Les agents de Stanton administrèrent une drogue à Mary Todd Lincoln de sorte que, lorsque le faux Lincoln vint la chercher pour l'emmener au théâtre, elle était trop étourdie pour se rendre compte qu'il ne s'agissait pas de son mari. Au théâtre, l'acteur fut accueilli par une ovation debout assez loin de sa loge présidentielle pour que la mystification ne soit pas découverte. Booth joua son rôle, tirant sur l'acteur (qui n'avait pas été prévenu) dans la nuque avant de sauter sur la scène. Puis le pauvre dupe fut conduit de l'autre côté de la rue, un mouchoir sur le visage pour tromper d'éventuels témoins, et mourut au cours d'une mise en scène signée de Stanton lui-même.

— Mais il y avait des témoins près du lit de mort ! protesta Pitt. Des médecins militaires, des membres de son cabinet et les secrétaires de Lincoln !

— Les médecins étaient des amis et des agents de Stanton, expliqua Perlmutter. Nous ne saurons jamais comment on a réussi à tromper les autres. Stanton n'a rien dit là-dessus.

— Et la conspiration pour tuer le vice-président Johnson et le secrétaire d'Etat Seward ? Ça faisait aussi partie du plan de Stanton ?

— Une fois que ces deux-là auraient disparu, il serait le prochain sur la liste des présidentiables. Mais Booth, celui dont on avait loué les services, fit capoter l'affaire. Malgré ça, Stanton se conduisit en dictateur les premières semaines, après que Johnson eut été nommé président. C'est lui qui mena l'enquête, fit arrêter les conspirateurs et dirigea le procès éclair, puis fit pendre les condamnés. Il fit aussi circuler une information selon laquelle Lincoln avait été tué par des agents de Jefferson Davis en une dernière tentative désespérée pour sauver la Confédération.

— Puis Stanton fit tuer Booth pour l'empêcher de parler, dit Pitt.

— Non. C'est un autre homme qui est mort dans la grange incendiée. L'autopsie et l'identification sont fausses. Booth s'en est tiré et a vécu très vieux jusqu'à ce qu'il se suicide à Enid, dans l'Oklahoma, en 1903.

— J'ai lu quelque part que Stanton a brûlé le journal de Booth, dit Pitt.

— C'est exact, confirma Perlmutter. Mais le mal était fait. Stanton avait enflammé l'opinion publique contre la Confédération battue. Les plans de Lincoln pour aider le Sud à se remettre en selle ont été enterrés avec son double, dans une tombe de Springfield, dans l'Illinois.

— Ce cadavre dans le rocking-chair, murmura Giordino en le regardant avec respect, assis là au milieu de ce qui reste d'un cuirassé confédéré couvert de sable au milieu du Sahara, c'est vraiment Abraham Lincoln ?

— Je peux vous l'assurer, répondit Perlmutter. Un examen anatomique confirmera son identité sans aucun doute possible. En fait, si vous vous le rappelez, les pilleurs de tombes qui ont profané celle de Lincoln ont été arrêtés avant d'avoir pu voler le corps. Ce qui n'a pas été révélé mais au contraire classé top secret, c'est que les officiels qui ont préparé le corps pour le nouvel enterrement ont découvert qu'il s'agissait d'un substitut. Washington a bien entendu ordonné le secret et les a priés de faire en sorte que la tombe ne puisse plus jamais être profanée. On a déversé cent tonnes de béton sur les cercueils de Lincoln et de son fils pour éviter que de futures profanations soient possibles. En tout cas, c'est ce qu'on a dit. Mais la vérité, c'est qu'on a ainsi enterré toutes preuves de la substitution.

— Vous réalisez ce que ça signifie, n'est-ce pas ? dit Pitt au chercheur.

— Est-ce que je réalise ce que *quoi* signifie ? marmonna celui-ci.

— Nous sommes sur le point d'altérer le passé, expliqua Pitt. Quand nous aurons annoncé ce que nous avons trouvé ici, l'événement le plus tragique de l'Histoire des Etats-Unis devra irrévocablement être récrit.

Perlmutter regarda Pitt avec horreur.

— Tu ne sais pas ce que tu dis ! Abraham Lincoln est révéré comme un saint et comme l'homme humble le plus représentatif du folklore américain dans les livres d'histoire, dans les romans. Son assassinat a fait de lui un martyr révéré pour les siècles des siècles. Si nous racontons le faux assassinat de Stanton, nous démolirons son image et les Américains ont tout à y perdre.

Pitt avait l'air très, très fatigué, mais son expression était volontaire, son regard vif et brillant.

— Aucun homme n'a été plus admiré pour son honnêteté qu'Abraham Lincoln. Personne ne lui est arrivé à la cheville en matière de principes moraux et de compassion. Prétendre qu'il est mort dans des circonstances aussi mensongères et aussi indélicates, c'est agir contre tous les principes qu'il prônait lui-même. Sa dépouille mérite un enterrement honnête. Et je mettrais ma tête à couper qu'il aurait souhaité que les générations futures de ce peuple qu'il a si fidèlement servi connaissent la vérité.

— Je suis d'accord avec toi, affirma Giordino. Et je serai fier d'être à tes côtés quand le rideau se lèvera.

— Il y aura un tollé négatif, dit Perlmutter avec difficulté, comme si une paire de tenailles lui serrait le gosier. Bon sang, Dirk, ne comprends-tu pas ? Il vaut mieux laisser tout cela secret. La nation ne doit jamais savoir.

— Voilà qui est parler comme un politicien arrogant ou comme un bureaucrate qui se prend pour Dieu en cachant la vérité sous le mauvais prétexte de la sécurité nationale, pour ne pas dire des raisons d'intérêt national.

— Alors, tu vas le faire ? dit Perlmutter d'une voix

étranglée. Tu vas vraiment causer une révolution nationale au nom de la vérité ?

— Comme les hommes et les femmes du Congrès, comme ceux de la Maison-Blanche, Julien, vous sous-estimez le peuple américain. Il prendra la nouvelle comme elle vient et l'image de Lincoln en sera plus brillante que jamais. Désolé, mon ami, mais rien de ce que vous pourrez dire ne me fera changer d'avis.

Perlmutter comprit qu'il n'y pourrait rien. Il joignit les mains sur son énorme estomac et soupira.

— Très bien. Nous allons récrire le dernier chapitre de la guerre de Sécession et nous irons ensemble devant le peloton d'exécution.

Pitt se releva et regarda de haut la silhouette grotesque, avec ses longues jambes énormes, son visage serein mais fatigué. Quand il parla, ce fut d'une voix douce, à peine audible.

— Après être resté assis là pendant cent trente ans, je pense qu'il est bon que le vieil « *Honest Abe*[1] » rentre chez lui.

20 juin 1996
Washington, D.C.

64

La nouvelle de la découverte de Lincoln et du complot de Stanton électrifia le monde. Son corps fut enlevé du cuirassé avec révérence et ramené par avion à Washington. Dans toutes les écoles du pays, les enfants apprirent par cœur l'allocution de Gettysburg comme l'avaient fait leurs grands-parents.

La capitale de la nation se livra à toutes sortes de célébrations et de cérémonies. Cinq présidents vivants se tinrent sur la rotonde du Capitole et rendi-

1. Abe l'Honnête, surnom familier d'Abraham Lincoln.

rent hommage au cercueil ouvert de leur illustre prédécesseur. Des discours interminables furent prononcés, des politiciens succédèrent à des politiciens pour citer Lincoln sinon Carl Sandburg.

La dépouille mortelle du sixième président ne serait pas enterrée au cimetière de Springfield. Par ordre présidentiel, on creusa une tombe dans le plancher de son mémorial, juste en dessous de sa fameuse statue de marbre blanc. Personne, pas même le représentant au Congrès de l'Illinois, ne songea une seconde à contester les faits.

On décréta une journée de congé et des millions de gens à travers le pays regardèrent à la télévision les festivités de Washington. Tous étaient transfigurés et impressionnés à la vue du vrai visage de l'homme qui avait guidé le pays aux moments les plus difficiles de son histoire.

On ne vit pas grand-chose d'autre, du matin au soir, sur les réseaux de la télévision. Les présentateurs les plus connus s'adonnèrent à qui mieux mieux aux descriptions des festivités, les autres nouvelles étant pratiquement passées sous silence.

Les membres du Congrès, pour une fois tous d'accord, votèrent des fonds pour renflouer le *Texas* et le ramener du Mali au Washington Mall où il serait nettoyé et montré au public en permanence. Son équipage fut enterré dans le cimetière confédéré de Richmond, en Virginie, en grande pompe et un orchestre joua *Dixie*.

Kitty Mannock et son avion retournèrent en Australie où elle reçut un accueil extraordinaire. Elle fut inhumée au cimetière militaire de Canberra. Son cher Fairchild, réparé, fut exposé à côté du fameux appareil de Sir Charles Kingsford-Smith, le *Southern Cross*.

A part quelques photographes et deux reporters, la cérémonie en l'honneur d'Hala Kamil et de l'amiral Sandecker pour leurs efforts dans la lutte contre la marée rouge et le sauvetage de la vie sur terre passa presque inaperçue. Le président, entre deux discours, leur remit des médailles d'honneur accordées par un décret spécial du Congrès. Après quoi, Hala retourna à New York et aux Nations Unies où une session spéciale fut organisée en son honneur. Elle succomba enfin à l'émotion pendant la plus longue ovation debout qu'ait jamais accordée l'assemblée générale.

Sandecker retourna tranquillement à son bureau de la NUMA, s'adonna à la gymnastique et s'attaqua au projet d'une nouvelle aventure sous-marine, comme si chaque jour était semblable au précédent.

Bien qu'ils n'aient aucune chance de le remporter, le Dr Darcy Chapman et Rudi Gunn furent proposés pour un prix Nobel commun. Ils ignorèrent les honneurs dont on voulut les couvrir et retournèrent dans l'Atlantique Sud pour y analyser les effets de la gigantesque marée rouge sur la vie marine. Le Dr Frank Hopper les y rejoignit après avoir discrètement quitté l'hôpital où on l'avait confiné. Il jura qu'il se remettrait plus vite en reprenant le travail et s'attaqua à l'étude de la toxicité de la marée rouge.

Hiram Yaeger reçut de la NUMA une somme rondelette et dix jours de congés, tous frais payés. Il emmena sa famille à Disney World. Pendant qu'elle s'amusait aux attractions, il suivit un séminaire sur les systèmes d'archivage informatisé.

Le général Bock, après s'être assuré que les survivants et les familles de ceux qui étaient morts lors de la bataille désormais légendaire de Fort-Foureau avaient reçu les médailles commémoratives et les généreuses allocations les accompagnant, décida de donner sa démission de la tête de l'Equipe tactique des Nations Unies au faîte de sa gloire. Il prit sa retraite dans un petit village des Alpes bavaroises.

Comme l'avait prédit Pitt, le colonel Levant fut promu général, reçut une médaille des Nations Unies pour la défense de la paix et fut nommé au poste laissé vacant par le général Bock.

Après s'être remis de ses blessures dans son manoir familial de Cornouailles, le capitaine Pembroke-Smythe fut nommé colonel et rejoignit son régiment. Il fut reçu par la reine qui lui remit la médaille du *Distinguished Service Order*. Il dirige maintenant une unité de commando spécial.

St Julien Perlmutter, heureux de constater qu'il s'était trompé en voyant le peuple américain accepter sans protester le retour de son président le plus estimé et l'exposé de la trahison d'Edwin Stanton, fut fêté par de nombreuses organisations d'historiens et reçut assez de médailles et de récompenses pour orner tout un mur de sa maison.

Al Giordino rechercha patiemment la ravissante pianiste rencontrée sur le yacht d'Yves Massarde sur le Niger. Heureusement, elle était célibataire et, pour une raison que Pitt prétendit ne pas très bien comprendre, trouva Giordino à son goût et accepta son invitation d'aller faire de la plongée sous-marine dans la mer Rouge.

Quant à Pitt et Eva Rojas...

*25 juin l996,
Monterey, California.*

65

Juin marquait le sommet de la saison touristique sur la péninsule de Monterey. Des cars bondés, des voitures de tourisme roulaient, pare-chocs contre pare-chocs, sur le fameux Seventeen-Mile Drive, qui relie Monterey à Carmel. Le long de Cannery Row, les touristes se pressaient au coude à coude pour acheter des babioles ou pour dîner dans les pittoresques restaurants de fruits de mer surplombant l'océan.

Ils venaient pour jouer au golf à Pebble Beach, voir Big Sur et prendre des photos des couchers de soleil au large de Point Lobos. Ils se promenaient dans les vignes, admiraient les vieux cyprès et se baladaient le long des plages, s'amusant à la vue des pélicans, des phoques et des gros rouleaux de vagues.

La mère et le père d'Eva ne s'étonnaient plus du merveilleux paysage qui les entourait. Ils habitaient la même maison, de style cottage, dans Pacific Grove, depuis plus de trente ans. Ils pensaient souvent que la chance qu'ils avaient de vivre dans un si bel endroit de la côte californienne était normale. Mais dès qu'Eva arrivait, elle ouvrait tous les volets. Elle voyait toujours la péninsule comme lorsqu'elle était gamine, comme si elle découvrait tout cela pour la première fois.

Quand elle arrivait, elle tirait chaque fois ses parents de leur confortable routine pour partager avec eux les merveilles de leur communauté. Mais ce voyage-ci, les choses étaient différentes. Elle n'était pas en assez bonne santé pour les emmener faire des promenades à bicyclette ou pour nager dans les eaux vives et houleuses du Pacifique. Elle n'avait d'ailleurs envie de rien faire et se traînait sans joie autour de la maison.

Sortie depuis deux jours de l'hôpital, Eva était confinée dans un fauteuil roulant où elle achevait de se remettre des blessures reçues à Fort-Foureau. Son corps abîmé, amoindri par ce qu'elle avait enduré aux mines de Tebezza, avait été remis en état par de grandes portions de nourriture saine qui lui avaient fait prendre deux centimètres de tour de taille et trop de calories. L'exercice effacerait tout cela quand ses fractures seraient consolidées et les plâtres enlevés.

Son corps se réparait doucement mais son esprit était malade de n'avoir aucune nouvelle de Pitt. Depuis que l'hélicoptère l'avait emmenée, dans le vieux fort de la Légion étrangère, et transportée en Mauritanie puis, de là, dans un hôpital de San Francisco, c'était comme s'il était tombé dans le néant. Un appel téléphonique à l'amiral Sandecker l'avait assurée que Pitt était toujours au Sahara et qu'il n'était pas rentré à Washington avec Giordino.

— Pourquoi ne viendrais-tu pas au golf avec moi, ce matin ? lui demanda son père. Ça te ferait du bien de sortir un peu.

Elle regarda ses yeux pétillants et sourit devant ses

cheveux ébouriffés qu'aucun peigne ne pouvait disci-
pliner.

— Je ne suis pas en état de frapper la balle, tu sais,
dit-elle en souriant.

— J'ai pensé que ça t'amuserait de faire un tour
en kart avec moi.

Elle réfléchit un instant puis accepta.

— Pourquoi pas ?

Elle lui tendit son bras valide et bougea les orteils
de son pied droit.

— Mais seulement si tu me laisses conduire.

Sa mère joua les mères poules en aidant Eva à
s'installer dans la Chrysler familiale.

— Fais bien attention qu'elle ne se blesse pas,
recommanda-t-elle à son mari.

— Je te promets de la ramener dans l'état où je
l'emmène, plaisanta-t-il.

M. Rojas lança la balle vers le quatrième trou du
parcours de golf municipal de Pacific Grove dont les
greens allaient presque jusqu'au phare de Point
Pinos. Il regarda sa balle tomber dans une langue de
sable, secoua la tête et reposa son club dans son sac.

— Pas assez de muscle, murmura-t-il, frustré.

Eva était au volant du kart et montra un banc sur
un petit monticule qui surplombait la mer.

— Ça ne t'ennuierait pas, papa, si j'allais m'asseoir
là-bas le temps que tu fasses les cinq prochains
trous ? Il fait si beau, j'ai envie de m'asseoir et de
regarder l'océan.

— Mais bien sûr, ma chérie. Je te reprendrai en
rentrant et nous irons au club-house.

Il l'aida à s'installer aussi confortablement que
possible sur le banc, lui fit un signe affectueux et
conduisit le kart vers le green où trois de ses amis
golfeurs l'accompagnèrent dans un autre kart.

Une légère brume semblait flotter sur l'eau mais
Eva distinguait la plage blonde de la baie qui s'inflé-
chissait légèrement jusqu'à la ville de Monterey puis
repartait presque droit vers le nord. La mer était
calme et les vagues bougeaient comme des animaux

fouisseurs sous le champ des algues. Elle respira l'air vif et piquant d'algues séchées sur les rochers de la plage et regarda une loutre de mer se faufiler au milieu des plantes marines.

Eva leva soudain les yeux lorsqu'une mouette passa en criant au-dessus d'elle. Elle la suivit du regard et soudain rencontra celui d'un homme qui se tenait légèrement en retrait derrière le banc.

— Toi et moi et la baie de Monterey, dit-il doucement.

Pitt souriait, plein de joie et d'affection. Eva le regarda un long moment, saisie d'une joie faite d'incompréhension et d'incrédulité. Il était là, près d'elle, et elle était dans ses bras.

— Oh ! Dirk ! Dirk ! Je n'étais pas sûre que tu viendrais, j'ai pensé que c'était peut-être fini...

Il l'interrompit en l'embrassant puis regarda ses yeux bleu de Dresde qui brillaient maintenant de larmes de joie roulant sur ses joues rouges.

— J'aurais dû te contacter, dit-il. Mais ma vie a été un vrai chaos jusqu'à avant-hier.

— Tu es pardonné, dit-elle joyeusement. Mais comment diable as-tu su que j'étais ici ?

— Ta mère. Une femme charmante ! C'est elle qui m'a envoyé ici. J'ai loué un kart et j'ai fait le tour du parcours jusqu'à ce que j'aperçoive une pauvre petite sirène solitaire avec un paquet d'os cassés, qui regardait tristement la mer.

— Espèce d'idiot ! dit-elle tendrement en l'embrassant à nouveau.

Il passa les bras sous Eva et la souleva doucement.

— Je voudrais bien que nous ayons le temps de regarder les vagues. Mais il faut que nous partions. Seigneur ! Que tout ce plâtre te rend lourde !

— Mais où partons-nous si vite ?

— Tu vas aller faire tes valises et ensuite nous prenons l'avion, répondit-il en la reposant dans le kart.

— Un avion ? Un avion pour où ?

— Un petit village de pêcheurs sur la côte ouest de Mexico.

— Tu m'emmènes à Mexico ? sourit-elle à travers ses larmes.

— Oui, pour prendre un bateau que j'ai loué là-bas.

— Pour une croisière ?

— En quelque sorte, répondit-il avec un sourire. En fait, nous irons dans un endroit nommé l'île de Clipperton et nous y chercherons un trésor.

Pendant qu'ils reconduisaient le kart au parking près du club-house, elle lui dit :

— Je crois bien que tu es l'homme le plus mystérieux, le plus enjôleur et le plus malin que j'aie jamais connu...

Elle se tut lorsqu'il s'arrêta devant une voiture étrange, d'une belle couleur fuchsia.

— Qu'est-ce que c'est que ça ? demanda-t-elle, stupéfaite.

— Une automobile.

— Je vois bien, mais de quelle marque ?

— Une Avions Voisin. C'est un cadeau de mon vieux copain Zateb Kazim.

Elle le regarda sans comprendre.

— Tu l'as fait venir du Mali ?

— Sur un avion de transport de l'Air Force, répondit Pitt avec naturel. Le président me devait bien ça. C'est d'ailleurs tout ce que je lui ai demandé.

— Et où vas-tu la garer si nous devons prendre l'avion ?

— J'ai persuadé ta mère de la mettre dans son garage jusqu'au concours de Pebble Beach, en août.

Elle secoua la tête, le regard étonné.

— Tu es incorrigible !

Pitt prit doucement son visage dans ses mains, sourit et dit :

— C'est pour ça qu'on m'aime !

Table

DU MÊME AUTEUR

RENFLOUEZ LE TITANIC, *J'ai Lu*, 1979.
L'INCROYABLE SECRET, *Grasset*, 1983.
PANIQUE À LA MAISON BLANCHE, *Grasset*, 1985.
CYCLOPE, *Grasset*, 1987.
TRÉSOR, *Grasset*, 1989.
DRAGON, *Grasset*, 1991.

Composition réalisée par S.C.C.M. – Paris XIVᵉ

IMPRIMÉ EN FRANCE PAR BRODARD ET TAUPIN
Usine de La Flèche (Sarthe).
LIBRAIRIE GÉNÉRALE FRANÇAISE - 6, rue Pierre-Sarrazin - 75006 Paris.

ISBN : 2 - 253 - 07643 - 0　　　　　♠ 30/7643/7